"十三五"国家重点图书出版规划项目
交通运输科技丛书·公路基础设施建设与养护
港珠澳大桥跨海集群工程建设关键技术与创新成果书系
国家科技支撑计划资助项目（2011BAG07B05）

离岸特长沉管隧道防灾减灾关键技术

Key Technology of Disaster Prevention and Mitigation for Offshore Extra-long Immersed Tunnels

蒋树屏　苏权科
周　健　陈　越　等著

内 容 提 要

本书以国家科技支撑计划项目"港珠澳大桥跨海集群工程建设关键技术"之课题五子课题四为科技依托,以港珠澳海底特长沉管隧道的建设和运营为工程背景,首次系统论述了沉管隧道防灾减灾关键技术的研究方法、研究手段、研究结论及工程应用。介绍了以确保结构安全和运营安全为目的而研制的1∶1足尺沉管实验隧道与管节结构高温燃灾两大试验平台的情况,以及沉管隧道内车辆燃烧、排烟、消防、报警、逃生、救援综合试验方法;分析了管节/接头结构体内温度场、损伤范围、承载力等耐火设计参数,以及不同热释放速率洞内空间温度场和烟雾场的扩散特征、热-力耦合作用下管节与节段和接头分别的力学行为;获得了洞内设备耐高温的安全位置和洞内人员避浓烟的逃生时间,以及侧向集中排烟控制方法等;还介绍了沉管隧道管节渗漏水智能红外监测技术。

本书通过对防灾减灾关键技术的研究,以合理的试验方案和正确的研究结论,确定港珠澳沉管隧道防灾标准,达到提升隧道防灾减灾效率、降低运营灾害损失的目的,对于沉管隧道防灾减灾方面的研究具有重要的指导意义和借鉴价值。

本书既是交通运输工程、土木工程、防灾减灾工程基础用书,又是隧道与地下工程、安全工程等专业用书,可供相关专业的设计工程师、运营管理者和研究人员参考,也可供高等院校相关专业教师从事教授工作和研究生从事研究活动参考。本书既是交通运输工程、土木工程、防灾减灾工程基础用书,也是隧道与地下工程、安全工程等专业用书,可供相关专业的设计工程师、运营管理者和研究人员参考,也可供高等院校相关专业教师从事教授工作和研究生从事研究活动参考。

Abstract

This book is based on Project 5 topic 4 of the key technology belongs to the Hong Kong-Zhuhai-Macao Bridge (HK-ZH-M) Cross-sea Cluster Project construction of the National Science and the Technology Support Program, and takes the construction and operation of the long Hong Kong-Zhuhai-Macao submarine immersed tunnel as the engineering background. Firstly, this book systematically discussed the research methods, conclusions and the engineering applications of the key technologies for the immersed tunnel disaster prevention and mitigation for the first time. Secondly, this book introduced the situation of two large test platforms: 1∶1 full-scale immersed tube experimental tunnel and high-temperature combustion of pipe joint structure. Both of the structures are developed to ensure the structural safety and operation safety. And it also introduced the comprehensive experiment methods for the vehicle burning, smoke exhausting, people escaping, fire control and rescue within the immersed tube tunnel. Thirdly, the temperature field, damage range, bearing capacity and other refractory design parameters of tubular joints were analyzed. The diffusion characteristics of the temperature field and the smoke field in the cavity with different heat release rates, mechanical behavior of pipe joints with segments or joints under thermo-mechanical coupling conditions were also analyzed in this book. What's more, the safe location of the equipment which is under the high temperature in the tunnel, the time of the people escaping from the thick smoke and the methods of controlling the lateral centralized smoke exhausting are obtained. Lastly, the intelligent infrared monitoring technology for water leakage of immersed tube tunnel joints is also introduced.

By researching on the key technologies of disaster prevention and mitigation, this book determined the disaster prevention standards of Hong Kong-Zhuhai-Macao immersed tube tunnel with reasonable test plans and correct research conclusions, and achieves the purpose of improving tunnel disaster prevention and mitigation efficiency and reducing operational disaster losses. It's worth referencing and being regarded as the guidance for the study of disaster prevention and reduction of immersed tube tunnel.

This book is not only a basic book for transportation engineering, civil engineering, disaster prevention and mitigation engineering, but also a professional book for tunnels, underground engineering, safety engineering, etc. It can be used by relevant professional design engineers, operation managers and researchers for high-level reference. Relevant professional teachers of colleges and universities are engaged in teaching work and graduate students engaged in research activities.

交通运输科技丛书编审委员会

(委员排名不分先后)

顾　问：陈　健　周　伟　成　平　姜明宝

主　任：庞　松

副主任：洪晓枫　袁　鹏

委　员：石宝林　张劲泉　赵之忠　关昌余　张华庆

　　　　郑健龙　沙爱民　唐伯明　孙玉清　费维军

　　　　王　炜　孙立军　蒋树屏　韩　敏　张喜刚

　　　　吴　澎　刘怀汉　汪双杰　廖朝华　金　凌

　　　　李爱民　曹　迪　田俊峰　苏权科　严云福

港珠澳大桥跨海集群工程建设关键技术与创新成果书系编审委员会

顾　　　问：冯正霖
主　　　任：周海涛
副　主　任：袁　鹏　朱永灵

执 行 总 编：苏权科
副　总　编：徐国平　时蓓玲　孟凡超　王胜年　柴　瑞

委　　　员：（按专业分组）
岛隧工程：孙　钧　钱七虎　郑颖人　徐　光　王汝凯
　　　　　李永盛　陈韶章　刘千伟　麦远俭　白植悌
　　　　　林　鸣　杨光华　贺维国　陈　鸿
桥梁工程：项海帆　王景全　杨盛福　凤懋润　侯金龙
　　　　　陈冠雄　史永吉　李守善　邵长宇　张喜刚
　　　　　张起森　丁小军　章登精
结构耐久性：孙　伟　缪昌文　潘德强　邵新鹏　水中和
　　　　　丁建彤
建设管理：张劲泉　李爱民　钟建驰　曹文宏　万焕通
　　　　　牟学东　王富民　郑顺潮　林　强　胡　明
　　　　　李春风　汪水银

《离岸特长沉管隧道防灾减灾关键技术》
编 写 组

组　　长：蒋树屏　苏权科
副 组 长：周　健　陈　越
编写人员：田　堃　谢耀华　徐　湃　郭　军　韩　直
　　　　　白　云　陈大飞　林　志　刘　帅　柴　瑞
　　　　　付立家　陈建忠　陈晓利　涂　耘　丁　浩
　　　　　王小军　刘　伟　姬为宇　苏宗贤　李星平
　　　　　方　磊　张恩情　张祝永　张于平　曹更任
　　　　　付石峰　闫　禹　徐晓扉

总 序
General Preface

科技是国家强盛之基,创新是民族进步之魂。中华民族正处在全面建成小康社会的决胜阶段,比以往任何时候都更加需要强大的科技创新力量。党的十八大以来,以习近平同志为总书记的党中央作出了实施创新驱动发展战略的重大部署。党的十八届五中全会提出必须牢固树立并切实贯彻创新、协调、绿色、开放、共享的发展理念,进一步发挥科技创新在全面创新中的引领作用。在最近召开的全国科技创新大会上,习近平总书记指出要在我国发展新的历史起点上,把科技创新摆在更加重要的位置,吹响了建设世界科技强国的号角。大会强调,实现"两个一百年"奋斗目标,实现中华民族伟大复兴的中国梦,必须坚持走中国特色自主创新道路,面向世界科技前沿、面向经济主战场、面向国家重大需求。这是党中央综合分析国内外大势、立足我国发展全局提出的重大战略目标和战略部署,为加快推进我国科技创新指明了战略方向。

科技创新为我国交通运输事业发展提供了不竭的动力。交通运输部党组坚决贯彻落实中央战略部署,将科技创新摆在交通运输现代化建设全局的突出位置,坚持面向需求、面向世界、面向未来,把智慧交通建设作为主战场,深入实施创新驱动发展战略,以科技创新引领交通运输的全面创新。通过全行业广大科研工作者长期不懈的努力,交通运输科技创新取得了重大进展与突出成效,在黄金水道能力提升、跨海集群工程建设、沥青路面新材料、智能化水面溢油处置、饱和潜水成套技术等方面取得了一系列具有国际领先水平的重大成果,培养了一批高素质的科技创新人才,支撑了行业持续快速发展。同时,通过科技示范工程、科技成果推广计划、专项行动计划、科技成果推广目录等,推广应用了千余项科研成果,有力促进了科研向现实生产力转化。组织出版"交通运输建设科技丛书",是推进科技成果公开、加强科技成果推广应用的一项重要举措。"十二五"期间,该丛书共出版72册,全部列入"十二五"国家重点图书出版规划项目,其中12册获得国家出版基金支持,6册获中华优秀出版物奖图书提名奖,行业影响力和社会知名度不断扩大,逐渐成为交通运输高端学术交流和科技成果公开的重要平台。

"十三五"时期,交通运输改革发展任务更加艰巨繁重,政策制定、基础设施建设、运输管理等领域更加迫切需要科技创新提供有力支撑。为适应形势变化的需要,在以往工作的基础上,我们将组织出版"交通运输科技丛书",其覆盖内容由建设技术扩展到交通运输科学技术各领域,汇集交通运输行业高水平的学术专著,及时集中展示交通运输重大科技成果,将对提升交通运输决策管理水平、促进高层次学术交流、技术传播和专业人才培养发挥积极作用。

当前,全党全国各族人民正在为全面建成小康社会、实现中华民族伟大复兴的中国梦而团结奋斗。交通运输肩负着经济社会发展先行官的政治使命和重大任务,并力争在第二个百年目标实现之前建成世界交通强国,我们迫切需要以科技创新推动转型升级。创新的事业呼唤创新的人才。希望广大科技工作者牢牢抓住科技创新的重要历史机遇,紧密结合交通运输发展的中心任务,锐意进取、锐意创新,以科技创新的丰硕成果为建设综合交通、智慧交通、绿色交通、平安交通贡献新的更大的力量!

2016 年 6 月 24 日

序 一
Preface

2003年,港珠澳大桥工程研究启动。2009年,为应对由美国次贷危机引发的全球金融危机,保持粤、港、澳三地经济社会稳定,中央政府决定加快推进港珠澳大桥建设。港珠澳大桥跨越珠江口伶仃洋海域,东接香港特别行政区,西接广东省珠海市和澳门特别行政区,是"一国两制"框架下粤、港、澳三地合作建设的重大交通基础设施工程。港珠澳大桥建设规模宏大,建设条件复杂,工程技术难度、生态保护要求很高。

2010年9月,由科技部支持立项的"十二五"国家科技支撑计划"港珠澳大桥跨海集群工程建设关键技术研究与示范"项目启动实施。国家科技支撑计划,以重大公益技术及产业共性技术研究开发与应用示范为重点,结合重大工程建设和重大装备开发,加强集成创新和引进消化吸收再创新,重点解决涉及全局性、跨行业、跨地区的重大技术问题,着力攻克一批关键技术,突破瓶颈制约,提升产业竞争力,为我国经济社会协调发展提供支撑。

港珠澳大桥国家科技支撑计划项目共设五个课题,包含隧道、人工岛、桥梁、混凝土结构耐久性和建设管理等方面的研究内容,既是港珠澳大桥在建设过程中急需解决的技术难题,又是交通运输行业建设未来发展需要突破的技术瓶颈,其研究成果不但能为港珠澳大桥建设提供技术支撑,还可为规划研究中的深圳至中山通道、渤海湾通道、琼州海峡通道等重大工程提供技术储备。

2015年底,国家科技支撑计划项目顺利通过了科技部验收。在此基础上,港珠澳大桥管理局结合生产实践,进一步组织相关研究单位对以国家科技支撑计划项目为主的研究成果进行了深化梳理,总结形成了"港珠澳大桥跨海集群工程建设关键技术与创新成果书系"。书系被纳入了"交通运输科技丛书",由人民交通出版社股份有限公司组织出版,以期更好地面向读者,进一步推进科技成果公开,进一步加强科技成果交流。

值此书系出版之际,祝愿广大交通运输科技工作者和建设者秉承优良传统,按照党的十八大报告"科技创新是提高社会生产力和综合国力的战略支撑,必须摆在国家发展全局的核心位置"的要求,努力提高科技创新能力,努力推进交通运输行业转型升级,为实现"人便于行、货畅其流"的梦想,为实现中华民族伟大复兴而努力!

港珠澳大桥国家科技支撑计划项目领导小组组长

本书系编审委员会主任

2016 年 9 月

序 二
Preface

港珠澳大桥是粤港澳大湾区的重要交通基础设施,是世界级的重大工程。它的建成将对珠江口及海湾区的经济发展做出重要贡献。

港珠澳大桥跨越珠江口伶仃洋海域,是连接香港特别行政区、广东省珠海市、澳门特别行政区的大型跨海通道,全长约55km,包括:海中主体工程、香港界内跨海桥梁、香港口岸、珠澳口岸、香港连接线、珠海连接线及澳门连接桥。其主体工程为粤港分界线至珠澳口岸之间区段,总长29.6km,其中桥梁长22.9km,沉管隧道长6.7km(沉管段5 664m),用于桥隧转换的东西人工岛各长625m。

近年来,时有公路隧道发生火灾事故,造成重大损失。从防灾减灾角度讲,港珠澳沉管隧道具有三个特点:其一,接头多。由于隧道为六车道+中央管廊的大断面,单体重量大,故沉管采取节段式,即隧道由33个180m长的管节+合拢处最终接头组成,每个管节由8个22.5m长的节段构成,众多接头及构造耐火灾高温和防渗水的要求高。其二,交通量大。隧道设计交通量为90 000pcu/d,设计车速100km/h,正常行车约为4min行程,为车辆连续流型,火灾时温度场、烟雾场对隧道交通环境和驾乘人员的危害大。其三,逃生救援组织难度大。隧址位于外海,最大水深45m,两端连接的东西人工岛分别约为10万m^2,其水深约10m,岛上设施多,面积狭小,用于逃生救援的面积有限,在水域环境条件下的隧道防灾减灾难度大。这些对建设者和管理者都是巨大的挑战。

为了攻克海底沉管隧道防灾减灾技术难题,在国家科技支撑计划项目"港珠澳大桥跨海集群工程建设关键技术研究与示范"的统一安排下,蒋树屏、苏权科等30多位科研人员独立承担了"离岸特长沉管隧道建设防灾减灾关键技术"研究子课题。该课题针对港珠澳大桥沉管隧道防灾减灾关键技术需求,结合沉管公路隧道防火灾特点,在大量的足尺模型试验和数值分析基础上,开展了一系列关键技术研究,取得8项创新性成果:①在国内外首次构建了1∶1足尺沉管隧道防灾减灾综合试验平台,开发了沉管隧道运营火灾、通风排烟、火灾报警、消防减灾、逃生救援等综合试验系统和试验技术。②开发了沉管隧道管节与接头构件高温耐火试验系统,得到了管节、节段与接头结构体内温度场,给出了火灾作用下沉管隧道结构损伤范围及承载力,提出了管节与接头耐火保护构造及设计参数。③获得了不同火源热释放速率及纵向风速下的洞内温度三维分布和烟气扩散的层高、前沿、下缘等流态特征;提出了隧道机电设施的耐温安全范围,以及烟气扩散对逃生救援的影响范围和时间。④建立了基于排烟阀开启角度、排烟口开启组合的沉管隧道侧向集中排烟的优化控制方法,提出了不同纵坡下的排烟组织方式。⑤建立了多元风险因素的沉管隧道安全等级体系及防灾设施配置标准,提出了沉管隧道防灾设施优化配置方案。⑥建立了感温式火灾自动报警系统热辐射定位方法,得到了隧道环境噪声温度范围,提出了差温报警阈值。⑦在实体隧道开展了真实火灾场景下人员疏散逃生试验,得到了人员疏散时间和逃生速度,确定了隧道火灾人员逃生安全系数。⑧研发了沉管隧道接头渗漏水智能红外监测系统。

综上所述,我认为:该研究成果总体上达到国际先进水平,其中沉管隧道火灾防治的试验平台、试验方法及其试验成果以及节段和管节接头的防火技术方面达到国际领先水平;以上成果在港珠澳大桥工程设计方案中得到了采用,其中,多项成果填补了海底沉管隧道火灾防治技术的空白;该成果不仅对港珠澳沉管隧道提供了科技支撑,对其他沉管隧道的防灾减灾技术问题也有重要借鉴意义。

研究组为了模拟海洋环境,将1:1足尺试验隧道及设施置于海边;为了提高火灾场景的真实性,采用多台多种真车燃烧和人员逃生;为了考察燃烧时火光、烟态和喷淋的逼真效果,并有利于环保,将试验时间全部安排在深夜。他们对科研的严谨态度和敬业精神给我留下深刻印象。

港珠澳大桥继2016年9月主体桥梁贯通后,海底沉管隧道也于2017年7月顺利贯通。在这重要时刻,作者将"离岸特长沉管隧道建设防灾减灾关键技术"研究成果撰著成书正式出版,深表欣慰,乐意作序。在此,我向为该隧道研究与建设付出辛勤工作的所有同行和同志们表示祝贺!

中国工程院院士 钱七虎

2017年9月

前 言
Foreword

港珠澳大桥是跨越伶仃洋海域，连接香港、珠海、澳门的大型跨海通道，是国家高速公路网规划中珠江三角洲地区环线的组成部分和跨越伶仃洋海域的关键性工程。港珠澳大桥是由隧、岛、桥组成的跨海交通集群工程，其主体工程采用隧桥组合方案，穿越伶仃西航道和铜鼓航道段约6.7km采用沉管隧道方案。该隧道为世界最大规模的节段式沉管隧道，确保结构安全和运营安全是该隧道的关键技术之一。为此，作者等按国家科技支撑计划项目的要求，系统而深入开展了离岸特长沉管隧道防灾减灾关键技术研究，获得20项研究成果。本书将这些研究成果归纳、整理成册，在多位专家、学者的支持下，经编辑人员的辛苦努力，终于和读者见面了。

公路隧道面临交通事故、火灾、水害、危险品车辆爆炸、恐怖活动、地震等多种灾害的威胁，据近年来大量隧道工程及其运营案例调查，由交通事故引起的车辆燃烧是对隧道结构安全和运营安全的主要威胁。本书重点介绍此类灾害防治关键技术的研究成果，以及沉管隧道管节接头渗漏水监测技术有关研究成果。

本书主要针对沉管隧道防灾减灾关键技术在研究过程中的研究手段、研究方法、研究结论和成果运用等多方面，汇集了港珠澳大桥海底沉管隧道结构防火、通风排烟、安全设施配置、防灾救援、防水灾监测等关键技术的最新研究成果。书中提出的理论、方法和技术已在港珠澳大桥跨海集群工程中得以示范应用和实践，具有创新性、实用性和可操作性，代表了我国离岸特长沉管隧道防灾减灾领域的前沿技术水平。

本书主要内容紧扣交通运输行业的发展思路，符合交通运输业的优先发展主题，是我国交通基础设施建设重点跨越、支撑发展、引领未来的重要体现，结合跨境交通基础设施建设的特点，通过对防灾减灾方面关键技术的研究，以科学的试验方案与正确的研究结论，确定港珠澳沉管隧道工程的防灾标准，大幅度提升本项目的防灾减灾效率,最大限度地降低各种突发事件所造成的损失,确保跨境工程运营安全、高效。全书共分8章,第1章介绍了公路隧道建设的基本概况,并且指出公路隧道火灾带来的严重后果及其发生的原因;第2章阐述了防灾减灾研究的主要方法和手段;第3章介绍了沉管隧道火灾场景,同时进行了火灾试验,得到了不同火源热释放速率及纵向风速下的洞内温度三维分布和烟气流态特征;第4章提出了港珠澳海底沉管隧道设计火灾场景和管节结构及接头耐火保护技术建议方案;建立了热弹性力学条件下的管节结构三维热-力耦合分析方法,获得了有/无防火隔热措施下结构内的高温梯度范围与损伤深度,以及管节接头与节段接头在火灾下的抗错断性能;第5章建立了沉管隧道侧向集中排烟最优排烟效率控制方法,提出了不同纵坡下的排烟组织方式;第6章建立了基于多元风险因素的沉管隧道安全等级划分方法,并给出沉管隧道安全等级划分及设施配置标准,建立了感温式火灾自动报警系统热辐射定位方法,得到了隧道环境噪声温度范围,提出了差温报警阈值;第7章提出了差温报警阈值;首次在实体隧道开展了真实火灾场景下人员疏散逃生试验,得到了人员疏散时间和逃生速度,确定了隧道火灾人员逃生安全系数,提出了港珠澳海底沉管隧道不同交通工况下的人员疏散安全度与应急救援预案;第8章阐释沉管隧道接头渗漏水智能红外监测系统,通过物联网技术实现监测、预警系统一体化工作,达到沉管隧道渗漏监测系统"早发现,早治理"的目标。

本书由招商局重庆交通科研设计院有限公司牵头,会同港珠澳大桥管理局、同济大学和重庆交通大学,依托国家科技支撑计划"港珠澳大桥跨海集群工程建设关键技术研究与示范"项目中"离岸特长沉管隧道防灾减灾关键技术研究"的成果撰著而成。参加该研究的人员除作者外,还有郭军、韩直、白云、陈大飞、林志、谢耀华、柴瑞、刘帅、徐湃、曹更任、付立家、陈建忠、陈晓利、涂耘、田堃、刘伟、姬为宇、王小军、苏宗贤、李星平、方磊、张恩情、闫禹、张祝永、张于平、付石峰、徐晓扉等。对以上人员所做出的贡献表示感谢!

限于撰著人员的水平,本书可能存在错误或不足,敬请读者批评指正。

作 者

2017 年 7 月

目 录
Contents

第1章 绪论 ·· 1
 1.1 隧道建设概况 ·· 1
 1.2 国内外隧道火灾事故分析 ··· 4
  1.2.1 隧道火灾事故案例 ·· 5
  1.2.2 隧道火灾发生概率 ·· 7
  1.2.3 隧道火灾的危害性 ·· 7
  1.2.4 隧道火灾发生原因 ·· 10
  1.2.5 隧道火灾的特点 ·· 10
 1.3 离岸特长沉管隧道工程特点 ·· 11
  1.3.1 工程基本概况 ·· 12
  1.3.2 工程特点 ·· 12
  1.3.3 研究目标、内容和成果 ··· 15

第2章 沉管隧道防灾减灾研究方法 ·· 16
 2.1 隧道防灾减灾研究方法 ·· 17
  2.1.1 数值模拟 ·· 18
  2.1.2 物理试验 ·· 28
  2.1.3 隧道火灾场景设计 ·· 32
 2.2 沉管隧道火灾综合试验系统 ·· 34
  2.2.1 模型隧道试验平台建设 ··· 34
  2.2.2 试验火源燃烧特性的测定 ·· 52
  2.2.3 试验操作流程 ·· 70
 2.3 隧道结构高温燃烧炉试验系统 ··· 71
  2.3.1 天然气系统 ··· 71
  2.3.2 高温试验炉系统 ·· 71
  2.3.3 测温系统 ·· 72

  2.3.4 数据采集系统 ·· 75
 2.4 隧道火灾数值计算分析 ··· 76
  2.4.1 火灾流场基本控制方程 ·· 78
  2.4.2 湍流模型 ··· 79
  2.4.3 燃烧模型 ··· 81
  2.4.4 隧道火灾数值计算分析 ·· 83

第3章 离岸特长沉管隧道火灾场景 89

 3.1 沉管隧道火灾烟气运动理论模型 ··· 89
  3.1.1 隧道火灾发展的定性描述 ·· 89
  3.1.2 开放环境的火羽流结构模型 ·· 90
  3.1.3 单侧受限空间烟气的输运特性 ··· 94
  3.1.4 隧道火灾烟气一维蔓延特征参数预测模型 ·· 97
 3.2 沉管隧道火灾烟气流动规律 ··· 104
  3.2.1 概述 ··· 104
  3.2.2 烟气层高度及其沉降分析 ··· 105
  3.2.3 烟气蔓延速度与CO输运特性 ··· 120
  3.2.4 本节小结 ··· 127
 3.3 沉管隧道温度分布规律 ··· 131
  3.3.1 概述 ··· 132
  3.3.2 汽油火灾试验温度空间分布特征 ··· 132
  3.3.3 车辆火灾试验温度分布特征 ··· 146
  3.3.4 温度分布影响因素分析 ·· 155
  3.3.5 温度场应用 ·· 159
  3.3.6 本节小结 ··· 160
 3.4 沉管隧道烟雾场与温度场数值仿真 ·· 162
  3.4.1 概述 ··· 162
  3.4.2 烟气运动模型的验证与应用 ··· 163
  3.4.3 烟雾场数值仿真 ··· 172
  3.4.4 温度场数值仿真 ··· 180
 3.5 火场环境对人员疏散的影响 ··· 189
  3.5.1 高温烟气对人员疏散的影响 ··· 190
  3.5.2 高温辐射对人员疏散的影响 ··· 197
  3.5.3 能见度对人员疏散的影响 ··· 200

  3.5.4 危害忍受极限 ·· 203
3.6 本章结论 ··· 204
  3.6.1 烟雾场 ·· 204
  3.6.2 温度场 ·· 205

第4章 离岸特长沉管隧道接头及结构防火灾技术 ············ 207
4.1 沉管隧道管节结构温度场二维分析 ································· 207
  4.1.1 概述 ··· 207
  4.1.2 无隔热条件下结构温度场 ·································· 212
  4.1.3 无隔热条件下结构火灾力学行为 ·························· 228
  4.1.4 隔热条件下结构温度场及力学行为分析 ················· 255
  4.1.5 火灾高温下沉管隧道结构设计方法 ······················· 264
  4.1.6 本节小结 ·· 273
4.2 沉管隧道管节结构内部温度场三维分析 ·························· 275
  4.2.1 管节结构温度场计算方法 ·································· 275
  4.2.2 有限元法和 ANSYS 实现 ··································· 278
  4.2.3 无防火隔热时管节结构温度 ································ 282
  4.2.4 有防火隔热时管节结构温度 ································ 299
  4.2.5 本节小结 ·· 303
4.3 沉管隧道管节结构火灾力学行为 ·································· 303
  4.3.1 热力耦合计算方法 ·· 304
  4.3.2 计算模型与参数选取 ······································· 308
  4.3.3 荷载组合及荷载值计算 ···································· 310
  4.3.4 管节结构火灾力学分析 ···································· 312
  4.3.5 本节小结 ·· 326
4.4 沉管隧道管节接头及节段接头火灾力学行为 ···················· 328
  4.4.1 接头剪力键 ·· 328
  4.4.2 数值计算方法 ··· 331
  4.4.3 管节接头力学分析 ·· 331
  4.4.4 节段接头力学分析 ·· 336
  4.4.5 防火板对接头剪力的影响 ·································· 343
  4.4.6 本节小结 ·· 345
4.5 沉管隧道结构防火保护技术 ······································· 346
  4.5.1 保护措施及现状 ·· 346

4.5.2　耐火保护对象 ………………………………………………………… 353
　　4.5.3　试验方案 …………………………………………………………… 354
　　4.5.4　管节结构构件耐火保护试验 ………………………………………… 358
　　4.5.5　管节接头构件耐火保护试验 ………………………………………… 369
　　4.5.6　节段接头构件耐火保护试验 ………………………………………… 375
　　4.5.7　本节小结 ……………………………………………………………… 378
　4.6　成果应用 ……………………………………………………………………… 379
　　4.6.1　足尺沉管隧道耐火保护方案及测点分布 …………………………… 380
　　4.6.2　火灾45MW温度测试 ………………………………………………… 381
　4.7　本章结论 ……………………………………………………………………… 383

第5章　离岸特长沉管隧道通风排烟试验 ……………………………………… 386
　5.1　隧道通风排烟理论 …………………………………………………………… 386
　　5.1.1　概述 …………………………………………………………………… 386
　　5.1.2　通风排烟设计原则及工作原理 ……………………………………… 392
　　5.1.3　纵向通风模式下不同独立排烟道系统比较研究 …………………… 396
　5.2　单组排烟口合理排烟量 ……………………………………………………… 399
　　5.2.1　火灾排烟量的计算 …………………………………………………… 399
　　5.2.2　排烟量的确定 ………………………………………………………… 403
　　5.2.3　单组排烟口合理排烟量数值模拟分析 ……………………………… 403
　　5.2.4　本节小结 ……………………………………………………………… 406
　5.3　侧向集中排烟模式效率分析 ………………………………………………… 406
　　5.3.1　排烟阀合理开启角度试验及其分析 ………………………………… 407
　　5.3.2　排烟口开启组数试验及其分析 ……………………………………… 414
　　5.3.3　本节小结 ……………………………………………………………… 419
　5.4　侧向集中排烟模式下火灾烟控策略 ………………………………………… 420
　　5.4.1　侧向集中排烟试验及其分析 ………………………………………… 420
　　5.4.2　火灾烟控方案研究 …………………………………………………… 427
　　5.4.3　本节小结 ……………………………………………………………… 441
　5.5　本章结论 ……………………………………………………………………… 442

第6章　离岸特长沉管隧道安全设施配套标准 ………………………………… 444
　6.1　沉管隧道运营灾害预警技术 ………………………………………………… 444
　　6.1.1　概述 …………………………………………………………………… 444
　　6.1.2　公路隧道火灾监测技术 ……………………………………………… 445

  6.1.3 火灾自动报警定位技术 ·············· 454
  6.1.4 本节小结 ·············· 466
 6.2 沉管隧道消防灭火技术 ·············· 467
  6.2.1 概述 ·············· 467
  6.2.2 泡沫水喷淋控火效果 ·············· 473
  6.2.3 泡沫-水喷雾联用系统对烟雾扩散影响 ·············· 479
  6.2.4 本节小结 ·············· 482
 6.3 沉管隧道防灾设施优化配置 ·············· 483
  6.3.1 概述 ·············· 483
  6.3.2 隧道防灾设施配置现状分析 ·············· 483
  6.3.3 沉管隧道防灾设施优化配置研究 ·············· 484
 6.4 本章结论 ·············· 496

第7章 离岸特长沉管隧道逃生救援技术及预案 ·············· 498
 7.1 隧道火灾人员疏散特性 ·············· 498
  7.1.1 概述 ·············· 498
  7.1.2 人员疏散的基本规律 ·············· 501
  7.1.3 隧道火灾时人员疏散行为调查 ·············· 501
  7.1.4 问卷调查结论 ·············· 502
  7.1.5 人员避难行为对疏散的影响 ·············· 505
  7.1.6 本节小结 ·············· 508
 7.2 沉管隧道逃生疏散试验 ·············· 508
  7.2.1 试验目的 ·············· 508
  7.2.2 试验内容 ·············· 508
  7.2.3 试验工况设计 ·············· 510
  7.2.4 试验过程及结果整理 ·············· 512
  7.2.5 试验结果分析 ·············· 520
  7.2.6 本节小结 ·············· 521
 7.3 隧道疏散仿真支持系统 ·············· 522
  7.3.1 疏散仿真的理论分析 ·············· 522
  7.3.2 火场环境实时作用下的人群疏散仿真原理 ·············· 525
 7.4 港珠澳大桥沉管隧道疏散数值仿真 ·············· 527
  7.4.1 疏散设计方案 ·············· 527
  7.4.2 疏散场景设计 ·············· 528

7.4.3 模拟工况 ··· 532
　　7.4.4 疏散仿真过程分析 ··· 533
　　7.4.5 本节小结 ··· 538
7.5 离岸特长沉管隧道应急救援预案 ·· 538
　　7.5.1 火灾和危化物事故的特点及原因 ··· 538
　　7.5.2 防灾救援原则与防灾救援安全系数 ······································ 539
　　7.5.3 危险物品运营消防管理措施 ·· 541
　　7.5.4 防灾救援方案 ·· 544
　　7.5.5 火灾事故交通控制 ··· 554
　　7.5.6 本节小结 ··· 560
7.6 本章结论 ·· 561

第8章 沉管隧道渗漏水智能红外监测技术 563

8.1 利用导热差分法判定缓慢渗漏的室内试验 ······································ 563
　　8.1.1 概述 ·· 563
　　8.1.2 导热差分法室内试验方案设计 ··· 566
　　8.1.3 导热差分法室内试验过程 ·· 573
　　8.1.4 导热差分法室内试验结果分析 ··· 575
　　8.1.5 本节小结 ··· 588
8.2 利用温度突变法判定快速渗漏的室内试验 ····································· 590
　　8.2.1 概述 ·· 590
　　8.2.2 温度突变法室内试验方案设计 ··· 591
　　8.2.3 温度突变法室内试验过程 ·· 591
　　8.2.4 温度突变法室内试验结果分析 ··· 593
　　8.2.5 本节小结 ··· 597
8.3 监测系统集成 ·· 599
　　8.3.1 监测系统总体功能 ··· 599
　　8.3.2 硬件选型 ··· 599
　　8.3.3 软件编制 ··· 604
8.4 监测设备在隧道现场安装与运行 ·· 605
　　8.4.1 现场试验计划 ·· 605
　　8.4.2 现场条件 ··· 606
　　8.4.3 数据采集 ··· 610
　　8.4.4 系统改进 ··· 615

8.4.5	现场试用	617
8.4.6	多功能监测平台	621
8.4.7	本节小结	621
8.5	本章结论	622

第9章 展望 624

附录 A 试验相关图片 626

附录 B 人员疏散调查问卷 630

附录 C 相关 MATLAB 程序 638

参考文献 656

索引 663

第1章 绪 论

1.1 隧道建设概况

近年来,我国经济建设飞速发展,对基础设施建设的投资也日益增多。中国是一个多山脉的国家,山地面积约占全国总面积的70%;同时,江河纵横、海域辽阔,在交通事业迅猛发展的过程中,山岭隧道和水下隧道起着至关重要的作用。

隧道是埋置于地层中的一种地下建筑物,按用途可分为公路隧道、铁路隧道、水下隧道以及地下隧道、航运隧道和人行隧道等。最早的隧道出现在铁路工程中,工业革命后,1826年英国开始修建泰勒山隧道和维多利亚双向隧道。世界上首条公路隧道是1927年修建在美国纽约的哈德逊河底隧道。我国自1965年修建了第一条城市地铁隧道至今,在隧道及地下工程方面已取得举世瞩目的成就,成为世界上隧道数目最多、建设规模最大且发展速度最快的国家。

其中,已建成的具有代表性的公路山岭隧道如表1-1所示。

公路山岭隧道实例 表1-1

序号	隧道名称	位置	长度(m)	车道	通风方式
1	秦岭终南山隧道	西北(陕)	18 020	2×2	三竖井送排,纵向
2	西山隧道	华北(晋)	13 654	2×2	斜竖井送排,纵向
3	虹梯关隧道	华北(晋)	13 122	2×2	分段,纵向
4	麦积山隧道	西北(甘)	12 288	2×2	二竖井送排,纵向
5	大坪里隧道	西北(甘)	12 288	2×2	竖井分段,纵向
6	云山隧道	华北(晋)	11 500	2×2	竖井送排,纵向
7	包家山隧道	西北(陕)	11 200	2×2	三斜井分段,纵向
8	宝塔山隧道	华北(晋)	10 391	2×2	竖斜井送排式,纵向
9	泥巴山隧道	西南(川)	10 007	2×2	斜井+竖井分段,纵向
10	麻崖子隧道	西北(甘)	9 000	2×2	斜、竖井分段,纵向
11	中条山隧道	华北(晋)	9 000	2×2	竖井+斜井送排,纵向
12	佛岭隧道	华北(晋)	8 803	2×2	全射流,纵向
13	龙潭隧道	中南(鄂)	8 693	2×2	竖井送排,纵向
14	雪山梁隧道	西南(川)	8 530	2×1	平导送排

续上表

序号	隧道名称	位置	长度(m)	车道	通风方式
15	紫阳隧道	西北(陕)	7 928	2×2	送排
16	括苍山隧道	华东(浙)	7 899	2×2	斜竖井送排,纵向
17	方斗山隧道	西南(渝)	7 581	2×2	斜井送排,纵向
18	苍岭隧道	华东(浙)	7 571	2×2	纵向+半横流(排烟)
19	白云山隧道	西南(渝)	7 109	2×2	斜井送排,纵向
20	雪峰山隧道	中南(湘)	6 951	2×2	竖井+斜井送排,纵向
21	铁峰山隧道	西南(渝)	6 027	2×2	竖井分段送排,纵向
22	美菰岭隧道	华东(闽)	5 574	2×2	斜井送排,纵向
23	大溪湖雾岭隧道	华东(浙)	4 116	2×2	竖井送排,纵向

公路隧道建设日新月异,水下隧道的建设更是日益引起重视,这主要基于水下隧道不占航道、对生态环境影响小且能够充分利用地下空间等优点。水下隧道使人们改变了"遇水架桥"的传统观念。我国江河纵横,海岸线长约1.8万km、海域面积大,沿海有开发价值的岛屿众多。按照1993年《"五纵七横"国道主干线系统规划》及2004年《国家高速公路网规划》,我国公路网规划的沿海高等级公路干线上共有5个大型跨海工程,自北向南依次跨越渤海海峡、长江口、杭州湾、珠江口伶仃洋和琼州海峡。此外,还有沿海诸多岛屿与大陆之间的联络工程。我国已建成如港珠澳沉管隧道等水下隧道达20座以上,具有代表性的如表1-2所示。内陆高等级公路的建设逐渐完成,规划中的沿海通道工程有琼州海峡跨海通道工程、渤海湾跨海通道工程等。

水下公路隧道实例 表1-2

序号	隧道名称(工法)	位置	长度(m)	车道	通风方式
1	崇明长江隧道(盾构)	华东(沪)	8 955	3×2	纵向+横向排烟
2	翔安海底隧道(钻爆)	华东(闽)	8 695	3×2	竖井送排,纵向
3	胶州湾隧道(钻爆)	华东(鲁)	7 800	3×2	分段,纵向
4	港珠澳隧道(沉埋)	中南(粤)	6 700	3×2	纵向+横向排烟
5	南京长江隧道(盾构)	华东(苏)	6 042	3×2	
6	龙耀路隧道(盾构)	华东(沪)	4 040	2×2	射流风机,纵向
7	纬三路隧道(盾构)	华东(苏)	3 825	3×2	
8	武汉长江隧道(盾构)	中南(鄂)	3 630	2×2	横向
9	苏州独墅湖隧道(明挖)	华东(苏)	3 460	3×2	射流风机,纵向
10	庆春路隧道(盾构)	华东(浙)	3 060	2×2	
11	军工路隧道(盾构)	华东(沪)	3 050	4×2	双层八车道
12	上中路隧道(盾构)	华东(沪)	2 800	2×2	横向,双层
13	复兴东路隧道(盾构)	华东(沪)	2 785	3×2	横向,双层

续上表

序号	隧道名称	位置	长度(m)	车道	通风方式
14	翔殷路隧道(盾构)	华东(沪)	2 785	2×2	
15	打浦路隧道(盾构)	华东(沪)	2 761	2×2	
16	西藏路隧道(盾构)	华东(沪)	2 670	2×2	
17	玄武湖隧道(盾构)	华东(苏)	2 660	3×2	
18	大连路隧道(盾构)	华东(沪)	2 566	2×2	横向式
19	新建路隧道(盾构)	华东(沪)	2 355	2×2	
20	延安东路隧道(盾构)	华东(沪)	2 261	2×1	
21	外环隧道(沉埋)	华东(沪)	2 882	4×2	射流风机,纵向
22	珠江隧道(沉埋)	中南(粤)	1 238	2×2+1	纵向,公铁共用
23	宁波常洪隧道(沉埋)	华东(浙)	1 053	2×1	射流风机,纵向

国际经济区域的建立和全球海洋资源的开发,要求修建跨洲、跨国的大通道,这给全世界跨海桥梁的建设提供了更大的发展空间。世界各国已建成或正在规划的跨海通道工程有日本津轻海峡通道工程、意大利墨西拿海峡通道工程、土耳其伊兹米特海湾通道工程、印尼苏门答腊海湾通道工程、直布罗陀海峡通道工程、白令海峡通道工程等。

关于沉管隧道,从1896年美国首次利用沉管法建造穿越波士顿港 ShirleyGut 的输水隧道开始,仅美国境内,在最近50年里已建成20条沉管隧道。其中最长的是1970年在旧金山建成的海湾地区快速轨道交通运输系统(BART),全长5 825m,其管底最深处位于海平面下40.5m;最宽的是 Drecht 隧道,全长347m,宽49.04m,高8.08m,其管底最深处位于海平面下15m。在欧洲,第一条沉管隧道(Mass)建成于1943年,是矩形断面混凝土沉管隧道,位于荷兰鹿特丹市。1969年在比利时安特卫普建成的沉管隧道宽约48m,高10m,可设置两条三车道公路、一条双车道铁路。自 Mass 隧道建成至1986年年底,欧洲已建成24条混凝土沉管隧道,其中荷兰就占了一半。在亚洲,第一座沉管隧道是1944年日本为大阪地铁网修建的沉管隧道,在1994年前日本已修建完成了共计18座沉管隧道;韩国在建的一座连接釜山至巨济岛的沉管隧道,水深达50m,采用了节段式管节形式。到目前为止,我国已建成的水底沉管隧道达到10座(珠江、甬江、常洪、外环等),在建的5座(海河、沈家门、仓头—生物岛、洲头咀、佛山东平)。香港已建成5座海底沉管隧道,台湾也修建了高雄港跨港沉管隧道。

世界上用沉管法建设水下隧道虽已有100多年历史,但我国开始采用该技术始于20世纪80年代末。通过学习国外先进技术与经验,应用新材料、新机具、新工艺,成功地建造了广州珠江和宁波甬江两条沉管隧道。近年,我国采用沉管隧道法建成(或在建)的水底隧道有上海外环隧道,广州市洲头咀隧道、仓头—生物岛—大学城隧道、宁波常洪隧道以及天津海河隧道。其中,2003年建成的上海市外环线越江沉管隧道全长2 880m,沉管段长为736m,沉管高

9.55m、宽43m，设计速度80km/h，为双向八车道水下公路隧道。所有这些隧道的质量和防水性能都达到了较高的水平，说明我国已经掌握了用沉管法修建水底隧道的关键技术，标志着我国在沉管隧道领域已经达到了国际先进水平。随着经济的不断发展和技术的不断进步，特别是许多已建工程的事实使得人们认识到"遇水架桥"不再是跨越江河的唯一选择，很多时候以水底隧道的方式沟通两岸比建桥更为优越。

随着我国沉管隧道越来越多地被用于跨越江海湖泊，其火灾风险也在不断增大，对沉管隧道沉管结构火灾安全性的评价以及如何提高沉管结构的火灾安全性提出考验，这也是目前管理、设计、施工、运营等部门面临的最重要的问题之一。因此，系统研究沉管隧道沉管结构高温下力学性能的变化，进而给出合适的隧道沉管结构耐火方法是当前的一项重要任务，这对于提高沉管隧道沉管结构的火灾安全性具有重要的理论价值和实用意义。

港珠澳大桥工程作为沟通三地的跨工程，车流量大且车型混杂。其沉管隧道作为离岸特长沉管隧道，埋深较深，逃生救援的难度大。一旦发生火灾，在造成严重的人员伤亡与巨大的经济损失的同时，也会造成巨大的社会影响。

因此，在隧道数量不断增多、交通量不断增大以及火灾风险不断增大的情况下，研究如何从防火耐火角度提高新建隧道性能，保证隧道结构体系的耐火性及安全性，尤为重要。特别是在海底沉管隧道，由于其结构特点存在管节接头与节段接头，接头需具备水密性与柔韧性，一般采用橡胶材料，其正常使用温度范围有限，同时地处海洋，水深较深，且一旦发生火灾引起隧道结构的破坏将可能导致隧道无法修复。因此针对相关海底隧道工程，研究其海底沉管隧道火灾场景与耐火设计目标，进而提出适合于海底沉管隧道管节主体结构与管节接头的耐火保护技术，对于提高海底沉管隧道的火灾安全性具有非常重要的理论价值及实际意义。同时考虑到国内在隧道，特别是在海底沉管隧道耐火防火设计方面的规范还不完善，因此，本书总结了现阶段成熟的技术和理论以及港珠澳沉管隧道在防灾减灾方面的技术突破，力争为海底沉管隧道防灾减灾的研究和设计工作提供参考。

随着水下隧道技术的不断完善，相信在不久的将来，我国将有一批更为宏大的工程展现在世人面前。

1.2　国内外隧道火灾事故分析

隧道为公路交通运输提供便利条件的同时，也存在众多潜在风险因素，甚至会酿成严重人员伤亡与财产损失的后果，火灾就是诸多因素中最常见的一种。隧道火灾事故在法国、澳大利亚和瑞典等国家的相继发生，使隧道安全问题成为重要议题和研究热点。经调查统计，将近几十年间国内外的隧道火灾事故列举如下，通过火灾案例的调查分析，来了解隧道火灾的起因及预防。

1.2.1 隧道火灾事故案例

国外隧道火灾事故：

1979年，日本Nihozaka隧道，4辆卡车与2辆轿车碰撞，火灾持续160h；

1979年，美国圣弗朗西斯科海底隧道火灾；

1982年11月，阿富汗萨朗隧道(Salang Tunnel)火灾，死伤700余人；

1982年，美国加利福尼亚州卡尔德科特公路隧道火灾；

1995年，阿塞拜疆巴库地铁火灾；

1996年11月18日，英法海峡隧道(Channel Tunnel)火灾，34人受伤；

1999年3月24日，法国和意大利间的勃朗峰(Mont Blanc)公路隧道火灾，41人死亡；

1999年5月29日，奥地利托恩(Tauen Motorway)公路隧道火灾，12人死亡；

2000年11月11日，奥地利Kitzsteinhorn Funicular隧道火灾，155人死亡；

2001年10月24日，瑞士圣哥达(St. Gotthard)公路隧道火灾，11人死亡；

2001年10月25日，瑞士阿尔卑斯山区隧道发生车祸，20人死亡；

2003年6月6日，韩国首尔一辆公共汽车与吉普车在隧道相撞起火；

2004年9月8日，瑞士贝鲁根(Baregg)隧道火灾，1人死亡；

2005年6月4日，法国弗雷瑞斯(Frejus)隧道发生火灾，2人死亡。

国内隧道火灾事故：

1990年，襄渝线梨子园隧道罐车汽油外泄，4人死亡，7人重伤；

1998年7月，湘黔铁路朝阳坝2号隧道火灾；

2002年1月10日，中国浙江猫狸岭隧道发生火灾并伴有小型爆炸；

2006年3月21日，京珠高速公路粤境北段温泉隧道发生车辆火灾事故；

2006年10月1日，石太铁路太行山隧道电线短路引发火灾，4人死亡；

2011年4月8日，兰临高速公路新七道梁隧道发生两辆油罐车追尾事故，并引起油体爆炸，4人死亡；

2013年4月30日，福建厦蓉高速公路隧道小车追尾起火，4车烧毁；

2014年3月1日，山西省晋城市境内的晋济高速公路岩后隧道内发生两辆甲醇车辆追尾相撞事故，31人死亡，9人失踪。

以上数据充分说明了隧道火灾事故的严重性，火灾一旦发生，若得不到有效控制，将造成重大人员伤亡及财产损失，后果不堪设想。下面将重大隧道火灾事故分析列举如下：

勃朗峰(Mont Blanc)隧道全长11.6km，建于1965年。1999年3月，隧道内一辆载有黄油的货车自燃起火，火焰迅速扩散至其他车辆，温度达到1 000℃以上。灾后清理火灾现场发现共有23辆重型载货汽车、1辆载货汽车、9辆小汽车、1辆摩托车，总计34辆车被烧毁，41人死亡,其中34人死在车内。这说明大多数人没有意识到火灾危险性,未及时采取逃生行动,当意识到火势蔓延后,已窒息而死。

1999年5月29日,4辆轿车、2辆货车在穿越全长6.4km奥地利西部的陶恩(Tauern)隧道时,在隧道内约700m处相撞起火。相撞的某车辆上的油漆罐由于高温发生爆炸,虽然爆炸的气浪不大,没有对隧道中的人员产生直接的威胁,但是爆炸产生了致命的烟雾。这场大火燃烧了十几个小时,烧毁14辆载货汽车和26辆小汽车,12名乘客被火焰吞没或窒息死亡,另有49人受伤。

2001年10月24日,瑞士阿尔卑斯山区圣哥达(St. Gotthard)隧道内发生车祸,两辆大卡车迎头相撞引发大火,11人丧命,128人失踪。隧道内浓烟滚滚,救援工作极其困难,大火持续了24h,40辆车被烧毁。由于火灾持续时间过长,隧道拱顶塌陷,短期内难以修复通车。

值得注意的是,勃朗峰隧道、陶恩隧道和圣哥达隧道分别在火灾发生后55h、14h和6h后得到控制,最大的热释放率估计分别为180MW(平均75~100MW)、120MW和120~200MW。隧道火灾事故现场如图1-1所示。

a) 勃朗峰隧道

b) 圣哥达隧道

图1-1 隧道火灾事故现场

近年来我国的隧道火灾事故也时有发生,近期引起学者们高度关注的火灾为甘肃七道梁隧道火灾和山西岩后隧道火灾事故。

2011年4月8日凌晨3时许,甘肃兰州至临洮县高速公路上的新七道梁隧道内,发生两辆油罐车追尾事故,并引起油体爆炸,造成4人死亡,如图1-2所示。

图1-2 七道梁隧道火灾现场

2014年3月1日14时50分,位于山西省晋城市晋济高速公路上的岩后隧道内,发生两辆装载近30t甲醇车辆追尾事故,导致前车甲醇泄漏,在驾驶员处置过程中甲醇起火,如图1-3所示。隧道内42辆车及煤炭等货物被引

6

燃引爆,造成31人死亡、9人失踪,火灾持续了近73h,预计火灾的热释放率为600~800MW。

图1-3 岩后隧道爆炸现场

1.2.2 隧道火灾发生概率

关于隧道火灾发生的概率,不同资料的说法不尽相同。我国《公路隧道设计细则》(JTG/T D70—2010)中指出,隧道火灾发生的概率是10~17起/亿车公里;日本学者指出每1亿车公里发生事故为50起,其中,火灾0.5起,长度为1.0km,交通量为2万辆/日时的隧道,50年发生一起火灾;据英国学者统计,每1亿车公里发生火灾2起,长度为2km,交通量为5万辆/日时的隧道,每年发生1起火灾;国内公路隧道每行驶5 000万辆/公里就有1起火灾发生。经综合分析,火灾频率取2起/亿车公里较为合适,如表1-3所示。

频率为2次/亿车公里时的火灾周期　　　　　　　表1-3

隧道长度(m)	交通量(混合车)	
	2万辆/日	3万辆/日
1 000	6.8年	4.6年
2 000	3.4年	2.3年

1.2.3 隧道火灾的危害性

隧道的狭长结构形式,使隧道火灾不同于通常建筑火灾,它具有以下特点:

1)烟气中毒性气体浓度高

烟气被定义为液体和固体燃烧产生的可燃气体、空气与固体颗粒的混合物。其中毒性物质主要包括燃烧生成物中的麻醉性气体和刺激性气体,如表1-4所示。

隧道火灾烟气中的有毒气体　　　　　　　表1-4

可燃物材料	有毒气体	可燃物材料	有毒气体
所有含有碳元素的可燃材料	CO_2	橡胶、聚硫橡胶	SO_2
	CO	尼龙、尿素、甲醛、树脂	NH_3
明胶、聚氨基甲酸酯	NO_x	苯酚、甲醛、木材、尼龙、树脂	—CHO
棉毛、丝绸、皮革、含氮塑料、纤维塑料和人造纤维	HCN		

车辆内饰大多为可燃物,燃烧后将产生大量有毒有害气体,对人员造成极大威胁;另一方面,隧道为狭长空间,仅有洞口与外界相通,因此火灾过程中氧气不足导致燃料不完全燃烧程度较高,发烟量大。其中最常见的有毒气体是CO,浓度较高的毒性气体很难自行排出,与此同时,大量烟气使能见度降低,加缓人员疏散速度,阻碍人员安全撤离。

2) 火灾规模大、火势发展迅速

车辆是隧道火灾中重要的可燃物,研究表明,小汽车火灾功率峰值为2.5MW,大客车为20~30MW,重型载货汽车(HGV)可以超过100MW。另外,火势增长速度也很迅速,Runehamar隧道全尺寸HGV火灾试验表明,火灾热释放速率在不到10min的时间内可超过100MW,如瑞士圣哥达隧道火灾发生几分钟内洞内温度已达到1 000℃。

3) 火灾蔓延速度快

受隧道结构横向和竖向的限制,烟气在纵向上的输运能力增强,高温烟气受到浮力驱动,迅速蔓延至整个空间;同时,行驶车辆的活塞作用对火灾蔓延与烟气流动造成影响;另外,不完全燃烧的CO等产物较多,在流动过程中与新鲜空气接触,继续燃烧,容易使火灾从一处"跳燃"至另一处;着火车辆继续行驶也将扩大火势蔓延。由此可见,隧道内火灾蔓延的潜在因素较多,若未能及时控制,将引发火势快速蔓延。

4) 疏散救援困难

隧道火灾从发现、判断确认到启动救援系统的响应时间相对较长,短时间内很难采取救援措施,容易失去最佳时机;另外,隧道属于狭长结构,疏散距离长,安全出口少,对疏散救援工作亦造成较大困难,很难在短时间内完成大规模人员疏散。

5) 人员伤亡和经济损失严重

由上述火灾事故统计数据可知,隧道火灾能够造成人员死伤、车辆损毁、隧道内设施及结构破坏等。由于火灾过程中热释放速率较大,热量不易散去,温度很容易达到1 000℃以上,因此火源附近隧道结构很容易遭到破坏,从而长时间中断交通,造成重大经济损失。

国内外公路隧道衬砌结构火灾损伤案例如下:

(1) 弗雷瑞斯(Fréjus)公路隧道火灾

2005年6月4日,在法国和意大利间的弗雷瑞斯公路隧道(13km)火灾中,大火烧坏了隧道内部设施,火灾高温(高达900℃)严重破坏了隧道衬砌结构,并造成了严重的人员伤亡(2人死亡,20多人受伤)。

(2) 猫狸岭隧道(甬台温公路)火灾

2002年1月10日,猫狸岭隧道(甬台温公路)发生火灾,大火使得火灾点附近100m以上范围内的隧道壁瓷砖脱落、衬砌结构混凝土面层产生破损(图1-4),造成直接损失近100万元。由于火灾严重破坏了衬砌结构，隧道在火灾后关闭。

图 1-4　猫狸岭公路隧道火灾造成的衬砌结构损伤

(3) 圣哥达公路隧道火灾

2001年10月24日，圣哥达公路隧道(瑞士)发生火灾。灾后分析显示，火灾中隧道内的最高温度高达1 000℃，大火使得隧道事故地段的顶部塌陷，部分路段被烧毁。

(4) 勃朗峰公路隧道火灾

1999年3月24日，长达11.6km的勃朗峰公路隧道(法国—意大利)发生严重火灾，火灾发生后，火势迅速增大，消防救援无法开展，使得隧道内的最高温度达到1 000℃。大火燃烧55h才熄灭，严重损坏了隧道结构，其中拱顶混凝土窟窿全部沙化，隧道被迫关闭3年。

(5) 托恩公路隧道火灾(Leitner,2001)

1999年5月29日，托恩公路隧道(奥地利)发生火灾。火灾高温产生的衬砌结构热膨胀，使得吊顶混凝土开裂，部分区域甚至发生爆裂，造成衬砌结构的保护层剥落。高温使得衬砌中的钢筋失去强度。在火灾点附近约100m的隧道区段内，边墙混凝土也由于火灾高温而发生了严重的爆裂现象(爆裂深度达到400mm)。灾后清理工作的记录显示，爆裂产生的混凝土碎片达到了600m³，如图1-5所示。

图 1-5　托恩公路隧道内爆裂的混凝土碎片

(6) 盘陀岭第二公路隧道火灾(马天文,2002)

1998年7月7日，中国盘陀岭第二公路隧道($L=950$m)发生火灾。大火使得50m范围(K392+720～K392+770)的拱部和边墙二衬受到严重破坏，混凝土大面积剥落或者掉块，深度达到10～18cm(二衬设计厚度为40cm)，衬砌出现纵向和环向裂缝，并大面积漏水，防水层(EVA+PE塑料防水层)遭到完全破坏。此外，大火造成约80m(K392+770～K392+850)衬砌施工缝全部裂开,并出现渗漏水。

1.2.4 隧道火灾发生原因

隧道火灾本质上是一种伴随有发热、发光的燃烧过程,需要同时具备三个条件:即可燃物、助燃物以及火源。根据资料统计,隧道事故中常见的火源有:明火、电火花(如切断电源时)、摩擦产生的火花或高温(如制动时)、静电火花(如油箱的振摇)、撞击所引起局部高温等等。

通风提供的氧气是很好的助燃物,当氧气和易燃、易爆气体混合的浓度在爆炸极限范围之内时,此时若遇明火,就会产生燃烧或发生爆炸。通过众多火灾案例分析发现,车辆以及隧道内电器设备是引起隧道火灾的主要危险源,同时从英国消防研究中心的相关统计资料来看,隧道中大约每行车107km,平均发生火灾0.5~1.5次,其中有1%左右是罐车火灾,平均一座隧道每18年左右就可能发生一次火灾,包括油罐车,有毒化学品罐车与可燃物罐车等。

同时,随着载有可燃物品的车辆数量增加,火灾发生的可能性也在不断增大。并且随着隧道内电器设备不断增多,以及人为因素等影响,使得隧道内火灾事故发生的概率每年都在增长。

根据火灾案例的统计情况,车辆自身故障和车辆交通事故是隧道火灾的两个主要因素,这两个因素所引发的火灾可以占到公路隧道总调研案例的97.44%。在联合国经济和社会理事会(Economic and Social Council)的研究报告中,《公路隧道火灾安全与专家组建议》(2001)指出,根据国际上的调查统计,目前公路隧道发生火灾的主要原因有:

(1)交通事故(追尾、碰撞、翻车等)原因造成火灾的发生,甚至引发特大火灾事故。据调查,世界上大约14起特大火灾事故中,有12起由该原因造成。如山西延后隧道特大火灾事故。

(2)车辆自身原因(发动机过热、电气系统缺陷等),导致车辆或所载货物的自燃引起火灾事故。

发动机自燃、轮胎发热自燃、碰撞漏油等因素也是造成我国的隧道火灾事故的原因。目前,在我国,部分运营车辆车况较差,尤其是载货汽车,超载情况尤其严重,特别是在长上坡隧道路段上,发动机持续加热,而在隧道长下坡路段,车辆制动频繁,从而引起温度升高,进而增加了发生火灾的可能性。特别是在车流量较大的隧道中,出现这种情况的概率更大。

总体而言,引发公路隧道火灾的原因是多方面的,具体分析,主要可以归纳为以下三大类:车辆自身的设备故障导致起火、车辆撞击等交通事故引发火灾、车辆装载货物起火引起火灾等等。这些原因是一种客观存在,无法完全杜绝,只能是减少发生概率并尽可能降低损失,所以必须引起高度重视。

1.2.5 隧道火灾的特点

公路隧道属于地下结构,其位置的特殊性以及空间的局限性,使得其在封闭环境下一旦发

生火灾,必定带来疏散与救援困难、排烟困难与从外部灭火困难,也使得其火灾特点明显不同于地面火灾,主要有以下几点:

(1)燃烧比较猛烈,温度较高,烟气毒气大,火灾扑灭难度大;

(2)从失火到爆发成灾的时间一般为5~10min,而持续时间和隧道外所处的环境密切相关,较大的火灾一般可在半个小时和数个小时之间爆发。同时,隧道内的散热条件与洞外相比较差,因而隧道火灾的温升速度要快许多。

(3)火焰受到隧道净空的限制,向水平方向延伸,炽热气流可以顺着风传播很远,燃烧所带来的能量最多有10%左右被烟气带走,剩下的大部分都传给了二衬和围岩。因而烟气温度随着距火源距离的增加而迅速下降,不过由于洞壁被加热后的辐射热,温度会保持很长一段时间。

(4)隧道火灾一般主要分为富氧型以及燃烧丰富型两种类型。一般较小的火灾反而更容易产生大量的烟雾而充满整座隧道。这样即便是在强力照明的条件下,能见度一般也只在1.0m范围以内,并且,隧道内有毒烟雾的传播会引起现场人员的中毒或者死亡。

(5)隧道内发生火灾时,火源可以从一个点跳跃到下一个点,从而将火势扩大。根据试验观察,跳跃长度一般为50倍隧道直径。

(6)隧道内发生火灾后会极大地影响隧道内的空气分布,导致内部气流减速、加速或者流动方向发生逆转。在隧道内气压与风机影响下,一般高温的烟气会向一侧流动,这样就会引起一侧温度太高,因而只能从另外一侧进行救援。

(7)隧道火灾安全疏散困难,极易发生次生灾害。火灾发生后,人们情绪紧张,极易造成拥挤、混乱等情况,进而可能导致意外伤亡事故。

(8)火灾产生的热烟,集中在隧道顶部,当洞内有较大的纵向风时,烟气弥漫到隧道整个断面,降低能见度,这样很容易使人迷失方向并有可能引起中毒死亡。

(9)发生火灾后,所产生的热量大部分都被隧道衬砌吸收,导致衬砌温度迅速上升,最高温度可超过1 000℃。调查报告表明,2005年弗雷瑞斯隧道发生火灾时,隧道内的温度达到1 650℃。在如此高的温度下,隧道内的通信、照明、电力等设备连同滞留在隧道内的车辆基本上全部被烧毁;隧道衬砌材料在骤然升温和长时间的高温下会产生爆裂以及材料性能劣化。而对于水下隧道来说,带来的后果更为致命,隧道的破坏甚至不可修复。

1.3 离岸特长沉管隧道工程特点

本书以国家科技支撑计划项目"港珠澳大桥跨海集群工程建设关键技术研究与示范"课题五子课题四"离岸特长沉管隧道建设防灾减灾关键技术"为依托,以港珠澳大桥海底沉管隧道为工程背景。

1.3.1 工程基本概况

港珠澳大桥跨越伶仃洋海域,东接香港特别行政区,西接广东省珠海市和澳门特别行政区,是"一国两制"框架下、粤港澳三地首次合作建设的超大型跨海交通工程,同时也是国家高速公路网规划中珠江三角洲地区环线的组成部分和跨越伶仃洋海域的关键性工程。工程全长约55km,包括三项内容:一是海中桥隧主体工程;二是香港、珠海、澳门三地口岸;三是香港、珠海、澳门三地连接线。其中,海中桥隧主体工程由三地政府共建共管,其范围起自珠澳口岸,终于粤港分界线,长约29.6km,采用桥-岛-隧集群方案,包含约6.7km沉管隧道和22.9km跨海桥梁,为实现桥梁和隧道转换,隧道两端各设置长625m×宽183m的海中人工岛。东人工岛东边缘距粤港分界线约150m,西人工岛东边缘距伶仃西航道约1 800m,两人工岛最近边缘间距约5 250m。港珠澳大桥平面示意简图如图1-6所示。

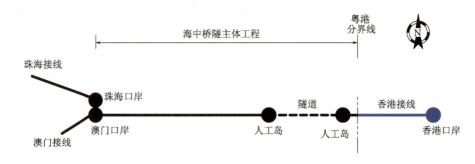

图1-6 港珠澳大桥平面示意简图

1.3.2 工程特点

港珠澳大桥海底隧道是我国首条在外海建设的超大型沉管隧道,海中沉管段长5 664m。沉管隧道处于外海,水深大、沉管顶回淤厚度大、地基处于深厚软弱地层上,为目前世界范围内最长、埋深最深、规模最大的海底公路沉管隧道,也是我国交通建设史上技术最复杂、标准最高的海中隧道工程,其设计施工难度在世界范围内首屈一指。

1)沉管隧道

沉管隧道管节全部采用先进的"工厂法"生产,在距离隧道轴线约7海里的桂山牛头岛预制厂中完成预制,然后整体拖运到工程现场进行沉放。隧道采用两孔单管横截面,两侧为行车道孔,中间为综合管廊,管廊内分为三层,上层为专用排烟道,采用纵向通风+侧向排烟的组织方式。火灾发生时,合理的射流风机开启功率、正确的轴流风机开启时间、精确的排烟口开启组数和排烟阀角度、通风组织、泡沫喷淋等,都是沉管隧道通风防灾的技术关键。

海底隧道全长近6km,共33节,其中5管节为曲线段,半径5 500m;标准管节长180m,采用半刚性纵向结构体系,由8节长22.5m、宽37.95m、高11.4m的节段组成,单体质量约7.8万t。

该隧道的平面、纵断面、横断面分别如图1-7～图1-9所示。它是目前世界范围内长度最长、埋深最深、规模最大的海底公路沉管隧道,也是我国交通建设史上技术最复杂、标准最高的海底隧道工程。全线桥涵设计汽车荷载等级采用公路-Ⅰ级,同时满足香港《道路及铁路结构设计手册》中规定的荷载要求。大桥的设计使用寿命为120年。

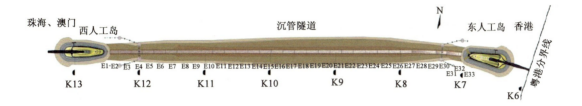

图1-7 港珠澳沉管隧道平面图

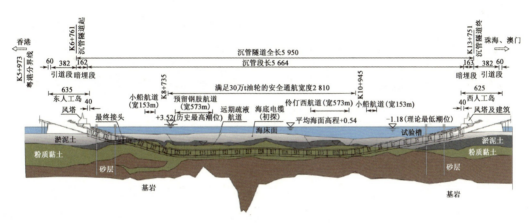

图1-8 沉管隧道纵断面图(尺寸单位:m)

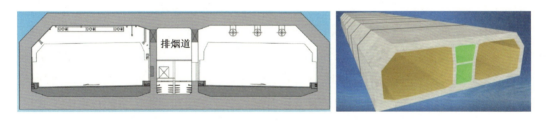

图1-9 沉管隧道横断面图

海底沉管隧道工程采用双向六车道高速公路标准建设,隧道设计交通量大,为90 000pcu/d,设计速度为100km/h。隧道中隔墙上每隔67.5m设置一处逃生安全门,连通两侧隧道和安全通道。

2)人工岛

西人工岛靠近珠海侧,东侧与隧道衔接,西侧与青州航道桥的引桥衔接,人工岛平面基本呈椭圆形,从人工岛挡浪墙外边线计算岛长600多米,横向最宽处约183m。人工岛内隧道分为暗埋段和引道段,其中暗埋段长度为163m;引道段长度为330m,岛内隧道纵向坡度为2.98%。

东人工岛靠近香港侧,西侧与隧道衔接,东侧与桥衔接,人工岛平面基本呈椭圆形,从人工岛挡浪墙外边线计算岛长600多米,横向最宽处约215m。人工岛内隧道分为暗埋段和引道段,其中暗埋段长度为163m;引道段长度为330m,岛内隧道纵向坡度为2.98%。人工岛平面图如图1-10所示。

a) 西人工岛　　　　　　　　　　b) 东人工岛

图1-10　人工岛平面图

人工岛的基本功能是实现海上桥梁和隧道的顺利衔接。它既是人员逃生避难场所,又是消防救援控制中心。当沉管隧道发生火灾时,隧道内人员身处海底沉管内部,心理将极度恐慌,逃生能力大大降低。同时,隧道远离岸边,管理中心救援难度大,如何做好逃生救援措施是研究的难点。

从防灾减灾角度讲,港珠澳沉管隧道具有三个特点:其一,接头多。由于隧道为六车道+中央管廊的大断面,单体重量大,故沉管采取节段式,即隧道由33个180m长的管节+合龙处最终接头组成。每个管节由8个22.5m长的节段构成,众多接头及构造耐火灾高温和防渗水的要求高。其二,交通量大。隧道设计交通量为90 000pcu/d,设计速度100km/h,正常行程约4min,为车辆连续流型。火灾时温度场、烟雾场对隧道交通环境和驾乘人员的危害大。其三,逃生救援组织难度大。隧址位于外海,最大水深45m;二端连接的东西人工岛分别约为10万m²;其水深约10m,岛上设施多,面积狭小,用于逃生救援的面积有限,在水域环境条件下的隧道防灾减灾难度大。

港珠澳大桥是我国继三峡工程、青藏铁路、南水北调、西气东输和京沪高速铁路后的又一重大基础设施项目,是当今世界上规模最大、标准最高、技术最复杂的桥-岛-隧一体化的集群工程,作为如此重要的百年工程,建设者和管理者面临巨大的挑战,尤其是沉管隧道建设期与运营期防灾减灾更是各方的关注重点。

1.3.3 研究目标、内容和成果

围绕港珠澳海底沉管隧道防灾减灾难题,以确保结构安全和运营安全为目的,研制了1:1足尺沉管隧道防灾减灾与结构高温耐火两大试验平台,提出了沉管隧道火灾、排烟、消防、报警、逃生、救援综合试验方法;得到了管节/接头结构体内温度场、损伤范围、承载力及其耐火设计参数;得到了不同热释放速率洞内空间温度场和烟雾场及其扩散特征;提出了洞内设备耐高温的安全位置和洞内人员避浓烟的逃生时间,以及侧向集中排烟控制方法;建立了沉管隧道安全等级体系及设施配置标准;提出了感温式辐射火灾自动报警方法及差温报警阈值;研制了沉管隧道接头渗漏水智能红外监测系统等。取得10项学术性成果、10项工程性成果和8个创新点,为港珠澳大桥海底沉管隧道建设提供了重要科技支撑。

第 2 章　沉管隧道防灾减灾研究方法

隧道火灾事故造成的巨大损失引起了世界各国对隧道防火安全问题的高度重视,并促进了关于隧道火灾的广泛而集中的研究,取得了一系列成果,制定了一批技术规范、标准和指南。

PIARC 公路隧道技术委员会创建于 1957 年,该组织致力于隧道火灾安全方面的研究,特别是近年来提出的运营—维护—管理及污染—环境—通风问题的方案。PIARC 于 1992 年成立专门工作组对火灾及烟雾控制进行专题研究,撰写了 *Fire and Smoke Control in Road Tunnels*,该研究报告从 8 个方面阐述了隧道防灾减灾技术研究的最新成果。该研究成果在 1995 年的蒙特利尔和 1999 年的吉隆坡两次会议中有所展现。工作组主要针对 1992 年挪威的 EUREKA"FIRETUN"试验和 1993 年的 Memorial 火灾检测项目进行研究。

2002 年,UPTUN(Cost-effective,Sustainable and Innovative Upgrading Methods for Fire Safety in Existing Tunnels)项目是由欧洲委员会(European Commission)发起,41 位专家组成的对欧洲既有隧道火灾安全进行研究的大型项目。该项目于 2002 年 9 月 1 日启动,历时 4 年,共投资 1 300万欧元。该项目的研究目的是对欧洲既有隧道进行分类,对火灾监控系统进行调查,评估当前的防灾技术,以便提出新方法。

在隧道安全设计方法方面,各国相继出台了一系列技术标准。美国 *Standard for Road Tunnel,Bridges,and other Limited Access Highway*(NFPA 502)规定了隧道消防要求,美国联邦公路管理局 FHWA(1984)发布了报告 *Prevention and Control of Highway Tunnels Fires*(FHWA/RD-83/032),对既有、新建隧道的火灾逃生、火灾风险分析及控制、火灾损害以及火灾救援等提供了建议;日本的《日本建设省道路隧道紧急用设施设置基准》通过对隧道分级而规定防护要求;法国 2002 年制定了 *Risk Studies for Road Tunnels,Methodology Guideline*(Preliminary version),给出了典型火灾热释放率、CO、CO_2 生成量及氧消耗量的取值;瑞士联邦公路办公室 ASTRA(Swiss Federal Roads Office)制定了 *Guidelines for the Design of Road Tunnels* 以及 *Ventilation of Road Tunnels,Selection of System,Design and Operation*(2001);挪威 2000 年发布了隧道火灾风险分析导则 *Risk Analysis of Fire in Road Tunnels*(Guideline for NS 3901),给出了用于风险分析的隧道火灾场景;瑞典制定了 *Tunnel 99*,其中第四节对隧道防火作了专项规定,包括火灾探测、烟流控制、逃生救援等内容。

欧盟对欧洲的公路、铁路隧道发布了指导性文件,包括:①Directive 2004/54/EC Minimum

Safety Requirements for Tunnels in the Trans-European Road Network；②Directive 2004/49/EC Safety on the Community's Railways；③Directive 1995/18/EC The Licensing of Railway Undertakings；④Directive 2001/14/EC The Allocation of Railway Infrastructure Capacity and the Levying of Charges for the use of Railway Infrastructure and Safety Certification；2001 年世界经济合作与发展组织 OECD(Organization for Economic Cooperation and Development)与国际道路协会 PIARC 共同发布报告 Safety in Tunnels-Transport of Dangerous Goods through Road Tunnels,对危险品通过隧道建立了风险评估和决策支持系统。

从国外既有研究成果来看,对公路隧道防火减灾技术研究,世界各国已经做了很多基础性工作,但研究深度仍然不能满足海底特长沉管隧道防灾减灾设计要求,主要是因为针对海底特长沉管隧道救援设计方法及预案制定的研究较少。

国内防火研究在中华人民共和国成立后逐渐发展起来,如公安部上海、天津、四川和沈阳消防研究所,林科院黑龙江森林保护研究所、抚顺煤炭研究所相继建立防火研究机构。1992 年中科大火灾重点实验室设立了各种模拟火灾的实验装置,在燃烧实验和模拟等方面具有专业技术团队和长时间经验积累,成为国内唯一一家国家级火灾实验室。目前,国内对公路隧道防火研究主要集中在公路隧道交通安全管理、火灾自动报警系统设计、火灾时车辆临界安全距离、火灾通风设计及烟流扩散等方面。对于公路隧道火灾预防与救援没有开展系统性的研究,尚未形成比较完善的隧道防火设计指南或规范,造成我国目前的公路隧道防火设计基本照搬工业与民用建筑防火标准,缺项、不适用的地方较多,执行起来也存在许多问题。

我国隧道防火的标准化主要包括 2001 年颁布的铁道部标准《铁路隧道设计规范》(TB 10003—2001);2003 年国家标准《地铁设计规范》(GB 50157—2003);2004 年交通部标准《公路隧道设计规范》(JTG D70—2004);2006 年国家标准《建筑设计防火规范》(GB 50016—2006)等,以上规范分别对铁路、地铁和公路隧道防火疏散做了相关规定,但均不完善。我国云南省首次制定了隧道消防相关标准《公路隧道消防技术规程》,但标准中很多技术参数来源于国外,未经过足尺试验验证。

综上所述,我国虽然已经进行了一些相关研究,然而由于缺乏大型试验基地,主要以小尺寸模型试验为主,从数量以及规模上与国外相比均存在较大差距。另一方面,国内外试验主要针对山岭隧道,而对水下隧道的火灾安全研究甚少,致使人们对沉管隧道火灾人员疏散环境不甚了解,本书希望能够填补研究中的空白。

2.1 隧道防灾减灾研究方法

在隧道防灾减灾研究中,目前普遍应用的方法主要有数值模拟和物理试验仿真两种。

2.1.1 数值模拟

自从 20 世纪 80 年代以来,数值模拟已经成为研究隧道火灾越来越普遍的方法,其中最主要的原因就是计算机的快速发展,以及同火灾试验相比需要的经费更加合理,而且可以得到其他方式无法得到的详细数据。

现阶段国内外对火灾烟气数值模拟主要有 5 种方法,分别为经验模拟、场模拟、区域模拟、网格模拟和混合模拟。各种模型的优缺点和常用软件见表 2-1。

各种模拟的优缺点和常用软件　　　　表 2-1

模型种类	优　点	缺　点	常用软件
经验模拟	其准确性高并对计算能力要求较低,能够对火源空间以及关联空间的火灾发展过程进行估计	局限性体现在描述火源空间的一些特征物理参数,如烟气温度、浓度、热流密度等随时间的变化	计算烟羽流温度的 Aplert 模型以及计算火焰长度的 Hasemi 模型
区域模拟	通常把房间分成两个控制体,即上部烟气层与下部冷空气层。这与真实试验的观察非常近似	用于模拟时,无法给出研究对象的某些局部的状况变化	ASET、COMPF2、CSTBZI、FIRST、FPETOOL、CFAST 等
网格模拟	该模型充分考虑不同建筑特点、室内外温差、风力、通风空调系统、电梯的活塞效应等因素对烟气传播造成的影响	火灾烟气的处理手法十分粗糙,适用于远离火区的建筑各区域之间的烟气流动分析	NIST 发布的 CFAST 软件、典型模型包括 ASCOS 模型、CONT-AM 模型
场模拟	将建筑空间划分为上千万、相互关联的小控制体。每个小控制体解质量方程、动量方程和能量方程,可以得出对象比较细致的变化情况	目前高层建筑、综合体越来越多,若是每个受限空间都运用场模型,计算量大,误差也较大	美国国家标准与技术研究所 NIST 开发的 FDS(Fire Dynamics Simulator)、PHOENICS、FLUENT

公路隧道通风计算是基于基本的空气动力学原理,有恒定流理论和非定常流的理论。在一般情况下,隧道通风工程可忽略流密度,即流体的恒定速度不随时间而改变,可按恒定流伯努利方程考虑;当隧道内的空气的流速随时间变化时,则应按非恒定流伯努利方程考虑。

为了便于研究,在隧道的通风设计中,通常对隧道内流体做了如下假设:

(1)视流体为连续介质;

(2)视流体为不可压缩体;

(3)视流体运动在宏观上为稳定流;

(4)视流体遵守能量守恒定律,即伯努利定理。

像所有的流体一样,在流体力学中,为了方便处理工程问题,经常忽略流体黏性的存在,即作为理想流体来处理。理想流体的基础理论方程包括连续方程(欧拉连续方程)、动量方程(欧拉运动方程)、能量方程和组分方程。各方程如下:

连续性方程

$$\frac{\partial \rho}{\partial t} + \nabla \cdot (\rho \vec{V}) = 0 \tag{2-1}$$

动量方程

$$\frac{\partial \rho \vec{V}}{\partial t} + (\rho \vec{V} \cdot \nabla)\vec{V} = \rho \vec{F} - \nabla P + \mu \nabla^2 \vec{V} + \frac{\mu}{3}\nabla(\nabla \cdot \vec{V}) \tag{2-2}$$

能量方程

$$\rho \frac{\partial e}{\partial t} + (\rho \vec{V} \cdot \nabla)e = -P \nabla \cdot \vec{V} + \nabla \cdot (k \nabla T) + \rho \dot{q} + \Phi \tag{2-3}$$

组分方程

$$\frac{\partial}{\partial t}(\rho Y_i) + \nabla \cdot (\rho Y_i \vec{V}) = \nabla \cdot (\rho D_i \nabla Y_i) + \dot{m}'''_i \tag{2-4}$$

为了求解方便,上面的方程可用一个通用的方程式来表示:

$$\frac{\partial (\rho \varphi)}{\partial t} + \nabla \cdot (\rho \vec{V} \phi) = \nabla \cdot (\Gamma \nabla \phi) + S \tag{2-5}$$

式中:ϕ——待求变量;

Γ——变量 ϕ 的扩散系数;

S——源项。

方程右端的第一项是由 ϕ 的梯度引起的扩散项,由其他变量梯度产生的扩散都应包括在源项内。

除了以上这些基本方程,在数值求解的过程中还需加上流体状态方程:

$$P = P(V, T) \tag{2-6}$$

1) 火灾模拟软件

目前国内用于隧道火灾的数值模拟研究方法主要包括场模拟软件 FDS、FLUENT、PHOENICS。这几种软件对隧道中温度、烟气浓度等各种参数的模拟结果的准确性已得到了大量的试验证实,可信度较高。

(1) FLUENT

FLUENT 是目前国际上比较流行的商用 CFD 软件包,在美国的市场占有率为 60%,凡是和流体、热传递和化学反应等有关的工业均可使用。它具有丰富的物理模型、先进的数值方法和强大的前后处理功能,在航空航天设计、汽车设计、石油天然气和涡轮机设计等方面都有着广泛的应用。FLUENT 前处理网格划分如图 2-1 所示。

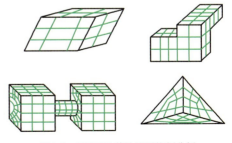

图 2-1 FLUENT 前处理网格划分例

FLUENT软件具有以下特点:

①FLUENT软件采用基于完全非结构化网格的有限体积法,而且具有基于网格节点和网格单元的梯度算法;定常/非定常流动模拟,而且新增快速非定常模拟功能。

②FLUENT软件中的动/变形网格技术主要解决边界运动的问题,用户只需指定初始网格和运动壁面的边界条件,余下的网格变化完全由解算器自动生成。网格变形方式有三种:弹簧压缩式、动态铺层式以及局部网格重生式。其局部网格重生式是FLUENT所独有的,而且用途广泛,可用于解决非结构网格、变形较大问题以及物体运动规律事先不知道而完全由流动所产生的力所决定的问题。

③FLUENT软件具有强大的网格支持能力,支持界面不连续的网格、混合网格、动/变形网格以及滑动网格等。值得强调的是,FLUENT软件还拥有多种基于解的网格的自适应、动态自适应技术以及动网格与网格动态自适应相结合的技术。

④FLUENT软件包含三种算法:非耦合隐式算法、耦合显式算法、耦合隐式算法,是商用软件中最多的。

⑤FLUENT软件包含丰富而先进的物理模型,使得用户能够精确地模拟无黏流、层流、湍流。湍流模型包含Spalart-Allmaras模型、k-ω模型组、雷诺应力模型(RSM)组、大涡模拟模型(LES)组以及最新的分离涡模拟(DES)和V2F模型等。

该软件适用于:牛顿流体、非牛顿流体;含有强制/自然/混合对流的热传导,固体/流体的热传导、辐射;化学组分的混合/反应;自由表面流模型,欧拉多相流模型,混合多相流模型,颗粒相模型,空穴两相流模型,湿蒸汽模型;融化溶化/凝固;蒸发/冷凝相变模型;离散相的拉格朗日跟踪计算;非均质渗透性、惯性阻抗、固体热传导,多孔介质模型(考虑多孔介质压力突变);风扇、散热器和以热交换器为对象的集中参数模型;惯性或非惯性坐标系,复数基准坐标系及滑移网格;动静翼相互作用模型化后的接续界面;基于精细流场解算的预测流体噪声的声学模型;质量、动量、热、化学组分的体积源项;丰富的物性参数的数据库;模拟电磁场和导电流体之间相互作用问题分析;模拟纤维和气体流动之间动量、质量以及热交换问题分析。该软件具有高效的并行计算功能,可提供多种自动/手动分区算法,其内置MPI并行机制可大幅度提高并行运算效率。另外,FLUENT特有的动态负载平衡功能,可确保全局高效并行计算。

(2) PHOENICS

PHOENICS是世界上第一套计算流体与计算传热学软件,它是国际计算流体与计算传热的主要创始人、英国皇家工程院院士D. B. Spalding教授及40多位博士20多年心血之作。

除了通用计算流体/计算传热学软件应该拥有的功能外,PHOENICS有着自己独特的功能。其主要特点如下:

①开放性:PHOENICS最大限度地向用户开放了程序,用户可以根据需要任意修改添加用户程序和用户模型。PLANT及INFORM功能的引入使用户不再需要编写FORTRAN源程序,

GROUND 程序功能使用户修改添加模型更加任意和方便。

②CAD 接口:PHOENICS 可以读入任何 CAD 软件的图形文件;Shapemaker,具备三维造型功能。

③MOVOBJ:运动物体功能可以定义物体运动,避免了使用相对运动方法的局限性。

④大量的模型选择:20 多种湍流模型,多种多相流模型,多流体模型,燃烧模型,辐射模型。

⑤提供了欧拉算法和基于粒子运动轨迹的拉格朗日算法。

⑥计算流动与传热时,能同时计算浸入流体中的固体机械运动和热应力。

⑦VR(虚拟现实):用户界面引入了一种崭新的 CFD 建模思路。

⑧PARSOL(CUT CELL):PHOENICS 独特的网格处理技术。对于导入的 CAD 图形,可自动生成网格。

⑨软件自带 1 000 多个例题,附有完整的可读可改的原始输入文件。

⑩PHOENICS 专用模块:建筑模块(FLAIR)和电站锅炉模块(COFFUS)。

⑪自动收敛控制:无论输入参数是否充分和一致,都能保证结果具有较好的收敛效果。

⑫细网格:适合小范围内网格的精确划分。

⑬固体应力计算。前后处理有了较大改进,对所有模型均使用动态内存分配,可不再通过 FORTRAN 编译初始数组。

⑭在 VR 条件下,增加了新的物体类型(曲面、斜板)、力的积分功能、监视点参数变化曲线。

(3) FDS

FDS 是一种以火灾中流体运动为主要模拟对象的计算流体动力学软件,由 NIST 开发。该软件采用数值方法求解受火灾浮力驱动的低马赫数流动的 N-S 方程,重点计算火灾中的烟气和热传递过程,如图 2-2 所示。FDS 程序具有开放性,其准确性得到了大量试验验证。

FDS 提供了两种数值模拟方法,即直接数值模拟(DNS:Direct Numerical Simulation)和大涡模拟(LES:Large Eddy Simulation)。直接数值模拟是通过直接求解湍流的控制方程,对流场、温度场及浓度场的所有时间尺度和空间尺度进行精确描述。

图 2-2 FDS 软件模型计算例

此种方法能得到比较精确的结果,而且不需要引入任何湍流模型,但计算量相当大,在目前的计算条件下,只能用于对层流及较低雷诺数湍流流动的求解。大涡模拟把包括脉动在内的湍流瞬时运动通过某种滤波方法分解成大尺度运动和小尺度运动两部分,大尺度运动通过数值求解微分方程直接计算,小尺度运动对大尺度运动的影响通过建立亚格子模型来模拟,这样就简化了计算工作量和对计算机内存的需求。

大尺度涡是载能涡,且各向异性,大尺度运动通过对 Navier-Stokes 方程式直接求解计算;亚尺度涡是耗散涡,且各向同性,亚尺度运动对大尺度运动的影响将在运动方程中表现为类似雷诺应力的应力项,称为亚尺度雷诺应力,通过建立模型进行计算来实现能量耗散。以下简述大涡模拟的基本理论。

二维脉动量的动量控制方程为:

$$\frac{\partial \overline{u_i}}{\partial t} + \frac{\partial \overline{u_i u_j}}{\partial x_j} = -\frac{1}{\rho}\frac{\partial \overline{p}}{\partial x_i} + \nu \frac{\partial^2 \overline{u_i}}{\partial x_i \partial x_j} \tag{2-7}$$

$$\frac{\partial \overline{u_i}}{\partial x_i} = 0 \tag{2-8}$$

默认采用的燃烧模型为混合分数(Mixture Fraction)燃烧模型。如果采用了DNS模式,则可以选择其他的燃烧模型。混合分数燃烧模型假定大尺度的对流和辐射传递能够被直接模拟,以一种近似的方法来模拟小尺度物理现象。

由于实际燃烧过程的化学反应速率难以确定,此模型假定燃烧热释放速率与氧气消耗量直接相关,燃料与空气混合后瞬时反应。控制方程基础理论表达式如下:

① 质量守恒方程

$$\frac{\partial \rho}{\partial t} + \nabla \cdot \rho \overline{u} = 0 \tag{2-9}$$

式中:ρ——密度,kg/m³;

$\overline{u}$——速度矢量,m/s。

② 组分守恒方程

$$\frac{\partial}{\partial t}(\rho Y_i) + \nabla \cdot (\rho Y_i \overline{u}) = \nabla \cdot (\rho D_i \nabla Y_i) + \dot{m}_i''' \tag{2-10}$$

式中:Y_i——第 i 种组分的质量分数;

D_i——第 i 种组分的扩散系数,m²/s;

$\dot{m}_i'''$——单位体积内第 i 种组分的质量生成率,kg/(m³·s)。

③ 动量守恒方程

$$\rho\left[\frac{\partial \overline{u}}{\partial t} + (\overline{u} \cdot \nabla)\overline{u}\right] + \nabla p = \rho g + \overline{f} + \nabla \cdot T \tag{2-11}$$

式中:p——压力,Pa;

g——重力加速度,m²/s;

$\overline{f}$——作用于流体上的重力以外的力,N;

T——黏性力张量,N。

④ 能量守恒方程

$$\frac{\partial}{\partial t}(\rho h) + \nabla \cdot (\rho h \overline{u}) = \frac{\partial p}{\partial t} + \overline{u} \cdot \nabla p - \nabla \cdot q_r + \nabla \cdot (k \nabla T) + \sum_i \nabla \cdot (h_i \rho D_i \nabla Y_i) \tag{2-12}$$

式中:h——比焓,J/kg;

k——导热系数,W/(m·K)。

以上方程为流体动力学基本方程,可以准确地描述烟气的流动与传热。在进行数值求解时,FDS 对空间坐标的微分项采用二阶中间差分法离散,对时间坐标的微分项采用二阶 Runge-kutta 法离散,对 Poisson 方程形式的压力微分方程则采用傅里叶变换法直接求解,因此,可以得到比较准确的求解结果。

FDS 输出数据的图形,可通过 Smoke View 的程序来显示,这一程序专门开发用于显示 FDS 的输出数据。模型还提供了多个图形输出模式,有助于直观地观察数据,如"截面文件""等值面""热电偶"以及"边界文件"。

FDS 是一个公认的由政府开发的权威模型,并且未受到任何特定经济利益及与之关联的特定行业的影响及操纵。有相当多的关于该模型的文献资料,而且该模型经过了大型全尺寸火灾试验的验证。因此,FDS 在火灾科学领域得到了广泛的应用。

综合三种软件的特点和适用范围以及工程状况的特殊性,港珠澳沉管隧道的研究采用了 FDS 软件进行隧道火灾仿真计算。

2) 结构模拟软件

沉管隧道结构的温度分布与受火时间有着密切的关系,属于瞬态传热分析。结构内部温度场的计算,实质是高温在结构内传播的计算,因此,在计算中首先必须确定沉管结构的热传导微分方程;其次,结构所处环境的初始条件与热传递的边界条件对结构内温度传播起着关键性的作用,需要在计算开始前进行分析,以得出合理的边界条件与初始条件。同时,结构自身的几何条件(几何形状与尺寸)与物理条件(材料的热工参数)会直接影响结构内热传导的过程。因此,必须在计算前分析这些因素。

热量的传导方式有三种,即热传导、热对流和热辐射。

(1) 热传导

热传导可以定义为一个物体的不同部分之间或完全接触的两个物体之间由于存在温度梯度而引起的内能交换。从微观角度讲,热传导产生的根本原因是基本粒子的运动。对于气体来讲,热传导是其分子扩散的结果;对于非导体的固体和液体来说,是借助于微观弹性波来实现热传导的;对于金属,传导主要是由自由电子扩散与晶体点阵的弹性振动来实现的。热传导遵循的傅里叶定律方程如下:

$$\vec{q} = -\lambda \overrightarrow{\mathrm{grad} T} \tag{2-13}$$

当温度仅仅沿厚度方向变化时,可记为:

$$\vec{q} = -\lambda \frac{\mathrm{d}T}{\mathrm{d}x}\vec{i} \tag{2-14}$$

式中:$\vec{q}$——热流密度,W/m^2;

λ——导热系数,W/(m·K)。

(2)热对流

一般来讲,热对流存在于流动的液体或气体中,由存在温度差的液体或气体区域内的流动单元运动所决定。当流体流经与之有温差且较长固体表面上的液体时,也存在热对流,此时它总是伴随着固体表面附近的液体边界层中的热传导。公路隧道中发生火灾就是这一种情况,热对流可用牛顿冷却方程来描述:

$$q = h(T_s - T_b) \tag{2-15}$$

式中:h——对流换热系数,W/(m²·K);

T_s——固体表面的温度,K;

T_b——周围流体的温度,K。

(3)热辐射

热辐射是传热的一种特殊形式,是指由于自身温度的原因通过电磁波发射和吸收传递能量,简称辐射换热过程。

在工程中通常考虑两个或两个以上物体之间的辐射,系统中每个物体同时辐射并吸收热量,它们之间的净热量传递可用斯蒂芬-波尔兹曼方程来计算:

$$Q = \varepsilon \sigma A_1 F_{12}(T_1^4 - T_2^4) \tag{2-16}$$

式中:Q——热流率,W;

ε——吸收率,黑度;

σ——斯蒂芬-波尔兹曼常数,约为 5.67×10^{-8} W/(m²·K);

A_1——辐射面1的面积;

F_{12}——由辐射面1到辐射面2的形状系数;

T_1——辐射面1的绝对温度;

T_2——辐射面2的绝对温度。

沉管结构内部温度的升高主要由热传导引起,因此,在进行沉管结构温度场分析时,可以通过建立并求解热传导基本方程来完成。

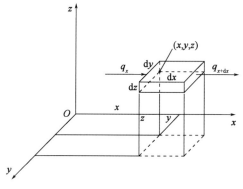

图2-3 微体的热流分析

在热传导微分方程的建立过程中,假设沉管结构的热工参数 ρ、λ、c 都已知,并且是随温度变化的。在直角坐标系内,在点 (x,y,z) 附近取一个微体 $dxdydz$,由于微体 $dxdydz$ 足够小,故可以认为其温度均匀,并假设 t 时刻微体的温度值为 $T(x,y,z,t)$,如图2-3所示。

当微体周围的温度与微体内温度不相等时,微体和外界便会进行热交换。以 x 方向为例,假

设单位时间内,从单位面积流入微体的热量为 q_x,流出微体的热量为 q_{x+dx},根据导热系数的定义可得:

$$q_x = -\lambda \frac{\partial T}{\partial x} \tag{2-17}$$

$$q_{x+dx} = q_x + \frac{\partial q_x}{\partial x}dx = -\lambda \frac{\partial T}{\partial x} - \frac{\partial}{\partial x}\left(\lambda \frac{\partial T}{\partial x}\right)dx \tag{2-18}$$

由此可得单位时间内微体在 X 方向上获得的热量为:

$$(q_x - q_{x+dx})dydz = \frac{\partial}{\partial x}\left(\lambda \frac{\partial T}{\partial x}\right)dxdydz \tag{2-19}$$

同理,单位时间内微体在 y 方向和 z 方向上增加的热量依次为:

$$\frac{\partial}{\partial y}\left(\lambda \frac{\partial T}{\partial y}\right)dxdydz \tag{2-20}$$

$$\frac{\partial}{\partial z}\left(\lambda \frac{\partial T}{\partial z}\right)dxdydz \tag{2-21}$$

三个方向上的热增量相加,便可以得到单位时间内微体内总共增加的热量:

$$\left[\frac{\partial}{\partial x}\left(\lambda \frac{\partial T}{\partial x}\right) + \frac{\partial}{\partial y}\left(\lambda \frac{\partial T}{\partial y}\right) + \frac{\partial}{\partial z}\left(\lambda \frac{\partial T}{\partial z}\right)\right]dxdydz \tag{2-22}$$

如果材料本身能发热,并且假设其单位时间内单位体积上发出的热量为 q_d,则微体在单位时间内产生的热量为:

$$q_d dxdydz \tag{2-23}$$

微体热量增加后,必将引起温度的升高。假设单位时间内温度升高 $\frac{\partial T}{\partial t}$,依据质量热容的定义,微体增加的总热量为:

$$c\rho dxdydz \frac{\partial T}{\partial t} \tag{2-24}$$

根据热量守恒原理,微体表面流入或者流出的热量和其内部产生的热量之和等于微体温度升高所吸入或者温度降低所放出的热量,即有:

$$\left[\frac{\partial}{\partial x}\left(\lambda \frac{\partial T}{\partial x}\right) + \frac{\partial}{\partial y}\left(\lambda \frac{\partial T}{\partial y}\right) + \frac{\partial}{\partial z}\left(\lambda \frac{\partial T}{\partial z}\right)\right]dxdydz + q_d dxdydz = c\rho dxdydz \frac{\partial T}{\partial t}$$

或

$$\frac{\partial T}{\partial t} = \frac{1}{c\rho}\left[\frac{\partial}{\partial x}\left(\lambda \frac{\partial T}{\partial x}\right) + \frac{\partial}{\partial y}\left(\lambda \frac{\partial T}{\partial y}\right) + \frac{\partial}{\partial z}\left(\lambda \frac{\partial T}{\partial z}\right)\right] + \frac{1}{c\rho}q_d \tag{2-25}$$

式中:t——时间;

x、y、z——空间坐标;

T——构件内部的温度场,$T = T(x,y,z,t)$;

ρ、c、λ——构件的密度、比热容和热传导系数。

这就是瞬态热传导的基本微分方程。

在沉管隧道结构的温度场计算中,不考虑混凝土自身的发热,即取 $q_d=0$,温度传递主要沿着横向和纵向传递,故可将微分方程简化为:

$$\frac{\partial T}{\partial t}=\frac{1}{c\rho}\left[\frac{\partial}{\partial x}\left(\lambda\frac{\partial T}{\partial x}\right)+\frac{\partial}{\partial x}\left(\lambda\frac{\partial T}{\partial y}\right)+\frac{\partial}{\partial x}\left(\lambda\frac{\partial T}{\partial z}\right)\right] \quad (2\text{-}26)$$

3) 边界条件和初始条件

边界条件是指模型中控制研究对象之间平面、表面或交界面处特性的条件,由此确定跨越不连续边界处的性质,在本书的计算中,就是沉管隧道结构受火表面与周围环境相互作用的条件。根据结构周围环境以及与周围介质的热交换条件的不同,边界条件可分为四类:

第一类边界条件,已知模型边界上的温度。此类边界最典型的例子就是边界上温度在整个热传导过程中保持不变,在瞬态传热分析中,此类边界条件可以用公式表达为:

$$T(x,y,z,t)=T_f(t) \quad (2\text{-}27)$$

第二类边界条件,已知模型边界上的热流密度。此类边界最典型的例子是边界上的热流密度在整个热传导过程中保持不变,在瞬态传热分析中,此类边界条件可以用公式表达为:

$$-\lambda\frac{\partial T}{\partial n}=Q_f(t) \quad (2\text{-}28)$$

式中:n——表面的外法线方向。

第三类边界条件,规定了结构模型边界与周围流体介质间的表面传热系数 β_T 以及周围流体的 T_f,可用公式表达为:

$$-\lambda\frac{\partial T}{\partial n}=\beta_T[T_f-T_a] \quad (2\text{-}29)$$

式中:β_T——单位时间内、单位温度差所通过单位面积的热量,$W/(m^2\cdot K)$。

在瞬态传热分析中,公式中的 β_T、T_f 均为时间的函数。

第四类边界条件,结构与其他固体物质相接触,已知接触面上的换热条件。

在一般的结构火灾分析中,火灾发生时,受火表面取为第三类边界。随着火灾的延续、温度的升高,结构受火表面的温度值逐渐接近火灾气流的温度值,受火表面就可作为第一类边界条件考虑。在整个火灾过程中,结构未受火的表面可作为第一类边界条件考虑。

沉管隧道在实际火灾情况下,沉管隧道结构内侧(边界 S1)为受火表面,可知热流温度 T_f 以及沉管结构内表面与热烟气流间的综合换热系数 h,这种状况属于第三类边界条件;对于沉管隧道结构外侧(边界 S2),由于被回填土体包围,并且结构混凝土材料具有热惰性,结构厚度大(1.5m),其外侧界面温度一般不会太高,与回填土体温差不大,可假定沉管隧道结构混凝土与回填土体之间为理想接触,即不考虑两者之间的接触热阻,则边界条件可表达如下:

$$\begin{cases} -\lambda(T)\left.\dfrac{\partial T}{\partial x}\right|_{S1} = h(T_f - T|_{S1}) \\ T|_{S2-C} = T|_{S2-G} \end{cases} \quad (2\text{-}30)$$

式中：$\lambda(T)$——结构混凝土的导热系数，$W/(m \cdot K)$；

T——结构内任意点的温度，K；

x——结构面法向坐标；

$S1$——结构内表面边界；

$S2$——结构外表面边界；

h——结构混凝土与热烟气流间的综合换热系数，$W/(m^2 \cdot K)$；

T_f——热烟气流的温度，K；

$T|_{S1}$——结构内表面，K；

$T|_{S2-C}$——结构外表面温度，K；

$T|_{S2-G}$——边界处回填土体温度，K。

初始条件是指传热过程开始时物体所在区域中的温度。火灾发生前，沉管结构处于环境温度状态，假设整个结构的温度均匀，且等于环境温度（$T_0 = 20℃$），则初始条件可以写作：

$$T(x,y,z,t=0) = T_0 \quad (2\text{-}31)$$

4) 几何条件和物理条件

几何条件主要指参与结构热传导的物体几何形状及尺寸大小。在沉管隧道火灾温度场的分析中，只有沉管结构内壁受热，因此，其几何条件主要是沉管结构的厚度及纵向长度。其整体轮廓、横断面形式及尺寸见图2-4。

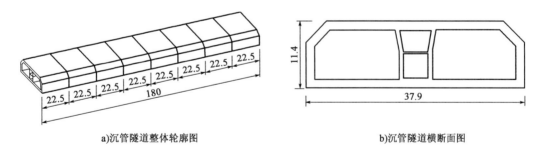

a) 沉管隧道整体轮廓图　　　　　　　　b) 沉管隧道横断面图

图2-4　沉管隧道整体轮廓图及横断面图（尺寸单位：m）

物理条件主要指对结构热传导过程有直接影响的热物理参数。在沉管结构温度场计算中，涉及的热物理参数主要有混凝土的导热系数、比热容、对流换热系数等。

有限元法吸收了有限差分法中剖分的合理性，将连续体离散成有限个单元的集合体，将连续分布的物理特性参数化，通过有限个离散节点的参数表示。然后从泛函数出发，以坐标轴的线性插值函数作为试解函数代入泛函的积分式，进行单元分析。最后进行总体合成，求解线性代数方程组,得出各离散节点的温度。本书选用 ANSYS 有限元软件进行结构温度场计算。

作为国内外广泛应用的有限元分析软件,ANSYS 可以处理各类非线性场问题,支持各类热传导问题分析。ANSYS 软件可以较好地实现沉管结构瞬态热传导分析:

(1)支持求解瞬态热传导问题。瞬态热传导分析中计入热储存项$[C]\{\dot{T}\}$,其控制方程为:

$$[C]\{\dot{T}\} + [K]\{T\} = \{Q(t)\}$$

(2)在沉管结构温度的传播过程中,材料的热物理参数是随时间或温度变化的,在 ANSYS 的计算中可以实现材料热工参数与时间和温度同时相关,因此,控制方程可以写为:

$$[C(T)]\{\dot{T}\} + [K(T)]\{T\} = \{Q(T,t)\}$$

(3)能够进行非线性边界条件的分析;

(4)提供了大量的热传导分析单元,本次模拟采用可用于衬砌热传导分析的 8 节点实体传热单元(Solid 70)。

(5)利用 ANSYS 操作命令与参数化编程,可以方便地进行衬砌热传导分析的有限元网格划分建模、灵活地进行材料的热物理参数等模型定义以及方便直观地计算结果后处理(通用后处理器 POST 1、时间历程处理器 POST 26)。

2.1.2 物理试验

科学试验是指根据研究目的,利用科学仪器和设备,人为模拟自然现象,排除干扰,突出主要因素,在有利于研究的条件下探索自然规律的认识活动。科学试验最基本的特点是目的性和干预性。目的性是指试验要有明确的目的,干预性是指试验者要积极干预自然现象。因为几乎所有自然现象发生过程中都同时有许多因素在起作用,绝大多数自然现象都是多种原因共同造成的。为了解自然规律,人们希望能对每个原因所造成的影响单独进行研究,试验在某种程度上就是隔离和控制。仅对自然现象进行观察和分析而不主动干预的研究活动不能称为试验。试验研究中应遵循的原则主要有条件性、精准性、再现性等。

火灾科学是一门蕴藏着燃烧学、传热传质学和流体动力学的复杂的综合性科学,需要配合大型足尺试验对这一复杂的物理过程进行研究。全尺寸试验能够反映真实的火灾事故场景,试验结果的可信度高,可以认为是对火灾科学最有效的研究方法。足尺试验通常是在废弃隧道、专门建造的试验隧道或运营前的隧道中进行的,对试验结果深入分析能够直接获得经验性结论,这些经验或半经验公式具有较好的实用性;同时,试验可以同时验证理论分析与数值模拟结果的准确性。

火灾学中的试验一般包括原型试验和模型试验两大类。原型试验是指在实际设备上和实际环境中进行的试验研究。一般情况下,原型试验规模较大、需要测试的参数很多,所花费的人力、物力、财力都很大,且可能具有危险性,而且不少试验过程无法进行原型试验。因此,有关规律性或装置性的试验相当一部分是模型试验。其中,缩尺模型试验更方便简洁,占的比例更大。虽然小尺寸模型试验研究和数值模拟研究具有投入小、操作相对简单、可反复多次进行等优点,但是由于在研究过程中引入了较多的假设和近似,其结果不能完全真实地表现自然规律。因此,研究者们针对港珠澳沉管隧道的特殊情况,采用1:1足尺火灾试验,以期获得最真实的火灾规律。

在全球范围内进行的火灾科学试验既有原型试验,又有模型试验,都取得了一些成果。

从 Blinov 和 Khudyakov 开始,油池火的试验研究逐渐在全球范围内进行。

1965 年,瑞士公路隧道安全委员会在瑞士 Ofenegg 隧道开展了全尺寸火灾试验,该隧道为 190m 的铁路隧道,试验共进行 11 组,火源为汽油。试验测定了温度、隧道内风速和污染物浓度等参数,确定了火灾工况下的需风量。

1975 年,澳大利亚 Zwenberg 隧道进行了各种通风系统试验,共 29 组,试验主要测量火灾场景下的温度、气体浓度、能见度和燃烧等级等。

1976 年,Heselden 等在格拉斯哥隧道开展了 5 次试验,该隧道长 620m,宽 7.6m,高 5.2m,火源为油池火。

1980 年,日本的 Public Works Research Institute(PWRI)试验主要评价了救援设施的有效性,在 700m 长廊内试验 16 组,在 3 300m 的公路隧道内试验 8 组。

1991 年,Apte 等在尺寸为 130m×5.4m×2.4m 的隧道中进行了火源功率为 0.5~12MW 的小型火灾试验,提出了 CFD 火灾模拟计算程序。

通过早期学者们的不断努力,隧道火灾试验的研究逐渐形成规模,20 世纪 90 年代后,欧洲及日本等发达国家和地区相继开展了多次大规模火灾试验,其中隧道安全问题的研究成果较为突出,为隧道火灾的研究奠定了坚实的基础。

1993 年,在 HSL、Buxton 进行了 9 组针对性的全尺寸试验,这次试验的主要目的是为了获得纵向风和火灾烟气逆流的相互作用情况,以对 CFD 模拟的结果进行验证,该隧道的尺寸为长 366m、高 2.56m、横截面积为 5.4m^2;1995 年,在美国 Virgina 的一条废弃的长 850m 的双车道隧道中进行了一系列的全尺寸试验,对横向、半横向、纵向通风方式下 20MW、50MW 和 100MW 火灾环境下的温度、流场分布情况进行了采集;2001 年和 2003 年,日本和挪威的隧道科学研究者分别在 Shimizutests 和 Runehamartests 隧道中,开展了全尺寸试验,试验采用油池火、轿车和公共汽车作为火源,对隧道火灾探测、救援和火源功率与温度的关系进行了测试;2004—2006 年,中国科学技术大学胡隆华等人在我国西南的某高速公路隧道中开展了多次隧道火灾试验,研究了烟气层温度沿隧道的纵向衰减规律、顶棚射流温度分布规律、烟气逆流距离及纵向临界抑制风速。

在进行火灾试验的同时,部分国家也建立了专门的试验隧道来进行综合防灾减灾的研究。西班牙 TST 隧道综合防灾基地主要进行了通风系统与灭火设备的试验,该试验隧道为双车道,长600m、宽9.5m、高8.12m,每隔150m设置一个紧急出口。通过顶部可拆卸的排烟道进行纵向、半横向及混合通风,该试验基地已进行过大量隧道火灾试验及测试系统性能试验。

另外,欧洲的EUREK-Progect EU99:FIRETUN项目(简称EUREKA)和美国在废弃的Memorial公路隧道进行的Memorial Tunnel Fire Ventilation Test Programm(MTFVTP)项目等试验内容最为全面。

1) 尤里卡—EU499 FIRETUN项目

1992年的尤里卡—EU499 FIRETUN项目,由德国发起,英国、瑞典、挪威、意大利等9个欧洲国家的数名专家学者共同参与,经过数十年的研究,取得了火灾特性、隧道衬砌的损伤、救援设施最佳保护的可能性及救援的可能方式等众多研究成果,为隧道通风防灾领域的发展提供了宝贵的经验。该项目在挪威的Repparfjord隧道进行了21组试验,隧道长2.5km、宽6.5m、高5.5m,火源采用实际的火车车厢、小汽车、载货汽车及庚烷和木垛火,火源功率达到100MW,最高温度达到1 200℃,如表2-2所示。

最高温度与热释放速率 表2-2

车辆类型	最高温度(℃)	火灾热释放速率(MW)
小汽车	400~500	3~5
中巴车	700~800	15~20
装有可燃物的中型车	1 000~1 200	50~100

注:可燃物中不包括汽油和其他危险品。

2) Safety Fire项目

2000—2001年,荷兰交通部隧道安全中心在鹿特丹港的Second Benelux隧道开展了全尺寸火灾试验,该隧道为单向双车道公路隧道,长840m,断面为矩形。试验对象为油盘、小轿车及货车等。试验主要测试热与烟的蔓延、纵向风和水喷淋对火势发展的影响以及火灾探测系统的有效性,并评估了火灾过程中人员逃生的可能性,共进行30次火灾试验。研究结论如下:

(1) 3m/s的纵向风速能够阻碍烟气逆流;

(2) 载货汽车试验中,纵向风速使火势增长速度高2~3倍,热量高1.2~1.5倍;

(3) 小客车着火时,火源附近10m内辐射足以致命;

(4) 试验中,火源下游50m以外地区不会超过人员耐热极限,但超过了能见度和毒气的极限值;

(5) 将800kg木垛分为4堆用于模拟卡车火灾,结果表明火灾会迅速跳燃到10m以内的其他车辆,100~200m范围内的逃生人员几分钟就会受困在烟气中,逃生路线难以确定。

3) Memorial隧道项目

1993—1995年,Memorial Programe计划中,美国Virginia开展了全尺寸试验,目的是研究各种通风系统。该废弃隧道是长853m的双车道海底隧道,坡度为3.2%,横断面积为60.4m²。试验共98组,燃料为柴油,对横向、半横向和纵向通风时20MW、50MW和100MW火灾环境下的温度场进行了测试,油盘尺寸为4.5~45m²,最高温度达到1360℃,该试验对隧道火灾烟气控制策略进行了初步探讨,得到以下结论:

(1) 纵向通风能够有效控制10~100MW的火灾烟气;

(2) 在50~100MW的隧道火灾中,临界风速的理论值比实际值高;

(3) 临界风速取决于隧道横断面积,10~100MW火灾的临界风速为2.54~2.95m/s;

(4) 火灾开始后2min,热烟气迅速蔓延,因此需要缩短风机启动时间。

4) UPTUN项目

2003年,挪威在Runehamar隧道进行了防灾试验,隧道长1600m、宽9m、高6m,坡度为0.5%~1%,如图2-5所示。研究对象是HGV,试验采用80%纤维素和20%塑料组成的半拖车模型,主要对火灾发展规律、增长速率、排烟量等参数进行测试,这是第一次包含抑制火灾的研究项目,采用了细水雾灭火系统。据了解,挪威每年都要在此地进行大量防灾试验。

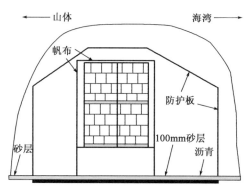

图2-5 Runehamar隧道横断面

试验结果表明:高温能够蔓延至火源下游70~100m,该区域隧道拱顶产生裂痕,应对隧道顶部结构进行保护;灭火系统的灭火效果取决于喷头的位置、种类和流量;细水雾灭火系统对大型火灾的灭火效果更好。

我国对于隧道火灾安全问题的研究起步较晚,足尺隧道火灾试验较少,其中同济大学、西南交通大学、中国科技大学、长安大学、香港理工大学及招商局重庆交通科研设计院等单位的研究成果较为突出。

2004年,云南省科技计划项目"公路隧道火灾自动报警系统应用技术研究",由中科大火灾科学国家重点实验室与云南省消防总队合作,在云南省昆明—石林高速公路阳宗隧道内开展了一系列全尺寸火灾模拟试验。阳宗隧道为单向三车道隧道,大风垭口隧道为单向双车道,元江1号隧道为单向双车道,采用油池火模拟火源,最大热释放速率为3.4MW。试验主要研究通风系统对洞内烟气层及温度场分布的影响,根据烟气衰减规律建立了关于烟气逆流距离和临界风速的预测模型。2007 年,南京工业大学龚延风、王彦富等在南京市内环东线西安门隧道和龙蟠中路隧道开展了全尺寸试验,得出了烟气温度变化规律及纵向蔓延情况;2009 年,以上海长江隧道为模型建立了全比例试验隧道,开展了火灾试验,对隧道火灾烟气温度场和烟雾场进行了测试与分析,重点对火灾过程中人员的疏散方案进行了研究。据不完全统计,国内外隧道火灾试验平台情况简介如表 2-3 所示。

国内外隧道火灾试验平台简介 表 2-3

试验平台	参数	开展试验	缺点
西班牙 TST 隧道综合防灾试验基地	双车道,混凝土结构,长 600m,宽 9.50m,高 8.12m,纵向坡度 1%,横向坡度 2%,紧急逃生通道宽 4m,高 2.5m,每隔 150m 设置一个紧急出口,共三个	隧道火灾、通风和灭火系统性能试验	—
APte 等人开展试验的试验隧道	长 130m,宽 5.4,高 2.4	用于开发一种基于大尺寸试验数据的 CFD 隧道火灾模拟程序	—
Kwaeketal、Xueetal、Okaetal 等相继建立的小尺寸试验隧道	比例大小不一	临界送风风速的研究、隧道纵坡度对烟气流动的影响研究、隧道纵坡度对临界送风风速的影响等	—
中南大学缩尺试验隧道	钢板制作,每节 2.5m,总长 52.5m,模型内径 1.1m,内部净空高 0.72m	温度场、烟雾场排烟试验	无法进行疏散逃生及灭火试验
西南交通大学模拟隧道	采用钢筋混凝土管段模拟,管段内径 1.8m,壁厚 15cm,长 100m,混凝土等级为 C20,管道内部通过施作混凝土垫层,近似接近实际隧道的断面形状	在该试验隧道中进行了火灾场景下温度分布规律的试验	无法进行疏散逃生及灭火试验
上海长江隧道火灾试验隧道	隧道主体长约 100m,内宽 12.7m,内净高 6.7m,为钢筋混凝土结构,壁厚约 650mm;隧道顶部设置排烟风道,约 11m²;烟道底部开设 2 个间距 60m、面积 4m²(2m×2m)的排烟口	开展火灾时的温度分布规律、烟气流动控制、火灾生成物浓度对能见度的影响、逃生标志可见性、疏散设施的合理性、火灾探测器及时性、可靠性等试验研究	隧道断面及排烟方式与港珠澳沉管隧道不同
招商交科试验隧道	—	隧道通风照明研究、疏散逃生研究、火灾报警器性能试验等	断面与港珠澳沉管隧道不同,且不具有耐火设计,无法进行大规模火灾试验

从国内外隧道火灾试验设施来看,国内隧道火灾大多在比例模型中进行试验,火灾规模小、不能真实地模拟实际隧道的火灾情况。

2.1.3 隧道火灾场景设计

在公路隧道运营过程中存在许多类型的事故,一般发生概率较大的为追尾、撞壁、侧翻等事故,其中一部分事故继而发展成为火灾事故,而对公众影响比较大的火灾事故中又包含有客车火灾、重载车火灾及危险品泄露火灾等事故。港珠澳沉管隧道严禁危险品车辆通行,在确定火灾诱发场景时需考虑隧道内其他车辆类型。

港珠澳大桥是连接香港特别行政区、澳门特别行政区和广东省珠海市的大型跨海通道,通过的车辆主要为私家车、旅游巴士、货柜车和普通货车,且禁止油罐车等易燃易爆车辆通行,车型比例预测结果如表2-4所示。因此,通过隧道的车辆所携带的可燃物较少,主要为车辆自身所需的燃油和车内装饰物,发生大型火灾的概率较小,火灾设计当量为50MW。

港珠澳大桥分车型比例预测结果　　　　　　　　　　　　　　　　　表2-4

年份(年)	私家车(%)	旅游巴士(%)	货柜车(%)	普通货车(%)
2016	30.7	9.6	32.5	27.1
2020	35.9	9.6	32.1	22.4
2030	41.1	9.2	31.0	18.7
2035	43.2	8.6	30.4	17.8

考虑到允许通过的车型以及火灾设计当量,预测港珠澳沉管隧道火灾发生时除单车火灾外,主要有以下几种车辆火灾场景:2~3辆小客车相撞、1辆小客车与1辆中巴车相撞、1辆中巴车与1辆载货汽车相撞、2辆大货车相撞等。港珠澳沉管隧道应包括的火灾事故场景如表2-5所示。

港珠澳大桥海底沉管隧道火灾场景　　　　　　　　　　　　　　　　表2-5

序号	火源类型/试验工况	燃烧规模/火源功率(MW)	火灾场景
1	1个1.0m×1.0m汽油油盆火	2.5~5	1辆小客车燃烧
	1个1.5m×1.5m汽油油盆火		
	1个1.0m×1.0m柴油油盆火		
	1个1.5m×1.5m柴油油盆火		
	20个木托盘木垛火		
	小汽车		
	小汽车(二次燃烧)+木托盘		
2	2个1.5m×1.5m汽油油盆火	8~10	2~3辆小客车燃烧
	中巴车(二次燃烧)+木托盘		
3	中巴车	15	1辆中巴车或普通货车燃烧
4	4个1.5m×1.5m汽油油盆火	20~25	1辆小客车和1辆中巴车燃烧
	80个木托盘木垛火		
5	中巴车(三次燃烧)+木托盘+三合板	25~30	1辆大型客车火灾或载货汽车燃烧
6	数值计算	40	1辆中巴车和1辆载货汽车燃烧
7	6个1.5m×1.5m汽油油盆火	50	2辆大型客车或载货汽车燃烧

2.2 沉管隧道火灾综合试验系统

从世界范围内来看,最初关于隧道火灾场景的研究是在水工模型中进行的。此种模型中通过用盐水注入淡水的方式来模拟烟雾的产生。由于此种模型未能考虑到动力学的影响,因而逐渐被空气动力学缩尺寸隧道模型所取代。空气动力学缩尺寸模型可以提供与实际情况相同的密度比和弗洛伊德数,但雷诺数较大,与真实隧道火灾场景烟气扩散比仍存在较大差异。为了提高试验成果的可靠性及研究成果的科学性,依照港珠澳沉管隧道断面尺寸建造断面尺寸1∶1的火灾试验平台是科学合理的。

本节主要基于1∶1沉管隧道的火源标定试验以及通风排烟试验,采用FDS火灾动态仿真软件,建立1∶1足尺沉管隧道火灾仿真模型。通过仿真结果与试验数据的对比分析,验证所建立仿真模型的科学性与有效性,为后续不同工况下仿真试验的开展奠定基础。

2.2.1 模型隧道试验平台建设

模型隧道试验平台包含1∶1足尺沉管试验隧道、火灾模拟与热释放速率测试系统、数据采集分析子系统、照明子系统、通风子系统、消防子系统、监控子系统、供电子系统、试验防护子系统和软件系统等。

1∶1足尺沉管试验隧道按照港珠澳大桥海底沉管隧道断面尺寸等比例建造,足尺沉管试验隧道长150m,宽15.95m(净宽14.55m),高7.8m(净高7.1m),建筑面积2 392.5m²,为钢筋混凝土结构,如图2-6所示。隧道由一节30m实体段、4节30m框架段组成。其中实体段厚度为70cm,框架段厚度为12cm,断面如图2-7所示。实体段位于试验隧道中间,可进行大规模火灾试验,中间段两侧各有两节框架段。

图2-6 足尺隧道构造物

距隧道洞口7.5m起每间隔15m设置一个观察窗,共设置10个;距洞口30m起每间隔45m设置一个疏散逃生门,共设置3个。

观察窗采用防火防爆安全玻璃制作,其中观察窗5与观察窗6位于试验隧道实体段,为了便于观察大规模火灾试验场景,其开口尺寸为1m×1m,其他观察窗尺寸为0.6m×0.6m。

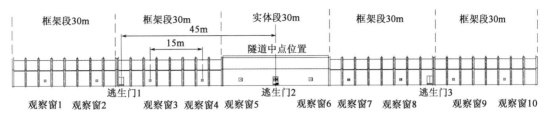

图 2-7 观察窗与逃生门布设

疏散逃生门采用甲级防火门,其中位于实体段的疏散逃生门 2,其门上安装了防火防爆安全玻璃,试验人员可通过玻璃观察隧道内的试验情况。

隧道侧壁上部设置排烟风道,排烟风道长 150m,过风面积 6.6m²(2.2m×3m),隧道侧面开设 6 组排烟口与排烟道相连,相邻组之间的距离为 22.5m,每组包括 4 个 1m×2m 的排烟口,同组内相邻排烟口的间距为 3m;距排烟道两侧 7m 处,各安装一台轴流风机,如图 2-8 所示。

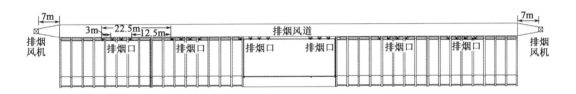

图 2-8 排烟口及排烟风机布设

将实际隧道正确地抽象和简化成试验隧道是确保试验具有参考价值的基础和前提。试验结构应包括一切影响到试验结果的细节,才能够与实际系统相互校正,利用试验结果最终指导实际应用。

研究表明,火灾工况下烟雾自然扩散至烟气稳定状态时的蔓延距离至少 200~300m。然而,试验隧道不可能修建过长,现有等截面 1:1 试验隧道长度为 150m,两端洞口为正常开启状态,在此隧道开展火灾场景和烟气运动特性试验,将受到洞外大气压力、自然风等因素的影响,隧道内纵向风速不能有效控制、压力场与实际隧道的压力场有较大区别,直接导致试验数据可还原性差和部分数据失真。因此,针对上述现象,采用在洞口两端设置"阻力格栅"的方法,通过增加两端洞口处的局部阻力,达到扩展隧道纵向长度的目的,以便更准确地模拟实际情况。

按照摩阻等效理论,在试验隧道的适当部位安装可调节阻力格栅,通过等效的阻力获得相应的长度。因为阻力格栅属于局部阻力,流体运动又具有"稳定性"特点,所以格栅的设置并不影响系统的流动相似。由摩阻等效理论,有:

$$\Delta P_m = \lambda_m \frac{L_m \rho v_m^2}{d_m \; 2} \tag{2-32}$$

式中:ΔP_m——该试验隧道的阻力损失;

L_m——试验隧道长度;

λ_m——摩阻系数;

d_m——当量直径;

v_m——隧道断面平均风速;

ρ——流体密度。

若阻力格栅损失系数为 ξ_g,则流体通过该试验隧道阻力格栅的局部损失 ΔP_g 为:

$$\Delta P_\mathrm{g} = \xi_\mathrm{g} \frac{\rho v_\mathrm{m}^2}{2} \quad (2\text{-}33)$$

由于摩阻等效,有

$$\Delta P_\mathrm{m} = \Delta P_\mathrm{g} \quad (2\text{-}34)$$

即

$$\xi_\mathrm{g} = \frac{\lambda_\mathrm{m} L_\mathrm{m}}{d_\mathrm{m}} \quad (2\text{-}35)$$

根据上述关系,可计算出模拟不同隧道长度所需设置阻力格栅的损失系数。本试验阻力格栅采用19cm宽的软风帘制作而成,模拟不同隧道长度的阻力格栅损失系数、对应的有效面积比和软风帘设置横向间距见表2-6,试验中的阻力格栅如图2-9所示。

阻力格栅设计参数　　　　表2-6

模拟隧道长度(m)	损失系数	有效面积比(%)	软风帘设置横向间距(m)
1 000	2.411	81	0.81
1 500	3.715	51	0.20
2 000	5.018	47	0.17
3 000	6.322	40	0.13

图2-9　试验隧道的阻力格栅

本试验隧道为目前世界上断面最大的沉管试验隧道,配置有隧道通风系统、排烟系统、照明系统、报警系统、消防系统、监控系统等机电设施,可开展隧道通风排烟、照明、消防、火灾报警、火灾场景、人员疏散等大量研究性和工程应用性试验。本书将试验平台分为通风排烟系统、数据采集系统和监控系统分别进行介绍。

1) 通风排烟系统

通风排烟系统由两台排烟风机(单台风机风量216 000m³/h,功率90kW,压力1 000Pa)、两台射流风机(ϕ1 120mm、37kW 和 ϕ1 000mm、30kW)、150m 长的独立排烟道(断面尺寸为2.2m×3m)和6组排烟口(每组排烟口包括4个1m×2m的排烟口)构成,如图2-10所示。其主要功能是:

(1)实现试验过程中隧道的集中排烟;

(2)实现隧道内不同风速下的纵向通风;

(3)实现不同排烟口开启方案下排烟效率测试。

a)轴流风机

b)射流风机

c)排烟道

d)排烟口

图2-10 通风系统主要设备

2) 温度测量系统

试验中采用热电偶束来测量不同高度处烟气的温度。热电偶是工业上最常用的温度检测元件之一,它具有测量范围广、测量精度高和使用方便等优点。热电偶测温的基本原理是热电效应,指的是两种不同的金属线A与B连接成一个回路,当在结合点有一定的温度差时,在金属线两端会产生电动势E,E值与金属线A、B的材料有关,并和两端点的温度差呈比例关系。因此,获取E值的大小便可推算出测量点的温度差。热电偶按其组成结构可分为热电偶测温导线、铠装热电偶和装配式热电偶。温度测量系统如图2-11~图2-14所示。在本试验中所使用的热电偶为 K 型铠装热电偶,即镍铬/镍硅热电偶,热电偶按照国家标准《镍铬硅-镍硅镁电偶丝》(GB/T 17615—2015)制作,测温范围在 -50~1 200℃之间,可以测量高温烟气的温度。试验使用 K 型铠装热电偶型号为 WRNK-191,即尺寸为 $\phi 1 \times 400$mm 的镍铬-镍硅热电偶。热电偶所测得的温度数据要经过 A/D 转换器后,才能由模拟信号变为数字信号,通过数据采集程序在计算机中获得。热电偶所测得的电压信号通过数据采集器转化为数字信号传到计算机中,再由数据采集程序把数字信号转化为温度信号。

图 2-11　数据采集模块

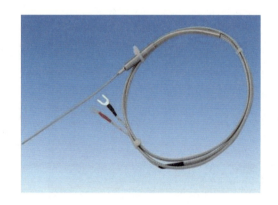

图 2-12　K 型铠装热电偶

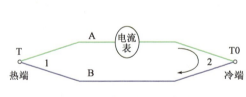

图 2-13　热电偶工作原理图

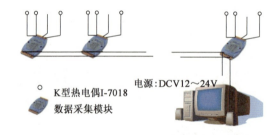

图 2-14　温度测量系统

温度监测模块在试验中,主要实现隧道中各个断面的温度、隧道结构中温度、排烟道中的温度采集,绘制试验过程中不同断面对应位置的实时温度曲线、每一个测点随时间的温度变化曲线,保存采集的所有测试数据,为后续数据处理提供原始数据支撑。热辐射监测模块在试验中,主要实现各个断面的热辐射值采集,绘制试验过程中每个测点随时间的热辐射值变化曲线。保存试验过程中采集的所有热辐射数据。烟雾流速监测模块在试验中,主要实现隧道中风速、各个排烟口风速及排烟道中的风速监测,绘制各个测点随时间的风速变化曲线;保存风速数据,为课题的后续研究提供原始数据支撑。烟雾成分分析模块在试验中,主要是采集试验过程中 CO、CO_2、NO_3、O_2 等气体浓度,并绘制试验过程中随时间的变化曲线,保存试验过程中的原始数据,为后续研究提供数据支撑。燃烧物失重模块在试验中,主要是接收地磅数据,通过地磅数据的变化计算燃烧物的失重率,反推火源功率;绘制试验过程中地磅随时间的变化曲线及火源功率随试验时间的变化曲线。保存试验过程中的地磅重量数据,为课题的后续研究提供原始数据支撑。

3)数据采集系统

本系统用于沉管实体隧道火灾试验监测,系统构成如图 2-15 所示。数据采集系统包含便携式数据和集成式数据采集。

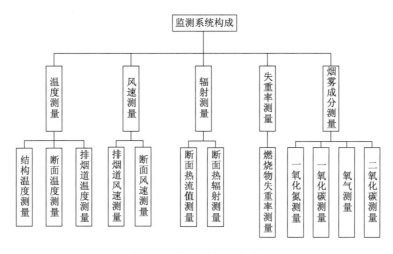

图 2-15　数据采集系统构成图

(1)便携式采集

在采集系统中,采用便携式采集的有:烟气成分、风速。系统采用沃赛特 DR95C-CO_2 进行 CO_2 的浓度采集,其量程为 $0 \sim 50\,000\,cm^3/m^3$;用 BW-DR-III 测量 CO、NO_2、O_2 的浓度,其量程分别为 CO($0 \sim 2\,000\,cm^3/m^3$)、NO_2($0 \sim 100\,cm^3/m^3$)、O_2($0 \sim 30\%$,体积分数)。系统中采用便携式风速仪进行试验风速测量,其量程为($0 \sim 25\,m/s$),如图 2-16 所示。

(2)集成式数据采集

集成式数据采集系统对温度、风速、热辐射、全热流、燃烧物失重率等采用分布式采集方式,其结构示意图如图 2-17 所示。

集成式采集系统通过实时监测地磅数据,分析并计算燃烧物的失重速率。采用热电偶感知试验过程中隧道内各个位置的温度变换情况,并通过 485 总线将获得的温度信息传送至上位机。采用 TS-30 传感器及 HS-30 传感器感知火灾中的热辐射及全热流,I-7018 模块进行模数转换后,将数据传送至上位机。采用差压变送器及皮托管感知隧道内的风速,通过 485 总线将 I-7018 模块获得的风速信息传送至上位机。

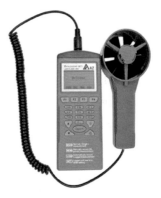

图 2-16　便携式风速仪

图 2-17 集成式数据采集系统

4) 辐射热通量测量系统

辐射是热量传播的重要方式之一,试验通过将热辐射法获得火灾热释放速率的结果与失重法结果进行对比校验,因此需对选定位置的辐射热流与全热流进行测定。与此同时,火灾过程中热辐射对人员的安全亦造成威胁。试验采用 Captece 公司的辐射热流传感器,如表 2-7 所示。该传感器包括薄箔热流传感器和循环水冷热接收套,薄箔热流传感器能够指示温度变化时的热流密度,利用铜导线接入采集模块,通过 RS485/232 转换,由计算机记录数据。

辐射热通量测量系统仪器设备表　　　　表 2-7

序号	名　称	量程/精度	规格	数量	实 物 图
1	Captece 总辐射热流密度传感器	±200kW/m²	TS-30	2	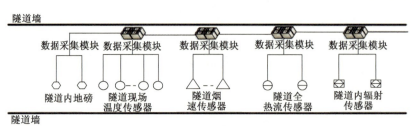
2	Captece 全热流密度传感器	±500kW/m²	HS-30B	4	

在断面 A5 和 A8 分别布设 1 个总辐射计,用于监测断面的辐射值强度;在监测断面 A3、A4、A5、A8 分别布设一路全热流传感器,用于监测试验过程中的全热流值。其布设位置如图 2-18 所示,现场实物如图 2-19 所示。

5) 气体流速测量系统

测量气体流速的方法主要有气压法、机械法和散热率法等。气压法通过测量全压和静压的差值获得气体流速,如皮托管风速传感器;机械法是利用气体流动的动压驱动机械装置旋转获得风速,便携式风速仪就是通过该方法进行测量;散热率法是基于流速与散热率的关系,通过测量相同散热量的时间或温度变化或保持原温度的加热电流量的变化,从而确定气体流速,如热线、热球风速仪等。

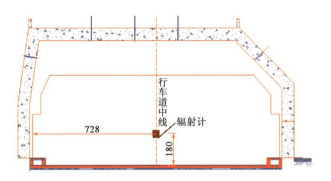

图 2-18　辐射传感器布设位置示意图(尺寸单位:cm)

图 2-19　辐射传感器实物图

试验过程中需要测量机械通风或自然通风产生的空气流速和不同浓度的烟气流速。火灾过程中,为了更加清晰地描述烟气流态,烟气流速是其中的关键参数,由于试验中烟气流速较低,皮托管在流速较小的环境中测量误差较大,而热线风速仪的造价过高,综合考虑,本试验选用便携式风速仪对气体流速进行测量。试验中风速的测量需在试验开始 3min 后进行,以确保燃烧达到稳定状态,风速测试仪器如表 2-8 所示。

风速测量系统仪器设备表　　　　　表 2-8

名　称	量　程	数　量	实　物　图
便携式风速仪	0~25m/s	8	

火源位于隧道不同位置时,风速测量系统测点布置如图 2-20 所示,蓝色实心圆点表示测点位置,现场布置如图 2-21 所示。

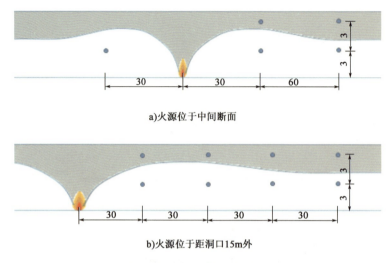

a) 火源位于中间断面

b) 火源位于距洞口15m外

图 2-20　风速监测点布置示意图(尺寸单位:m)

图 2-21　风速测量现场实物图

6) 烟气组分浓度测量系统

为研究烟气中毒性气体的传播过程,需在试验隧道空间布置烟气分析仪。试验采用两种气体浓度测试设备,固定式(气体浓度测试仪 CO、O_2、CO_2、NO_2)和便携式三合一(O_2、CO、NO_2)气体浓度测试仪,见表 2-9。

试验过程中,根据不同火灾工况下烟气的蔓延特征,确定烟气分析仪的位置。为了解火灾时人员的逃生环境,将固定式烟气分析仪布置在 A3 断面,隧道中部离地面 2m 高度处,布置情况如图 2-22 和图 2-23 所示;另一方面,对于火灾烟气内部,对烟气层下部等重点部位的浓度分布,试验采用便携式三合一烟气分析仪进行测量。在同一断面竖向不同高度处分别布置2个仪器,测量不同高度的烟气浓度,在纵向上设置2~3个仪器,对烟气浓度在隧道纵向的分布规律进行分析,布置情况同风速仪。

气体组分浓度测量系统设备表　　　　　表2-9

序号	名称	量程/精度	规格	数量	实物图
1	固定式 CO_2 检测仪	50 000 cm^3/m^3 / ±3% FS	Wosaite DR95C-CO_2	1	
2	固定式 CO 检测仪	2 000 cm^3/m^3 / ±3% FS	Wosaite BW-DR-Ⅲ	1	
3	固定式 NO_2 检测仪	100 cm^3/m^3 / ±3% FS	Wosaite BW-DR-Ⅲ	1	
4	固定式 O_2 检测仪	30% / ±3% FS	Wosaite BW-DR-Ⅲ	2	
5	三合一气体检测器	CO 量程 0~2 000cm^3/m^3 O_2 量程 0~3×$10^6$$cm^3/m^3$ NO_2 量程 0~100cm^3/m^3	Wosaite BW-DR-Ⅲ	1	

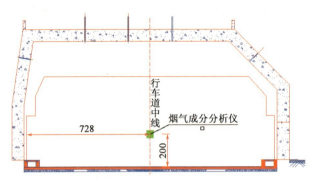

图 2-22　A3 断面固定式气体浓度测试仪布置示意图(尺寸单位:cm)

图 2-23　固定式烟气分析仪的布置

7) 烟气蔓延的观测系统

描述隧道火灾烟气流态的关键参数之一就是烟气层高度,目前判断烟气层界面位置的最直观方法就是目测法及在目测法基础上演变的其他方法。因此,目测法作为基础,需要试验中具有完善的烟气蔓延位置的观测系统。

为使目测法有据可依,在试验隧道壁面绘制了坐标线。竖向上,自检修道起,每隔 1m 处画有 10cm 宽的"1m 线",在"1m 线"中间又有宽 5cm 的"0.5m 刻度";另外,为便于记录,纵向上,每隔 20m 绘制一条竖向标线,并标有刻度,坐标线均采用亮黄色防火涂料刷于墙面,如图 2-24 所示。

图 2-24　坐标线在试验中的应用

观测方法主要采用现场目测和摄像机记录两种方法。现场目测主要是通过隧道壁面设置的观察窗进行人为实时记录。自隧道洞口 7.5m 起每间隔 15m 设置一个观察窗,共 10 个,观察窗采用双层防火防爆安全玻璃制作。其中位于隧道中部试验段的两个观察窗开口尺寸为 1.0m×1.0m,其他观察窗尺寸为 0.6m×0.6m,这主要是为了更好地观察试验中的燃烧现象。

为弥补人眼现场记录的不足,并对目测结果进行校核,以更准确地分析烟气的蔓延过程,试验还采用了摄像记录法。通过安装于隧道侧壁的摄像机对试验过程中烟气的蔓延形态进行全程实时录像,运用时间截取法处理数据,读取不同位置处摄像视频中烟气层的位置,从而获得烟气流态。采用 6 台可移动摄像机和 2 台位于隧道两端的固定高清摄像机,如表 2-10 所示。可移动摄像机置于隧道壁面,距地面 1.5m 高度处,纵向上每隔 20m 设置一台,镜头水平对准另一侧隧道壁面;固定摄像机置于距洞口 10m、距地面 3.5m 高度处,该位置视角广,主要为拍摄烟气前沿和烟气主体部分。与此同时,配合数码相机进行试验现象的细节拍摄。

烟气观测系统设备表　　　表 2-10

序号	名　称	数量	实　物　图
1	秒表	5	
2	摄像机	6	
3	照相机	2	

8)测量系统误差

考虑到系统误差对试验结果将造成的影响,表 2-11 列出各试验系统的误差。

系统误差分析　　　表 2-11

测量系统	误　差	测量系统	误　差
温度	±3%~8%	流速	±2.5%
辐射	±5%	烟气流态	±5%

9）数据监测系统

港珠澳大桥海底沉管隧道火灾试验监测系统是对火灾试验测量系统的数据进行采集并进行简单的数据分析。该系统在火灾试验时可对隧道内火源燃料质量、空间温度、热辐射值、烟雾成分、烟雾流速等试验参数进行监测，通过对数据的自动分析，获得火源规模、火灾工况下隧道空间的温度及烟雾分布规律等，为火灾工况下组织救援及逃生提供有效的指导，系统构成如图 2-15 所示。

数据采集系统包括便携式数据采集和集成式数据采集，如图 2-25 所示。

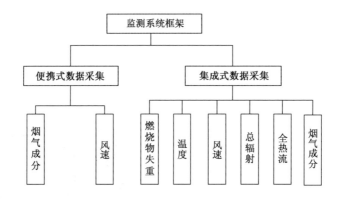

图 2-25　监控系统框架图

其中，集成式数据采集结构示意如图 2-26 所示。

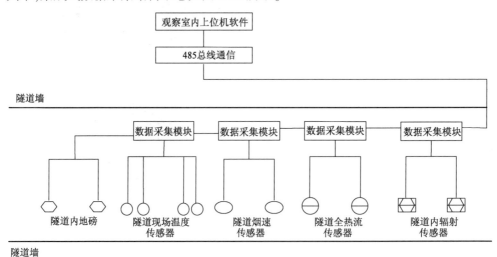

图 2-26　集成式采集结构示意图

集成式数据采集是通过实时监测各测量系统模块的数据变化，通过 485 总线将获得的信息传送至上位机。

监测系统主要包括以下几个功能模块，如图 2-27所示。

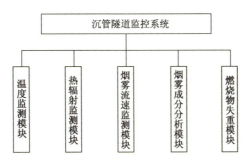

图 2-27　监测系统功能模块划分

各模块主要是接收测量仪器采集的数据,绘制试验过程中各参数随时间的变化曲线。同时,保存采集的所有测试数据,方便调用,为后续数据处理提供原始数据支撑。

登录系统,进入主界面,可对不同物理量进行分模块管理,软件界面见图 2-28～图 2-34。

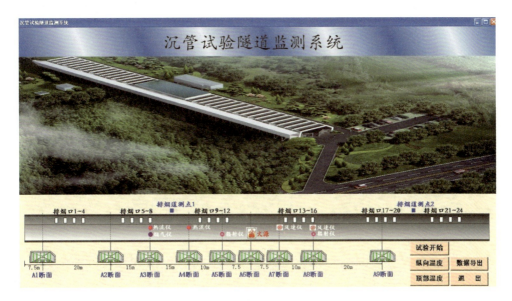

图 2-28　系统主界面

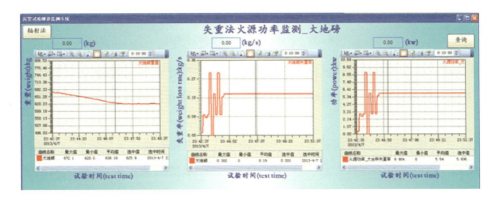

图 2-29　失重法火源功率监测

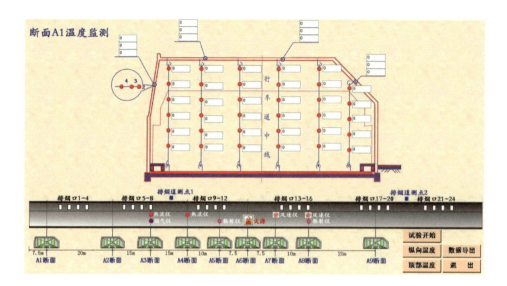

图 2-30　A1 断面热电偶传感器布置示意图

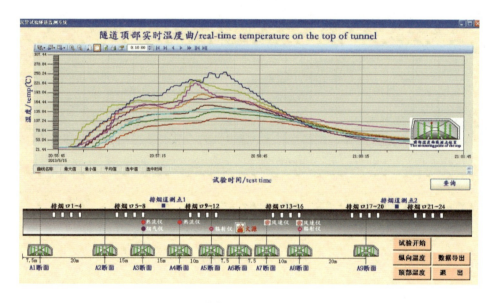

图 2-31　隧道顶部温度与时间关系曲线

计算机对试验过程中各种仪器仪表数据进行自动监控与采集,对数据进行分析统计和存储处理,并以各种形式图表形象表示。对试验监测设备及其传输线缆采用防火布进行防火保护。

归纳上述系统,简言之,数据采集系统包括便携式采集和集成式采集两部分。便携式由测试气体浓度的 CO_2 浓度测试仪 1 台,CO、NO_2、O_2 三合一浓度测试仪 1 台,测试风速便携式风速仪 2 台等构成。集成式系统主要有热电偶、视频监控、可变云台摄像机、高清摄像机等构成。从功能上讲,对温度、风速、热辐射、全热流、燃烧物失重率等进行分布式实时数据采集。在布置上,以尽量能收集较多火灾发生时的洞内信息为原则,故热电偶传感器沿隧道纵向布设在A1～A9断面,共465个温度测点,其中结构体内温度测点135个,隧道横断面330个测点。此外隧道排烟口和排烟道温度测点26个;风速测试仪沿隧道纵向分别布设于A7、A8断面和排烟口与排烟道内,共26个;烟气成分含量仪布设于A2、A3、A8断面;热辐射计布设于A5、A7断面;热流计布设于A3、A4、A5、A7、A8断面;摄像机分别设置于隧道两洞口顶部;火灾烟气量测系统主要由隧道侧壁纵横坐标和10个观察窗构成,用于量测烟气数据和分析烟气蔓延分布规律。

图 2-32　风速监测界面

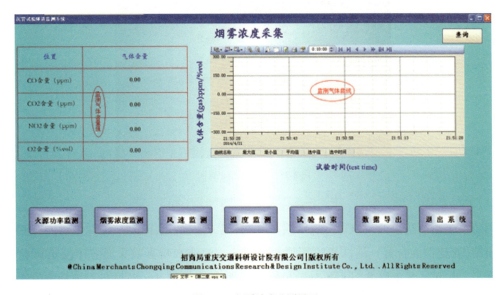

图 2-33　烟雾浓度监测界面

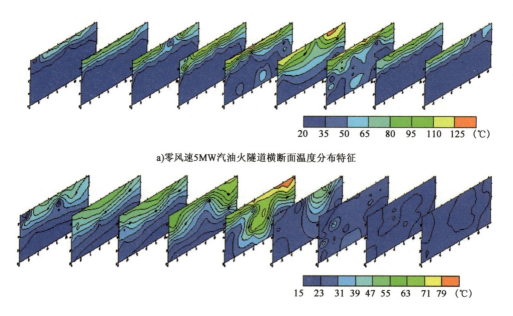

a)零风速5MW汽油火隧道横断面温度分布特征

b)3.5m/s风速5MW汽油火隧道横断面温度分布特征

图2-34 隧道横断面温度分布特征(试验值)

10) 照明系统

照明灯具分为试验段和非试验段,试验段采用50W普通照明灯具(高压钠灯),双侧对称布置,布设间距6m;非试验段采用50W普通照明灯具,双侧交错布置,间距12m。照明系统提供试验段照度不低于$4.5cd/m^2$,非试验段照度不低于$2cd/m^2$。照明灯具安装高度为隧道侧壁距检修道上方5.6m,如图2-35所示。

图2-35 照明系统布置图

11) 消防系统

消防系统由消防水池、水喷雾泵、水喷雾管网、泡沫液罐、泡沫液泵、泡沫液管网、泡沫水喷雾阀组箱(含比例混合器)、泡沫水喷雾喷头等组成。泡沫水喷雾喷头设置于隧道试验段,双侧布置,每侧布设5个喷头,间距4m,安装位置距离检修道4m高度处。消防系统设备如表2-12所示。

消防系统设备表　　　　　　　　　　　表 2-12

序号	名　　称	型号规格	数量	实　物　图
1	消防水箱	容积 50m³ 外观尺寸： 8m×3m×2.5m	1	
2	比例混合器	—	1	
3	泡沫罐	容积 2 400L	1	
4	消防水泵	扬程 50m，功率 37kW	1	
5	喷头	—	20	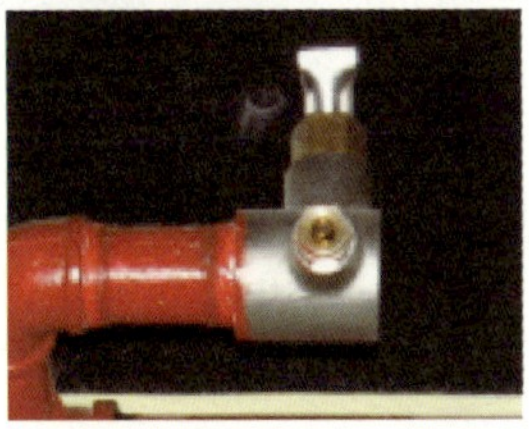
6	灭火器	4kg	60	

12）供电系统

供电系统由现场配电箱和配电线缆构成，为现场试验设备供电。除东侧隧道口右侧配电箱采用落地安装,其余均固定在隧道侧壁上,如图 2-36 所示。隧道外电缆采用直埋敷设,隧道内电缆敷设在电缆沟内。

a) 落地式　　　　　　　　　　　　　　b) 壁挂式

图 2-36　配电箱安装

13) 防护系统

试验防护系统包括设备防护和人员安全防护两个方面。设备防护主要是对地磅和设备传输线缆进行防护,其中防火板及防火棉主要用于地磅防火保护;陶瓷纤维布主要用于传感器信号线路保护,如图 2-37 所示。

图 2-37　设备防护系统

考虑到火焰的高温辐射和燃料的毒性,对人员需采取特殊安全防护。防护设备主要有点火员的防火服,试验人员的安全帽、口罩、试验服等,如图 2-38 所示。

2.2.2　试验火源燃烧特性的测定

火灾热释放速率(HRR)是表征火灾规模的重要参数,它直接决定了隧道火灾可能造成的后果,因此,对于隧道火灾 HRR 的研究一直是学者们关注的重点。通常,对隧道火灾热释放速率的确定采用耗氧法,Grant 和 Ingason 等人详细介绍了耗氧法估算实体隧道火灾热释放速率的方法。然而耗氧法的输入参数较多,涉及所有试验设备的校准和后期的计算,过程较为烦琐,在实体隧道火灾试验中,误差为 25% 左右。因此,本书采用失重法与热辐射法确定火源规模。

图 2-38　人身安全防护

火灾发展过程中的各种特征参数均直接取决于火灾热释放速率,因此就显得尤为重要。本节通过火源标定试验在真实隧道场景内标定 93 号汽油、0 号柴油和木垛三种通用火源以及真实车辆,以确认正式火灾试验的规模,确定火源设计的正确性。与此同时,深入探讨火灾热释放速率的影响因素,为公路隧道消防规范的制定及后续研究提供基础。

1) 火源的选择

火源是火灾试验的重要组成部分,其选择是否合理是试验成败与否的关键因素。应根据试验目的综合考虑火源规模、燃料类型和燃烧产物等,其中燃料燃烧的稳定性对于火灾试验的分析尤为重要。公路隧道火灾主要是车辆及其负载燃烧起火,而车辆燃烧主要源于油燃烧,因此可将试验火源归纳为固体火、液体火和实物火源。固体火源多采用由木托盘组成的木垛,木垛易于燃烧,可重复且具有标准截面,亦可模拟复杂结构火灾,在火灾试验中广泛应用。然而其燃烧过程中火灾热释放速率变化较大,达到最大值后,很快衰减,因此被视为非稳态火源。液体火源主要采用汽油和柴油,能够模拟车辆相撞后,燃油泄漏形成的油面燃烧,且油类燃烧稳定阶段火灾热释放速率基本不变,视为稳态火源。实物火源主要采用废弃小汽车和中巴车,尽可能真实地模拟隧道火灾场景并确定其规模,然而由于燃烧实物火源费用较高且重复试验意义不大,因此无须进行多次试验。

2) 火灾热释放速率的测定方法

燃烧速率、热释放速率和燃烧效率是描述油池火燃烧特性的三个基本参数。燃烧速率通常用单位面积燃料的质量损失速率表示；热释放速率(也称火源规模或火源功率)为单位时间油池火释放的能量；燃烧效率表示燃料燃烧的程度。通过对火源燃烧特性的测量，分析各参数随时间的变化规律，有助于深入分析隧道火灾发展过程。

(1) 燃烧速率

燃烧速率是决定火灾热释放速率的主要因素，它不仅能够表示燃料燃烧的快慢，同时也会影响火焰高度、温度及其对周围的辐射强度。大量各类燃料及各种尺寸油池火试验表明：油盘直径小于5cm时，燃烧为层流预混燃烧，燃烧速率随油盘直径的增加而减小；当直径大于1.0m时，燃烧为湍流燃烧，燃烧速率趋于定值，设该值为 $\dot{m}''_\infty$；当油盘直径介于两者之间时，燃烧处于过渡区，燃烧速率随直径的增加而增大，如图2-39所示。

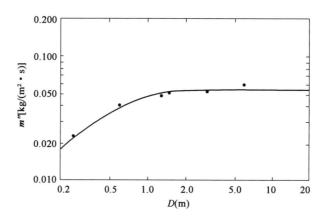

图2-39 汽油池火燃烧速率随直径变化曲线

油池火燃烧速率不仅取决于油盘直径，还关系到两个经验常数——火焰的消光系数 k 和平均波长修正系数 β，对于油池火而言，将两个常数视为一体即可。通过大量试验，获得油池火燃烧速率的经验公式：

$$\dot{m}'' = \dot{m}''_\infty \cdot (1 - e^{-k\beta \cdot D}) \tag{2-36}$$

式中：$\dot{m}''_\infty$、$k\beta$——取决于燃料类型，如汽油的 $\dot{m}''_\infty$ 值为0.055，$k\beta$ 为2.1；

D——圆形油盘直径，若方形或其他形状可采用当量直径。

然而，隧道火灾试验燃烧速率的测定是通过测量单位时间、单位面积上燃烧损失的燃料质量而获得的，即

$$\dot{m}'' = \frac{\Delta m}{\Delta t \cdot A} \tag{2-37}$$

式中：Δm——燃料质量损失，$\Delta m = m_1 - m_2$，kg；

A——燃料面积，m²；

Δt——燃烧时间,$\Delta t = t_1 - t_2$,s。

实际燃烧过程中,不可避免受到外界环境的影响而导致测量值存在波动,因此瞬时值不易于利用。通过增加时间间隔,获得该时间间隔内的平均燃烧速率较为合理,时间通常取稳定燃烧段。

(2)热释放速率

热释放速率(HRR,Heat Release Rate)是指单位时间内材料燃烧所释放的热量,是用来表示火灾强度的特征量,它的变化规律是定量分析隧道火灾危险程度的重要依据。火灾热释放速率很大程度上控制了火灾燃烧特征参数,如烟气质量流率、烟气温度及烟气层厚度等。近年来,国内外通过大量试验和数值模拟确定隧道火灾场景,重点之一便是对火灾热释放速率的确定。

热释放速率曲线即火源规模随时间的变化规律,通常用来预测火灾时的环境条件,通过这些信息评估人员是否能够安全逃生;另一个功能是预测隧道结构的稳定性。隧道结构稳定性的研究主要是为保护结构并确保消防人员在结构坍塌前进入隧道施救,结构能够承受的时间相对较长(0.5~3h),这里不作为重点考虑。对于人员逃生,给予的时间相对较短(通常30min),需深入探讨不同火源规模情况下该曲线随时间变化的细节,有助于研究人员通过试验结果建立描述隧道火灾对人员伤亡危险性的基本思维。为在无条件进行火灾试验时设计火灾场景提供参考依据。

测量火灾热释放速率最常用的方法是耗氧法。该方法是指认为大多数气体、液体和固体,消耗单位质量氧气所需要的能量均为13.1MJ/kg,且误差不超过±5%。测量装置如图2-40所示,燃料点燃后,燃烧产物被收集起来经排烟道排出,通过测量流经孔板前后压差及温度计算烟气质量流量,同时测定烟气成分,从而获得材料燃烧过程的热释放速率,如式(2-38)和式(2-39)所示。

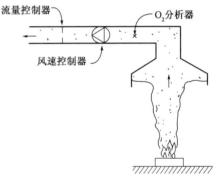

图2-40 耗氧法简图

$$\dot{m}_e = C\sqrt{\frac{\Delta p}{T_e}} \tag{2-38}$$

$$\dot{Q} = 1.10E \cdot \dot{m}_e \frac{X_{O_2}^0 - X_{O_2}}{1.105 - 1.5X_{O_2}} \tag{2-39}$$

式中:$\dot{m}_e$——管道中烟气的质量流量,kg/s;

Δp——气体流经孔板前后的压差,Pa;

T_e——气体在孔板处的温度,K;

C——孔板流量计标定常数;

E——材料消耗单位质量氧气放出的能量,13.1MJ/kg;

$X_{O_2}^0$——进入系统空气中 O_2 的摩尔分数;

X_{O_2}——烟气中 O_2 的摩尔分数。

大型试验采用耗氧法准确性有所降低且耗费往往很大,因此本书采用另外两种测量火灾热释放速率的方法——失重法和热辐射法。通过两种测试方法的相互印证确定试验火灾规模,该方法能够满足隧道火灾研究的需要且较为合理。

①失重法。燃烧速率可表示为 $\dot{m}$,单位为 kg/s;也可表示为 $\dot{m}''$,单位为 kg/(m²·s)。稳定燃烧时,其预测值可表示为:

$$\dot{m}'' = \frac{q''}{\Delta H_g} \tag{2-40}$$

式中:q''——热流值,kW/m²;

ΔH_g——完全燃烧热值,如柴油 42MJ/kg、汽油 45MJ/kg、松木 17.8~18.7MJ/kg。

燃烧速率通常很难通过式(2-40)进行计算,而是通过试验测量。于是上式转化为:

$$q'' = \dot{m}'' \cdot \Delta H_g \tag{2-41}$$

通过测量燃料燃烧过程质量的变化,即燃烧速率或失重率,进而获得火灾热释放速率,该方法称为失重法,其原理如式(2-42)和式(2-43)所示。

$$\dot{Q} = \dot{m} \cdot \Delta H_{eff} \tag{2-42}$$

$$\dot{Q} = \dot{m}'' A \cdot \chi \cdot \Delta H_g \tag{2-43}$$

式中:$\dot{Q}$——火灾热释放速率,MW;

A——燃烧面积,m²;

ΔH_{eff}——可燃物有效燃烧热值,$\Delta H_{eff} = \chi \cdot \Delta H_g$,kJ/kg;

χ——燃烧效率,在 0.3~0.9 之间取值。

在氧气充足的情况下,甲醇或乙醇燃烧产生的火焰几乎无烟气,其燃烧效率接近 100%;气态燃料(如甲烷)也是如此;然而,汽油、柴油等燃料在隧道内燃烧,会产生大量黑烟不易散去,氧气量势必有不同程度的降低,其燃烧效率相对较低,通常为 60%~70%。

②热辐射法。通过测量火源附近热辐射值计算火源功率,其原理如式(2-44)所示:

$$q_{str} = \frac{C_1 \cdot P_{RHR}}{R^2} \tag{2-44}$$

式中:q_{str}——距离火源 R 米时的单位辐射热流值,W/m²;

P_{RHR}——火源全热释放速率,$P_{RHR} = \chi_r \cdot \dot{Q}$,W;

χ_r——热辐射效率,取值范围为 0.2~0.6,通常取 1/3;

C_1——比例常数,$C_1 = \frac{1}{4\pi}$。

于是有：

$$q_{\text{str}} = \frac{\chi_r \dot{Q}}{4\pi R^2} \quad (2\text{-}45)$$

即

$$\dot{Q} = \frac{4\pi R^2 q_{\text{str}}}{\chi_r} \quad (2\text{-}46)$$

该方法基于以下假设：

a. 火源辐射以火源中心点为核心呈球形向四周辐射，距离火源等距离处所有点辐射强度均相同；

b. 火源辐射强度与火灾热释放速率呈正比例关系。

3) 火源功率标定试验及影响因素分析

试验过程中首先对各测量系统进行标定，保证所有设备在后续试验中能够稳定工作。火源燃烧受环境影响较大，在对火源功率进行标定时，需明确定义外界条件。隧道内环境风速接近0，温度为20℃左右，分别对各尺寸油池火、木垛火和实物火灾进行火灾热释放速率的测定。共开展9组试验，如表2-13所示。

标定试验工况表　　　　表2-13

试验编号	燃料类型	燃料尺寸		预计火源规模（MW）
A-1	油池火	93号汽油	1.0m×1.0m×0.1m	2~3
A-2		93号汽油	1.5m×1.5m×0.1m	5
A-3		0号柴油	1.5m×1.5m×0.1m	5
A-4	木垛火	1个木垛	1.0m×1.2m×1.3m	2~3
A-5		2个木垛	1.0m×2.4m×1.3m	5
A-6	实物火	小汽车	—	3~5
A-7		模拟小汽车	车内放入8个木托盘+2个轮胎	3~5
A-8		中巴车	—	10~15
A-9		模拟中巴车	车内放入40个木托盘+8个轮胎	10~15

试验通过失重法和热辐射法分别测量火源的热释放速率。失重法通过试验隧道内设置的燃料称重系统实现，热辐射法通过辐射热通量测量系统完成。

(1) 油池火和木垛火

试验拟定基础油盘尺寸分别为1.0m×1.0m×0.1m和1.5m×1.5m×0.1m两种[图2-41a)]，其他尺寸油盘可通过基础油盘组合获得[图2-41b)]。油盘采用钢板焊接，底部加角钢固定，以免燃烧变形。另外，为防止火焰燃烧将油盘底部损坏，试验前向油盘倒入2~3cm水层，由于水密度大于油类燃料，油倒入后，水层仍然在底部，能够起到隔热保护作用。隧道中部设置称重平台，将防火棉、防火板和铁皮依次铺设于地磅上避免损伤测量仪器，即对火源底部做隔热防护处理,最后将燃烧物(油盘/木垛)置于称重平台上,油盘、称重平台及防护措施如图2-41所示。

a) 1.0m×1.0m×0.1m油盘

b) 3.0m×3.0m×0.1m油盘

图 2-41　油盘、称重平台及其防护措施

木托盘是由松木和杉木板制成,每个尺寸为 1.0m×1.2m×0.13m,10 个木托盘堆积成一个木垛,大规模火灾可由多个木垛组合而成,如图2-42所示。由于试验在同一环境并在短期内完成,因此不考虑木托盘含水率对燃烧的影响。试验过程中,在木垛内部加入可燃物(如纸盒等),并喷洒少许汽油,通过点燃可燃物引燃木垛。

图 2-42　试验用木垛

①火灾发展过程及燃烧现象。

油池火试验的点火方式通常采用火焰引燃,点火方式主要是火把或短路引燃(用于大型油池火)。由于汽油挥发性很强,点火工具只要接触到汽油挥发的蒸气就可将整个油盘引燃;而柴油挥发性较差,需加入少量汽油引燃。油池火燃烧时,火焰并不是紧贴在液面上方的,说明液体是先蒸发,蒸汽扩散后与空气混合在空间某处预混燃烧。燃烧过程中,火势基本保持不变,稳定阶段时间较长,而后衰减直至燃烧结束,燃烧过程如图2-43所示。

然而,有时油类燃烧会发生扬沸现象,导致温度突然升高,如图2-44所示。燃烧过程中,油层向水层传热,水的沸点是100℃,因此水先沸腾;与此同时水带着蒸发、燃烧的油一起沸腾,并向空中飞溅,这种现象称为"扬沸"。扬沸现象使油池火燃烧变为液滴燃烧,危险性增加。

a)点火

b)增长阶段

c)稳定燃烧

d)衰减阶段

图2-43 油池火燃烧过程图像

汽油扬沸时火焰完全不同于平时油池火燃烧。扬沸时的超高温度主要是由于燃料被抛入到火焰中心区形成蒸汽,而后与空气混合,剧烈燃烧形成。柴油黏度较低,通常为 $3.0 \sim 8.0 mm^2/s$,不宜在油层中形成热区,柴油扬沸过程发生在燃烧即将结束时,柴油飞溅燃烧,但飞溅量较少,温度低于汽油扬沸温度。

木垛燃烧过程明显分为三个阶段。增长阶段:通过可燃物引燃,使木垛整体开始燃烧;稳定燃烧阶段:此燃烧阶段一直保持整个木垛燃烧面积及燃烧高度不变;衰减阶段:燃烧木垛突然倒

图2-44 柴油火的扬沸

塌,使燃烧高度突然降低,燃烧面积基本不变,随后燃烧高度逐渐降低,直至木垛化为灰烬,如图 2-45。

a)增长阶段

b)稳定燃烧阶段

c)衰减阶段

图 2-45　木垛燃烧过程图像

木垛是高分子混合物,成分主要包括纤维素、半纤维素和木质素。燃烧时,外部热量使木垛发生热解生成挥发酚和炭,当温度达到 260℃,可燃气体析出量增大,可点燃。但在可燃气体量不够大的情况下不能维持稳定燃烧。燃烧温度超过 450℃ 将产生 15%～25% 的炭渣,如图 2-46 所示。

②油池火燃烧速率的测定。

为确定试验火源规模,首先需测量其燃烧速率。图 2-47 为不同尺寸油盘的燃料质量随时间变化曲线。

随着燃烧的进行,燃料不断被消耗,其趋势近似为线性,各曲线斜率表示该尺寸油盘的燃烧速率。可以看出,各油盘的平均燃烧速率趋于一致,经计算介于 $0.040 \sim 0.060 kg/(m^2 \cdot s)$ 之间,与前人给出的经验值 $0.055 kg/(m^2 \cdot s)$ 相符。

图 2-46 被碳化层包裹的木垛块

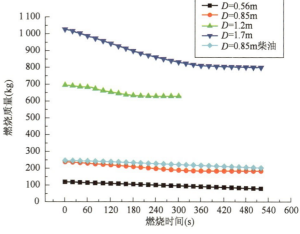

图 2-47 不同尺寸油盘燃料质量随时间变化曲线

③火灾热释放速率。

分别对燃料质量与辐射值的实时采集数据进行分析,探讨火灾热释放速率的增长过程。为使数据保持相对稳定,时间间隔设置为 6s。计算过程中需要确定燃烧效率 χ,它取决于可燃物种类及燃烧环境。有学者采用"氧耗法"测定柴油的燃烧效率,介于 $0.68 \sim 0.85$ 之间;ISO 9705 标准房间内汽油燃烧效率约为 0.75。根据本试验环境设定燃烧效率,汽油为 0.8、柴油为 0.7、木垛为 0.7。

分别通过失重法和热辐射法计算火灾热释放速率,标定试验 A1 ~ A5 两种方法的计算结果对比如图 2-48 所示。

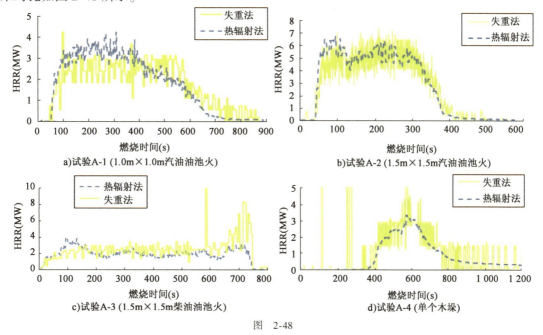

图 2-48

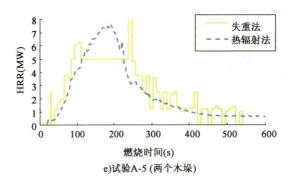

e) 试验A-5（两个木垛）

图2-48 火灾热释放速率的确定

通过火灾热释放速率曲线容易看出不同燃料燃烧从增长到充分发展再到衰减的整个过程。火灾增长阶段通常是加速的，其增长速率取决于燃料量及种类，因此其上升曲线各有不同，木垛增长过程所需时间长于油类燃料；油类燃料稳定阶段火源功率达到最大值并持续一段时间，木垛在稳定阶段持续时间较短；衰减过程通常时间较短，有的甚至突然熄灭。

两种标定方法对比结果表明，HRR曲线吻合程度良好，标定方法科学合理，并且达到了预先设定的火源功率，能够满足试验需求。标定试验结果汇总见表2-14。

标定试验结果 表2-14

油盘尺寸	1m×1m×0.1m	1.5m×1.5m×0.1m	1.5m×1.5m×0.1m	单个木垛	两个木垛
燃料种类	汽油	汽油	柴油		
火源功率	2.2~2.8MW	4.9~5.6MW	3~5MW	2.2~2.6MW	5.0~5.7MW

试验误差分析：由于失重率的计算是基于质量相减，这样就会消除零点偏移带来的误差，因此地磅数据可认为不产生误差，试验结果可信。

(2) 火灾热释放速率的影响因素

火灾热释放速率是人们关心的重要火灾参数，它随时间不断变化，经过燃烧增长阶段后趋于稳定，该阶段会受到各种因素的影响。在标定试验的基础上，补充各影响因素下的火灾试验，讨论其影响程度，主要包括燃烧面积、燃料类型、火源位置、纵向风速及环境湿度等因素，其中环境湿度对火灾热释放速率的影响平均只有1.58%，可忽略不计。

发生在隧道内的液体燃料意外飞溅会引起严重火灾，大部分在环境温度下易挥发，其蒸气与周围空气混合，一旦遇到明火，火焰在液体燃料表面快速蔓延，火源功率随之达到一个恒定值，该值主要取决于燃料表面直径。因此，决定火灾热释放速率的主要因素是燃烧面积。

①燃烧面积。

通过标定1.5m×1.5m×0.1m的基础油盘可知，其火灾热释放速率约为5MW。在此基础上，改变燃料面积，分别对2个油盘、4个油盘和6个油盘进行燃烧试验，测量其火源功率，试验结果表明，燃烧面积越大，火势越大，如图2-49所示。

图 2-49 不同燃烧面积的火灾图像

火灾热释放速率的测量结果如图 2-50 所示,它随燃烧面积的增加而不断增大,近似呈指数分布。这是由于燃烧面积增大后火焰辐射热增加,燃烧获得更多热量,使燃烧速率加大,导致燃烧加剧,火源规模增大。由此,可通过控制油盘的面积来控制试验火灾的规模。

②燃料类型。

试验选用汽油、柴油和木垛三种燃料,在外界环境相同的情况下,测定其火灾热释放速率。汽油和柴油均采用标准油盘 1.5m × 1.5m × 0.1m,木垛采用 5MW 当量木垛,试验结果如图 2-51 所示。

结果表明,规模相当的不同燃料燃烧时,火灾热释放率曲线变化趋势差异较大。汽油开始燃烧后,火源规模很快达到最大值,并进入稳定燃烧阶段;柴油燃烧时间最长,且燃烧开始后逐步达到稳定燃烧阶段,在燃烧后期火源规模突然增大,而后火焰突然熄灭,主要是扬沸现象所致;木垛燃烧趋势和汽油相似,只是达到燃烧稳定阶段所需时间较长。因此,规模相当的不同燃料燃烧时,火灾所能达到的最大热释放速率虽然相当,但是燃烧过程差异较大,如柴油燃烧稳定时火源功率只有汽油的一半。

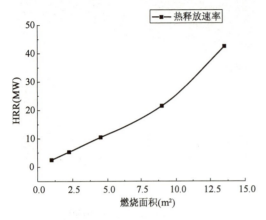

图 2-50　不同尺寸油盘的火灾热释放速率

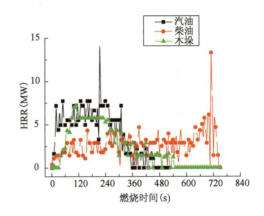

图 2-51　不同燃料类型的火灾热释放速率

③火源位置。

将汽油池火分别置于中间车道与侧车道燃烧,其火灾热释放速率曲线如图 2-52 所示。

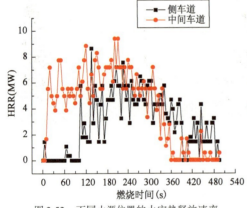

图 2-52　不同火源位置的火灾热释放速率

可以看出,火源位于中间车道时,热释放速率上升速度很快;燃烧稳定时数值略高于侧车道位置处;侧车道燃烧较中间车道存在明显的滞后现象。这主要是由于边墙的阻挡作用,使火源位于侧车道时不能较好地与空气接触,造成燃烧不充分;另一方面,边墙有反射热量的作用,增加热辐射,可促进燃烧。因此,火源位置对火灾热释放速率的影响主要是对燃烧速度的影响,取决于阻挡墙壁的辐射以及对空气的阻碍程度。

④纵向风速。

隧道结构狭长,车辆运动极易形成活塞风。纵向风的存在能够促使火羽流卷吸周围空气,且隧道内热烟气不易散去,使燃烧加剧;另一方面,纵向风容易使火焰倾斜,影响热反馈效果,抑制燃烧。目前,纵向风对隧道火灾的影响研究较少且存在争议,因此,有必要通过足尺试验分析其影响程度。试验通过失重法测定 $1.0m \times 1.0m \times 0.1m$ 和 $1.5m \times 1.5m \times 0.1m$ 两种规格汽油池火在风速分别为 $1.0m/s$ 和 $3.5m/s$ 时的火源规模,如图 2-53 所示。

由图 2-53 可知,纵向风速对火势发展存在较大影响。纵向风较小时,燃烧较稳定,火灾热释放速率变化幅度较小;反之,火焰波动情况明显。当油盘尺寸为 $1.0m \times 1.0m$ 时,大风速条件下火源平均热释放速率较高;当油盘尺寸为 $1.5m \times 1.5m$ 时,大风速条件下火源热释放速率略低,说明纵向风速对火灾热释放速率的影响不会产生某种必然趋势,但仍有规律可循。

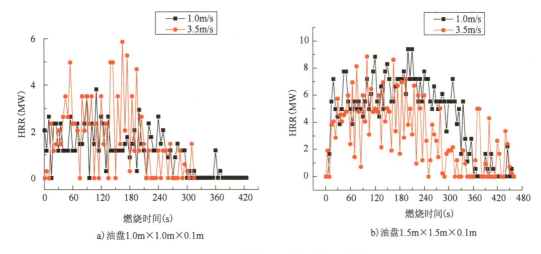

图 2-53 不同纵向风速的火灾热释放速率

油池火燃烧主要是火焰直接在液体表面燃烧,隧道拱顶将燃烧积聚的热量反馈给燃料表面,继续促进燃烧,然而纵向风速影响烟气层高度,间接影响油面接收辐射量。当油盘较小时,大风速虽然使火焰倾斜,但并没有影响其辐射作用,辐射热反馈仍然能够照顾到燃烧面的每一角落;与此同时,纵向风速为燃烧提供了新鲜空气,加速了燃烧反应,使燃烧速率增大,从而增加了火灾热释放速率。当油盘较大时,由于火焰的倾斜作用使向风侧部分油盘面积几乎无法收到火焰与烟气的热反馈,降低了燃烧速度,导致火灾热释放速率降低。因此,当油盘面积较小时,火灾热释放速率随风速的增加而增大;当油盘面积较大时,火灾热释放速率随风速的增加而降低;然而随着油盘尺寸的增大,风速对燃烧速率的影响作用逐渐减小。不同风速下火焰形态如图 2-54 所示,风速较小时,火焰几乎垂直向上;风速较大时,火焰倾斜。

图 2-54 不同纵向风速对火焰的影响

(3) 车辆火灾

在实体隧道火灾试验中较为重要的一项是油池火试验,它作为对车辆火灾试验的补充,是必不可少的重要的研究手段。油池火试验能够完善人们对隧道火灾烟气蔓延特性的认识。然而与车辆火灾试验相比,现有的油池火试验规模通常较小,如瑞典 FOA 矿山隧道油池火试验中 HRR 的峰值为 0.9MW;中科大胡隆华等人的汽油池火试验的 HRR 值介于 $1.6 \sim 3.2$MW 之间,均小于实际车辆预测火灾规模,因此具有一定的局限性。本书在全尺寸隧道内通过油池火与车辆试验相结合的手段,深入研究火源规模、隧道火灾烟气运动特性并评估人员逃生的可能性。

1968 年,Butcher E. G. 等人最早开展了小汽车火灾试验,Bennetts I. D. 等人对小汽车的燃烧现象进行了分析;1985 年,德国某火灾研究所在地下车库进行了小汽车火灾试验,测定了烟气温度并定性地描述了火灾发展及烟气蔓延;1990—1993 年,西欧 9 国在 Norden-Norwegen 废弃隧道内对小汽车、旅游巴士、重型载货汽车等进行了温度与气体成分的测试;1991 年,Mangs J. 和 Keski-Rahkonen O. 通过耗氧法获得小汽车火灾热释放速率曲线,这是最早可供工程计算的小汽车 HRR 曲线。本试验通过小汽车和中巴车火灾,分析足尺沉管隧道内其燃烧现象和发展规律,获得第一手真实火灾数据,绘制 HRR 曲线。

试验采用废弃小汽车和中巴车,燃烧前除去车辆内发动机及油箱,避免爆炸。点火前将汽油均匀喷洒在车内座椅上,主要是为燃烧均匀,并在车内放一小盆汽油作为引燃物。试验用的废弃小汽车和中巴车如图 2-55 所示。

a) 废弃小汽车　　　　　　　　　　　　b) 废弃中巴车

图 2-55　废弃小汽车与中巴车

①车辆火灾发展过程及燃烧现象。

图 2-56 为小汽车燃烧过程图像。由于试验前引燃汽油喷洒得均匀,小汽车被点燃后,火势发展迅速,首先在中部座椅处燃烧,伴有大量黑烟;2min 后车窗玻璃破碎,火势扩大,达到充分发展阶段,火焰笼罩整个车辆;10min 后车内饰基本烧完,车辆已坍塌;11min 时一个轮胎爆炸,接着轮胎依次爆炸;15min 后火势减小;25min 火势更小但仍没有灭掉,后又持续燃烧很久,汽车只剩钢铁骨架,油漆也烧尽;车辆燃烧持续时间为 60min 左右。

图 2-56　小汽车火灾发展过程

中巴车与小汽车燃烧过程相同,只是规模和燃烧时间有所差异,如图 2-57 所示,此处不再赘述。

图 2-57　中巴车火灾发展过程

②火灾热释放速率。

为对火灾危险性进行分析,通常关心车辆火灾的热释放速率曲线。本试验通过热辐射法测定小汽车与中巴车的HRR曲线,如图2-58所示。

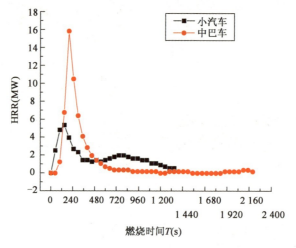

图2-58 车辆火灾热释放速率曲线

可以看出:车辆点燃后,火势迅速扩大,3~5min内达到最大规模,持续时间较短;10min后进入衰减阶段,HRR值较小,直至火源渐渐熄灭。小汽车的火源规模为5MW左右,中巴车的火源规模为16MW左右。该曲线对于其他类型车辆仍然适用,只是最大值有所不同。

实际隧道内发生交通事故后,由于有毒气体与油的释放以及易燃物和空气的接触程度不同,导致火灾发展速度各异,起火时间难以确定:可能在事故发生后随即起火,也可能在发生一段时间后才起火。而试验前将汽油均匀喷洒在座椅上,主要是模拟实际火灾中火势开始以后的燃烧过程,因此通常情况试验火灾发展速度较实际火灾迅速。

③影响因素分析。

车辆燃烧火灾热释放速率的影响因素包括其本身和外界环境。不同车辆内部构造不同,可燃物覆盖面不同,其燃烧情况亦各不相同。此外还有多种外界影响因素,其中最主要的就是隧道内纵向风速。由于车辆火灾属于破坏性试验,无法对其影响因素进行一一对比试验,因此,本书通过模拟车辆火灾试验分析其影响因素。

模拟车辆火灾试验是将车辆内饰等全部烧光后放入木垛和轮胎等易燃物模拟真实车辆,以分析车辆自身因素对火源功率的影响。其热释放速率取决于车辆内负载的物品,模拟小汽车时,车内填充木托盘8个、轮胎2个;模拟中巴车时,车内填充木托盘40个、轮胎8个以及少量纸箱等可燃物,如图2-59所示。这些填充物既能够达到真实火灾的高温,又能产生大量烟气,满足真实火灾场景。

将测量数据绘制成HRR曲线,如图2-60所示,模拟车辆与真实车辆火灾热释放速率发展趋势近似,只是模拟车辆火灾规模小于真实车辆火灾。由此看来,车内负载的物品量及物品类型直接决定了火灾热释放速率的大小。

a)小汽车

b)中巴车

图 2-59　模拟小汽车与模拟中巴车

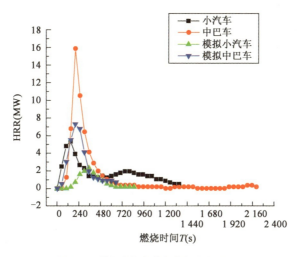

图 2-60　模拟车辆与真实车辆火灾的对比

文献中较少涉及机械通风对车辆火灾发展的影响。Carvel 等人通过贝叶斯定理做出尝试性分析,并将该方法与各种国际知名试验的结果相结合后提出——车辆火灾热释放速率在风速小于 2m/s 时不会产生较大变化;然而对于大风速下火灾发展规律研究较少。

其实大风速对车辆火灾有着重要影响。纵向风方向通常与交通流方向相同,当车辆引擎起火时,大风速将抑制火灾向车辆后方蔓延,有效地控制了车辆火灾;而当车辆后部起火时,大风速将加速火势向车辆前端蔓延,不利于抑制车辆火灾。因此,纵向风是否会加速火势发展取决于车辆起火位置和纵向风速大小。火灾初期,纵向风速在多数情况会延缓小汽车火灾燃烧,这主要是由于大多数小汽车火灾从前部开始燃烧,因此纵向风将使车辆后部保持完整。

查阅相关文献,部分国家及组织推荐的隧道车辆火灾规模如表 2-15 所示。

车辆火灾规模(MW)　　　　　　　　　　　　　　　　　　表 2-15

标准	NFPA 502—2004	NFPA 502—2008	BD 78/99	CETU	PIARC
小汽车	5	5~10	5	—	2.5
公共汽车	20	20~30	20	—	20
小货车	—	—	15	15	15
重型货车	20~30	70~200	30~100	30	20~30
油罐车	100	200~300	—	200	200~300

通过试验分析表明,车辆火灾规模受到内外因素的双重影响,其变化范围较大,但仍然与前人研究成果相符。

通过对油池火和实物火的火源规模进行测定表明,可用油池火代替实物火灾进行试验分析。小汽车火灾当量火源可采用 1 个 $1.5m \times 1.5m \times 0.1m$ 的油盘,小货车火灾当量火源根据负载情况不同可使用 3~4 个油盘,因此,后续试验均用油池火代替车辆火灾。

2.2.3 试验操作流程

为了保护试验过程中试验人员的人身安全及试验设备、器材不受损害,保障试验顺利、安全地开展,试验现场需采取多项保护措施:

1)试验人员的人身安全

试验过程中,试验现场操作人员一律穿防火保护服;除试验现场操作人员外,其他人员一律禁止进入试验隧道内。在试验隧道内火源附近设置警戒线,避免试验现场人员进入危险区域。

2)试验设备的防火保护

对试验所用承重平台采用防火板进行防火保护;对试验监测设备及其传输线缆采用"矿棉+反光布"进行防火保护;对隧道内疏散指示、照明、火灾报警设备的传输线缆采用防火涂料进行防火保护。

3)试验现场的应急处理

为了应对试验过程中一些不可预料的突发情况,保障试验现场操作人员的人身安全,试验前应将试验应急处理与紧急救援预案与消防主管部门进行沟通。试验全程由专业消防人员进行指导与监督,由消防主管部门配备一辆消防车在试验隧道外处于待命状态,消防车作业人员时刻保持与火灾现场和监控室人员的通信联系。

4)试验开始前的前期准备工作

(1)打扫清理试验现场,确保与本次试验无关的设备、材料不滞留现场,确保试验现场附近除火源外无可燃、易燃物品(材料);

(2)确认所有测量、监测设备正常工作,包括热电偶、热辐射计、热流计、烟气分析仪、风速仪、地磅、摄像机、疏散指示标志、标尺等;

(3) 确认所有试验控制设备正常工作,包括风机、风阀、水喷雾、报警设备等;

(4) 检查各种设备的防火保护材料,确保试验现场各种防护设施处于正常状态;

(5) 应急处理及防火救援人员、设备处于待命状态;

(6) 明确试验分工,所有现场操作人员熟悉试验操作流程与应急预案。

2.3 隧道结构高温燃烧炉试验系统

为了更好地模拟真实火场对结构及接头耐火行为的影响,研究人员设计并建设了隧道结构高温燃烧炉试验平台。本书将试验平台分为天然气系统、高温试验炉系统、测温系统、数据采集系统以及构件建设等。图 2-61 为结构燃烧试验平台系统的构成。

图 2-61　结构燃烧试验平台系统构成

2.3.1　天然气系统

次试验采用天然气进行加温,因此专门将天然气管道接到试验平台。同时考虑到安全,在试验平台安装了两个警报系统。天然气与警报系统如图 2-62 所示。

2.3.2　高温试验炉系统

为了与试验构件尺寸相吻合,本书作者自行设计了高温试验炉系统,图 2-63 为高温试验炉设计概要,实体示意图详见图 2-64。为了方便构件的吊入,将顶盖设计成可旋转的,如图 2-61所示。

高温试验炉具有以下特点:明火试验,单面受火,通过温控系统可以反映隧道内实际火灾场景,如火灾持续时间、升温速率以及峰值最高温度等;可以很好地模拟隧道内实际火灾情况。根据港珠澳沉管隧道实际情况及《建筑设计防火规范》(GB 50016—2014)要求,设定火灾持续时间、燃烧最高温度与升温速率定量指标,以及试验炉升温曲线,由此模拟火灾场景。设计火灾持续时间为2h。设试验最高温度为1 200℃,并设定自动转火回差20℃。高温试验炉升温速率按照RABT曲线要求进行设计,5min从常温上升到1 200℃。

a)天然气系统　　　　　　　　　　　　b)警报系统

图2-62　天然气与警报系统

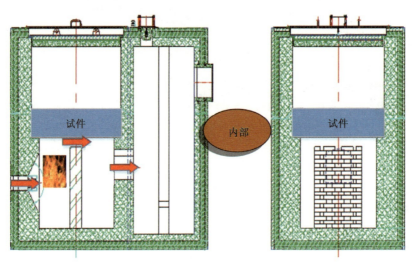

图2-63　高温试验炉设计概要

2.3.3　测温系统

在试验中所采用的为K型铠装热电偶,也就是镍铬/镍硅热电偶,它测温范围一般在-50~1 200℃之间。试验中所使用K型热电偶直径为2mm,铠长有70cm与90cm两种。热电偶所测的电压信号通过A/D转换器转化为数字信号然后传到计算机中,最后再由数据采集程序把接收到的数字信号转化为温度信号。热电偶与数据采集模块如图2-65所示。

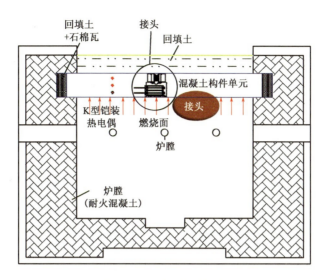

图 2-64　高温试验炉示意图

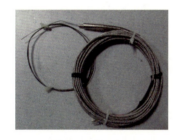

a)试验用的K型铠装热电偶

b) 数据采集模块与RS485/232转换器

图 2-65　热电偶与数据采集模块

考虑到混凝土为热惰性材料,温度在内部影响范围有限,因此热电偶在构件内沿厚度方向变距离分布,且主要集中在底部,具体测点布置情况局部1:1结构以3号构件、节段接头以8号构件、管节接头以10号构件为例说明热电偶测点在构件中的布置情况。图2-66～图2-68分别为3号、8号和10号构件测点布置示意图。其中局部1:1构件主要测试温度在混凝土构件内部的分布情况,而接头主要是获取温度在止水带附近空腔的分布情况及对止水带的影响。

图2-67所示的节段接头测点布置中,接头中空部分防火隔断布置了三组测点,即防火整板与防火隔断之间一组,防火隔断中间部分一组,防火隔断顶部止水带下方为一组,分别在a)图的右两图中给出了具体布置位置及编号。而a)图的左一图为沿接头构件厚度方向的测点,用来考查温度在混凝土内部的分布情况。

局部1:1结构中测点布好后灌浆并养护后才吊入进行试验,而管节接头与节段接头中测点布好后,用螺钉固定在相应位置,以避免测点在吊装及试验中有滑动,如图2-69所示。

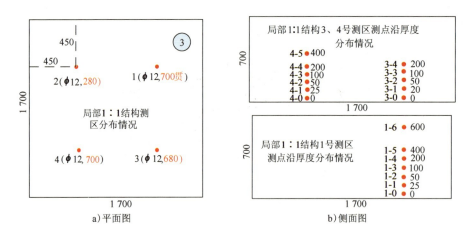

图 2-66　局部 1∶1 结构 3 号构件测点布置示意图(尺寸单位:mm)

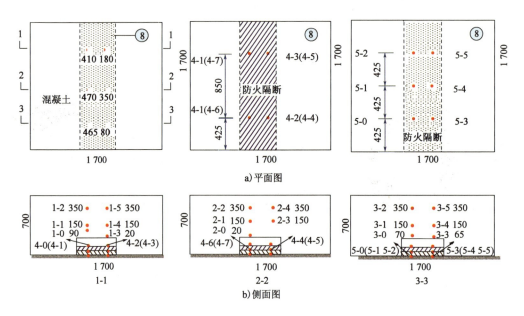

图 2-67　节段接头 8 号构件测点布置示意图(尺寸单位:mm)

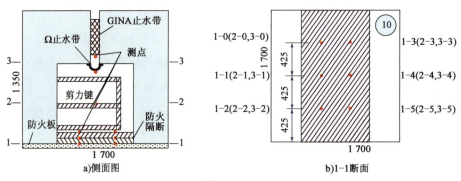

图　2-68

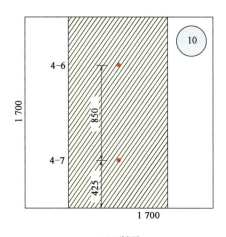
c) 2-2断面

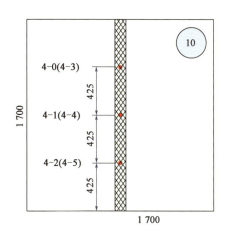
d) 3-3断面

图 2-68 管节接头 10 号构件测点布置示意图(尺寸单位：mm)

a) 节段接头

b) 管节接头

图 2-69 试验中接头测点布置

2.3.4 数据采集系统

试验构件通过测点采集模块，接入 RS485/232 转换器后接到计算机上，高温试验炉及构件测点可设定每 2s 或 5s 自动采集存储数据。图 2-70 所示为采集界面示例。

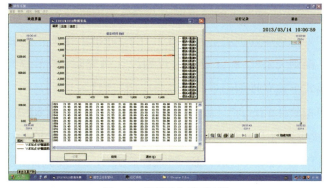

图 2-70 数据采集界面示例

2.4 隧道火灾数值计算分析

随着计算机技术的发展,近年来,数值模拟成为火灾科学研究的重要方法之一。将数学分析和数理统计等方法融入火灾科研体系,使这些模型应用于火灾安全工程中。火灾过程的数值模拟以描述火灾的数学模型为基础,对火灾发展、烟气蔓延等进行数值仿真。

目前较为成熟的火灾模拟理论主要有:20世纪80年代中期时,Brandeis J.和Bergmann研发的数字燃烧模型;Kumar S.和Cox G.提出的隧道内车辆火灾模拟;Simcox等学者对高温烟气的数值模拟等。数值模拟作为投入极少的火灾研究重要方法,主要分为区域模拟、场模拟及复合模拟技术,如20世纪90年代初期的火灾区域模拟软件CFAST和CCFM·VENTS。CFAST是由Jones W. W.和Forney G. P.等人提出的;CCFM·VENTS是由Cooper L. Y.和Forney G. P.等人提出的。其中香港理工大学Chow教授采用区域模拟软件CFAST对烟气蔓延规律进行了预测。而大多数学者普遍采用场模拟技术,应用于计算流体力学的模型主要有雷诺平均(RANS)、大涡模拟(LES)和直接模拟(DNS)。瑞士学者J. P. Kunsch通过简化计算模型预测临界风速;我国哈尔滨工程大学高璞朕教授与香港理工大学周允基教授合作研究基于大涡模拟的CFD模拟方法。但是,更多学者们则采用成熟的计算软件进行火灾预测,1996年,Woodburn使用FLOW 3D程序对HSE开展的试验进行模拟;2003年,加拿大国家研究院Kashef A.则采用SOLVENT软件和FDS软件进行数值模拟;同年,Jojo S. M. Li等人利用PHOENICS软件对不同通风方式的排烟性能进行了数值分析;2004年,Gao使用基于LES和RANS的CFD模型对隧道内烟气流动进行了数值模拟,研究并发现了烟气的热分层现象;2006年,Ballesteros-Tajadura使用FLUENT模拟了坡度对横向排烟效果的影响;澳大利亚的S. Bari和J. Naser通过FLUENT软件对温度场及烟雾场进行模拟计算。

国内对开展相关工作研究的单位主要包括:招商局重庆交通科研设计院、中国科学技术大学、香港理工大学、西南交通大学、台湾中山大学、长安大学和北京工业大学等。如西南交通大学的梁园、冯练模拟了半横向通风模式下的火灾烟气流动情况;西南交通大学的张光鹏、雷波编制了动态仿真程序,对火灾情况下的隧道壁面及空气温度进行了计算;同济大学模拟了大断面隧道火灾烟气流动分布规律并拟定了人员逃生方案;同济大学的张旭通过模拟方法确定火灾临界风速并提出了准则关系式;浙江省交通规划设计研究院和中南大学联合完成了"特长公路隧道纵向排烟模式下独立排烟道系统研究与应用"项目。

本书采用火灾模拟软件FDS,它是由美国国家标准与技术协会(NIST)于2002年11月研发而成的,主要针对火灾烟气与热传递问题进行求解,是专门模拟火灾中流体运动的计算软件。DNS和LES是FDS中的两种方法,LES同时计算大小尺度湍流,通常采用此方法对非稳态N-S方程求解,获得火灾过程中气流速度、温度和压力等参数的数值解,其控制方程如下:

$$\frac{\partial \rho}{\partial t} + \nabla \cdot \rho u = 0 \tag{2-47}$$

$$\frac{\partial}{\partial t}(\rho Y_l) + \nabla \cdot \rho Y_l u = \nabla \cdot \rho D_l \nabla Y_l + \dot{m}_l''' \tag{2-48}$$

$$\rho \left[\frac{\partial u}{\partial t} + (u \cdot \nabla) u \right] + \nabla p = \rho g + f + \nabla \cdot \tau \tag{2-49}$$

$$\frac{\partial}{\partial t}(\rho h) + \nabla \cdot \rho h u = \frac{Dp}{Dt} - \nabla \cdot q_r + \nabla \cdot k \nabla T + \sum_L \nabla \cdot h_l \rho D_l \nabla Y_l \tag{2-50}$$

FDS 软件的默认湍流模型是 Smagorinsky 形式的 LES 大涡模型,该方法的大涡能够直接计算,对于小涡需要建立湍流模型。该模型中动量方程的黏性张量可表示为:

$$\tau = \mu \left[2\mathrm{def}\vec{u} - \frac{2}{3}(\nabla \cdot \vec{u})I \right] \tag{2-51}$$

式中:I——单位矩阵,$I = \begin{bmatrix} 1 & & 0 \\ & 1 & \\ 0 & & 1 \end{bmatrix}$;

μ——黏性系数,m^2/s;

$\mathrm{def}\vec{u}$——应变张量。

$$\mathrm{def}\vec{u} = \frac{1}{2}[\nabla \vec{u} + (\nabla \vec{u})^t] = \begin{bmatrix} \frac{\partial u}{\partial x} & \frac{1}{2}\left(\frac{\partial u}{\partial y} + \frac{\partial v}{\partial x}\right) & \frac{1}{2}\left(\frac{\partial u}{\partial z} + \frac{\partial w}{\partial x}\right) \\ \frac{1}{2}\left(\frac{\partial u}{\partial y} + \frac{\partial v}{\partial x}\right) & \frac{\partial v}{\partial y} & \frac{1}{2}\left(\frac{\partial v}{\partial z} + \frac{\partial w}{\partial y}\right) \\ \frac{1}{2}\left(\frac{\partial u}{\partial z} + \frac{\partial w}{\partial x}\right) & \frac{1}{2}\left(\frac{\partial v}{\partial z} + \frac{\partial w}{\partial y}\right) & \frac{\partial w}{\partial z} \end{bmatrix}$$

式中:u、v、w——x、y、z 三个方向的速度。

湍流黏性系数为:

$$\mu_{\mathrm{LES}} = \rho (C_S \Delta)^2 \left[2(\mathrm{def}\vec{u}) \cdot (\mathrm{def}\vec{u}) - \frac{2}{3}(\nabla \cdot \vec{u}) \right]^{\frac{1}{2}} \tag{2-52}$$

式中:C_S——经验常数;

Δ——网格特征尺度。

大涡模拟过程中,热扩散和物质扩散与湍流黏性系数的关系为:

$$k_{\mathrm{LES}} = \frac{\mu_{\mathrm{LES}} C_p}{\mathrm{Pr}} \tag{2-53}$$

$$(\rho D)_{\mathrm{LES}} = \frac{\mu_{\mathrm{LES}}}{\mathrm{Sc}} \tag{2-54}$$

式中:Sc——施密特数;

Pr——普朗特数;

C_p——定压比热容。

辐射传热模型是利用有限体积法求辐射传输方程:

$$s \cdot \nabla I_\lambda(x,s) = -[k(x,\lambda) + \sigma_s(x,\lambda)]I_\lambda(x,s) + B(x,\lambda) + \frac{\sigma_s(x,\lambda)}{4\pi}\int_{4\pi}\phi(s,s')I_\lambda(x,s')\mathrm{d}\Omega' \qquad (2\text{-}55)$$

式中:$I_\lambda(x,s)$——波长为 λ 的辐射强度,W;

s——辐射的方向向量;

$\sigma_s(x,\lambda)$——散发系数;

$k(x,\lambda)$——当地的吸收系数;

$B(x,\lambda)$——散发的源项。

FDS 软件包括对上述控制方程求解的主程序和计算结果的显示程序 SMOKEVIEW。SMOKEVIEW 能够将模拟结果以二维等值线或三维等值面的形式表现出来,能够清楚地了解各参数的分布情况,极为实用。

2.4.1 火灾流场基本控制方程

为了便于研究隧道内的通风,设计中通常对隧道内流体做如下假设:①视流体为连续介质;②视流体为不可压缩体;③视流体运动在宏观上为稳定流;④视流体遵守能量守恒定律,即伯努利定理。

像所有的流体一样,隧道内烟雾流体的流动遵守物理守恒定律,主要控制方程有 4 种,即质量守恒、动量守恒、能量守恒和组分守恒定律。为了便于分析流体流动方程,以便在方程求解时使用相同控制程序,可以设置 4 种守恒定律基本方程的一般形式,如式(2-56)、式(2-57)所示。

$$\frac{\partial(\rho\varphi)}{\partial t} + \mathrm{div}(\rho u\varphi) = \mathrm{div}(\varGamma\,\mathrm{grad}\varphi) + s \qquad (2\text{-}56)$$

$$\frac{\partial(\rho\varphi)}{\partial t} + \frac{\partial(\rho u\varphi)}{\partial x} + \frac{\partial(\rho v\varphi)}{\partial y} + \frac{\partial(\rho w\varphi)}{\partial z} = \frac{\partial}{\partial x}\left(\varGamma\frac{\partial\varphi}{x}\right) + \frac{\partial}{\partial y}\left(\varGamma\frac{\partial\varphi}{y}\right) + \frac{\partial}{\partial z}\left(\varGamma\frac{\partial\varphi}{z}\right) + s \qquad (2\text{-}57)$$

式中:$\varGamma$——广义扩散项系数;

s——广义源项;

φ——通用变量,可以代表 u、v、w、t 等求解变量。

式(2-57)中,其由左到右依次为瞬态项、对流项和扩散项和源项。对于特定的方程,φ、$\varGamma$、s 具有特定的形式,所有控制方程都可以经过适当的数学处理,将方程中的因变量、时变项、对流项和扩散项写成标准形式,然后将方程右端的其余各项集中在一起定义为源项,从而化为通用微分方程。其质量守恒方程见式(2-58)、动量守恒方程见式(2-59)、能量守恒方程见式

(2-60)、组分质量守恒方程见式(2-61):

$$\frac{\partial \rho}{\partial t} + \nabla \cdot \rho u = 0 \tag{2-58}$$

$$\rho \left[\frac{\partial u}{\partial t} + (u \cdot \nabla) u \right] + \nabla p = \rho g + f + \nabla \tau \tag{2-59}$$

$$\frac{\partial}{\partial t}(\rho h) + \nabla \cdot \rho h u = \frac{Dp}{Dt} - \nabla \cdot q_r + \nabla \cdot k \nabla T + \sum_L \nabla \cdot h_l \rho D_l \nabla Y_l \tag{2-60}$$

$$\frac{\partial}{\partial t}(\rho Y_l) + \nabla \cdot \rho Y_l u = \nabla \cdot \rho D_l \nabla Y_l + \dot{m}_l''' \tag{2-61}$$

上式中的符号意义同前。

2.4.2 湍流模型

1) 湍流的流动特征

流体试验表明,当雷诺(Reynolds)数小于某一临界值时,流动是平滑的,相邻的流体层彼此有序地流动,这种流动称作层流(Laminar Flow)。当雷诺数大于临界值时,会出现一系列复杂的变化,最终导致流动特征的本质变化,流动呈无序的混乱状态。这时,即使是边界条件保持不变,流动也是不稳定的,速度等流动特性都随机变化,这种状态称为湍流(Turbulent Flow)。

当隧道内发生火灾时,烟气以火灾源为中心,向隧道两端蔓延,火灾中烟气的产生及其特性涉及复杂的化学反应过程。但火灾研究中最主要的是烟流的流动规律和对烟流的控制。当火灾区域可燃物燃烧放出大量的热量和烟气时,由于不断升高的热烟气与周围环境空气之间存在较大的温差(几百摄氏度),造成空气密度降低,使得空气流经火灾区出现扼流和浮力效应,流过火灾处的空气迅速膨胀,热空气与周围空气的密度不同而产生压差,增加或阻碍空气流动,在火灾发生过程中风速、温度、浓度的分布是随时间变化的,故为湍流流动。

2) 湍流的基本方程

一般认为,无论湍流运动多么复杂,非稳态的连续方程和 Navie-Stokes 方程对于湍流的瞬时运动仍然是适用的。为了考查脉动的影响,目前广泛采用的方法是时间平均法,即把湍流运动看作由两个流动叠加而成,一是时间平均流动,二是瞬时脉动流动。在此,采用张量中的指标符号写出湍流运动的控制方程如下:

(1) 时均连续性方程为

$$\frac{\partial \rho}{\partial t} + \frac{\partial}{\partial x_i}(\rho u_i) = 0 \tag{2-62}$$

(2) Reynolds 时均 Navier-Stokes 方程为

$$\frac{\partial}{\partial t}(\rho u_i) + \frac{\partial}{\partial x_j}(\rho u_i u_j) = -\frac{\partial p}{\partial x_i} + \frac{\partial}{\partial x_j}\left(\mu \frac{\partial u_i}{\partial x_j} - \rho \overline{\mu_i' \mu_j'} \right) + S_i \tag{2-63}$$

(3) 标量 Φ 的时均输运方程为

$$\frac{\partial(\rho\varphi)}{\partial t} + \frac{\partial(\rho u_j \varphi)}{\partial x_j} = \frac{\partial}{\partial x_j}\left(\Gamma \frac{\partial \varphi}{\partial x_j} - \overline{\rho\mu_j'\varphi'}\right) + S \tag{2-64}$$

上面三式中的 i 和 j 指标取值范围是 (1,2,3)。时均流动方程里的 $\rho\overline{\mu_i'\mu_j'}$ 为 Reynolds 应力，即 $\tau_{ij} = -\rho\overline{\mu_i'\mu_j'}$。

3) 湍流模型

本书所研究的隧道火灾烟气运动是一类复杂的湍流流动，其各种参数都随时间、空间发生随机的变化。在一定假设和简化下，湍流流动的数值计算方法主要有三类：雷诺平均 Navier-Stokes 模拟方法（Raynold Averaged Navier-Stokes, RANS）、大涡模拟（Large Eddy Simulation, LES）和直接数值模拟（Direct Numerical Simulation, DNS）。

直接数值模拟方法能对流场的细节结构进行模拟，但是它需要巨大数量的网格来实现，在火灾引起的浮力驱动流场中，湍流的最小尺度将达到毫米量级，这对于一般的计算机是根本无法达到的，因此，在实际工程计算中，DNS 基本上不被采纳。

雷诺平均模拟（RANS）和大涡模拟（LES）是实际的流场工程计算中均常用的方法。RANS 方法里，将非稳态控制方程中时间作平均计算，在所得出的关于时均物理量的控制方程中包含了脉动量乘积的时均值等未知量，于是所得方程的个数就小于未知量的个数；而且不可能依靠进一步的时均处理而使方程组封闭。要使方程组封闭，必须做出假设，建立模型。这种模型把未知的更高阶的时间平均值表示成较低阶的可计算的函数。RANS 方法在解流场瞬态值上存在本质缺陷。

按照湍流的涡旋学说，湍流的脉动与混合主要是由大尺度的涡造成的。大尺度的涡从主流中获得能量，通过相互作用把能量传递给小尺度的涡，小尺度的涡主要作用是耗散能量。Smagorinsky 是 LES 研究的开拓者，其构建的亚网格尺度（SGS）模型应用最为广泛。LES 方法旨在用非稳态的 Navier – Stokes 方程直接模拟大尺度涡，但不直接算小尺度涡，小涡对大涡的影响通过近似的模型来考虑，这种影响称为亚格子 Reynolds 应力。大多数亚格子 Reynolds 应力模型都是在涡黏性基础上，把湍流脉动所造成的影响用一个湍流黏性系数来描述。因此 LES 方法逐渐被更多的工程计算人员采纳。

实际火灾中流动的都是湍流，并且浮力对火灾过程有重要影响。浮力的作用既影响平均流场又影响湍流结构，从而影响流动参数（速度、温度和成分等）的空间分布以及随时间的变化。因此火灾过程的动力学模拟必须考虑湍流与浮力的相互影响。由于湍流与浮力的相互作用表现在对大涡输运过程的影响，而对于小涡而言，则表现出强烈的随机特性，因此小涡几乎不受浮力的影响。所以大涡模拟较好地处理了湍流和浮力的相互作用，可以求解出较为精细的湍流结构。有研究表明，LES 方法在求解一些浮力驱动流场上，能得到比 RANS 更好的结果。因此,本书将采用 LES 方法进行火灾过程数值模拟计算。

在进行大涡模拟(LES)数值模拟计算时,有两个重要的因素是需要考虑的,即足够小的网格尺度和合适的亚网格湍流模型(Sub-Grid Model,SGM)。首先,网格的尺度必须足够小,以实现对流场运动起决定作用的"大涡结构"的直接数值计算,而科学、合理的亚网格湍流模型则需要实现对小于最小网格尺度的湍流结构进行正确的模拟。本书对湍流亚网格模型采用的是修正的 Smagorinsky 模型。Smagorinsky 亚网格模型中,流体的导热系数和物质扩散系数如下:

$$k_{LES} = \frac{\mu_{LES} C_p}{Pr} \tag{2-65}$$

$$(\rho D)_{l,LES} = \frac{\mu_{LES}}{Sc} \tag{2-66}$$

式中:Sc——流体施密特数;

Pr——普朗特数;

C_p——流体定压比热容。

黏度 μ_{LES} 具有两个作用:首先,在数值算法中具有稳定性作用,抑制流场中尤其是在涡量产生处的数值非稳定状况;其次,它具有恰当的数学形式以描述来自流动的动能耗散。Smagorinsky 亚网格模型计算式如下:

$$\mu_{ijk} = \rho_{ijk} (C_s \Delta)^2 |S| \tag{2-67}$$

其中 Δ、S 按照式(2-68)、式(2-69)计算:

$$\Delta = (\delta_x \delta_y \delta_z)^{\frac{1}{3}} \tag{2-68}$$

$$|S|^2 = 2\left(\frac{\partial u}{\partial x}\right)^2 + 2\left(\frac{\partial v}{\partial y}\right)^2 + 2\left(\frac{\partial w}{\partial z}\right)^2 + \left(\frac{\partial v}{\partial x} + \frac{\partial u}{\partial y}\right)^2 + \left(\frac{\partial w}{\partial y} + \frac{\partial v}{\partial z}\right)^2 + \left(\frac{\partial u}{\partial z} + \frac{\partial w}{\partial x}\right)^2 - \frac{2}{3}(\nabla \cdot u) \tag{2-69}$$

在 Smagorinsky 亚网格模型中,C_s 是一个非常重要的常数,前人的研究结果表明,取 C_s 的值为 0.2,可以实现对浮力驱动长通道中流场结构较好的模拟。有研究表明,采用修正后的 Smagorinsky 亚网格湍流模型,对一些浮力驱动流场,可以得到比最初的 Smagorinsky 亚网格湍流模型和 RANS 模型都要好的模拟结果。

在进行 LES 模拟计算时,还有个需要考虑的因素就是网格的长宽比,一些学者认为该比值最好不要超过 50,而对于火灾专用数值模拟软件 FDS,该值最好不要超过 2~3。

2.4.3 燃烧模型

目前,常用的火灾燃烧模型主要有三种:体积热源模型(VHS)、涡耗散模型(EBU)和概率密度函数模型(PPDF)。

1) 体积热源模型(VHS)

该模型是最简单的燃烧模型,它不涉及化学燃烧反应过程,而是设定一个与火源相当的热释放速率,将火源模拟成具有固定体积的热源,认为火势会蔓延。同时具有点火形式的两个基本模式,即火引火源和指数型的稳定来源,而且火势不会蔓延。

VHS模式较为简单,它简化了计算过程并适当减少计算量,基本满足消防安全风险分析的要求。但是,这种模式有明显的局限性,即所假设的定容、火不会蔓延的条件与实际过程不符。对于点火的两个基本来源,火源主要是用稳态峰火,但火势增长期和衰退期,无论应用程序或峰值的平均值都不合理;而火引火源只适用于火灾的发展初期,当火灾发展过程较长,且火区情况较为复杂时,其明显偏离实际的热释放速率,需要高次方方程来描述。

2) 涡耗散模型(EBU)

该模型是以不同浓度的反应物和产物的溶液为基础的。在该模型中,化学反应机理必须明确加以定义,可以是简单的一步反应,也可以是多步反应,且反应速度被认为是无限快的,即当燃料和气存在时,反应立即完成。燃烧对流动的影响在组分运输方程和能量方程的源项中加以考虑。在Magnussen和Hjertagar模型,他们还考虑了湍流对化学反应速率的影响。

EBU模型的优势是抓住了紊流脉动时间对反应率的影响这一关键因素。其缺点是假定化学反应无限快速,事实上并不能表达有限速度化学动力反应。

3) 概率密度函数模型(PPDF)

概率密度函数PDF方法以随机的观点来对待湍流问题,对解决湍流化学反应流的问题具有很强的优势。在湍流燃烧中存在一些非输运量(如反应速率,密度,温度及气相体积分数等)的湍流封闭问题。尽管这些量没有输运方程,但它们常常是输运变量的已知函数。平均或者过滤高度非线性的化学反应源项会引起方程的封闭问题。因此,用PDF的方法来解决这些非输运量的湍流封闭问题显然是一个既简单又直接的途径。

此外,它也可以影响湍流化学反应考虑的速率。PPDF模型假定响应迅速达到平衡,而碳氢化合物和CO的燃烧、氮氧化物生成的反应是不均衡的,因此不能模拟化学动力学和基于有限计算的多组分反应速度。

本书使用的燃烧模型是基于Huggett提出的"状态关联"思想,它定量给出反应物与生成物之间的关系,同时考虑到大涡模拟(LES)计算中网格划分得不够细,难以直接求解燃料和氧气的混合扩散过程,因此采用混合分数燃烧模型(Mixture Fraction Combustion Model)。混合物百分数是一个守恒量,其定义为起源于燃料流动区中给定点的气体百分数。

(1) 单一燃烧混合分数燃烧模型,其化学方程反应式为:

$$C_xH_yO_z + \nu_{O_2}O_2 \rightarrow \nu_{CO_2}CO_2 + \nu_{H_2O}H_2O + \nu_{CO}CO + \nu_{Soot}\text{Soot} \tag{2-70}$$

式中:$\nu_{O_2} = \left(x - \dfrac{M_f}{2M_{CO}}y_{co} - \dfrac{M_f}{M_C}y_s\right) + \dfrac{y}{4} - \dfrac{z}{2}$;

$\nu_{CO_2} = x - \dfrac{M_f}{M_{CO}}y_{co} - \dfrac{M_f}{M_C}y_s$;

$$\nu_{H_2O} = \frac{y}{2};$$

$$\nu_{CO} = \frac{M_f}{M_{CO}} y_{co};$$

$$\nu_{Soot} = \frac{M_f}{M_{CO}} y_s \circ$$

(2) FDS5 多步燃烧模型,其反应方程式为:

$$C_xH_yO_zN_aM_b + v'_{O_2}O_2 \rightarrow v_{H_2O}H_2O + (v'_{CO} + v_{CO})CO + v_sS + v_{N_2}N_2 + v_MM \quad (2-71)$$

式中:$v_{CO} = [CO + \frac{1}{2}O_2 \rightarrow CO_2]$。

(3)有限化学反应速率模型:

研究火灾过程中污染物和有毒、有害组分的产生状况,则需要引入包括相应物质产生机理和产生速率的有限化学反应模型,其反应方程式为:

$$v_{C_xH_y}C_xH_y + v_{O_2}O_2 \rightarrow v_{CO_2}CO_2 + v_{H_2O}H_2O \quad (2-72)$$

$$\frac{d[C_xH_y]}{dt} = -B[C_xH_y]^a[O_2]^b e^{-\frac{E}{RT}} \quad (2-73)$$

式中:B——反应活化能的指前因子;

E——反应活化能;

a、b——可燃物与 O_2 的反应级数。

2.4.4 隧道火灾数值计算分析

港珠澳1:1足尺沉管隧道火灾试验,旨在通过对典型隧道火灾工况的模拟,获得隧道火灾发展规律,对不同火灾工况下温度场、烟雾场分布特性进行研究,以指导工程防火设计和隧道运营防灾疏散救援工作。然而由于开展大型火灾试验需耗费大量的人力物力,成本较高,不可能涉及所有火灾工况,且由于监测设备数量有限,不可能完成对所有数据的测量与记录,因此通过模拟仿真来弥补足尺火灾试验工况的不足,尽可能完善对隧道火灾发生发展过程规律的研究。本节内容旨在根据所开展的火灾试验基础数据,采用 FDS 火灾动态仿真软件,建立 1:1 足尺沉管隧道火灾试验数值模型,通过仿真结果与试验数据的对比分析,修正仿真模型参数,验证所建立仿真模型的科学性与有效性,为开展后续不同工况下仿真试验奠定基础。

1) 数值仿真模型

(1) 试验隧道仿真模型

仿真模型参照试验隧道以 1:1 等比例构建,长 150m,隧道净宽 14.5m,净高 7.1m。隧道两端洞口处设置与试验隧道相同的阻力格栅,以增加隧道阻力,起到加长隧道的作用。火源设为面火源,位于隧道正中央中间车道处。同样采用笛卡尔坐标系建立模型,沿隧道纵向为 x 方向,横断面为 y 方向,高度为 z 方向。试验隧道仿真模型如图 2-71 所示。

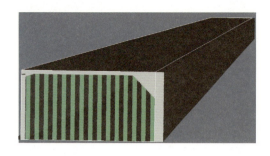 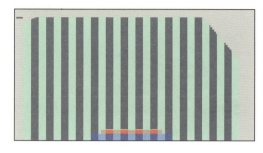

图 2-71　试验隧道仿真模型

①边界条件:纵向风速 0m/s,隧道主体结构为混凝土结构,环境温度为 20℃。

②混凝土材料热工参数:质量热容 0.92kJ/(kg·K),密度 2 400kg/m³,导热系数 1.6W/(m·K)。

③铁质油池热工参数:质量热容 0.46kJ/(kg·K),密度 7 850kg/m³,导热系数 45.8W/(m·K)。

(2)火源的设置

①汽油火燃烧模型:碳参数 $C=8$,氢参数 $H=18$,燃料热值 46MJ/kg,烟气释放系数 Y(SOOT) $=0.032$;CO 释放系数 Y(CO) $=0.01$。

②柴油火燃烧模型:碳参数 $C=8$,氢参数 $H=18$,燃料热值 42MJ/kg,烟气释放系数 Y(SOOT) $=0.1$;CO 释放系数 Y(CO) $=0.032$。

③木垛火燃烧模型:木垛火燃料采用木托盘。木托盘主要由松木和杂木构成,建模过程中木托盘热工参数采用松木相应的参数设置。

④松木热工参数:热值 17.7MJ/kg,质量热容 2.3J/(kg·K),密度 551kg/m³,燃点 400℃,导热系数当 $T_{mp}=20$℃,取 $F=0.15$W/(m·K);当 $T_{mp}=500$℃,取 $F=0.29$W/(m·K)。

⑤木垛火引燃物采用泡沫材料,泡沫材料热工参数:热值 30MJ/kg,质量热容 1J/(kg·K),密度 40kg/m³,燃点 350℃,导热系数 0.05W/(m·K)。

仿真物理模型参照火灾试验实际场景中火源的布置方式设置,单个油盘尺寸为 1.5m×1.5m×0.1m,木垛由 20 个木托盘组成,如图 2-72 和图 2-73 所示。

(3)模拟场景

模拟场景如图 2-74 所示。

2)数据的对比分析

选取足尺沉管试验隧道内开展的最大功率火灾试验(约 50MW 左右)与 FDS 数值仿真结果进行对比,说明其近似程度,确保数值模拟计算的可靠性,为今后描绘更为逼真的火灾场景提供依据。

 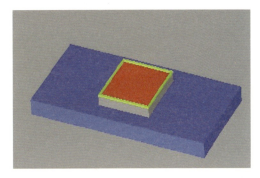

a) 单个油盘

 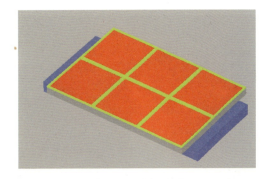

b) 6个油盘

图 2-72　油盘的仿真模型与实际图像对比

 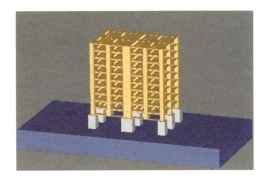

图 2-73　木垛的仿真模型与实际图像对比

（1）火源热释放速率

试验火源功率与仿真结果如图 2-75 所示。

数据分析结果表明，实际试验中火源稳定阶段的平均热释放速率约 50MW，与仿真试验中火源燃烧稳定阶段热释放速率相当。

（2）隧道拱顶温度

分别选取 A1、A2、A3 和 A6 断面为分析对象，将实际火灾试验与仿真结果中拱顶温度随时间的变化曲线进行对比分析，如图 2-76 ~ 图 2-79 所示。

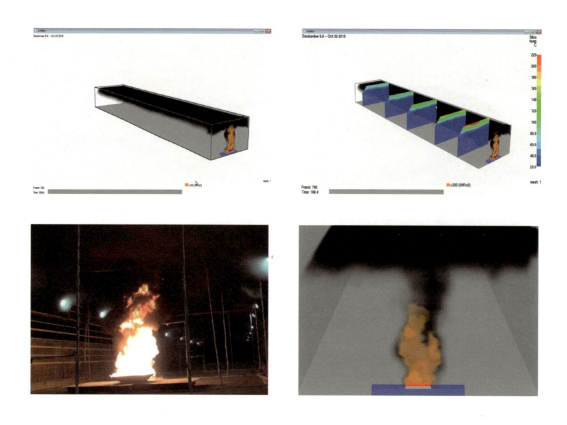

图 2-74　油池火燃烧模拟场景

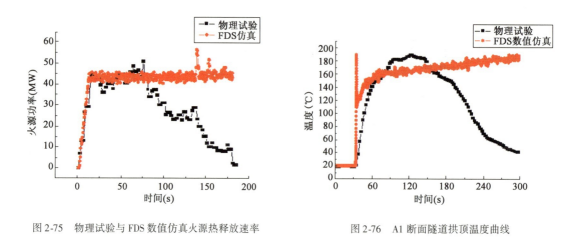

图 2-75　物理试验与 FDS 数值仿真火源热释放速率　　图 2-76　A1 断面隧道拱顶温度曲线

图 2-77～图 2-79 表明,模拟值与实测值在火灾发展初期及充分发展阶段的趋势均一致,只是在火势发展后期有所差异,这主要是由于仿真分析过程中火源持续燃烧而未熄灭的缘故。除 A1 断面外,其余各断面物理试验与数值仿真结果中的断面最高温度基本相当,而 A1 断面最高温度数据相差约 20℃,误差率约为 11%。各断面温度误差如表 2-16 所示。

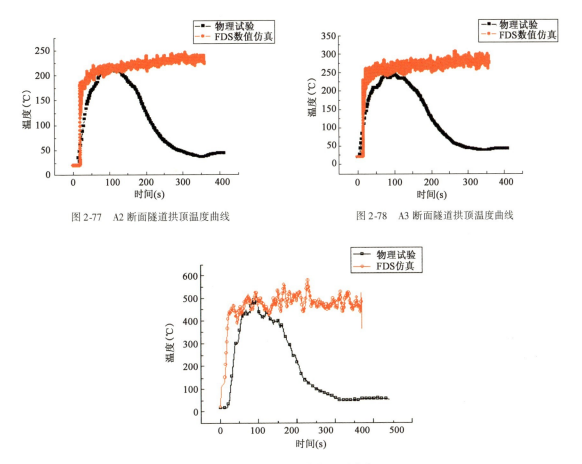

图 2-77 A2 断面隧道拱顶温度曲线　　　　　图 2-78 A3 断面隧道拱顶温度曲线

图 2-79 A6 断面隧道拱顶温度曲线

模拟值与实测值的对比　　　　　　　　　　　　表 2-16

断面位置	模拟值(℃)	实测值(℃)	误差(%)
A1	160	180	11.1
A2	220	215	-2.3
A3	270	260	-3.8
A6	538	512	-5.1
A7	888	823	-7.9

结果表明，同等工况下，仿真试验与实际火灾试验的火源热释放速率和各断面最高温度基本相当，然而与实际火灾试验结果相比，仿真试验火源平均热释放速率与温度曲线波动较大，这是由于仿真试验数据记录间隔与实际火灾试验相应设备数据采集间隔不同，实际火灾试验数据采集时间间隔为 1.0s，而仿真试验数据记录间隔约 0.01s。

计算结果与模拟结果基本吻合，虽然个别数值有差异，但是整体趋势是一致的。造成试验与模拟之间差异的原因可能主要是由于模拟中火灾放热量是依据公式计算的理论放热量，而试验中可能存在不完全燃烧现象，且软件中火灾的燃烧效率是通过经验值计算的，而现场燃烧情况可能与经验值不符,造成火灾热释放速率的试验值和模拟值存在差异;其次,温度测点位置的具体化导致模拟或试验结果并非均匀,可能产生差异;另外,试验仪器、试验方法及人员的差异等将导致人为误差;还有试验中的纵向风速等造成的环境误差等。总体来说,物理试验与FDS数值仿真热释放速率与温度数据基本吻合,FDS仿真模型参数设定基本合理,与物理试验呈现出较好的一致性。

综上所述,利用FDS软件对试验隧道火灾的数值模拟结果与试验数据能够较好地吻合,误差控制在±10%范围内,说明数值模拟方法是合理的。由于试验隧道较短,有很多成果要依靠模拟结果进行提炼。在此基础上,对实际隧道进行模拟,能够全面地了解火灾烟气蔓延特性及发展规律,对工程实际具有一定的指导意义,为确定人员疏散方式和时间提供帮助。

第 3 章 离岸特长沉管隧道火灾场景

3.1 沉管隧道火灾烟气运动理论模型

火是包括流动、传热传质和化学反应及其相互作用的复杂物理化学现象,火灾是火失去控制蔓延的一种灾害性燃烧现象。为了深入了解隧道火灾及其危害,并提出科学、合理且有效的防治对策,首先需要探索火灾发展的物理规律及特征。本节对隧道火灾的发展进行定性与定量的分析,描述火灾发展经历的不同阶段,讨论影响火势发展的一系列因素;在此基础上,对开放空间的火羽流结构模型进行论述,包括真实羽流模型和理想羽流模型;最终,重点分析单侧受限空间火灾烟气的一维蔓延过程,建立烟气运动的理论模型,并对其中烟气层平均温度和烟气流速等关键参数进行预测。

3.1.1 隧道火灾发展的定性描述

1) 火灾发展的基本过程

图 3-1 是火灾发展过程中温度变化规律的示意图,理想的隧道火灾发展过程可分为以下几个阶段。

点燃:由温度的急剧升高导致的放热过程。

增长:点燃后,由于燃烧类型、燃料类型和与氧气接触面积不同,火灾发展速度各异。火灾增长阶段可能较长,也可能很迅速,特别是当燃料极其易燃,氧气足够充分时。

充分发展:在此阶段,能量释放到最大,温度亦达到最高,通常在 700～1 200℃之间。

衰减:燃料耗尽,能量减少,烟气平均温度逐渐降低。

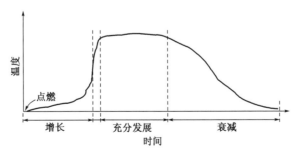

图 3-1 火灾发展的基本过程

在隧道火灾的研究过程中，通常忽略增长阶段和衰减阶段，主要考虑火灾充分发展阶段的参数，因为充分发展阶段反映了火灾可能达到的最大规模，最能够体现火灾的特征及其危险性。

2）火势发展的影响因素

隧道火势发展的影响因素可分为三大类：可燃物的自身特性、隧道的几何结构及外界环境因素，主要包括点火源、燃烧物质、隧道的几何尺寸和纵向风速等。

点火源包括能量较低的火花、热表面或较大的引燃火焰等。点火源能量越大，火势发展越快。

燃料类型和数量是决定火势发展的主要因素。隧道火灾中的可燃物质通常包括固体燃料，如设备、车辆和车载货物等。其中，木制材料火势增长通常较慢，燃烧时间亦较长；织物、塑料等车内饰极易燃烧，火势增长较快，燃烧时间相对较短。液体燃料主要是汽油和柴油等油类，燃烧速度较快。另外，燃烧物质的着火位置对于火势发展亦存在一定程度的影响，当火灾发生在隧道内中间车道时，四周冷空气均被火羽流卷吸，火灾能够充分发展；若火灾发生在靠近隧道边墙位置，卷吸空气数量受限，火势发展则得到抑制。

火源上方的热烟气层会向火源处辐射，从而增加燃烧效率。因此，热烟气层的温度和厚度对火势的发展存在重要影响。当隧道的横截面积较小时，同样的可燃物会引起较高的温度及火势的快速增长；反之，当隧道的横截面积较大时，烟气温度相对较低，充满整个隧道的时间也相对较长，热反馈较小，导致火势增长较慢。同时，烟气羽流上升的过程中会卷吸大量的冷空气，冷空气量的多少取决于火源表面与拱顶的距离，因此隧道净高越低，烟气充满整个断面的速度越快，火势发展越迅猛，反之亦然。

环境因素主要包括隧道内的温湿度和纵向风速等，其中纵向风速对火势的影响程度最大。纵向风速一方面能够提供大量空气，促进燃烧；另一方面降低了隧道内的环境温度，导致热反馈作用降低，火势减弱。

3.1.2 开放环境的火羽流结构模型

1）真实羽流结构模型

火灾发展过程中，火焰上方的热烟气在浮力驱动下上升，火灾学中将这种夹带火焰的烟气流动称为火羽流，如图3-2所示。火羽流是由浮力产生的，并向上输送质量和热量，它具有很强的湍流特性，与火源的强度有关。火羽流可分为点源热羽流和线羽流。点源热羽流是指在燃烧着的物质上方形成扩散火焰时，假定羽流沿竖直中心线有一条对称轴，如图3-2所示。线羽流是由长、窄燃烧器上的扩散火焰形成的，热烟气上升时空气卷吸发生在两侧。本书重点研究点源热羽流。

轴对称点源热羽流通常被划分为三个区域：连续火焰区、间断火焰区及浮力羽流区。可燃物着火时,最下方为连续火焰区。该区域轴线上的温度与距火源表面高度无关,可视为常数;气体流速与距火源表面高度平方成正比;火焰直径与高度无关,为常数。中间区域为间断火焰区,轴线上温度与距火源高度成反比,火焰直径与高度的开方成正比。顶部区域为无火焰热气流区,轴线上温度、气流速度和直径与距火源表面高度均相关。连续火焰区与间断火焰区合称火羽流,最上面为浮力羽流区。考虑到非受限火焰,不受隧道结构和其他环境因素的影响,火焰平均高度是火灾热释放速率 $\dot{Q}$ 和火源直径 D 的函数:

$$L = 0.235\dot{Q}^{\frac{2}{5}} - 1.02D \tag{3-1}$$

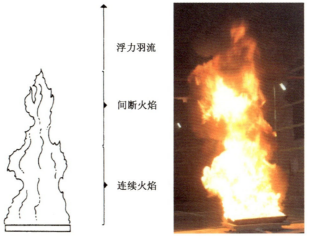

图3-2 三区域轴对称浮力羽流结构

为了定量分析开放空间火羽流的流动关键参数,Morton,Taylor 和 Turner 等学者提出了时间平均羽流的概念。设 ρ_0 和 T_0 分别为环境空气的密度和温度,根据流体力学三大基本方程,通过量纲分析,得到距火源表面 y 处的羽流半径、轴线速度和环境温差:

$$b \propto y \tag{3-2}$$

$$u_0 \propto \frac{\Omega^{\frac{1}{3}} \cdot Q_c^{\frac{1}{3}}}{y^{\frac{1}{3}}} \tag{3-3}$$

$$\Delta T_p \propto \frac{\Omega^{\frac{2}{3}} \cdot T_0 \cdot Q_c^{\frac{2}{3}}}{g \cdot y^{\frac{5}{3}}} \tag{3-4}$$

$$\Omega = \frac{g}{C_p \cdot T_0 \cdot \rho_0} \tag{3-5}$$

式中:b——距火源表面高度 y 处的羽流半径,m;

u_0——距火源表面高度 y 处的羽流中心线速度,m/s;

ΔT_p——距火源表面高度 y 处的羽流轴线与周围环境的温差,K;

Q_c——火源燃烧热中的对流热,kW;

Ω——复合参数。

如图 3-3 所示,最高流速位于火羽流中心线处,中心线流速在羽流底部接近于 0,上部随高度的变化如图 3-3b)所示;连续火焰区的烟气流速随高度的增加而增大;向上区域均随高度增加而降低,这主要是由于卷吸空气的介入。羽流的最高温度也位于中心线处,同一高度处温度分布同速度分布一致,直到火羽流边缘处衰减为 0,中心线温度随高度变化;连续火焰区温度近似为常数,可代表火焰的平均温度;温度由于卷吸空气的进入在火焰上方衰减很快。火羽流内质量流率 $\dot{m}_p$ 主要包括燃烧产物和卷吸进入羽流内的周围空气,它随着高度的增加稳定增长,主要是由于周围空气随高度的增加不断卷吸进入火羽流内。

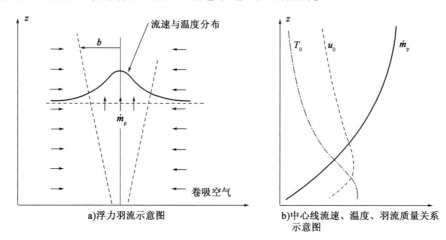

图 3-3 浮力对称羽流参数特性示意图

2) 理想羽流结构模型

为了获得更多便于应用的结论,对真实羽流进行简化分析,将这种简化形式称为理想羽流。通过建立控制方程获得理想羽流质量流量、流速和温差的解析解。如图 3-4 所示,理想羽流需做出如下假设:

火源位于 $z=0$ 处,所有能量均来源于某一点且积于羽流内,忽略热辐射导致的热损失。实际羽流模型中,辐射热损失通常达到燃料释放总能量的 20% ~ 40%。忽略密度随羽流高度而产生的变化,只有出现 $(\rho_\infty - \rho)$ 这种表达形式时才考虑,这种近似称为 Boussinesq 假设。另外,假设流速、温度和力的分布只与火源高度有关,即同一高度处,各参数均为常数。

基于以上假设,建立理想羽流控制方程:

连续性方程

$$\frac{\mathrm{d}\dot{m}_p}{\mathrm{d}z} = \frac{\mathrm{d}(\pi b^2 \rho u)}{\mathrm{d}z}$$

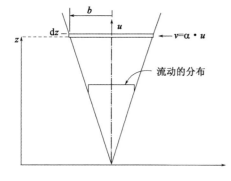

图 3-4 理想羽流示意图

动量方程
$$\frac{d(\dot{m}_p u)}{dz} = \frac{d(\pi b^2 \rho u^2)}{dz}$$

浮力方程
$$\frac{dF}{dz} = g(\rho_\infty - \rho) \cdot \pi b^2$$

获得理想羽流质量流量 $\dot{m}_p$、流速 u 和温差 ΔT 的解析解：

$$u = 1.94 \left(\frac{g}{c_p T_\infty \rho_\infty}\right)^{\frac{1}{3}} \dot{Q}^{\frac{1}{3}} z^{-\frac{1}{3}} \tag{3-6}$$

$$\dot{m}_p = 0.20 \left(\frac{\rho_\infty^2 g}{c_p T_\infty}\right)^{\frac{1}{3}} \dot{Q}^{\frac{1}{3}} \cdot z^{\frac{5}{3}} \tag{3-7}$$

$$\Delta T = 5.0 \left(\frac{T_\infty}{g c_p^2 \rho_\infty^2}\right)^{\frac{1}{3}} \dot{Q}^{\frac{2}{3}} \cdot z^{-\frac{5}{3}} \tag{3-8}$$

上述三个变量是描述火羽流的重要特征参数，下面对羽流质量流量进行重点分析。

3) 羽流质量模型

在火源规模一定的情况下，烟气生成量主要取决于烟羽流质量流量，而烟羽流质量流量又取决于燃料质量损失速率、燃烧所需空气量及上升过程卷吸空气量。当火源规模一定时，质量损失速率和所需空气量是一定的，于是烟气生成量即烟羽流在某烟气层高度上的质量流量。一般情况，卷吸的空气量远大于燃烧产物量，因此烟气主要由空气组成，烟气生成量其实就是烟气卷吸周围空气的能力，即卷吸空气量。

近年来，火灾研究学者提出众多羽流模型及数值模拟模型，用于对火灾防排烟设计提供依据。但由于火灾烟气流动复杂，羽流模型多是根据实际火灾试验得出。最早由 Morton、Turner 和 Taylor 提出，在 Morton 理论基础上，学者们得到了不同的羽流模型。著名的羽流模型包括理想羽流质量模型、Zukoski 模型、Heskestad 模型、McCaffrey 模型和 Thomas-Hinkley 模型，各模型均有各自的适用条件。

理想羽流质量模型：

$$\dot{m}_p = 0.20 \left(\frac{\rho_\infty^2 g}{c_p T_\infty}\right)^{\frac{1}{3}} \dot{Q}^{\frac{1}{3}} \cdot z^{\frac{5}{3}} \tag{3-9}$$

Zukoski 拟合试验的结果与理想羽流质量模型具有很好的一致性：

$$\dot{m}_p = 0.21 \left(\frac{\rho_\infty^2 g}{c_p T_\infty}\right)^{\frac{1}{3}} \dot{Q}^{\frac{1}{3}} \cdot z^{\frac{5}{3}} \tag{3-10}$$

假设周围空气特性：$T_\infty = 293K$，$\rho_\infty = 1.1 kg/m^3$，$c_p = 1.0 kJ/(kg \cdot K)$，$g = 9.81 m/s^2$。则式 (3-10) 可简化为：

$$\dot{m}_p = 0.071 \dot{Q}^{\frac{1}{3}} \cdot z^{\frac{5}{3}} \tag{3-11}$$

CIBSE(the Charted Institution of Building Services Engineers)在 1995 年技术备忘录中采用了该模型。

Heskestad 取消理想羽流模型的假设,得到描述羽流质量的实际模型:

$z > L$

$$\dot{m}_p = 0.071 \dot{Q}^{\frac{1}{3}} \cdot (z - z_0)^{\frac{5}{3}} + 1.92 \times 10^{-3} \dot{Q}_c \tag{3-12}$$

$z \leqslant L$

$$\dot{m}_p = 0.0056 \dot{Q}_c \frac{z}{L} \tag{3-13}$$

McCaffrey 利用试验数据并进行无量纲分析得到羽流模型,该模型应用于火灾模拟软件 CFAST 中:

$$\dot{m}_p = \dot{Q}_c \cdot 0.011 \cdot \left(\frac{z}{\dot{Q}_c^{\frac{2}{5}}}\right)^{0.566} \quad \left(0 \leqslant \frac{z}{\dot{Q}_c^{0.4}} < 0.08\right) \tag{3-14}$$

$$\dot{m}_p = \dot{Q}_c \cdot 0.026 \left(\frac{z}{\dot{Q}_c^{\frac{2}{5}}}\right)^{0.909} \quad \left(0.08 \leqslant \frac{z}{\dot{Q}_c^{0.4}} < 0.20\right) \tag{3-15}$$

$$\dot{m}_p = \dot{Q}_c \cdot 0.124 \left(\frac{z}{\dot{Q}_c^{\frac{2}{5}}}\right)^{1.895} \quad \left(0.20 \leqslant \frac{z}{\dot{Q}_c^{0.4}}\right) \tag{3-16}$$

上述模型不包括火焰高度小于火源直径的情况,而 Thomas-Hinkley 模型则适用于该情况。不再认为火羽流是圆锥形,而是圆柱形,该模型主要针对大型火灾场景。

$$\dot{m}_p = 0.188 \cdot P \cdot z^{\frac{2}{3}} \tag{3-17}$$

式中:$\dot{m}_p$——高度为 z 处的羽流质量流量,kg/s;

$\dot{Q}_c$——火源对流热释放速率,kW,$\dot{Q}_c = 0.7\dot{Q}$;

$\dot{Q}$——火灾热释放速率,kW;

L——火焰高度,m;

P——火源周长,m,$P = \pi D$。

综上所述,烟气生成量与火源功率和高度有关,该模型计算的烟气量并未包括烟气纵向蔓延过程中的卷吸空气量。Zukoski 模型适用于大空间远场羽流计算,Thomas-Hinkley 模型适用于大面积区域火灾。

3.1.3　单侧受限空间烟气的输运特性

在开放环境下,浮力羽流无约束、不受任何物理障碍的限制在竖直方向上运动,直到其浮力作用减弱不足以克服环境空气的黏滞力,最终停止流动。而对于隧道火灾,烟气受到壁面的限制,如火羽流上升过程中会撞击拱顶发生水平偏移形成顶棚射流的情况。隧道壁面限制了烟气在竖直方向和径向的蔓延,但在纵向上,烟气依然能够自由蔓延,因此隧道属于单侧受限空间,下面分析热烟气羽流在单侧受限空间内的运动规律。

如图 3-5 所示,假设火源为点源(F),热烟气羽流为轴对称羽流,火灾热释放速率为常数。隧道内发生火灾后,热烟气被冷空气包围,热烟气由于低密度及浮力作用向上运动。热烟气上升过程中,冷空气被卷入火羽流,燃烧产物和冷空气的混合物撞击隧道拱顶,形成顶棚射流。顶棚射流向四周扩撒,撞击到隧道墙体后沿隧道纵向一维蔓延。此时,由于烟气温度依然高于下层冷空气温度,在浮力驱动下,沿隧道拱顶蔓延,形成热烟气层。查阅相关文献,隧道火灾烟气蔓延过程可分为五个阶段:

第Ⅰ阶段,从点(F)到点(c),羽流上升阶段,热空气向上运动,卷吸周围空气形成羽流;

第Ⅱ阶段,从点(c)到点(e),羽流撞击拱顶,流向发生偏转;

第Ⅲ阶段,从点(e)到点(i),羽流呈辐射状径向蔓延;

第Ⅳ阶段,从点(i)到点(0),由径向蔓延过渡到纵向一维蔓延;

第Ⅴ阶段,$x \geq r_i$,沿隧道拱顶一维蔓延。

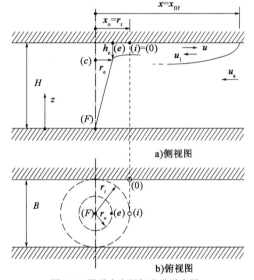

图 3-5 隧道火灾烟气流动示意图

第Ⅰ阶段,羽流运动规律与开放环境没有区别。有学者提出羽流中心轴线上,点(c)前端垂直速度 w_{max} 和温差 ΔT_{max} 的拟合公式:

$$w_{max} = 0.96 \left(\frac{\dot{Q}}{H} \right)^{\frac{1}{3}} \tag{3-18}$$

$$\Delta T_{max} = T_{max} - T_a = 16.9 \frac{\dot{Q}^{\frac{2}{3}}}{H^{\frac{5}{3}}} \tag{3-19}$$

式中:H——地面距顶棚的高度,m;

ΔT_{max}——相对环境的最高温升,K;

w_{max}——烟流最大速度,m/s。

以上关系式主要是通过大量的燃烧试验获得,适用于地面距顶棚高度为 4.6~15.5m、火灾热释放速率为 0.67~98MW 的情况。

第Ⅱ阶段,学者对于该阶段的研究提出如下假设:点(e)垂直流速为 $w_e = 0.05 w_{max}$;流速近似半高斯分布;该区域内忽略能量损失。根据连续性方程和能量方程,推导出点(e)处火羽流的平均直径 $\bar{r}_e$ 和平均羽流厚度 $\bar{h}_e$。

$$\bar{r}_e = \frac{r_e}{H} = \frac{6}{5}\sqrt{\frac{3}{2}}E_p\left(1+\frac{\sqrt{3}}{5}E_p\right)^{-1} \cong 0.20 \tag{3-20}$$

$$\bar{h}_e = \frac{h_e}{H} = \frac{\sqrt{3}}{5}E_p\left(1+\frac{\sqrt{3}}{5}E_p\right)^{-1} \cong 0.05 \tag{3-21}$$

$$g'_e = g\frac{\Delta\rho_e}{\rho_a} = g\frac{\rho_a - \rho_e}{\rho_a} = \frac{\beta_A^2}{\beta_A^2+1}g\frac{\Delta\rho_{\max}}{\rho_a} \tag{3-22}$$

$$F_e^2 = \frac{5\sqrt{3}}{4}\frac{\beta_A^2+1}{E_p} \cong 32.3 \tag{3-23}$$

式中:E_p——卷吸空气系数,$E_p = 0.12$;

β_A——径向速度和温度分布的相形系数,$\beta_A^2 \cong 1.35$;

g——重力加速度,m/s^2;

F_e——烟气密度修正 F_r 数。

第Ⅲ阶段,在忽略烟气卷吸、壁面摩擦和热损失的情况下,控制方程为:

$$\frac{\mathrm{d}}{\mathrm{d}r}(rvh) = Erv \tag{3-24}$$

$$\frac{\mathrm{d}}{\mathrm{d}r}(rv^2h) = -r\frac{\mathrm{d}}{\mathrm{d}r}\left(\frac{1}{2}g'h^2\right) \tag{3-25}$$

$$\frac{\mathrm{d}}{\mathrm{d}r}(rvhg') = 0 \tag{3-26}$$

式中:v——径向速度,m/s。

经整理,有:

$$\pi r_e v_e h_e = \pi r_i v_i h_i \tag{3-27}$$

$$r_e v_e^2 h_e = r_i v_i^2 h_i \tag{3-28}$$

$$\pi r_e v_e h_e g\frac{\Delta\rho_e}{\rho_0} = \pi r_i v_i h_i g\frac{\Delta\rho_i}{\rho_0} \tag{3-29}$$

值得注意的是,从第Ⅲ阶段开始,可能发生特殊的物理现象——水跃。水跃将导致烟羽流能量突然损失且卷吸大量冷空气,使质量流率相应增大。Delichatsios 提出:空间宽高比 $W/H < 1.2$ 时,水跃现象发生在一维蔓延阶段。隧道火灾便属于这种情况。

第Ⅳ阶段,忽略壁面阻力效应、传热损失和卷吸空气量,有质量守恒、动量守恒和浮力通量守恒方程:

$$\frac{\pi r_i v_i h_i}{q_i} = \frac{Bu_0 h_0}{q_0} \tag{3-30}$$

$$2r_i\left(v^2 h + \frac{1}{2}g'h^2\right)_i = B\left(u^2 h + \frac{1}{2}g'h_0^2\right) \tag{3-31}$$

$$\pi r_i v_i h_i g'_i = Bu_0 h_0 g'_0 \tag{3-32}$$

式中：q_i、q_0——点(i)和点(0)的质量传输，假设忽略此区域的卷吸作用，有q_i、$q_0 = 1$，方程可求解如下：

$$\frac{F_0}{F_i} = \left(\frac{2}{\pi}\right)^2 \left(\frac{B}{2r_i}\right)^{\frac{1}{2}} \tag{3-33}$$

$$\frac{h_0}{h_i} = \left(\frac{\pi}{2}\right)^2 \left(\frac{B}{2r_i}\right)^{-1} \tag{3-34}$$

$$\frac{u_0}{v_i} = \frac{2}{\pi} \tag{3-35}$$

经整理，有：

$$\frac{F_0}{F_i} = \frac{1}{\sqrt{0.2}}\left(\frac{2}{\pi}\right)^2 \left(\frac{B}{2H}\right)^{\frac{1}{2}} \tag{3-36}$$

$$\frac{h_0}{h_i} = 0.2\left(\frac{\pi}{2}\right)^2 \left(\frac{B}{2H}\right)^{-1} \tag{3-37}$$

$$\frac{u_0}{v_i} = \frac{2}{\pi} \tag{3-38}$$

第Ⅴ阶段为纵向一维蔓延区域，起始点为点(0)。下面章节将重点分析隧道火灾烟气一维蔓延过程，建立物理模型并对其中关键参数进行预测。

另外，烟气在隧道空间流动过程中受到烟流的节流效应、摩擦阻力及浮力效应三种作用：

(1) 节流效应阻力：隧道火灾过程中，火焰的存在减小了烟气在隧道内的有效过流面积，且烟气在火区内受热膨胀，使风流流过火区的阻力较其他位置明显增加，火区形成了局部阻力。这种由于燃烧阻碍烟气在隧道内正常流动的现象称为烟流节流效应阻力。

(2) 烟流的摩擦阻力：隧道内的烟流摩擦阻力与体积流量的平方和烟气密度成正比，因此，对于确定隧道而言，烟气温度越高，流速越大，则烟流的摩擦阻力越大。

(3) 烟流的浮力效应：烟流温度相对周围冷空气较高，因而将产生浮力效应，这种浮力效应将形成对烟流的作用力。

3.1.4 隧道火灾烟气一维蔓延特征参数预测模型

隧道区别于其他建筑的最主要特点就是具有狭长的结构形式，这将导致火灾烟气的蔓延过程较为不同。隧道火灾羽流撞击拱顶，热烟气迅速向四周扩散形成顶棚射流。温度较高的烟气层在浮力驱动下聚集在隧道拱顶,并沿隧道纵向流动,烟气沿隧道纵向一维流动是火灾烟气蔓延的重要特征。在此过程中,不断与隧道壁面和周围冷空气发生热交换,致使烟气层温度沿纵向不断降低,进而使烟气流速也有所衰减。本节根据该物理现象进行数学建模,探索火灾烟气热物理参数的分布规律,对隧道火灾危险性的掌控具有重要意义。

1) 现有研究成果

近年来,已有学者针对狭长空间内火灾烟气纵向蔓延的温度和流速分布开展了相关的理论与试验研究。Delichatsios 首先针对廊内两个矩形梁间的烟气流动进行了分析,试验火源是木垛火,在试验的基础上提出了烟气在距离火源 x 位置处的温升 ΔT 与 x 的经验关系式:

$$\frac{\Delta T}{\Delta T_0}\left(\frac{l}{H}\right)^{\frac{1}{3}} = 0.49\exp\left[-6.67S_t \cdot \frac{x}{H}\left(\frac{l}{H}\right)^{\frac{1}{3}}\right] \quad (3\text{-}39)$$

式中:ΔT_0——火源处温升;

l——两梁间距的一半;

H——顶棚距地面的高度;

S_t——斯坦顿数,是烟气对流换热过程中的相似准则数,由式(3-40)表示:

$$S_t = \frac{N_u}{R_e P_r} = \frac{\alpha_b}{C_p \rho v} \quad (3\text{-}40)$$

式(3-39)表明烟气温度沿长廊纵向距离 x 呈指数函数衰减。斯坦顿数只考虑了传热过程中的摩擦系数与传热系数,不考虑湍流边界层中层流内层和缓冲层对动量和热量传递的影响。

经过一系列试验验证,该式适用于具有梁的长通道或狭长空间。Evers 等人提出的经验公式也呈指数函数分布,并得到了 Kim 等学者的验证。然而,Bailey 等人对长度为 8.51m 的长廊进行三维数值模拟计算,得出温度分布如下:

$$\frac{\Delta T}{\Delta T_0} = \left(\frac{1}{2}\right)^{\frac{x}{16.7}} \quad (3\text{-}41)$$

Kurioka 等人将 1/10 和 1/2 缩尺试验结果与全尺寸试验进行对比,得到温度随距离变化的关系式:

$$\frac{\Delta T}{\Delta T_0} = \alpha\left(\frac{x}{H}\right)^{\beta} \quad (3\text{-}42)$$

当 $x/H \leq 0.2$ 时,$\alpha = 1$,$\beta = 0$;当 $0.2 \leq x/H \leq 8$ 时,$\alpha = 0.4A_p + 0.31$,$\beta = 0.5A_p - 0.72$。

式中:x——距火源的距离,m。

其中,Delichatsios 的试验并非在真实隧道结构中进行,区别在于热烟气对于侧壁下方空气的卷吸作用在模型隧道中并不存在。因此,Delichatsios 的试验中烟气沿纵向衰减由于卷吸的作用而加快;另一方面,Delichatsios 只考虑了烟气在顶棚上的热损失,而实际隧道中还包括烟气对侧墙的损失。

中国科学技术大学胡隆华等人建立了隧道火灾烟气层温度纵向衰减的预测模型,并通过一系列大尺寸与全尺寸试验进行验证,结果表明火灾烟气层温度沿隧道纵向呈指数形式衰减:

$$\frac{\Delta T}{\Delta T_0} = \exp[-K_1(x-x_0)] \tag{3-43}$$

式中:K_1——无量纲参数,$K_1 = \frac{\alpha D}{c_p \dot{m}}$;

α——换热系数;

$\dot{m}$——烟流的质量流率;

c_p——定压比热容常数;

D——烟流横截面周长中与隧道壁面接触部分的长度。

Li 等人基于线火源,从理论上分析了狭长空间内火灾烟气层温度与速度分布情况,建立了关于理查德数和烟气层厚度的顶棚射流模型,获得了顶棚烟气温度衰减关系,通过小尺寸试验进行了验证。

$$\frac{\overline{\nabla}}{\overline{\nabla}_0} = \exp\left[\frac{2\overline{\tau}}{3\overline{h}_c}(U_w-1)P_r^{-\frac{2}{3}}(\overline{x}-\overline{x}_c)\right] \tag{3-44}$$

$$\overline{h}_c = \frac{h}{H} \quad \overline{x}_c = \frac{x}{H} \tag{3-45}$$

$$\overline{\nabla} = \frac{\nabla}{(Qg/\rho_a C_p T_a)^{\frac{2}{3}} \cdot H^{-\frac{5}{3}}} \tag{3-46}$$

对于火灾烟气流速的研究,Hinkley 提出经验公式:

$$\frac{u}{u_0} = \exp\left[-(x-x_0)\frac{2\alpha l}{3\dot{m}c_p}\right] \tag{3-47}$$

式中:u_0——参考位置 x_0 处的烟气流速;

α——换热系数。

学者 He Yaping 分析了 Kim 的试验结果,提出狭长空间温度沿纵向分布符合指数衰减函数;与此同时,探讨了速度衰减关系式,认可了 Hinkley 对于速度衰减的预测。

影响隧道火灾烟气流速的主要因素为温差引起的密度差及摩擦力,Jones 等人提出忽略摩擦因素时的速度衰减规律如下:

$$u \approx 0.7\sqrt{gh\frac{\Delta T}{T_a}} \tag{3-48}$$

在前人的基础上,胡隆华推导出的分别以密度差和摩擦力为主要影响因素下的烟气流速分布规律亦呈指数衰减形式。

$$\frac{u}{u_0} = e^{-K_2(x-x_0)}, K_2 = \frac{K_1}{2} \quad (受密度差的影响) \tag{3-49}$$

$$\frac{u}{u_0} = e^{-K_2'(x-x_0)}, K_2' = \frac{c_f}{2h} \quad (\text{受摩擦力的影响}) \tag{3-50}$$

对于狭长空间火灾烟气流动的研究,学者们将更多精力置于对温度纵向分布规律的研究上,而忽视了描述烟气流动的特征参数——烟气流速;另一方面,对于已有的相关研究成果,只有胡隆华在全尺寸试验中对温度分布规律进行了验证,其他结论鲜有实体隧道的试验验证。综上所述,本书在前人研究的基础上,以港珠澳沉管隧道为研究对象,对描述隧道火灾烟气层的特征参数及其关系进行理论推导,建立沉管隧道火灾烟气一维蔓延过程的数学模型,获得烟气层温度和烟气蔓延速度的解析解,为深入了解隧道火灾烟气的运动特性打下理论基础。

2) 基本假设

首先在隧道空间内确定坐标系,采用笛卡尔坐标系建立模型,如图 3-6 所示。隧道长度方向(纵向)为 x 方向,横断面方向(横向)为 y 方向,高度方向(竖向)为 z 方向。

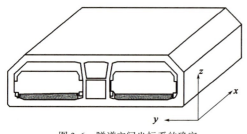

图 3-6 隧道空间坐标系的确定

隧道内的火灾烟气视为不可压缩流体;在烟气纵向蔓延阶段,烟气层在距离火源 x 位置处的烟气流速及温度分布在隧道横断面上是均匀一致的;忽略隧道壁面边界层对烟气流动的影响;烟气与隧道壁面传热视为对流换热过程;认为控制体内均匀放热,忽略风速对火灾热释放速率的影响。

3) 烟气温度的纵向衰减模型

烟气前锋沿隧道拱顶纵向蔓延可近似视为一维流动,如图 3-7 所示。其流动规律可由连续性方程、动量方程和能量方程描述,且考虑到烟气层与下层空气的卷吸、与隧道拱顶的摩擦以及与隧道壁面的热交换。基于此,烟气一维流动方程可表示为如下形式:

图 3-7 隧道火灾烟气微元体

$$\frac{d}{dx}(\rho h u) = \rho_a w_e \tag{3-51}$$

$$\frac{d}{dx}(\rho h u^2) - \frac{d}{dx}\left[\frac{1}{2}g_c(\rho_a - \rho)h^2\right] = -\rho_a w_e u_a - \tau \tag{3-52}$$

$$\frac{d}{dx}(\rho h u i) = \rho_a w_e i_a + \dot{Q} \tag{3-53}$$

式中:ρ——烟气密度;

h——烟气层高度;

u——烟气流速;

ρ_a——空气密度;

u_a——补风速度;

w_e——卷吸速度,$w_e = \beta|u + u_a|$;

β——卷吸系数;

g_c——热烟气的浮力因子,$g_c = -|g|$;

τ——剪切力,$\tau = \frac{1}{2}c_f\rho u^2$;

c_f——摩擦因子,$c_f = 0.0055 \sim 0.0073$,通常取 $c_f = 0.0065$;

i——焓值,$i = c_p T$;

i_a——a 处的焓值;

$\dot{Q}$——烟气损失的热量,$\dot{Q} = \alpha(T_w - T) = \alpha(T_a - T)$;

α——换热系数;

T——烟气温度;

T_a——空气温度;

T_w——烟流接触的隧道壁面温度。

前人将数值模拟与试验结果进行比较后发现卷吸系数非常小($\beta = 0.00015$),可忽略,因此烟气运动方程可简化为:

$$\rho h u = \text{const} \tag{3-54}$$

$$\frac{d}{dx}(\rho h u^2) = \frac{d}{dx}\left[\frac{1}{2}g_c(\rho_a - \rho)h^2\right] - \frac{1}{2}c_f\rho u^2 \tag{3-55}$$

$$\frac{d}{dx}(c_p\rho h u T) = \alpha(T_a - T) \tag{3-56}$$

联立连续性方程和能量方程,当 $x = x_0$ 时,有 $T = T_0$,获得温度衰减模型:

$$\frac{\Delta T}{\Delta T_0} = \exp[-K_1(x - x_0)] \tag{3-57}$$

式中:$\Delta T = T - T_a$,$\Delta T_0 = T_0 - T_a$,$K_1 = \frac{\alpha}{c_p\rho_0 h u_0}$;

T_0、u_0、ρ_0——分别为参考断面的平均温度、流速和密度;

x_0——参考断面与火源的距离。

根据式(3-57),有:

$$T = T_a + (T_0 - T_a) \cdot \exp\left[-\frac{\alpha}{c_p\rho_0 h u_0}(x - x_0)\right] \tag{3-58}$$

说明隧道火灾烟流温度随与火源距离的增加呈指数规律衰减。

4)烟气流速的预测模型

由火灾烟气羽流控制体的连续性方程和能量方程构成偏微分方程组,可表示如下:

$$\frac{\partial \rho}{\partial t} + \frac{\partial (\rho u)}{\partial x} = 0 \tag{3-59}$$

$$\rho c_p \left(\frac{\partial T}{\partial t} + u \frac{\partial T}{\partial x} \right) = -\lambda \frac{\partial^2 T}{\partial x^2} - \frac{\alpha}{h}(T - T_a) \tag{3-60}$$

式中：λ——导热系数。

由状态方程 $pV = nRT$，得：

$$\rho T = \rho_0 T_0 \tag{3-61}$$

将式两边分别对 t 求偏导后，将连续性方程带入，得：

$$T \frac{\partial (\rho u)}{\partial x} = \rho \frac{\partial T}{\partial t} \tag{3-62}$$

将式(3-62)带入能量方程，即：

$$\frac{\partial (\rho u T)}{\partial x} = \frac{\partial (\rho_0 T_0 u)}{\partial x} = -\frac{\lambda}{c_p} \frac{\partial^2 T}{\partial x^2} - \frac{\alpha}{c_p h}(T - T_a) \tag{3-63}$$

有：

$$\frac{\partial u}{\partial x} = -\frac{\lambda}{c_p \rho_0 T_0} \frac{\partial^2 T}{\partial x^2} - \frac{\alpha}{c_p \rho_0 T_0 h}(T - T_a) \tag{3-64}$$

注意到式(3-64)右边第一项为高阶项，并且该项数量级较小，去掉该项能够使方程得到合理简化。于是：

$$\frac{\mathrm{d}u}{\mathrm{d}x} = -\frac{\alpha \Delta T}{c_p \rho_0 T_0 h} \tag{3-65}$$

式中，当 $\Delta T = 0$ 时，即烟气温度与周围环境再无温差，那么由密度差产生的烟气流速也将不复存在，即 $u = 0$。

当 $\Delta T \neq 0$ 时，将温度分布模型带入方程(3-65)中，有：

$$\frac{\mathrm{d}u}{\mathrm{d}x} = -\frac{\alpha \Delta T_0}{c_p \rho_0 T_0 h} \exp[-K_1(x - x_0)] \tag{3-66}$$

烟气蔓延达到稳定状态时，忽略其对下层冷空气的卷吸作用，烟气层厚度近似为常数，且质量流率在烟气蔓延过程中保持不变。

对上式两边进行积分，并带入边界条件：

$$\begin{cases} \dfrac{\mathrm{d}u}{\mathrm{d}x} = -\dfrac{\alpha \Delta T_0}{c_p \rho_0 T_0 h} \exp[-K_1(x - x_0)] \\ x = x_0, u = u_0 \end{cases} \tag{3-67}$$

得：

$$u - u_0 = \frac{\alpha \Delta T_0}{K_1 c_p \rho_0 T_0 h} \{ \exp[-K_1(x - x_0)] - 1 \} \tag{3-68}$$

将其与温度分布模型式联立,化简得:

$$u - u_0 = \frac{\alpha(T - T_0)}{K_1 c_p \rho_0 T_0 h} \quad (3-69)$$

即:

$$\frac{u}{T} = \frac{u_0}{T_0} = C \quad (3-70)$$

式中:u_0、T_0——参考位置的平均流速与平均温度;

C——已知常数,它取决于隧道结构形式和火灾热释放速率等因素。

5) 模型中的关键参数

上述沉管隧道火灾烟气温度与流速的理论预测模型中,涉及的相关参数包括换热系数 α、烟气比热容 c_p 及空气特性参数 ρ_0 等。其中,重点讨论换热系数 α 的取值及其影响因素。

隧道火灾烟流是受浮力驱动的热流,烟气与壁面和周围冷空气之间的换热分别以对流换热和辐射换热为主导。根据烟流是否降至地面,将对流换热系数的表示形式分为以下两种情况:

$$\alpha = \begin{cases} h_c + h_r & (烟气降至地面) \\ h_c + h_r \dfrac{D+B}{D} & (烟气未降至地面) \end{cases} \quad (3-71)$$

式中:B——沉管隧道的净宽,m;

D——火灾烟流与隧道壁面在横断面上接触的长度,m,即所谓的"湿周",它与隧道断面的结构形式有关。对于沉管隧道,$D = B + 2h$,其中,h 为烟气层的厚度;

h_c——对流换热系数,W/(m²·K),隧道火灾烟气与壁面的对流换热包括自然对流和强迫对流,通常,空气的自然对流系数取 5~50W/(m²·K),强迫对流系数取 25~250W/(m²·K);而火灾工况下的烟气成分较为复杂,与空气的换热系数差异较大,通常采用如下经验关系式取值:$h_c = 2K'\sqrt{u}$。其中,K' 为经验常数,取 5~10kcal/(m²·℃·h),关于单位,有 1kcal/(m²·℃·h) = 1.163W/(m²·K);

h_r——辐射换热系数,W/(m²·K),它取决于火灾烟气的温度,烟气温度越高,辐射换热系数越大。然而,烟气在沿隧道蔓延过程中,温度逐渐衰减,在一维蔓延阶段,烟气温度通常已不足 200℃。有研究表明,辐射换热系数与温度的变化成正比,在上述温度范围内,通常取值为 5~9W/(m²·K)。

另外,烟气密度 ρ_0 和比热容 c_p 均随温度的变化而有所差异。对于隧道火灾烟气一维蔓延阶段,温度在 200℃ 范围内时,密度通常取 0.8~1.2kg/m³,比热容取值为 1~1.2kJ/(kg·K)。

综上所述,通过确定隧道的结构尺寸、模型中的关键参数和参考位置的烟气特征参数,能够获得烟气的温度蔓延规律,进而获得流速衰减规律。

3.2 沉管隧道火灾烟气流动规律

3.2.1 概述

1) 研究内容

隧道火灾的不完全燃烧常伴有大量浓烟,它是公路隧道火灾导致人员伤亡的最重要的因素之一,统计结果表明,火灾中80%以上的人员是由于吸入烟气及有毒气体后窒息而死。美国消防工程师协会(SFPE)手册引用了美国材料试验协会(American Society for Testing and Materials)和美国防火协会(National Fire Protection Association)对烟气的定义,烟气由材料燃烧热释放出的悬浮固体、液体微粒和气体构成。《火灾动力学导论》中引用Gross对烟气的定义:有机材料燃烧的气体产物,包括固体和液体微粒。烟气主要造成的危害有高温、毒性和低能见度,因此研究隧道火灾过程中烟气的流动规律及其毒性对烟气的有效控制和火灾安全评估具有重要意义。其中,对烟气的温度特性在前一节已做了详细分析,本节将对描述烟气运动规律的参数——烟气层高度、烟气蔓延速度和烟气中CO的输运特性等进行深入探讨。

认识火灾烟气发展规律的最为直观的方法就是试验。试验中通过观察隧道火灾烟气的蔓延现象,对烟气层高度、烟气蔓延速度和CO浓度等参数进行测量,定量分析烟气流动状态;同时,利用数值仿真软件FDS对试验中无法顾及的工况进行补充,获得烟气分布规律。这将对烟气的有效控制和火灾安全评估具有重要意义,为港珠澳大桥海底沉管隧道火灾工况下人员逃生策略的提出提供参考依据。

2) 研究方法

车辆火灾中,内饰及轮胎能够产生大量黑烟,但是由于实物火灾费用较大且不具有重复性,因此应选择能够产生黑烟和一定浓度CO的模拟试验火源作为燃料,经过前期试验测试并根据同类国内外试验的经验,选用93号汽油作为燃料。汽油点燃后能够迅速达到稳定燃烧阶段,且持续一段时间;同时,能够产生适量的黑烟和CO气体,满足烟雾试验对燃料的要求。另外,对烟气蔓延产生影响的因素主要是火源规模和纵向风速,选择具有代表性的影响因素有助于全面分析火灾烟气的蔓延规律。试验工况如表3-1所示。

烟雾试验工况表　　　　表3-1

试验编号	燃料类型	火源规模(MW)	纵向风速(m/s)
C-1	汽油	5	接近0
C-2	汽油	20	接近0
C-3	汽油	20	2.5
C-4	汽油	40	2.5

续上表

试 验 编 号	燃 料 类 型	火源规模(MW)	纵向风速(m/s)
C-5	小汽车	接近5	1.5
C-6	中巴车	接近15	0~1
C-7	汽油	5	1.5
C-8	柴油	5	1.5
C-9	柴油	5	0

3）测量系统

试验中烟气流动规律测量系统包括烟气流速测量系统、烟气组分浓度测量系统和烟气蔓延的观测系统。

3.2.2 烟气层高度及其沉降分析

1）烟气分层现象

隧道内发生火灾通常伴随着大量烟气，一般情况下，氧气不充足，导致物质燃烧不充分，产生大量的固体颗粒。高温烟气的密度较周围冷空气低，会形成上升气流，上升至隧道顶棚，沿着拱顶向远离火源处纵向蔓延；而下部冷空气则向火源处源源不断地补充进来。于是，形成了热烟气层与冷空气层两股气流，称为烟气分层现象，如图3-8所示。

图3-8 隧道内烟气分层简图

驱动隧道火灾高温烟气流动的因素主要有：

(1) 烟囱效应：由隧道内的高温烟气与外界空气温度差产生的压力差导致。
(2) 隧道内的空气流动：因空气的流动性，使烟气输送至隧道各处。
(3) 气体的热膨胀效应：由燃烧产生的高温使气体膨胀造成。
(4) 风的作用：因风向作用，存在不同的压力，促使隧道内烟气流动。

以上因素的相对大小取决于隧道内部情况：通常靠近火源的地方，烟气层运动取决于其本身的流动性；而距火源点较远的地方，烟气流动取决于外界环境。

火灾发生时，只要隧道内人员在下层冷空气范围内，就不会直接暴露在高温烟气及其内部的有毒物质中，他们的可视距离也不会受到阻碍。因此，确定烟气层界面位置对于人员疏散安全范围的分析有重要意义。以5MW汽油池火试验为例，燃烧过程中的烟气分层流动现象如图3-9所示，大型火灾(40MW左右)的烟气分层现象如图3-10所示。

图 3-9　火源不同阶段的烟气分层流动现象

由图 3-9a)发现,上层烟气如同一层膜一样停留在隧道上方,与下层冷空气有明显的分界面,几乎没有掺混;图 3-9c)中烟气层已有部分颗粒向冷空气蔓延,界面已变得模糊。

2)烟气层高度测量方法

烟气层高度通常用烟气层界面(Smoke Layer Interface)与地面间的距离表示,某些情况下,也指烟气层本身的厚度,它是描述烟气蔓延特性的重要参数。如图 3-11 所示,空间上层烟气与下层冷空气之间存在过渡区域(Transition Zone),而非发生"突变",过渡区域下沿为烟气前锋(First Indication of Smoke),烟气层界面应在烟气前锋之上。

图 3-10　大型火灾试验烟气分层现象

图 3-11　烟气层高度平面示意图

烟气层高度的判断依据主要是温度、能见度或某种燃烧产物的浓度。然而,无论是通过实验测量还是数值计算,烟气的上述关键参数均连续变化,而非"突变",因此,需要采用数学方法对烟气界面进行确定。目前,国内外对于烟气层高度的确定方法主要是目测法、图像分析法和基于竖向温度(或能见度、燃烧产物浓度等)分布情况的判定方法——N-百分比法、积分比法和最小二乘法等,其中最著名的是 Cooper 提出的 N-百分比法。

根据温升判定烟气层高度的计算公式为:

$$T = T_{amb} + \frac{\Delta T \cdot N}{100} \qquad \Delta T = T_{max} - T_{amb}$$

式中:T——烟气层温度;

T_{amb}——底部新鲜空气温度;

T_{max}——上部烟气最高温度。

该方法认为:若某点相对于隧道内初始温度的温升超过该点所在竖直方向上最大温升的 $N\%$,则认为该点处于烟气层中。该方法得到的烟气层高度与 N 值有较大关系,N 取值较大时,则烟气层界面的位置较实际偏高,反之偏低。NFPA92B(2000)指出烟气前沿的位置 N 值为 10~20,烟气层界面位置 N 值为 80~90。隧道火灾发生后,火源附近,由于拱顶至地面温度变化梯度较大,故 N 值选取范围可大些;距离火源较远处,温度梯度小,N 值选取较敏感。因此试验中烟气层高度的确定需用 N-百分比法和目测法相结合的复合方法,目测法是利用试验中烟气观测系统对烟气层高度进行观察,观测系统的介绍详见后续章节。

N-百分比法还可以根据能见度及燃烧产物浓度值确定烟气层高度。根据能见度主要是判断光无衰减 $I = 100\%$ 和光完全衰减 $I = 0\%$ 两个特殊点对应的时间,采取的方法为时间截取法。隧道内部画有坐标线,关键问题是解决烟气"到达"某一标线的时间,而不是"接触"。若认为是刚刚接触时的时间,则表示烟气前沿到达该标线,结果偏小;若是完全遮住标线的时间,则实际烟气早已下沉,结果偏大。为解决该问题,设烟气刚接触标线的时间为 t_1,烟气完全遮住标线的时间为 t_2,烟气真正达到该标线的时间为 t_3,则 $t_3 = N(t_2 - t_1)$。

试验采用基于竖向温度变化的 N-百分比法确定燃烧达到稳定状态时的烟气层高度,C-1~C-4 试验中燃烧稳定阶段烟气层高度沿隧道纵向分布情况,如图 3-12 所示。

试验结果表明:纵向风速和火源规模是影响烟气层高度的两个主要因素。纵向风速接近零时,烟气能够较好地维持层状结构,且火源两侧烟气层呈近似对称分布;火源功率大的烟气层厚度较火源功率小的高,如火源功率为 5MW 时,烟气层高度维持在 4~5m 处,火源功率为 20MW 时,烟气层高度维持在 3.5m 左右,这主要是由于火源规模大,火源的发烟量和发热量均较大。当纵向风速较大时,烟气层开始变得紊乱,出现较为强烈的掺混现象,慢慢就会沉降下来,全断面扩散;火源上游由于纵向风速的作用,受到抑制,烟气层维持在 4~5m 高度处;火源功率越大,烟气层越接近地面,人员逃生的危险性越高。综上,随着纵向风速的增大,烟气层维持较好层化结构的距离也随之缩短;随着火源功率的增加,烟气层厚度亦逐渐增加。

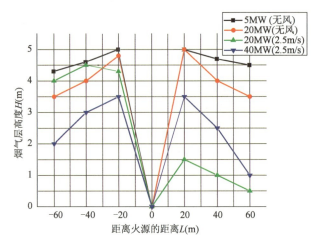

图 3-12 烟气层高度沿隧道的纵向分布

试验 C-5 和 C-6 中实际车辆火灾燃烧烟气分层现象如图 3-13 所示，其烟气层高度分布如图 3-14 所示。

a) 小汽车

b) 中巴车

图 3-13 车辆燃烧烟气分层图像

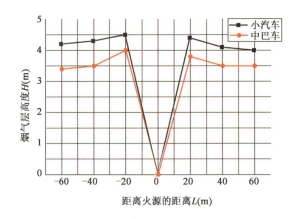

图 3-14 车辆火灾烟气层高度分布

中巴车火源功率在 15MW 左右,小汽车近似 5MW,中巴车烟气层厚度明显高于小汽车,这主要是火源功率大时烟气热膨胀力大的缘故。试验过程中接近零风速,烟气层高度呈近似对称分布,但受到自然环境的影响,理想情况的烟雾分层现象在实际隧道中很难存在。然而,总的来说,距离火源 75m 范围内,烟气层虽有波动,但基本没有下降,小汽车烟气层距离地面约 4m,中巴车烟气层距离地面约 3.5m。

3) 汽油火烟气沉降特性分析

通过对各烟气监测断面监控视频的系统分析,并结合试验过程中的烟气层厚度的观测数据,完成不同工况下火灾烟气沉降特性分析。在此分别选取 25MW 汽油火(纵向风速 0~1m/s)、25MW 汽油火(纵向风速 3m/s)和 50MW 汽油火(纵向风速 1.0m/s)试验来分析汽油火烟气沉降特性。

(1) 25MW 汽油火(0~1m/s)

火灾充分发展且烟气层稳定后(点火后约 150s),各监测断面烟气层高度分布情况如图 3-15~图 3-20 所示。

a) 点火后烟气蔓延特征　　　　　　b) 点火后 150s 烟气层高度

图 3-15　高清监控视频烟气监测数据

 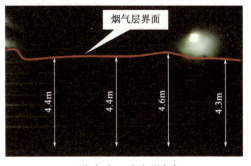

a) 点火前　　　　　　　　　　b) 点火后 150s 烟气层高度

图 3-16　第一监测断面烟气监测数据

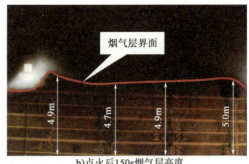

图 3-17 第二监测断面烟气监测数据

图 3-18 第三监测断面烟气监测数据

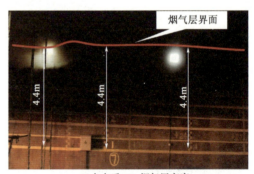

图 3-19 第四监测断面烟气监测数据

综合各监测断面烟气层高度数据,可得点火后 2min 不同位置处烟气层高度如图 3-21 所示。

在小风速(0~1m/s)情况下,烟气层高度以火源断面为对称面分布于两侧,故取一侧数据进行数值拟合,如图 3-22 所示。

得到曲线 $f(x) = 3.88 + 0.039x - 6.37 \times 10^{-4} x^2$,其中,$x$ 表示距火源的距离,$f(x)$ 表示烟气层高度。

图 3-20　第五监测断面烟气监测数据

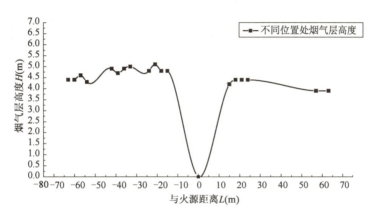

图 3-21　烟气层高度分布图(25MW 汽油火,0～1m/s)

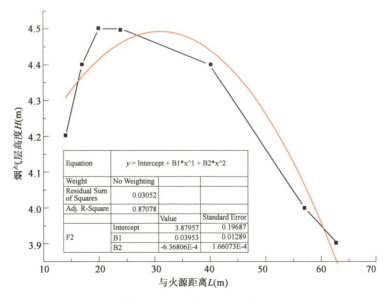

图 3-22　烟气层高度分布数据拟合(25MW 汽油火,0～1m/s)

由图 3-21 可看出,25MW 汽油火在 0~1m/s 纵向风速工况下,距离附近 75m 范围内烟气层平均高度约 4.5m,由于纵向风的作用,火源上风向烟气层高度略高,平均约 4.7m,火源下风向烟气层高度略低,平均约 4.0m。

（2）25MW 汽油火(3m/s)

25MW 汽油火纵向风速 3m/s 的工况试验现场情况如图 3-23 所示。

a)点火时

b)点火后150s烟气分布监控视图

图 3-23　25MW 汽油火纵向风速 3m/s 的工况试验现场照片

烟气层高度数据读取方法同 0~1m/s 工况。25MW 汽油火在纵向风速 3m/s 工况下,火灾发展稳定阶段烟气层高度分布情况如图 3-24 所示。

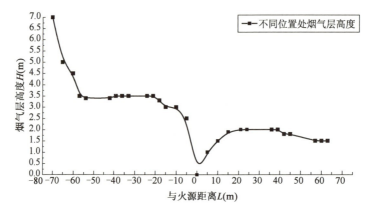

图 3-24　烟气层高度分布图(25MW 汽油火,3m/s)

在大风速(≥3m/s)情况下,烟气层高度在火源下游急剧降低,考虑最不利工况,取下游数据进行数值拟合,如图 3-25 所示。

得到曲线 $f(x) = 0.96 + 0.06x - 8.67 \times 10^{-4}x^2$,其中,$x$ 表示距火源的距离,$f(x)$ 表示烟气层高度。

由图 3-24 可知,在 3m/s 纵向风作用下,25MW 汽油火烟气在火源上风向蔓延约 65m 距离(A1 监测断面附近),烟气层平均高度约 3.5m,火源下游受纵向风的影响,烟气层高度较低,平均约 1.8m。

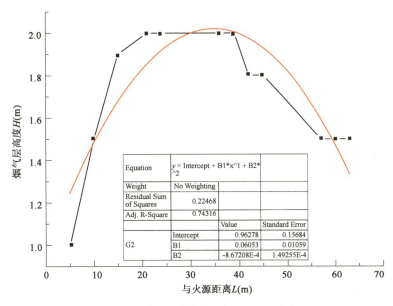

图 3-25　烟气层高度分布数据拟合(25MW 汽油火,3m/s)

(3)50MW 汽油火(1.0m/s)

50MW 汽油火试验现场情况如图 3-26 所示。

图 3-26　50MW 汽油火试验现场照片

50MW 汽油火在纵向风速 1.0m/s 工况下,火灾发展稳定阶段烟气层高度分布情况如图 3-27 所示。

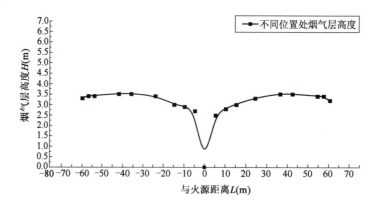

图 3-27 烟气层高度分布图(50MW 汽油火,1.0m/s)

在小风速(0~1m/s)情况下,烟气层高度以火源断面为对称面分布于两侧,故取一侧数据进行数值拟合,如图 3-28 所示。

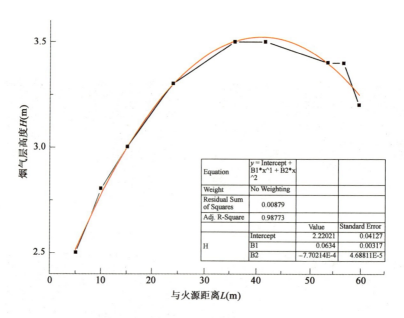

图 3-28 烟气层高度分布拟合(50MW 汽油火)

得到曲线 $f(x) = 2.22 + 0.063x - 7.7 \times 10^{-4} x^2$,其中,$x$ 表示距火源的距离,$f(x)$ 表示烟气层高度。

由图 3-27 可知,50MW 汽油火在低风速(1m/s)工况下,烟气层基本以火源为中心呈对称分布,烟气层平均高度约 3m。

4)汽车火灾试验烟气沉降特性分析

在小汽车火灾试验和中巴车火灾试验过程中,从火灾充分发展后(点火后约 150s)的烟气分布情况,来分析汽车火灾烟气沉降特性,试验过程中纵向风速为零。

(1) 小汽车火灾

火灾充分发展且烟气层稳定后(点火后约150s),记录各监测断面烟气层高度并勾画烟气层高度分布图。小汽车火灾试验现场照片如图3-29所示,不同位置处烟气层高度分布如图3-30所示。

a) 点火前　　　　　　　　　　　　　　b) 点火后150s烟气层高度

图3-29　小汽车火灾试验现场照片

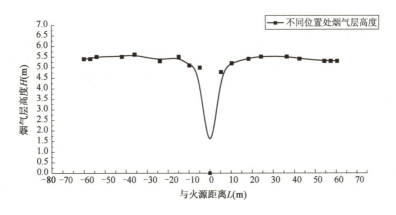

图3-30　烟气层高度分布图(小汽车火灾)

在零风速情况下,烟气层高度以火源断面为对称面分布于两侧,故取一侧数据进行数值拟合,如图3-31所示。

得到曲线 $f(x) = 4.66 + 0.042x - 5.82 \times 10^{-4} x^2$,其中,$x$ 表示距火源的距离,$f(x)$ 表示烟气层高度。

由图3-30可知,零风速时小汽车火灾烟气层基本以火源为中心呈对称分布,烟气层平均高度约5.3m。

(2) 中巴车火灾

中巴车火灾试验现场照片如图3-32所示,火灾充分发展且烟气层稳定后(点火后约150s),各监测断面烟气层高度分布情况如图3-33所示。

115

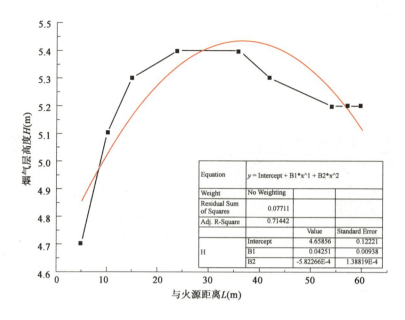

图 3-31　烟气层高度分布拟合(小汽车火灾)

a)点火后30s

b)点火后60s

c)点火后180s

图 3-32　中巴车火灾试验现场照片

在零风速情况下,烟气层高度以火源断面为对称面分布于两侧,故取一侧数据进行数值拟合,如图 3-34 所示。

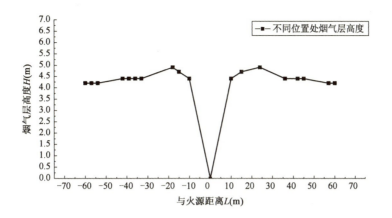

图 3-33　烟气层高度分布图（中巴车火灾）

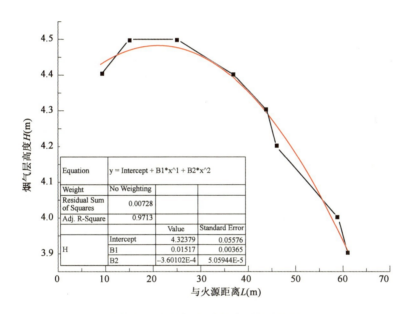

图 3-34　烟气层高度分布拟合（中巴车火灾）

得到曲线 $f(x) = 4.32 + 0.015x - 3.6 \times 10^{-4} x^2$，其中，$x$ 表示距火源的距离，$f(x)$ 表示烟气层高度。

由图 3-33 可知，零风速时中巴车火灾烟气层基本以火源为中心呈对称分布，烟气层平均高度约 4.3m。

5) 火灾烟气沉降特性

(1) 零风速时烟气沉降范围与时间

纵向风速 0m/s 时，不同火灾规模烟气层高度沿隧道纵向分布特征（数值仿真）如图 3-35 所示。

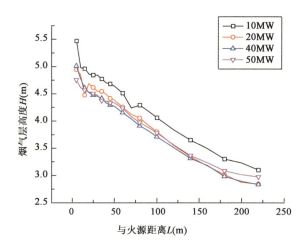

图 3-35 零风速不同火灾规模烟气层高度沿隧道纵向分布特征

纵向风速 0m/s 时,为简化模型,近似认为烟气层高度沿隧道纵向呈线性分布,通过数据拟合,获得函数形式为:

$$h_x = h_0 + a(x - x_0)$$

式中:h_x——距离火源 x 位置处烟气层高度;

h_0——参考位置烟气层高度(距离火源 x_0 位置处烟气层高度);

a——常数,$a = -0.011$。

足尺沉管隧道火灾试验烟气层高度数据观测结果表明,距离火源 30m 位置以后烟气层基本稳定,选取 30m 位置为参考位置。不同火灾工况下火灾发展稳定阶段距离火源 30m 位置处烟气层高度数据如表 3-2 所示。

不同火灾规模烟气层高度(实测数据)　　　　表 3-2

火灾规模(MW)	5(小汽车)	15(中巴车)	25(汽油火)	50(汽油火)
h_0(m)	5.4	4.4	4.0	3.5

不同火灾规模烟气层高度沿隧道纵向分布函数如表 3-3 所示。

不同火灾规模烟气层高度沿隧道纵向分布函数　　　　表 3-3

火灾规模(MW)	参数取值		分布函数
	x_0(m)	h_0(m)	
5	30	5.4	$h_x = 5.4 - 0.011(x - 30)$
15	30	4.4	$h_x = 4.4 - 0.011(x - 30)$
25	30	4.0	$h_x = 4.0 - 0.011(x - 30)$
50	30	3.5	$h_x = 3.5 - 0.011(x - 30)$

由分布函数可得不同火灾规模烟气层高度降至 2m(人员特征高度)位置处与火源的距离分别为:①5MW,339m;②15MW,248m;③25MW,212m;④50MW,166m,见表 3-4。

不同火灾规模烟气蔓延至人员高度处的范围与时间　　　　表 3-4

火灾规模 (MW)	烟气蔓延速度 (m/s)	烟气蔓延至人员高度处的距离 (距火源)(m)	烟气蔓延至人员高度处的时间 (s)
5(小汽车)	1.4	339	242
15(中巴车)	1.5	248	165
25(油池火)	1.7	212	125
50(油池火)	2.6	166	64

对于小汽车火灾(5MW),0m/s 时火源附近 339m 范围内烟气层高度保持在 2m 高度以上,339m 以外区域烟气层已降至 2m 以下,可对人员疏散造成严重影响。烟气蔓延至 339m 位置处的时间为 242s。

对于中巴车火灾(15MW),0m/s 时火源附近 248m 范围内烟气层高度保持在 2m 高度以上,248m 以外区域烟气层已降至 2m 以下,可对人员疏散造成严重影响。烟气蔓延至 248m 位置处的时间为 165s。

隧道火灾通常是由一个点或一个面的燃烧引起的;随着时间的推移,火势不断扩大,形成火区。另一方面,港珠澳沉管隧道禁止油罐车等易燃易爆车辆通行[根据《关于印发港珠澳大桥主体工程海底隧道消防救援技术研究专题中期成果专家评审会意见的函》(港珠澳桥交[2013]32 号)]。因此,对于港珠澳沉管隧道大规模火灾事故通常由小规模火灾发展而成(不考虑油池火增长模式),火灾初期增长模式可类似于中巴车,故烟气蔓延至人员高度处的时间不小于 165s(中巴车火灾)。试验过程中火源均采用明火引燃,火灾发展过程直接进入到增长阶段。考虑到火灾初期阴燃阶段仍持续一段时间,港珠澳沉管隧道火灾事故烟气蔓延至人员高度处的最短时间可取为 180s。

(2)风速对烟气沉降的影响

当纵向风速不为 0 时,受纵向风速的影响,火源下游烟气层上下起伏,较为紊乱,随着纵向风速的增大,紊乱范围随之增加。以 25MW 油池火为例(汽油),在 3m/s 纵向风作用下,25MW 汽油火烟气在火源上风向蔓延约 65m 距离(A1 监测断面附近),烟气层平均高度约 3.5m;火源下游受纵向风的影响,烟气层高度较低,平均约 1.8m,威胁人员安全。

当纵向风速为 1.5m/s 时,火源下游烟气层高度沿纵向分布特征(数值仿真结果)如图 3-36 所示。当纵向风速较小时,烟气在隧道上部保持较好的层化结构,即使在远离火源的位置,烟气层也不会蔓延至地面。

由此看来,受纵向风速的影响,火源下游烟气层将发生紊乱。当风速较小时(<1.5m/s),烟气层受影响较小,一定范围内不会蔓延至人员高度;当风速较大时(>3m/s),火源下游烟气层高度较低,威胁人员安全。

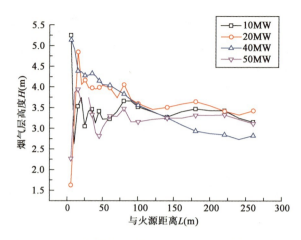

图 3-36　1.5m/s 不同火灾规模烟气层高度分布特征(数值仿真)

3.2.3　烟气蔓延速度与 CO 输运特性

海底特长沉管隧道火灾工况下,污染物随风流的输运情况是学者们所关心的热点问题之一。因此,对于污染物在隧道中的迁移机理及其分布规律的研究极为重要和迫切。燃烧烟气中含有有毒有害、腐蚀成分及固体颗粒物。自第二次世界大战后,各种新型材料的出现,使火灾过程中死亡的首要原因变为烟气窒息及中毒。对火灾中死亡人员的毒理学研究表明,CO 是火灾烟气中的主要有毒物质,研究 CO 输运特性尤为重要。

火灾过程中产生的 CO 与隧道内新鲜空气混合并不断扩散,其输运过程是指随风流的运动过程,即 CO 在新鲜空气中的扩散运动或衰减转化过程,主要表现形式是 CO 在空气中的分子扩散和隧道内纵向风对其的对流迁移作用。

分子扩散是指 CO 分子以无规则热运动的方式在隧道内迁移,满足菲克第一定律,即单位时间内通过垂直于扩散方向的单位截面积的扩散物质流量 $I_c[\text{kg}/(\text{m}^2 \cdot \text{s})]$ 与该截面处浓度梯度 $\text{grad}c$ 成正比,因此浓度梯度越大,扩散通量越大。

$$I_c = -D_d \cdot \text{grad}c \tag{3-72}$$

式中:D_d——污染物分子扩散系数,m^2/s;

　　　c——污染物质量浓度,kg/m^3,负号表示污染物分子扩散方向是沿着浓度降低的方向进行的。

火灾时隧道内烟气的流动状态受众多因素影响,其中最主要的因素是纵向风速和火源功率。当纵向风速为 0 时,高温烟气受浮力驱动聚集在隧道拱顶形成热烟气层并逐渐向隧道两端扩散,同时新鲜空气由烟气层下部向火源处运动,从而在隧道内形成以火源为中心的对称循环风流。然而,纵向风会打破烟气流场的对称分布,当纵向风速较小时,其动压小于烟气逆流前锋与环境空气的静压差,热烟气仍然会迎风蔓延,形成烟气逆流;当纵向风速较大时,纵向风的动压与烟气逆流作用相当,烟气全部被吹向下游,制造出上游的无烟环境。这种能够抑制烟气回流的最小风速被定义为临界风速。在临界风速下,烟气全部向火源下游蔓延,且在上浮、下沉过程中不断卷吸新鲜空气,造成烟气层厚度不断增加,温度、流速不断降低,最终难以维持烟气的层化结构,充满整个断面。

1)烟气蔓延速度

隧道火灾燃烧过程极不稳定,火源规模越大,燃烧越剧烈,火源紊动越强烈。火灾增长阶段,紊动作用也逐渐增长;稳定阶段,紊动作用亦趋于稳定;衰减阶段,紊动作用即趋于平缓。因此,烟气的流动状态也是按照此趋势发展的,描述烟气流动状态的特征参数即烟气流速。

(1)5MW 汽油火

对于 5MW 汽油火,在火源规模相同、不同纵向风速时,烟气蔓延速度在火源下游 60m,距地面 5.5m 位置处随时间的变化规律,如图 3-37 所示。

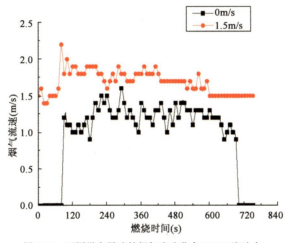

图 3-37 不同纵向风速的烟气流速分布(5MW 汽油火)

试验结果表明,燃料点燃 1~2min 内,烟气流速增长很快,这是由于随着火势的发展,燃烧产生的气体受热膨胀,导致烟气流速随之增大;随着火势的减弱,流速增幅也相对降低,尽管纵向风速不同,然而其流速变化趋势近似。纵向风速接近 0m/s 时,受火风压和热风压的共同作用,烟气以 1.0~1.5m/s 的速度向下游蔓延;当纵向风速为 1.5m/s 时,烟气流速为 1.5~2.0m/s,随着火势的减弱,最终趋于 1.5m/s。

(2)5MW 柴油火

针对纵向风速 0m/s 和 1.5~2m/s 两种工况,分别分析距离火源不同位置处的烟气流速。0m/s 纵向风速 5MW 柴油火距火源不同位置处(30m、60m、90m),距离地面 6m 高度处烟气流速随时间的变化情况如图 3-38 所示。

图 3-38 表明,0 风速时 5MW 柴油火不同位置处烟气流速较为接近,为 1.0~1.5m/s。1.5~2m/s 纵向风速 5MW 柴油火距离火源不同位置处(30m、90m、120m),距离地面 6m 高度处烟气流速随时间变化情况如图 3-39 所示。

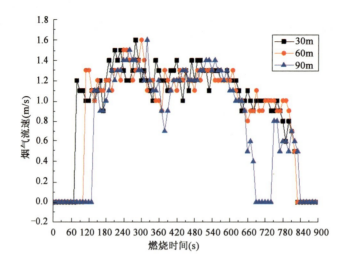

图 3-38　不同位置处烟气流速分布(5MW 柴油火,0m/s)

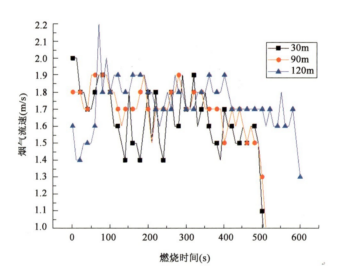

图 3-39　不同位置处烟气流速分布(5MW 柴油火,1.5~2m/s)

图 3-39 的结果表明,纵向风速为 1.5~2m/s 时距离火源 90m 和 120m 位置处烟气流速波动范围较小,为 1.7~1.9m/s;而距离火源 30m 位置处由于受到火风压与纵向风的共同作用,烟气流速波动相对较大,为 1.4~1.9m/s。

对比两种工况,相对于零风速工况,1.5~2m/s 的纵向风速使得 5MW 柴油火烟气蔓延速度提高了约 26.7%。

(3)小汽车火灾

试验开展过程中纵向风速近似为零风速,距离火源不同位置处(45m、60m),距离地面 6m 高度处烟气流速随时间变化情况如图 3-40 所示。

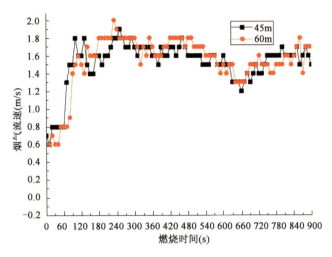

图 3-40　不同位置处烟气流速分布(小汽车火灾)

图 3-40 表明,小汽车火灾试验过程距离火源不同位置处烟气流速变化规律与波动范围基本一致,火灾发展稳定阶段烟气流速分布在 1.4~1.8m/s 范围内。整个试验过程中隧道顶部烟气流速并未由于火源热释放速率的降低而显著下降。图 3-41 为小汽车火灾热释放速率随时间变化曲线。

(4)中巴车火灾

试验开展过程中纵向风速近似为零风速,距离火源不同位置处(45m、60m),距离地面 6m 高度处烟气流速随时间变化情况如图 3-42 所示。

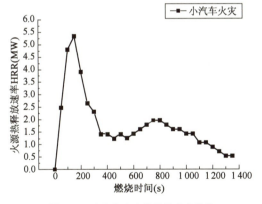

图 3-41　小汽车火灾热释放速率曲线

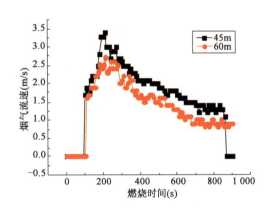

图 3-42　不同位置处烟气流速分布(中巴车火灾)

在火源达到最高热释放速率时(点火后约 200s),烟气流速达到最高,距离火源 45m 位置处烟气最高流速约为 3.4m/s,距离火源 60m 位置处烟气流速约为 2.5m/s,而随着隧道火源热释放速率的降低,烟气流速开始下降,最终稳定在 1.5m/s(45m 位置处)和 1.0m/s(60m 位置处)。中巴车火灾烟气流速呈现出与小汽车火灾不同的特性。中巴车火灾热释放速率变化曲线如图 3-43 所示。

2) 烟气中 CO 的输运特性

试验主要分析了隧道火灾烟气蔓延过程中危害性气体的传播过程。CO 被认为是烟气中最典型的危害性气体,本试验将 CO 作为研究对象,分析隧道内 CO 浓度的时空分布特征。

试验 C-7 和 C-8 中,距离地面 5.5m 高度处的 CO 时空分布情况如图 3-44 所示。

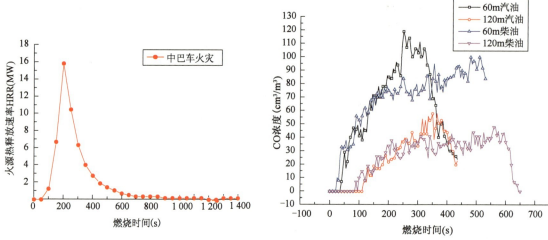

图 3-43　中巴车火灾热释放速率曲线　　图 3-44　5MW 汽油和柴油池火的 CO 浓度分布(风速 2.5m/s)

对不同火源、不同距离处、5.5m 高度的 CO 浓度进行曲线拟合,如图 3-45 所示。

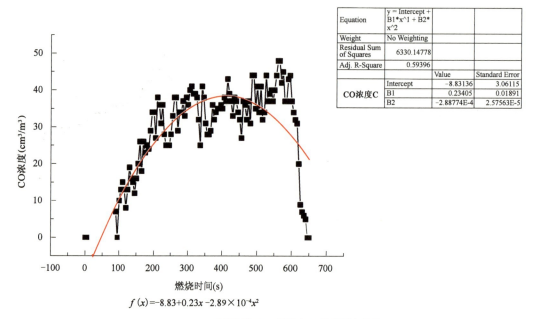

$f(x) = -8.83 + 0.23x - 2.89 \times 10^{-4} x^2$

a) 火源下游120m柴油火CO浓度拟合曲线

图 3-45

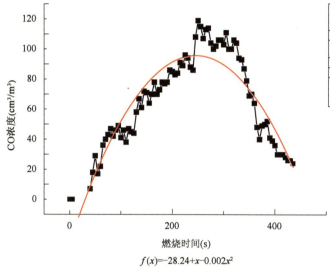

$f(x)=-28.24+x-0.002x^2$

b) 火源下游60m汽油火CO浓度拟合曲线

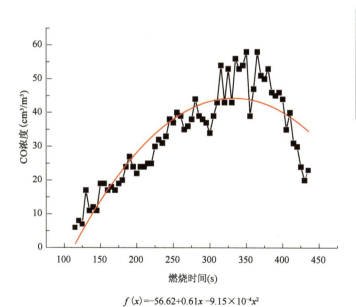

$f(x)=-56.62+0.61x-9.15\times10^{-4}x^2$

c) 火源下游120m汽油火CO浓度拟合曲线

图 3-45

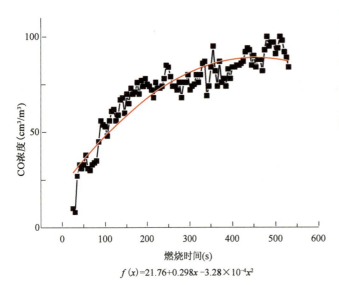

$f(x)=21.76+0.298x-3.28\times10^{-4}x^2$

d) 火源下游60m柴油火CO浓度拟合曲线

图3-45 不同火源、不同距离处、5.5m高度的CO浓度拟合曲线

试验结果表明,在火源规模和纵向风速相同的工况下,汽油池火和柴油池火相同位置处的CO浓度分布趋势近似,汽油中CO的浓度最大值大于柴油;火源下游120m处的CO浓度值较60m处低50%左右,且浓度的增长滞后近1min。该现象主要是由于烟气蔓延过程中会向壁面传热并卷吸下层冷空气,导致烟气沿纵向蔓延时温度降低并发生沉降,同时烟气层质量与厚度不断增加,卷吸的冷空气稀释了CO浓度,CO浓度沿纵向有所衰减且不断传递至远端,表现出滞后性。

对比试验C-9无风工况的柴油池火的浓度分布规律,如图3-46所示。

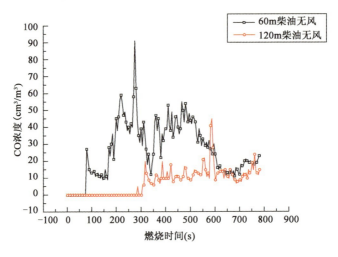

图3-46 柴油池火浓度分布规律(风速为0)

试验结果表明无风工况时,火源下游120m处的CO浓度较60m处浓度上升滞后时间更长,达到3min左右,这是由于纵向风速为0时,烟气依靠其自身热膨胀力自由蔓延,速度较慢。

C-4试验中,距离火源60m的不同高度处CO浓度随时间的变化曲线如图3-47所示。距离地面的高度不同,CO浓度差距较大,在高度5.5m处,CO的最高浓度达到110cm^3/m^3,而4.5m处只有60cm^3/m^3,这也较好地说明了烟气分层的特点。因此,在距离火源不远的位置,高度越高,CO浓度越大,随着燃烧的不断进行,浓度趋于均匀。火源下游60m CO浓度拟合曲线见图3-48。

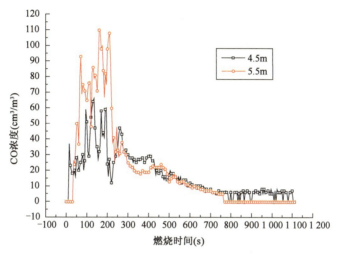

图3-47 距离火源60m的不同高度处CO浓度随时间的变化曲线

在试验C-5和C-6中,对真实车辆火灾燃烧过程中的CO浓度进行测量,如图3-49所示,测点分别位于火源下游30m和60m,距离地面6m的位置。

对小汽车火灾,距火源下游30m和60m,距离地面6m位置处的CO浓度进行曲线拟合,如图3-50所示。

对中巴车火灾,距火源下游30m和60m,距离地面6m位置处的CO浓度分布如图3-51所示,对其进行曲线拟合,如图3-52所示。

试验结果表明:两种车辆的CO浓度变化趋势有较大差异,小汽车燃烧过程中CO浓度基本维持在一个定值,最高浓度为160cm^3/m^3;而中巴车在燃烧开始阶段CO浓度迅速上升,达到480cm^3/m^{3}后,急剧下降,而后基本保持不变。CO浓度在水平方向上的变化趋势近似,说明水平方向上的烟气浓度受到火源的影响,且火源产生的烟气浓度能够较快地蔓延到远处。

3.2.4 本节小结

隧道火灾烟气是导致人员伤亡的最重要的因素之一,本章对描述烟气运动规律的参数——烟气层高度、烟气蔓延速度和烟气中CO的输运特性等进行了系统的研究。形成的主要结论如下:

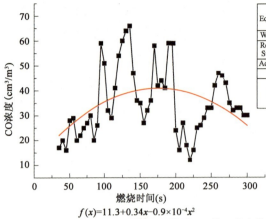

$f(x)=11.3+0.34x-0.9\times 10^{-4}x^2$

a) 火源下游60m距地面4.5m处CO浓度拟合曲线

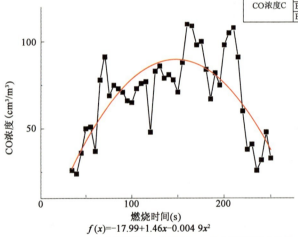

$f(x)=-17.99+1.46x-0.0049x^2$

b) 火源下游60m距地面5.5m处CO浓度拟合曲线

图 3-48　火源下游 60m CO 浓度拟合曲线

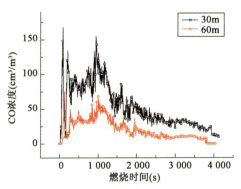

图 3-49　小汽车燃烧的 CO 浓度分布

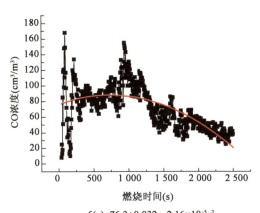

$f(x)=76.3+0.032x-2.16\times10^{-5}x^2$

a) 火源下游30m距地面6m处CO浓度拟合曲线

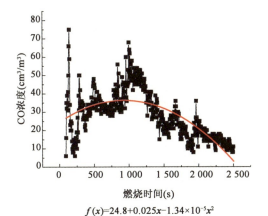

$f(x)=24.8+0.025x-1.34\times10^{-5}x^2$

b) 火源下游60m距地面6m处CO浓度拟合曲线

图 3-50　小汽车燃烧 CO 浓度拟合曲线

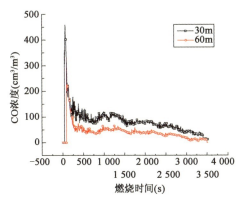

图 3-51　中巴车燃烧的 CO 浓度分布

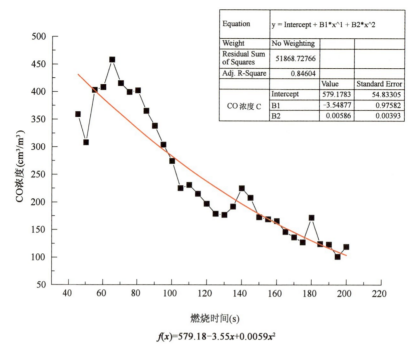

a) 火源下游30m距地面6m处CO浓度拟合曲线

$f(x)=579.18-3.55x+0.0059x^2$

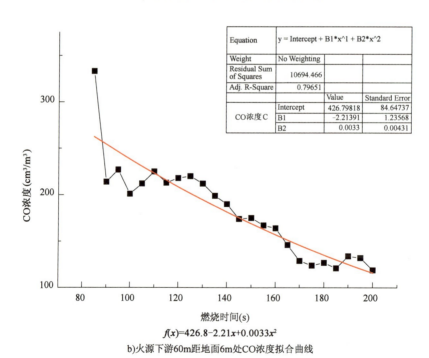

b) 火源下游60m距地面6m处CO浓度拟合曲线

$f(x)=426.8-2.21x+0.0033x^2$

图 3-52 中巴车燃烧的 CO 浓度拟合曲线

1) 临界风速

通过对试验数据的统计与分析,得出港珠澳海底沉管隧道不同火灾规模下的临界风速如

表3-5所示。

火灾临界风速取值表 表3-5

火灾规模(MW)	5	10	20	40	50
临界风速(m/s)	2.0	2.5	3.0	3.0~3.5	3.5

2)烟气流速

通过对试验数据的统计与分析,得出不同工况下火源下游烟气流速,如表3-6所示。

烟气蔓延速度 表3-6

纵向风速(m/s)	火灾规模(MW)			
	10	20	40	50
0	1.7	1.9	2.4	3.0
1.5	2.8	3.0	3.7	5.7
3.0	3.4	3.8	5.5	6.9

3)烟气层高度

纵向风速接近0时,烟气能够较好地维持层状结构,烟气层向隧道上下游自由蔓延,其高度沿隧道纵向基本趋于线性分布,此时火灾规模对其影响不大;当纵向风速不为0时,受纵向风作用,火源下游烟气层上下起伏,较为紊乱,但是其高度仍然能够维持在3m以上,对人员来说较为安全。以50MW火灾为例,纵向风速越大,烟气在火源附近越紊乱,烟气层高度越低,然而随着与火源距离的增加,烟气层高度逐渐趋于稳定,通常为2.5~3m。

3.3 沉管隧道温度分布规律

隧道属于狭长结构,火灾产生的大量热烟积聚在拱顶不易散去,导致隧道内产生高温,尤其是近火源区域,对结构产生巨大威胁;另一方面,高温烟气沿隧道纵向蔓延,对人员的生命安全亦构成威胁。由此可见,隧道火灾造成的洞内高温具有相当大的危害性,它同火灾热释放速率一样,同属于描述火灾发展的主要参数,是评价火灾危险性的重要指标之一。认识隧道火灾的温度分布规律为深入了解火灾发展过程和烟气运动特性提供了基础,也为防灾对策的提出提供了依据。

隧道火灾燃烧过程的温度场分布是众多变量共同影响下的非稳态过程,影响因素主要包括纵向风速、火灾规模、燃烧物质以及火源位置等。本书通过开展全尺寸隧道火灾试验,改变各影响因素完成20余组试验,深入分析隧道内温度场随时空的变化规律;同时,采用FDS火灾仿真软件,在前述章节的基础上,对试验隧道的仿真模型长度进行扩展,对隧道空间横向和纵向的温度分布情况进行全面分析,期望获得与实际情况更为接近的模拟结果。另一方面,火灾工况下,隧道空间的最高温度也是火灾场景设计中较为关心的参数,因此,本节最后对隧道顶部的最高温度及边墙附近温度对设备的影响进行了深入探讨。

3.3.1 概述

由于全尺寸试验具有破坏性,因此试验前的工况需要精心设计。该试验在港珠澳大桥沉管隧道1:1试验平台进行,试验共开展20余组。试验发现对火灾温度场产生影响的因素主要有火源规模、燃料类型、纵向风速及火源位置。因此,试验主要对以上四种影响因素作用下的火灾温度场进行测试。为保证试验具有代表性,选取其中的11组,火源规模分别为2~3MW、5MW、10MW、20MW和50MW,燃料类型为汽油、柴油、木垛和真实小汽车,纵向风速为0~1m/s、2.5m/s和3.0~3.5m/s,火源位置为中间车道。火灾试验场景如表3-7所示。

温度场试验工况表 表3-7

试验编号	燃料类型	火源规模(MW)	火源位置	纵向风速(m/s)
B-1	汽油	5	中间车道	0.5
B-2	汽油	5	中间车道	2.5(对比)
B-3	汽油	2.5	中间车道	0~1
B-4	汽油	5	中间车道	0~1
B-5	汽油	10	中间车道	0~1
B-6	汽油	20	中间车道	0~1
B-7	汽油	20	中间车道	3.0~3.5
B-8	汽油	50	中间车道	0~1
B-9	柴油	5	中间车道	0~1
B-10	木垛	5	中间车道	0~1
B-11	小汽车	接近5	中间车道	0~1

3.3.2 汽油火灾试验温度空间分布特征

足尺沉管试验隧道内共布设9个温度监测断面,如图3-53所示。

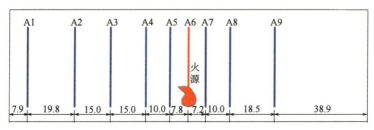

图3-53 温度监测断面布置图(尺寸单位:m)

分别选取 5MW、10MW、20MW、50MW 汽油火试验,研究隧道不同火灾规模工况下的温度空间分布特征。

火灾燃烧过程是经历初期增长、充分发展和衰减阶段的非稳态过程。以 10MW 汽油火为例,A8 断面(距离火源 17.2m)不同高度处温度随燃烧时间的变化规律如图 3-54 所示。随着火灾的发展,各点温度都在上升,当火源点温度达到最高时,其他各点(距边墙距离分别为 1.1m、3.4m、5.9m、8.4m、11m、12.5m)温度也接近最大值,而后持续一段时间,温度逐步降低。其中,充分发展阶段作为燃烧过程的重要阶段,温度最高时,破坏力最强。因此,在分析烟气层温度随时间变化的基础上,着重研究燃烧稳定阶段温度沿隧道空间的分布规律。于是,对隧道空间区域进行划分,如图 3-55 所示。

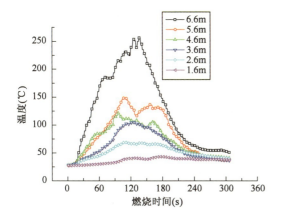

图 3-54　不同高度处热电偶温度随时间的变化
(10MW 汽油火,距离火源 7.8m 断面)

图 3-55　隧道空间坐标图

1) 5MW 汽油火
(1) 温度横向分布

试验火源采用 1 个 1.5m × 1.5m 油盆,试验过程中纵向风速为 0 ~ 0.5m/s,可近似为零风速。

5MW 汽油火试验现场照片见图 3-56。5MW 汽油火 A2 ~ A9 断面不同高度处测点最高温度分布如图 3-57 所示,图中横坐标表示测点距离隧道边墙的距离(隧道净宽 14.55m),纵坐标表示测点最高温度。

将该断面同一高度处的温度求平均值,$x = \{1.5, 2.5, 3.5, 4.5, 5.5, 6.5\}$,对应的 $f(x) = \{11.25, 13.58, 16.57, 17.69, 43.58, 82.73\}$,然后根据不同高度处所对应的温度不同进行指数型函数拟合,通过 MATLAB 程序,得到该断面不同高度处温度的函数解析式如下:

$$f(x) = 0.1087e^x + 11.86$$

式中：x——距地面的高度；

$f(x)$——温度。

图 3-56　5MW 汽油火试验现场照片

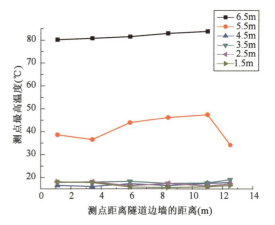

图 3-57　A2 监测断面测点最高温度分布图
（火源上游 47.8m）

其函数图如图 3-58 所示。

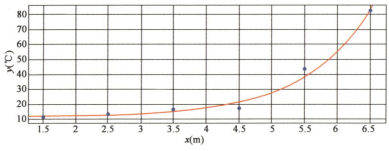

图 3-58　A2 断面温度函数

同理，可得 A3、A4、A5、A7、A8、A9 断面的函数解析式及图像，如图 3-59 所示。

图 3-60 为 A6 监测断面测点最高温度分布图，由于 A6 断面是火源断面，只在距火源 6.5m 高度处布置了温度传感器，因此并未进行数值拟合。

（2）温度纵向分布特征

5MW 汽油火温度沿隧道纵向分布如图 3-61 所示。

试验过程中隧道内纵向风速为 0～0.5m/s，5MW 汽油火灾工况下，隧道顶部最高温度约 141.3℃，距离火源 67.6m 位置处隧道顶部最高温度已降为 71.9℃，温度沿隧道纵向以火源点为中心呈对称分布。

2）10MW 汽油火

（1）温度横向分布

试验火源采用 2 个 1.5m×1.5m 油盆，试验过程中纵向风速约为 1.2m/s。试验现场照片如图 3-62 所示。

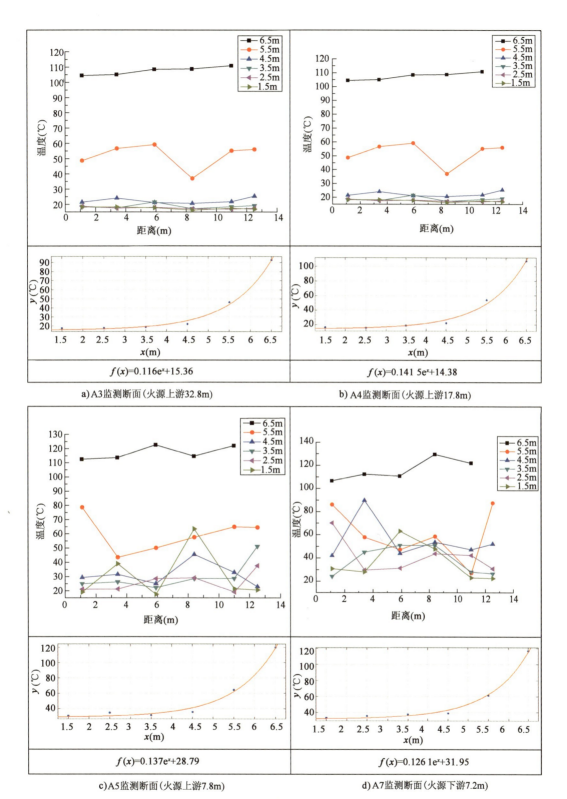

图 3-59

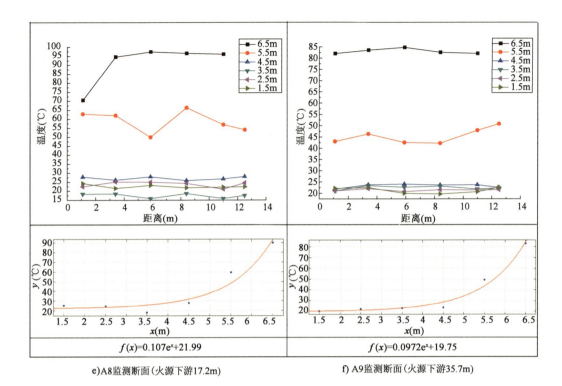

e) A8监测断面(火源下游17.2m)　　　f) A9监测断面(火源下游35.7m)

图 3-59　A3、A4、A5、A7、A8、A9 断面的函数解析式及图像

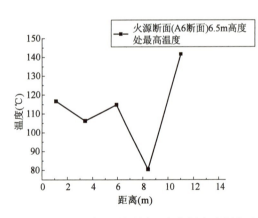

图 3-60　A6 监测断面测点最高温度分布图(火源位置隧道顶部)

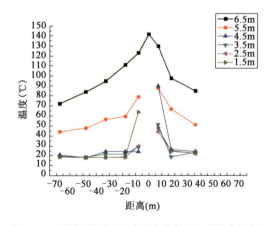

图 3-61　隧道顶部最高温度纵向分布图(0 点为火源点)

试验过程中 10MW 汽油火 A1～A5、A7～A9 监测断面不同高度处测点温度分布及温度函数拟合曲线如图 3-63 所示。断面温度图中横坐标表示测点距离隧道边墙的距离(隧道净宽14.55m),纵坐标表示测点最高温度。函数图像中,横坐标为测点距地面的距离,纵坐标为温度。

A6 监测断面测点最高温度分布如图 3-64 所示。

图 3-62　10MW 汽油火试验现场照片

（2）温度纵向分布特征

10MW 汽油火温度沿隧道纵向分布如图 3-65 所示。

试验过程中隧道内纵向风速约为 1.2m/s，10MW 汽油火灾工况下，所测得的隧道顶部最高温度达到 269℃，距离火源 67.6m 位置处隧道顶部最高温度为 116.7℃。火源下游 7.2m 监测断面（A7 断面）所测得的最高温度为 259.5℃，与火源断面最高温度较为接近，表明在 1.2m/s 纵向风速作用下，隧道顶部最高温度位于 A6 与 A7 监测断面中间位置，向火源下游偏移约 3.5m。

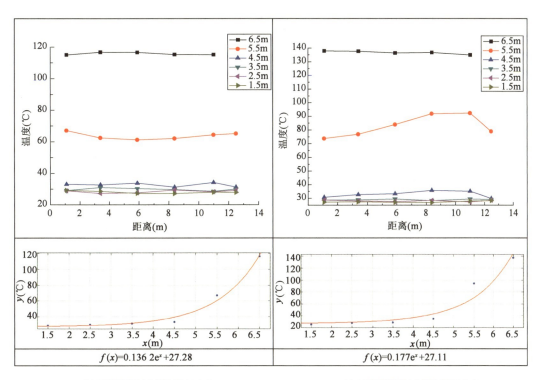

a）A1 监测断面（火源上游 67.6m）　　　b）A2 监测断面（火源上游 47.8m）

图　3-63

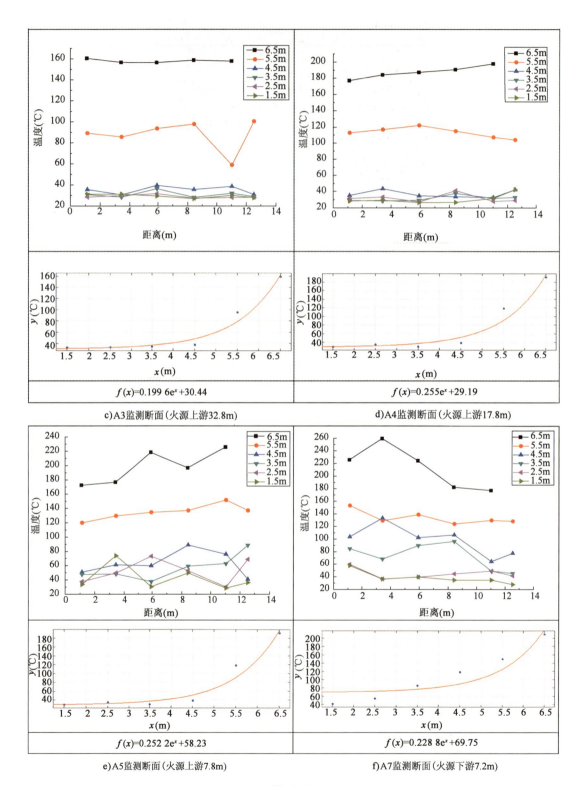

图 3-63

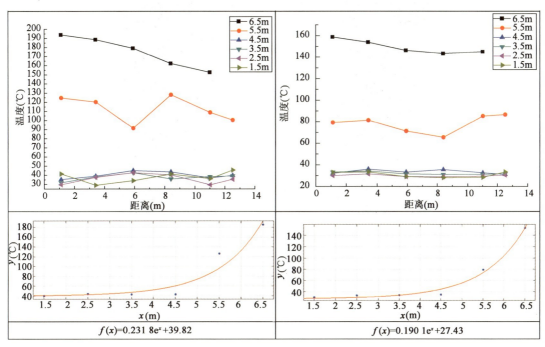

g) A8监测断面(火源下游17.2m)　　　　　　h) A9监测断面(火源下游35.7m)

图3-63　10MW汽油火 A1~A5、A7~A9 监测断面不同高度处测点温度分布及温度函数拟合曲线

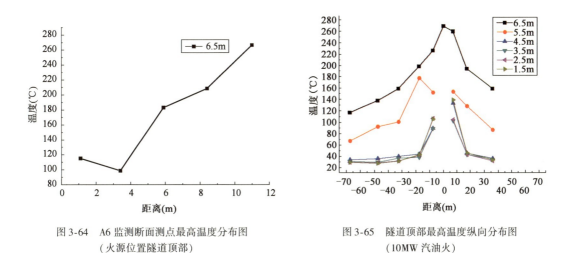

图3-64　A6监测断面测点最高温度分布图
（火源位置隧道顶部）

图3-65　隧道顶部最高温度纵向分布图
（10MW汽油火）

3）20MW汽油火

(1) 温度横向分布

试验火源采用4个1.5m×1.5m油盆,试验过程中纵向风速为0~0.5m/s,接近于零风速。试验现场照片如图3-66所示。

图 3-66 20MW 汽油火试验现场照片

试验过程中 20MW 汽油火 A1～A5、A7～A9 监测断面不同高度处测点温度分布及温度函数拟合曲线如图 3-67 所示。图中横坐标表示测点距离隧道边墙的距离(隧道净宽 14.55m)，纵坐标表示测点最高温度。函数图像中，横坐标为测点距地面距离，纵坐标为温度。

A6 监测断面测点最高温度分布如图 3-68 所示。

(2)温度纵向分布特征

20MW 汽油火温度沿隧道纵向分布如图 3-69 所示。

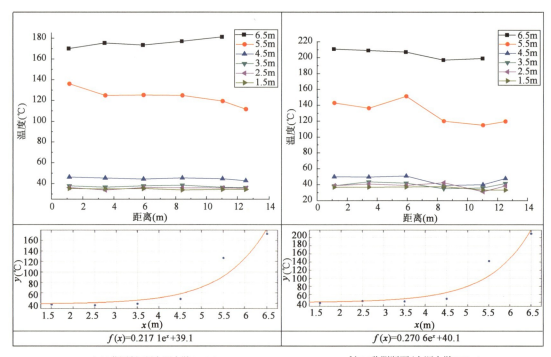

a) A1 监测断面(火源上游67.6m)　　　　b) A2 监测断面(火源上游47.8m)

图 3-67

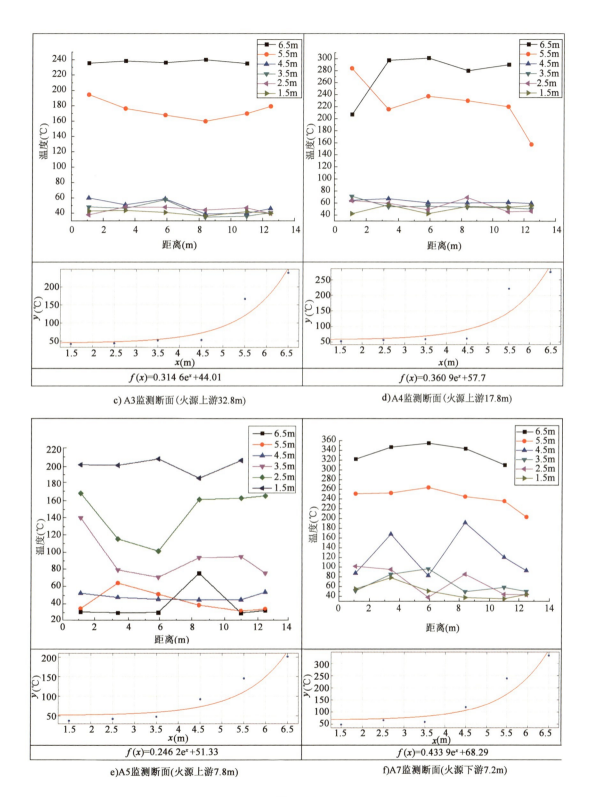

c) A3监测断面(火源上游32.8m)

d) A4监测断面(火源上游17.8m)

e) A5监测断面(火源上游7.8m)

f) A7监测断面(火源下游7.2m)

图 3-67

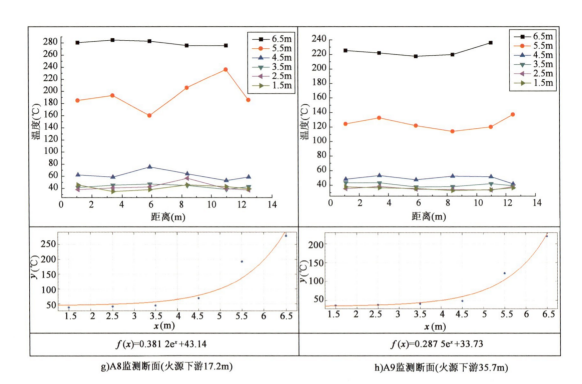

图 3-67　20MW 汽油火 A1～A5、A7～A9 监测断面不同高度处测点、温度分布及温度函数拟合曲线

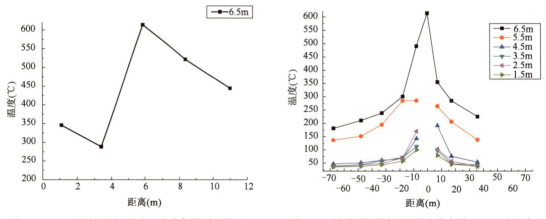

图 3-68　A6 监测断面测点最高温度分布图(火源位置)　　图 3-69　隧道顶部最高温度纵向分布图(20MW 汽油火)

试验过程中隧道内纵向风速为 0～0.5m/s，20MW 汽油火灾工况下，隧道顶部最高温度约 613.9℃，距离火源 67.6m 位置处隧道顶部最高温度已降为 181℃，温度沿隧道纵向以火源点为中心呈对称分布。

4) 50MW 汽油火

(1) 温度横向分布

试验火源采用 6 个 1.5m×1.5m 油盆，试验过程中纵向风速约为 1m/s。试验现场照片如图 3-70 所示。

试验过程中 50MW 汽油火 A1～A5、A7～A9 监测断面不同高度处测点温度分布及温度函数拟合曲线如图 3-71 所示。断面温度图中横坐标表示测点距离隧道边墙的距离（隧道净宽 14.55m），纵坐标表示测点温度。函数图像中，横坐标为测点距地面距离，纵坐标为温度。

图 3-70 50MW 汽油火试验现场照片

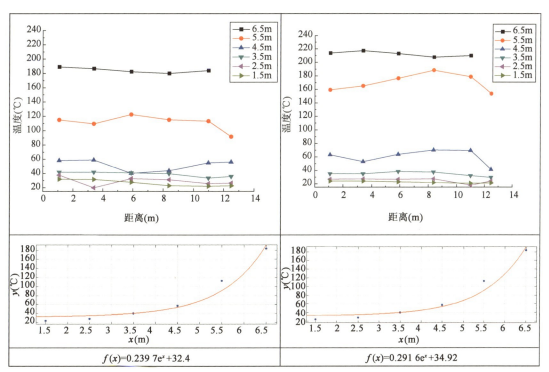

a) A1 监测断面（火源上游 67.6m）　　　　b) A2 监测断面（火源上游 47.8m）

图　3-71

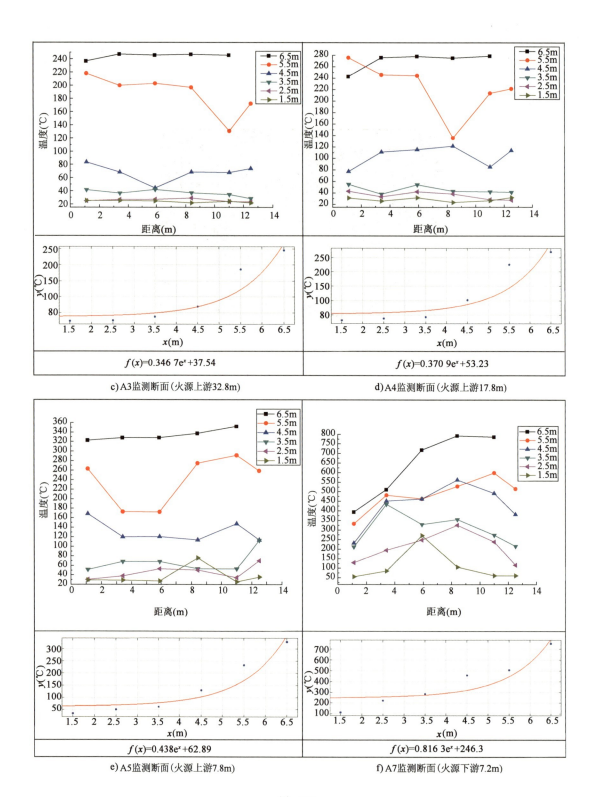

图 3-71

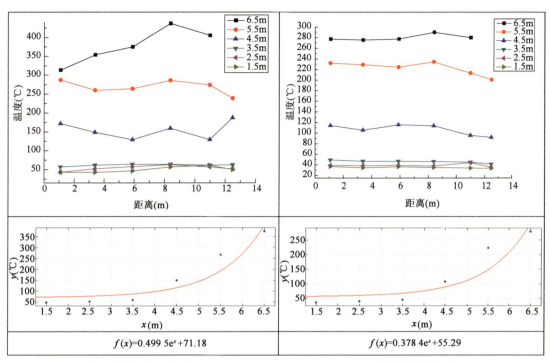

g) A8监测断面(火源下游17.2m)　　　　　　h) A9监测断面(火源下游35.7m)

图 3-71　50MW 汽油火 A1～A5、A7～A9 监测断面不同高度处测点温度分布及温度函数拟合曲线

A6 监测断面测点最高温度分布如图 3-72 所示。

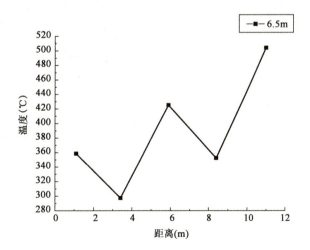

图 3-72　A6 监测断面测点最高温度分布图(火源位置)

(2) 温度纵向分布特征

50MW 汽油火温度沿隧道纵向分布如图 3-73 所示。

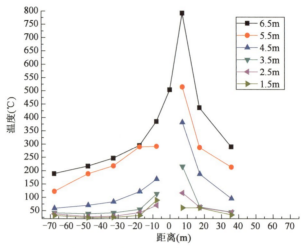

图 3-73 隧道顶部最高温度纵向分布图(50MW 汽油火)

试验过程中隧道内纵向风速约为 1.0m/s,50MW 汽油火灾工况下,所测得的隧道顶部最高温度达到 791.9℃,位于 A7 监测断面(火源下游 7.2m),最高温度向火源下游偏移了约 7m。距离火源 67.6m 位置处隧道顶部最高温度为 189℃。

3.3.3 车辆火灾试验温度分布特征

试验采用废弃小汽车和中巴车,燃烧前除去车辆内发动机及油箱,避免爆炸。点火前将少量汽油均匀喷洒在车内座椅上,主要是为燃烧均匀,并在车内放一小盆汽油作为引燃物。试验用的废弃小汽车和中巴车如图 3-74 所示。

a) 废弃小汽车

b) 废弃中巴车

图 3-74 废弃小汽车与中巴车

1) 小汽车火灾(5MW)

(1) 温度横向分布

小汽车火灾试验 A1～A5、A7～A9 监测断面不同高度处测点温度分布及温度函数拟合曲线如图 3-75 所示。断面温度图中横坐标表示测点距离隧道边墙的距离(隧道净宽 14.55m),

纵坐标表示测点最高温度。函数图像中,横坐标为测点距地面距离,纵坐标为温度。

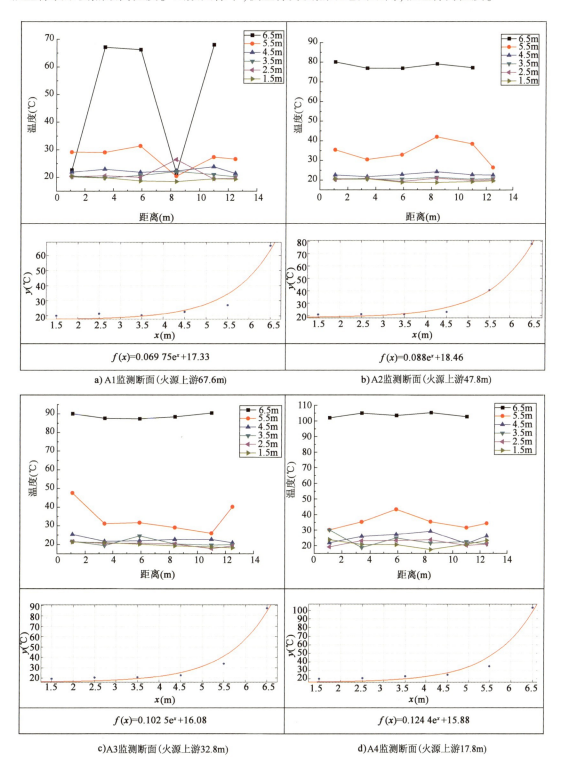

a) A1监测断面(火源上游67.6m)　　b) A2监测断面(火源上游47.8m)

c) A3监测断面(火源上游32.8m)　　d) A4监测断面(火源上游17.8m)

图 3-75

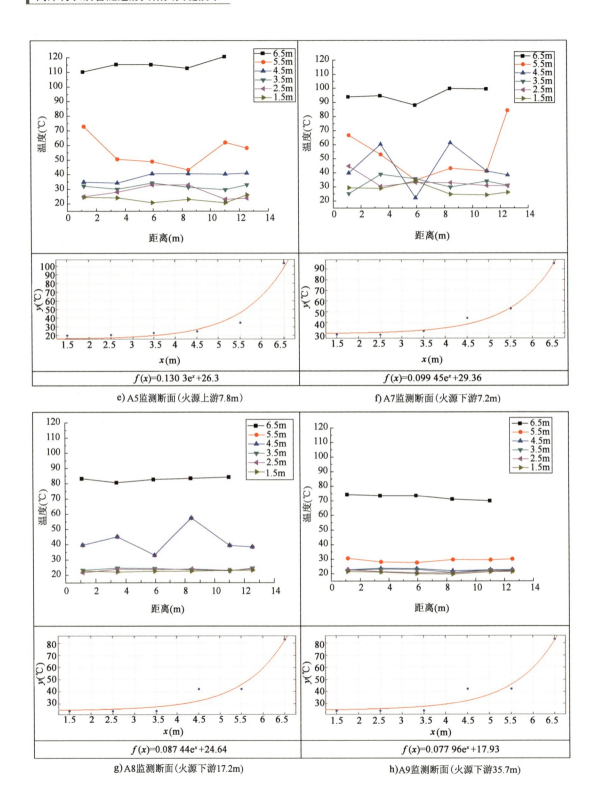

图 3-75　小汽车火灾试验 A1～A5、A7～A9 监测断面不同高度处测点温度分布及温度函数拟合曲线

A6 监测断面测点最高温度分布见图 3-76。

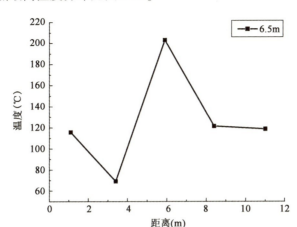

图 3-76　A6 监测断面测点最高温度分布图(火源位置隧道顶部)

试验过程中隧道内纵向风速为 0~0.5m/s,小汽车火灾工况下,隧道顶部最高温度约 203.2℃,距离火源 67.6m 位置处隧道顶部最高温度已降为 68℃,温度沿隧道纵向以火源点为中心呈对称分布。

(2) 温度随时间变化特征

小汽车火灾试验不同位置处隧道顶部测点温度随时间变化曲线如图 3-77 所示。

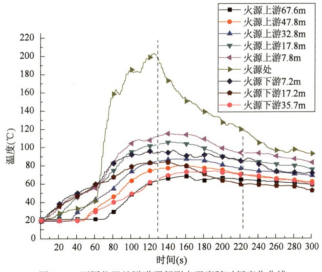

图 3-77　不同位置处隧道顶部测点温度随时间变化曲线

由图 3-77 可以看出,点火后约 130s 时火源断面温度已达到最大值,其他位置处在约 140s 时达到最大值。

2) 中巴车火灾(15MW)

(1) 横向温度分布

中巴车火灾试验 A1~A5、A7~A9 监测断面不同高度处测点温度分布及温度函数拟合曲线如图 3-78 所示。断面温度图中横坐标表示测点距离隧道边墙的距离（隧道净宽 14.55m），纵坐标表示测点最高温度。函数图像中，横坐标为测点距地面距离，纵坐标为温度。

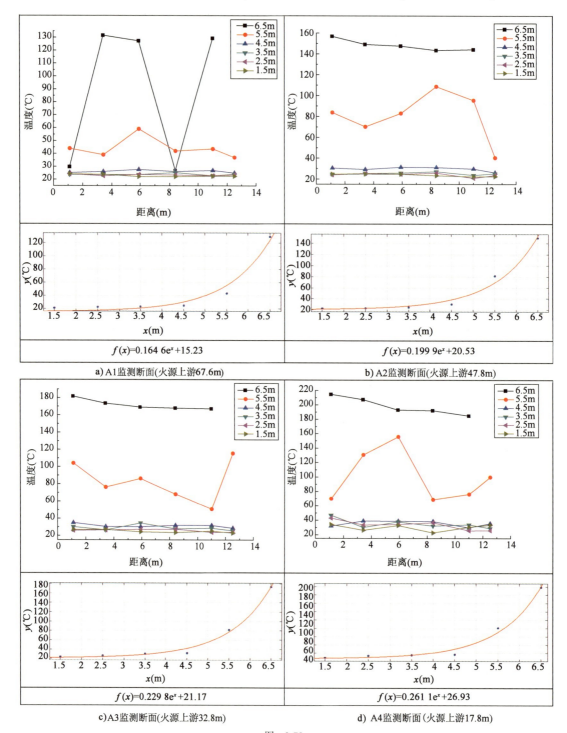

图 3-78

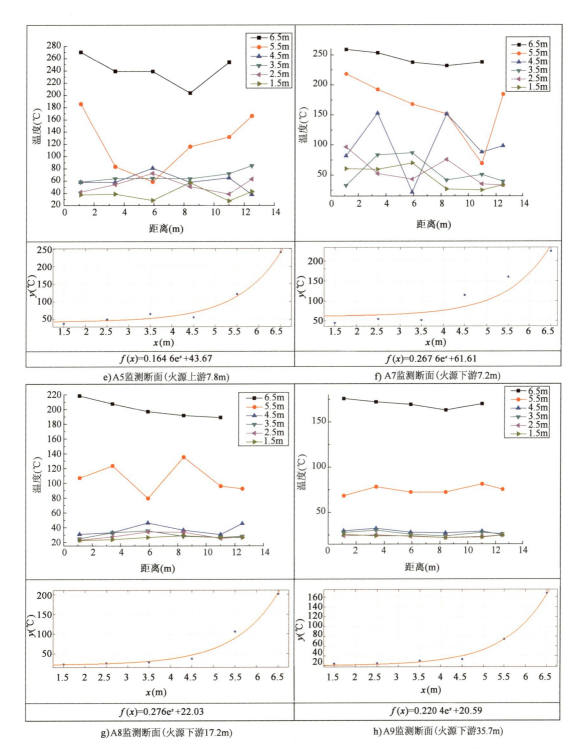

图 3-78 中巴车火灾试验 A1~A5、A7~A9 监测断面不同高度处测点温度分布及温度函数拟合曲线

试验过程中隧道内纵向风速为 0~0.5m/s，中巴车火灾工况下，所测得的隧道顶部最高温度达到 496℃，位于 A6 断面（火源断面），见图 3-79。距离火源 67.6m 位置处隧道顶部最高温

度为131.59℃,隧道纵向温度分布以火源为中心呈对称分布,见图3-80。

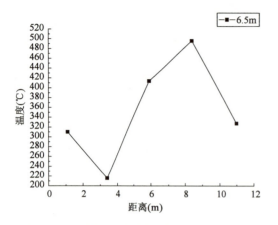

图3-79 A6监测断面测点最高温度分布图(火源位置)

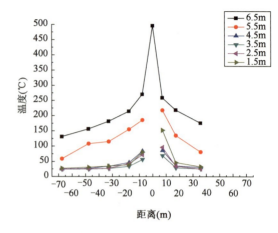

图3-80 不同高度处最高温度纵向分布图(中巴车火灾)

(2)温度随时间变化特征

中巴车火灾试验不同位置处隧道顶部测点温度随时间变化曲线如图3-81所示,可以看出点火后约120s时火源各断面温度达到最大值。

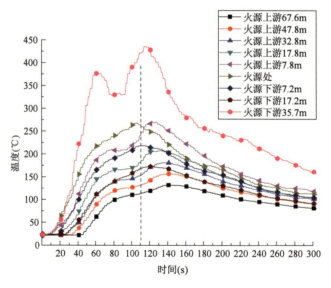

图3-81 不同位置处隧道顶部测点温度随时间变化曲线

3)模拟中巴车火灾(25MW)

模拟中巴车火灾试验共开展两次,第一次最高热释放速率约10MW,第二次最高热释放速率约25MW,本节选择25MW模拟中巴车火灾试验,分析其温度场的分布特征。

(1)横向温度分布

A1~A5、A7~A9监测断面不同高度处测点温度分布及温度函数拟合曲线如图3-82所示。图中横坐标表示测点距离隧道边墙的距离(隧道净宽14.55m),纵坐标表示测点最高温度。函数图像中,横坐标为测点距地面距离,纵坐标为温度。

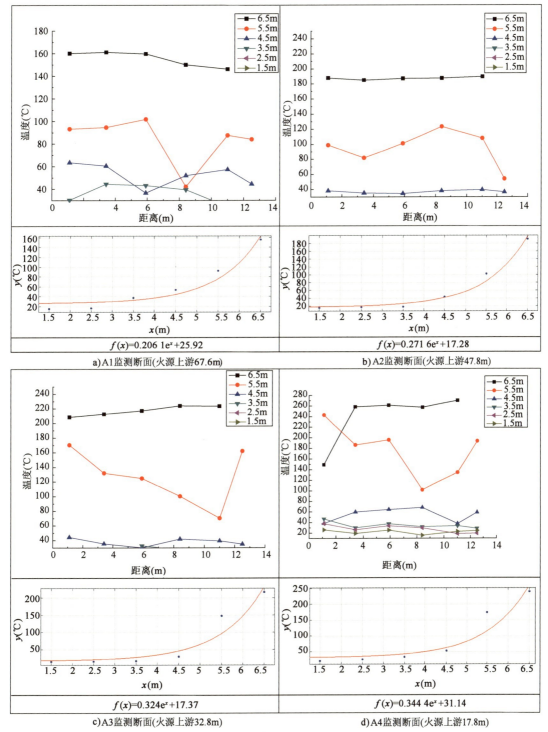

图 3-82

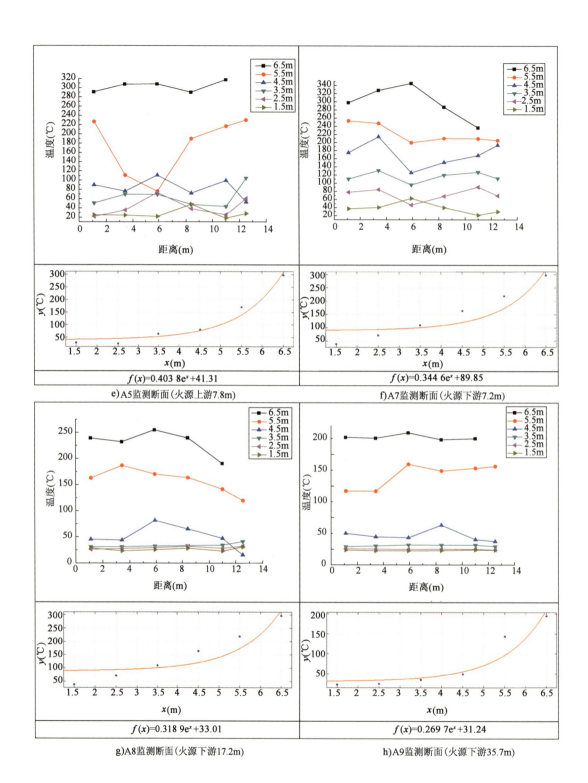

图 3-82 A1~A5、A7~A9 监测断面不同高度处测点温度分布及温度函数拟合曲线

(2) 温度纵向分布特征

模拟中巴车火灾(25MW)最高温度沿隧道纵向分布如图3-83所示。

试验过程中隧道内纵向风速为0~0.5m/s,模拟中巴车火灾工况下,所测得的隧道顶部最高温度达到561.8℃,位于A6断面(火源断面),如图3-84所示。距离火源67.6m位置处隧道顶部最高温度为161℃,隧道纵向温度分布以火源为中心呈对称分布。

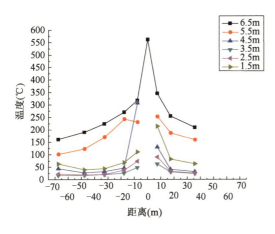 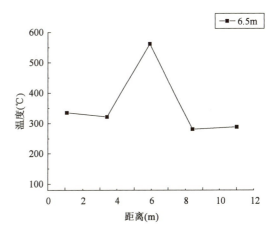

图3-83　隧道顶部最高温度纵向分布图(模拟中巴车火灾)　　图3-84　A6监测断面测点最高温度分布图(火源位置)

(3) 温度随时间变化特征

模拟中巴车火灾试验不同位置处隧道顶部测点温度随时间变化曲线如图3-85所示,可以看出,模拟中巴车火灾(25MW)点火后约210s时火源各断面温度达到最大值。

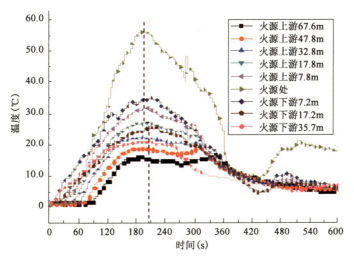

图3-85　不同位置处隧道顶部测点温度随时间变化曲线

3.3.4 温度分布影响因素分析

对火场温度时空分布造成影响的因素主要是纵向风速、火源规模、燃料类型等,本节从纵向风速、燃料类型、火源规模三个方面分析其对隧道温度分布的影响。

1）纵向风速对温度分布的影响

选取5MW和20MW汽油火试验,分析在0~1m/s和3~3.5m/s两种工况下的不同温度分布特征,研究纵向风速对温度分布的影响。5MW和20MW汽油火试验,火灾发展至稳定阶段时隧道拱顶温度沿纵向的分布曲线分别如图3-86和图3-87所示。

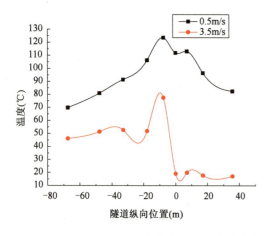

图3-86 不同风速条件下5MW汽油火拱顶温度沿隧道纵向分布曲线

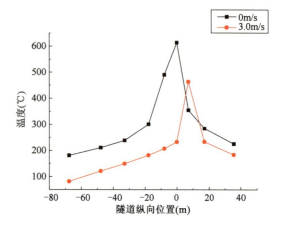

图3-87 不同风速条件下20MW汽油火拱顶温度沿隧道纵向分布曲线

在纵向风的情况下,火焰被吹向火源下游,距离火源最近的下游断面温度最高且上升速度最快,其余断面温度上升情况基本一致,上游各断面温度受影响程度与纵向风速大小有关。拱顶最高温度出现在火源下游第一个断面,最高温度偏移距离达到7m左右,下游其他断面温度下降趋于平缓,纵向风速越大,温度越低。主要是由于纵向风速使热烟气迅速扩散至下游各断面,导致温度趋于均匀。当纵向风速接近0时,火焰垂直向上,最高温度毫无疑问出现在火源所在断面,火源附近断面温度呈近似对称分布,各断面拱顶温度上升随距离火源位置的增大而出现"延迟上升"并伴有温度递减趋势,这是纵向风作用较小时,烟气自由蔓延至各断面的结果。

对于5MW汽油火,纵向风速使拱顶最高温度从127℃降至88.3℃,降幅30.5%;火源下风向各断面拱顶温度均已下降至50℃左右,降幅36%~54%。对于20MW汽油火,纵向风速使拱顶最高温度从613.9℃降至465℃,降幅24.3%;其他各断面隧道顶部最高温度均有不同程度的下降,降幅20%~50%。

工程实践中,应合理利用纵向风。一方面,保持隧道内烟雾分层不被破坏,以利于火灾初期的人员疏散;另一方面,纵向风可在一定程度上降低隧道拱顶最高温度,对隧道结构的防火保护有一定的积极作用。

2）不同燃料类型对温度分布的影响

分别选取5MW火灾和25MW火灾,研究不同类型火源对隧道温度分布的影响。对于

5MW火灾,分别选取5MW汽油火、5MW柴油火、5MW木垛火和小汽车火灾试验四种工况,对于25MW火灾,分别选取25MW汽油火和25MW木垛火(模拟中巴车火灾试验),分析不同燃料类型对温度分布的影响。5MW和25MW火灾不同火源类型工况下隧道内与火源不同距离处拱顶最高温度分布曲线分别如图3-88和图3-89所示。

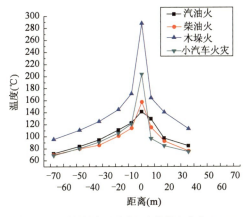
图3-88 不同燃料类型隧道温度沿纵向分布(5MW)

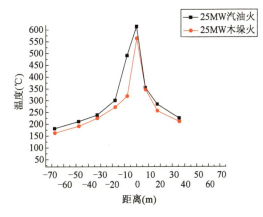
图3-89 不同燃料类型隧道温度沿纵向分布(25MW)

由图3-88可看出,相同热释放速率条件下,木垛火温度远高于其他燃料火灾,而汽油火、柴油火和小汽车火灾除火源断面外,其他位置处温度较为接近。由图3-89可看出,25MW汽油火温度略高于25MW木垛火。四种工况下隧道内火源断面拱顶温度随时间的变化曲线如图3-90所示。

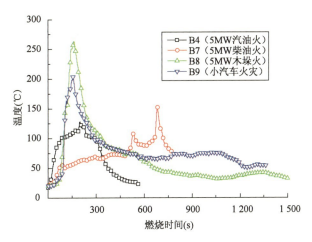
图3-90 火源断面拱顶温度随时间变化曲线

容易看出,各燃料燃烧经历增长、稳定及衰减三个阶段。燃料开始燃烧后,各点温度急剧上升,一两分钟便达到最高并进入稳定燃烧阶段,随后迅速衰减。然而燃烧介质不同,即使火源规模均近似5MW,燃烧过程亦有较大差异,汽油燃烧经历典型的增长、稳定和衰减三个阶段,且稳定阶段温度基本不变;柴油燃烧稳定阶段温度依然不断升高,且燃烧即将结束时突然升高,产生扬沸现象,随后急剧降低;木垛燃烧时温度很快达到最高,且维持较短时间后迅速降低;小汽车燃烧过程与木垛近似,只是最高温度低于木垛。综上所述,木垛和车辆火灾燃烧温度较高,但高温持续时间较短,而汽油和柴油虽然温度较低,但持续时间长。

3) 不同火灾规模对温度分布的影响

选取5MW汽油火、10MW汽油火、25MW汽油火、50MW汽油火、小汽车火灾和中巴车火灾六种工况,对比分析不同火灾规模下的温度分布特征,研究不同火灾规模对温度分布的影响。几种工况下,火灾发展至稳定阶段时隧道拱顶温度沿纵向的分布曲线如图3-91所示。

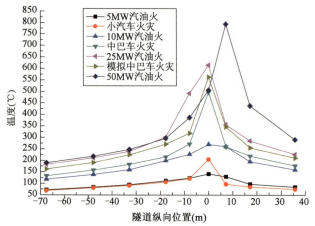

图3-91 不同火灾规模工况下温度沿隧道纵向分布图(0点为火源点)

不同火灾工况下所测得隧道顶部最高温度如图3-92所示。

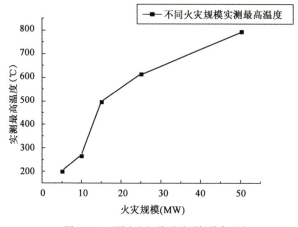

图3-92 不同火灾规模隧道顶部最高温度

随着火灾规模的增大,隧道内各点温度均升高,由5MW火灾的最高温度120℃增大到50MW火灾的800℃,温度扩散范围增大,各断面温度梯度变化增大;50MW火灾,火源附近20m范围内,温度变化幅度较大,最低温度均在250℃以上,距离火源20~60m范围内温度变化幅度较小,在200~250℃之间;10MW火灾,火源60m范围内,拱顶最高温度约200℃,60m

范围内隧道拱顶温度均在100℃以上;5MW火灾,距离火源60m范围内隧道拱顶温度分布在60~100℃之间。

4)温度测量的误差分析

隧道火灾试验中,温度是极其重要的参数之一,精确测量该参数能够有效地获得温度在隧道空间内的分布情况,为火灾防范提供依据。然而,本试验测温系统在隧道空间内布设,较为庞大且复杂,容易导致测量温度产生误差的因素也相应增多,不可避免地会出现测量误差。通常,试验误差主要来源于:热电偶本身的误差、测量系统的误差、信号传输过程引入的误差和计算机软件数据转换带来的误差等。为了保证测量数据的有效性,需对这些误差进行合理的控制,以获得更准确、更真实的试验数据。

全尺寸火灾试验中火源功率较大,辐射较强,且试验用热电偶冷端置于烟气中,因此导致误差的因素主要来源于火源的辐射、热电偶冷端保护不良所导致的冷端升温误差。较强的辐射强度对热电偶会造成净辐射,因此,热电偶测量值较真实值略低。减小热电偶的发射率可以减少辐射引入的误差,即采用辐射率低的材料做热电偶套管可减少辐射误差。Pitts通过定量分析提出,当周围温度低于500K时,热电偶测量误差不超过7%。

另一方面,全尺寸试验中使用热电偶时必须考虑热电偶的冷端补偿问题。由于热电偶的工作原理是基于工作端和冷端的温差形成的热电势来测量温度,而试验中若冷端保护不好,则无法保证冷端温度保持恒定,将会带来误差。故而试验中将热电偶冷端集中在地面并采用绝热盒进行统一保护,这样就可认为由冷端引入的误差在可承受的范围内。

3.3.5 温度场应用

1)温度对隧道结构影响分析

《建筑设计防火规范》(GB 50016)规定城市交通隧道承重构件耐火极限为:衬砌表面温度不超过380℃,距离底部2.5cm处温度不超过300℃(RABT曲线)。为了研究不同火灾规模对隧道结构的影响,以380℃为界对不同火灾规模隧道顶部最高温度分布范围进行划分,见表3-8。

不同火灾规模对隧道结构影响范围　　　　表3-8

火灾规模(MW)	事故场景	最高温度(℃)	>380℃范围
5	1辆小汽车火灾	203.2	0m
10	2~3辆小汽车火灾	269	0m
15	1辆中巴车火灾	496	火源附近5m
25	1辆小客车与1辆中巴车火灾 1辆大型客车火灾 1辆载重货车火灾	613	火源附近10m
50	2辆载重货车火灾	792	火源附近15m

表3-8表明，火灾规模分别为5MW和10MW时，实测隧道顶部最高温度均未超过380℃；火灾规模分别为15MW、25MW、50MW时，实测隧道顶部最高温度分别为496℃、613℃和792℃，而隧道顶部温度超过380℃的区域分别为5m、10m和15m。

2) 火灾温度对人员疏散的影响

研究表明，人在温度50℃以上的环境中会有嘴、鼻及食道的严重不适之感；在95℃的环境中，会出现头晕，但可耐受1min以上，此后就会出现虚脱；在120℃的环境中的暴露时间超过1min就会烧伤；当在呼吸水平高度时，生存极限的呼吸温度约为131℃；一旦室内气温高达140℃时，生理机能逐渐丧失，在超过180℃时则呈现失能状态。然而对于呼吸而言，超过66℃的温度时一般人便难以忍受，而该温度范围将使消防人员救援及室内人员逃生迟缓。在此以60℃为界，对隧道内1.5m高度处温度超过60℃的区域范围进行划分，见表3-9。

不同火灾规模对人员疏散影响范围 表3-9

火灾规模(MW)	事故场景	>60℃范围
5	1辆小汽车火灾	火源附近5m
10	2~3辆小汽车火灾	火源附近10m
15	1辆中巴车火灾	火源附近15m
25	1辆小客车与1辆中巴车火灾	火源附近20m
25	1辆大型客车火灾	火源附近20m
25	1辆载重货车火灾	火源附近20m
50	2辆载重货车火灾	火源附近25m

3) 温度对隧道机电设备影响范围分析

隧道内机电设备大多在80℃均不能正常工作。在此以80℃为界，对隧道内不同火灾规模不同高度处温度超过80℃分布范围进行划分，如表3-10所示。

温度对隧道机电设备影响范围 表3-10

火灾规模（MW）	事故场景	距离地面不同高度处温度超过80℃的区域范围				
		2.5m	3.5m	4.5m	5.5m	6.5m
5	1辆小汽车火灾	火源附近5m	火源附近5m	火源附近5m	火源附近5m	火源附近55m
10	2~3辆小汽车火灾	火源附近5m	火源附近5m	火源附近10m	火源附近50m	火源附近75m
15	1辆中巴车火灾	火源附近7m	火源附近10m	火源附近10m	火源附近55m	火源附近100m
25	1辆小客车与1辆中巴车火灾	火源附近10m	火源附近10m	火源附近15m	火源附近120m	火源附近120m
25	1辆大型客车火灾	火源附近10m	火源附近10m	火源附近15m	火源附近120m	火源附近120m
25	1辆载重货车火灾	火源附近10m	火源附近10m	火源附近15m	火源附近120m	火源附近120m
50	2辆载重货车火灾	火源附近15m	火源附近15m	火源附近50m	火源附近150m	火源附近200m

3.3.6 本节小结

隧道火灾产生的高温对隧道结构及其内部滞留的车辆和人员均产生较大的威胁。本节采用全尺寸试验和 FDS 数值仿真软件相结合的方法对港珠澳沉管隧道火灾温度场进行了系统分析,三维数值模拟能够全面地展现火灾流动现象,对试验数据进行了很好的补充与完善。本节形成的主要结论如下:

(1)隧道火灾温度场分布的影响因素主要包括纵向风速、火灾规模、燃烧物质以及火源位置。

①纵向风速对温度分布的影响。

5MW 火灾,3.5m/s 纵向风速使拱顶最高温度从 127℃ 降至 88.3℃,降低 30.5%;火源下游断面拱顶温度均已下降至 50℃ 左右,降幅为 36%~54%;50MW 火灾,0 风速时,隧道拱顶最高温度达到 950℃,而在 1.5m/s、3m/s 和 5m/s 纵向风作用下,隧道拱顶最高温度则分别为 700℃、600℃ 和 500℃,降幅分别为 26%、37% 和 47%。结果表明,隧道发生火灾时,一定的纵向通风可有效降低隧道拱顶最高温度,对隧道结构防火有着积极的作用。

工程实践中,应合理利用纵向风。一方面,保持隧道内烟雾分层不被破坏,以利于火灾初期的人员疏散;另一方面,纵向风可在一定程度上降低隧道拱顶最高温度,对隧道结构的防火保护有一定的积极作用。

②火灾热释放速率对温度分布的影响。

随着火灾规模的增大,隧道内各点温度均升高,由 5MW 火灾的最高温度 120℃ 增大到 40MW 火灾的 800℃,温度扩散范围增大,各断面温度梯度变化增大。50MW 火灾,火源附近 20m 范围内,温度变化幅度较大,最低温度均在 250℃ 以上,距离火源 20~60m 范围内温度变化幅度较小,在 200~250℃;10MW 火灾,火源 60m 范围内,拱顶最高温度约 200℃,60m 范围内隧道拱顶温度均在 100℃ 以上;5MW 火灾,距离火源 60m 范围内隧道拱顶温度分布在的 60~100℃。

当火灾规模相同时,风速越小,温度场蔓延范围越小,变化梯度越大;反之亦然。当通风速度相同时,火灾规模越大,温度场蔓延范围越大。

③燃料类型对温度分布的影响。

汽油燃烧经历典型的增长、稳定及衰减三个阶段,且稳定阶段温度基本不变,5MW 汽油火隧道拱顶最高温度约 130℃;柴油燃烧稳定阶段温度依然不断升高,且燃烧即将结束时突然升高,随后急剧降低,5MW 柴油火隧道拱顶最高温度约 150℃;木垛燃烧时温度很快达到最高,且维持较短时间后迅速降低,5MW 木垛火隧道拱顶最高温度约 260℃;小汽车燃烧过程与木垛近似,只是最高温度低于木垛,隧道拱顶最高温度约 200℃。

(2)通过对沉管隧道火灾温度场空间分布的分析,各断面横向温度分布,拱顶最高,拱腰、边墙较低;纵向温度分布,火源处最高,随着距离火源越远温度随之降低。同时,获得火灾边墙的高温对设备的影响及不同火灾工况下拱顶的最高温度。

①随着火源规模的增大,边墙温度有所升高;纵向风速使高温范围扩大;边墙 2 的高温范围小于边墙 1,边墙 2 更为安全。作为实际隧道火灾的较不利工况(50MW,3.5m/s),边墙高

度 3.5m 以下,温度不超过 100℃,因此被认为是安全区域。照明灯具、电缆和通信线等应尽量避免布置在高温区,建议最好在 3.5m 以下。

②火源规模越大,隧道拱顶的高温范围越大;在纵向风的作用下,拱顶的最高温度急剧降低,范围急剧缩小,且抑制了高温向火源上游的传播。以 50MW 火灾为例,当纵向风速为 0 时,拱顶处超过 300℃ 的范围为 -50~50m,而当纵向风速为 3.5m/s 时,拱顶超过 300℃ 的范围只有 +10~20m,高温区范围缩小且高温中心发生偏移。由此,火源规模相同的情况下,最高温度随纵向风速的增加而降低;而纵向风速相同时,火源规模越大,最高温度值越高。

本节对温度场的分析对现实工程有较大的指导意义和参考价值。

3.4 沉管隧道烟雾场与温度场数值仿真

3.4.1 概述

1) 研究目的

全尺寸火灾试验和数值模拟分析是研究隧道火灾发展规律最为有效的手段,能够反映真实火灾场景及火灾发展过程。然而,受到试验条件和经费等各方面的限制,全尺寸试验不能大规模地开展;同时,由于试验测点数目有限,不能给出隧道空间内完整的参数信息,且肉眼也很难观察详细的流动现象。因此,全尺寸火灾试验次数有限,很难获得规律性结论,不能充分验证前文理论分析的准确性,也不能深入、全面地揭示火灾时实际隧道内的烟气分布规律。基于此,作为试验的补充与完善,采用数值模拟软件 FDS 对港珠澳大桥沉管隧道进行三维建模,获得实际隧道发生火灾时更为全面的温度与烟气蔓延数据,不但可以减少试验成本,还能够得到许多在试验中难以测量的数据。

2) 工况设计

数值仿真工况设计如表 3-11 所示。

数值仿真工况设计　　　　　表 3-11

试验编号	火源规模(MW)	纵向风速(m/s)	试验编号	火源规模(MW)	纵向风速(m/s)
b-1	5	0	b-9	40	0
b-2	5	2.0	b-10	40	1.5
b-3	10	0	b-11	40	3.5
b-4	10	1.5	b-12	50	0
b-5	10	2.5	b-13	50	1.5
b-6	20	0	b-14	50	3.0
b-7	20	1.5	b-15	50	5.0
b-8	20	3.0			

仿真模型参照港珠澳沉管隧道1:1等比例构建,隧道净宽14.5m,净高7.1m。为在长度上能够更加真实地模拟实际隧道火灾场景,该数值模型的相关参数已通过足尺试验结果进行了修正,其准确性在试验报告中进行了验证,此处不再赘述。

3.4.2 烟气运动模型的验证与应用

本书第3.1节,在对沉管隧道火灾烟气流动现象进行分析的基础上,建立了描述烟气运动规律的理论模型,推导得出了其特征参数——温度及流速的蔓延规律;另一方面,为了更加真实地再现火灾场景,以对理论模型进行试验验证,建立了足尺沉管隧道综合试验平台,开展了近50组火灾试验,对各工况下的火灾场景进行了全面的测量与分析;同时,利用FDS数值仿真软件对港珠澳沉管隧道火灾进行模拟,更加全面地掌握了火灾发生时隧道内的各参数信息。

那么,无论是理论模型还是数值模型,在实际工程应用前,都需要进行必要的试验验证,而对于火灾这种复杂的综合性问题而言,全尺寸试验验证无疑是最为有效的方法,尤其是对于沉管隧道这种大型的特殊建筑结构。本节将从理论模型出发,通过对足尺火灾试验关键参数的测量,预测沉管隧道火灾烟气温度与流速的纵向分布规律,并与实测数据进行对比,从而验证理论模型的有效性;另一方面,为补充试验数据的不足,采用FDS数值仿真计算结果进一步完善对理论模型的验证。总之,在理论模型、数值模拟及现场实测结果的综合分析下,获得烟气运动规律。在此基础上,将研究成果应用于港珠澳沉管隧道中,为沉管隧道火灾预防及危险性评估提供参考依据。

1) 理论模型的试验验证

从前述理论模型的推导过程中发现,该模型的计算结果与火灾烟气层的平均温度、烟气蔓延速度、烟气层厚度和换热系数等特征参数有关。本节首先对以上与烟气运动有关参数测量数据的分析进行讨论,为理论计算的准确性奠定基础;随后,将理论值与实测值进行对比,验证理论模型的有效性。

(1) 模型关键参数的讨论

理论模型的建立过程中曾假设,将横截面的烟流视为整体,烟气流速及温度分布在隧道断面上是均匀一致的,即认为沿隧道纵向某一 x 位置处,存在一个温度值与速度值,能够代表该断面的平均值,分别称之为断面平均温度与断面平均流速。

① 烟流的平均速度。

由于壁面黏性的影响,贴近隧道拱顶处,烟气流速较低;而烟气层下端贴近冷空气,该位置由于受到掺混作用,烟气流速也会降低。烟气流速沿烟气层竖向(z方向)是先增大后减小,近似呈抛物线分布的。在足尺隧道火灾试验中,取烟气层竖向各测点流速的平均值作为该断面的平均流速较为合理。

②烟气层的平均厚度。

燃料点燃后,烟气受浮力作用向拱顶运动形成烟羽流。烟气由火源处向上运动时,近似呈轴对称分布,直径由于卷吸作用逐渐加粗,直至撞击拱顶。而后向四周扩展成顶棚射流并伴有局部旋涡,厚度逐渐增加。顶棚射流遇到横向壁面阻挡后向纵向流动,先下降一段距离,随后又上升,形成反浮力壁面射流。随后,烟气浓度加大,高度趋于均匀,烟气前沿由半圆弧形成平直线,最终形成清晰界面,如图3-93所示。通过试验可以看出,随着烟气向远离火源处不断蔓延,烟气层出现振荡现象,总体而言厚度不断增加。然而,为使模型简化,认为烟气层厚度沿隧道纵向不变。

图3-93 烟气层厚度观察

③烟气层的平均温度。

在足尺试验中,测量烟气层中不同竖向高度处的温度值发现,随着离顶棚距离的不断增加,烟气温度逐渐降低。取其测点的平均值作为该断面位置烟气层的平均温度用来对理论模型进行验证。

④换热系数。

根据第2章对换热系数的讨论,结合对流换热系数与辐射换热系数,隧道火灾烟气的总换热系数有:

$$\alpha = \begin{cases} h_c + h_r & (烟气降至地面) \\ h_c + h_r \dfrac{B+2h+B}{B+2h} & (烟气未降至地面) \end{cases} \quad (3\text{-}73)$$

式中,$h_c = 2K'\sqrt{u}$;辐射换热系数的变化较对流换热系数基本可以忽略,因此,可视 h_r 近似为常数。

综合分析理论模型中的关键参数发现,影响模型结果的参数主要是烟气层平均温度、流速、厚度和换热系数,而以上参数取决于隧道断面的结构尺寸、火灾规模和纵向风速等因素。

本书以港珠澳大桥海底沉管隧道为研究对象,对不同火灾工况下的理论值与试验值进行对比验证。

(2)足尺试验验证

由理论模型:

$$T = T_a + (T_0 - T_a) \cdot \exp[-K(x - x_0)] \tag{3-74}$$

$$K = \frac{\alpha}{c_p \rho_0 h u_0} \tag{3-75}$$

假设隧道内的环境温度为20℃,试验测量不同工况参考位置的温度、密度、流速及烟气层平均厚度(试验结果已详细讨论),如表3-12所示。参考断面的位置应选择位于隧道火灾烟气的一维蔓延阶段。

参考位置参数的实测值(0风速) 表3-12

试验规模 Q(MW)	烟气层平均厚度 h(m)	换热系数 α [W/(m²·K)]	参考位置 x_0(m)	参考位置流速 u_0(m/s)	参考位置温度 T_0(℃)	参考位置密度 ρ_0(kg/m³)	K
5	2.0	30.02	28	2.0	54.0	1.10	0.0062
10	2.5	32.82	32.8	2.5	69.04	1.08	0.0044
20	3.5	37.66	32.8	3.5	102.74	1.00	0.0028
40	4.0	39.83	32.8	4.0	185.0	0.79	0.0028

根据上述实测值,计算火源下游任意位置(参考点后)的烟气层平均温度及该位置的烟气平均流速,如表3-13所示,并给出理论计算值与测量值间的误差。

预测位置的理论值与实测值(0风速) 表3-13

试验规模 Q(MW)	预测位置 x(m)	环境温度 T_a(℃)	温度理论值 (℃)	温度实测值 (℃)	误差 (%)	速度理论值 (m/s)	速度实测值 (m/s)	误差 (%)
5	73	20	45.72	45.81	0.20	1.69	1.69	-0.19
10	67.5	20	62.07	60.89	-1.93	2.24	2.12	6.02
20	67.5	20	95.09	97.05	2.02	3.24	3.15	-2.84
40	67.5	20	169.39	172.90	2.03	3.66	3.89	5.85

同理,纵向风速为1.5m/s时,计算结果如表3-14和表3-15所示。

参考位置参数的实测值(1.5m/s风速) 表3-14

试验规模 Q(MW)	烟气层平均厚度 h(m)	换热系数 α [W/(m²·K)]	参考位置 x_0(m)	参考位置流速 u_0(m/s)	参考位置温度 T_0(℃)	参考位置密度 ρ_0(kg/m³)	K
10	3.8	32.82	32.8	2.8	45.78	1.08	0.0027
20	3.5	37.66	32.8	3.8	125.74	0.9	0.0030
40	4.3	39.83	32.8	4.5	180.36	0.8	0.0025

预测位置的理论值与实测值(1.5m/s 风速) 表 3-15

试验规模 Q(MW)	预测位置 x(m)	环境温度 T_a(℃)	温度理论值 (℃)	温度实测值 (℃)	误差 (%)	速度理论值 (m/s)	速度实测值 (m/s)	误差 (%)
10	67.5	20	43.47	40.25	-8.01	2.66	2.89	8.00
20	67.5	20	115.37	110.56	-4.35	3.49	3.42	-1.98
40	67.5	20	167.24	161.89	-3.30	4.17	4.08	-2.27

如表 3-14、表 3-15 所示,当已知参考点处烟气流速与温度,便可确定参考断面下游 x 位置处的烟气特征参数。理论值与实测值的误差大部分能够控制在 ±5% 以内,说明了理论模型的有效性。

2)理论模型的数值验证

受到足尺试验条件的限制,导致实测试验工况与数据量有限,无法对理论模型进行各工况多点数据信息的全面验证,于是,利用数值仿真结果完善对理论模型的验证。关于数值仿真结果的可靠性在前面章节中已进行过详细讨论,此处不再赘述。

无纵向风时,以火源规模为 10MW、20MW 和 40MW 的火灾为例,设火源下游 30m 处为参考断面,则港珠澳大桥沉管隧道火灾烟气层平均温度与平均流速沿隧道纵向分布的仿真值与理论值的对比及误差如表 3-16 ~ 表 3-21 所示。可以看出,误差控制在 ±10% 左右,结果较为可信。

烟气层平均温度的理论值和模拟值(10MW) 表 3-16

火源下游位置(m)	理论值(℃)	模拟值(℃)	相对误差(%)
40	91.27	95.64	4.57
50	83.23	87.11	4.45
80	64.14	71.01	9.66
120	47.34	52.92	10.53
140	41.52	46.19	10.10
160	36.94	40.36	8.47
200	30.49	32.78	6.98
240	26.50	25.78	-2.79
280	24.03	21.00	-14.4

烟气层平均温度的理论值和模拟值(20MW) 表 3-17

火源下游位置(m)	理论值(℃)	模拟值(℃)	相对误差(%)
40	144.66	151.3	4.39
50	130.90	140.72	6.98

续上表

火源下游位置(m)	理论值(℃)	模拟值(℃)	相对误差(%)
80	98.09	104.05	5.73
120	68.91	70.04	1.61
140	58.71	60.29	2.61
160	50.64	49.53	-2.24
200	39.19	35.12	-11.6
240	32.02	29.12	-9.97
280	27.53	25.51	-7.93

烟气层平均温度的理论值和模拟值(40MW) 表3-18

火源下游位置(m)	理论值(℃)	模拟值(℃)	相对误差(%)
40	178.3246	181.52	1.76
50	164.0862	167.7	2.15
80	128.6036	130.42	1.39
120	94.49723	92.94	-1.68
140	81.70042	82.16	0.56
160	71.10178	71.65	0.77
200	55.05354	54.69	-0.66
240	44.04517	46.69	5.66
280	36.49391	39.25	7.02

烟气层平均流速的理论值和模拟值(10MW) 表3-19

火源下游位置(m)	理论值(m/s)	模拟值(m/s)	相对误差(%)
40	1.54	1.60	3.90
50	1.40	1.45	3.57
80	1.08	1.06	-1.85
120	0.80	0.75	-6.25
140	0.70	0.65	-7.14
160	0.62	0.56	-9.68
200	0.51	0.45	-11.76
240	0.45	0.39	-13.33
280	0.40	0.35	-12.50

烟气层平均流速的理论值和模拟值（20MW）　　　　　　　　　　表3-20

火源下游位置(m)	理论值(m/s)	模拟值(m/s)	相对误差(%)
40	1.69	1.80	6.51
50	1.53	1.56	1.96
80	1.15	1.16	0.87
120	0.80	0.75	-6.25
140	0.69	0.63	-8.70
160	0.59	0.53	-10.17
200	0.46	0.39	-15.22
240	0.37	0.32	-13.51
280	0.32	0.27	-15.63

烟气层平均流速的理论值和模拟值（40MW）　　　　　　　　　　表3-21

火源下游位置(m)	理论值(m/s)	模拟值(m/s)	相对误差(%)
40	2.29	2.40	4.80
50	2.11	2.04	-3.32
80	1.65	1.60	-3.03
120	1.21	1.11	-8.26
140	1.05	0.93	-11.43
160	0.91	0.80	-12.09
200	0.71	0.61	-14.08
240	0.57	0.50	-12.28
280	0.47	0.41	-12.77

由上表可以看出，理论值与模拟值整体上吻合程度较好，然而随着离参考断面位置距离的增大，相对误差略有增大的趋势。这主要是由于在理论推导过程中忽略了烟气层对下层冷空气的卷吸作用，而数值仿真时考虑了该因素的影响，于是，理论模型计算的烟气层温度衰减程度小于数值模型，即导致了温度分布误差的产生，进一步影响了烟气流速值。为了解决该问题，使理论计算值更为精确，在条件允许的情况下，可以递进参考断面的位置：如首先设参考断面的位置在火源下游30m处，根据该断面数据计算下游1km前任意位置的烟气层参数；再将1km位置作为参考断面，以该位置处的模拟值作为参考断面的参数，计算1km以前任意位置的参数值……以此类推，能够获得整个隧道任意位置的烟气参数。分段越细致，则误差越小，理论值越精确。然而，若对精度无过多要求，只需了解温度的近似分布，不分段也可满足。此含义用图3-94表示。

如图 3-94 所示,该分段计算方法是指当误差较大时,可重新选择参考断面对误差进行修正,分段越多,理论值便越逼近实际值。然而,分段过多也不现实,当误差超过要求的范围时再分段即可。因此,分段数取决于隧道的长度和烟气蔓延的范围。通常情况,烟气在几百米范围外已无任何威胁,不作为研究重点,因此,不分段依然能够满足了解火区温度分布的需求。

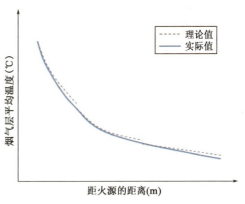

图 3-94 理论值的分段计算误差示意图

为了更好地观察模拟值与理论值的近似程度,将各工况的数值进行对比,如图 3-95 和图 3-96 所示。从图中能够清晰地看出,两种计算方法的结果非常接近,理论模型的预测结果较为真实。

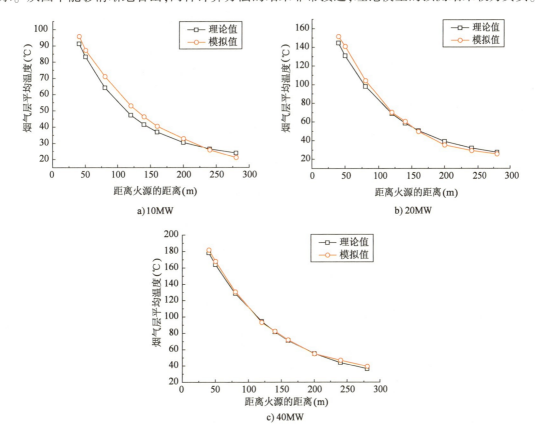

图 3-95 不同规模火灾烟气温度纵向分布的理论值与模拟值的对比

驱动烟气流动的主要因素是烟气与周围冷空气的温差导致的密度差,在烟气沿隧道纵向蔓延的过程中,其温度与周围空气的温差逐渐减小,致使烟气蔓延速度不断降低,如图 3-96 所示。

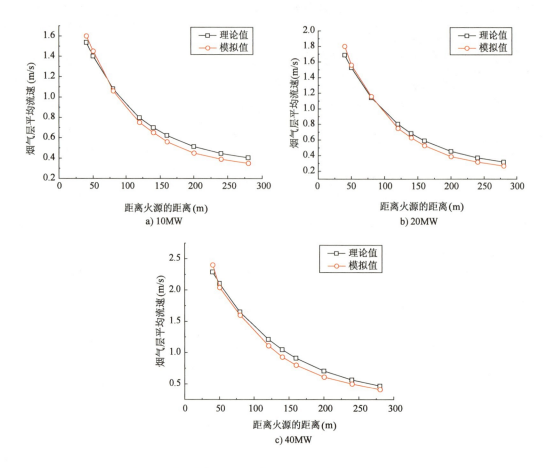

图 3-96　不同规模火灾烟气流速纵向分布的理论值与模拟值的对比

综上所述,理论值与模拟值尽管在个别点处存在差异,但整体趋势一致,吻合程度良好,表明烟气温度和流速沿隧道纵向均是呈指数分布的。

实际隧道发生火灾时,往往受到纵向风的影响,环境条件相对复杂。以 50MW 火灾为例,在纵向风影响下,烟气蔓延参数的模拟值及其对应的拟合曲线如图 3-97 所示。

如图 3-97 所示,纵向风影响下的烟气沿隧道纵向分布依然能够较好地遵循理论模型。当纵向风较小时,吻合度极高,然而,当纵向风速达到 5.0m/s 时,模拟值的波动较大,这主要是由于受到纵向风的影响,烟气层极度紊乱,但是温度的变化趋势依然近似于指数分布。

综上所述,足尺试验和数值试验的验证表明,第 2 章所建立的理论模型能够较好地预测港珠澳沉管隧道火灾烟气的运动参数,为火灾的防治与救援提供了良好的理论基础。

3) 港珠澳沉管隧道火灾烟气运动的预测

为方便计算,将各工况下的港珠澳大桥沉管隧道火灾烟气温度的预测模型列于表 3-22。

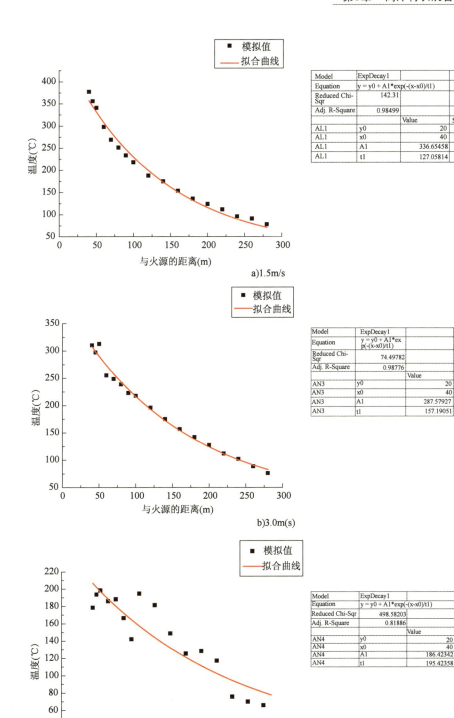

图 3-97 烟气层温度纵向分布的拟合曲线（50MW）

烟气温度衰减模型 表3-22

火源规模(MW)	纵向风速(m/s)	温度模型
5	0	$T = 20 + 34\exp[-0.0062(x-30)]$
10	0	$T = 20 + 49\exp[-0.0044(x-30)]$
20	0	$T = 20 + 83\exp[-0.0028(x-30)]$
40	0	$T = 20 + 165\exp[-0.0028(x-30)]$
10	1.5	$T = 20 + 26\exp[-0.0027(x-30)]$
20	1.5	$T = 20 + 106\exp[-0.003(x-30)]$
40	1.5	$T = 20 + 160\exp[-0.0025(x-30)]$
50	3.0	$T = 20 + 83\exp[-0.0064(x-30)]$
50	5.0	$T = 20 + 83\exp[-0.0054(x-30)]$

通过港珠澳大桥沉管隧道火灾烟气运动模型,能够预测各火灾工况的烟气温度蔓延情况,为防灾与救援提供了数据支撑。

3.4.3 烟雾场数值仿真

火灾时,隧道内烟气的流动状态受众多因素影响,其中最主要的因素是纵向风速和火源功率。当纵向风速为0时,高温烟气受浮力驱动,聚集在隧道拱顶形成热烟气层并逐渐向隧道两端扩散,同时新鲜空气由烟气层下部向火源处运动,从而在隧道内形成以火源为中心的对称循环风流。然而,纵向风会打破烟气流场的对称分布,当纵向风速较小时,其动压小于烟气逆流前锋与环境空气的静压差,热烟气仍然会迎风蔓延,形成烟气逆流;当纵向风速较大时,纵向风的动压与烟气逆流作用相当,烟气全部被吹向下游,制造出上游的无烟环境。这种能够抑制烟气回流的最小风速被定义为临界风速。在临界风速下,烟气全部向火源下游蔓延,且在上浮、下沉过程中不断卷吸新鲜空气,造成烟气层厚度不断增加,温度、流速不断降低,最终难以维持烟气的层化结构,充满整个断面。

(1)临界风速

隧道属于狭长结构,浮力效应起到关键作用。火灾发生时在隧道拱顶形成烟气层,同时空气从烟气层下部向火源处流动。此时若纵向通风不足,烟气层将向相反方向流动,这种现象叫作烟气回流现象。

临界风速是衡量火灾过程中通风是否有效的重要指标,国内外学者对于临界风速理论方面的研究已较为深入。在临界风速状态下,上游环境能够保证消防救援和人员疏散安全,因此,临界风速的确定尤为重要。临界风速的取值与很多因素有关,如火源规模和隧道的几何形状等。通过模拟计算,港珠澳大桥沉管隧道火灾工况的临界风速取值如表3-23所示。

火灾临界风速取值表　　　　　　　　　　　　表 3-23

火灾规模(MW)	5	10	20	40	50
临界风速(m/s)	2.0	2.5	3.0	3.0~3.5	3.5

临界风速下,烟气的流动和逆流情况如图 3-98 所示。

图 3-98　临界风速下的烟气流动(5MW 汽油池火)

不同规模火灾在临界风速作用下的烟气流动情况,如图 3-99 所示。

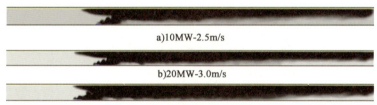

图 3-99　临界风速作用下的烟气流动

如图 3-99 所示,火源规模越大,所需的临界风速越大,下游的烟气层厚度越大。

(2) 烟气蔓延速度

烟气的蔓延速度受纵向风速的影响较大,通过计算结果的对比分析,获得燃烧稳定阶段烟气蔓延速度沿隧道的纵向分布,如图 3-100 所示。

总体而言,火源规模越大,纵向风速越高,烟气的蔓延速度越快。如图 3-100a)所示,纵向风速为 0 时,烟气主要受其自身浮力及热膨胀作用向上下游分别蔓延,烟气流速与火源基本呈对称分布,受火源影响,火源附近烟气流动紊乱,流速较大,50m 范围外基本趋于平缓,且火源功率越大,烟气蔓延速度相对越高;当存在纵向风速时,烟气受到自身浮力和外界压力双重作用向下游蔓延,蔓延速度较纵向风速高,当风速较小时,下游依然能够维持较为稳定的烟气蔓延速度,如图 3-100b)所示;当火源规模相同时,以 50MW 火灾为例,火源下游烟气蔓延速度随纵向风速的增加而增大,如图 3-100c)所示。并且,烟气蔓延速度沿隧道纵向呈现微小衰减趋势,各火灾工况下的烟气平均蔓延速度如表 3-24 所示。

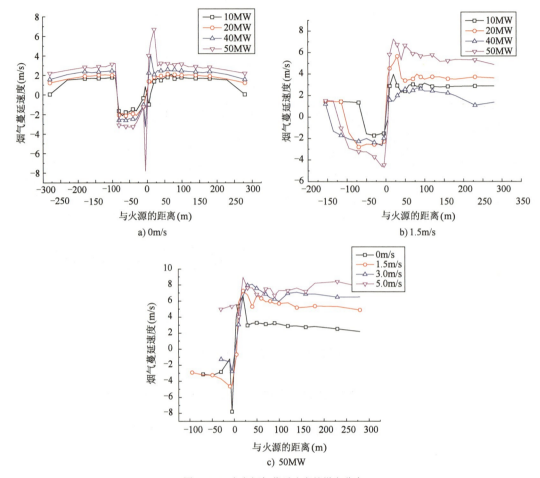

图 3-100 火灾烟气蔓延速度的纵向分布

烟气层的平均蔓延速度（m/s）   表 3-24

纵向风速（m/s）	火源规模（MW）			
	10	20	40	50
0	1.7	1.9	2.4	3.0
1.5	2.8	3.0	3.7	5.7
3.0	3.4	3.8	5.5	6.9

(3) 烟气层高度

对于火灾时纵向通风的隧道，维持烟气层的层化结构对于人员疏散和消防救援具有重要意义。当纵向风速较小时，烟气在隧道上部保持较好的层化结构，即使在远离火源的位置，烟气层也不会蔓延至地面；随着纵向风速的增加，烟气层迅速降低至地面。烟气层高度的纵向分布如图 3-101 所示。

如图 3-101a) 所示，当纵向风速为 0 时，烟气层向隧道上下游自由蔓延，其高度沿隧道纵向基本趋于线性分布，此时火源规模对其影响不大；当纵向风速不为 0 时，如图 3-101b) 所示，受小风速的作用,火源附近下游烟气层上下起伏,较为紊乱,50m 后其高度仍然能够维持在 3m 以上,对人员来说较为安全;以 50MW 火灾为例,受不同纵向风作用后,其烟气层高度如图 3-101c)所示,风速越大,烟气在火源附近越紊乱,烟气层高度越低,然而随着距离火源距离的增加,烟气层高度逐渐趋于稳定,通常在 2.5~3m。

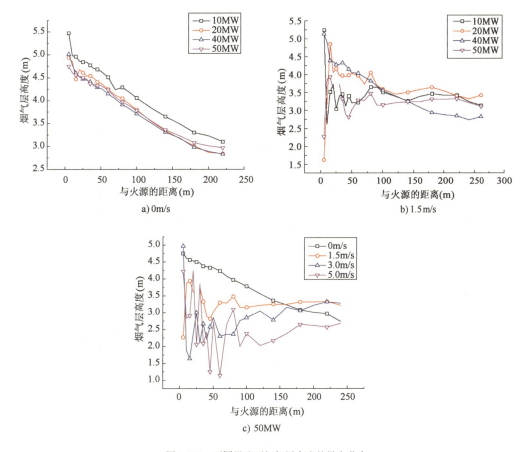

图 3-101 不同风速下烟气层高度的纵向分布

稳定时烟气层高度沿隧道纵向分布如图 3-102 所示。

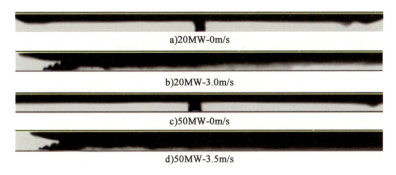

图 3-102 烟气层高度的纵向分布

(4) 烟气的能见度

由于试验条件的限制,本书通过仿真分析烟气的能见度,烟气能见度沿隧道纵向分布如图 3-103 所示。当纵向风速为 0 时,火源附近能见度较高,而远离火源处能见度反而低,这是由于烟气温度在远离火源的位置有所降低,导致烟气发生沉降,致使能见度降低;在纵向风的作用下,火源附近烟气紊乱,能见度较低,而远离火源处烟气层趋于稳定,能见度反而较高。因此,保持 0 风速,对于火源附近人员逃生有积极作用。

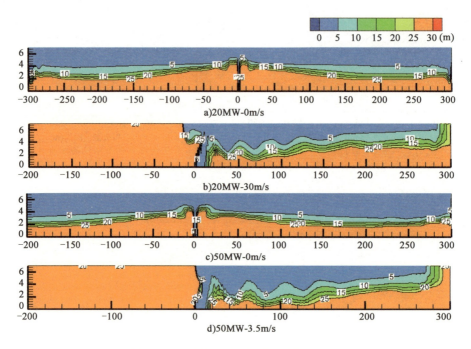

图 3-103 不同工况下隧道空间能见度纵向分布

不同工况下,隧道内能见度随时间的变化情况,如图 3-104 ~ 图 3-107 所示。

如图 3-104 所示,当火源功率为 20MW,纵向风速为 0 时,烟气自由蔓延至 150s 左右,蔓延至 300m;而纵向风速为 3m/s 时,60s 已经蔓延了 300m。同理,火源功率为 50MW 时,0 风速下,烟气蔓延 300m 需要 120s,而临界风速下,仅需要 45s 左右。由此可见,火源规模和纵向风速越大,烟气蔓延速度越快,沉降速度也越快,导致能见度越低。

(5) 烟气的毒性研究

隧道发生火灾后,烟气除了温度较高并存在大量辐射热量对人体造成伤害外,更为严重的伤害来源于烟气内的毒性气体,本书以 CO 为研究对象,研究其对人体的伤害。

以 50MW 火灾为例,烟气中 CO 浓度的空间分布如图 3-108 和图 3-109 所示。CO 随纵向风向火源下游扩散,沿隧道纵向稀释,浓度分布同温度一样,近火源区域呈不规则分布,随着火源距离的增加,浓度均匀分层,纵向风能够有效地稀释隧道内的 CO。CO 在火源附近的浓度最高(远大于人体所能承受的极限),在人们避免灼伤的距离外浓度虽高,但不至于立即致命。

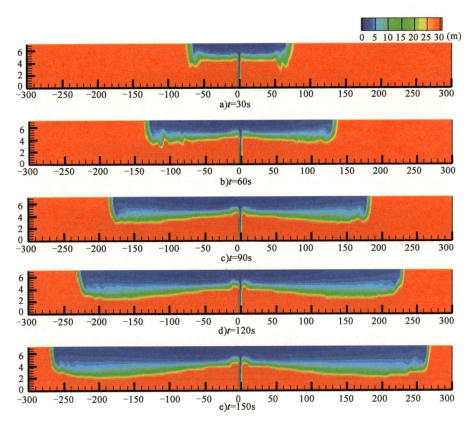

图 3-104　不同时刻的烟气能见度纵向分布云图(20MW-0m/s)

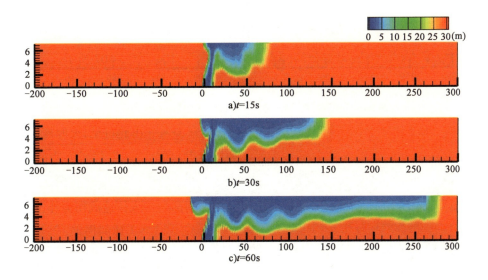

图 3-105　不同时刻的烟气能见度纵向分布云图(20MW-3.0m/s)

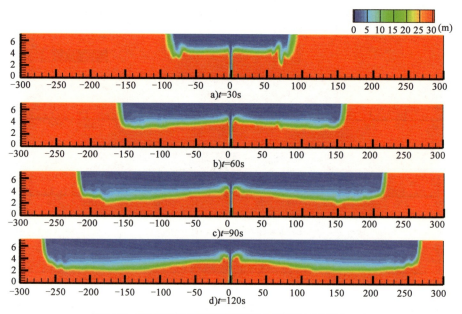

图 3-106 不同时刻的烟气能见度纵向分布云图（50MW-0m/s）

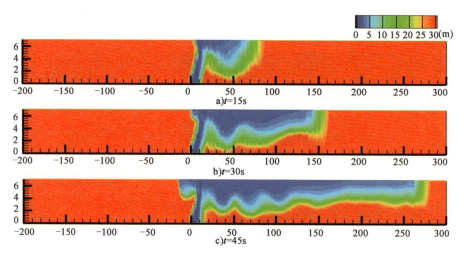

图 3-107 不同时刻的烟气能见度纵向分布云图（50MW-3.5m/s）

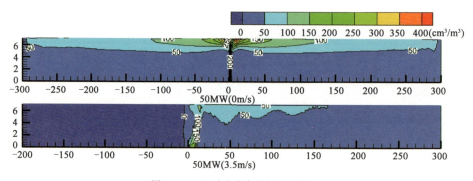

图 3-108 CO 浓度分布纵剖面云图

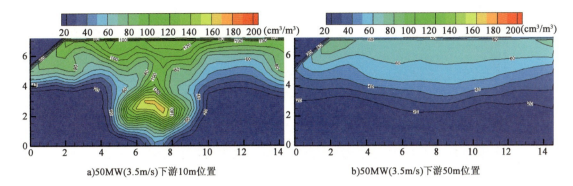

图 3-109 CO 浓度分布横断面云图

各工况下，CO 浓度随时间的发展过程如图 3-110~图 3-113 所示。

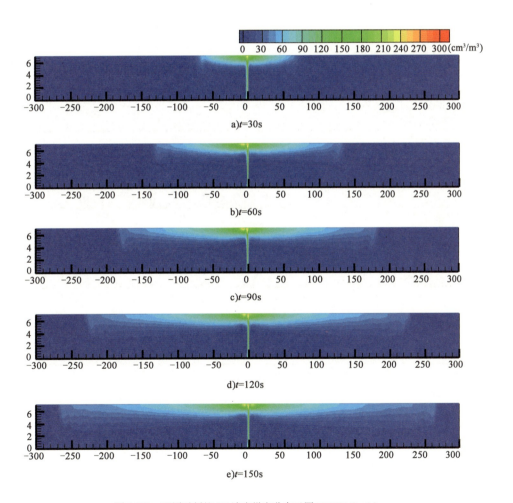

图 3-110 不同时刻的 CO 浓度纵向分布云图(20MW-0m/s)

CO 浓度的分布趋势与温度和能见度一致。

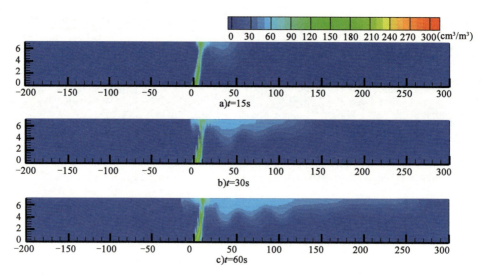

图 3-111　不同时刻的 CO 浓度纵向分布云图（20MW-3.0m/s）

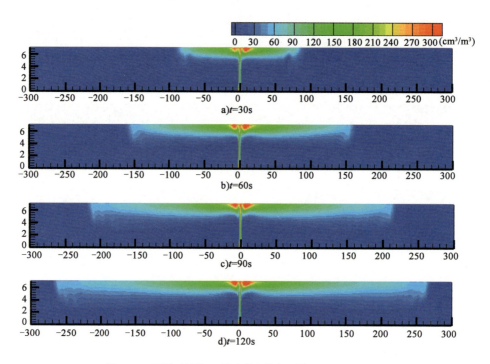

图 3-112　不同时刻的 CO 浓度纵向分布云图（50MW-0m/s）

3.4.4　温度场数值仿真

1）温度场随时间的变化规律

以 20MW 和 50MW 汽油池火为例，在不同通风条件下，烟气温度在隧道中线上的纵向发展云图，如图 3-114 ~ 图 3-117 所示。

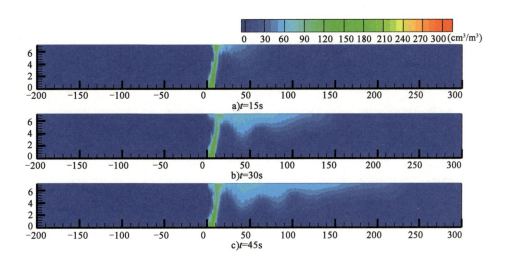

图 3-113　不同时刻的 CO 浓度纵向分布云图(50MW-3.5m/s)

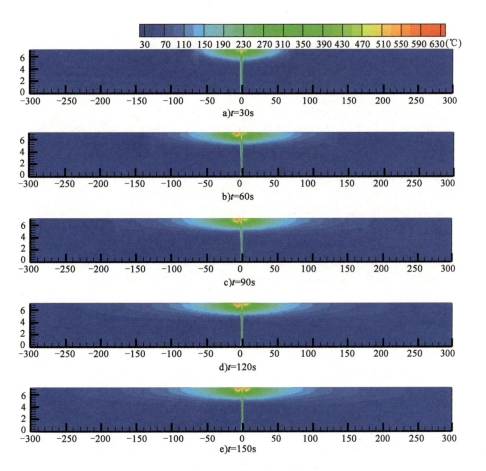

图 3-114　不同时刻的温度场纵向分布云图(20MW-0m/s)

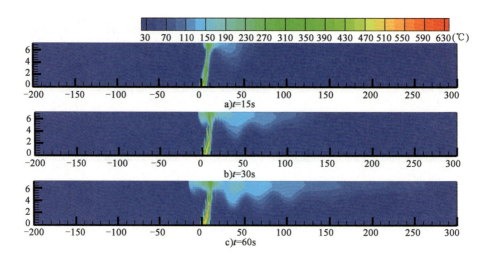

图 3-115　不同时刻的温度场纵向分布云图(20MW-3.0m/s)

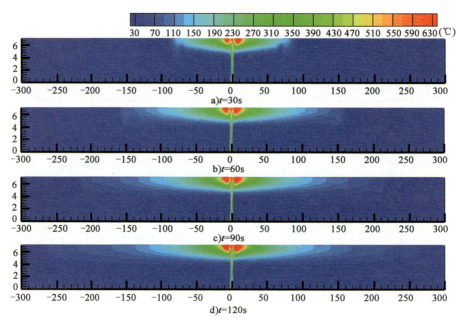

图 3-116　不同时刻的温度场纵向分布云图(50MW-0m/s)

随着燃烧的不断进行,高温烟气的蔓延范围逐渐扩大,烟气层逐渐下沉。当纵向风速为0时,烟气层保持较好的层状结构,燃烧开始1~2min,隧道下方温度基本不受烟气的影响;当存在纵向风时,火源上游为无烟环境,火源下游烟气波动情况剧烈,燃烧时间1min以内烟气就已发生沉降现象,因此,纵向风加快了烟气沉降,对人员逃生造成威胁。另一方面,火源规模越大,温度场平均温度越高,纵向风能够降低拱顶温度,却使火源下游隧道空间内的温度增加。

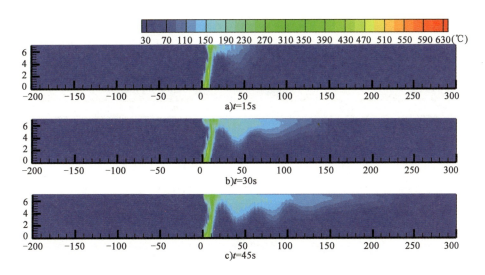

图 3-117 不同时刻的温度场纵向分布云图(50MW-3.5m/s)

2)温度场的空间分布

通过足尺试验得知,纵向风速和火源规模是影响隧道火灾烟气温度的重要参数。下面通过数值模拟,全面展现上述两因素影响下的火灾烟气温度场达到稳定状态的空间分布。

(1)烟气温度场的纵向分布

不同火源规模和纵向风影响下的隧道火灾纵向温度分布云图,如图 3-118 所示。

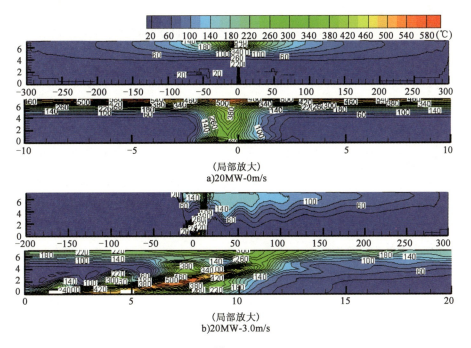

图 3-118

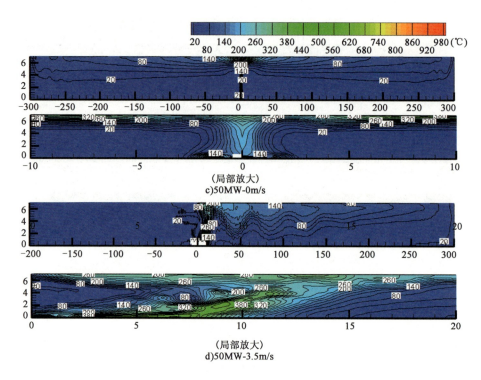

图 3-118 隧道纵断面温度分布云图

火源附近温度分布较为复杂,随着距火源距离的增加,烟气流动逐渐趋于稳定,总体上呈现上部高、底部低的烟气分层情况。在纵向风的作用下,高温烟气吹向下游,下游冷空气和壁面对高温烟气的降温作用,使烟气温度随着距离的增加逐渐降低,且温度下降的梯度逐渐减小。

燃烧稳定时,火源下游烟气拱顶温度沿隧道纵向分布如图 3-119 所示。

由图 3-119 可知,纵向风速为 0 时,烟气受浮力作用自由蔓延至下游,火源规模不同,温度沿隧道纵向逐渐衰减趋势一致,近似呈指数分布,火源功率越大,烟气层温度越高;当隧道内存在纵向风速时,能够降低隧道空间内温度,火源下游烟气逐渐冷却,且风速越大,降温效果越好,火源附近温度下降尤为明显,如 0 风速时,50MW 火灾隧道拱顶最高温度达到 950℃,而在 1.5m/s、3m/s 和 5m/s 的纵向风作用下,火源附近隧道拱顶最高温度则分别为 705℃、610℃ 和 495℃,降幅达到 25.8%、35.8% 和 47.9%;然而当火源规模较大(达到 50MW)时,小风速(不到 3m/s)却不能够有效地降低距火源较远处的温度,这主要是由于火源规模过大,发烟量和发热量都较高,较小风速对隧道空间内的降温作用不大,当风速达到 5m/s 时,火源下游烟气温度才略有降低。

(2)烟气温度场的横向分布

选取火区下游距离火源不同距离的横断面,其温度场分布如图 3-120 所示。

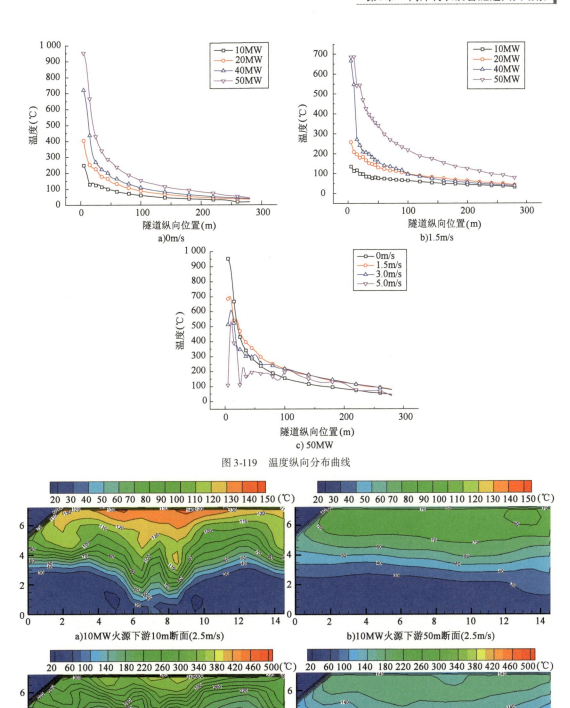

图 3-119 温度纵向分布曲线

图 3-120 隧道横断面温度分布云图

通过对比分析可知,随着火源规模的增大,各横断面温度均升高,然而温度横向分布规律基本不变。在纵向风的影响下,距离火源较近的断面(10m)温度分布较为紊乱,断面中心底部温度有所升高,火源规模较小时,烟气温度最大值位于拱顶,向下依次降低,火源规模较大时,烟气最高温度中心已向下偏移,中间温度高,两侧温度低;距离火源较远的位置(50m),烟气层已趋于稳定,形成分层分布,拱顶温度高,向下温度依次降低。因此,烟气温度场的横向分布规律是拱顶温度最高,拱腰、边墙、拱底依次降低。

然而,通过观察发现,火灾时的最高温度并不在隧道拱顶的衬砌表面处,而是在拱顶下方不远的区域内。这主要是由于拱顶表面处高温烟流和壁面存在一定程度的热交换,使最高温度不在表面处。

3) 隧道边墙温度分布特征

隧道内设备通常布置于隧道边墙位置处,如交通标志、标线、照明系统、供配电和消防设施等,因此对隧道火灾烟气在边墙处的温度分布进行重点关注对确定设备的安装位置具有指导意义。由于港珠澳大桥沉管隧道的特殊结构形式,隧道两侧边墙上部存在不同坡度的斜面,在此忽略斜面,仅对垂直边墙部分进行讨论,如图3-121所示。

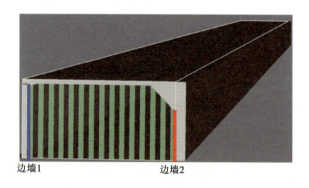

图3-121 边墙位置示意图

各火灾工况下的边墙温度分布云图如图3-122所示。

由图3-122可知,随着火源规模的增大,边墙温度有所升高;纵向风使高温范围扩大;边墙2的高温范围小于边墙1,因此,边墙2更为安全。火源下游30m以内,横断面各点温度分布较为波动,这种波动状况的范围随纵向风速的增加而增大;30m以外温度变化逐渐趋于稳定。纵向风速较小时,温度分布是拱顶温度高,拱腰次之,拱底最低,风速较大时($>3m/s$),最高温度可能不发生在拱顶。

4) 隧道顶部的最高温度

由于隧道结构的特殊性,火灾产生的高温烟气不易散去,导致火源上方及其附近区域的温度最高。火焰和高温烟气会对结构进行炙烤,使结构发生爆裂,露出钢筋框架,甚至导致坍塌,对消防人员的救援工作造成威胁;另一方面,火区最高温度也将影响隧道内的通信和电缆的铺设以及火灾探测设备的响应时间等。因此,对隧道拱顶处烟气温度的分布情况展开研究显得尤为必要。由于足尺试验条件有限,热电偶的布置不宜过于密集,其测量结果不能完全体现沉管隧道拱顶的温度分布,因此,本书采用 FDS 数值模拟软件对火灾最高温度进行分析。

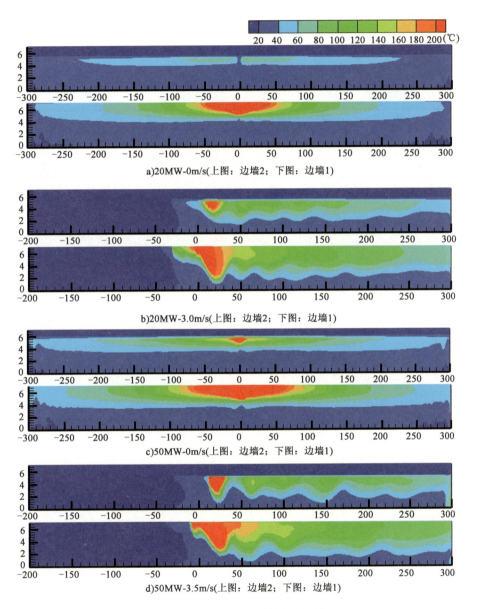

图 3-122 各工况下的边墙温度分布云图

隧道拱顶温度分布云图如图 3-123 所示。

如图 3-123 所示,火源规模越大,隧道拱顶的高温范围越大;在纵向风的作用下,拱顶的最高温度急剧降低,范围急剧缩小,且抑制了高温向火源上游的传播。以 50MW 火灾为例,当纵向风速为 0 时,拱顶处超过 300℃ 的范围为 -50~50m,而当纵向风速为 3.5m/s 时,拱顶超过 300℃ 的范围只有 10~20m,高温区范围缩小且高温中心发生偏移。

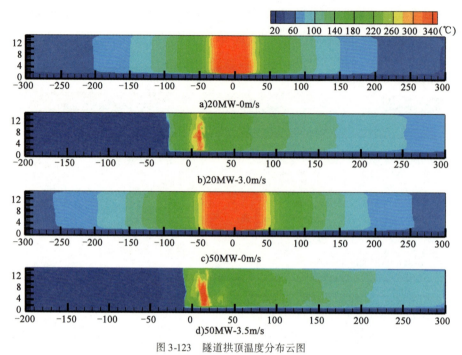

图 3-123　隧道拱顶温度分布云图

纵向风速和火源规模影响下的隧道顶部的最高温度如图 3-124 和表 3-25 所示。

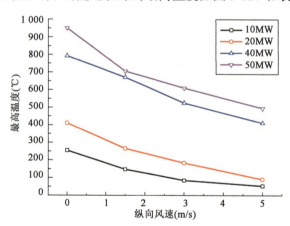

图 3-124　纵向风速和火源规模对隧道顶部最高温度的影响

不同风速下隧道顶部最高温度降幅(%)　　　　　表 3-25

纵向风速(m/s)	火灾规模(MW)				均值
	10	20	40	50	
1.5	42%	35%	15%	26%	30%
3	66%	55%	34%	36%	48%
5	79%	78%	48%	48%	63%

结果表明,火源规模相同的情况下,最高温度随纵向风速的增加而降低;而纵向风速相同时,火源规模越大,最高温度值越高。

3.5 火场环境对人员疏散的影响

隧道火灾发展过程中释放的大量热烟将对火区内人员的安全疏散造成较大影响,如洞内烟气的蔓延速度与范围将直接影响到人员的逃生效果,因此,火场环境的实时作用是影响人员疏散的重要因素;同时,火源规模和通风条件将直接影响火场环境。火灾发展过程中将释放出大量的热能与烟气(含毒性、刺激性气体),这些火灾产物能够对火场中人员的生理和心理造成极大影响,从而影响疏散准备时间和疏散路线的选择,最终导致疏散效率的降低。

本书通过数值仿真模拟各种外界因素影响下的火场环境,再现真实火灾场景,分析影响人员疏散的各种危险因素蔓延范围。当临界条件中有一条无法满足时,认为在该环境下人员的安全将受到威胁,从而确定可用安全疏散时间 TASET。对人员安全疏散的环境条件分析主要是以人员高度处的危险因素为研究对象,生存环境的分析包括对流热、辐射热、能见度及毒性气体(这里指 CO),分析其蔓延规律,提出人员生存环境及逃生可能性。

火场环境的发展影响着人员的疏散效果,主要包括高温、低能见度和毒性等。国外研究学者发现,火灾过程中,人员的移动受到上述因素的影响极大。日本学者进行了大量的人体试验,表明烟气的高温对人员疏散的影响较为复杂,在烟气温度未对人员造成伤害之前,烟气对人体的刺激可促进人员的疏散;随着烟气温度的升高,高温将灼伤人体,从而影响人员的疏散速度;并获得了人员在高温内的极限耐受时间。能见度对人员疏散的影响主要是低能见度减缓了人员的逃生速度,Jin 和 Yamada 提出了用减光系数表示能见度对人员疏散速度的影响,通过大量试验获得了不同减光系数下的人员疏散速度,进而获得减光系数表达式,反映了能见度与人员疏散速度的关系。

另一方面,对火灾过程中人员死亡原因的调查发现,毒性气体使人员窒息而死的比例最大。毒性气体种类繁多,其中 CO 最为常见且毒性最大。Mike 对不同 CO 浓度下的人员疏散进行了研究,提出 CO 对人员疏散的影响也是降低了人员的疏散速度,并取得了其对疏散速度起到减缓作用的具体表达式。火灾烟气毒性的输运特性也是需要关注的问题。查阅关于狭长空间烟气毒性迁移规律的文献发现,人们对这一问题的关注并不多,具有代表性的研究主要有:Fardell 等人通过房间-走廊模型研究走廊末端和房间内的不同产物的浓度分布;Heskestad 和 Hill 等人研究了高浓度 CO 从火源房间向远处目标房间的传播;Nelson 认为火源房间外的走廊中氧气的缺乏导致高浓度 CO 的传播;Lattimer 通过试验发现远离火源的 CO 浓度高于近火源处。

国内关于火场环境的研究发展较为缓慢。刘方等人曾以兔子为试验对象,研究了火灾烟气中 CO 对血气成分和血液流变指标的影响,探讨其生物毒性。翁庙成等人测量了建筑火灾烟气中 CO 和 CO_2 的浓度分布,对其毒性的评价方法进行了讨论,指出了烟气毒性研究的发展方向。2006—2008 年中国科学技术大学冯文兴等人对 CO 传播特性及在廊内的空间分布规律进行了探索;蒋亚强研究了自然排烟时狭长空间 CO 浓度随时间的变化特性。数值模拟也是对烟气产物分布规律研究的一种手段,Wang 利用数值模型对火灾烟气中的碳黑和 CO 生成量进行了计算;Hu 等人利用 FDS 计算狭长空间 CO 浓度纵向分布规律,发现 CO 浓度沿纵向衰减明显。

研究表明,火灾中 85% 的人员死亡是由烟气中的毒气(主要是 CO)造成,因此,研究隧道火灾发生后烟气中毒性气体对人员逃生的影响具有重要意义。国内对于火灾烟气毒性(主要是 CO)的研究较多,然而多数停留在以动物为试验对象上,其研究成果是否适用于人类还需验证。并且,针对隧道这种特殊建筑形式的火灾过程中 CO 纵向及竖向分布特性的研究较少,这对于人员逃生又极为重要,因此,有必要对该问题进行深入的探讨。对于火灾烟气的温度和能见度的研究由于缺乏试验条件,目前也只停留在使用国外经验数据的阶段。另一方面,隧道火灾过程中,威胁到人员逃生的高温分布和 CO 分布特性之间是什么关系,同样值得探讨。

3.5.1 高温烟气对人员疏散的影响

1) 火灾烟气的定义

烟气是火灾的主要产物之一,是指燃料分解或燃烧时产生的固体颗粒、液滴和气相产物。燃料的化学组成是决定烟气产量的主要因素。它对火灾蔓延、人员伤亡和财产损失有显著影响,除极少数情况外,各类火灾均会产生大量烟气。统计结果表明,火灾中 85% 以上的罹难者是受烟气的影响,其中大部分是由于吸入烟尘或有毒气体昏迷后致死的。

2) 烟气浓度与遮光性

烟气浓度由烟气中含有的固体颗粒及液滴的数量与性质决定,并有多种表示方法。在火灾研究中,由于遮光性能够直接与火场中的能见度建立联系,因此,目前多利用遮光性来表示烟气浓度。

光穿过烟气时,其中的固体颗粒或液滴会降低光的强度。烟气的遮光性正是通过测量光束穿过烟场后的强度衰减而确定。

设由光源射入某一空间的光束强度为 I_0,由该空间射出后的强度为 I。若该空间内没有烟尘,则 I_0 和 I 应该几乎不变。由此,可定义烟气的光学密度为:

$$D = \lg \frac{I}{I_0} \tag{3-76}$$

光学密度与光束经过的距离成反比关系。设给定空间的长度为 L,则单位长度的光学密度可表示为：

$$D = \lg \frac{\frac{I}{I_0}}{L} \tag{3-77}$$

另外，根据比尔-兰勃定律，在有烟气情况下，光束穿过一定距离 L 后的光强度 I 可为：

$$I = I_0 \cdot \exp(-K_c L) \tag{3-78}$$

式中：K_c——烟气的减光系数。整理上式可得：

$$K_c = -\ln \frac{\frac{I}{I_0}}{L} \tag{3-79}$$

利用自然对数和常用对数的换算关系，可得出：

$$K_c = 2.303 D_0 \tag{3-80}$$

烟气的遮光性还可以用百分减光度来描述，即：

$$B = (I_0 - I)I_0 \times 100\% \tag{3-81}$$

式中：$I_0 - I$——光强度的衰减值。

由于烟气的遮光作用，火场中的能见度必然有所下降，并会对火灾中人员的安全疏散造成严重影响。能见度是指人们在一定环境下刚刚能看到某个物体的最远距离，通常以米为单位。它主要由烟气浓度决定，同时还受到烟气的散射与吸收系数、烟气颜色、物体及背景亮度、观察者视力等因素的影响。能见度与减光系数或单位光学密度的关系可表示为：

$$V = \frac{R}{K_c} = \frac{R}{2.303 D_0} \tag{3-82}$$

式中：R——比例系数，根据试验确定，它反映了特定场合下多种因素的综合影响。

此外，烟气的刺激性成分也对火场中的能见度有很大影响。这主要是因为强刺激性使人员的眼睛无法睁开足够长的时间，导致视线受阻，从而影响疏散速度。

3）烟气毒性

烟气毒性是造成人员死亡的主要因素。美国消防协会（NFPA）对该国有毒烟气致死人数和罹难者死亡地点的研究表明：该国每年因烟气中毒致死的人数占火灾事故总死亡人数的 2/3～3/4，而其中 60%～80% 的人员死亡地点均远离火源，这说明有毒气体的传播使其具有更大的影响范围。因此，1970 年以来，烟气毒性一直是火灾科学的研究热点。

烟气中毒性成分多，且比例复杂。已有研究表明，CO 是最主要的致死性气体，在火灾事故中，通常有 50% 的受害者死于 CO 的毒性作用。燃烧毒理学认为，烟气的毒害作用主要包括麻醉毒害和刺激毒害。其中，麻醉毒害可造成人员丧失意识或中枢神经受到抑制。而刺激毒害有两种：一种是刺激神经，主要是毒物在眼和上呼吸道引起的反应；另一种是刺激肺，主要是指毒物在下呼吸道引起的反应。

对于火灾中的人员安全疏散来说,需要引入累积剂量的概念,如式(3-83)所示:

$$累积剂量 = 烟气浓度 \times 暴露时间 \tag{3-83}$$

由火灾案例统计结果可看出,火灾事故中大部分人员伤亡是由于吸入了烟尘及有毒气体,中毒窒息而致死的。

(1) CO

调查研究表明,火灾时产生的有毒气体 CO 是导致人员死亡的主要因素。据统计,CO 中毒引起的人员死亡占火灾死亡总数的一半,若火灾中的人员吸入 CO 气体,CO 会与血液中的血红蛋白结合,降低了血液中氧的含量,从而导致人员缺氧死亡。试验表明,即使人员吸入很小剂量的 CO 也能使人员丧失逃生能力,甚至死亡。表 3-26 列出了各浓度 CO 对疏散人员的影响。

CO 浓度和累积剂量对人员的影响　　　表 3-26

CO 浓度(cm^3/m^3)	暴露时间(min)	累积剂量(%/min)	人员反应
0.02	120~180	2.4~3.6	中等头疼
0.08	45	3.6	中等头疼
0.32	10~15	3.2~4.8	头晕目眩
0.32	30	9.6	可能死亡
0.69	1~2	0.69~1.38	头晕目眩
1.28	0.1	0.128	失去知觉

1995 年 David 提出空气中 CO 浓度与人体暴露的临界忍受时间,可作为危害评估的参考。CO 对人体失能忍受时间表达式为:

$$t = \frac{30}{8.2925 \times 10^{-4} (10^4 X_{CO})^{1.036}} \tag{3-84}$$

式中:t——人体的忍受时间,min;

X_{CO}——烟气中的 CO 浓度,cm^3/m^3。

烟气内的有毒气体(CO)亦将给人员带来威胁。各工况下人员高度处的 CO 浓度沿隧道纵向分布云图如图 3-125 所示。

由图 3-125 可知,火源规模越大,纵向风速越大,危险范围越大。以 50MW 火灾为例,当纵向风速为 0 时,危险范围在火源附近,然而距离火源 150m 的位置处,随着烟气层的沉降,亦给人们带来威胁;当纵向风速为 3.5m/s 时,火源处最危险,但是受到风力的影响,火源下游也处于 CO 浓度笼罩的范围,在 300m 处烟气发生沉降,CO 浓度也相对增加。另一方面,可以看出,CO 浓度在各断面上基本均匀分布,这主要取决于隧道断面结构的几何形状,沉管隧道并未造成通常人们认为的中心线附近浓度高、边墙温度低的情况,因此逃生时无须注意此方面的问题。综上,无风时,火源附近及火源下游 150m 以外的距离均属于对人员造成威胁的范围;有风时,火源附近及下游均属于危险范围。然而,模拟结果显示 CO 浓度并未达到致人死亡的

$2\,500\mathrm{cm}^3/\mathrm{m}^3$,主要是由于模拟过程中的燃烧物质成分与实际有很大差别,但是其浓度分布趋势是一致的,可为实际工程提供参考。

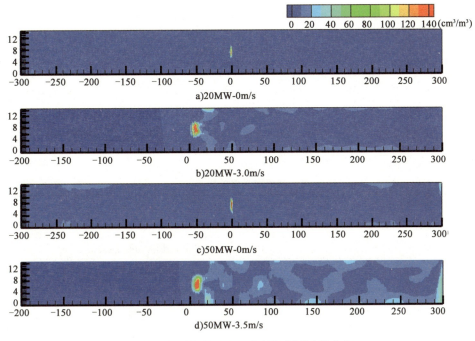

图 3-125　人员高度处 CO 浓度沿隧道纵向的分布

(2) CO_2

研究表明,火灾中产生的 CO_2 气体也会造成在场人员的呼吸中毒。Heinrich Hebgen 在其编写的《房屋安全手册》中提到:碳和碳化物燃烧形成的 CO_2 及灭火装置中的 CO_2 在体积分数较大时有毒害和麻醉的作用。当空气中的 CO_2 含量达到 5% 时,呼吸就会比较困难费力,由于缺氧而使得呼吸系统受到刺激,这会造成呼吸频率加快、程度加深,这样又将导致人员吸入更多的火灾烟气。当空气中 CO_2 浓度达到 7%~10% 时,人在数分钟内便会出现昏迷而丧失逃生的能力。CO_2 浓度对人员生理的具体影响见表 3-27。

不同浓度的 CO_2 对人体生理的影响　　　　　　表 3-27

CO_2 浓度(%)	对人体的影响
0.55	6h 内不会产生任何症状
1~2	引起不适感
3	呼吸中枢受到刺激,呼吸频率增大,血压升高
4	感觉头痛、耳鸣、目眩,心跳加速
5	感觉喘不过气,30min 内引起中毒
6	呼吸急促,感觉难受
7~10	数分钟内失去知觉,甚至死亡

(3) 缺氧

人类习惯于在含有21%氧气的大气下自在活动。当氧浓度低至17%时,肌肉功能会减退,此为缺氧症现象。在10%～14%氧气浓度时,人仍有意识,但显现错误判断力,且本身不易察觉。在6%～8%氧气浓度时,呼吸停止,将在6～8min内窒息死亡。由于火灾引致的亢奋及活动量往往增加人体对氧气的需求,因此实际上在氧气浓度尚高时,即可能已出现氧气不足症状。一般环境中,氧气浓度在10%时,即导致人体失能与死亡;而研究显示,当环境氧气浓度低于9.6%时,人们无法继续进行避难逃生,而此值常作为人员需氧浓度的临界值。空气中缺氧对人体的影响情况见表3-28。现代建筑中房间的气密性大多较好,故有时少量可燃物的燃烧也会造成含氧量的大大降低。

缺氧对人体的影响　　　　　　　　　　　　　　　　表3-28

大气环境中氧气浓度(%)	人体症状
21	活动正常
17～21	高山症,肌肉功能会减退
10～17	尚有意识,但显现错误判断力,神态疲倦本身不易察觉
10	导致失能
9.6	人们无法进行避难逃生
6～8	呼吸停止,在6～8min内发生窒息死亡

(4) 有害气体

虽从火灾死亡统计资料得知,大部分罹难者是因吸入CO等有害气体致死,但也有一部分火灾试验显示,在许多情况下任一毒害气体尚未到达致死浓度之前,最低存活氧气浓度或最高呼吸温度已先行到达。表3-29列出了部分有害气体允许浓度。多种气体共同存在可能加强毒害性,但目前综合效应的数据十分缺乏,而且结论不够一致。

部分有害气体允许浓度　　　　　　　　　　　　　　表3-29

热分解气体的来源	主要的生理作用	短期(10min)估计致死浓度(cm^3/m^3)
木材、纺织品、聚丙烯腈尼龙、聚氨酯以及纸张等物质燃烧时分解出不等量氰化氢,本身可燃,难以准确分析	氰化氢(HCN):一种迅速致死、窒息性的毒物;在涉及装潢和织物的新近火灾中怀疑有此种毒物,但尚无确切的数据	350
纺织物燃烧时产生少量的硝化纤维素和赛璐珞(由硝化纤维素和樟脑制得,现在用量减少),产生大量的氮氧化物	二氧化氮(NO_2)和其他氮的氧化物:肺的强刺激剂,能引起即刻死亡以及滞后性伤害	>200
木材、纺织品、尼龙以及三聚氰胺的燃烧产生;在一般的建筑中氨气的浓度通常不高;无机物燃烧产物	氨气(NH_3):刺激性、难以忍受的气味,对眼、鼻有强烈的刺激作用	>1 000

续上表

热分解气体的来源	主要的生理作用	短期(10min)估计致死浓度(cm^3/m^3)
PVC电绝缘材料、其他含氯高分子材料及阻燃处理物	氯化氢(HCl):呼吸道刺激剂,吸附于微粒上的HCl的潜在危险性较之等量的HCl气体要大	>500,气体或微粒存在时
氟化树脂类或薄膜类以及某些含溴阻燃材料	其他含卤酸气体:呼吸道刺激剂	HF约为400 COF_2约为100 HBr>50
硫化物,这类含硫物质在火灾条件下的氧化物	二氧化硫(SO_2):一种强刺激剂,在远低于致死浓度下即难以忍受	>500
异氰酸脲的聚合物,在实验室小规模实验中已有报道,有像甲苯-2,4-二异氰酸酯(TDI)类的分解产物,在实际的火灾中的情况尚无定论	异氰酸酯类:呼吸道刺激剂是异氰酸酯为基础的聚氨酯燃烧烟气中的主要刺激剂	约为100
聚烯烃和纤维素在低温热解(400℃)而得,在实际火灾中的重要性尚无定论	丙醛:潜在的呼吸道刺激剂	30~100

(5)烟气的温度

火源附近的烟气温度可达800℃以上,随着与火源距离的增加,烟气温度逐渐降低,但通常在许多区域仍能保持较高温度并存在灼伤人员的危险,而且随着燃烧的持续,各处的温度还会逐渐升高。

人员对烟气高温的忍受能力主要由烟气温度和空气湿度决定,此外,人员的身体状况、服装的透气性和隔热程度也有一定影响。

考虑到高温烟气对人体的危害,图3-126给出不同火源规模、不同纵向风速下,人员高度处温度沿隧道纵向的分布。

如图3-126a)所示,纵向风速为0时,不同火源规模下,人员高度处温度沿隧道纵向分布趋势一致,距离火源最近处温度最高,而后在20m范围内迅速降低至20℃左右,对人员来说是安全的。由此看来,当纵向风速为0时,火源规模对于温度场的影响较小,从温度角度考虑,火源附近以外地区均无危险。

以50MW火灾为例,讨论不同通风条件下人员高度处的温度分布,如图3-126b)所示。在火区附近,随着纵向风速的增加,温度有明显升高,这主要是由于纵向风将火焰吹向火源下游,风速越大,火焰扩散范围越大,危险性越高;然而对于火源下游20~200m范围内,纵向风的作用使烟气温度波动很大,温度高于纵向风较小的情况;在200m范围以外,纵向风对人员高度处的温度已无影响,温度已衰减为环境温度。由此看来,对于逃生人群而言,纵向风破坏了烟气层,使烟气层发生沉降,对人员逃生不利。

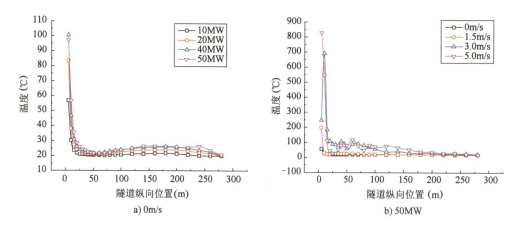

图 3-126　人员高处温度纵向分布

以 80℃ 为危险范围界限,人员高度处的危险范围如图 3-127 所示。

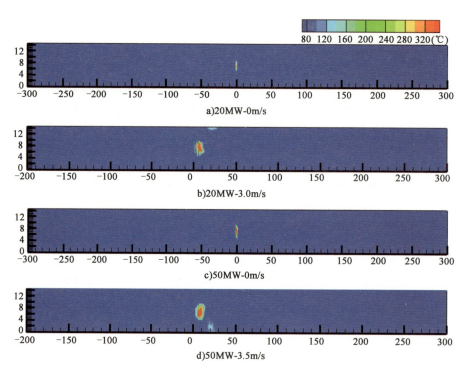

图 3-127　人员高度处温度分布云图

由图 3-127 可知,非蓝色区域为人员危险范围,高温危险区域随着火源规模和纵向风速的增加而增大。

表 3-30 所示给出了火灾时不同火场环境下人员的危险范围。

高温致命距离(m)					表 3-30
纵向风速(m/s)	火源规模(MW)				
	10	20	40	50	
0	0	-5 ~ +5	-5 ~ +5	-5 ~ +5	
1.5	0 ~ +5	0 ~ +5	0 ~ +5	0 ~ +30	
3.0	0 ~ +10	0 ~ +30	0 ~ +30	0 ~ +30	

注:"-"代表火源上游,"+"代表火源下游。

由图 3-127 可知,在纵向风的作用下,火源上游对于人员疏散而言是极为安全的;而火源下游处,火灾规模越大,纵向风速越高,则高温的危险范围越大,不利于人员逃生。

3.5.2 高温辐射对人员疏散的影响

尽管大部分火灾伤亡源于吸入有毒、有害气体,但火灾产生的热量也不可忽视。除了高温烟气挟带部分热量外,火焰也会直接辐射出大量热量。

火场的高温环境,会使疏散者在生理上感到浑身燥热,头昏脑涨,在心理上感到紧张和惊恐,从而被迫采取措施躲避高温的侵袭。若在火场中无路可走时,人员通常会选择退到温度较低的某个角落暂避。因此,在火灾事故中最后搜索到的被围困人员,多是在墙角等角落处。

1) 火焰(Flame)与温度(Heat)

烧伤可能因火焰的直接接触及热辐射引起。由于火焰很少与燃烧物质脱离,故只对邻接区域内人员产生直接威胁,这点与烟气不同。

烟气温度对于火场内及邻接区域的人员皆具危险性。研究表明,人在温度50℃以上会引起嘴、鼻及食道的严重不适,在95℃的环境中,会出现头晕,但可耐受1min以上,此后就会出现虚脱;在120℃的环境中的暴露时间超过1min就会烧伤;当在呼吸水平高度时,生存极限的呼吸温度约为131℃;一旦室内气温高达140℃时生理机能逐渐丧失,在超过180℃时则呈现失能状态。然而对于呼吸而言,超过65℃的温度一般便难以忍受,而该温度范围将使消防人员救援及室内人员逃生迟缓。表 3-31 所示是人体在不同温度下的可耐受时间。

人体在不同温度下的可耐受时间						表 3-31
温度(℃)	40	50	60	70	80	90
可耐受时间(min)	60	46	35	26	20	15

对于健康、着装整齐的成年男子,克拉尼(Cranee)推荐了温度与极限忍受时间的关系式为:

$$t = 4.1 \times \frac{10^8}{T^{3.61}} \tag{7-85}$$

式中:t——极限忍受时间,min;

T——烟气温度，℃。

目前在火灾危险性评估中推荐数据为：短时间脸部暴露的安全温度极限范围为 65～100℃。

2）热对流

火场中人员呼吸的空气已经被火源和烟气加热，吸入的热空气主要通过热对流的方式与人体尤其是呼吸系统换热。试验表明，呼吸过热的空气会导致热冲击（即高温情况下导致人体散热不畅出现的中暑症状）和呼吸道灼伤。表 3-32 给出了不同温度和湿度时人体的耐热性。

人体对热对流的忍受极限　　表 3-32

温度和湿度条件	<60℃水分饱和度	100℃含水率<10%	180℃含水率<10%
忍受时间(min)	>30	12	1

更值得注意的是，由于灭火用水和燃烧产生的水在高温下汽化，火场中空气的绝对湿度会比正常环境下大大提高。湿度对热空气作用于呼吸系统的危害程度影响很大，如 120℃下，饱和湿空气对人体的伤害远远大于干空气所造成的危害。研究表明，火场中可吸入空气的温度不高于 60℃才认为是安全的。

3）热辐射

一般热传递方式，随着热传介质不同分为辐射、传导与对流，其中以经由空气作为热传递介质的辐射热，对于火场中避难人员影响较大。根据人体对辐射热忍受能力研究，人体对烟气层等火灾环境的辐射热忍受极限为 2.5kW/m²（表 3-33）。

人体对热（Heat）的极限忍受度　　表 3-33

热传形式	症状	暴露程度
辐射	严重皮肤疼痛	2.5kW/m²
传导	接触1s，皮肤灼伤（金属物）	60℃
对流	超过60s，皮肤及肺部受高温浓烟影响	120℃
	不超过60s，皮肤及肺部受高温浓烟影响	190℃

辐射热为 2.5kW/m² 的烟气相当于上部烟气层的温度达到 180～200℃。一个人可忍受之辐射临界值，取决于许多不同变量，辐射值 10 kW/m² 被视为人类无法存活指标（Purser，1988），而 2.5kW/m² 则为人类危害忍受度临界值（表 3-34）。

人体对辐射热的耐受极限　　表 3-34

热辐射强度(kW/m²)	<2.5	2.5	10
忍受时间	>5min	30s	4s

隧道火灾发生时，火焰锋面向周围物体传递能量主要通过对流、传导、辐射和燃块弥散四

种途径。传热方式包括热传导、热对流和热辐射,这三种方式同时存在于燃烧过程中,只是某一阶段某一种方式起主导作用。如:热传导主要发生在固体起火、固体表面火焰蔓延、壁面热损失等情况,属于非稳态传热;热对流主要是气、液、固之间的热量交换,其存在于火焰燃烧的整个过程,火灾开始阶段更多;热辐射通过物体表面吸收、反射实现,当火源当量直径超过 0.3m 时,传热主要方式为热辐射。由此看来,隧道火灾过程中,人体承受的大部分热量均来源于火焰和高温烟气的热辐射,有必要对热辐射对人员疏散过程的影响进行定量分析。

火焰辐射大部分来源于明火燃烧中产生的黑色固体含碳颗粒的黑体辐射。隧道发生火灾后,产生大量高温烟气,其辐射作用一方面给人们的安全带来威胁,另一方面会引起其他可燃物起火燃烧,如邻近车辆起火,使火势蔓延。有研究表明物体不能承受 $10kW/m^2$ 的热流,该值被认为是辐射引发着火的最低限值。可燃物引燃程度如表 3-35 所示。

可燃物的被引燃程度 表 3-35

可燃物类型	单位面积可燃物表面引燃所需的辐射热流(kW/m^2)
易引燃	10
一般可引燃	20
难引燃	40

以 50MW 火灾为例,不同火场环境下,火源下游物体受到的辐射如图 3-128 所示。

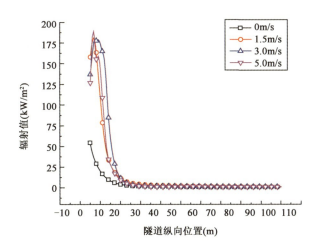

图 3-128 隧道火灾辐射值的纵向分布(50MW)

如图 3-128 所示,在纵向风的作用下,火源附近的辐射值是无风情况的 3 倍,这是由于纵向风将火焰吹向下游的原因。50MW 火灾的火源附近最大辐射值已接近 $200kW/m^2$,对于难引燃的可燃物也足以使其点燃。因此,火灾时为保证车辆安全,应与着火车辆保持至少 20m 以上的距离。

辐射值为 $2.5kW/m^2$ 即可致命,表 3-36 给出了港珠澳大桥沉管隧道火灾致命辐射距离。

辐射致命距离(m)　　　　　　　　　　　　　　　　　　　　表 3-36

纵向风速(m/s)	火源规模(MW)		
	10	20	50
0	-14 ~ +14	-18 ~ +18	-30 ~ +30
3.0	-12 ~ +15	-13 ~ +19	-15 ~ +32

注:"-"代表火源上游,"+"代表火源下游。

对比表 3-35 和表 3-36 可知,对于人体而言,辐射危险范围比高温范围大,辐射危害占主导作用。和无风情况相比,纵向风能够减弱高温对人体的危害,却无法减弱辐射的危害,即在纵向风的作用下,火源上游已不受高温威胁,但却避免不了受到辐射的威胁。

综上所述,结合表 3-35 和表 3-36,火灾工况下,温度场造成的人员危险范围如表 3-37 所示。

温度场的人员危险范围(m)　　　　　　　　　　　　　　　　　表 3-37

纵向风速(m/s)	火源规模(MW)		
	10	20	50
0	-14 ~ 14	-18 ~ +18	-30 ~ +30
3.0	-12 ~ 15	-13 ~ +20	-15 ~ +32

注:"-"代表火源上游,"+"代表火源下游。

3.5.3 能见度对人员疏散的影响

烟气对能见度的影响主要有两方面:一是烟气的减光性使能见度降低,疏散速度下降;二是烟气有视线遮蔽及刺激效应,会助长惊慌状况,扰乱疏散秩序。在许多情况,逃生途径中烟气的能见度往往比温度更早达到令人难以忍受的程度。

大量火灾案例和试验结果表明,即便设置了事故照明和疏散标志,火灾烟气仍可导致人们辨识目标和疏散能力的大大下降。Jin 曾对自发光标志和反光标志在不同烟气情况下的能见度进行了测试。他把目标物放在一个试验箱内,箱内充满了烟气。白色烟气是阴燃产生的,黑色烟气是明火燃烧产生的,其测试结果见图 3-129。通过白色烟气的能见度较低,可能是由于光的散射率较高。他建议对于疏散通道上的反光标志、疏散门以及有反射光存在的场合,R 取 2 ~ 4;对自发光标志、指示灯等,R 取 5 ~ 10,由此可知,安全疏散标志最好采用自发光标志。

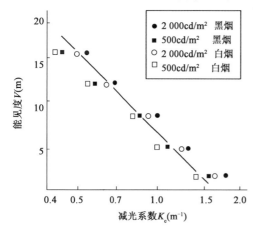

图 3-129　发光标志的能见度与减光系数的关系

图 3-129 中关于能见度的讨论并没有考虑烟气对眼睛的刺激作用。Jin 对暴露于刺激性烟气

中人的能见度和移动速度与减光系数的关系进行了一系列试验。图3-130表示在刺激性与非刺激性烟气的情况下,发光标志的能见度与减光系数的关系。刺激性强的白烟是由木垛燃烧产生的,刺激性较弱的烟气是由煤油燃烧产生的。在浓度大且有刺激性的烟气中,受试者无法将眼睛睁开足够长的时间以看清目标。

火灾中烟气对人员生命安全的影响不仅仅是生理上的,还包括对人员心理方面的副作用。当人员受到浓烟的侵袭,在能见度较低的情况下,人们极易产生恐惧与惊慌,尤其当减光系数在$0.1 m^{-1}$时,人员便不能正确进行疏散决策,甚至会失去理智而采取不顾一切的异常行为。

在避难逃生过程中,烟气层只有保持在人群头部以上一定高度,使人在疏散时不必从浓烟中穿越或受到热烟气流的辐射热威胁,才可视为相对安全。一般烟浓度高则能见度降低,逃生时确

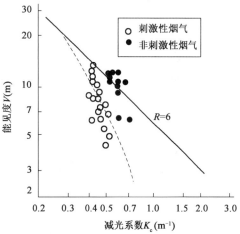

图3-130 在刺激性与非刺激性烟气中人的能见度

定逃生途径和做决定所需的时间都将延长,表3-38适用于小空间和大空间的最低减光度。鉴于隧道内人员对隧道内疏散设施及逃生知识不熟悉(附录C 人员疏散调查问卷),为了确定逃生方向,寻找安全出口,需要看得更远,因此要求能见度更高。在设计上,通常采用最小能见度为10m。

人员可以耐受的能见度极限值　　　　表3-38

参　　数	小　空　间	大　空　间
光学密度(m^{-1})	0.2	0.08
能见度(m)	5	10

本节主要对火场环境中人员高度处的能见度进行深入探讨,烟气层高度对人员逃生有重要影响,若烟气层降落到人员高度处,则影响了人们的视野,减缓了人员的疏散速度。

以10m作为人员不可承受的能见度距离,各火灾工况下的能见度沿隧道纵向分布如图3-131所示。

由图3-131可知,非红色区域即为人员的致命范围。总体而言,其分布趋势与CO的危险范围一致。近火源和距火源一定距离外均会给人员逃生造成威胁,这主要是由于烟气在沿隧道纵向蔓延的过程中,在远距离处温度降低从而发生沉降。火源规模越大,能见度危险范围越大。当隧道内存在纵向风时,火源下游均有危险。另外,发现火源边墙位置的危险范围相对较大,因此在人员逃生过程中,远离火源处沿隧道中心线逃离较为安全。

人员高度处低能见度导致的危险范围如表3-39所示。

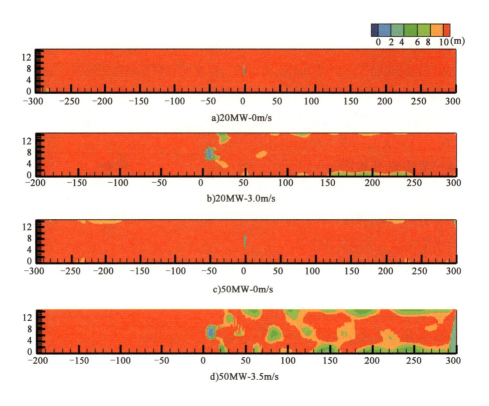

图 3-131 人员高度处能见度沿隧道纵向的分布

低能见度的致命范围(m)　　　　　　　　　　　　　　　　表 3-39

纵向风速(m/s)	火源规模(MW)	
	20	50
0	-5 ~ +5	-5 ~ +5；< -180 且 > +180
3.0	>0	>0

注:"-"代表火源上游,"+"代表火源下游。

综上,当纵向风速为0时,烟气层界面高度远大于人员高度,不会对人员的安全造成威胁;当纵向风速较大时,火源上游环境无烟,然而下游烟气层将被破坏,威胁人员安全。因此,为保证人员在火灾初期能够安全撤离,应对隧道内纵向风速加以控制,在人员全部安全疏散后再开启隧道内风机抑制烟气向上游蔓延并降低隧道顶部温度。

结合表 3-39 和图 3-131 可知,港珠澳大桥沉管隧道火灾工况下烟气对人体造成危害的范围,归纳如表 3-40 所示。

由表 3-40 可知,当纵向风速为 0 时,火源附近威胁到人员的主要因素是烟气的高温,150m 以外威胁到人体的是烟气的低能见度和毒性;当存在纵向风作用时,火源上游的危险因素是火焰辐射,火源下游对于人体而言均属于危险范围,起主导作用的是烟气的低能见度和毒性。

火灾工况下人员的致命范围(m) 表3-40

纵向风速(m/s)	火源规模(MW)	
	20	50
0	-18 ~ +18	-30 ~ +30；<-180且>180
3.0	>-13	>-15

注："-"代表火源上游，"+"代表火源下游。

3.5.4 危害忍受极限

基于上述各危害分析，人员于火场中对于热、能见度、烟层高度及毒气等危害因素，在工程上性能安全设计的临界值可归纳如表3-41所示。对于在隧道内遭遇火灾情境的乘客或一般人员与受过专业训练且穿着防护装备的消防人员，两者所面对的危害临界值并不相同，因此在探讨影响人命安全之各项危害因素时，仅限于一般乘客。

人员火场安全逃生忍受度评估准则 表3-41

危害因素		忍受临界值			美国固定导轨运输和有轨客运系统标准（2003版）
		我国行业标准	英国标准学会推荐标准	澳大利亚火灾工程设计指导	
温度		<60℃	44℃皮肤烧伤	—	<60℃
辐射热通量		2m以上空间，<2.5kW/m²（温度180℃）	<2.5kW/m²，暴露时间>5min	<2.5kW/m²（热层温度相当于200℃，超过此温度，忍受时间减少20s）	<6.3kW/m²
对流热		2m以下空间，<60℃（持续30min）	烟气层温度<60℃，暴露时间>30min	<65℃，持续暴露30min将导致失能状态	—
毒气浓度	CO	<2 500cm³/m³（2m以下空间，CO浓度<0.25%）	6 000 cm³/m³ 暴露5min将导致失能状态	<1 400cm³/m³（小孩失能时间缩短一半）	1 500 cm³/m³ 暴露30min将导致失能状态
	CO_2	—	<7%	<5%	
	HCN	—	—	<80cm³/m³	
	O_2	—	≥13%	≥12%	
能见度		大空间，>10m；小空间，>2m	≥10m	≥10m	≥10m
通道烟热层高度		≥2.0m	—	—	≥1.8m

3.6 本章结论

3.6.1 烟雾场

隧道火灾烟气是导致人员伤亡的最重要的因素之一,本章对描述烟气运动规律的参数——烟气层高度、烟气蔓延速度和烟气中 CO 的输运特性等进行了系统研究。形成的主要结论如下:

1) 临界风速

通过对试验数据的统计与分析,得出港珠澳大桥海底沉管隧道不同火灾规模下的临界风速,如表 3-42 所示。

火灾临界风速取值表 表 3-42

火灾规模(MW)	5	10	20	40	50
临界风速(m/s)	2.0	2.5	3.0	3.0~3.5	3.5

2) 烟气流速

通过对试验数据的统计与分析,得出不同工况下火源下游烟气流速如表 3-43 所示。

烟气蔓延速度(m/s) 表 3-43

纵向风速(m/s)	火源规模(MW)			
	10	20	40	50
0	1.7	1.9	2.4	3.0
1.5	2.8	3.0	3.7	5.7
3.0	3.4	3.8	5.5	6.9

3) 烟气层高度

纵向风速接近 0 时,烟气能够较好地维持层状结构,烟气层向隧道上下游自由蔓延,其高度沿隧道纵向基本趋于线性分布,此时火源规模对其影响不大;当纵向风速不为 0 时,受纵向风作用,火源下游烟气层上下起伏,较为紊乱,但是其高度仍然能够维持在 3m 以上,对人员来说较为安全;以 50MW 火灾为例,纵向风速越大,烟气在火源附近越紊乱,烟气层高度越低,然而随着距离火源距离的增加,烟气层高度逐渐趋于稳定,通常在 2.5~3m。

4) 能见度与烟雾毒性

烟气层高度对于人员逃生有重要影响,若烟气层降落到人员高度处,则一方面影响人员的视野,即降低了逃生环境的能见度;另一方面,烟气内的有毒气体(CO)亦将给人员带来威胁。以 10m 作为人员不可承受的能见度距离,则 0 风速时,20MW 火灾火源上下游 300m 范围内能见度并非制约人员疏散的关键因素,50MW 火灾火源附近 180m 范围内能见度不会对人员疏散造成严重影响。火灾过程中隧道内 CO 浓度分布规律与能见度基本相同。

3.6.2 温度场

隧道火灾产生的高温对隧道结构及其内部滞留的车辆和人员均产生较大的威胁。本章采用全尺寸试验和 FDS 数值仿真软件相结合的方法对港珠澳大桥沉管隧道火灾温度场进行了系统分析,三维数值模拟能够全面地展现火灾流动现象,对试验数据进行了很好的补充与完善。本章形成的主要结论如下:

(1)隧道火灾温度场分布的影响因素主要包括纵向风速、火灾规模、燃烧物质以及火源位置。

①纵向风速对温度分布的影响。

5MW 火灾,3.5m/s 纵向风速使拱顶最高温度从 127℃ 降至 88.3℃,降低 30.5%;火源下游断面拱顶温度均已下降至 50℃ 左右,降幅为 36% ~ 54%;50MW 火灾,0 风速时,隧道拱顶最高温度达到 950℃,而 1.5m/s、3m/s 和 5m/s 纵向风作用下,隧道拱顶最高温度则分别为 700℃、600℃ 和 500℃,降幅分别为 26%、37% 和 47%。结果表明,隧道发生火灾时,一定的纵向通风可有效降低隧道拱顶最高温度,对隧道结构防火有着积极的作用。

工程实践中,应合理利用纵向风,一方面保持隧道内烟雾分层不被破坏,以利于火灾初期的人员疏散;另一方面,纵向风可在一定程度上降低隧道拱顶最高温度,对隧道结构的防火保护有一定的积极作用。

②火灾热释放速率对温度分布的影响。

随着火灾规模的增大,隧道内各点温度均升高,由 5MW 火灾的最高温度 120℃ 增大到 40MW 火灾的 800℃,温度扩散范围增大,各断面温度梯度变化增大。50MW 火灾,火源附近 20m 范围内,温度变化幅度较大,最低温度均在 250℃ 以上,距离火源 20 ~ 60m 范围内温度变化幅度较小,在 200 ~ 250℃;10MW 火灾,火源 60m 范围内,拱顶最高温度约 200℃,60m 范围内隧道拱顶温度均在 100℃ 以上;5MW 火灾,距离火源 60m 范围内隧道拱顶温度分布在 60 ~ 130℃。

当火灾规模相同时,风速越小,温度场蔓延范围越短,变化梯度越大;反之亦然。当通风速度相同时,火灾规模越大,温度场蔓延范围越大。

③燃料类型对温度分布的影响。

汽油燃烧经历典型的增长、稳定和衰减三个阶段,且稳定阶段温度基本不变,5MW 汽油火隧道拱顶最高温度约 130℃;柴油燃烧稳定阶段温度依然不断升高,且燃烧即将结束时突然升高,随后急剧降低,5MW 柴油火隧道拱顶最高温度约 150℃;木垛燃烧时温度很快达到最高,且维持较短时间后迅速降低,5MW 木垛火隧道拱顶最高温度约 260℃;小汽车燃烧过程与木垛近似,只是最高温度低于木垛,隧道拱顶最高温度约200℃。

（2）通过对沉管隧道火灾温度场空间分布的分析,各断面横向温度分布,拱顶最高,拱腰、边墙较低;纵向温度分布,火源处最高,随着距离火源越远温度随之降低。同时,获得火灾边墙的高温对设备的影响及不同火灾工况下拱顶的最高温度。

①随着火源规模的增大,边墙温度有所升高;纵向风速使高温范围扩大;边墙2的高温范围小于边墙1,边墙2更为安全。作为实际隧道火灾的较不利工况(50MW-3.5m/s),边墙高度3.5m以下,温度不超过100℃,因此被认为是安全区域。

②火源规模越大,隧道拱顶的高温范围越大;在纵向风的作用下,拱顶的最高温度急剧降低,范围急剧缩小,且抑制了高温向火源上游的传播。以50MW火灾为例,当纵向风速为0时,拱顶处超过300℃的范围为-50~+50m,而当纵向风速为3.5m/s时,拱顶超过300℃的范围只有+10~20m,高温区范围缩小且高温中心发生偏移。由此,火源规模相同的情况下,最高温度随纵向风速的增加而降低;而纵向风速相同时,火源规模越大,最高温度值越高。

第4章 离岸特长沉管隧道接头及结构防火灾技术

4.1 沉管隧道管节结构温度场二维分析

4.1.1 概述

1) 钢筋混凝土材料火灾高温力学性能

钢筋混凝土的高温性能是分析、评价隧道衬砌结构火灾安全性的基础。目前,国内外研究人员对高温下和高温后钢筋和混凝土的力学性能做了大量的研究,同时通过微观结构分析对高温损伤的机理进行了一定的解释。

在混凝土的高温性能方面,姚坚等(2007)对三种隧道衬砌混凝土材料经历不同高温后的力学性能进行了试验研究,探讨了三者高温后的主要力学指标峰值应力、峰值应变和弹性模量的变化规律,给出了相应的回归公式,此三种材料分别为 C50 普通混凝土、CF50 钢纤维混凝土和 PC50 聚丙烯纤维混凝土;1990 年,Carlos 和 Durrani 研究了高温对高性能混凝土构件强度、弹性模量以及本构关系的影响,指出弹性模量随温度升高呈现持续衰减趋势,即高温时高性能混凝土本构关系与普通混凝土大致相近。2003 年,Kodur 和 Sultan 给出了硅质、钙质高强混凝土热工参数与温度间的关系。Hertz(2003)、Kalifa 等(2000)对混凝土在火灾中发生爆裂的原因进行了总结分析,认为混凝土剥落的主要原因是热应力和内力,同时由于高性能混凝土的高致密性,高温下比普通混凝土更容易爆裂。Yabuki 等(2002)研究了火灾高温时混凝土蒸汽压的集聚、爆发,认为聚丙烯纤维有利于避免火灾高温下混凝土的爆裂。覃丽坤等(2004)、刘利先(2005)、苏承东等(2008)、阎慧群等(2008)、钮宏等(1990)研究了经历不同温度、不同冷却方式后混凝土的力学性能,总体上指出高温会降低混凝土的强度及弹性模量。覃丽坤等(2005)、何振军等(2008)研究了高温后混凝土的双轴力学性能,在此基础上,建立了高温后混凝土双轴压的破坏准则。胡海涛和董毓利(2002)、吴波等(2000)通过试验研究了高温对高强混凝土的影响,发现随受火温度升高,高强混凝土的强度、弹性模量逐渐下降,峰值应变逐渐增大,通过回归分析,给出了相应的回归公式。徐晓勇等(2009)、赵莉弘等(2003)、刘沐宇等(2008)、张彦春等(2001)研究了掺加纤维(包括聚丙烯纤维、钢纤维)对于混凝土的高温性能的影响,发现钢纤维能够提高高性能混凝土残余强度和抗断裂性能,聚丙烯纤维可以使高强混凝土的高温爆裂得到明显改善,但对高强混凝土的残余强度率提高的效果并不太明显,甚至使高强混凝土的抗压、抗拉强度有小幅度的降低。

在钢筋的高温性能方面,2008年,肖建庄等通过钢筋试件的拉伸试验,研究500MPa细晶粒钢筋在经历不同高温条件后,材料的屈服强度、极限强度、弹性模量、延伸率、受拉应力-应变关系的变化规律,提出了500MPa细晶粒钢筋屈服强度、极限强度和弹性模量随温度变化的计算公式及高温下钢筋的本构模型。吴红翠等(2009)对HRB500高强钢筋在高温后的力学性能进行试验,结果表明,经历高温作用并冷却后,高强钢筋所经历的高温温度不同,其高温后力学性能(屈服强度、极限强度、弹性模量、延伸率和截面收缩率等)的变化规律也不相同,高温后高强钢筋的应力-应变关系有变化,但屈服阶段和强化阶段的界限仍然很明显,只是随着温度的升高,屈服台阶的高度降低。余志武等(2005)开展了大量钢筋高温后的力学性能试验,通过研究经历不同受火温度和受火恒温时间后钢筋力学性能(屈服强度、极限强度、弹性模量、延伸率和受拉应力-应变关系等)的变化规律,提出了新Ⅲ级钢筋高温后力学参数的计算公式。

总体上,高温下钢筋和混凝土的力学性能呈现随温度升高逐渐劣化的趋势。其表现主要体现在以下几点:

(1)随着温度升高,钢筋和混凝土的强度、弹性模量逐步降低,二者之间的黏结强度减小。

(2)高温后钢筋强度会有较大恢复,但与常温下的强度相比仍有下降。

(3)高温后混凝土的强度和弹性模量会继续下降,其力学性能通常比高温下更差。

(4)高温后混凝土与钢筋之间的黏结强度下降幅度比高温下的下降幅度更大。

(5)高强混凝土在高温条件下会产生爆裂现象,掺加聚丙烯纤维会改善混凝土高温爆裂现象。

由于目前钢筋混凝土仍然是隧道衬砌结构的主要材料,因此,火灾下钢筋混凝土物理力学性能的变化规律是进行衬砌结构火灾高温力学性能、高温承载能力以及火灾安全性分析的基础。目前,国内外专家学者对钢筋混凝土在火灾高温下物理力学性能方面开展了大量的研究工作,得到了一系列的研究成果。

2)隧道衬砌结构火灾高温力学行为

人们发现隧道衬砌结构在火灾中会发生爆裂、渗漏水甚至坍塌,越来越多的学者开始关注衬砌结构的防火研究,但是与上部结构的研究(时旭东和过镇海,1996,2003;胡克旭,1992)相比,成果较少。Modic(2003)采用计算机模拟了火灾时衬砌结构的温度分布。闫治国等(2003,2005)针对特长公路隧道发生火灾特点,借助大比例火灾模型试验,系统研究了火灾时隧道内温度随时间的变化,最高温度与通风风速、火灾规模的关系,提出了火灾阶段划分和隧道火灾的预防救援措施。Majorana等(2003)在对隧道火灾真实热输入评估的基础上,以该热输入为基础对衬砌混凝土(将混凝土看作多相孔隙材料)进行了热力耦合分析。Ibrahim A. (1992)采用二维弹塑性有限元对直径为 $R=6.6m$ 的圆形隧道衬砌的应力变形进行了分析,计算出高温作用后衬砌屈服极限应力与常温下(20℃)的屈服极限应力之比,以及相应弹性模量之比随时间的变化曲线。梅志荣(1999)在调查研究国内外大量隧道火灾实例的基础上,进行了铁路单线隧道 1:3 大比例模型火灾试验。试验中,首先分别测试了隧道结构在 400℃、700℃、900℃和 1 250℃火灾高温下的受力和变形情况、衬砌结构内温度传递规律及温度场分布形式,然后现场采集火灾损伤后的衬砌混凝土试块,进行室内测试分析,通过对试验数据的处理与分析,研究了隧道火灾时衬砌结构的表面特征、火灾损伤情况、静力性能、结构稳定性等重大问题。闫治国等(2006)在上海地铁隧道火灾的基础上,对国内外大量的隧道火灾进行调研,通过调研得出了隧道衬砌结构火灾损坏的主要形式,并对提高衬砌结构耐火能力的方法给出了建议。闫治国(2007)从材料、构件、结构体系三个层次对衬砌结构在火灾高温时(高温后)的力学特性、耐火能力以及薄弱环节进行了系统的研究。

从国内外的研究成果来看,随着隧道衬砌结构火损事故(爆裂、开裂、渗漏水等)的不断发生,人们开始关注隧道衬砌结构的防火,并开展了一系列的研究。但是,目前的研究方向主要为两方面,一是如何避免火灾中衬砌结构的爆裂,二是怎样降低火灾时衬砌混凝土表面的温度。对于衬砌结构火灾下的力学行为以及承载能力方面的研究涉及比较少,还没有形成系统的研究成果,因此,研究隧道衬砌结构火灾高温力学行为和高温承载能力具有重要的意义。

3)火灾高温对隧道衬砌结构的损伤机理及形式

(1)混凝土高温爆裂

隧道内发生火灾后,由于温度上升极快,很容易引起衬砌混凝土爆裂。目前,对于混凝土爆裂的机理主要有两种理论,一是蒸汽压理论,二是热应力理论(图4-1)。蒸汽压理论认为:混凝土表面受热后,表层混凝土内的水分开始蒸发为水蒸气,并向里层混凝土中温度较低的内层孔隙流动。如果混凝土表面的温度迅速升高,混凝土表层的水蒸气便不能全部及时地流入内层孔隙结构,就会导致混凝土表层的蒸汽压力急剧增大,使得衬砌结构表层混凝土内部产生拉应力。如果水蒸气产生的拉压力超过了混凝土的抗拉强度,混凝土表层就会突然脱落,这就是爆裂。爆裂之后,靠近表层的里层混凝土就变得裸露,并且会直接受火灾高温的影响,因此便会引发进一步的爆裂(Kowbel 等,2001;Andrew,2004)。

以往的研究表明,爆裂是一个普遍现象,普通混凝土和高强混凝土在火灾下都可能发生爆

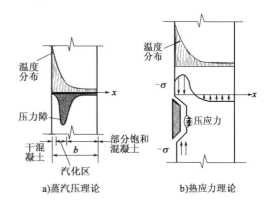

图4-1 混凝土高温爆裂的机理(Ulm 等,1999)

裂,并且混凝土越密实,爆裂越容易发生(ITA,2005)。对于爆裂的发生时间,一般在火灾后的 20min 之内(Hertz,2003),受火灾升温速率和混凝土自身物理特性的影响较大;对于爆裂发生的温度,主要集中在 250~420℃ 之间(Khoury,2000,2003)。试验研究表明,混凝土爆裂的影响因素主要包括(Khoury,2000;ITA,2005;Both 等,2003):①升温速率。升温速率越快,爆裂越容易发生。②混凝土的密实性。混凝土越密实,爆裂越容易发生。③混凝土的含水率。混凝土含水率越高,爆裂越容易发生。④外加荷载的大小。外加荷载是影响爆裂的一个重要因素,试验表明,预加 20%~30% 抗压强度压应力的混凝土爆裂程度明显增加。

爆裂是火灾高温对隧道衬砌结构的主要损害形式,这是由于:①隧道火灾升温速度快,最高温度高,使得衬砌结构非常易于爆裂,且衬砌结构内的温度梯度非常大;②隧道衬砌结构混凝土一般等级较高、密实性好,特别是对于盾构隧道衬砌;③隧道衬砌结构往往主要承受压应力,特别是对于盾构隧道衬砌;④衬砌结构体系为超静定结构,火灾时会在衬砌结构内产生巨大的热应力。此外,由于隧道火灾持续时间较长,不断发生的爆裂还会使内侧受力钢筋暴露于火灾高温中,严重降低衬砌结构的承载力和可靠性,甚至导致隧道衬砌结构坍塌。

(2)高温后隧道衬砌混凝土耐久性劣化

火灾中混凝土的孔隙结构相比常温下更加粗糙,孔隙率增大,孔隙尺寸变大,使得透气性显著增加(郭鹏等,2000)。混凝土的透气性增加之后,便会增大混凝土渗透性能,从而降低了混凝土的耐久性。对于高性能混凝土,其耐久性在高温下的降低程度更大。图 4-2 给出了普通混凝土、钢纤维混凝土及聚丙烯纤维混凝土经历高温后($T \leqslant 300℃$),相对渗透系数的变化。

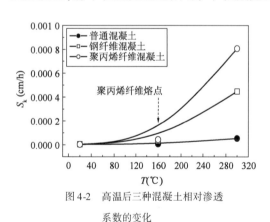

图 4-2 高温后三种混凝土相对渗透系数的变化

可以看到,随着经历温度的升高,三种混凝土的抗渗性能显著下降。同时,对比三种混凝土可以发现,经历不同高温后普通混凝土的相对渗透系数最小,钢纤维混凝土其次,而聚丙烯纤维混凝土的相对渗透系数最高。这表明,钢纤维的掺入虽然可以提高混凝土的强度并增加韧性,但是会削弱混凝土高温后的耐久性能。而对于聚丙烯纤维,尽管可以有效地减轻甚至消除混凝土的高温爆裂现象,但正是由于其抗爆裂的机理(聚丙烯纤维在 160℃ 熔融,在混凝土中形成大量连通的微小孔隙),导致了其相对渗透系数增大,抗渗性能急剧下降。

混凝土高温后抗渗耐久性的降低,极大地影响了隧道衬砌结构的耐久性与安全性,这是由于衬砌结构是处于周围岩土体中的,从衬砌结构的建成那一天起,就要一直承受周围岩土体带来的水压力和土压力。特别是对于处在水域环境下方的沉管隧道,保证沉管结构寿命期内的耐久性对于沉管隧道的安全使用至关重要。

(3)隧道衬砌混凝土力学性能高温劣化

当混凝土的受火温度达到300℃以上时,水泥凝胶开始脱水,水泥砂浆收缩而集料受热膨胀,两者的变形不协调使得混凝土微裂缝产生和扩展,且随着温度的升高,这种不协调在增加,使得水泥骨架破裂;当温度升高到500℃以上时,混凝土集料中的石英晶体晶型转变,体积膨胀,使得微裂缝迅速扩展并贯通(过镇海和时旭东,2003)。由于火灾高温导致微裂缝的发展、水泥凝胶的劣化及集料的破裂,使得混凝土高温时、高温后的力学性能明显下降。

由于隧道火灾温度一般较高,且持续时间长(如勃朗峰隧道火灾持续55h),在这样长时间的高温作用下,衬砌混凝土(包括钢筋)的力学性能的降低将非常严重。而混凝土、钢筋力学性能的降低,会导致衬砌结构的承载力降低,可能引起隧道衬砌结构体系的坍塌。

由于火灾高温造成的隧道衬砌材料、构件和结构体系不可恢复的物理力学性能的劣化称为高温损伤。其中隧道衬砌结构的高温损伤主要表现形式有:强度下降、变形增大、承载力降低、颜色等表面特征的变化等。

(4)火灾高温导致的衬砌结构体系内力变化及变形

①火灾时,由于结构内温度分布不均,衬砌结构体系产生的热应力不均匀。

②火灾时,由于温度在衬砌结构内的传播缓慢,使得结构内温度分布不均,导致衬砌内不同厚度处混凝土材料性能劣化不同,引起内力重分布。

③由于衬砌结构为超静定结构,高温下衬砌结构的变形会同时受到周围地层以及相邻构件的约束,引起内力重分布,最终导致出现与常温时不同的破坏形态。

④火灾高温引起的衬砌结构体系的变形,引起内力重分布。

⑤火灾高温导致的衬砌结构体系的残余变形,会改变隧道原有的内部空间形式,可能影响隧道内部的正常运行环境。

⑥隧道衬砌结构在火灾高温下的变形会影响到地面建筑物及邻近地层中其他建筑物的安全,特别是在城区修建的隧道。

4)本节主要研究内容

本节围绕港珠澳大桥沉管隧道主体结构的火灾工况温度场、热应力及其损伤、高温承载能力等开展计算分析,主要内容如下:

(1)温度场

①建立沉管隧道火灾温度场分布计算方法与数值计算模型。

②不同火灾工况下沉管隧道结构内部温度变化规律。

③沉管隧道结构截面温度分布的公式拟合。

(2)热应力及其损伤(无隔热条件)

①建立沉管隧道温度-结构耦合模型。

②沉管隧道热应力变化规律分析。

③热应力导致的结构损伤深度分析。

(3)热应力及其损伤(隔热条件)

①建立沉管隧道火灾工况温度场计算方法与模型。

②重型货车火灾下沉管隧道结构受火表面升温曲线试验、温度场分布规律和热应力变化规律。

③重型货车火灾下结构热应力损伤分析。

(4)沉管隧道火灾高温承载力计算理论与设计方法

4.1.2 无隔热条件下结构温度场

1)计算方法与模型

(1)基本假定

隧道内发生火灾后,热烟气与沉管隧道结构表面的热量传递主要通过热对流和热辐射两种方式进行,结构内部的热量传递主要以热传递的方式进行。结构温度场计算中按如下假定:

①假定混凝土为各向同性材料,在同一温度下,其热工参数在各个方向上是相同的。

②一般情况下,隧道内发生火灾后,起火点位置的温度最高,结构的损伤也最大,因此假设起火点位置为最不利的结构横断面位置。计算中沿隧道纵向取1m,并假定该范围内的温度不变,将结构简化为二维导热问题进行求解。

③沉管结构自身没有热量生成,混凝土中水分蒸发的影响忽略不计。

④忽略钢筋的影响,这是由于钢筋在混凝土结构中所占的体积很小,且钢筋的传热系数很大。

⑤忽略爆裂的影响,且假设火灾下混凝土的损伤层不会大面积掉落,即混凝土的表层损伤不影响结构内部的温度传播。

(2)火灾场景的确定

①标准火灾曲线。

a. ISO 834 曲线。

ISO 834 标准火灾曲线在建筑物火灾分析中应用比较广泛,其对应的燃料为木材、织物等纤维质的材料。该曲线很好地描述了火灾中温度增长的过程和火灾的持续燃烧过程,但是没有对火灾衰减阶段的描述。其表达式为:

$$T = 345 \lg(8t + 1) + 20 \tag{4-1}$$

式中:t——时间,min;

T——t 时刻试验炉里面的平均温度,℃。

b. RWS 曲线。

1979 年,荷兰 TNO 火灾研究中心与公共工程部(Ministry of Public Works),荷兰水运局

(the Rijswaterstaat)在油罐车火灾试验结果的基础上提出了 RWS 标准火灾曲线。油罐车在隧道中燃烧时热释放高达 300MW,由于隧道空间狭小且环境封闭,温度上升极快,3min 隧道内温度就上升到 890℃,10min 温度就上升到 1 200℃,之后升温速率明显下降,直到 60min 温度上升到最高值 1 350℃,这时已经烧掉大部分燃料,隧道内温度开始慢慢下降。起火后 120min 消防人员开始接近火源并进行灭火。

c. HC 曲线及 HC_{inc} 曲线。

20 世纪 80 年代,HC 标准火灾曲线开始应用于石油化工工程和海洋工程火灾分析,用来描述小型石油火灾。后来隧道工作者把 HC 曲线引进应用到隧道工程中,用来描述汽油箱、汽油罐、化学物品运输罐等在隧道中燃烧时的温度变化规律。其数学表达式为:

$$T = 20 + 1\,080 \times (1 - 0.325 \times e^{-0.167t} - 0.675 \times e^{-2.5t}) \tag{4-2}$$

式中:t——时间,min;

T——t 时刻隧道内的最高温度,℃。

在 HC 曲线的基础上乘以 1 300/1 100 便得到 HC_{inc} 曲线,该曲线在法国首先被提出并应用于隧道工程的防火设计中。

d. RABT/ZTV 曲线。

德国在一系列封闭环境下火灾试验的基础上,提出并发展了 RABT/ZTV 标准火灾曲线。该曲线可以反映一辆汽车在隧道内发生火灾时的燃烧特性,其火灾温度的发展趋势为:火灾时隧道内温度在 5min 时升到最高的 1 200℃;最高温度持续到 30min(或 60min)后开始下降;降温过程为 105min,到第 140min 时温度降到常温。

e. Runehamar 曲线。

2003 年,挪威隧道专家在 Runehamar 隧道中进行了 4 次重型卡车火灾试验,在这 4 次试验过程和结果的基础上,他们提出并建立了 Runehamar 标准火灾曲线。其数学表达式为:

$$T = 20 + \sum_{i}^{N} n_i r_i (1 - e^{-k_i t})^{n_i - 1} \times e^{-k_i t} \tag{4-3}$$

式中: t——时间,min;

T——t 时刻隧道内的最高温度,℃;

N、n_i、r_i、k_i——参数,1/min,根据试验结果确定,见表 4-1。

Runehamar 曲线参数取值表 表 4-1

$N=1$	n_1	r_1	k_1
	1.207 9	1 932.8	0.004 033 5
$N=2$	n_1	r_1	k_1
	1.2	1 920	0.003 85
	n_2	r_2	k_2
	30	300	0.65

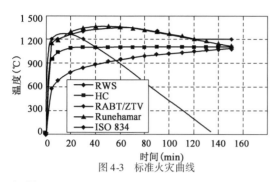

图4-3 标准火灾曲线

图4-3给出了各标准火灾曲线下温度随时间的变化关系,从图中可以看出,各曲线都体现了隧道内火灾升温速度快这一显著特点,但由于各标准曲线是在不同火灾试验基础上建立起来的,各自的升温过程及达到的最高温度有所差异。

②基于标准火灾曲线的沉管隧道火灾场景。

国际道路协会PIARC(2002)依据交通类型、隧道所处位置以及不同的隧道类型,给出了不同类型隧道抗火设计时火灾曲线的选用标准。其建议的沉管隧道抗火设计的火灾曲线见表4-2。

PIARC建议的沉管隧道火灾场景　　　　表4-2

交 通 类 型	火 灾 曲 线	持续时间(min)
小汽车/厢式货车	ISO	60
卡车/油罐车	RWS/HC$_{inc}$	120

注:如果装载易燃品的卡车通行量很大时,持续时间提高到180min。

国际隧道协会ITA(2005)考虑到不同车辆燃烧时的差异,给出了各种类型隧道在不同车辆燃烧时火灾曲线的选择标准。其建议的沉管隧道抗火设计的火灾曲线选用见表4-3。

ITA建议的沉管隧道火灾场景　　　　表4-3

燃烧车辆类型	燃烧车辆数量	火 灾 曲 线	持续时间(min)
小汽车	1~2	ISO	60
	3及以上	ISO	60
重型货车	1~2	RWS/HC$_{inc}$	120
	3及以上	RWS/HC$_{inc}$	180

Both等Richter(1994)依据隧道内燃烧车辆的类型,给出了隧道防火设计时可采用的火灾曲线及持续时间(表4-4)。

不同交通类型隧道的火灾场景　　　　表4-4

交 通 类 型	火 灾 曲 线	持续时间(min)
行人	无	—
自行车	无	2
货车	HC	90~120
小汽车	ISO/HC	30~60
集装箱/穿梭式列车	HC	120(+)
铁路货车	HC	120(+)

续上表

交通类型	火灾曲线	持续时间(min)
油罐车	RWS(和)或 ISO/HC	120/240
公交车	HC	90~120
地铁/轻轨/高速列车	HC	90~120
列车	RWS(和)或 ISO/HC	120/240

③火灾升温曲线的选用。

我国现行《建筑设计防火规范》(GB 50016—2014)在综合考虑上述标准火灾曲线及火灾场景的基础上,对城市隧道承重结构体耐火极限测试时选用的标准升温曲线做出了相应的规定。依据《建筑设计防火规范》(GB 50016—2014)对城市隧道类型的划分方法,本书依托工程——港珠澳大桥沉管隧道属于水底一类隧道,根据规定应采用 RABT 升温曲线进行耐火极限测试,本书记为升温曲线1,其温度与时间的对应关系见表4-5与图4-3。

RABT 火灾曲线 表4-5

时间(min)	0	5	85	140
温度(℃)	20	1 200	1 200	20

为了模拟不同汽车火灾下的升温规律,重庆交通科研设计院在对大量火灾事故以及火灾试验成果调研的基础上,提出了基于 HC 标准曲线的且参数可调的公路隧道火灾温升基准曲线,即:

$$T = T_0 + A \times (1 - 0.325 \times e^{\alpha t} - 0.675 \times e^{\beta t}) \tag{4-4}$$

式中:T——t 时刻的温度,℃;

t——时间,min;

T_0——初始温度,℃;

A、α、β——曲线形状参数,根据燃烧车辆的不同,取值不同,标准火灾曲线(HC 曲线)中分别取 1 080、-0.167、-2.5。

根据以上温升基准曲线,本书选取三种火灾工况进行计算分析,分别模拟小汽车、公交客车以及重型货车燃烧。各火灾工况下曲线形状参数的取值见表4-6,其温度随时间的变化曲线如图4-4所示。

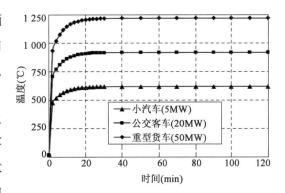

图4-4 不同类型汽车火灾升温曲线

火灾升温曲线 2、3、4 的参数取值　　　　　　　　表 4-6

升温曲线	燃烧车辆	A	α	β	燃烧时间(min)
2	小汽车	600	-0.167	-2.5	120
3	公交客车	900	-0.167	-2.5	120
4	重型货车	1 200	-0.167	-2.5	120

④沉管隧道管段内横断面温度分布形式。

对于火灾下隧道横断面的温度分布情况,闰治国、杨其新等在长大公路隧道火灾温度场分布试验研究中得出:在自然通风状态下,隧道横断面内温度场的分布规律为拱顶处温度最高,拱腰次之,边墙和底部最低,也即随着距拱顶距离的加大,温度下降;在机械通风条件下,风流加剧了热烟气流的紊动,使得热烟气充满整个隧道断面,即温度的横向分布趋于均匀,在起火位置,路面附近的温度甚至会超过拱顶附近的温度。

胡辉荣曾利用 FDS 软件对两车道公路隧道火灾场景进行数值模拟研究,研究结果显示隧道横断面上的温度分布规律与隧道内的通风条件相关密切,表现为:①通风速度较小时,隧道拱顶位置的温度最高,隧道路面的温度最低,在空间上基本呈线性规律;②纵向通风风速增加后,拱顶位置和路面附近的温度相差不大,横断面上的温度基本呈均匀分布。

本节计算中,考虑火灾时隧道内处于机械通风状态,同时根据日本大断面公路隧道火灾试验结果(Takekuni 等,2003),横断面温度采用均匀分布方式,即断面上距路面任意高度处的温度相等,且等于顶板(或者隧道两侧)的温度。

隧道中,由于高温烟气主要分布在沉管截面上半部分,此外,隧道地面有很厚的路面及压重层,隧道底部的温度接近常温,因此热烟气流在隧道衬砌表面的分布主要是在沉管隧道顶部及两侧。

(3)结构温度场分布的计算方法

沉管隧道结构的温度分布与受火时间有着密切的关系,属于瞬态传热分析。结构内部温度场的计算,实质是高温在结构内传播的计算,因此,在计算中首先必须确定沉管结构的热传导微分方程;其次,结构所处环境的初始条件与热传递的边界条件对结构内温度传播起着关键性的作用,需要在计算开始前进行分析,以得出合理的边界条件与初始条件;同时,结构自身的几何条件(几何形状与尺寸)与物理条件(材料的热工参数)会直接影响结构内热传导的过程,因此,在计算前必须给予分析。

①沉管结构热传导微分方程。

热量的传导方式有三种,即热传导、热对流和热辐射。不过沉管结构内部的温度的升高主要是热传导引起的,因此,在进行沉管结构温度场分析时,可以通过建立并求解热传导基本方程来完成。

在热传导微分方程的建立过程中,假设沉管结构的热工参数 ρ、λ、c 都已知,并且是随温度变化的。在直角坐标系内(图 4-5),在点附近取一个微体 $dxdydz$,由于微体 $dxdydz$ 足够小,故可以认为其温度均匀,并假设 t 时刻微体的温度值为 $T(x,y,z,t)$。

当微体周围的温度与微体内温度不相等时,微体和外界便会进行热交换(图4-5)。以 x 方向为例,假设单位时间内,从单位面积流入微体的热量为 q_x,流出微体的热量为 $q_{x+\mathrm{d}x}$,根据导热系数的定义可得:

$$q_x = -\lambda \frac{\partial T}{\partial x} \tag{4-5}$$

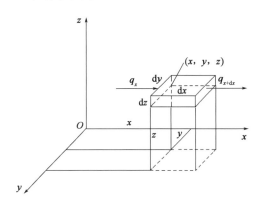

图4-5 微体的热流分析

$$\begin{aligned}q_{x+\mathrm{d}x} &= q_x + \frac{\partial q_x}{\partial x}\mathrm{d}x \\ &= -\lambda \frac{\partial T}{\partial x} - \frac{\partial}{\partial x}\left(\lambda \frac{\partial T}{\partial x}\right)\mathrm{d}x \end{aligned} \tag{4-6}$$

由此可得单位时间内微体在 x 方向上获得的热量为:

$$(q_x - q_{x+\mathrm{d}x})\mathrm{d}y\mathrm{d}z = \frac{\partial}{\partial x}\left(\lambda \frac{\partial T}{\partial x}\right)\mathrm{d}x\mathrm{d}y\mathrm{d}z \tag{4-7}$$

同理,单位时间内微体在 y 方向和 z 方向上增加的热量依次为:

$$\frac{\partial}{\partial y}\left(\lambda \frac{\partial T}{\partial y}\right)\mathrm{d}x\mathrm{d}y\mathrm{d}z \tag{4-8}$$

$$\frac{\partial}{\partial z}\left(\lambda \frac{\partial T}{\partial z}\right)\mathrm{d}x\mathrm{d}y\mathrm{d}z \tag{4-9}$$

三个方向上的热增量相加,便可以得到单位时间内微体内总共增加的热量:

$$\left[\frac{\partial}{\partial x}\left(\lambda \frac{\partial T}{\partial x}\right) + \frac{\partial}{\partial y}\left(\lambda \frac{\partial T}{\partial y}\right) + \frac{\partial}{\partial z}\left(\lambda \frac{\partial T}{\partial z}\right)\right]\mathrm{d}x\mathrm{d}y\mathrm{d}z \tag{4-10}$$

如果材料本身能发热,并且假设其单位时间内单位体积上发出的热量为 q_d,则微体在单位时间内产生的热量为:

$$q_\mathrm{d}\mathrm{d}x\mathrm{d}y\mathrm{d}z \tag{4-11}$$

微体热量增加后,必将引起温度的升高。假设单位时间内温度升高 $\frac{\partial T}{\partial t}$,依据质量热容的定义,微体增加的总热量为:

$$c \cdot \rho \mathrm{d}x\mathrm{d}y\mathrm{d}z \cdot \frac{\partial T}{\partial t} \tag{4-12}$$

根据热量守恒原理,微体表面流入或者流出的热量和其内部产生的热量之和等于微体温度升高所吸入或者温度降低所放出的热量。即有:

$$\left[\frac{\partial}{\partial x}\left(\lambda \frac{\partial T}{\partial x}\right) + \frac{\partial}{\partial y}\left(\lambda \frac{\partial T}{\partial y}\right) + \frac{\partial}{\partial z}\left(\lambda \frac{\partial T}{\partial z}\right)\right]\mathrm{d}x\mathrm{d}y\mathrm{d}z + q_\mathrm{d}\mathrm{d}x\mathrm{d}y\mathrm{d}z = c \cdot \rho \mathrm{d}x\mathrm{d}y\mathrm{d}z \cdot \frac{\partial T}{\partial t}$$

或

$$\frac{\partial T}{\partial t} = \frac{1}{c\rho}\left[\frac{\partial}{\partial x}\left(\lambda\frac{\partial T}{\partial x}\right) + \frac{\partial}{\partial y}\left(\lambda\frac{\partial T}{\partial y}\right) + \frac{\partial}{\partial z}\left(\lambda\frac{\partial T}{\partial z}\right)\right] + \frac{1}{c\rho}q_d \tag{4-13}$$

式中：t——时间；

x、y、z——空间坐标；

$T = T(x,y,z,t)$——表示构件内部的温度场；

ρ、c、λ——构件的密度、比热容和热传导系数。

这就是瞬态热传导的基本微分方程。

在衬砌结构的温度场计算中，不考虑混凝土自身的发热，即取 $q_d = 0$。

在沉管隧道结构的温度场计算中，温度传递主要沿着截面厚度方向进行，因此，可假设热量在一个方向上进行传递，故可进一步将微分方程简化为一维温度场（平面结构）。

$$\frac{\partial T}{\partial t} = \frac{1}{c\rho}\left[\frac{\partial}{\partial x}\left(\lambda\frac{\partial T}{\partial x}\right)\right] \tag{4-14}$$

②边界条件。

边界条件是指模型中控制研究对象之间平面、表面或交界面处特性的条件，由此确定跨越不连续边界处的性质。在本书的计算中，就是沉管隧道结构受火表面与周围环境相互作用的条件。根据结构周围环境以及与周围介质的热交换条件的不同，边界条件可分为四类：

第一类边界条件，已知模型边界上的温度。此类边界最典型的例子就是边界上温度在整个热传导过程中保持不变，在瞬态传热分析中，此类边界条件可以用公式表达为：

$$T_{(x,y,z,t)} = T_f(t) \tag{4-15}$$

第二类边界条件，已知模型边界上的热流密度。此类边界最典型的例子是边界上的热流密度在整个热传导过程中保持不变，在瞬态传热分析中，此类边界条件可以用公式表达为：

$$-\lambda\frac{\partial T}{\partial n} = Q_f(t) \tag{4-16}$$

式中：n——表面的外法线方向。

第三类边界条件，规定了结构模型边界与周围流体介质间的表面传热系数 β_T 以及周围流体的温度 T_f，可用公式表达为：

$$-\lambda\frac{\partial T}{\partial n} = \beta_T(T_f - T_a) \tag{4-17}$$

在瞬态传热分析中，公式(4-17)中的 β_T、T_f 均为时间的函数。

公式(4-17)中，β_T 的定义为单位时间内、单位温度差所通过单位面积的热量，单位为 $W/(m^2 \cdot K)$。

第四类边界条件，结构与其他固体物质相接触，已知接触面上的换热条件。

在一般的结构火灾分析中，火灾发生时，受火表面取为第三类边界。随着火灾的延续、温度的升高，结构受火表面的温度值逐渐接近火灾气流的温度值，受火表面就可作为第一类边界条件考虑。在整个火灾过程中,结构的未受火表面则可以看作第一类边界条件。

沉管隧道在实际火灾情况下,沉管隧道结构内侧(边界 S1)为受火表面,可知热流温度以及沉管结构内表面与热烟气流间的对流换热系数,属于第三类边界条件;对于沉管隧道结构外侧(边界 S2),由于被回填土体包围,并且结构混凝土材料具有热惰性,结构厚度大(1.5m),其外侧界面温度一般不会太高,与回填土体温差不大,可假定沉管隧道结构混凝土与回填土体之间为理想接触,即不考虑两者之间的接触热阻。则边界条件可表达如下:

$$\begin{cases} -\lambda(T)\dfrac{\partial T}{\partial x}\bigg|_{S1} = h(T_f - T|_{S1}) \\ T|_{S2\text{-}C} = T|_{S2\text{-}G} \end{cases} \tag{4-18}$$

式中:$\lambda(T)$——结构混凝土的导热系数,W/(m·K);

T——结构内任意点的温度,K;

x——结构面法向坐标;

$S1$——结构内表面边界;

$S2$——结构外表面边界;

h——结构混凝土与热烟气流间的对流换热系数,W/(m²·K);

T_f——热烟气流的温度,K;

$T|_{S1}$——结构内表面 S1 边界温度,K;

$T|_{S2\text{-}C}$——S2 结构外表面温度,K;

$T|_{S2\text{-}G}$——S2 边界处回填土体温度,K。

③初始条件。

初始条件是指传热过程开始时物体所在区域中所具有的温度。火灾发生前,沉管结构处于环境温度状态,假设整个结构的温度均匀,且等于环境温度,则初始条件可以写作:

$$T(x, t=0) = T_0 \tag{4-19}$$

④几何条件。

几何条件主要指参与结构热传导物体的几何形状及尺寸大小。在沉管隧道火灾温度场的分析中,只有沉管结构内壁受热,因此,其几何条件主要是沉管结构的厚度。根据《港珠澳大桥施工图设计》,其横断面形式及尺寸见图4-6。

⑤物理条件。

物理条件主要指参与对结构热传导过程有直接影响的热物理参数。在沉管结构温度场计算中,涉及的热物理参数主要有混凝土的导热系数、比热容、对流换热系数等。

(4)结构热传导问题的有限元法和 ANSYS 实现

①理论上,微分方程、初始条件、边界条件、几何和物理条件确定之后,就能够求解出沉管结构的温度场。但在实际中,沉管结构的热传导问题是一个瞬态传热问题,要想通过公式推导

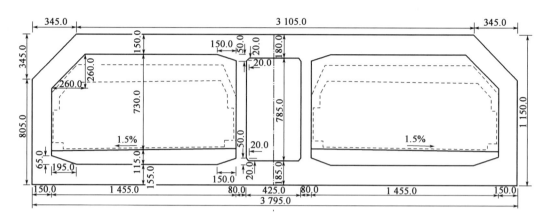

图 4-6　港珠澳大桥沉管隧道横断面图(尺寸单位:mm)

演算求出沉管结构温度场的解析式是很困难的,主要有以下几个原因:

a. 热传导方程是一个偏微分方程,在数学上很难获得解析解。

b. 材料的热工参数(导热率、比热容等)不是恒定值,会随温度的升高而变化。

c. 由于火灾下的热烟气流温度是随时间不断变化的,使得沉管结构受火表面的温度也是随时间不断变化的。

在这种情况下,通过有限元数值计算法来解决沉管结构的瞬态热传导问题是一个不错的选择。有限元法吸收了有限差分法中的剖分合理性,将连续体离散成有限个单元的集合体,将连续分布的物理特性参数化为用有限个离散节点的参数表示出来。然后从泛函数出发,以坐标轴的线性插值函数作为试解函数代入泛函数的积分式,进行单元分析。最后进行总体合成,求解线性代数方程组,得出各离散节点的温度。本书选用 ANSYS 有限元软件进行结构温度场计算。

②ANSYS 可以处理各类非线性场问题,支持各类热传导问题分析。ANSYS 软件可以较好地实现沉管结构瞬态热传导分析,其优点如下:

a. 支持求解瞬态热传导问题。瞬态热传导分析中计入热储存项 $[C]\{\dot{T}\}$,其控制方程为:

$$[C]\{\dot{T}\} + [K]\{T\} = \{Q(t)\}$$

b. 在沉管结构温度的传播过程中,材料的热物理参数是随时间或温度变化的,在 ANSYS 的计算中可以实现材料热工参数与时间和温度同时相关,因此,控制方程可以写为:

$$[C(T)]\{\dot{T}\} + [K(T)]\{T\} = \{Q(T,t)\}$$

c. 能够进行非线性边界条件的分析。

d. 提供了大量的热传导分析单元,本次模拟采用可用于衬砌热传导分析的 4 节点平面传热单元(PLANE55)。

e. 利用 ANSYS 操作命令与参数化编程,可以方便地进行衬砌热传导分析的有限元网格划分建模,灵活地进行材料的热物理参数等模型定义,以及计算结果后处理(通用后处理器

POST1、时间历程处理器 POST26)。

③沉管结构热传导分析的 ANSYS 实现过程如下:

　　a. 定义分析单元的类型,并设定随温度变化的热物理参数(热系数、比热容和密度等)。

　　b. 建立沉管隧道热传导模型并划分有限元网格,如图 4-7 所示。

　　c. 定义模型的初始条件,即模型的初始温度。

　　d. 定义模型热传导的边界条件,主要定义

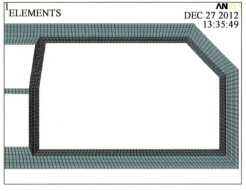

图 4-7　有限元网络划分图(半幅)

与隧道内壁热烟气流的温度以及结构受火表面与火灾热烟气流之间的综合换热系数。

　　e. 设定荷载步选项。

　　f. 定义瞬态热传导求解方式并递交运行。

　　g. 分析完成后,对得到的结果进行后处理。

(5)混凝土的热物理参数选取

以往的研究表明,混凝土的热工参数值会随着温度变化而发生改变,因此,进行管段内部的温度分布计算时,需要考虑混凝土材料热工性质随温度呈现的非线性变化,即首先需确定混凝土热工参数与温度的变化关系,包括混凝土的导热系数、比热容、表面传热系数等。

①混凝土的导热系数。

导热系数 λ(热导率)是指在单位时间(h)内、在单位温度梯度(K/m)情况下,通过材料单位等温面积(m^2)的热量,单位为 W/(m·K)或 W/(m·℃)。

衬砌混凝土的导热系数跟集料的种类、配合比、含水率、混凝土的强度等级有着密切的关系,由于影响因素较多,且不同的试验所用的试验条件也相差很大,因此导热系数的结果具有较大的离散性,不同的文献给出的结果也不尽相同。但总体来说,混凝土的导热系数随着温度的升高而降低,大致变化范围在 2.0~0.5W/(m·K)。陆洲导和朱伯龙(1997)通过试验研究得出混凝土导热系数的计算公式[式(4-20)];路春森等(1995)根据国外试验资料,给出了混凝土导热系数的计算公式[式(4-21)];Lie(1983)根据试验结果给出了混凝土导热系数的计算公式[式(4-22)]。

$$\lambda_c = 1.6 - \frac{0.6}{850}T \tag{4-20}$$

$$\lambda_c = 1.16(1.4 - 1.5 \times 10^{-3}T + 6 \times 10^7 T^2) \tag{4-21}$$

$$\begin{cases} \lambda_c = 1.9 - 0.00085T & (0℃ \leqslant T \leqslant 800℃) \\ \lambda_c = 1.22 & (T > 800℃) \end{cases} \tag{4-22}$$

为了简化计算,欧洲规范 EC3 按集料类型将混凝土分为三类,分别给出了各类混凝土导

热系数在不同温度下的计算公式。

硅质集料（20℃≤T≤1 200℃）：

$$\lambda = 2 - 0.24 \frac{T}{120} + 0.012 \left(\frac{T}{120}\right)^2 \tag{4-23}$$

钙质集料（20℃≤T≤1 200℃）：

$$\lambda = 1.6 - 0.16 \frac{T}{120} + 0.008 \left(\frac{T}{120}\right)^2 \tag{4-24}$$

轻质集料：

$$\begin{cases} \lambda = 1.0 - \dfrac{T}{1\,600} & (20℃ \leq T < 800℃) \\ \lambda = 0.5 & (800℃ \leq T < 1\,200℃) \end{cases} \tag{4-25}$$
$$\tag{4-26}$$

②混凝土的比热容。

与混凝土的导热系数相似，混凝土比热容的确定受很多因素的影响，不同试验得出的结果不相同，但其值大致在800～1 400J/(kg·K)之间(ITA,2005)，并且温度越高，比热容越大。欧洲设计规程 Eurocode 2 给出了不同温度下混凝土比热容的计算公式[式(4-27)]。另外，陆洲导和朱伯龙通过试验研究，给出了混凝土比热容不同温度下的计算公式[式(4-28)]。

$$c_c = 900 + 80 \left(\frac{T}{120}\right) - 4 \left(\frac{T}{120}\right)^2 \quad (0℃ \leq T \leq 1\,200℃) \quad [\text{J}/(\text{kg}\cdot\text{K})] \tag{4-27}$$

$$c_c = 836.8 + \frac{418.4}{850} T \tag{4-28}$$

③热烟气流与混凝土之间的对流换热系数。

混凝土结构表面与火灾产生的热烟气流之间的对流换热系数受很多因素的影响，其中主要因素是热烟气流的温度和热烟气流的流动速度。

混凝土表面的对流换热系数的大致范围在20～180W/(m²·K)，计算公式为：

$$h_c = 7.05 \times e^{\left(\frac{T}{372.55}\right)} + 0.84 \tag{4-29}$$

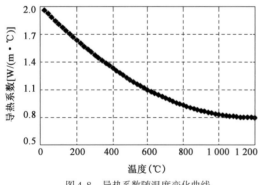

图4-8 导热系数随温度变化曲线

在计算过程中，沉管结构的导热系数选择公式(4-23)，其随温度的变化见图4-8；混凝土的比热容选择线性分布公式(4-27)，其随温度的变化见图4-9；沉管结构与高温烟气流之间的对流换热系数选择公式(4-29)，其随温度的变化见图4-10。

2）火灾高温下结构温度分布

在沉管隧道结构温度场的计算中，横断面内各个位置处的温升曲线相同，且材料的热工参数也相同,根据热传导基本理论可知,截面各个位置处的温度分布是相同的。因此,在沉管隧道结构温度场分析中,可以选取受火截面任意位置处进行。

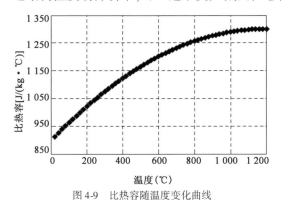

图 4-9 比热容随温度变化曲线

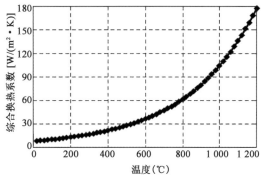

图 4-10 综合换热系数随温度变化曲线

(1) 不同火灾曲线下截面的温度变化

根据选取的 4 种火灾升温曲线,沉管隧道结构在不同火灾工况下的温度随时间的变化情况如图 4-11 所示。

由于混凝土是导热性较差的材料,并且随着温度的升高,导热系数有下降的趋势,这意味着当混凝土表面的温度升高到一定程度时候,热量向混凝土内部的传递速度变得更加缓慢,因此,沉管结构仅在距离高温边界(受火表面)较近的地方升温比较快,达到的温度也较高,在距离温度边界稍远的地方温度基本接近于初始温度(20℃),在远离高温边界的地方温度保持初始温度不变。

对比 RABT 火灾升温曲线与重型货车火灾升温曲线下各厚度处的温度变化可以看出:在前 85min 内,各层的温度升高几乎一致;85min 后,由于 RABT 火灾曲线温度开始下降,结构表层约 20cm 厚度范围内的温度均小于重型货车火灾曲线下该厚度处的温度,且温差随着离受火表面距离的增大而降低,离受火表面距离大于 20cm 的截面温度在两种升温曲线下基本相同。这说明,在外部环境相同的条件下,结构内温度分布主要受火灾中最高温度的影响。同时,由于火灾的升温速度快,升温时间占火灾时间的比例小,因此,火灾中达到的最高温度相同(RABT 标准曲线达到的最高温度 1 200℃,升温曲线 3 达到的最高温度 1 220℃),则截面内的温度分布也基本相同。

对比火灾时温度变化可以看出,同一截面相同厚度处,小汽车、公交客车和重型货车分别燃烧时的温度依次变大。同时,还可以看出,各种升温曲线作用下均有如下规律:距离受火表面 0～5cm 范围内,温度升高速度快,与升温曲线比较接近,且各工况下温度差异明显;距离受火表面 5～10cm 范围内,火灾后 15～30min,结构温度开始升高,且火灾过程中匀速上升;距离受火表面 10～20cm 范围内,火灾后 15～30min,结构温度才明显升高,重型货车火灾下温度相对更高一点;距离受火表面 20cm 以后范围内温度变化幅度更小,特别是在小汽车火灾、公交客车火灾情况下,温度几乎不变。

从以上计算结果(图4-11)及分析可知,在外部环境相同的条件下,截面内温度分布主要受火灾中最高温度的影响。火灾最高温度越大,同一厚度处的温度越高,且影响厚度越深。

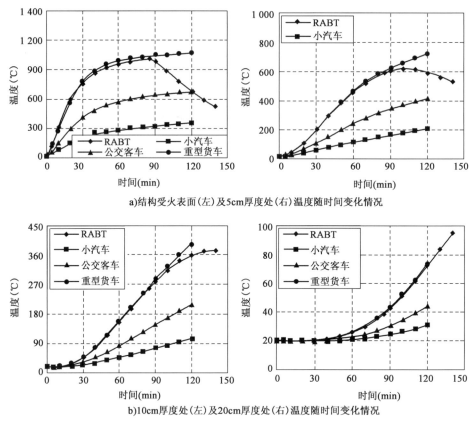

图4-11 沉管隧道结构在不同的升温曲线下的温度变化

(2)温度随衬砌深度和时间的变化

①RABT升温曲线下温度随结构深度和火灾时间的变化。

根据RABT标准火灾曲线下的温度计算结果,可得沉管隧道结构温度沿厚度方向的分布规律和随火灾时间的变化规律(分升温阶段和降温阶段),结果如图4-12、图4-13所示。

从图4-12可以看出,随着时间的变化,高温区域向结构内部延伸,燃烧85min时,沉管结构的高温区域厚度约15cm,在该厚度范围内,温度由1 010℃衰减到95℃。在结构受火表面,温度随时间变化的升温曲线接近于RABT升温曲线,随着距受火表面距离的增大,结构内的温度变化趋于和缓,温度升高速率减小,达到的最高温度也减小,在距离衬砌表面20cm处,温度变化很微小。

从图4-13可以看出,在火灾降温阶段,结构表层0~5cm范围内的温度下降,结构5~30cm范围内的温度仍有所升高,这是由截面内温度分布的不均匀造成的。结构表层0~5cm范围内的温度虽有下降,但仍高于结构里层的温度,因此热量会继续往结构内部传递,使结构内部温度继续升高,直到结构温度达到均匀状态。

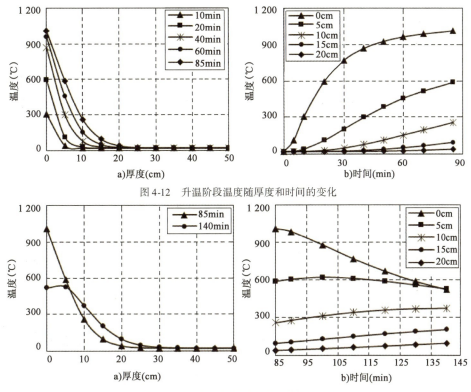

图 4-12　升温阶段温度随厚度和时间的变化

图 4-13　降温阶段温度随厚度和时间的变化

② 不同车辆燃烧时温度随衬砌深度和时间的变化。

为了分析沉管隧道在不同车辆发生火灾后,温度沿截面厚度方向上的分布规律以及随火灾时间的变化规律,分别计算了沉管隧道在小汽车燃烧(升温曲线2)、公交客车燃烧(升温曲线3)、重型货车燃烧(升温曲线4)下温度沿截面厚度方向分布规律和随时间的变化规律,结果如图 4-14～图 4-16 所示。

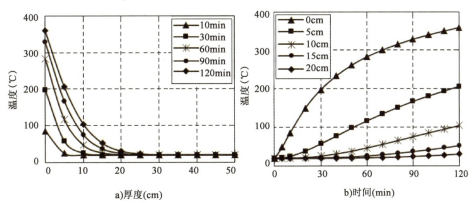

图 4-14　小汽车火灾下温度随厚度和时间的变化

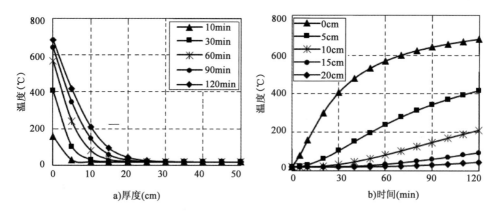

图 4-15　公交客车火灾下温度随厚度和时间的变化

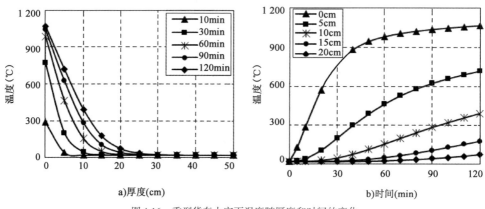

图 4-16　重型货车火灾下温度随厚度和时间的变化

从图 4-14～图 4-16 可以看出：

a. 在各种车辆燃烧时，随着火灾时间的变化，高温区域向结构内部延伸。

b. 小汽车燃烧 120min 时，结构的高温区域厚度约 20cm，在该厚度范围内，温度由 356℃ 衰减到 31℃；公交客车燃烧 120min 时，沉管结构的高温区域厚度约 25cm，在该厚度范围内，温度由 681℃ 衰减到 27℃；重型货车燃烧 120min 时，沉管结构的高温区域厚度约 25cm，在该厚度范围内，温度由 1 070℃ 衰减到 36℃。

c. 在临近高温边界的结构受火表面，各工况下温度上升均比较快，其中小汽车火灾时温度升高曲线接近于升温曲线 2，公交客车火灾时温度升高曲线接近于升温曲线 3，重型货车火灾时温度升高曲线接近于升温曲线 4。

d. 在各种车辆火灾时，随着距受火表面距离的增大，结构内的温度变化趋于平缓，温度上升的速率减小，达到的最高温度也减小，在距离衬砌表面 30cm 处，温度几乎都没有变化。

(3) 截面温度分布拟合公式

按上述研究成果，取 30cm 结构厚度进行研究。研究方法为：沿截面厚度方向的网格尺寸加密至 2cm,便可获得 16 个截面点的温度,然后将温度散点绘于直角坐标系内,观察其形状及走势,选取合适的函数进行回归分析,拟合得出各火灾工况下随截面高度变化的温度曲线。根据散点图形状与走势选取回归模型:

$$T = A \times e^{ax^b} + 20 \qquad (4\text{-}30)$$

式中:T——温度,℃;

x——距离受火面的距离,cm;

A、a、b——待拟合参数。

根据所选回归模型,对各升温曲线下不同受火时刻的温度与截面关系进行非线性回归,回归计算结果见表 4-7 及图 4-17。

A、a、b 系数表 表 4-7

升温曲线	受火时间(min)	A	a	b
RABT 曲线	10	285.68	-0.24	1.241
	20	574.64	-0.24	1.204
	30	749.32	-0.22	1.152
	40	847.15	-0.17	1.173
	50	904.95	-0.135	1.212
	60	940.92	-0.105	1.263
	70	965.05	-0.08	1.321
	85	990.5	-0.06	1.361
小汽车火灾	10	65.19	-0.3	1.301
	20	12.55	-0.245	1.292
	30	177.47	-0.21	1.253
	40	213.3	-0.17	1.241
	60	262.42	-0.131	1.231
	80	295.05	-0.11	1.252
	100	319.07	-0.095	1.222
	120	337.97	-0.08	1.251
公交客车火灾	10	139.19	-0.30	1.28
	20	280.85	-0.24	1.26
	30	386.14	-0.201	1.23
	40	459.3	-0.17	1.22
	50	511.18	-0.149	1.21
	60	549.48	-0.13	1.21
	80	601.86	-0.104	1.22
	100	636.29	-0.081	1.25
	120	661.23	-0.064	1.29

续上表

升温曲线	受火时间(min)	A	a	b
重型货车火灾	10	265.07	-0.29	1.28
	20	552.91	-0.24	1.26
	30	749.75	-0.19	1.23
	40	864.33	-0.165	1.21
	50	928.5	-0.141	1.20
	60	965.73	-0.111	1.24
	80	1 007.4	-0.077	1.29
	100	1 032.8	-0.051	1.38
	120	1 050.6	-0.04	1.42

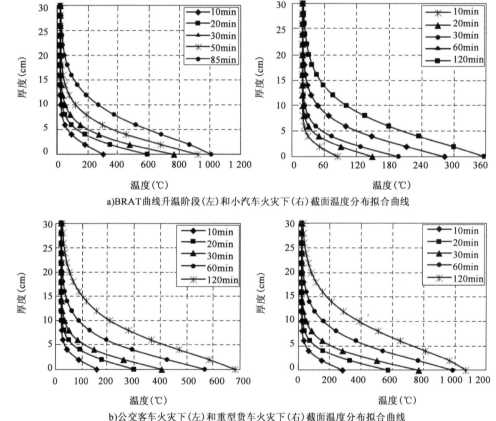

a) BRAT曲线升温阶段(左)和小汽车火灾下(右)截面温度分布拟合曲线

b) 公交客车火灾下(左)和重型货车火灾下(右)截面温度分布拟合曲线

图 4-17 不同升温曲线下截面温度分布回归曲线

表 4-7 说明：考虑到沉管隧道结构截面温度梯度的变化，所给持续时间 t 的间隔逐步增大。根据对表中数据的分析，各持续时间 t 的间隔内的参数近似按线性变化。其他燃烧持续时间的数值没有列入表中时，参数 A、a、b 可根据表中取值按线性插值方法确定。

4.1.3 无隔热条件下结构火灾力学行为

高温对混凝土结构的破坏，主要原因有两方面：一是高温使得混凝土材料的力学性能劣化;二是高温产生的热膨胀致使结构的变形增大,从而降低了结构的承载能力。一般情况下,隧道内发生火灾后,沉管隧道除了承受常规荷载之外,还承受火灾高温的作用。由于沉管隧道周围都有较强的约束,受热后的结构混凝土不可能自由伸缩,因而将产生热应力和热变形。温度的变化引起的变形,称为热变形,当温度变化引起的材料膨胀(或收缩)受到约束而不能自由变化时,就会在结构内产生应力。这种热变形受到约束而产生的应力,称为热应力或者温度应力。因此,可将火灾下的结构混凝土近似作为热弹性体考虑,其应力、应变的分析可采用热弹性力学进行。

1) 热弹性力学的基本关系式

为了研究热弹性力学中物体内一点的应力与应变状态,可取一个微小的平行六面体,微元体的各边与坐标轴平行,边长分别为 dxdydz。

作用在微元面积 dxdy 上的应力分量有 σ_z、τ_{zy}、τ_{zx};作用在微元面积 dydz 上的应力分量有 σ_x、τ_{xy}、τ_{xz};作用在微元面积 dzdx 上的应力分量有 σ_y、τ_{yz}、τ_{yx}。由剪应力互等定理可以知道: $\tau_{xy} = \tau_{yx}$、$\tau_{yz} = \tau_{zy}$、$\tau_{zx} = \tau_{xz}$。

与弹性力学解决空间三维问题的途径一样,热弹性力学也是从物理学、力学、几何学等方面对空间三维问题进行分析。其区别在于:热弹性力学中,应力、应变一方面由结构外荷载引起,同时,温度的变化也会引起应力与应变。根据叠加原理,可以将热弹性力学分为两个部分,一是结构外荷载引起的应力和应变,这一部分可以直接用材料力学或者弹性力学的方法进行计算,二是温度变化(升高)引起的应力和应变,对于这一部分的计算,则采用热弹性力学的方法进行。

(1) 物理方程

热胀冷缩是物体具有的普遍性质,在自由胀缩的情况下,当微元体的温度由 T_1 变为 T_2,即微元体的温度变化量为 $T = T_1 - T_2$ 时,假设物体的热膨胀系数为 α,则 dx、dy、dz 的边长分别变为 $(1+\alpha T)dx$、$(1+\alpha T)dy$、$(1+\alpha T)dz$,对于各向同性材料,自由胀缩时的应变分量均为:

$$\begin{aligned} \varepsilon_{x0} = \varepsilon_{x0} = \varepsilon_{x0} = \alpha T \\ \gamma_{xy0} = \gamma_{yz0} = \gamma_{zx0} = 0 \end{aligned} \tag{4-31}$$

但在正常情况下,因为温度变化导致的微元体变形,经常会受到微元体内部或外部因素的约束,不能自由膨胀或者收缩,因此就产生了热应力。由线性热应力理论可以知道,微元体的总应变可以分为由温度变化引起的应变和由应力引起的应变。因此,包含热应力和热应变在内的胡克定律可以表示为:

$$\left. \begin{aligned} \varepsilon_x = \frac{\partial u}{\partial x} = \frac{1}{E}[\sigma_x - \mu(\sigma_y + \sigma_z)] + \alpha T \\ \varepsilon_y = \frac{\partial v}{\partial y} = \frac{1}{E}[\sigma_y - \mu(\sigma_z + \sigma_x)] + \alpha T \\ \varepsilon_z = \frac{\partial w}{\partial z} = \frac{1}{E}[\sigma_z - \mu(\sigma_x + \sigma_y)] + \alpha T \end{aligned} \right\} \tag{4-32}$$

$$\gamma_{xy} = \frac{\tau_{xy}}{G}, \gamma_{yz} = \frac{\tau_{yz}}{G}, \gamma_{zx} = \frac{\tau_{zx}}{G} \tag{4-33}$$

式(4-32)、式(4-33)是以应力及温差表示应变的广义胡克定律。其中 G 为剪切弹性模量，E 为弹性模量，γ 为剪切泊松比，带入式(4-32)，可推导出以应变、温差表示应力的广义胡克定律，即

$$\left. \begin{array}{l} \sigma_x = 2G\varepsilon_x + \dfrac{\mu}{1+\mu}\Theta - 2G\alpha T \\ \sigma_y = 2G\varepsilon_y + \dfrac{\mu}{1+\mu}\Theta - 2G\alpha T \\ \sigma_z = 2G\varepsilon_z + \dfrac{\mu}{1+\mu}\Theta - 2G\alpha T \end{array} \right\} \tag{4-34}$$

$$\tau_{xy} = G\gamma_{xy}, \tau_{yz} = G\gamma_{yz}, \tau_{zx} = G\gamma_{zx} \tag{4-35}$$

体积应变：

$$e = \varepsilon_x + \varepsilon_y + \varepsilon_z = \frac{1-2\mu}{1+\mu}\frac{\Theta}{2G} + 3\alpha t = \frac{1-2\mu}{E}\Theta + 3\alpha T \tag{4-36}$$

由此可得：

$$\Theta = \frac{E}{1-2\mu}(e - 3\alpha T) \tag{4-37}$$

将式(4-36)带入式(4-35)，并利用弹性力学中拉梅常数的关系式，整理可得：

$$\left. \begin{array}{l} \sigma_x = 2G\varepsilon_x + \lambda e - \beta T \\ \sigma_y = 2G\varepsilon_y + \lambda e - \beta T \\ \sigma_z = 2G\varepsilon_z + \lambda e - \beta T \end{array} \right\} \tag{4-38}$$

式中：β——热应力参数，$\beta = \dfrac{\alpha E}{1-2\mu} = \alpha(3\lambda + 2G)$；

λ——拉梅常数，$\lambda = \dfrac{E\mu}{(1+\mu)(1-2\mu)}$。

(2)平衡微分方程

已知弹性力学的平衡微分方程为：

$$\left. \begin{array}{l} \dfrac{\partial \sigma_x}{\partial x} + \dfrac{\partial \tau_{yx}}{\partial y} + \dfrac{\partial \tau_{zx}}{\partial z} + X = 0 \\ \dfrac{\partial \sigma_y}{\partial y} + \dfrac{\partial \tau_{zy}}{\partial z} + \dfrac{\partial \tau_{xy}}{\partial x} + Y = 0 \\ \dfrac{\partial \sigma_z}{\partial z} + \dfrac{\partial \tau_{xz}}{\partial x} + \dfrac{\partial \tau_{yz}}{\partial y} + Z = 0 \end{array} \right\} \tag{4-39}$$

式中:X、Y、Z——单位体积的体积力在 x、y、z 轴上的分量。

将式(4-38)和式(4-35)带入式(4-39),便可以得到以位移分量表示的热弹性力学的平衡微分方程:

$$\left.\begin{array}{l}(\lambda+G)\dfrac{\partial \varepsilon}{\partial x}+G\nabla^2 u-\beta\dfrac{\partial T}{\partial x}+X=0\\(\lambda+G)\dfrac{\partial \varepsilon}{\partial y}+G\nabla^2 v-\beta\dfrac{\partial T}{\partial y}+Y=0\\(\lambda+G)\dfrac{\partial \varepsilon}{\partial z}+G\nabla^2 w-\beta\dfrac{\partial T}{\partial z}+Z=0\end{array}\right\} \quad (4\text{-}40)$$

式中:∇^2——拉普拉斯算子,$\nabla^2=\dfrac{\partial^2}{\partial x^2}+\dfrac{\partial^2}{\partial y^2}+\dfrac{\partial^2}{\partial z^2}$。

(3)几何方程

在弹性力学的基础理论中,建立了 6 个应变分量与 3 个位移分量的偏微分关系,即为应变分量的几何方程,其表达式为:

$$\{\varepsilon\}=\{\varepsilon_x,\varepsilon_y,\varepsilon_z,\gamma_{xy},\gamma_{yz},\gamma_{zx}\}^{\mathrm{T}}=\left\{\dfrac{\partial u}{\partial x},\dfrac{\partial v}{\partial y},\dfrac{\partial w}{\partial z},\dfrac{\partial v}{\partial x}+\dfrac{\partial u}{\partial y},\dfrac{\partial w}{\partial y}+\dfrac{\partial v}{\partial z},\dfrac{\partial u}{\partial z}+\dfrac{\partial w}{\partial x}\right\}^{\mathrm{T}} \quad (4\text{-}41)$$

在热弹性力学中,只是由于产生应变的原因发生了变化,并不会改变应变分量与位移分量的偏微分关系,故式(4-41)对于热弹性力学也是适用的。

(4)位移协调方程

式(4-41)说明 6 个应变分量之间存在一定的内在联系,而不是互不相关的任意函数。同时,物体是一个完整的整体,故物体各部分在变形前后都是连续的,而不会出现空隙或相互侵入的情况。

为了得到 6 个应变分量之间的这种内在联系,就必须要消去几何方程中的位移分量,这可以通过数学的方法导出,其表达式为:

$$\dfrac{\partial^2 \varepsilon_x}{\partial y^2}+\dfrac{\partial^2 \varepsilon_y}{\partial x^2}=\dfrac{\partial^2 \gamma_{xy}}{\partial x \partial y}$$

$$\dfrac{\partial^2 \varepsilon_y}{\partial z^2}+\dfrac{\partial^2 \varepsilon_z}{\partial y^2}=\dfrac{\partial^2 \gamma_{yz}}{\partial y \partial z}$$

$$\dfrac{\partial^2 \varepsilon_z}{\partial x^2}+\dfrac{\partial^2 \varepsilon_x}{\partial z^2}=\dfrac{\partial^2 \gamma_{zx}}{\partial z \partial x}$$

$$\dfrac{\partial}{\partial x}\left(\dfrac{\partial \gamma_{zx}}{\partial y}+\dfrac{\partial \gamma_{xy}}{\partial z}+\dfrac{\partial \gamma_{yz}}{\partial x}\right)=2\dfrac{\partial^2 \varepsilon_x}{\partial y \partial z}$$

$$\dfrac{\partial}{\partial y}\left(\dfrac{\partial \gamma_{xy}}{\partial z}+\dfrac{\partial \gamma_{yz}}{\partial x}+\dfrac{\partial \gamma_{zx}}{\partial y}\right)=2\dfrac{\partial^2 \varepsilon_y}{\partial z \partial x}$$

$$\frac{\partial}{\partial z}\left(\frac{\partial \gamma_{yz}}{\partial x}+\frac{\partial \gamma_{zx}}{\partial y}+\frac{\partial \gamma_{xy}}{\partial z}\right)=2\frac{\partial^2 \varepsilon_z}{\partial x \partial y} \qquad (4-42)$$

(5) 热弹性体的边界条件

热弹性体方程的解在物体的表面上必须满足边界条件,假设边界微元体的表面 abc 应力分量为 $\overline{X}$、$\overline{Y}$、$\overline{Z}$,边界表面的法线方向余弦为 l、m、n,故表面应力需要满足的应力边界条件为:

$$\left.\begin{array}{l}\overline{X}=\sigma_x l+\tau_{yx} m+\tau_{zx} n \\ \overline{Y}=\sigma_y m+\tau_{zy} n+\tau_{xy} l \\ \overline{Z}=\sigma_z n+\tau_{xz} l+\tau_{yz} m\end{array}\right\} \qquad (4-43)$$

在位移边界中,边界上任意点 P 的位移分量是已知的,即

$$u=\overline{u}(x,y,z), v=\overline{v}(x,y,z), w=\overline{w}(x,y,z) \qquad (4-44)$$

式中,$\overline{u}(x,y,z)$、$\overline{v}(x,y,z)$、$\overline{w}(x,y,z)$ 为坐标的已知函数。

以上建立的物理方程式(4-32)、式(4-33),平衡微分方程式(4-39)以及几何方程式(4-41)中,独立的物理方程有 6 个,独立的平衡微分方程有 3 个,独立的几何方程有 6 个,根据这 15 个独立的方程以及温度变化 T,就可以从理论上求解出 15 个未知量,即 6 个热应力分量、6 个热应变分量以及 3 个位移分量。不过这些解必须满足位移协调方程式(4-42)和边界条件式(4-43)、式(4-44)。

2) 热应力平面应变问题及其求解

热弹性体的平面应变问题是指轴向长度与截面尺寸相比要大得多的物体或结构。对于这种受力状态,在应力分量方面,物体内除了存在与轴向无关的应力分量 σ_x、σ_y、σ_z 以外,还存在轴向正应力,即 $\sigma_z \neq 0$,但是 σ_z 不是独立的。在位移方面,仅有 x、y 方向的位移分量 u 和 v,并且 u、v 随 x、y 变化,与 z 无关。在应变分量方面,与 z 轴相关的应变分量都为 0,即 $\varepsilon_z = \gamma_{yz} = \gamma_{zx} = 0$,由此根据式(4-34)、式(4-35)可得热弹性力学平面应变问题的物理方程:

$$\sigma_z = \mu(\sigma_x + \sigma_y) + \alpha ET \qquad (4-45)$$

$$\left.\begin{array}{l}\varepsilon_x = \dfrac{1-\mu^2}{E}\left(\sigma_x - \dfrac{\mu}{1-\mu}\sigma_y\right) + (1+\mu)\alpha T \\ \varepsilon_y = \dfrac{1-\mu^2}{E}\left(\sigma_y - \dfrac{\mu}{1-\mu}\sigma_x\right) + (1+\mu)\alpha T \\ \gamma_{xy} = \dfrac{2(1+\mu)}{E}\tau_{xy}\end{array}\right\} \qquad (4-46)$$

同理可得到平面应变问题的平衡微分方程和几何方程分别为:

$$\left.\begin{array}{l}\dfrac{\partial \sigma_x}{\partial x} + \dfrac{\partial \tau_{yx}}{\partial y} + X = 0 \\ \dfrac{\partial \sigma_y}{\partial y} + \dfrac{\partial \tau_{xy}}{\partial x} + Y = 0\end{array}\right\} \qquad (4-47)$$

$$\{\varepsilon\} = \{\varepsilon_x, \varepsilon_y, \gamma_{xy}\}^T = \left\{\frac{\partial u}{\partial x}, \frac{\partial v}{\partial y}, \frac{\partial v}{\partial x} + \frac{\partial u}{\partial y}\right\}^T \tag{4-48}$$

同时,平面应变问题的应力边界条件及位移边界条件可分别表示为:

$$\left.\begin{array}{l}\overline{X} = \sigma_x l + \tau_{yx} m \\ \overline{Y} = \sigma_y m + \tau_{xy} l\end{array}\right\} \tag{4-49}$$

$$u = \overline{u}(x,y), v = \overline{v}(x,y) \tag{4-50}$$

热弹性力学平面问题的任务就是根据 8 个基本方程(物理方程 3 个、平衡方程 2 个、几何方程 3 个)求解满足边界条件式(4-39)和式(4-40)的 8 个未知量(σ_x、σ_y、τ_{xy}、ε_x、ε_y、γ_{xy}、u、v)。

热应力的求解,一般采用位移法。其具体步骤为:首先通过数学变换,得出以位移分量表示的物理方程、平衡微分方程和应力边界条件,然后求出满足平衡微分方程和边界条件的位移分量,再利用几何方程和物理方程分别计算出热应变和热应力。

(1) 有限元单元的位移方程

以 $\{f\}$ 表示单元内任意点的两个位移分量 u 和 v,则有:

$$\{f\} = [N]\{\delta\}^e \tag{4-51}$$

式中:$\{\delta\}$——单元各节点位移向量,且 $\{\delta\}^e = [u_i, v_i, u_j, v_j, u_m, v_m]^T$;

$[N]$——位移的形状函数,简称形函数,它反映了单元内各点位移的分布规律。

$$[N] = \begin{bmatrix} N_1 & 0 & N_2 & 0 & N_3 & 0 & N_4 & 0 \\ 0 & N_1 & 0 & N_2 & 0 & N_3 & 0 & N_4 \end{bmatrix} \tag{4-52}$$

其中 $N_1 \sim N_4$ 为形函数:

$$N_1 = \frac{1}{4}(1-\zeta)(1-\eta); \quad N_2 = \frac{1}{4}(1+\zeta)(1-\eta) \tag{4-53}$$

$$N_3 = \frac{1}{4}(1+\zeta)(1+\eta), \quad N_4 = \frac{1}{4}(1-\zeta)(1+\eta) \tag{4-54}$$

式中:ζ、η——局部坐标,取值范围为 $(-1, +1)$。

(2) 节点应变与节点位移关系

利用几何方程,可以得到应变-位移方程:

$$\{\varepsilon\} = [\boldsymbol{B}]\{\delta\}^e \tag{4-55}$$

式中:$\boldsymbol{B}$——应变矩阵,对于 4 节点等参单元,$B = [B_1 \quad B_2 \quad B_3 \quad B_4]$。

且有

$$B = \begin{bmatrix} \dfrac{\partial N_i}{\partial x} & 0 \\ 0 & \dfrac{\partial N_i}{\partial x} \\ \dfrac{\partial N_i}{\partial y} & \dfrac{\partial N_i}{\partial x} \end{bmatrix} \quad (i=1,2,3,4) \tag{4-56}$$

式中：x、y——整体坐标。

根据复合求导原则得：

$$\begin{Bmatrix} \dfrac{\partial N_i}{\partial x} \\ \dfrac{\partial N_i}{\partial y} \end{Bmatrix} = [J]^{-1} \begin{Bmatrix} \dfrac{\partial N_i}{\partial \zeta} \\ \dfrac{\partial N_i}{\partial \eta} \end{Bmatrix} \tag{4-57}$$

而

$$[J] = \begin{bmatrix} \dfrac{\partial x}{\partial \zeta} & \dfrac{\partial x}{\partial \zeta} \\ \dfrac{\partial x}{\partial \eta} & \dfrac{\partial x}{\partial \eta} \end{bmatrix} \tag{4-58}$$

(3) 应力与节点位移的关系

其关系式为：

$$\{\sigma\} = [D][B\{\delta\}]^e \tag{4-59}$$

式中：$[D]$——弹性矩阵，表示如下

$$[D] = \dfrac{E(1-\mu)}{(1+\mu)(1-2\mu)} \begin{bmatrix} 1 & \dfrac{\mu}{1-\mu} & 0 \\ \dfrac{\mu}{1-\mu} & 1 & 0 \\ 0 & 0 & 1 \end{bmatrix} \tag{4-60}$$

式中：E、μ——岩体的弹性模量、泊松比。

(4) 单元节点力和节点位移的关系

利用虚功原理建立节点和节点位移的关系：

$$\{F\}^e = [K]^e \{\delta\}^e \tag{4-61}$$

式中：$\{F\}^e$——节点力向量；

$[K]^e$——单元刚度矩阵。

3) 计算模型

(1) 混凝土的热力学性能

①混凝土的弹性模量。

高温下混凝土的弹性模量随着温度的升高而逐渐降低。这是由于随着温度的升高，混凝土微观组织结构发生改变，使混凝土内部产生裂缝，加之空隙中自由水蒸发，使得混凝土内部的裂缝持续扩大，导致弹性模量降低。

对于混凝土高温下的弹性模量，由于试验条件及混凝土种类的不同，不同文献给出的拟合值都不太相同，国内的过镇海等、陆洲导、时旭东等通过试验研究，分别得出了混凝土弹性模量随温度变化的规律（表4-8、图4-18）。

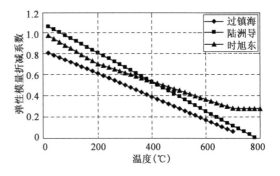

图4-18 混凝土弹性模量随温度变化曲线

混凝土弹性模量随温度变化的计算公式　　　　　　表4-8

研 究 者	弹性模量折减公式	备 注
过镇海	$K_E = \dfrac{E_C^T}{E_C} = 0.83 - 0.0011T \quad (20℃ \leqslant T \leqslant 700℃)$	线性函数，形式简单
陆洲导	$K_E = \dfrac{E_C^T}{E_C} = 1.084 - 0.001384T$	线性函数，形式简单
时旭东	$K_E = \dfrac{E_C^T}{E_C} = \begin{cases} 1 - 0.0015T & (20℃ \leqslant T \leqslant 200℃) \\ 0.87 - 0.00084T & (20℃ \leqslant T \leqslant 700℃) \\ 0.28 & (T \leqslant 800℃) \end{cases}$	三阶段线性函数，形式简单

注：E_C、E_C^T 分别为常温和温度 T 时混凝土的弹性模量。

现有研究成果显示，混凝土的弹性模量在300℃以下的高温条件下会有微小的增大，鉴于此，本书选取时旭东提出的高温弹性模量折减公式进行混凝土高温弹性模量计算（表4-9），在计算过程中，根据施加的温度，便可以计算出相应温度下的弹性模量。

混凝土高温弹性模量取值　　　　　　表4-9

$T(℃)$	100	200	300	400	500	600	700及以上
E_C^T/E_C	0.85	0.70	0.62	0.53	0.45	0.37	0.28

②混凝土的抗压强度。

高温下混凝土的抗压强度随着温度的升高逐渐降低，但在300℃范围内变化不大。强度降低主要有以下几个原因：一是混凝土中的游离水在高温下快速蒸发，使得是混凝土中的集料产生高温膨胀，水泥石受热却收缩，由此形成了界面之间的裂缝，随着温度的不断升高，截面裂缝持续开展并延伸；二是当温度升高到一定程度时，水泥石中的氢氧化钙便会分解，导致水泥石的完整性被破坏，从而降低了混凝土的强度。

集料类型、混凝土的强度等级等对混凝土的高温下强度都有着很大的影响，并且不同的试验和不同国家的研究给出的相应关系也有很大的区别，国内外主要研究机构及其研究结果见表 4-10 和图 4-19。

混凝土抗压强度随温度变化公式   表 4-10

研究者	抗压强度折减公式	备注
同济大学	$K_C = \dfrac{f_c^T}{f_c} = \begin{cases} 1 & (0℃ \leq T \leq 400℃) \\ 1.6 - 0.0015T & (400℃ \leq T \leq 800℃) \end{cases}$	二阶段线性函数,形式简单
清华大学	$K_C = \dfrac{f_c^T}{f_c} = \dfrac{1}{1 + 16\left(\dfrac{T}{1\,000}\right)^{6.3}}$	指数函数
T.T.Lie	$K_C = \dfrac{f_c^T}{f_c} = \begin{cases} 1 & (0℃ \leq T \leq 450℃) \\ 2.011 - 2.353\dfrac{T-20}{1\,000} & (400℃ \leq T \leq 800℃) \end{cases}$	二阶段线性函数,形式比较简单
欧洲混凝土协会	$f_{cu}(T) = \begin{cases} f_{cu} & (T \leq 250℃) \\ [1.0 - 0.00157(T-250)]f_{cu} & (250℃ \leq T \leq 600℃) \\ [0.45 - 0.00112(T-600)]f_{cu} & (T > 600℃) \end{cases}$	三阶段线性函数,形式简单

注:f_c、f_c^T 分别为常温和温度 T 时混凝土的抗压强度。

本书采用清华大学过镇海教授的研究结果,抗压强度随温度变化的表达式为:

$$K_C = \dfrac{f_c^T}{f_c} = \dfrac{1}{1 + 16\left(\dfrac{T}{1\,000}\right)^{6.3}} \tag{4-62}$$

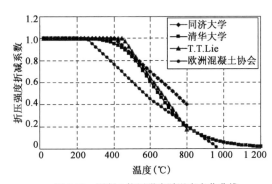

图 4-19 混凝土抗压强度随温度变化曲线

③热膨胀系数。

热膨胀系数 α 是指物体温度升高一度时,单位长度的伸长量,单位为 mm/℃。计算中取 $\alpha = 1.0 \times 10^{-5}$。

④密度及泊松比。

混凝土的密度随温度变化不是很激烈,对于结构的受力影响幅度小于其他主要热力学参数。在结构的热应力分析时,为了简化计算,混凝土的密度取为与温度无关的常值。

高温下混凝土的泊松比也有试验研究的报道,德国学者 C. Ehm 的试验研究结果表明,随着温度的变化,混凝土的泊松比在初始阶段基本保持为常数,在温度较高的时候,泊松比有一定幅度的增大,但是变化绝对值不大。为了简化计算,混凝土的泊松比取为与温度无关的常值 0.2。

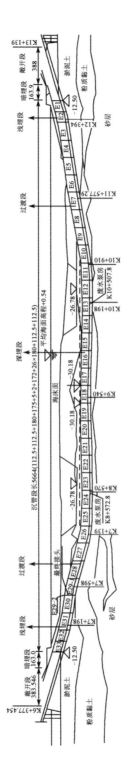

图4-20 埋深段示意图(尺寸单位：mm)

(2) 横断面荷载

沉管隧道的沉管段纵向较长,横向较短,计算时沿纵向截取单位长度1m的管段,按弹性地基上平面应变状态的闭合框架计算。根据《港珠澳大桥主体工程岛隧工程施工图设计之管段平纵布置参数表》(图号 DSZT-006、DSZT-007)以及《港珠澳大桥主体工程初步设计》第四篇第二册,分别选择深埋段、过渡段、浅埋段进行研究,如图4-20所示,计算截面的横断面荷载计算示意图如4-21所示,其中每个计算埋深段的相关信息见表4-11。

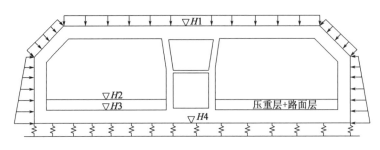

图 4-21 横断面荷载示意图

计算截面的相关信息 表4-11

项 目	深 埋 段	过 渡 段	浅 埋 段
水深(m)	33.44	22.25	13.56
回淤厚度(m)	21.79	9.76	1.58
基础类型	基础换填	基础换填	桩基础
代表管节	E8~E27	E4~E7、E28~E29	E1~E3、E30~E32
$H1$(m)	-31.46	-20.27	-11.58
$H2$(m)	-40.06	-28.87	-20.18
$H3$(m)	-41.36	-30.17	-21.48
$H4$(m)	-42.86	-31.67	-22.98

① 荷载分类及组合。

基本荷载:结构自重、水压力、覆土压力、管节内压重层和路面铺装层重量等。

附加荷载:结构内部温度变化产生的温度荷载、施工荷载及横向沉降差引起的荷载等。

特殊荷载:地震荷载、沉船抛锚及航道疏浚产生的荷载、隧道内爆炸荷载等。

根据管节在干坞内预制、浮运、沉放、对接,以及最后投入运营等不同阶段的受力状态,管节横向荷载应进行荷载组合,有三种组合方式:基本荷载组合、基本荷载+附加荷载组合、基本荷载+特殊荷载组合。

本节计算中采用基本荷载组合进行分析,各荷载的组合系数见表4-12。

基本荷载及组合系数 表4-12

荷 载 类 型	组 合 系 数	备 注
结构自重	1.0	—
压重混凝土	1.0	包括压重层和路面铺装层

续上表

荷 载 类 型	组 合 系 数	备 注
海洋水压力	1.0	考虑全球变暖与高潮位浪高
覆土及回淤压力	1.0	—
水平土压力	1.0	回填土侧压力系数0.5

②荷载值计算。

a. 结构自重。

横向分析中采用结构素混凝土最大重度24.0kN/m³,对普通钢筋混凝土断面,最大的含钢量约为300kg/m³,总的重度26.023kN/m³。压重层和路面层取最大重度23.3kN/m³。

b. 外荷载。

海洋水压力:计算水压力公式中的海水重度为$\gamma_w = 10.2$kN/m³,按高潮位计算(按正常水位上升1.0m考虑),同时需要考虑120年全球变暖导致的水位上升(0.4m)。

覆土压力:在分析中考虑回淤至原海床面高度,深埋段断面的回淤厚度为21.79m;回淤物(淤泥或砂)的浮重度取6.0kN/m³。

水平土压力:作用在隧道外侧墙的回填土的水平土压力应为静止土压力,并且左右对称,不会造成沉管段的侧向位移。计算水平土压力时,回填土的浮重度为11.0kN/m³,回填土的侧压力系数为$\alpha = 0.5$。

汽车荷载:火灾发生后,火源处汽车荷载较小,忽略其影响。

由以上分析可计算出结构各部位外荷载值。

③地基弹性抗力系数。

弹性地基一般按弹簧地基(温克尔地基)考虑,地基弹性抗力系数K(简称地基系数)一般是根据开挖基槽的地质情况和基础处理的砂垫层的特性进行综合分析。沉管隧道建成运营期间,假设地基均匀,且地基沉降已经达到稳定,故进行火灾下结构分析时采用单一的地基系数。根据《弹性地基梁及矩形板计算》与《港珠澳大桥主体工程初步设计》第四篇第二册,经计算,深埋段$K = 75\,000$kN/m³,过渡段$K = 75\,000$kN/m³,浅埋段$K = 50\,000$kN/m³。

(3)有限元计算模型

本模型计算中,由于沉管隧道的建造方法特殊(先沉放再回填),且混凝土结构具有热膨胀性,本书模拟选用荷载-结构模型进行计算分析。在进行结构分析时,将热分析单元PLANE55转化为其对应的结构分析单元PLANE42,沉管结构与地基基础之间的抗力关系用杆单元(LINK10单元)来模拟。

ANSYS提供两种温度-结构耦合计算方法:直接法和间接法。直接法是指直接采用具有温度和位移自由度的耦合单元,同时得到热分析和结构应力分析的结果。间接法则是先进行热分析,然后将求得的节点温度作为体荷载施加到节点或单元上,进行结构分析。在本书的计算

过程中,采用间接法进行温度-结构耦合分析法分析沉管隧道高温下的力学响应,其步骤如下:

①建立有限元模型,施加边界温度条件,进行结构热分析。

②进入前处理,转换热分析单元 PLANE55 转化为对应的结构分析单元 PLANE42(命令:ETCHG,TTS)。

③定义随温度变化的材料属性(弹性模量、热膨胀系数、泊松比、密度等),然后施加指定时刻的节点温度。

④定义地弹簧单元(LINK10,只受压,不受拉)及其弹性抗力系数 K,在与基础接触的沉管结构底面节点上施加地弹簧,并将另一端进行约束。

⑤施加结构外部荷载,进行温度-结构耦合计算。

⑥提取温度-结构耦合计算结果进行分析。

建立的耦合计算模型如图 4-22 所示。

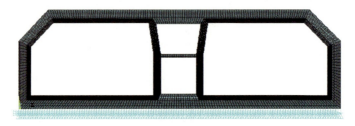

图 4-22 沉管隧道温度-结构耦合分析模型示意图

4)火灾高温下结构力学行为

根据各工况下应力计算结果可知,火灾高温对结构变形的影响很小,对结构应力的影响大。同时,计算结果显示沉管隧道结构顶板中部、中管廊顶部以及侧墙顶部三个位置处(图 4-21 中位置1、2、3)的结构应力大,因此选取这三个位置处不同深度的截面层进行了力学变化分析,分析位置如图 4-23 所示。

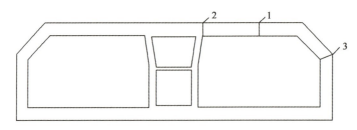

图 4-23 分析位置示意图

根据混凝土结构设计原理,混凝土结构在正常使用过程中一般都是处于带裂缝工作阶段,此阶段的典型特征是受拉区混凝土基本退出工作,即不考虑混凝土的抗拉作用。设计中,由钢筋承担全部的拉应力,结构的压应力主要由混凝土承担。同时,计算结果表明火灾下结构压应力远大于拉应力,因此,本书只分析火灾下沉管隧道结构压应力的分布和变化规律,并假设压应力全部由混凝土承担。

(1) 截面内应力分布

根据计算结果,可以得出不同火灾曲线下三个位置处截面压应力的分布情况,图4-24~图4-27分别给出了深埋段沉管隧道结构截面压应力的分布情况。

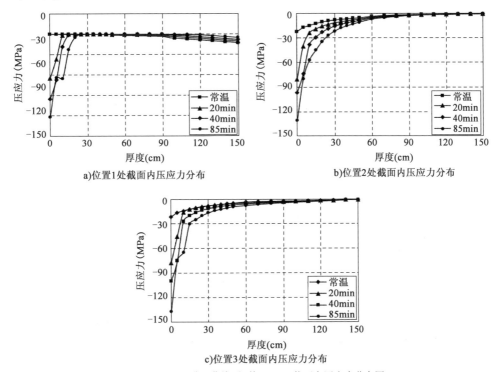

图4-24 RABT升温曲线下(前85min)截面内压应力分布图

由图4-23~图4-27可以看出:

常温下,位置1处的压应力分布形式为沿截面从里向外不断增大,位置2与位置3处的压应力分布形式则为沿截面从里向外逐渐减小。

火灾发生后,距离受火表面较近的截面区域内压应力增加大,变化剧烈,在4种火灾升温曲线下,结构三个位置处截面内压应力的分布形式基本一致,即在同一火灾时刻,随着距受火表面距离的增加,压应力总的变化趋势是减小的。

位置1处,火灾导致的压应力增大区域主要在距受火表面0~25cm厚度范围内,即火灾影响厚度为25cm。

位置2与位置3处,在0~25cm范围内,压应力变得很大,使得该厚度范围内的压应力值也很大;25~60cm范围内截面压应力增加比较小且绝对值也相对较小;距受火表面超过60cm的截面压应力增加量很小,由此可知这两个位置处火灾导致的压应力增大范围为60cm。因此,可认为火灾对沉管隧道结构压应力的影响厚度为60cm,且影响较大的厚度为25cm,本书以下的结构压应力变化规律研究主要针对该影响较大区域开展。

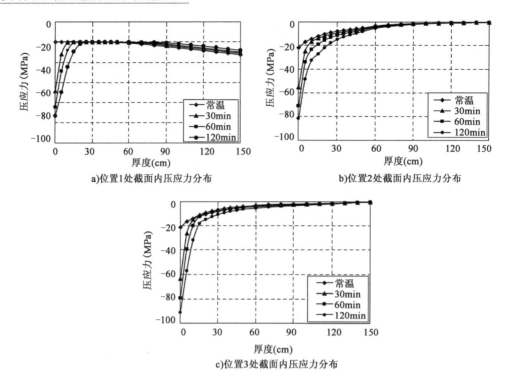

图 4-25 小汽车火灾下截面内应力分布

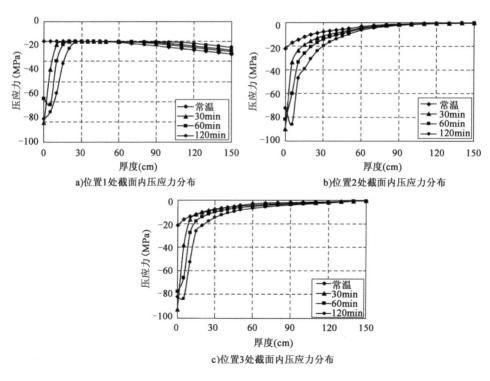

图 4-26 公交客车火灾下截面内应力分布

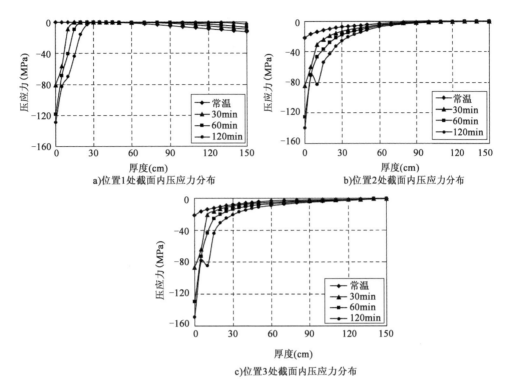

图 4-27 重型货车火灾下截面内应力分布

（2）不同位置处压应力变化规律

根据数值计算结果，可以得出断面不同位置处压应力的变化规律，图 4-28～图 4-31 分别给出了在 4 种火灾升温曲线下，深埋段沉管隧道断面不同位置处的压应力变化规律（只讨论主要影响厚度范围）。

由图 4-28～图 4-31 中的图 a)可以看出，截面 0～5cm 范围内压应力在 4 种升温曲线下的变化趋势有所差异，具体表现为：

①小汽车火灾升温曲线下，压应力持续增加。

②公交客车火灾升温曲线下，压应力有一个从增大到减小，然后再增大的过程。三个位置处压应力变化转折的时间点基本一致，分别在火灾后 40min 和 70min 左右。压应力产生这种变化的原因是由于火灾后 40～70min 内，结构内部的温度值已经上升到一定值（约 480℃），使得结构混凝土的热膨胀增大，截面上产生了应力重分布，减小了受火表面的压应力，但是受火表面的温度在不断上升，火灾 70min 后，受火表面的压应力又再次增大。

③重型货车火灾升温曲线下，压应力也有一个从增大到减小、然后再增大的过程，并且三个位置处压应力变化转折的时间点也基本一致。与公交客车火灾曲线所不同的是，两次转折变化的时间更早，分别在火灾后 15min 和 25min 左右。压应力产生这种变化的原因与公交客车火灾下压应力变化的原因相同，产生变化的时间更早（火灾后 15min 开始）以及变化持续时

间的减小(仅 10min)说明重型货车火灾下温度向结构内部传递更为快速。

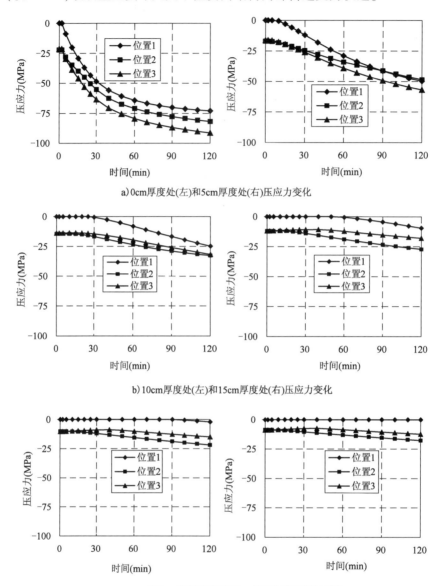

a) 0cm厚度处(左)和5cm厚度处(右)压应力变化

b) 10cm厚度处(左)和15cm厚度处(右)压应力变化

c) 20cm厚度处(左)和25cm厚度处(右)压应力变化

图 4-28 小汽车火灾下压应力变化

④在 RABT 升温曲线下,由于该升温曲线有降温阶段,压应力的变化趋势与其他升温曲线下压应力的变化趋势之间的差异更为明显,其压应力有一个从增大到减小,然后再增大再减小的过程。同时,三个位置处压应力变化转折的时间点基本一致,分别在火灾后 15min、25min 和 85min 左右。压应力前两次变化的原因与重型货车火灾下压应力变化的原因相同,产生变化时间也相同,说明两种火灾工况下温度向结构内部传递的速度相当。压应力第二次减小是由于 RABT 火灾曲线进入降温阶段,导致结构受火表面温度降低造成的。

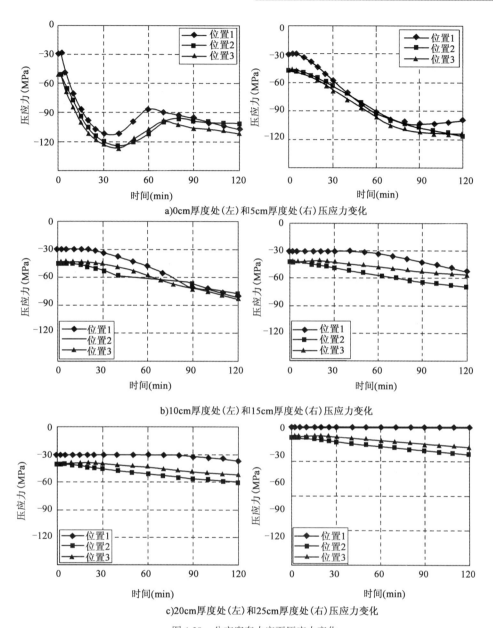

图 4-29 公交客车火灾下压应力变化

由图 4-28～图 4-31 中的图 a)、b) 可以看出,截面 5～10cm 范围内压应力在 4 种升温曲线下的变化趋势有所差异,具体表现为:小汽车火灾升温曲线和公交客车升温曲线下,压应力在整个火灾过程中比较均匀地增加;重型货车火灾升温曲线和 RABT 升温曲线下,压应力增大过程的特点为火灾前期增大速度快,火灾后期增大速度慢,甚至不增大。

综合以上计算结果(图 4-26～图 4-29)及分析可知,在同一火灾升温曲线下,结构断面三个位置处压应力随时间变化的趋势是比较一致,只是压应力的初始值和变化值存在一定的差异;并且三个位置处截面 0～10cm 厚度范围内压应力的增加值大,截面 10～25cm 范围内压应

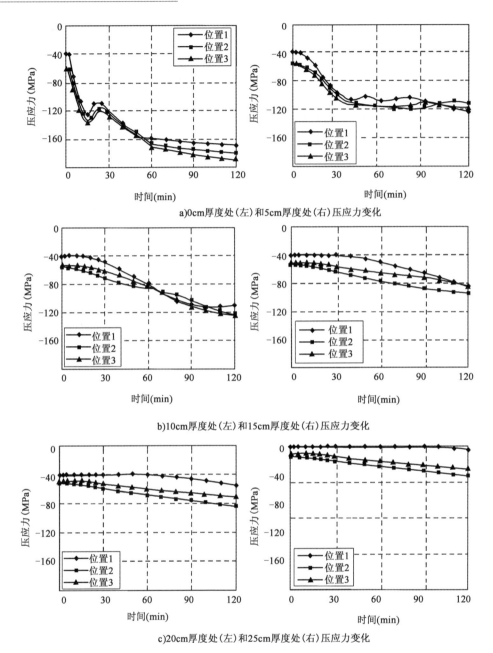

a) 0cm厚度处(左)和5cm厚度处(右)压应力变化

b) 10cm厚度处(左)和15cm厚度处(右)压应力变化

c) 20cm厚度处(左)和25cm厚度处(右)压应力变化

图4-30 重型货车火灾下压应力变化

力的增加值相对较小。这是由于增加的压应力主要由结构混凝土材料高温膨胀引起,而结构各个位置在火灾下的温度分布相差不大。因此,在进行高温下应力损伤分析时,选择压应力最大的位置作为最不利位置来进行计算,并以此计算结果作为沉管隧道结构的损伤厚度,是合理且偏于安全的。由图4-28~图4-31可知,截面位置2和位置3处的压应力在整个火灾过程中比较接近,且都大于位置1处的压应力,因此以下的研究都针对位置3处的压应力进行。

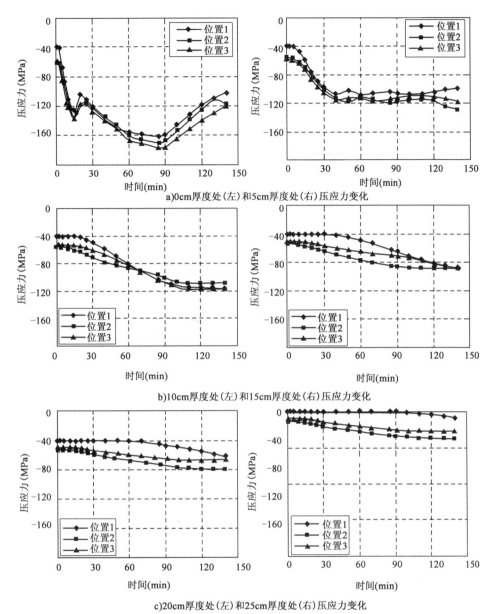

a)0cm厚度处(左)和5cm厚度处(右)压应力变化

b)10cm厚度处(左)和15cm厚度处(右)压应力变化

c)20cm厚度处(左)和25cm厚度处(右)压应力变化

图4-31 RABT火灾曲线下压应力变化

(3)不同火灾曲线下压应力变化规律

根据数值计算结果,可以得出不同火灾升温曲线下压应力的变化规律。图4-32给出了不同火灾曲线下,截面位置3处压应力的变化规律,其中曲线2、3、4、1分别对应小汽车火灾升温曲线、公交客车火灾升温曲线、重型货车火灾升温曲线、RABT标准火灾曲线。

从图4-32中曲线1和曲线4条件下的压应力变化曲线可以看出,在火灾后的0~85min内,结构压应力随时间的变化曲线基本是重合的,这说明两者的变化一致。在火灾85min以后,由于升温曲线1在火灾后85min温度开始减小,而升温曲线4保持高温不变,两条压应力变化曲线逐渐分开,这说明两者的变化不再一致。RABT 标准火灾曲线和重型货车火灾升温曲线达到的最高温度基本相同(前者为 1 200℃,后者为 1 220℃),因此可以判定,在沉管隧道所处外部荷载条件相同的情况下,火灾中隧道内达到的温度相同,则结构压应力的变化就相同。

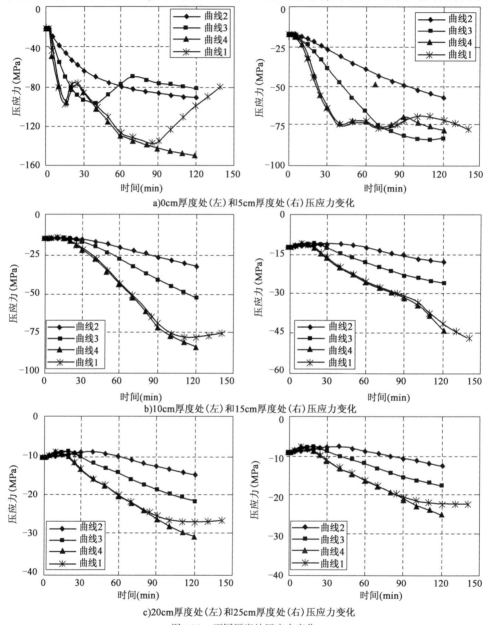

图 4-32 不同厚度处压应力变化

从图 4-32 中升温曲线 2、3、4 条件下的压应力变化曲线可以看出,火灾过程中的任意时刻,结构压应力大小排序为:小汽车火灾最小,其最高温度 620℃;公交客车火灾次之,其最高温度 920℃;重型货车火灾最大,其最高温度 1 220℃。由于受火表层 5cm 占整个沉管结构厚度 150cm 的比例较小,为 3.33%,因此可认为火灾工况时沉管隧道内温度越高,其沉管结构压应力的增加值越大。

综合以上计算结果及分析可以得出,在相同埋深条件下,沉管隧道火灾中结构压应力的变化主要受火灾最高温度的影响。火灾最高温度越高,结构的压应力增量就越大;火灾最高温度相同,结构的压应力增量就相同。

(4) 不同埋深条件下压应力变化规律

图4-33给出了在小汽车火灾作用下,深埋段、过渡段和浅埋段的压应力变化规律。

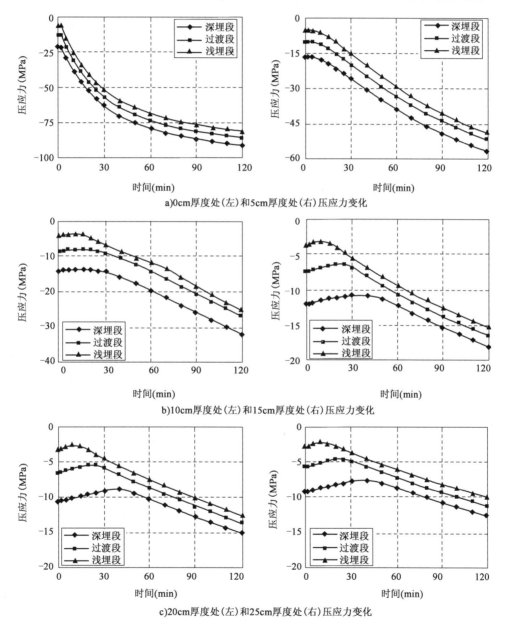

图4-33 小汽车火灾下不同埋深段结构压应力的变化

从图 4-33 可以看出,常温状态下,深埋段、过渡段和浅埋段沉管隧道结构的压应力状态相差比较大;火灾情况下,深埋段、过渡段和浅埋段沉管隧道结构的压应力都增大了很多,并且变化趋势基本相同。

表 4-13 ~ 表 4-15 分别给出了三个埋深段沉管隧道在小汽车火灾、公交客车火灾和重型货车火灾下,沉管结构压应力的具体变化情况。

小汽车火灾下各埋深段压应力　　　　表 4-13

厚度(cm)	埋深分段	常温压应力(MPa)	60min			120min		
			压应力增大值(MPa)	总压应力(MPa)	常温压应力比例	压应力增大值(MPa)	总压应力(MPa)	常温压应力比例
0	深埋段	21.22	58.17	79.39	0.267	70.03	91.25	0.233
	过渡段	13.06	60.41	73.47	0.178	72.70	85.76	0.152
	浅埋段	6.41	62.23	68.64	0.093	74.86	81.27	0.079
5	深埋段	16.27	22.86	39.13	0.416	40.63	56.90	0.286
	过渡段	10.02	23.54	33.57	0.299	41.64	51.66	0.194
	浅埋段	4.92	24.64	29.56	0.166	43.86	48.78	0.101
10	深埋段	13.96	5.72	19.67	0.709	17.75	31.71	0.440
	过渡段	8.61	5.78	14.38	0.598	18.04	26.65	0.323
	浅埋段	4.23	7.57	11.80	0.358	20.92	25.15	0.168
15	深埋段	11.99	0.28	12.27	0.977	6.00	17.99	0.667
	过渡段	7.40	3.21	10.62	0.697	8.96	16.36	0.452
	浅埋段	3.65	5.78	9.43	0.387	11.57	15.21	0.240
20	深埋段	10.41	-0.26	10.15	1.025	4.47	14.87	0.700
	过渡段	6.43	2.22	8.65	0.744	7.03	13.46	0.478
	浅埋段	3.18	4.30	7.47	0.425	9.16	12.33	0.257
25	深埋段	9.08	-0.43	8.64	1.050	3.34	12.42	0.731
	过渡段	5.62	1.58	7.21	0.780	5.42	11.04	0.509
	浅埋段	2.78	3.29	6.07	0.458	7.15	9.93	0.280

公交客车下各埋深段压应力分析　　　　表 4-14

厚度(cm)	埋深分段	常温压应力(MPa)	60min			120min		
			压应力增大值(MPa)	总压应力(MPa)	常温压应力比例	压应力增大值(MPa)	总压应力(MPa)	常温压应力比例
0	深埋段	21.22	56.31	77.53	0.274	60.91	82.13	0.258
	过渡段	13.06	61.32	74.38	0.176	66.22	79.28	0.165
	浅埋段	6.41	65.40	71.81	0.089	70.50	76.90	0.083

续上表

厚度 (cm)	埋深分段	常温压应力 (MPa)	60min 压应力增大值 (MPa)	60min 总压应力 (MPa)	60min 常温压应力比例	120min 压应力增大值 (MPa)	120min 总压应力 (MPa)	120min 常温压应力比例
5	深埋段	16.27	49.65	65.92	0.247	67.28	83.55	0.195
5	过渡段	10.02	52.00	62.03	0.162	70.35	80.37	0.125
5	浅埋段	4.92	56.11	61.03	0.081	74.62	79.54	0.062
10	深埋段	13.96	13.66	27.62	0.505	38.51	52.47	0.266
10	过渡段	8.61	13.74	22.35	0.385	41.59	50.19	0.171
10	浅埋段	4.23	16.84	21.07	0.201	44.96	49.19	0.086
15	深埋段	11.99	5.57	17.56	0.683	14.04	26.03	0.461
15	过渡段	7.40	8.73	16.13	0.459	16.87	24.27	0.305
15	浅埋段	3.65	11.35	14.99	0.243	19.55	23.19	0.157
20	深埋段	10.41	3.82	14.22	0.732	11.13	21.54	0.483
20	过渡段	6.43	6.36	12.79	0.503	13.79	20.23	0.318
20	浅埋段	3.18	8.46	11.64	0.273	15.96	19.14	0.166
25	深埋段	9.08	2.72	11.80	0.769	8.56	17.64	0.515
25	过渡段	5.62	4.77	10.39	0.541	10.69	16.31	0.345
25	浅埋段	2.78	6.47	9.26	0.301	12.43	15.21	0.183

重型货车火灾下各埋深段压应力分析 表4-15

厚度 (cm)	埋深分段	常温压应力 (MPa)	60min 压应力增大值 (MPa)	60min 总压应力 (MPa)	60min 常温压应力比例	120min 压应力增大值 (MPa)	120min 总压应力 (MPa)	120min 常温压应力比例
0	深埋段	21.22	108.34	129.56	0.164	127.65	148.87	0.143
0	过渡段	13.06	113.11	126.17	0.104	132.21	145.27	0.090
0	浅埋段	6.41	116.93	123.34	0.052	135.81	142.22	0.045
5	深埋段	16.27	56.88	73.15	0.222	61.84	78.11	0.208
5	过渡段	10.02	60.35	70.37	0.142	65.55	75.57	0.133
5	浅埋段	4.92	64.77	69.69	0.071	70.14	75.06	0.066
10	深埋段	13.96	29.13	43.08	0.324	70.76	84.72	0.165
10	过渡段	8.61	32.92	41.52	0.207	75.04	83.65	0.103
10	浅埋段	4.23	36.26	40.49	0.104	78.50	82.74	0.051
15	深埋段	11.99	13.54	25.53	0.470	31.81	43.80	0.274
15	过渡段	7.40	16.84	24.24	0.305	35.23	42.63	0.174
15	浅埋段	3.65	19.54	23.19	0.157	37.98	41.63	0.088

续上表

厚度 (cm)	埋深分段	常温压应力 (MPa)	60min			120min		
			压应力增大值 (MPa)	总压应力 (MPa)	常温压应力比例	压应力增大值 (MPa)	总压应力 (MPa)	常温压应力比例
20	深埋段	10.41	9.87	20.28	0.513	20.47	30.87	0.337
	过渡段	6.43	12.48	18.92	0.340	23.22	29.66	0.217
	浅埋段	3.18	14.62	17.79	0.178	25.45	28.63	0.111
25	深埋段	9.08	7.42	16.49	0.550	15.97	25.05	0.362
	过渡段	5.62	9.50	15.12	0.372	18.14	23.77	0.237
	浅埋段	2.78	11.20	13.99	0.199	19.89	22.68	0.123

从表4-13～表4-15可以看出，着火后60min，沉管隧道结构表层0～5cm厚度范围内压应力增加较大，总压应力较大，常温应力比例较小；着火后120min，结构表层0～10cm厚度范围内压应力增加较大，总压应力较大，常温应力比例较小。从表4-15可以看出，火灾后60min，结构0～10cm厚度范围内压应力增加较大，总压应力较大，常温应力比例较小；火灾后120min，结构0～25cm厚度范围内压应力增加较大，总压应力较大，常温应力比例较小。因此，可以判断出沉管隧道火灾下结构的高应力区域主要集中在距离受火表面25cm以内。

从表4-13～表4-15及其分析可知，深埋段常温应力最大，过渡段常温应力次之，浅埋段常温应力最小；火灾后60min与120min时刻，沉管结构压应力的增大趋势相同，都表现为深埋段应力增加最小，过渡段应力增加次之，浅埋段应力增加最大，这使得火灾后三个埋深段的高应力区域的总应力基本相等（过渡段总应力、浅埋段总应力与深埋段总应力的差值占深埋段总应力值的比例小，小汽车火灾时约10%，公交客车火灾时约6.5%，重型货车火灾时约5%）；同时，从三个表中还可以看出，火灾达到的温度越高，埋深越浅，常温应力比例越小，比如浅埋段在重型货车火灾时，常温应力比例低至4.5%。因此，在进行结构高温热应力损伤分析时，选择火灾后压应力最大的埋深段（深埋段）进行计算，并以此计算结果作为沉管隧道结构的损伤厚度，是合理且安全的。

5）高温应力导致的结构损伤分析

火灾高温下，主要通过两种方式对沉管隧道结构造成损伤：一是在高温作用下，结构内某些位置因工作应力超过了其容许应力而产生破坏；另一种是高温导致的管段混凝土材料的性能劣化，降低了截面的承载能力。廖仕超在对海底盾构隧道火灾下结构承载能力的研究中得出，对于超静定的隧道结构来说，结构高温下的应力对衬砌截面损伤远远大于材料劣化所导致的衬砌截面损伤。因此，在对沉管隧道结构火灾下截面厚度进行均匀折减的时候，其火灾损伤厚度按应力所致的截面损伤进行计算。

对于热应力导致的衬砌截面损伤来说,衬砌截面某部位的工作应力若超过容许应力,则导致该处混凝土失效。令混凝土极限抗压强度随温度的变化关系为:

$$f_C^T = f(T)$$

则混凝土在该温度下的最大容许应力为:

$$\sigma_T = \frac{f_C^T}{K} = \frac{f(T)}{K}$$

式中,K 为安全系数,一般情况下(荷载长期作用),轴心抗压时取 2.5,弯曲抗压时取 2.0,在本书分析中,由于火灾产生的温度荷载是一个暂时性的荷载,故取 $K=1.0$。

若 t 时刻,截面内点 N 处的温度为 T,工作应力为 σ_N,则 t 时刻该截面上点 N 处的损伤应力判别式为:

$$\sigma_N \geq \sigma_T = \frac{f(T)}{K}$$

在火灾高温下,N 点不失效的条件为:在受火时间内的任意时刻 t,N 点的工作应力 σ_N 都未达到 t 时刻对应的混凝土材料的容许应力 σ_T,即 $\sigma_N \leq \sigma_T$,在应力时程曲线中,其直观表现就是工作应力曲线与容许应力曲线没有相交。图 4-34 给出了重型货车火灾下,沉管隧道深埋段工作应力与容许应力随时间的变化曲线,两条曲线相交的时刻便是结构混凝土失效损伤的时刻;表 4-16 分别列出了三种升温曲线下不同时刻对应的损伤深度。

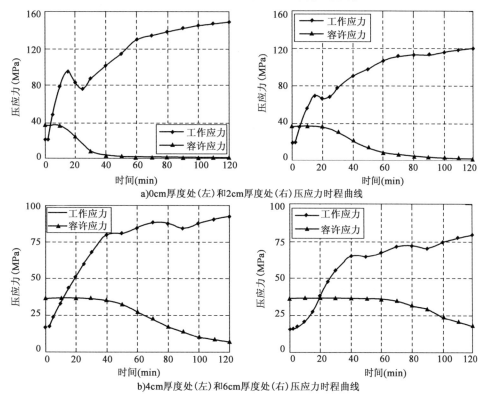

a) 0cm 厚度处(左)和 2cm 厚度处(右)压应力时程曲线

b) 4cm 厚度处(左)和 6cm 厚度处(右)压应力时程曲线

图 4-34

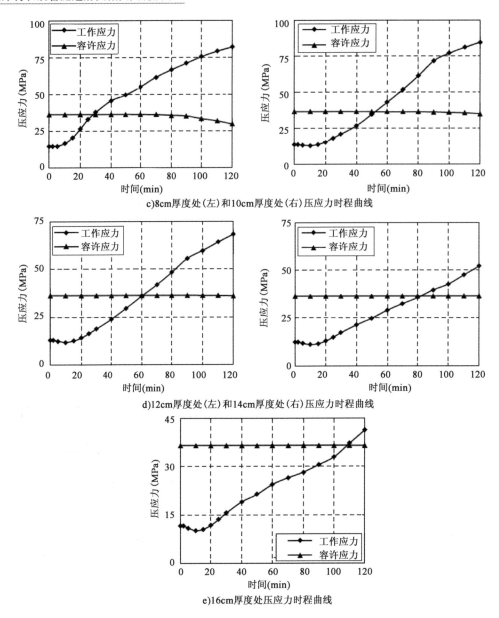

图 4-34 重型货车火灾下压应力时程曲线

火灾下沉管隧道结构的受火时间与损伤深度　　表 4-16

小汽车火灾 （最高温度 620℃）	受火时间（min）	8.8	16.1	35.9	53.4	63.7	95.2
	损伤深度（cm）	0	2	4	5	6	8
公交客车火灾 （最高温度 920℃）	受火时间（min）	4.8	8.1	18.5	28.5	33.3	49.2
	损伤深度（cm）	0	2	4	5	6	8
	受火时间（min）	79.4	99.8	—	—	—	—
	损伤深度（cm）	10	12	—	—	—	—

续上表

	受火时间(min)	3.7	5	11.4	17.2	19.4	28.5
重型货车火灾 (最高温度1 220℃)	损伤深度(cm)	0	2	4	5	6	8
	受火时间(min)	52.2	60.7	82.1	105	108.6	—
	损伤深度(cm)	10	12	14	15	16	—

为了分析沉管结构损伤深度与受火时长的关系,对表4-16数据进行拟合。将表4-16中受火时间与损伤深度组成的坐标点绘于直角坐标系中,经观察分析,可选取回归模型:

$$y = a\ln x + b$$

式中:a、b——待定参数;

x——损坏深度,cm;

y——受火时间,min。

根据所选回归模型,对三种升温条件下的损伤深度与受火时长的关系进行回归分析,可以得到参数a、b的取值,见表4-17。

参 数 取 值 表　　　　　　　表4-17

升 温 曲 线	a	b	R^2
2	3.142	6.950	0.978
3	3.721	6.363	0.963
4	4.535	6.613	0.968

根据回归结果,可将拟合曲线与拟合数据散点绘于同一直角坐标系中,如图4-35所示。

4.1.4　隔热条件下结构温度场及力学行为分析

从前面的分析可以看出,港珠澳大桥沉管隧道在无隔热条件下,隧道内发生火灾时会造成严重的结构损伤。同时,基于该工程的重要性及特殊性,为了降低隧道内火灾造成的隧道结构损伤程度,港珠澳大桥沉管隧道有必要采取适当的防火保护措施。

本节研究了沉管隧道结构内壁在双层1cm厚(共2cm厚)玻镁防火板防护条件下,隧道内发生火灾后结构热应力变化规律以及结构的损伤情况。研究思路为:首先,根据已经进行的结构构件模型火灾试验的结果,可以得出在2cm玻镁防火板防护下,构件受火表面及内部温度随时间的变化规律;然后根据结构的热传导理论,通过数值计算分析沉管隧道结构在隔热条件下的温度分布情况,进而开展截面高温应力变化以及高温应力损伤的研究。

1)结构温度场计算及结果

(1)计算方法与模型

沉管隧道结构内壁设置2cm玻镁防火板防护后的温度场计算方法与模型采用本书前节

所述的沉管隧道火灾工况温度场计算方法与模型。但是,由于 2cm 玻镁防火板隔热层的存在,需要对升温曲线以及受火边界条件做相应的调整。其中升温曲线通过沉管结构的构件模型火灾试验获取。

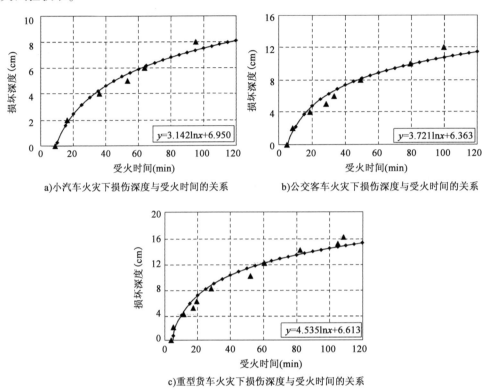

图 4-35　火灾损伤深度与受火时间的关系

① 试验目的。

通过试验获取结构构件在两层 1cm 厚(共 2cm 厚)玻镁防火板保护下构件表面及内部的温度随时间的变化规律。

试验构件选用 C50 混凝土,浇筑 170cm×170cm×70cm 的钢筋混凝土长方体试验构件,在构件内的不同厚度处设置 K 型热电偶温度测点,其布置方式见图 4-36。

试验平台:本次试验通过重庆交通科研设计院"国家科技支撑计划项目——离岸特长沉管隧道接头及结构防火灾技术研究火灾高温实验平台"进行,该试验系统的大概组成如图 4-37 所示。

试验流程:试验试块制作好之后,安装防火板→温度测点布设→吊装→接入数据采集模块→调试数据采集设备→点火试验。

试验火灾曲线:燃烧炉内设计升温曲线为升温曲线 4(重型货车火灾升温曲线),从试验中燃烧炉内的实时温度数据来看(图 4-38),实际升温效果与设计升温曲线比较接近,故可与第三章中重型货车火灾时的研究结果进行对比分析,判定防火板的隔热保护效果。

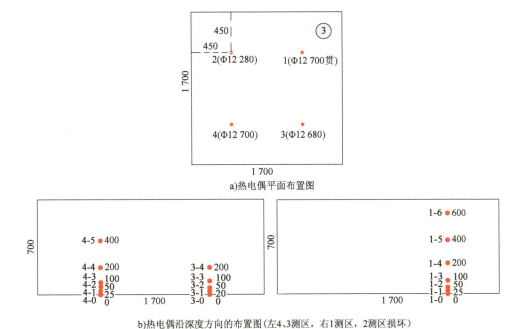

a) 热电偶平面布置图

b) 热电偶沿深度方向的布置图(左4、3测区，右1测区，2测区损坏)

图4-36　局部全比尺结构3号试件测点布置示意图(尺寸单位:mm)

图4-37　结构燃烧试验平台系统构成

②结构升温曲线的确定。

对于沉管隧道结构表面的升温曲线,本次计算根据沉管隧道沉管结构构件模型火灾试验的试验结果进行选择。图4-39中测区1、3、4三个系列给出了沉管隧道沉管结构构件模型火灾试验的试验结果。

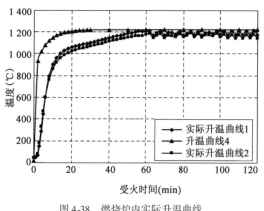
图 4-38　燃烧炉内实际升温曲线

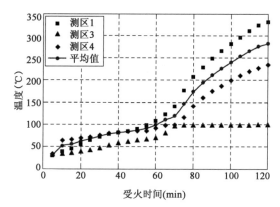
图 4-39　结构试块火灾试验结果

对比图 4-39 中测区 1、3、4 三个系列可以看出,在火灾的前 70min,试块受火表面的温度升高比较缓慢,这表明防火板还没有被烧坏,隔热效果比较好;70min 后,试块受火表面温度升高较快,这说明防火板开始被烧坏,逐渐失去隔热功能。从图中还可以看出,测区 1 和测区 4 处温度变化趋势在整个火灾过程中比较一致,各时刻下温度值也比较接近,而测区 3 处的温度在火灾后期(70min 后)几乎不再继续升高,这说明该处的热力耦可能已经破坏,因此可以判断测区 3 的试验结果数据异常,不予采用。

为了得到更为合理的升温曲线,采用测区 1 和测区 4 的平均温度作为沉管隧道结构受火表面的温度升高曲线,即图 4-39 中平均值系列。

③沉管结构边界条件。

对于受火表面的边界条件,由于试验中已测得构件表面的温度,故本次计算采用第一类边界条件,即规定衬砌受火边界上的温度值,用公式表达为:

$$T_{(x,y,t)} = T_f(t) \tag{4-63}$$

式中:$T_f(t)$——随时间变化的受火表面温度,即为图 4-38 中的平均值系列。

(2)结构温度计算结果

①温度随时间和衬砌深度的变化。

根据数值计算结果,可以得出沉管隧道结构内部温度随时间的变化规律和随深度的分布规律,如图 4-40 所示。

由图 4-40 可知,由于防火板的隔热效应,火灾发生后的前 70min 内,截面内温度上升缓慢;在火灾后 70min 左右,由于防火板被烧坏,隔热效果逐渐降低,截面内温度的升高开始加快。火灾后 120min,衬砌表面的温度达到 282.4℃,结构内的温度衰减比较快,15cm 厚度处的温度仅 32℃左右,因此可以认为,在沉管结构表面设置 2cm 防火板后,火灾高温对沉管结构的影响厚度为 15cm。

②温度场数值计算与物理试验结果对比。

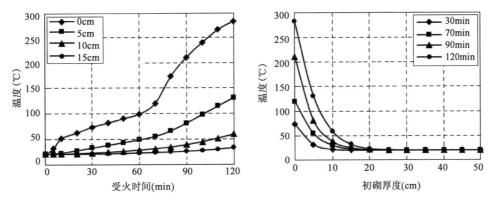

图 4-40 结构内部温度随时间的变化规律(左)和随深度的分布规律(右)

为了检验温度场数值计算结果的可靠性,可以将数值计算结果与试验结果进行对比,如图 4-41 所示。

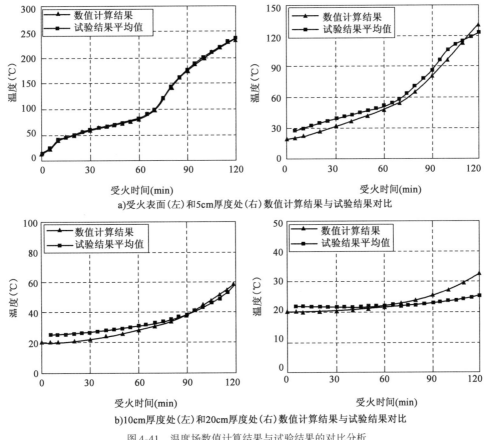

a)受火表面(左)和5cm厚度处(右)数值计算结果与试验结果对比

b)10cm厚度处(左)和20cm厚度处(右)数值计算结果与试验结果对比

图 4-41 温度场数值计算结果与试验结果的对比分析

从图 4-41 可以看出,数值计算结果和试验结果基本相等。在结构受火表面,由于数值计算中施加的温度荷载就是根据试验结果得到的,故数值计算得出的温度随时间变化曲线与试验中温度随时间变化曲线完全重合,两者结果相同;在结构内部的 5cm、10cm、20cm 厚度处,数值计算得出的温度随时间变化曲线与试验中温度随时间变化曲线并未重合,但是两条曲线在整个火灾过程中都很接近,这说明结构内部温度场的数值计算结果与试验结果不相等,但是很接近,结构5cm厚度处在火灾后100min时,数值计算结果与试验结果相差最大,为8.7℃。

③防火板隔热效果分析。

为了探讨防火板对沉管隧道结构的隔热效果,将设置防火板条件下结构内部温度随时间的变化规律与未设置防火板条件下结构内部温度随时间的变化规律进行对比,如图4-42所示。

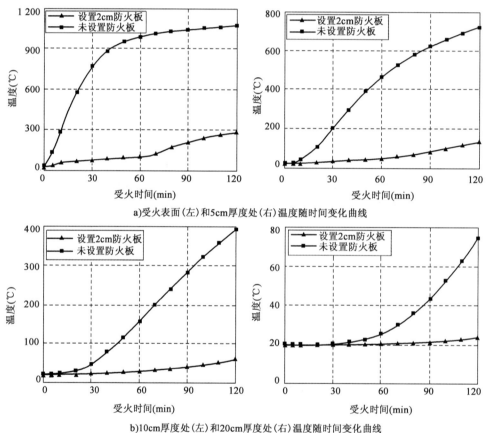

a)受火表面(左)和5cm厚度处(右)温度随时间变化曲线

b)10cm厚度处(左)和20cm厚度处(右)温度随时间变化曲线

图4-42 防火板隔热效果分析图

从图4-42可以看出,在沉管隧道结构内壁表面设置2cm防火板后,火灾下结构温度相比未设置防火板时有较大的降低。在结构的受火表面,火灾下最高温度由1 070℃降低到282℃,同时,由于结构内部温度的升高是结构表面高温向结构内部传递的结果,因此结构内部的温度也有很大程度的降低。这说明防火板的设置很好地隔断了火灾高温热气流与沉管结构之间的接触,从而大大降低了火灾高温对沉管结构内部温度的影响,隔热效果显著。

2)结构应力变化规律

隔热条件下沉管隧道结构温度场确定之后,便可以采用温度-结构耦合模型,对沉管隧道火灾下的热应力进行计算,本次计算选取深埋段进行。

(1)截面内应力分布

根据计算结果,可以得出在2cm玻镁防火板保护下,沉管结构截面位置3处压应力分布情况,如图4-43所示。

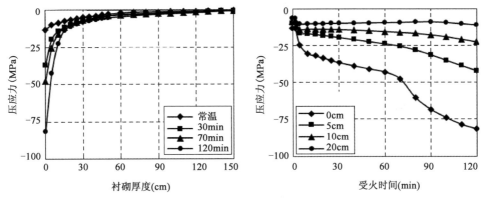

图4-43 截面压应力随深度(左)和时间(右)的变化

从图4-43中压应力随结构深度的变化曲线可以看出,火灾引起的高压应力厚度约为15cm,并且压应力在这15cm内衰减很快,在火灾后120min,压应力由81.6MPa减小到13.4MPa。从压应力随时间的变化曲线可以看出,结构表面的应力在火灾发生后的0~10min和70~120min两个阶段增大比较快,这是由于这两个时间段内结构表面的温度变化比较激烈,在结构内部,由于温度增加比较均匀并且缓慢,从而其压应力的增加也比较均匀且缓慢,达到的最大压应力值也相对较小。

(2)防火板对沉管结构火灾高温应力的影响

为了探讨防火板对结构高温应力的影响,可以将结构表面设置防火板后结构的高温压应力与未设置防火板时结构的高温压应力进行对比,如图4-44所示。

从图4-44可以看出,在2cm防火板的保护下,沉管结构高温影响区域内各个厚度处的压应力均小于无防火板时的压应力。例如,在受火表面,最大压应力由149MPa降低为82MPa,这说明防火板可以降低火灾高温造成的高温应力,减小高温对沉管隧道结构的影响。

(3)防火板对沉管结构火灾损伤深度的影响

根据高温应力的计算结果,可以得出在2cm防火板保护下,结构的火灾损伤深度与火灾时间的关系,图4-45给出了火灾下,沉管隧道深埋段工作应力与容许应力随时间的变化曲线;表4-18列出了不同时刻对应的损伤深度。

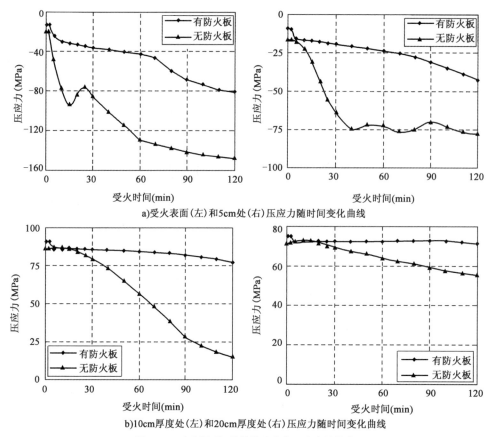

图4-44 防火板对沉管结构火灾高温应力的影响

为了分析防火板保护下沉管隧道结构损伤深度与受火时长的关系,对表4-18数据进行拟合。将表4-18中受火时间与损伤深度组成的坐标点绘于直角坐标系中,经观察,可选取线形回归模型:

$$y = ax + b$$

式中:a、b——待定参数;

x——受火时间,min;

y——损伤深度,cm。

防火板保护下沉管结构受火时间与损伤深度 表4-18

受火时间(min)	30	63.2	84.8	103.9	114.3
损伤深度(cm)	0	2	4	5	6

经过回归分析可得:$a = 0.071$、$b = -2.239$,其中相关系数 $R^2 = 0.993$。

根据回归结果,可将拟合曲线与拟合数据散点绘于同一直角坐标系中,如图4-46所示。

为了探讨防火板对结构损伤深度的影响,可以将结构表面设置防火板后的结构火灾下的损伤深度与结构表面未设置防火板时结构火灾下的损伤深度进行对比(两种情况下损伤深度回归曲线的对比),如图 4-47 所示。

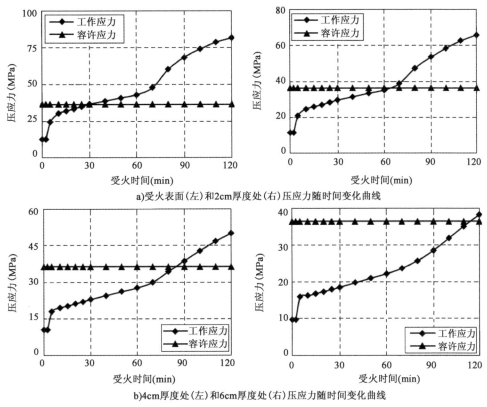

a) 受火表面(左)和2cm厚度处(右)压应力随时间变化曲线

b) 4cm厚度处(左)和6cm厚度处(右)压应力随时间变化曲线

图 4-45 防火板保护下压应力随时间变化曲线

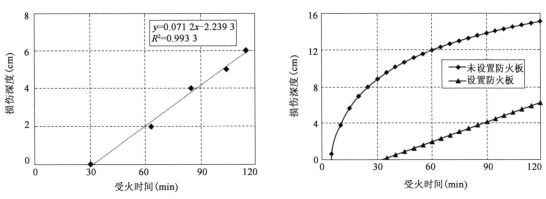

图 4-46 防火板保护下损伤深度随时间的变化　　图 4-47 防火板对沉管隧道结构火灾损伤深度的影响

从图 4-47 可以看出,未设置防火板时,火灾后 5min 结构就开始产生损伤,在沉管隧道结构表面设置 2cm 防火板后,火灾后 30min 结构才开始产生损伤,这说明防火板对沉管隧道结构起到了良好的保护作用,可以有效地避免结构在火灾初期就发生损伤。同时,未设置防火板时,结构在火灾前期损伤速度比较快,火灾后 30min,损伤深度就达到 8.8cm,火灾后期损伤比较缓慢。但是在设置 2cm 防火板后,沉管结构的损伤在整个火灾过程中比较缓慢且均匀,火灾后120min,损伤深度仅为6.3cm,远小于未设置防火板时的15.1cm,这说明防火板能够减缓沉管隧道结构火灾下的损伤,并且能减小损伤深度,对沉管结构的保护效果显著。

4.1.5 火灾高温下沉管隧道结构设计方法

1）高温承载力计算理论

（1）基本假设

实际隧道中,结构处于压弯或拉弯状态,火灾发生后其是否安全,关键在于结构火灾高温下的承载力是否满足要求。现有的试验研究成果表明:在火灾高温条件下,钢筋混凝土构件的破坏形态、截面应变等与常温状态下钢筋混凝土构件的破坏形态、截面应变等类似(过镇海、时旭东,2003),因此,火灾高温下钢筋混凝土构件承载能力的计算方法可以采用常温状态下的计算方法。计算中的基本假设主要包括以下几点:

①平截面假定,即截面各点的混凝土和钢筋纵向应变沿截面的高度方向呈直线变化,如图4-48所示。

②钢筋和混凝土之间黏结良好,二者之间无相对滑移。

③忽略中和轴以下混凝土的抗拉作用,这是由于混凝土的抗拉强度很小,并且其合力作用点离中和轴较近,内力矩的力臂很小。

④受力钢筋占截面面积比例较小,并且其热传导系数比较大,因此,假设钢筋截面上的温度均匀分布,且等于周围混凝土的平均温度(胡海涛、董毓利,2002)。

（2）高温极限 N_{uT}-M_{uT} 相关曲线

设混凝土结构高温下截面极限受压承载力记为 N_{uT},极限受弯承载力记为 M_{uT}。试验研究表明(胡海涛、董毓利,2002),在钢筋混凝土构件的组成材料、截面尺寸、配筋率以及配筋方式相同的情况下,使得该构件达到承载力极限状态的 N_{uT} 和 M_{uT} 组合会有无数组。在表示偏压构件极限承载能力时,一般是采用极限 N_{uT}-M_{uT} 相关曲线进行描述。

过镇海和时旭东的研究表明,对于单面受火的偏心受压钢筋混凝土构件,其极限 N_{uT}-M_{uT} 相关曲线对于纵坐标轴并不是对称的,如图4-49所示。原因主要是构件为单面受火,其高温

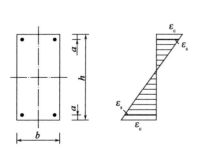

图4-48 平截面假设示意图

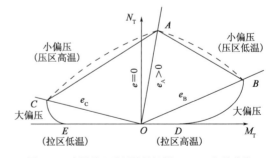

图4-49 高温偏心受压构件极限 N_{uT}-M_{uT} 相关曲线

作用是不对称的,造成极大受压承载力的作用点偏离了结构截面的形心,偏向低温区,此时的偏心距 e_A 称为极强偏心距,这种现象在胡海涛(2002)的压弯构件高温试验研究中得到了验证。图 4-49 中符号的规定:N_{uT} 以受压为正,M_{uT} 以拉区高温、压区低温时弯矩为正,反之为负。

高温偏心受压构件的极限 N_{uT}-M_{uT} 相关曲线上有 5 个特征点。如图 4-49 所示,A 点对应着轴向合力通过截面形心时截面的极大轴向承载力;B 点对应着轴向合力偏向低温侧结构大小偏心受压的界限点;C 点对应着轴向合力偏向高温侧结构大小偏心受压的界限点,此时的偏心距 e_B、e_C 称为大、小偏心受压界限偏心距;D 点对应着结构在纯弯曲状态下拉区高温的极限弯矩值;E 点对应着结构在纯弯曲状态下压区高温的极限弯矩值。各特征点对应的承载力状态简图如图 4-50 所示。

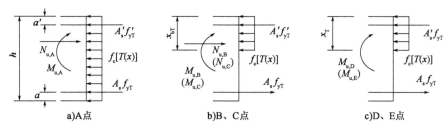

图 4-50 特征点的截面承载力状态

通过力和力矩平衡条件可以得出各种承载力极限状态的平衡方程。

① A 点

$$\begin{cases} N_{uT,A} = f_{yT}A_s + f'_{yT}A'_s + f_c[T(x)]bh \\ M_{uT,A} = f_c[T(x)]bh\left[x(f_{cT}) - \dfrac{h}{2}\right] \mp f_{yT}A_s\left(\dfrac{h}{2} - a\right) \pm f'_{yT}A'_s\left(\dfrac{h}{2} - a'\right) \end{cases} \quad (4\text{-}64)$$

② B、C 点

$$\begin{cases} N_{uT,B(C)} = f'_{yT}A_s + f'_{yT}A'_s + f_c[T(x)]bx_{bT} \\ M_{uT,B(C)} = f_c[T(x)]bx_{bT}[x(f_{cT}) - a] + f'_{yT}A'_s(h - a - a') \end{cases} \quad (4\text{-}65)$$

③ D、E 点

$$\begin{cases} N_{uT,D(E)} = f_c[T(x)]bx_T - f_{yT}A_s + f'_{yT}A'_s = 0 \\ M_{uT,D(E)} = f_c[T(x)]bx_T[x(f_{cT}) - a] + f'_{yT}A'_s(h - a - a') \end{cases} \quad (4\text{-}66)$$

式中: N_{uT}——高温受压承载力,A,B,C,D 为所在点;

M_{uT}——高温受弯承载力,A,B,C,D 为所在点;

f_{yT}——纵向钢筋的高温抗拉强度;

f'_{yT}——纵向钢筋的高温抗压强度;

$f_c[T(x)]$——混凝土的高温抗压强度;

x_{bT}——界限破坏的压区高度;

x_T——纯弯曲状态时的压区高度；

$x(f_{cT})$——混凝土受压合力点至截面受拉边缘的竖向距离；

A_s——纵向受拉钢筋截面面积；

A_s'——纵向受压钢筋截面面积；

b——构件截面宽度；

h——构件截面高度；

a——纵向受拉钢筋合力点至截面受拉边缘的竖向距离；

a'——纵向受压钢筋合力点至截面受压边缘的竖向距离。

④区分大、小偏心受压破坏形态的界限。

如图4-50所示，当受压区比较小，混凝土达到极限应变时，受压纵向钢筋的应变还很小，还未达到屈服强度，属于大偏心受压破坏形态。当中和轴高度达到x_{cbT}时，受压区混凝土达到极限应变值，构件纵向钢筋也达到屈服应变值，此时即为大、小偏心受压破坏形态界限，此时合力作用点的偏心距称为界限偏心距，混凝土受压区的高度称为界限受压高度。当中和轴高度大于x_{cbT}时，属于小偏心受压破坏形态。

界限偏心距：

$$e_{u,B(C)} = e_{B(C)} = \frac{M_{uT,B(C)}}{N_{uT,B(C)}} \tag{4-67}$$

对于界限破坏时的中和轴高度x_{cbT}，由图4-49所示关系，则有：

$$\frac{x_{cbT}}{h_0} = \frac{\varepsilon_{cuT}}{\varepsilon_{cuT} + \varepsilon_{yT}} \tag{4-68}$$

把$x_{bT} = \beta_1 \times x_{cbT}$代入式(4-68)，则可得高温界限压区高度$x_{bT}$为：

$$x_{bT} = \frac{\beta_1 \cdot \varepsilon_{cuT}}{\varepsilon_{cuT} + \varepsilon_{yT}} \cdot h_0 = \xi_{bT} h_0 \tag{4-69}$$

式中：β_1——混凝土受压区等效矩形应力图系数，为矩形应力图高度x_T与中和轴高度x_{cT}的比值，按规范《混凝土结构设计规范》(GB 50010—2010)取值；

ε_{cuT}——混凝土高温极限压应变，可由高温试验获得；

ε_{yT}——钢筋的高温屈服应变，可由高温试验获得；

h_0——构件截面有效高度；

$\xi_{bT}\left(\xi_{bT} = \dfrac{x_{bT}}{h_0}\right)$——混凝土高温界限相对受压高度。

(3)大偏心受压极限承载力

从图4-51可以看出，如果火灾下钢筋混凝土构件发生大偏心受压破坏形态，则轴向力作用点的偏心距e需要满足的条件是：火灾高温区域位于构件受拉一侧时$e > e_B$；火灾高温区域位于构件受压一侧时 $e > e_C$（e_C 为负）。大偏心受压的破坏形式表现为受拉钢筋屈服之后受压区的混凝土和受压钢筋才到达各自的抗压强度。大偏心受压破坏的截面计算简图如图 4-52 所示。

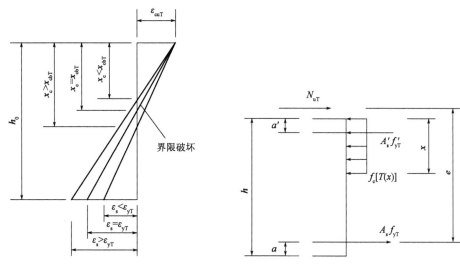

图 4-51　界限破坏时应变图　　　　图 4-52　大偏心受压破坏截面计算简图

由力和力矩（对受拉钢筋合力点）的平衡，便可以得到截面的平衡方程：

$$\begin{cases} N_{uT} = f_c[T(x)]bx + f'_{yT}A'_s - f_{yT}A_s \\ N_{uT}e = N_{uT}\left(\eta e_i + \dfrac{h}{2} - a\right) = M_{uT} + N_{uT}\left(\dfrac{h}{2} - a\right) \\ \qquad = f_c[T(x)]bx\left(h - a' - \dfrac{x}{2}\right) + f'_{yT}A'_s(h - a - a') \end{cases} \quad (4\text{-}70)$$

通过以上平衡方程组，便可以求解得出结构构件在大偏心受压状态下的极限承载能力，即图 4-49 中 BD、CE 曲线段。

(4) 小偏心受压极限承载力

当火灾下钢筋混凝土结构构件的轴向合力的偏心距 e 满足 $e_C < e < e_B$ 时，构件在承载力极限状态下发生的破坏形态为小偏心受压破坏形态，具体表现为：截面上受压区混凝土首先达到抗压强度，受压钢筋的应力达到屈服强度，而远侧的钢筋可能受拉也可能受压但都不屈服。这种情况下，只知道截面受压破坏区域内混凝土和钢筋的应力值，而截面上其他区域混凝土和钢筋的应力值都未知，无法采用与大偏心受压破坏时相似的截面平衡方程来求解准确的极限承载力。

从图 4-49 可以看出，小偏心破坏下的 AB、AC 曲线段都呈现向外凸出的趋势，并且两条曲线的弧度都很小。鉴于此，过镇海（2003）建议分别用直线 $\overline{AB}$、$\overline{AC}$ 代替 AB、AC 曲线段，这样便能得到近似的 N_{uT}-M_{uT} 相关曲线，如图 4-49 所示。这样做的误差不大，简化了计算方法，同时还使得计算结果更加安全。

直线$\overline{AB}$和$\overline{AC}$的方程式可以通过图 4-49 中的几何关系比较轻松地得到。

直线$\overline{AB}$：

$$(M_{uT,B} - M_{uT,A})N_{uT} + (N_{uT,A} - N_{uT,B})M_{uT} + M_{uT,A}N_{uT,B} - M_{uT,B}N_{uT,A} = 0 \quad (4-71)$$

直线$\overline{AC}$：

$$(M_{uT,C} - M_{uT,A})N_{uT} + (N_{uT,A} - N_{uT,C})M_{uT} + M_{uT,A}N_{uT,C} - M_{uT,C}N_{uT,A} = 0 \quad (4-72)$$

在小偏心受压极限承载力的实际计算中，假如构件破坏时的偏心距e_u为已知，即$N_{uT} \cdot e_u = M_{uT}$，那么便可以根据式(4-71)或式(4-72)求解得出其极限承载力。

2) 高温承载力设计方法

沉管隧道内发生火灾后，热量不断向结构截面内部传播，使得其温度场发生改变，引起钢筋混凝土材料的力学性能劣化。为了获得结构构件整个截面不同状态下的高温承载力，首先必须分析混凝土和钢筋各自的高温承载力对整个构件截面高温承载能力的贡献程度。由于钢筋的截面面积占整个截面面积的比率较小，并且其在截面中呈点状分布，温度可以按均匀分布考虑，计算比较简单。而混凝土几乎占据了整个结构截面，由于其温度分布不均匀，导致其强度在截面上的分布也不均匀，如图 4-53 所示，当沉管结构承受火灾高温后，衬砌截面温度场产生变化，混凝土强度随温度的增高而下降。因此，在沉管隧道结构截面承载力计算时就必须考虑混凝土强度分布不均匀的影响。

(1) 积分法

假设构件截面宽度为b，高度为h，截面高度x处的温度表示为$T(x)$，温度T时对应的混凝土强度为$f_c(T)$，那么截面高度x处的混凝土强度为$f_c[T(x)]$，即$f_c = f_c[T(x)]$，其中截面高度x为自变量，定义域为$[0, h]$，如图 4-54 所示。

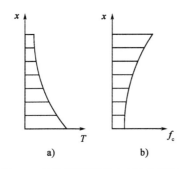

图 4-53 结构截面温度分布(左)和混凝土高温强度分布(右)简图

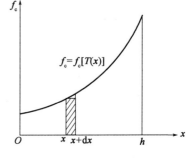

图 4-54 积分法示意图

应用定积分的计算方法，可以得到结构构件全截面受压情况下混凝土的受压承载力$N_{u,T}$以及$N_{u,T}$与O点的力矩$M_{O,T}$：

$$\begin{cases} N_{u,T} = \int_0^h bf_c[T(x)]\mathrm{d}x \\ M_{O,T} = \int_0^h bf_c[T(x)]x\mathrm{d}x \end{cases} \quad (4\text{-}73)$$

这样，混凝土结构构件极限 N_{uT}-M_{uT} 相关曲线上 5 个特征点对应的极限承载力状态的平衡方程可以写为：

①A 点

$$\begin{cases} N_{uT,A} = f_y[T(x=a)]A_s + f'_y[T(x=h-a')]A'_s + \int_0^h bf_c[T(x)]\mathrm{d}x \\ M_{uT,A} = \int_0^h bf_c[T(x)]\left(x - \dfrac{h}{2}\right)\mathrm{d}x \mp f_y[T(x=a)]A_s\left(\dfrac{h}{2} - \dfrac{a}{2}\right) \pm f'_y[T(x=h-a')]A'_s\left(\dfrac{h}{2} - \dfrac{a'}{2}\right) \end{cases}$$

(4-74)

②B、C 点

$$\begin{cases} N_{uT,B(C)} = \int_{h-x_{bT}}^h bf_c[T(x)]\mathrm{d}x - f_y[T(x=a)]A_s + f'_y[T(x=h-a')]A'_s \\ M_{uT,B(C)} = \int_{h-x_{bT}}^h bf_c[T(x)](x-a)\mathrm{d}x + f'_y[T(x=h-a')]A'_s(h-a-a') \end{cases}$$

(4-75)

③D、E 点

$$\begin{cases} N_{uT,D(E)} = \int_{h-x_{bT}}^h bf_c[T(x)]\mathrm{d}x - f_y[T(x=a)]A_s + f'_y[T(x=h-a')]A'_s = 0 \\ M_{uT,D(E)} = \int_{h-x_{bT}}^h bf_c[T(x)](x-a)\mathrm{d}x + f'_y[T(x=h-a')]A'_s(h-a-a') \end{cases}$$

(4-76)

利用积分法进行结构高温承载能力计算可以保证计算结果的准确性。但是，被积函数中混凝土高温状态下的强度表达式 $f_c[T(x)]$，是由构件截面的温度分布函数 $T(x)$ 与混凝土材料的强度-温度函数 $f_c(T)$ 组成的复合函数。由前面的分析可知，温度分布函数 $T(x)$ 受多种因素的影响，比如火灾车辆类型、火灾中达到的最高温度以及火灾时间等。混凝土材料的强度-温度函数 $f_c(T)$ 一般通过试验获得，其影响因素也很复杂，不同试验得出的 $f_c(T)$ 也有一定差异性。因此，在实际的结构高温承载力计算中，$f_c[T(x)]$ 的确定过程是非常困难的。

（2）条分法

如图 4-55 所示，应用条分法进行结构高温承载能力结算时，首先是将构件截面沿高度方

向划分为 n 个高为 Δx 的条形区域,当 Δx 小到一定程度时,可以认为每个条形区域内的温度是相同的,在 $x_i \sim x_{i+1}$ 区域内,截面温度按 $\frac{1}{2}T(x=x_i) + \frac{1}{2}T(x=x_{i+1})$ 取值,则由 $f_c = f_c[T(x)]$ 可得截面的强度为 $f_c\left[\frac{1}{2}T(x=x_i) + \frac{1}{2}T(x=x_{i+1})\right]$。由此可以得到结构构件全截面受压情况下混凝土的受压承载力 $N_{u,T}$ 以及 $N_{u,T}$ 与 O 点的力矩 $M_{O,T}$:

$$\begin{cases} N_{u,T} = \sum_{i=0}^{n-1}\left\{f_c\left[\frac{1}{2}T(x=x_i) + \frac{1}{2}T(x=x_{i+1})\right]\right\}b\Delta x \\ M_{O,T} = \sum_{i=0}^{n-1}\left\{f_c\left[\frac{1}{2}T(x=x_i) + \frac{1}{2}T(x=x_{i+1})\right]\right\}b\Delta x\left(i + \frac{1}{2}\right)\Delta x \end{cases} \quad (4\text{-}77)$$

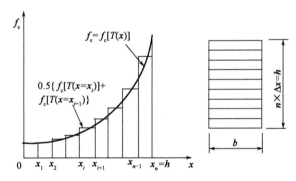

图 4-55 条分法示意图

根据条分法,混凝土结构构件极限 N_{uT}-M_{uT} 相关曲线上 5 个特征点对应的极限承载力状态的平衡方程可以写为:

①A 点

$$\begin{cases} N_{uT,A} = f_y[T(x=a)]A_s + f_y'[T(x=h-a')]A_s' + \\ \qquad \sum_{i=0}^{n-1}\left\{f_c\left[\frac{1}{2}T(x=x_i) + \frac{1}{2}T(x=x_{i+1})\right]\right\}b\Delta x \\ M_{uT,A} = \sum_{i=0}^{n-1}\left\{f_c\left[\frac{1}{2}T(x=x_i) + \frac{1}{2}T(x=x_{i+1})\right]\right\}b\Delta x\left[\left(i + \frac{1}{2}\right)\Delta x - \frac{h}{2}\right] \mp \\ \qquad f_y[T(x=a)]A_s\left(\frac{h}{2} - \frac{a}{2}\right) \pm f_y'[T(x=h-a')]A_s'\left(\frac{h}{2} - \frac{a'}{2}\right) \end{cases} \quad (4\text{-}78)$$

②B、C 点

$$\begin{cases} N_{uT,B(C)} = -f_y[T(x=a)]A_s + f_y'[T(x=h-a')]A_s' + \\ \qquad \sum_{i=(h-x_{bT})/\Delta x}^{n-1}\left\{f_c\left[\frac{1}{2}T(x=x_i) + \frac{1}{2}T(x=x_{i+1})\right]\right\}b\Delta x \\ M_{uT,B(C)} = \sum_{i=(h-x_{bT})/\Delta x}^{n-1}\left\{f_c\left[\frac{1}{2}T(x=x_i) + \frac{1}{2}T(x=x_{i+1})\right]\right\}b\Delta x\left[\left(i + \frac{1}{2}\right)\Delta x - a\right] + \\ \qquad f_y'[T(x=h-a')]A_s'(h-a-a') \end{cases} \quad (4\text{-}79)$$

③D、E 点

$$\begin{cases} N_{\mathrm{uT,D(E)}} = -f_{\mathrm{y}}[T(x=a)]A_{\mathrm{s}} + f_{\mathrm{y}}'[T(x=h-a')]A_{\mathrm{s}}' + \\ \qquad \sum_{i=(h-x_{\mathrm{bT}})/\Delta x}^{n-1} \left\{ f_{\mathrm{c}}\left[\frac{1}{2}T(x=x_i) + \frac{1}{2}T(x=x_{i+1})\right] \right\} b\Delta x = 0 \\ M_{\mathrm{uT,D(E)}} = \sum_{i=(h-x_{\mathrm{bT}})/\Delta x}^{n-1} \left\{ f_{\mathrm{c}}\left[\frac{1}{2}T(x=x_i) + \frac{1}{2}T(x=x_{i+1})\right] \right\} b\Delta x \left[\left(i+\frac{1}{2}\right)\Delta x - a\right] + \\ \qquad f_{\mathrm{y}}'[T(x=h-a')]A_{\mathrm{s}}'(h-a-a') \end{cases} \quad (4\text{-}80)$$

根据数学积分的基本原理可知,在条分法计算中,假如截面的条形区域数 $n \to \infty$ 时,那么条分法即积分法。但是,与积分法相比,条分法中没有复杂烦琐的积分计算。在条分法计算中,划分的条形数越多,即 n 越大,计算结果越精确,但是计算量也就越大;反之亦然。因此,可以看出,利用条分法计算混凝土结构件构件火灾高温下的承载能力时,条形区域的数目(Δx 的大小)对计算结果的精确度和计算工作量的大小有很大的影响。

(3) 等效截面法

等效截面法的基本思想是将构件截面的强度损失转化为构件截面宽度的损失来进行结构构件火灾高温下的承载力计算。与条分法类似,用等效截面进行结构高温承载力计算时,首先将构件沿截面高度方向划分为 n 个高为 Δx 的条形区域,并且假定每个区域内温度均匀分布。在 $x_i \sim x_{i+1}$ 区域内,截面温度按 $\frac{1}{2}T(x=x_i) + \frac{1}{2}T(x=x_{i+1})$ 取值,强度按 $f_{\mathrm{c}}\left[\frac{1}{2}T(x=x_i) + \frac{1}{2}T(x=x_{i+1})\right]$ 取值。然后计算各个条形区域的高温承载能力,按照区域内承载能力相等的原则,将各个区域内的强度损失转化为条形区域的宽度损失,如图 4-56 所示。

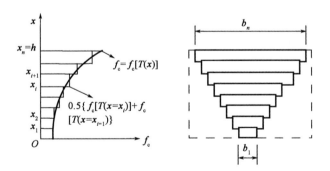

图 4-56 等效截面法示意图

在 $x_i \sim x_{i+1}$ 区域内,受压承载力为:

$$N_{i\mathrm{T}} = \sum_{i=0}^{n-1}\left\{ f_{\mathrm{c}}\left[\frac{1}{2}T(x=x_i) + \frac{1}{2}T(x=x_{i+1})\right] \right\} b\Delta x \quad (4\text{-}81)$$

设混凝土的常温强度为 f_{c},$x_i \sim x_{i+1}$ 区域的折算宽度为 b_i,根据区域内承载能力相等的原则，可以得到：

$$N_{iT} = \sum_{i=0}^{n-1}\left\{f_c\left[\frac{1}{2}T(x=x_i)+\frac{1}{2}T(x=x_{i+1})\right]\right\}b\Delta x = f_c \times b_i \Delta x \tag{4-82}$$

由此可得：

$$b_i = \frac{\sum_{i=0}^{n-1}\left\{f_c\left[\frac{1}{2}T(x=x_i)+\frac{1}{2}T(x=x_{i+1})\right]\right\}b}{f_{c,0}} \tag{4-83}$$

设截面等效系数 $K_i = \dfrac{\sum_{i=0}^{n-1}\left\{f_c\left[\dfrac{1}{2}T(x=x_i)+\dfrac{1}{2}T(x=x_{i+1})\right]\right\}}{f_c}$，则有：

$$b_i = K_i b \tag{4-84}$$

由此可得结构构件全截面受压情况下混凝土的受压承载力 $N_{u,T}$ 以及 $N_{u,T}$ 与 O 点的力矩 $M_{O,T}$ 分别为：

$$\begin{cases} N_{u,T} = \sum_{i=0}^{n-1} f_c K_i b \Delta x \\ M_{O,T} = \sum_{i=0}^{n-1} f_c K_i b \Delta x \left(i+\dfrac{1}{2}\right)\Delta x \end{cases} \tag{4-85}$$

根据等效截面法，混凝土结构构件极限 N_{uT}-M_{uT} 相关曲线上 5 个特征点对应的极限承载力状态的平衡方程可以写为：

① A 点

$$\begin{cases} N_{uT,A} = f_y[T(x=a)]A_s + f_y'[T(x=h-a')]A_s' + \sum_{i=0}^{n-1} f_c K_i b \Delta x \\ M_{uT,A} = \sum_{i=0}^{n-1} f_c K_i b \Delta x\left[\left(i+\dfrac{1}{2}\right)\Delta x - \dfrac{h}{2}\right] \mp f_y[T(x=a)]A_s\left(\dfrac{h}{2}-\dfrac{a}{2}\right) \pm f_y'[T(x=h-a')]A_s'\left(\dfrac{h}{2}-\dfrac{a'}{2}\right) \end{cases}$$
$$\tag{4-86}$$

② B、C 点

$$\begin{cases} N_{uT,B(C)} = -f_y[T(x=a)]A_s + f_y'[T(x=h-a')]A_s' + \sum_{i=(h-x_{bT})/\Delta x}^{n-1} f_c K_i b \Delta x \\ M_{uT,B(C)} = \sum_{i=(h-x_{bT})/\Delta x}^{n-1} f_c K_i b \Delta x\left[\left(i+\dfrac{1}{2}\right)\Delta x - a\right] + f_y'[T(x=h-a')]A_s'(h-a-a') \end{cases} \tag{4-87}$$

③ D、E 点

$$\begin{cases} N_{uT,D(E)} = \sum_{i=(h-x_{bT})/\Delta x}^{n-1} f_c K_i b \Delta x - f_y[T(x=a)]A_s + f_y'[T(x=h-a')]A_s' = 0 \\ M_{uT,D(E)} = \sum_{i=(h-x_{bT})/\Delta x}^{n-1} f_c K_i b \Delta x\left[\left(i+\dfrac{1}{2}\right)\Delta x - a\right] + f_y'[T(x=h-a')]A_s'(h-a-a') \end{cases} \tag{4-88}$$

从前面的分析可以看出，在计算原理上，等效截面法与条分法是相通的。可以看到，如果将 K_i 的表达式代入式(4-86)~式(4-88)，即为条分法极限承载力状态下的平衡方程，因此，采用截面法进行结构高温承载能力计算时,条形区域的数目 n 越大(Δx 越小),计算结果的精确度越高,计算工作量也越大。

4.1.6 本节小结

大量的火灾案例表明,隧道内火灾发生后,一方面,大火可能造成惨重的人员伤亡,另一方面,火灾引起的高温还会导致混凝土微观结构发生变化,力学性能降低,甚至发生爆裂,从而造成结构构件完整性的破坏,使得整个结构的承载能力下降,结构安全性降低。不断发生的火灾事故使得人们越来越关注隧道的火灾安全性,同时,随着隧道长度的增加,发生火灾的潜在威胁也在增大。本书借助火灾试验、理论分析和数值分析等手段,开展了沉管隧道结构在无隔热条件下和有隔热条件下火灾温度场分布规律、结构热应力变化规律以及热应力损伤的研究。本书取得的主要成果及主要结论有:

1)沉管隧道结构温度场分布规律方面取得的研究成果

(1)建立了沉管隧道火灾工况温度场计算方法与模型。在合理选择升温曲线与边界条件、正确设置随温度变化的材料热工参数的基础上,结合热传导基本理论进行沉管隧道结构火灾高温下的温度传播模拟计算。

(2)沉管隧道结构仅在距离高温边界(受火表面)较近的地方升温比较快,达到的温度也较高,在距离温度边界稍远的地方,截面的温度基本接近于初始温度,在远离高温边界的地方,截面温度保持初始温度不变。

(3)沉管隧道结构截面内温度分布主要受火灾中最高温度的影响。火灾达到的最高温度越大,高温影响厚度越大,并且同一厚度处的温度越高,但火灾中达到的最高温度相同,则截面内的温度分布也基本相同。

(4)在火灾高温对沉管隧道结构影响厚度方面,小汽车与公交客车火灾下,高温影响厚度基本相同,为 10~15cm,重型货车火灾和 RABT 升温曲线下,高温影响厚度基本相同,为 15~20cm。

(5)在火灾导致的结构最高温度方面,小汽车火灾下为356℃、公交客车火灾下为681℃、重型货车火灾下为1 070℃、RABT升温曲线(升温阶段)下为1 010℃。

(6)通过回归分析,分别拟合出小汽车、公交客车与重型货车火灾下,结构内任意时刻的温度分布计算公式,在隧道的运营过程中,假如隧道内发生火灾,则可以根据发生火灾的车辆类型以及火灾持续的时间,拟合得出的温度分布计算公式,判断出火灾下沉管结构截面内经历的高温过程。

2)无隔热条件下沉管隧道结构火灾力学行为方面取得的研究成果

(1)建立沉管隧道温度-结构共同作用计算模型:根据结构的受火时间,在衬砌内部施加对应的温度荷载;依据沉管隧道的不同埋深段,在沉管结构外部施加对应的荷载作用,可实现火灾工况下沉管隧道结构的实时热应力分析。

(2)沉管隧道结构火灾工况下热应力的产生主要来自高温导致的混凝土材料的热膨胀,火灾引起的高热应力区域厚度约为25cm。

(3)沉管隧道结构火灾工况下热应力主要受火灾中达到的最高温度的影响,火灾达到的最高温度越大,结构的热应力就越大,火灾达到的最高温度相同,结构的热应力就相同。

(4)火灾下结构断面不同位置处热应力随时间变化的趋势比较一致,并且火灾下三个埋深段(深埋段、过渡段和浅埋段)的最大热应力基本相等,因此在进行沉管隧道结构的热应力损伤分析时,可以选择深埋段热应力最大的位置作为最不利截面来进行火灾致损分析。

(5)建立了火灾工况沉管隧道结构热应力损伤判别式,分析得出结构受火时间与损伤深度的对应关系,拟合得出小汽车、公交客车和载重货车火灾下损伤深度与受火时间之间的函数关系式,分别为 $y=3.142\ln x+6.950$、$y=3.721\ln x+6.363$ 和 $y=4.535\ln x+6.613$。

3)隔热条件下沉管隧道结构温度场及火灾力学行为方面取得的研究成果

(1)沉管隧道结构内壁表面设置两层1cm厚(共2cm厚)玻镁防火板后,火灾高温引起的结构内温度上升区域厚度约为15cm。

(2)沉管隧道结构内部温度场分布的试验结果与数值计算结果比较一致,说明数值计算结果可靠性能得到保障,其结果能够用于工程实践。

(3)沉管隧道结构内壁表面设置两层1cm厚(共2cm厚)玻镁防火板后,火灾引起的高热压应力区域深度约为15cm,且其最大热应力远小于无隔热条件的最大热应力。

(4)两层1cm厚(共2cm厚)玻镁防火板隔热层的设置,可以有效地避免沉管隧道结构在火灾初期就发生损伤,减小损伤深度。

4)沉管隧道结构高温极限承载力方面取得的研究成果

基于高温下沉管隧道结构可能达到的承载力极限状态,在综合考虑结构内温度场分布以及混凝土与钢筋力学性能劣化的基础上,分别给出了沉管隧道结构高温极限承载力的计算方法和表达式。

温度场分析中未考虑混凝土爆裂的影响,爆裂是造成沉管结构损伤的一个重要因素,同时也是在温度场分析中起重要作用的一个因素。当考虑爆裂发生时,衬砌的爆裂可能会导致温度向更深的部分发展,使深部的沉管结构受到高温影响,这与实际的火灾场景会更加接近,这一方面的研究有待继续开展。

本节进行了沉管隧道结构火灾工况下的温度分布形式及应力变化规律研究,沉管隧道接头(管段接头和管段接头)处火灾工况下的温度分布形式以及应力变化规律有待进一步研究。

本节的火灾力学行为研究主要是进行横断面的力学分析,但是在本书的研究中未考虑沉管隧道纵向的连续结构对其力学变化的影响,同时火灾下沿沉管隧道纵向上的力学变化规律尚需研究。

本节探讨了双层1cm厚玻镁防火板在载重货车火灾时对沉管隧道结构的防护效果,有必要对不同隔热条件的防护效果进行研究,给沉管隧道结构保护方案的确定提供参考。

4.2 沉管隧道管节结构内部温度场三维分析

采用确定的火灾场景进行管节结构内部温度场的精确描述,基于热传导理论与标准升温曲线,建立火灾工况下的管节结构内温度场分析模型;给出无防火隔热条件下距离火源不同位置处的管节结构内温度分布与衰减规律,为热力耦合计算提供三维温度场;从技术经济角度,论证距离地面3m高度以上铺设防火板方案的可行性和有效性。

4.2.1 管节结构温度场计算方法

沉管隧道结构的温度分布与受火时间有着密切的关系,属于瞬态传热分析。结构内部温度场的计算,实质是高温在结构内传播的计算,在计算中首先须确定沉管结构的热传导微分方程;其次,结构所处环境的初始条件与热传递的边界条件对结构内温度传播起着关键性的作用,需要在计算前确定;同时,结构自身的几何条件(几何形状与尺寸)与物理条件(材料的热工参数)会直接影响结构内热传导的过程。

1) 结构热传导微分方程

热量的传导方式有三种,即热传导、热对流和热辐射。一般认为,隧道衬砌结构内部温度的升高主要是由热传导引起的。因此,在进行沉管结构温度场分析时,可以通过建立并求解热传导基本方程来完成。

热传导可以定义为一个物体的不同部分之间或完全接触的两个物体之间由于存在温度梯度而引起的内能的交换。热传导遵循傅里叶定律:

$$\vec{q} = -\lambda \overrightarrow{\text{grad} T} \quad (4-89)$$

当温度仅仅沿厚度方向变化时,可记为:

$$\vec{q} = -\lambda \frac{\mathrm{d}\vec{T}}{\mathrm{d}x} i \quad (4-90)$$

式中:$\vec{q}$——热流密度,W/m²;

λ——导热系数,W/(m·K)。

在热传导方程的建立过程中,假设沉管结构的热工参数 ρ、λ、c 都已知,并且是随温度变化的。在直角坐标系内(图4-57),在点(x、y、z)附近取一个微

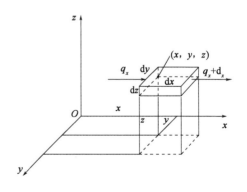

图4-57 微体的热流分析

体 $dxdydz$，由于微体 $dxdydz$ 足够小，故可以认为其温度均匀，并假设 t 时刻微体的温度值为 $T(x,y,z,t)$。

当微体周围的温度与微体内温度不相等时，微体和外界便会进行热交换。以 x 方向为例，假设单位时间内，从单位面积流入微体的热量为 q_x，流出微体的热量为 q_{x+dx}，根据导热系数的定义可得：

$$q_x = -\lambda \frac{\partial T}{\partial x} \tag{4-91}$$

$$q_{x+dx} = q_x + \frac{\partial q_x}{\partial x}dx = -\lambda \frac{\partial T}{\partial x} - \frac{\partial}{\partial x}\left(\lambda \frac{\partial T}{\partial x}\right)dx \tag{4-92}$$

由此可得单位时间内微体在 x 方向上获得的热量为：

$$(q_x - q_{x+dx})dydz = \frac{\partial}{\partial x}\left(\lambda \frac{\partial T}{\partial x}\right)dxdydz \tag{4-93}$$

同理，单位时间内微体在 y 方向和 z 方向上增加的热量依次为：

$$\frac{\partial}{\partial y}\left(\lambda \frac{\partial T}{\partial y}\right)dxdydz \tag{4-94}$$

$$\frac{\partial}{\partial z}\left(\lambda \frac{\partial T}{\partial z}\right)dxdydz \tag{4-95}$$

三个方向上的热增量相加，便可以得到单位时间内微体内总共增加的热量：

$$\left[\frac{\partial}{\partial x}\left(\lambda \frac{\partial T}{\partial x}\right) + \frac{\partial}{\partial y}\left(\lambda \frac{\partial T}{\partial y}\right) + \frac{\partial}{\partial z}\left(\lambda \frac{\partial T}{\partial z}\right)\right]dxdydz \tag{4-96}$$

如果材料本身能发热，并且假设其单位时间内单位体积上发出的热量为 q_d，则微体在单位时间内产生的热量为：

$$q_d dxdydz \tag{4-97}$$

微体热量增加后，必将引起温度的升高。假设单位时间内温度升高 $\frac{\partial T}{\partial t}$，依据质量热容的定义，微体增加的总热量为：

$$c \cdot \rho dxdydz \cdot \frac{\partial T}{\partial t} \tag{4-98}$$

根据热量守恒原理，微体表面流入或者流出的热量和其内部产生的热量之和等于微体温度升高所吸入或者温度降低所放出的热量。即有瞬态热传导的基本微分方程：

$$\left[\frac{\partial}{\partial x}\left(\lambda \frac{\partial T}{\partial x}\right) + \frac{\partial}{\partial y}\left(\lambda \frac{\partial T}{\partial y}\right) + \frac{\partial}{\partial z}\left(\lambda \frac{\partial T}{\partial z}\right)\right]dxdydz + q_d dxdydz = c \cdot \rho dxdydz \cdot \frac{\partial T}{\partial t}$$

或

$$\frac{\partial T}{\partial t} = \frac{1}{c\rho}\left[\frac{\partial}{\partial x}\left(\lambda \frac{\partial T}{\partial x}\right) + \frac{\partial}{\partial y}\left(\lambda \frac{\partial T}{\partial y}\right) + \frac{\partial}{\partial z}\left(\lambda \frac{\partial T}{\partial z}\right)\right] + \frac{1}{c\rho}q_d \tag{4-99}$$

式中： t ——时间；

x、y、z——空间坐标；

$T = T(x,y,z,t)$——表示构件内部的温度场；

ρ、c、λ——分别为构件的重度、比热容和热传导系数。

在沉管隧道结构的温度场计算中，不考虑混凝土自身的发热，即取 $q_d = 0$，温度主要沿着横向和纵向传递，故可将微分方程简化为：

$$\frac{\partial T}{\partial t} = \frac{1}{c\rho}\left[\frac{\partial}{\partial x}\left(\lambda\frac{\partial T}{\partial x}\right) + \frac{\partial}{\partial x}\left(\lambda\frac{\partial T}{\partial y}\right) + \frac{\partial}{\partial x}\left(\lambda\frac{\partial T}{\partial z}\right)\right] \quad (4\text{-}100)$$

2）边界条件和初始条件

边界条件是指模型中控制研究对象之间平面、表面或交界面处特性的条件，由此确定跨越不连续边界处的性质，就是沉管隧道结构受火表面与周围环境相互作用的条件。根据结构周围环境以及与周围介质的热交换条件的不同，边界条件可分为四类。

(1) 第一类边界条件，已知模型边界上的温度

此类边界最典型的例子就是边界上温度在整个热传导过程中保持不变，在瞬态传热分析中，此类边界条件可以用公式表达为：

$$T_{(x,y,z,t)} = T_f(t) \quad (4\text{-}101)$$

(2) 第二类边界条件，已知模型边界上的热流密度

此类边界最典型的例子是边界上的热流密度在整个热传导过程中保持不变，在瞬态传热分析中，此类边界条件可以用公式表达为：

$$-\lambda\frac{\partial T}{\partial n} = Q_f(t) \quad (4\text{-}102)$$

式中：n——表面的外法线方向。

(3) 第三类边界条件，规定了结构模型边界与周围流体介质间的表面传热系数 β_T 以及周围流体的温度 T_f

可用公式表达为：

$$-\lambda\frac{\partial T}{\partial n} = \beta_T[T_f - T_a] \quad (4\text{-}103)$$

式中：β_T——单位时间内单位温度差所通过单位面积的热量，W/(m²·K)；

T_f——时间为函数。

(4) 第四类边界条件，结构与其他固体物质相接触，已知接触面上的换热条件

在一般的结构火灾分析中，火灾发生时，受火表面取为第三类边界。随着火灾的延续、温度的升高，结构受火表面的温度值逐渐接近火灾气流的温度值，受火表面就可作为第一类边界条件考虑。在火灾过程中，结构的未受火表面则可以看作第一类边界条件。

沉管隧道在实际火灾情况下，沉管隧道结构内侧（边界 $S1$）为受火表面，可知热流温度 T_f

以及沉管结构内表面与热烟气流间的综合换热系数 h，属于第三类边界条件；对于沉管隧道结构外侧（边界 $S2$），由于被回填土体包围，并且结构混凝土材料具有热惯性，结构厚度大（1.5m），其外侧界面温度一般不会太高，与回填土体温差不大，可假定沉管隧道结构混凝土与回填土体之间为理想接触，即不考虑两者之间的接触热阻。则边界条件可表达如下：

$$\begin{cases} -\lambda(T)\dfrac{\partial T}{\partial x}\bigg|_{S1} = h(T_f - T|_{S1}) \\ T|_{S2\text{-}C} = T|_{S2\text{-}G} \end{cases} \quad (4\text{-}104)$$

式中：$\lambda(T)$——结构混凝土的导热系数，W/(m·K)；

T——结构内任意点的温度，K；

x——结构面法向坐标；

$S1$——结构内表面边界；

$S2$——结构外表面边界；

h——结构混凝土与热烟气流间的对流换热系数，W/(m²·K)；

T_f——热烟气流的温度，K；

$T|_{S1}$——结构内表面 $S1$ 边界温度，K；

$T|_{S2\text{-}C}$——$S2$ 结构外表面温度，K；

$T|_{S2\text{-}G}$——$S2$ 边界处回填土体温度，K。

初始条件是指传热过程开始时物体所在区域中所具有的温度。火灾发生前，沉管结构处于环境温度状态，假设整个结构的温度均匀，且等于环境温度 T_0，则初始条件可以写作：

$$T(x,y,z,t=0) = T_0 \quad (4\text{-}105)$$

3）几何条件和物理条件

（1）几何条件

主要指参与结构热传导物体的几何形状及尺寸大小。在沉管隧道火灾温度场的分析中，只有沉管结构内壁受热，其几何条件主要是沉管结构的厚度及纵向长度。根据《港珠澳大桥施工图设计》，其整体轮廓、横断面形式及尺寸见图4-58。

（2）物理条件

主要指参与对结构热传导过程有直接影响的热物理参数。在沉管结构温度场计算中，涉及的热物理参数主要有混凝土的导热系数、比热容、对流换热系数等。

4.2.2 有限元法和 ANSYS 实现

1）热传导瞬态模拟

在实际中，沉管结构的热传导问题是一个瞬态传热问题，要想通过公式推导演算求出沉管

结构温度场的解析式是很困难的,主要有以下几个原因:

第一,热传导方程是一个偏微分方程,在数学上很难获得解析解。

第二,材料的热工参数(导热率、比热容等)不是恒定值,会随温度的升高而变化。

第三,由于火灾下的热烟气流温度是随时间不断变化的,使得沉管结构受火表面的温度也是随时间不断变化的。

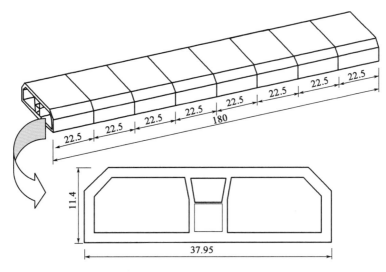

图 4-58　沉管隧道整体轮廓图及横断面图(尺寸单位:m)

在这种情况下,通过有限元数值计算法来解决沉管结构的瞬态热传导问题是一个不错的选择。有限元法吸收了有限差分法中剖分的合理性,将连续体离散成有限个单元的集合体,将连续分布的物理特性参数化为有限个离散节点的参数表示出来。然后从泛函数出发,以坐标轴的线性插值函数作为试解函数代入泛函数的积分式,进行单元分析。最后进行总体合成,求解线性代数方程组,得出各离散节点的温度。本书选用 ANSYS 有限元软件进行结构温度场计算。

作为国内外广泛应用的有限元分析软件,ANSYS 可以处理各类非线性场问题,支持各类热传导问题分析。ANSYS 软件可以较好地实现沉管结构瞬态热传导分析,其优点如下:

(1)支持求解瞬态热传导问题。瞬态热传导分析中计入热储存项,其控制方程为:

$$[C(\dot{T})]\{\dot{T}\} + [K]\{T\} = \{Q(T,t)\} \tag{4-106}$$

(2)在沉管结构温度的传播过程中,材料的热物理参数是随时间或温度变化的,在 ANSYS 的计算中可以实现材料热工参数与时间和温度同时相关,因此,控制方程可以写为:

$$[C(T)]\{\dot{T}\} + [K(T)]\{T\} = \{Q(T,t)\} \tag{4-107}$$

(3)能够进行非线性边界条件的分析。

(4)提供了大量的热传导分析单元,本次模拟采用可用于衬砌热传导分析的 8 节点实体传热单元(SOLID70)。

(5)利用 ANSYS 操作命令与参数化编程,可以方便地进行衬砌热传导分析的有限元网格划分建模、灵活地进行材料的热物理参数等模型定义以及方便直观的计算结果后处理(通用后处理器 POST1、时间历程处理器 POST26)。

2)数值模拟参数选取

在隧道结构温度场计算中,许多重要热工参数的值会随着温度和时间而改变,在进行结构的温度分布计算时候,需要首先确定这些热工参数与温度的变化关系,这些参数包括混凝土随温度变化的导热系数、比热容、热烟气流与混凝土之间的综合换热系数等。

(1)混凝土的导热系数

导热系数 λ(热导率)是指在单位时间(h)内、在单位温度梯度(K/m)情况下,通过材料单位面积(m^2)的热量,单位为 W/(m·K)或 W/(m·℃)。衬砌混凝土的导热系数跟集料的种类、配合比、含水率、混凝土的强度等级有着密切的关系。总体来说,混凝土的导热系数随着温度的升高而降低,大致变化范围在 2.0~0.5W/(m·K)。

为了简化计算,欧洲规范 EC3 按集料类型将混凝土分为三类,分别给出了各类混凝土导热系数在不同温度下的计算公式。

硅质集料 (20℃ ≤ T ≤ 1 200℃):

$$\lambda = 2 - 0.24 \frac{T}{120} + 0.012 \left(\frac{T}{120}\right)^2 \tag{4-108}$$

钙质集料 (20℃ ≤ T ≤ 1 200℃):

$$\lambda = 1.6 - 0.16 \frac{T}{120} + 0.008 \left(\frac{T}{120}\right)^2 \tag{4-109}$$

轻质集料:

$$\begin{cases} \lambda = 1.0 - \dfrac{T}{1\ 600} & (20℃ \leq T < 800℃) \tag{4-110} \\ \lambda = 0.5 & (800℃ \leq T < 1\ 200℃) \tag{4-111} \end{cases}$$

(2)混凝土的比热容

与导热系数相似,混凝土比热容的确定受很多因素的影响,不同试验得出的结果不相同,但其值大致在 800~1 400J/(kg·K)之间(ITA,2005),并且温度越高,比热容越大。欧洲设计规程 Eurocode2 给出了不同温度下混凝土比热容的计算式[式(4-112)]。另外,陆洲导和朱伯龙[17]通过试验研究,给出了混凝土比热容不同温度下的计算式[式(4-113)]。

$$c_c = 900 + 80 \left(\frac{T}{120}\right) - 4 \left(\frac{T}{120}\right)^2 \quad (0℃ \leq T \leq 1\ 200℃)[J/(kg·K)] \tag{4-112}$$

$$c_c = 836.8 + \frac{418.4}{850} T \quad [J/(kg·K)] \tag{4-113}$$

(3) 热烟气流与混凝土之间的综合换热系数

混凝土结构表面与火灾产生的热烟气流之间的对流换热系数受很多因素的影响，其中主要因素是热烟气流的温度和热烟气流的流动速度。火灾场混凝土构件表面和火灾环境之间的热对流为：

$$q = h(T_f - T) \tag{4-114}$$

式中：h——对流换热系数；

T_f——火灾场温度。

混凝土构件表面和火灾环境之间的热辐射为：

$$q = v\gamma(T_f^4 - T^4) \tag{4-115}$$

式中：v——辐射率（黑度），混凝土一般取为 0.3；

γ——斯蒂芬-波尔兹曼常数，取为 5.56×10^{-8}。

在混凝土构件的受火面，热量通过对流和辐射的方式综合作用在构件表面，其边界条件可表示为：

$$q = hT_f - T + v\gamma(T_f^4 - T^4) \tag{4-116}$$

在混凝土构件的背火面，当构件表面温度高于空气温度后，开始以对流方式向空气中传递热量，其边界条件如式（4-116）所示。为了简化计算，在构件的受火面，令，$h_f = h + v\gamma(T_f^2 + T^2)$ $T_f + T$ 则式（4-116）可转化为：

$$q = h_f(T_f - T) \tag{4-117}$$

式中：h_f——表面综合换热系数，其取值会随着温度的变化而变化。

混凝土表面的综合换热系数的大致范围在 $20 \sim 180 \text{W}/(\text{m}^2 \cdot \text{K})$，计算公式为：

$$h_f = 7.05 \times e^{\left(\frac{T}{372.55}\right)} + 0.84 \tag{4-118}$$

本书数值模拟中，混凝土导热系数选择公式（4-108），比热容根据公式（4-112）计算，沉管结构与高温烟气流之间的对流换热系数根据公式（4-118）计算。

管节接头及防火板有关热物理参数取值如下：

(1) GINA 止水带为橡胶结构，且处于离火源较远一侧，所以导热系数取常值 $0.16\text{W}/(\text{m} \cdot \text{K})$，比热容取 $1380\text{J}/(\text{kg} \cdot \text{K})$，混凝土密度为 2500kg/m^3，橡胶密度为 1200kg/m^3。

(2) 防火板为双层 1cm 厚（共 2cm 厚）的玻镁防火板，根据上海新垄防火材料有限公司提供的产品说明，导热系数为 $0.109\text{W}/(\text{m} \cdot \text{K})$，比热容为 $800\text{J}/(\text{kg} \cdot \text{K})$，密度为 1086kg/m^3。对于综合换热系数，张恩情根据试验结果反推为 $8.5\text{W}/(\text{m}^2 \cdot \text{K})$，鉴于该系数是根据试验反推出的，因此该系数其实是包括了防火板与混凝土之间的接触热阻的综合换热系数，故在本模型中不再额外考虑接触热阻的影响。

3) 计算模型及工况

本次计算中，火灾升温曲线选择升温曲线 1、2、3、4。隧道中，由于高温烟气主要分布在隧道截面的上半部分,又隧道地面有很厚的路面压重层,隧道底板结构的温度接近常温,因此热烟气流在隧道内的分布主要是在沉管隧道顶板、中间管廊及侧墙上,计算工况见表4-19。

计 算 工 况　　　　　　　表4-19

序　号	隔热情况	升温曲线	持续时间(min)
1	无隔热(无防火板)	升温曲线1	120
2		升温曲线2	120
3		升温曲线3	120
4		升温曲线4	140
5	隔热(2cm玻镁板)	升温曲线1	120
6		升温曲线2	120
7		升温曲线3	120
8		升温曲线4	140

模型分为无隔热条件和有隔热条件(即布设了2cm厚玻镁防火板)两种热环境中沉管隧道结构采用三维实体热单元SOLID70模拟,SOLID70单元具有三个方向的热传导能力。该单元有8个节点且每个节点上只有一个温度自由度,可以用于三维稳态或瞬态的热分析。该单元能实现匀速热流的传递。假如模型包括实体传递结构单元,此单元能够用等效的结构单元代替(如SOLID185单元),那么也可以进行结构分析。

防火板因厚度(2cm)相对于沉管隧道结构厚度(1.5m)更小,采用SHELL131单元模拟。SHELL131单元是具有面内和厚度方向热传导能力的三维层状壳单元,该单元有4个节点且每个节点上最多有32个温度自由度,可以用于三维稳态或瞬态的热分析。

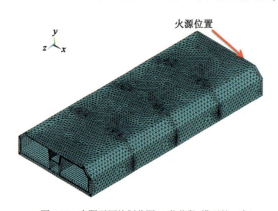

图4-59　有限元网格划分图(4节节段,模型的一半)

模型共考虑了8节节段,每节节段长22.5m,模型在纵向方向上长180m,并且将管节接头设置到模型的正中间位置。图4-59为火源一侧4节节段结构有限元网格图。

4.2.3　无防火隔热时管节结构温度

根据第2章获得的隧道内温度纵向分布规律,在隧道纵向长度上截取5个断面进行结果分析,分别为火源处断面(距火源0m)、温度急剧下降断面(距火源5m)、温度平稳下降断面(距火源10m、30m、80m)。

而在有限元分析中,为了说明沉管隧道横断面上各个部位的温度分布情况,选取如图4-60

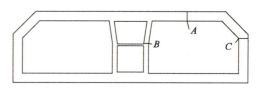

图4-60　结构各部位所选截面示意图

所示的顶板截面 A、内墙截面 B、侧墙截面 C 来对计算结果进行分析。

1) 火源处管节结构内温度

由数值模拟可以得到沉管隧道结构在不同火灾工况下的温度分布情况,图 4-61 ~ 图 4-63 为不同升温曲线下火源处断面顶板、内墙、侧墙处温度云图,图 4-64 ~ 图 4-66 分别为顶板、内墙、侧墙位置不同厚度处温度分布情况。

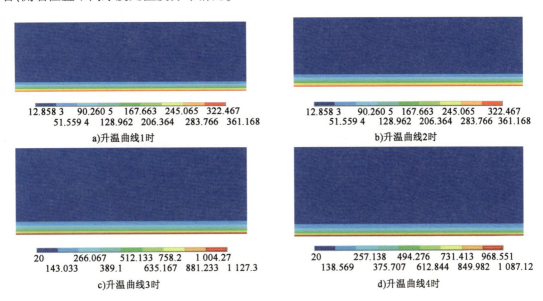

图 4-61　不同升温曲线下顶板 A 截面温度云图

从图 4-61 ~ 图 4-66 可以看出:

(1)火源处断面为温度最高断面,相应的结构中达到的最高温度也最高,在升温曲线 1、2、3、4 下分别为 361℃、735℃、1 127℃、1 087℃。

(2)混凝土材料具有热惰性,并且混凝土材料的导热系数随着温度升高而不断下降,这更进一步增强了混凝土材料的热惰性。当混凝土表面温度升高到一定程度时,温度向内部传递的速度越来越缓慢。因此,结构仅在靠近高温边界时升温较快,在远离高温边界时则升温较慢。

(3)当隧道内发生火灾时,由于热烟气流不断的上窜,导致热烟气流集中在隧道顶部,随着火势的发展,进而扩展到整个断面。因此,结构呈现顶板温度最高,侧墙温度次之,内墙相比而言温度最低的趋势。

(4)由图中可以看出,在距内表面 5cm 范围内,温度分布形式近似于升温曲线,并且温度变化曲线区别比较明显;在距内表面 5 ~ 10cm 范围内,温度的变化趋势趋近于统一,最终状态下的温度差别越来越小;在距内表面 10 ~ 15cm 范围内,温度较低,温度的变化幅度不大。各种曲线所呈现出来的变化趋势较为相近。

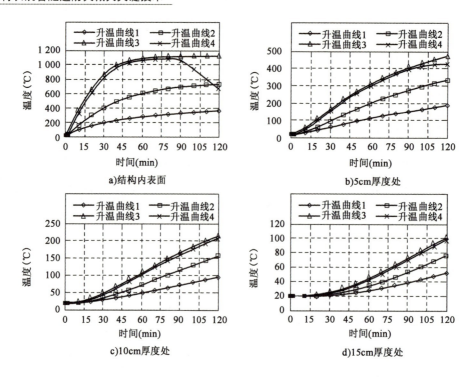

图 4-62　A 截面不同厚度处温度分布

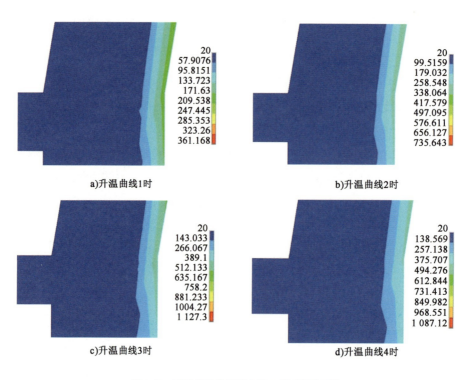

图 4-63　不同升温曲线下内墙 B 截面温度云图

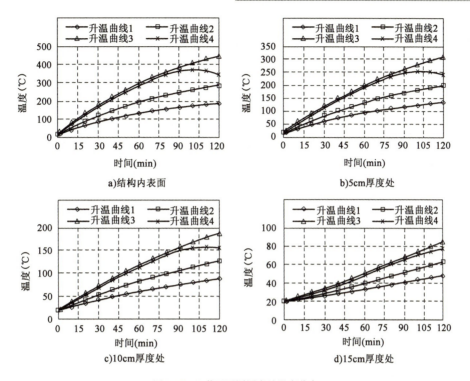

图 4-64　B 截面不同厚度处温度分布

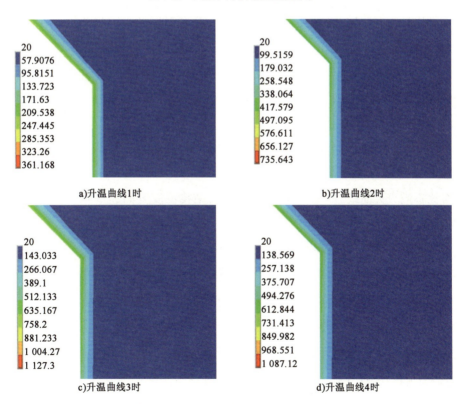

图 4-65　不同升温曲线下侧墙 C 截面温度云图

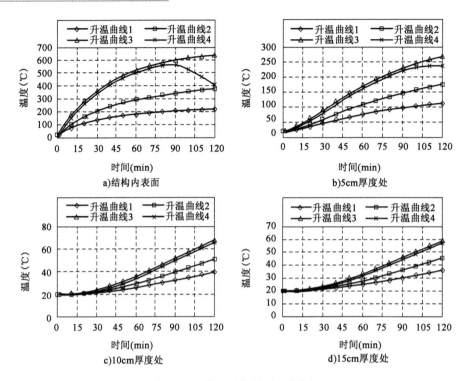

图 4-66 C 截面不同厚度处温度分布

（5）在结构的不同位置，随着火灾时间的变化，其高温区域也不尽相同。在结构顶板处，升温曲线 1 下高温区域厚度为 10~15cm，而升温曲线 2、3、4 下，其高温区域厚度为 15~20cm；在结构内墙处，升温曲线 1 下高温区域厚度为 10~15cm，升温曲线 2、3、4 下，其高温区域厚度为 15~20cm；在结构侧墙处，升温曲线 1 下高温区域厚度为 5~10cm，升温曲线 2、3、4 下，其高温区域厚度为 10~15cm。

（6）在距离受火表面 15cm 以后，无论结构顶板、内墙还是侧墙，其温度基本处于 100℃ 以下。

（7）对比不同火灾曲线，发现其最高温度越高，结构温度升高速率则越快，最高温度影响的厚度也越大。

（8）升温曲线 4 有个降温过程，但是由于温度在混凝土中传递有滞后效应，导致降温过程随着远离内表面后越来越不明显，具体表现为结构顶板、内墙、侧墙位置距离内表面分别为 5cm、10cm、15cm 左右时，其升温过程基本处于稳定状态，无明显降温过程。

2）距火源 5m 处结构内温度

图 4-67~图 4-69 为不同升温曲线下距火源 5m 处顶板、内墙、侧墙处温度云图，图 4-70~图 4-72 分别为顶板、内墙、侧墙位置不同厚度处温度分布情况。

从图 4-67~图 4-72 可以看出：

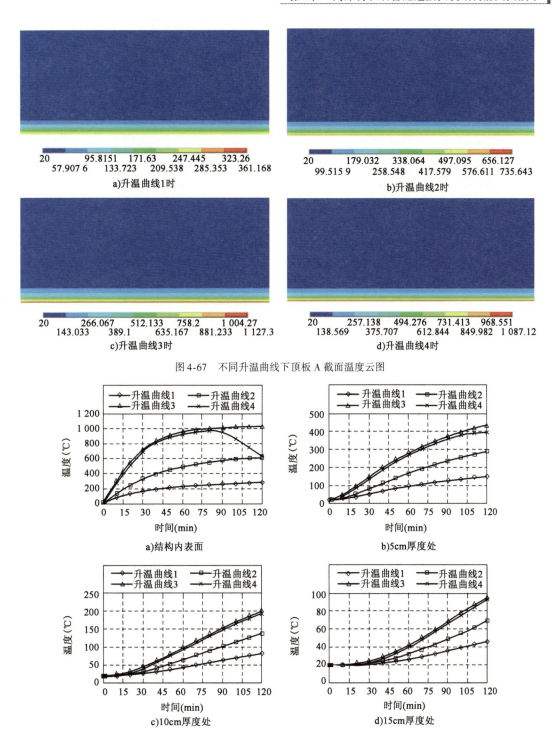

图 4-67 不同升温曲线下顶板 A 截面温度云图

图 4-68 A 截面不同厚度处温度分布

（1）距火源 5m 处断面为温度急剧下降断面，但从计算结果来看，结构中最高温度仍然不低，仅略有下降，在升温曲线 1、2、3、4 下分别为 282℃、616℃、1 024℃、969℃。由于混凝土的热惰性,引起结构中温度的变化与空气温度变化并不同步,存在滞后效应。

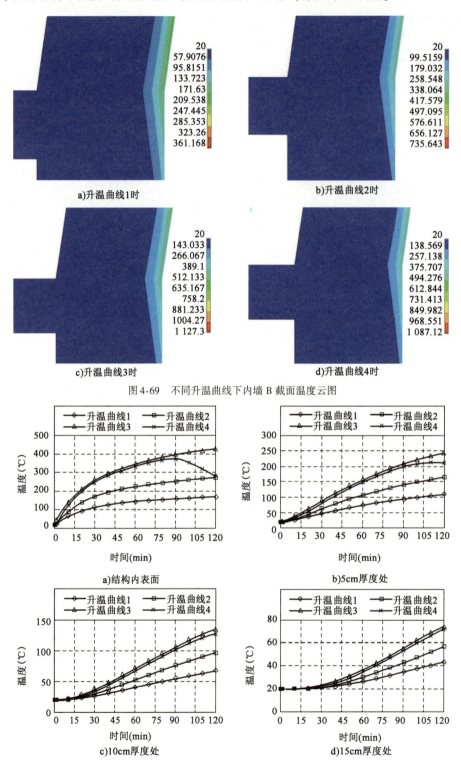

图4-69　不同升温曲线下内墙B截面温度云图

图4-70　B截面不同厚度处温度分布

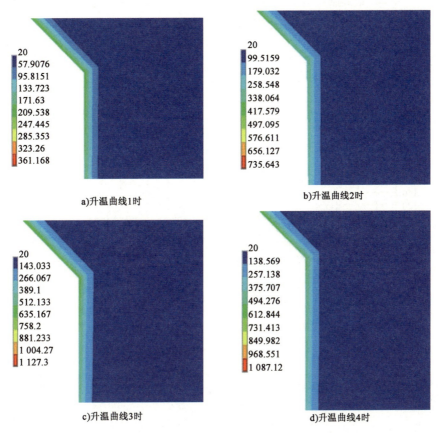

图 4-71 不同升温曲线下侧墙 C 截面温度云图

(2) 由于热烟气流在纵向传递过程中,不断与周围发生热交换,导致距火源 5m 处结构的不同位置的高温区域厚度有所下降,在结构顶板处,升温曲线 1 下高温区域厚度仍为 10~15cm,而升温曲线 2、3、4 下,其高温区域厚度为 15~20cm;在结构内墙及侧墙处,4 种升温火灾工况下,高温区域厚度均为 10~15cm。

(3) 在远离火源后升温曲线 4 的降温过程此时变得越发不明显,结构顶板、内墙、侧墙在距内表面 5cm 处均已经趋于平缓,无明显降温过程。

3) 距火源 10m 处断面温度变化

图 4-73~图 4-75 为不同升温曲线下距火源 10m 处顶板、内墙、侧墙处温度云图,图 4-76~图 4-78 分别为顶板、内墙、侧墙位置不同厚度处温度分布情况。

从图 4-73~图 4-78 可以看出:

(1) 距火源 10m 断面为温度平稳下降开始断面,相比 5m 断面而言,温度进一步下降,但是由于混凝土的热滞后效应,此时并没有明显表现为温度平稳阶段,结构中最高温度在升温曲线 1、2、3、4 下分别为 226.9℃,491.2℃,894.6℃,834℃。

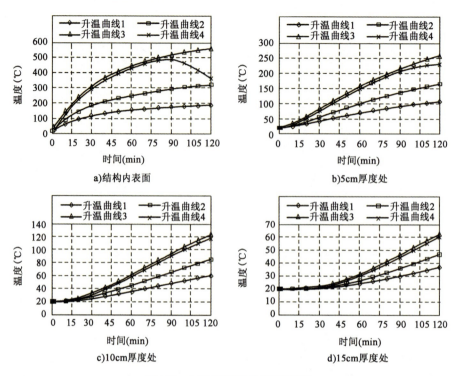

图4-72 C截面不同厚度处温度分布

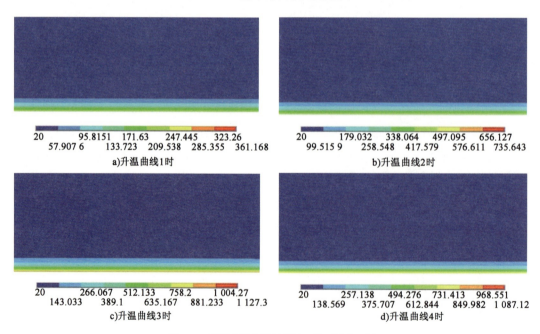

图4-73 不同升温曲线下顶板A截面温度云图

（2）相对于距火源5m处断面，该断面结构各部位高温区域继续有所下降，结构顶板处高温区域没有太大变化；但是在内墙和侧墙位置，升温曲线1下的高温区域厚度变为5~10cm，其他工况下高温区域厚度没有太大变化。

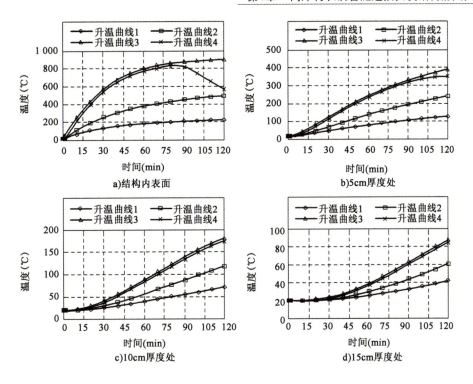

图 4-74　截面 A 不同厚度处温度分布

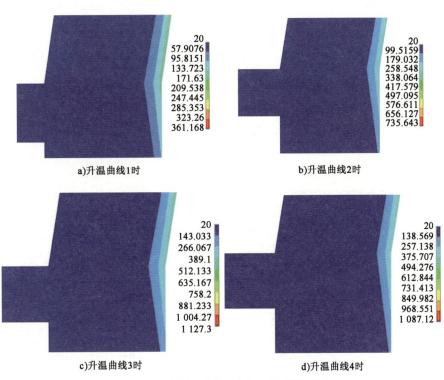

图 4-75　不同升温曲线下内墙 B 截面温度云图

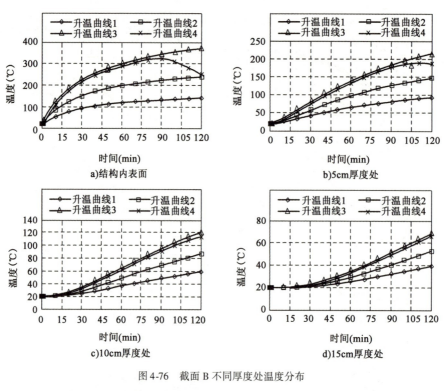

图 4-76　截面 B 不同厚度处温度分布

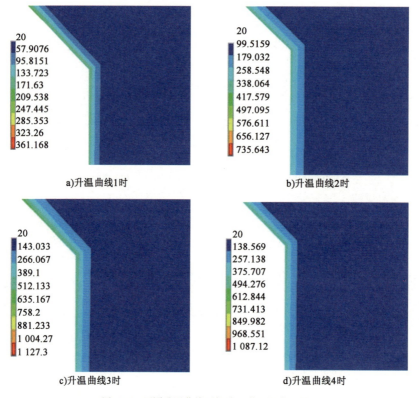

图 4-77　不同升温曲线下侧墙 C 截面温度云图

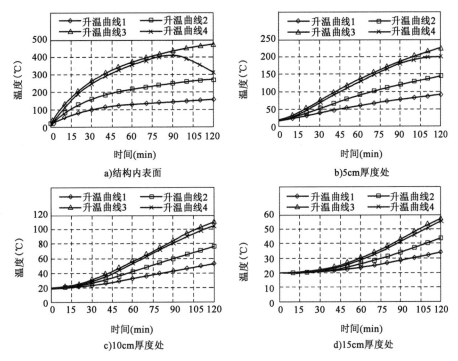

图4-78 截面C不同厚度处温度分布

(3) 在该断面上,升温曲线4在结构顶板、内墙、侧墙在距内表面5cm处同样表现为无明显降温过程。

4) 距火源30m处结构内温度

图4-79~图4-81为不同升温曲线下距火源30m处顶板、内墙、侧墙处温度云图,图4-82~图4-84分别为顶板、内墙、侧墙位置不同厚度处温度分布情况。

由图4-79~图4-84可以看出:

(1) 距离火源30m处断面为温度平稳下降断面,相对于10m断面而言,在该距离上,热烟气流的热量继续与壁面进行热交换而损失,使得结构中温度已经出现了比较明显的平稳阶段,此时,结构达到的温度在升温曲线1、2、3、4下的最高温度分别为129.8℃,262.6℃,525.4℃,460.5℃。

(2) 相比距火源10m处断面,结构各部位高温区域继续有所下降,结构顶板处,升温曲线1下高温区域厚度为5~10cm,升温曲线2下高温区域厚度为10~15cm;在内墙和侧墙位置,升温曲线1下已经处于比较低的温度,升温曲线2下的高温区域厚度为5~10cm,其他工况下高温区域厚度没有太大变化。

(3) 在该断面上,升温曲线4的降温规律与距火源10m断面一致。

5) 距火源80m处结构内温度

图4-85~图4-87为不同升温曲线下距火源80m处断面顶板、内墙、侧墙处温度云图,图4-88~图4-90为顶板、内墙、侧墙位置不同厚度处温度分布情况。

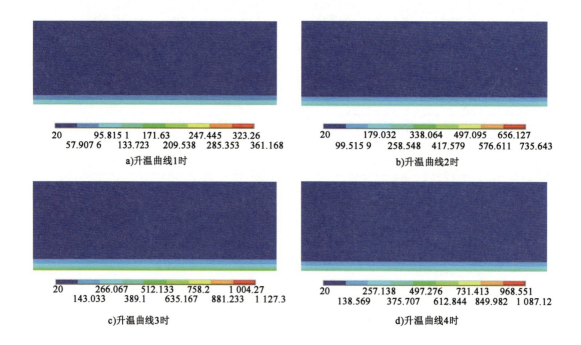

图 4-79　不同升温曲线下顶板 A 截面温度云图

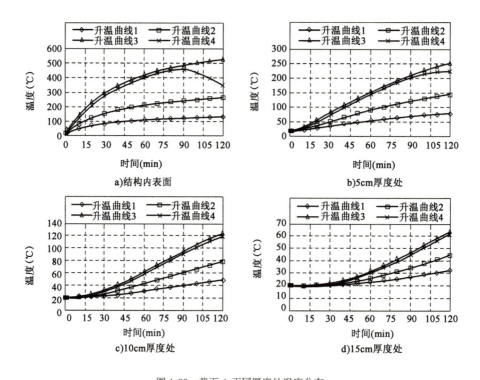

图 4-80　截面 A 不同厚度处温度分布

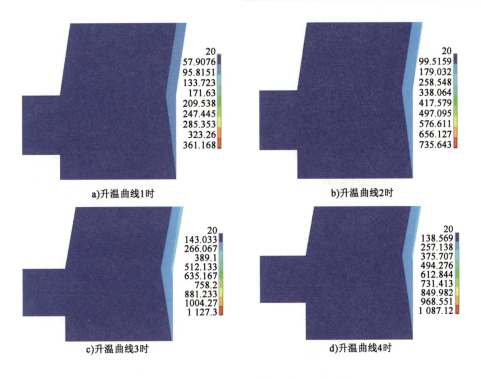

图 4-81 不同升温曲线下内墙 B 截面温度云图

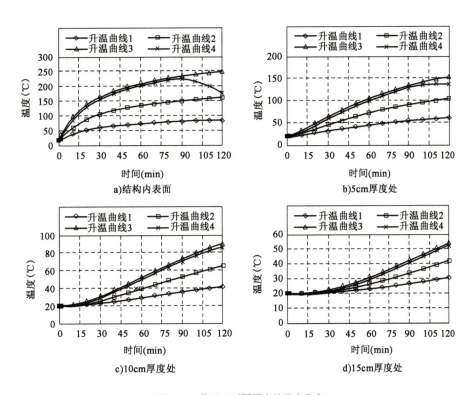

图 4-82 截面 B 不同厚度处温度分布

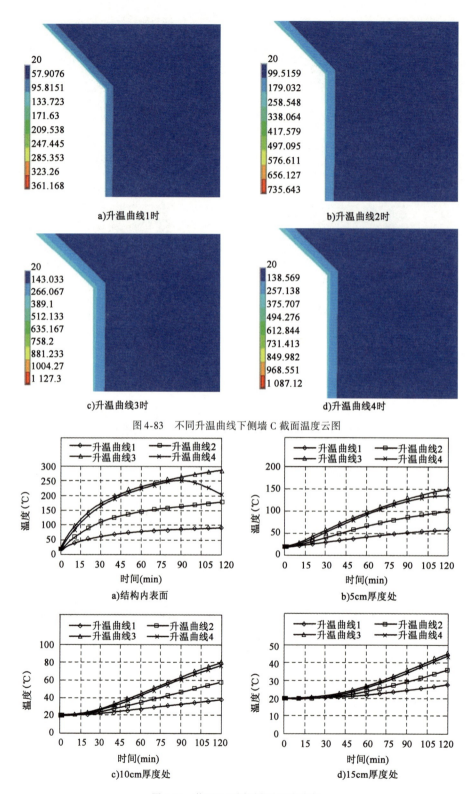

图 4-83 不同升温曲线下侧墙 C 截面温度云图

图 4-84 截面 C 不同厚度处温度分布

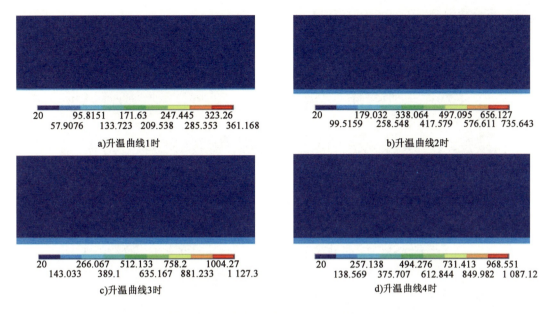

图 4-85 不同升温曲线下顶板 A 截面温度云图

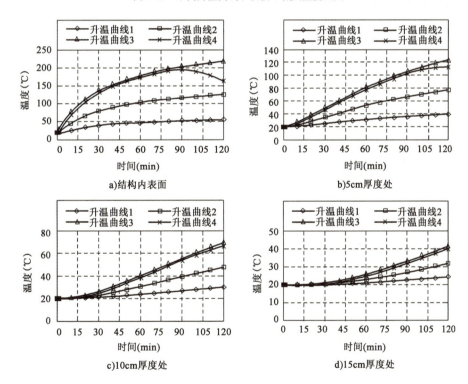

图 4-86 截面 A 不同厚度处温度分布

由图 4-85～图 4-90 可以看出：

(1) 距离火源 80m 处断面为温度平稳断面,该断面距离火源位置已经有了相当的距离,热烟气流热量在该距离上与壁面进行热交换而损失严重,此时,结构达到的最高温度在升温曲线

1、2、3、4 下分别为 55.3℃,125.9℃,217℃,195℃。

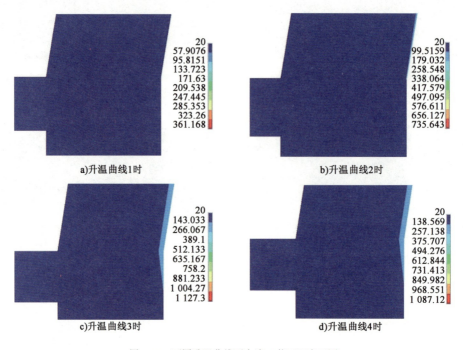

图 4-87　不同升温曲线下内墙 B 截面温度云图

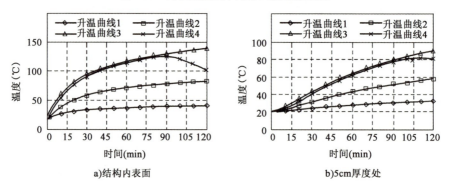

图 4-88　截面 B 不同厚度处温度分布

(2)在该断面上,升温曲线 1 下结构各部位均已处于比较低的温度,结构顶板处,升温曲线 2 下高温区域厚度为 0~5cm,升温曲线 3、4 下高温区域厚度为 5~10cm;在内墙和侧墙位置,升温曲线 2 下结构各部位的温度也已经处于比较低的温度,升温曲线 3、4 下的高温区域为 0~5cm。

(3)在该断面上,升温曲线 4 的降温规律与距火源 30m 断面一致。

从以上计算结果的分析可以看出,在隧道内发生火灾后,随着热烟气流的不断扩散,结构由于与其发生了热交换,相应的结构温度也慢慢升高。而在结构内部,由于存在温度梯度,正发生着热传导过程,因为混凝土的热惰性,温度向内部传递的速度会很缓慢,这对于结构来说反而是不利的。由于这种不良的热传导性,加剧了结构截面上温度场的不均匀性,这将导致结构产生严重的不均匀温度应力,影响隧道的安全。

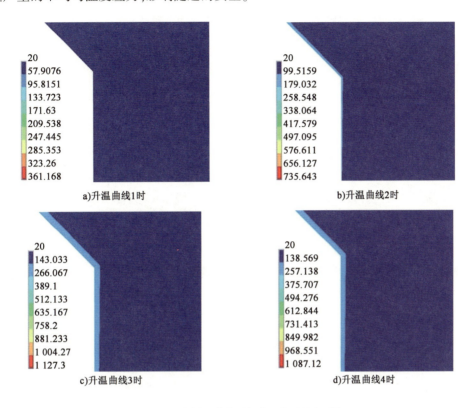

图 4-89　不同升温曲线下侧墙 C 截面温度云图

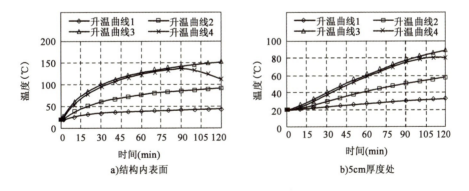

图 4-90　截面 C 不同厚度处温度分布

4.2.4　有防火隔热时管节结构温度

1) 距地面 3m 高度铺设方案

为了减小由于火灾高温对沉管隧道产生的危害,现探讨在隧道内侧布设防火板后对于减小隧道中火灾危害的有效性。港珠澳大桥沉管隧道全长5 664m,如果在隧道内侧全断面布设防火板,这将是一笔很大的费用。

发生火灾后,横断面上温度的分布规律近似线性分布,即从顶板位置到地面,温度越来越低,所以在靠近地面的内墙和侧墙区域,可以减少防火板的数量,这样既能保证隧道的安全,也能降低布设防火板的成本,为此,本专题接下来将要探讨在距离地面3m位置开始往上布设防火板的防火方案的可行性。

2)铺设方案有限元计算验证

(1)升温曲线1时(600℃级)

此次分析中选择温度最低的升温曲线1以及《建筑设计防火规范》(GB 50016—2014)中对城市交通隧道防火设计规定的RABT曲线,即升温曲线4。对于隔热条件,选择双层1cm厚(共2cm厚)的玻镁防火板。若在沉管隧道的结构部分,满足混凝土底部及内部钢筋温度分别为380℃和300℃以下的条件,则可认为满足规定的耐火目标。

建立有隔热条件的有限元模型后,可以求得结构各位置的温度分布情况,图4-91为升温曲线1下侧墙位置的温度云图,图4-92为升温曲线4下侧墙位置的温度云图。

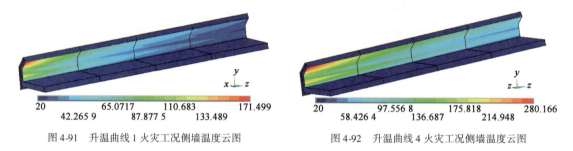

图4-91 升温曲线1火灾工况侧墙温度云图　　　　图4-92 升温曲线4火灾工况侧墙温度云图

由图4-91、图4-92可以发现:

①铺设防火板后,最高温度仍然出现距离地面最高的位置,即管节顶部,且在纵向上,随着距离火源位置的距离增大,温度逐渐降低。

②距地面3m高度的位置布设防火板后,未布设防火板区域中最高温度并不是出现在3m的高度位置,而是出现在距地面约1.9m高度的位置,呈现两边低、中间高的情况。出现这种情况的原因在于,3m高度以上布设防火板后,由于防火板的隔热作用,其背后管节结构内温度低,即被传导的热量低;而由于总热功率值不变时,会导致热量容易积聚在被吸收的位置上,即没有布设防火板的位置相对而言温度要高一些。这时,在3m高度以下的管节结构内部发生了热传导过程,即发生未布设防火板区域向防火板背后结构传递热量的过程。

基于此原因,为了验证距地面3m范围内的管节结构是否达到耐火要求,特在前面分析的基础上增加距地面1.9m的截面(图4-93截面D)。

表4-20列出了升温曲线1下距火源不同距离时各个截面不同厚度处的最高温度。

升温曲线1下各截面温度分布（单位：℃）　　　表4-20

纵向距离	距离表面厚度(cm)	截面 A	B	C	D
火源处	0	162	100	111	139
	5	93	53	63	81
	10	54	26	29	48
	15	34	24	27	31
距火源5m处	0	140	86	99	72
	5	82	58	60	44
	10	49	39	38	30
	15	32	29	28	23
距火源10m处	0	117	74	84	63
	5	7	51	53	40
	10	44	36	35	28
	15	30	27	26	23
距火源30m处	0	72	50	54	43
	5	48	37	38	31
	10	33	29	28	24
	15	25	24	23	21
距火源80m处	0	37	30	31	27
	5	29	25	26	23
	10	24	23	23	21
	15	22	21	21	20

从以上结果可以看出：

①在布设了防火板后，结构的温度下降非常明显，因为升温曲线1本身温度不太高，对结构的影响范围有限，在布设防火板后，由于防火板隔断了热流烟气与结构壁面的直接接触，并降低了到达壁面的温度，导致了结构中的温度降低明显。

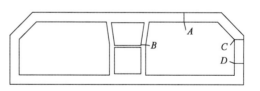

图4-93　结构各部位所选截面示意图

②在距壁面5～15cm厚度之间，温度基本处于恒定状态，表明在布设防火板后，升温曲线1对该厚度范围内的温度影响不大。

③距离火源30m后，结构横断面上的各个部位温度均变化不大，表明升温曲线1下对有隔热条件下的沉管隧道在纵向距离上的温度分布影响有限。

④对各个截面上的结果分析后发现，其都能满足规定的耐火目标（混凝土底部及内部钢筋温度分别为380℃和300℃以下），表明该防火方案对升温曲线1是可行的。

(2)升温曲线4时(RABT曲线)

表4-21为升温曲线4下各截面温度分布。

升温曲线4下各截面温度分布(单位:℃)　　　　表4-21

纵向距离	截面厚度(cm)	A	B	C	D
火源处	0	272	171	184	243
	5	138	88	94	127
	10	69	30	33	64
	15	38	28	30	36
距火源5m处	0	255	150	175	119
	5	131	91	94	61
	10	66	54	51	35
	15	37	34	31	25
距火源10m处	0	234	138	161	110
	5	121	84	87	57
	10	62	51	48	33
	15	36	33	30	24
距火源30m处	0	174	109	122	86
	5	95	69	70	48
	10	52	43	41	30
	15	32	30	28	23
距火源80m处	0	100	66	73	55
	5	60	46	46	35
	10	37	32	31	25
	15	26	25	24	22

从以上结果可以看出:

①防火板在升温曲线4火灾工况下同样效果明显,在厚度方向上,高温区域主要集中在0~5cm范围内,在15cm处,各截面温度基本没有变化。

②布设防火板后,同样是顶板温度高,远离顶板后温度逐渐下降的规律。

③布设防火板后,并没有改变混凝土的热惰性,同样是越往结构内部,热量传递的速度越慢。

④升温曲线4火灾工况下,在距离火源80m后,顶板表面位置仍有100℃的温度,但是到5cm厚度时,温度随即降至60℃。在距离火源30m后,内墙表面位置温度即降为108.7℃,5cm厚度处温度更低,为68.8℃。而此时侧墙表面位置温度降为121.7℃,5cm厚度处温度降为69.7℃。

⑤对比以上各截面计算结果,发现在结构布设防火板后,各截面位置的温度均能满足规定

的耐火目标(混凝土底部及内部钢筋温度分别为380℃和300℃以下),表明该防火方案对于升温曲线4火灾工况也是可行的。

4.2.5 本节小结

本节在分析结构温度场理论计算方法的基础上,建立了沉管隧道在高温下的三维数值计算模型,并对在不同火灾工况下的管节结构内的温度分布进行了数值模拟计算,所得结论如下:

(1)升温速率方面,由于混凝土材料的热惰性,管节结构中达到最高温度的时间要远大于烟气升温曲线达到最高温度的时间,且仅在靠近高温边界时(受火表面)升温较快,达到的温度也较高,距离内表面5cm范围内,温度随时间的变化规律近似于升温曲线的形状。而在远离高温边界时则升温较慢,并且随着远离受火表面的距离增大,升温速率逐渐降低,相应的温度也逐渐降低,且温度随时间的变化规律在不同升温曲线下趋近于统一,直至达到初始温度(20℃)。

(2)管节结构中达到最高温度方面,升温曲线温度越高,结构中的温度也就越高,升温曲线1(600℃级)时为361℃、升温曲线2(900℃级)时为735℃、升温曲线3(1 200℃级)时为1 127℃,升温曲线4(RABT曲线)时为1 087℃。

(3)温度分布方面,在管节结构同一横断面上,顶板温度最高,侧墙温次之,内墙最低;在纵断面上,随着离火源距离的增大,温度逐渐降低——在无防火隔热措施条件下,距离火源超过30m,管节结构的表面和内部温度低于300℃,达到建筑设计防火规范的耐火极限要求。

(4)高温对结构影响厚度方面,由于结构在空间上位置不同,其高温区域也不尽相同。总的来说,影响厚度随着距顶板、火源的距离的增大而减小。在升温曲线1、2情况下,最大影响厚度为10~15cm,而在升温曲线3、4情况下,最大影响厚度为15~20cm。

(5)隔热措施方面,论证了距地面3m高度以上位置布设防火板的设置方案,计算结果表明该方案能够满足结构的耐火要求(混凝土底部及内部钢筋温度分别为380℃和300℃以下)。

4.3 沉管隧道管节结构火灾力学行为

基于确定的沉管隧道火灾场景,建立热力耦合有限元分析模型,导入本章4.2求得的管节结构内的纵向温度分布,并与隧道外荷载进行组合,研究沉管隧道在不同类型火灾及其外荷载下的整体安全性;分析有、无防火隔热条件下管节结构的内力与变形规律,研究其破坏与损伤厚度,论证与评价防火板对管节结构的隔热保护效果。

4.3.1 热力耦合计算方法

一般情况下,隧道内发生火灾后,沉管隧道除了承受常规荷载之外,还承受火灾高温的作用。由于沉管隧道周围都有较强的约束,受热后的结构混凝土不可能自由伸缩,因而将产生热应力和热变形。理论上,可将火灾下的结构混凝土近似作为热弹性体考虑,其应力应变的分析可采用热弹性力学进行。

高温对混凝土结构的破坏,主要原因有两个方面:一是高温使得混凝土材料的力学性能劣化;二是高温产生的热膨胀致使结构的变形增大,从而降低了结构的承载能力。因此,进行高温下沉管隧道结构应力变化分析是判断结构在高温下是否安全可靠的基础。

1) 热弹性力学基本方程

热弹性力学中,温度的变化也会引起应力与应变。根据叠加原理,可以将热弹性力学分为两个部分:一是结构外荷载引起的应力和应变,这一部分可以直接用材料力学或者弹性力学的方法进行计算,二是温度变化(升高)引起的应力和应变,对于这一部分的计算,可以采用热弹性力学的方法进行。

(1) 物理方程

物体在自由胀缩的情况下,当微元体的温度由 T_1 变为 T_2,即微元体的温度变化量为 $T = T_1 - T_2$ 时,假设物体的热膨胀系数为 α,则 dx、dy、dz 的边长分别变为 $(1+\alpha T)dx$、$(1+\alpha T)dy$、$(1+\alpha T)dz$,对于各向同性材料,自由胀缩时的应变分量均为:

$$\begin{cases} \varepsilon_{x0} = \varepsilon_{x0} = \varepsilon_{x0} = \alpha T \\ \gamma_{xy0} = \gamma_{yz0} = \gamma_{zx0} = 0 \end{cases} \tag{4-119}$$

但在正常情况下,因为温度变化导致的微元体变形,经常会受到微元体内部或外部因素的约束,不能自由膨胀或者收缩,因此就产生了热应力。由线性热应力理论知道,微元体的总应变可以分为由温度变化引起的应变和由应力引起的应变。因此,包含热应力和热应变在内的胡克定律可以表示为:

$$\begin{cases} \varepsilon_x = \dfrac{\partial u}{\partial x} = \dfrac{1}{E}[\sigma_x - \mu(\sigma_y + \sigma_z)] + \alpha T \\ \varepsilon_y = \dfrac{\partial v}{\partial y} = \dfrac{1}{E}[\sigma_y - \mu(\sigma_z + \sigma_x)] + \alpha T \\ \varepsilon_z = \dfrac{\partial w}{\partial z} = \dfrac{1}{E}[\sigma_z - \mu(\sigma_x + \sigma_y)] + \alpha T \end{cases} \tag{4-120}$$

$$\gamma_{xy} = \dfrac{\tau_{xy}}{G}, \gamma_{yz} = \dfrac{\tau_{yz}}{G}, \gamma_{zx} = \dfrac{\tau_{zx}}{G} \tag{4-121}$$

式(4-120)、式(4-121)是以应力及温差表示应变的广义胡克定律。又剪切弹性模量 $G = $

$E/2(1+\mu)$,其中 E 为弹性模量,μ 为泊松比;体积应力 $\Theta = \sigma_x + \sigma_y + \sigma_z$。带入式(4-120),可推导出以应变、温差表示应力的广义胡克定律,即

$$\begin{cases} \sigma_x = 2G\varepsilon_x + \dfrac{\mu}{1+\mu}\Theta - 2G\alpha T \\ \sigma_y = 2G\varepsilon_y + \dfrac{\mu}{1+\mu}\Theta - 2G\alpha T \\ \sigma_z = 2G\varepsilon_z + \dfrac{\mu}{1+\mu}\Theta - 2G\alpha T \end{cases} \qquad (4\text{-}122)$$

$$\tau_{xy} = G\gamma_{xy}, \tau_{yz} = G\gamma_{yz}, \tau_{zx} = G\gamma_{zx} \qquad (4\text{-}123)$$

又体积应变:

$$e = \varepsilon_x + \varepsilon_y + \varepsilon_z = \frac{1-2\mu}{1+\mu}\frac{\Theta}{2G} + 3\alpha t = \frac{1-2\mu}{E}\Theta + 3\alpha T \qquad (4\text{-}124)$$

由此可得:

$$\Theta = \frac{E}{1-2\mu}(e - 3\alpha T) \qquad (4\text{-}125)$$

将式(4-125)带入式(4-122),并利用弹性力学中拉梅常数的关系式,整理可得:

$$\begin{cases} \sigma_x = 2G\varepsilon_x + \lambda e - \beta T \\ \sigma_y = 2G\varepsilon_y + \lambda e - \beta T \\ \sigma_z = 2G\varepsilon_z + \lambda e - \beta T \end{cases} \qquad (4\text{-}126)$$

式中:β——热应力参数,$\beta = \dfrac{\alpha E}{1-2\mu} = \alpha(3\lambda + 2G)$;

λ——拉梅常数,$\lambda = \dfrac{E\mu}{(1+\mu)(1-2\mu)}$。

(2)平衡微分方程

已知弹性力学的平衡微分方程为:

$$\begin{cases} \dfrac{\partial \sigma_x}{\partial x} + \dfrac{\partial \tau_{yx}}{\partial y} + \dfrac{\partial \tau_{zx}}{\partial z} + X = 0 \\ \dfrac{\partial \sigma_y}{\partial y} + \dfrac{\partial \tau_{zy}}{\partial z} + \dfrac{\partial \tau_{xy}}{\partial x} + Y = 0 \\ \dfrac{\partial \sigma_z}{\partial z} + \dfrac{\partial \tau_{xz}}{\partial x} + \dfrac{\partial \tau_{yz}}{\partial y} + Z = 0 \end{cases} \qquad (4\text{-}127)$$

式中:X、Y、Z——单位体积的体积力在 x、y、z 轴上的分量。

将式(4-126)和式(4-123)带入式(4-127),便可以得到以位移分量表示的热弹性力学的平衡微分方程:

$$\begin{cases} (\lambda + G)\dfrac{\partial \varepsilon}{\partial x} + G\nabla^2 u - \beta\dfrac{\partial t}{\partial x} + X = 0 \\ (\lambda + G)\dfrac{\partial \varepsilon}{\partial y} + G\nabla^2 v - \beta\dfrac{\partial t}{\partial y} + Y = 0 \\ (\lambda + G)\dfrac{\partial \varepsilon}{\partial z} + G\nabla^2 w - \beta\dfrac{\partial t}{\partial z} + Z = 0 \end{cases} \tag{4-128}$$

式中：∇^2——拉普拉斯算子，$\nabla^2 = \dfrac{\partial^2}{\partial x^2} + \dfrac{\partial^2}{\partial y^2} + \dfrac{\partial^2}{\partial z^2}$。

(3) 几何方程与位移协调方程

几何方程与位移协调方程与常规方程相同，可查阅相关文献，无须赘述。

2) 热弹性力学有限元实现方法

(1) 基本列式

应用有限元法解决热弹性问题的优点是，它可以用于复杂、多样的边界条件和变化的物理性系数情况下的热弹性问题。这里所指的边界条件是广义的，即包括几何形状，温度和热量在边界上的传输、位移约束的分布、应力在边界上的分布等。因此，有限元法适用于工程实际问题。

本节将用有限元方法分析热弹性力学问题，首先将前节中的包含热应力和热应变在内的胡克定律用矩阵形式表达为：

$$\{\varepsilon\} = [\boldsymbol{D}_e]^{-1}\{\sigma\} + \{I_1\}\alpha T = [\boldsymbol{D}_e]^{-1}\{\sigma\} + \{\varepsilon_0\} \tag{4-129}$$

其中 $[\boldsymbol{D}_e]$ 是弹性本构矩阵：

$$I_1 = \begin{bmatrix} 1 & 1 & 1 & 0 & 0 & 0 \end{bmatrix}^T \tag{4-130}$$

$$\{\varepsilon_0\} = \{I_1\}\alpha T \tag{4-131}$$

$\{\varepsilon_0\}$ 是变温而产生的应变，也可称为初应变。式(4-131)也可写为应变表示应力的形式：

$$\{\sigma\} = [\boldsymbol{D}_e](\{\varepsilon\} - \{\varepsilon_0\}) \tag{4-132}$$

式(4-132)所表示的应力是考虑变温影响的弹性应力，通常称为热应力。现在用最小势能原理来推导热弹性应力问题的有限元方程。弹性体的应变能为：

$$U = \frac{1}{2}\int_v \{\sigma\}^T(\{\varepsilon\} - \{\varepsilon_0\})\mathrm{d}V \tag{4-133}$$

将式(4-129)代入式(4-133)可得：

$$\begin{aligned} U &= \frac{1}{2}\int_v (\{\varepsilon\} - \{\varepsilon_0\})^T[\boldsymbol{D}_e](\{\varepsilon\} - \{\varepsilon_0\})\mathrm{d}V \\ &= \frac{1}{2}\int_v \{\varepsilon\}^T[\boldsymbol{D}_e]\{\varepsilon\}\mathrm{d}V - \int_v \{\varepsilon\}^T[\boldsymbol{D}_e]\{\varepsilon_0\}\mathrm{d}V + \frac{1}{2}\int_v \{\varepsilon_0\}^T[\boldsymbol{D}_e]\{\varepsilon_0\}\mathrm{d}V \\ &= \sum_{e=1}^{n}\int_{v_e}\frac{(\{\varepsilon\}^e)^T[\boldsymbol{D}_e]\{\varepsilon_0\}^e}{2}\mathrm{d}V - \sum_{e=1}^{n}\int_{v_e}(\{\varepsilon\}^e)^T[\boldsymbol{D}_e]\{\varepsilon_0\}^e\mathrm{d}V + \end{aligned}$$

$$\sum_{e=1}^{n} \int_{v_e} \frac{(\{\varepsilon_0\}^e)^T [D_e] \{\varepsilon_0\}^e}{2} dV \qquad (4\text{-}134)$$

根据等参元有限元法,单元的位移和应变可写为:

$$\{u\}^e = [N]\{u_i\}, \{\varepsilon\}^e = [B]\{u\}^e \qquad (4\text{-}135)$$

代入式(4-134)可得:

$$U = \frac{\{u\}^T[K]\{u\}}{2} - \{u\}^T\{F_T\} + \{C\} \qquad (4\text{-}136)$$

式(4-136)中第一项与没有温度变化的情况相同,而第二项和第三项则是由变温而产生的。

$$\{F_T\} = \sum_{e=1}^{n} \int_v [B]^T [D_e] \{\varepsilon_0\} dV \qquad (4\text{-}137)$$

$$\{C\} = \frac{1}{2} \int_{v_e} (\{\varepsilon_0\}^e)^T [D_e] \{\varepsilon_0\}^e dV \qquad (4\text{-}138)$$

$\{F_T\}$是温度应变引起的荷载向量,称为热荷载向量;$\{C\}$是与节点位移无关的项,外力的功与没有温度变化的情况一样,可写为:

$$W = \{u\}^T \{F\} \qquad (4\text{-}139)$$

系统的总势能为:

$$\Pi = \frac{1}{2} \{u\}^T [K] \{u\} - \{u\}^T \{F_T\} + \{C\} - \{u\}^T \{F\} \qquad (4\text{-}140)$$

根据最小势能原理可得到有限元的平衡方程:

$$[K]\{u\} = \{F\} + \{F_T\} \qquad (4\text{-}141)$$

在给定的已知外力和温度变化的情况下,$\{F\}$和$\{F_T\}$为已知的荷载向量,加上必要的位移边界条件后,可以从(4-141)求出节点的位移,从式(4-135)可以得到单元的应变,再从式(4-132)可得单元的热应力。

由以上分析可以看出,结构热应力分析与无热荷载的应力分析问题相比,除了增加一项以初应力形式出现的热荷载向量外,其余完全是相同的。

(2) 热力耦合有限元实现方法

ANSYS对热力耦合场提供了两个方法:直接法和间接法。

直接法是指直接采用具有温度和位移自由度的耦合单元,同时得到热分析和结构应力分析的结果。

间接法则是先进行热分析,然后将求得的节点温度作为体荷载施加到节点或单元上,进行结构分析。

在本节的计算过程中,将采用把上一章中求解出的温度场结果转换为体荷载施加到力学模型中的方法,以此来分析沉管隧道高温下的力学行为。

4.3.2 计算模型与参数选取

1) 计算模型

在模拟计算中,由于沉管隧道的建造方法特殊(先沉放再回填),且混凝土结构具有热膨胀性,因此选用荷载-结构模型进行计算分析。关于断面位置,选择对结构最不利的深埋段计算。

模拟方法如下:

(1) 结构分析时,将第3节热分析单元SOLID70转化为其对应的结构分析单元SOLID185,管节与地基基础、侧面回填层之间的抗力关系用弹簧单元COMBIN14来模拟。

(2) 沉管隧道接头张开(不传递法向力)和压紧(传递法向压应力,但不能传递法向拉应力)在ANSYS软件中被称为接触,本次模拟中接触设置的位置为剪力键槽面与剪力键榫面,通过目标单元TARGE170、接触单元CONTA173来实现该功能。

(3) 在沉管隧道底部和两个侧面,通过弹簧单元COMBIN14来约束,并且在弹簧末端,约束住了x、y、z三个方向上的位移自由度。

(4) 在沉管隧道纵向方向上(模型中的z方向),一端约束住z方向上的自由度,另一端考虑相邻结构的单向推力作用。

8节段有限元模型及网络划分见图4-94。

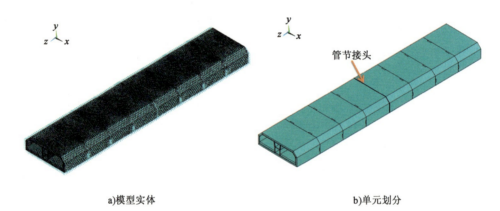

a) 模型实体　　　　　　　　　　b) 单元划分

图4-94　8节段有限元模型及网络划分图

2) 热力学参数

(1) 混凝土弹性模量

鉴于前节研究,本部分选取时旭东提出的高温弹性模量折减公式进行混凝土高温弹性模量计算(表4-22)。在计算过程中,根据施加的温度,便可以计算出相应温度下的弹性模量。

混凝土高温弹性模量取值　　　　表4-22

$T(℃)$	100	200	300	400	500	600	700及以上
$E_c(T)/E_c$	0.85	0.70	0.62	0.53	0.45	0.37	0.28

(2) 混凝土密度及泊松比

密度:本部分混凝土的质量密度取为与温度无关的常值。

泊松比:本部分混凝土的泊松比取为与温度无关的常值0.2。

(3) 混凝土热膨胀系数

本专题所选择的自由热膨胀系数为:

① 硅质集料混凝土。

$$\begin{cases} \alpha_c = \dfrac{\Delta l}{l} = -1.8 \times 10^{-4} + 9.0 \times 10^{-6} \times T + 2.3 \times 10^{-11} \times T^3 & (20\text{℃} \leqslant T \leqslant 700\text{℃}) \\ \alpha_c = \dfrac{\Delta l}{l} = 14 \times 10^{-3} & (700\text{℃} \leqslant T \leqslant 1\,200\text{℃}) \end{cases}$$

(4-142)

② 钙质集料混凝土。

$$\begin{cases} \alpha_c = \dfrac{\Delta l}{l} = -1.2 \times 10^{-4} + 6.0 \times 10^{-6} \times T + 1.4 \times 10^{-11} \times T^3 & (20\text{℃} \leqslant T \leqslant 805\text{℃}) \\ \alpha_c = \dfrac{\Delta l}{l} = 12 \times 10^{-3} & (805\text{℃} \leqslant T \leqslant 1\,200\text{℃}) \end{cases}$$

(4-143)

式中:α_c——混凝土的热膨胀系数;

T——试件温度;

Δl——试件从常温升到T温度时的伸长量;

l——常温下的试件长度。

(4) GINA 橡胶力学参数

管节接头处设置 GINA 止水带。根据水深的不同,选用4种 GINA 止水带,其型号分别为 NR14-8700、NR15-3614、NR16-3709 和 NR17-3618。GINA 止水带的材料为橡胶,为超弹性材料,为简化计算且研究温度对橡胶材料参数影响的相关文献甚少,所以对于模型中的止水带的参数都不考虑温度的影响。

通过建立橡胶材料的 Mooney-Rivlin 模型,求得 Mooney-Rivlin 应变能密度函数的两个材料参数,橡胶为不可压缩的超弹性材料,其泊松比取0.497 5,热膨胀系数取6.7×10^{-4}。

3) 弹性抗力系数

港珠澳大桥沉管隧道根据断面处所在水深情况将其分为深埋段、过渡段、浅埋段。其中深埋段代表桩号里程为 K8+544,该处水深33.44m,回淤厚度达到21.79m,代表管节 E8~E27。过渡段代表桩号里程为 K7+824,该处水深22.25m,回淤厚度为9.76m,代表管节 E4~E7,

E28~E29。浅埋段代表桩号为 K7+464,水深为 13.56m,回淤厚度为 1.58m,代表管节 E1~E3,E30~E32。具体情况见本书第一章1.3。

由港珠澳大桥主体工程设计图可知,管节 E8~E27 下方的软土层(粉质黏土层)厚度基本在 5m 以内,再往下土层主要为较厚的中密砂层,这些地层都是超固结土,粉质黏土为硬到坚硬土,而下卧砂层为中密到密实砂,这两种土都是良好的地基土。由地质情况分析显示,隧道下土的压缩性较低,所以深埋段的基础没有进行地基处理而直接采用的天然地基,弹性地基一般按弹簧地基(温克尔地基)考虑。地基弹性抗力系数 K(简称地基系数)一般是根据开挖基槽的地质情况和基础处理的砂垫层的特性进行综合选取。

由于土体刚度的不均匀变化将在隧道结构内产生内力,在模型中考虑了沿隧道纵向土体刚度的不确定性,本节假设 K 在平均地基弹性抗力系数的基础上按正弦变化,且保守浮动范围为 10%,由于计算模型长 180m,所以考虑对该隧道最不利的 180m 为正弦波长。深埋段的弹性抗力系数(地基刚度)变化如图4-95所示。

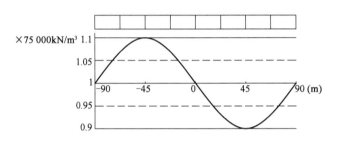

图 4-95　180m 波长正弦波

在沉管隧道侧面,包括底部以上 0~3m 的锁定回填层以及锁定回填层顶面到管节顶面的一般回填层,其中锁定回填层为透水性好的粗砂、砾石,一般回填层为块石。

4.3.3　荷载组合及荷载值计算

1)荷载类型及组合

根据管节在干坞内预制、浮运、沉放、对接,以及最后投入运营等不同阶段的受力状态,管节横向荷载应进行荷载组合。本计算中,采用永久荷载+偶然荷载组合分析各荷载的组合系数。

2)荷载计算

(1)结构自重

分析中使用结构素混凝土的最大重度,为 24.0kN/m³,对普通钢筋混凝土断面,最大的含钢量约为 300kg/m³,总的重度为 26.023kN/m³。

压重层和路面层取最大重度为 23.3kN/m³。

(2) 外荷载

海洋水压力:计算水压力公式中的海水重度为 $\gamma_w = 10.2 \text{kN/m}^3$,按高潮位计算(按正常水位上升1.0m考虑),同时需要考虑120年全球变暖导致的水位上升(0.4m)。

覆土压力:在分析中考虑回淤至原海床面高度,深埋段断面的回淤厚度为 $h_2 = 21.79\text{m}$;回淤物(淤泥或砂)的浮重度取 $\gamma_1' = 5\text{kN/m}^3$。

块石保护层:在回淤后考虑铺设 $h_3 = 3\text{m}$ 的块石保护层,浮重度取 $\gamma_2' = 11\text{kN/m}^3$。

水平土压力:在沉管隧道侧面,包括底部以上 0~3m 的锁定回填层以及锁定回填层顶面到管节顶面的一般回填层,其中锁定回填为透水性好的粗砂、砾石,内摩擦角为35°,一般回填块石内摩擦角为45°,计算水平土压力时,回填层的浮重度为 $\gamma_3' = 11\text{kN/m}^3$,锁定回填层侧压力系数 $K_1 = \tan^2(45° - \phi/2) = 0.27$,一般回填层侧压力系数 $K_2 = \tan^2(45° - \phi/2) = 0.17$。

汽车荷载:火灾发生后,火源处汽车荷载较小,忽略其影响。

由以上分析可计算出结构各部位外荷载值,计算示意图如图4-96所示。

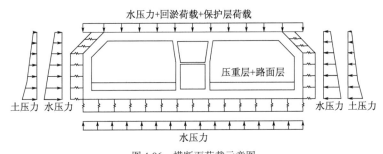

图4-96 横断面荷载示意图

具体结构各部位所受荷载计算过程及结果如下。

①顶板荷载。

水压力:$p_{水1} = \gamma_w h_1 = 10.2 \times (31.46 + 0.54 + 0.4 + 1) = 340.68 (\text{kPa})$

回淤荷载:$p_{回} = \gamma_1' h_2 = 5 \times 21.79 = 108.95 (\text{kPa})$

块石保护层:$p_{块} = \gamma_2' h_3 = 11 \times 3 = 33 (\text{kPa})$

顶板总荷载:$p_1 = \gamma_w h_1 + \gamma_1' h_2 + \gamma_2' h_3 = 340.68 + 108.95 + 33 = 482.63 (\text{kPa})$

②侧墙荷载。

侧墙土压力:

0~3m 时

$e_1 = (\gamma_1' h_2 + \gamma_2' h_3 + \gamma_3' h_4) K_1 = (108.95 + 33 + 11 \times 8.4) \times 0.27 = 63.27 (\text{kPa})$

$e_2 = (\gamma_1' h_2 + \gamma_2' h_3 + \gamma_3' h_5) K_1 = (108.95 + 33 + 11 \times 11.4) \times 0.27 = 72.18 (\text{kPa})$

3~7.78m 时

$e_1 = (\gamma_1' h_2 + \gamma_2' h_3 + \gamma_3' h_6) K_2 = (108.95 + 33 + 11 \times 3.62) \times 0.17 = 30.90 (\text{kPa})$

$$e_2 = (\gamma'_1 h_2 + \gamma'_2 h_3 + \gamma'_3 h_4)K_2 = (108.95 + 33 + 11 \times 8.4) \times 0.17 = 39.84(\text{kPa})$$

侧墙水压力：

$$e_1 = \gamma_w h_1 + \gamma_w h_6 = 340.68 + 10.2 \times 3.62 = 377.61(\text{kPa})$$

$$e_2 = \gamma_w h_1 + \gamma_w h_5 = 340.68 + 10.2 \times 11.4 = 456.96(\text{kPa})$$

③斜顶板荷载。

土压力：

$$e_1 = \frac{\sqrt{2}}{2}(\gamma'_1 h_2 + \gamma'_2 h_3) + \frac{\sqrt{2}}{2}(\gamma'_1 h_2 + \gamma'_2 h_3)K_2$$

$$= \frac{\sqrt{2}}{2} \times (108.95 + 33) \times (1 + 0.17)$$

$$= 117.42(\text{kPa})$$

$$e_2 = \frac{\sqrt{2}}{2}(\gamma'_1 h_2 + \gamma'_2 h_3 + \gamma'_3 h_6) + \frac{\sqrt{2}}{2}(\gamma'_1 h_2 + \gamma'_2 h_3 + \gamma'_3 h_6)K_2$$

$$= \frac{\sqrt{2}}{2} \times (108.95 + 33 + 11 \times 3.62) \times (1 + 0.17)$$

$$= 150.36(\text{kPa})$$

水压力：

$$e_1 = \gamma_w h_1 = 340.68(\text{kPa})$$

$$e_2 = \gamma_w h_1 + \gamma_w h_6 = 340.68 + 10.2 \times 3.62 = 377.61(\text{kPa})$$

④底板荷载。

水压力：

$$p_{水2} = \gamma_w h_1 + \gamma_w h_5 = 340.68 + 10.2 \times 11.4 = 456.96(\text{kPa})$$

4.3.4 管节结构火灾力学分析

1）管节结构的变形性能

管节结构发生较大变形是不利的。为了分析沉管隧道在高温作用下的变形规律以及布设防火板对变形的影响，对沉管隧道在升温曲线1、2、3、4作用下进行了计算。计算时假定火源发生在右洞。

选取左、右洞的顶板和边墙4个位置进行变形规律分析，分析位置如图4-97所示。顶板位置和侧墙位置变形均向隧道内为正。在纵向距离上选取距火源0m、5m、10m、30m、80m处这5个断面进行分析。

(1) 升温曲线1时(600℃)

图4-98 a)为升温曲线1作用下沉管隧道管节结构竖向位移云图，图4-98 b)为水平方向位移云图。

第4章 离岸特长沉管隧道接头及结构防火灾技术

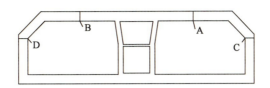

图 4-97 管节结构受力分析所选截面示意图

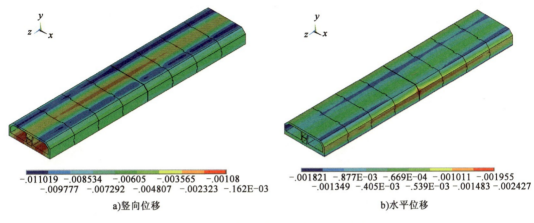

a) 竖向位移

b) 水平位移

图 4-98 升温曲线 1 作用下管节结构位移云图

升温曲线 1 作用下各截面位移对比关系列出见表 4-23。

升温曲线 1 作用下各截面位移对比（单位：mm） 表 4-23

距火源位置	状态	管节顶板		管节边墙	
		右洞截面 A	左洞截面 B	右洞截面 C	左洞截面 D
火源处	常温	11.70	11.88	-1.65	-1.66
	未设置防火板	7.58	10.38	-2.15	-1.59
	设置防火板	10.18	11.82	-2.08	-1.74
距火源 5m	常温	10.98	11.10	-1.57	-1.58
	未设置防火板	9.37	9.77	-1.70	-1.56
	设置防火板	10.77	11.08	-1.78	-1.69
距火源 10m	常温	10.70	10.73	-1.47	-1.46
	未设置防火板	9.23	9.50	-1.66	-1.48
	设置防火板	10.55	10.74	-1.70	-1.58
距火源 30m	常温	10.48	10.46	-1.50	-1.48
	未设置防火板	9.13	9.27	-1.47	-1.48
	设置防火板	10.40	10.50	-1.60	-1.58
距火源 80m	常温	10.63	10.59	-1.50	-1.48
	未设置防火板	9.29	9.34	-1.31	-1.42
	设置防火板	10.58	10.60	-1.51	-1.55

可以看出：

①未设防火板时,火源处右洞顶板相比左洞竖向位移要小约2.8mm;当设置防火板时,火源处右洞顶板相比左洞竖向位移要小约1.5mm。

②未设防火板时,火源处顶板比常温膨胀了4.12mm,边墙水平位移膨胀0.5mm;设置防火板时,火源处顶板比常温膨胀了1.52mm,边墙水平位移膨胀0.43mm。

③在管节纵向方向,对于顶板变形,距火源0~5m范围影响最大;对于边墙变形,距离火源30m以后与常温基本一致。

(2) 升温曲线2时(900℃)

图4-99为升温曲线2作用下沉管隧道管节结构位移云图。可以看出,升温曲线2作用下位移情况与升温曲线1类似。

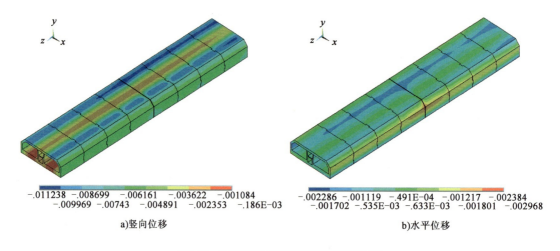

a) 竖向位移　　　　　　　　　　　　　　b) 水平位移

图4-99　升温曲线2作用下管节结构位移云图

①相比升温曲线1而言,火源处顶板最大竖向位移膨胀了1.45mm,边墙最大水平位移膨胀0.36mm。

②未设置防火板时,火源处右洞顶板比常温膨胀了5.57mm,左洞顶板比常温膨胀了1.48mm;右洞边墙水平位移膨胀0.86mm,左洞边墙水平位移膨胀0.11m。

③设置防火板时,火源处右洞顶板比常温膨胀了2.32mm,左洞顶板比常温膨胀了0.07mm;右洞边墙水平位移膨胀0.58mm,左洞边墙水平位移膨胀0.15mm。

④在管节纵向方向,对于顶板变形,距火源0~5m范围影响最大;对于边墙变形,距离火源30m以后与常温基本一致。

升温曲线2作用下各截面位移对比关系列出见表4-24。

(3) 升温曲线3时(1 200℃)

图4-100为升温曲线3作用下沉管隧道管节结构位移云图。

升温曲线 2 作用下各截面位移对比(单位:mm)　　　表 4-24

距火源位置	状　态	管节顶板		管节边墙	
		右洞截面 A	左洞截面 B	右洞截面 C	左洞截面 D
火源处	常温	11.70	11.88	-1.65	-1.66
	未设置防火板	6.13	10.40	-2.51	-1.77
	设置防火板	9.38	11.81	-2.23	-1.81
距火源 5m	常温	10.98	11.10	-1.57	-1.58
	未设置防火板	9.41	9.81	-1.89	-1.75
	设置防火板	10.60	11.09	-1.86	-1.77
距火源 10m	常温	10.70	10.73	-1.47	-1.46
	未设置防火板	9.31	9.55	-1.92	-1.69
	设置防火板	10.42	10.77	-1.81	-1.68
距火源 30m	常温	10.48	10.46	-1.50	-1.48
	未设置防火板	8.99	9.32	-1.57	-1.66
	设置防火板	10.29	10.54	-1.68	-1.68
距火源 80m	常温	10.63	10.59	-1.50	-1.48
	未设置防火板	9.10	9.37	-1.41	-1.54
	设置防火板	10.47	10.62	-1.57	-1.62

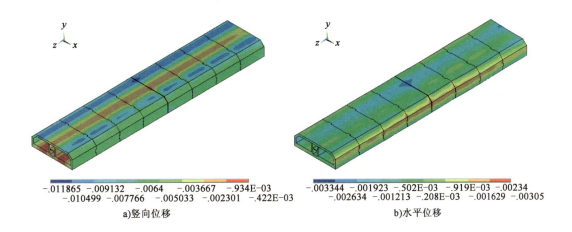

a) 竖向位移　　　　　　　　　　　　b) 水平位移

图 4-100　升温曲线 3 作用下管节结构位移云图

升温曲线 3 作用下各截面位移对比关系列出见表 4-25。

升温曲线 3 作用下各截面位移对比（单位：mm）　　表 4-25

距火源位置	状态	管节顶板		管节边墙	
		右洞截面 A	左洞截面 B	右洞截面 C	左洞截面 D
火源处	常温	11.70	11.88	-1.65	-1.66
	未设置防火板	4.95	10.49	-2.36	-2.17
	设置防火板	8.67	11.83	-2.35	-1.88
距火源 5m	常温	10.98	11.10	-1.57	-1.58
	未设置防火板	9.34	9.89	-1.64	-2.11
	设置防火板	10.42	11.12	-1.90	-1.85
距火源 10m	常温	10.70	10.73	-1.47	-1.46
	未设置防火板	9.27	9.62	-1.87	-2.00
	设置防火板	10.27	10.81	-1.89	-1.77
距火源 30m	常温	10.48	10.46	-1.50	-1.48
	未设置防火板	9.02	9.35	-1.79	-1.84
	设置防火板	10.15	10.57	-1.75	-1.78
距火源 80m	常温	10.63	10.59	-1.50	-1.48
	未设置防火板	8.88	9.42	-1.54	-1.64
	设置防火板	10.32	10.64	-1.64	-1.69

可以看出：

①升温曲线 3 相比开温曲线 1、2 而言，温度高达 1 200℃，造成的热膨胀更加显著。

②未设置防火板时，火源处右洞顶板比常温膨胀了 6.75mm，左洞顶部膨胀了 1.39mm；右洞边墙水平位移膨胀 0.71mm，左洞边墙水平位移膨胀 0.51mm。

③设置防火板时，火源处右洞顶板比常温膨胀了 3.03mm，左洞顶部膨胀了 0.05mm，右洞边墙水平位移膨胀 0.70mm，左洞边墙水平位移膨胀 0.22mm。

（4）升温曲线 4 时（RABT 曲线）

升温曲线 4 作用下各截面位移对比关系列出见表 4-26。

升温曲线 4 作用下各截面位移对比（单位：mm）　　表 4-26

距火源位置	状态	管节顶板		管节边墙	
		右洞截面 A	左洞截面 B	右洞截面 C	左洞截面 D
火源处	常温	11.70	11.88	-1.65	-1.66
	未设置防火板	6.05	10.44	-2.38	-1.88
	设置防火板	9.47	11.82	-2.17	-1.82
距火源 5m	常温	10.98	11.10	-1.57	-1.58
	未设置防火板	9.51	9.84	-1.77	-1.85
	设置防火板	10.58	11.09	-1.82	-1.78

续上表

距火源位置	状态	管节顶板		管节边墙	
		右洞截面A	左洞截面B	右洞截面C	左洞截面D
距火源10m	常温	10.70	10.73	-1.47	-1.46
	未设置防火板	9.39	9.57	-1.88	-1.78
	设置防火	10.40	10.78	-1.79	-1.68
距火源30m	常温	10.48	10.46	-1.50	-1.48
	未设置防火板	9.15	9.31	-1.70	-1.72
	设置防火板	10.26	10.54	-1.69	-1.69
距火源80m	常温	10.63	10.59	-1.50	-1.48
	未设置防火板	9.01	9.39	-1.47	-1.58
	设置防火板	10.41	10.63	-1.60	-1.63

可以看出：

①升温曲线4相比升温曲线3而言，温度量级均约1 200℃，其差距在于存在下降段，虽然持续时间多20min，但维持峰值温度的时间不及升温曲线3，因此造成的热膨胀稍逊。

②未设置防火板时，火源处右洞顶板比常温膨胀了5.65mm，左洞顶部膨胀了1.44mm；右洞边墙水平位移膨胀0.73mm，左洞边墙水平位移膨胀0.22mm。

③设置防火板时，火源处右洞顶板比常温膨胀了2.23mm，左洞顶部膨胀了0.06mm，右洞边墙水平位移膨胀0.52mm，左洞边墙水平位移膨胀0.16mm。

(5)共性变形规律

①火灾位置对管节结构的影响较大，发生火灾的右洞结构位移变化较左洞大。

②管节顶板受竖向变形影响较边墙水平变形显著。

③热膨胀效应使得管节顶板发生向上的竖向位移，原本在外荷载作用下的竖向位移总量减小。

④热膨胀效应使得其边墙发生相对向外的水平位移，原本在外荷载作用下的水平位移总量增加，但量值比竖向位移小很多。

⑤随着距离火源位置越远，管节结构位移变化与常温越接近。其中，距离火源0~5m为强影响区，顶板竖向位移与边墙水平位移均有较大影响。

⑥在管节纵向方向，对于顶板变形，距火源0~5m范围影响最大；对于边墙变形，距离火源30m以后与常温基本一致。

⑦铺设防火板对改善顶板膨胀有显著作用，尤其在距火源10m的范围内。

2)管节结构的应力变化

在火灾高温作用下，管节结构混凝土力学性能显著降低。同时，沉管隧道为超静定结构,由于温度分布不均以及混凝土热膨胀,致使管节结构应力发生重分布且应力变化明显。

为了分析沉管隧道管节结构在火灾高温作用下的应力变化,选取了升温曲线 1、2、3、4 四种火灾工况对结构进行计算。横断面上选取了如图 4-101 所示 A、B、C 截面;纵向方向上,仍旧选取火源处,距火源 5m、10m、30m、80m 处这 5 个断面进行分析。

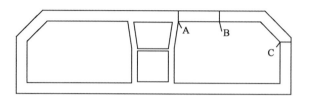

图 4-101　横断面上分析截面示意图

下面分别给出升温曲线 1、4 两类曲线下的计算结果,它们分别代表了低规模、极限火灾两种火灾类型。升温曲线 2、3 的计算结果大致介于上述两类曲线之间。

(1)升温曲线 1 时(600℃)

图 4-102~图 4-104 分别为不同纵向位置处截面 A、B、C 结构第三主应力随时间的变化情况。

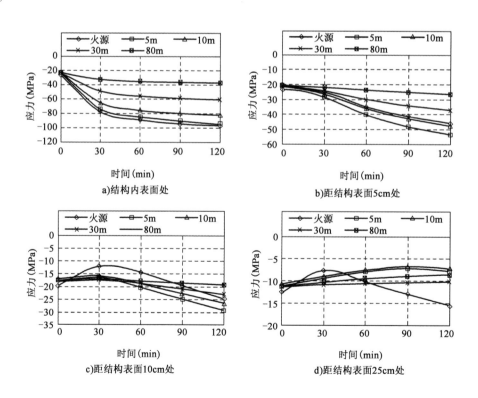

图 4-102　升温曲线 1 作用下截面 A 的结构应力变化

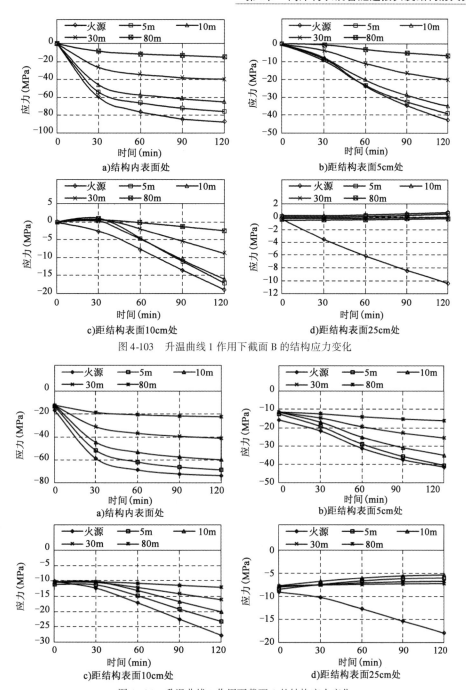

图 4-103 升温曲线 1 作用下截面 B 的结构应力变化

图 4-104 升温曲线 1 作用下截面 C 的结构应力变化

可以看出：

①距离结构表面 0～10cm 厚度的压应力值变化大,距离结构表面厚度 25cm 以后的压应力变化相对较小。

②从量值上看,因热而导致的应力增加在结构表面的 5cm 厚度范围内表现极为显著,压

应力值超过设计混凝土强度 C50,存在压溃现象,即容易发生爆裂。5cm 厚度以上时,终值压应力值未超过 20～40MPa,处于强度等级标准内。

(2) 升温曲线 4 时(RABT 曲线)

图 4-105～图 4-107 分别为不同纵向位置处截面 A、B、C 结构应力随时间的变化情况。

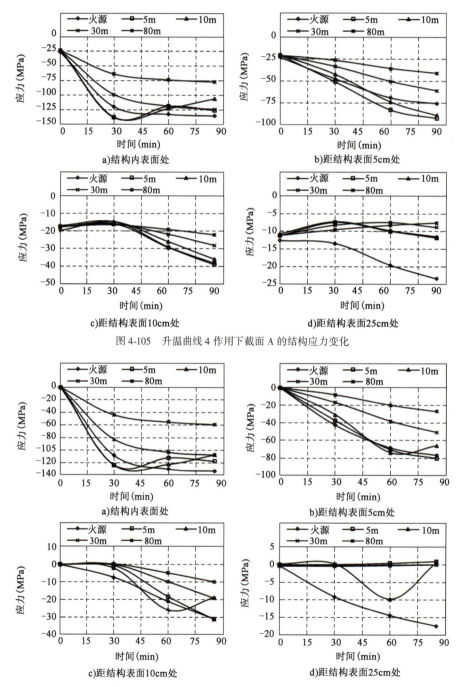

图 4-105　升温曲线 4 作用下截面 A 的结构应力变化

图 4-106　升温曲线 4 作用下截面 B 的结构应力变化

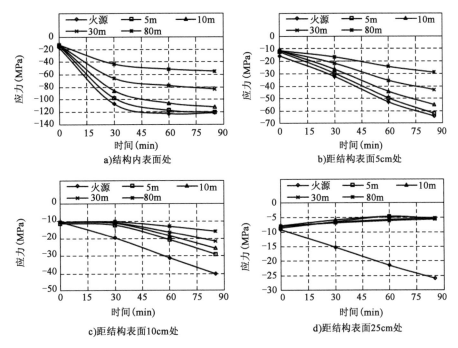

图 4-107 升温曲线 4 作用下截面 C 的结构应力变化

可以看出：

①距离结构表面 0~10cm 厚度的压应力值变化大，距离结构表面厚度 25cm 以后的压应力变化相对较小。

②从量值上看，因热而导致的应力增加在结构表面的 5cm 厚度范围内表现极为显著，超过设计混凝土强度 C50，存在压溃现象，即容易发生爆裂。5cm 厚度以上时，终值压应力值未超过 40MPa，处于强度等级标准内。

(3) 共性受力规律

①同一种火灾工况下，管节结构顶板、侧墙和边墙 3 个截面位置由于其所处位置的差异性，造成其在高温作用下表现出不一样的力学变化规律。但总的来说，火灾高温很大程度地增大了结构中的应力，特别在 0~10cm 厚度范围内，应力增大效果显著，这是由于增加的应力主要是由管节结构的高温膨胀引起的。而在 0~5cm 厚度范围内，存在压溃和爆裂的可能。

②随着距离火源越来越远，高温对结构的作用效果也变得缓和。突出地表现在距离火源 5m 以后，管节结构内 10cm 以内的非爆裂区应力较火源处下降显著。

③火灾高温作用使结构中产生的应力重分布对于结构的稳定是不容忽视的，即便在距离火源 80m 的位置处也存在着量值较大的应力调整，一般意味着应力增加。

④管节结构中应力变化主要受火灾中达到的最高温度（火灾规模）的影响，温度越高，结构产生的应力也就越大。

3) 有、无防火措施的受力对比

基于以上分析,本专题接下来将要探讨沉管隧道增加隔热措施对于隧道结构应力在高温作用下的影响。

为了简要说明问题并满足规范要求,这里仅选取耐火极限要求的升温曲线 4 火灾工况做计算分析,将布设防火板与未布设防火板的工况对比。这里选取的是 2cm 厚玻镁防火板,该防火板满足 2h 隧道耐火极限要求。有关热物理参数选取详见参考文献。

图 4-108 为升温曲线 4 火灾工况下火源处截面 B 位置的应力变化。

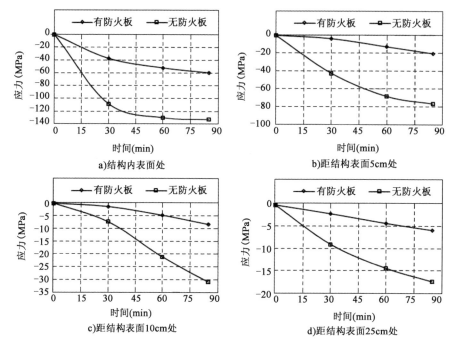

图 4-108 防火板对沉管隧道结构火灾高温应力的影响

可以看出:

(1) 在 2cm 防火板的隔热条件下,结构不同厚度处的压应力相对于未布设防火板时均出现了大幅的下降,如内表面处最大压应力从 133MPa 降低为 60MPa,5cm 厚度处从 76.5MPa 降低为 20.3MPa,10cm 厚度处从 30.9MPa 降低为 8.4MPa,25cm 厚度处从 17.4MPa 降为 6MPa,分别降低了 54.9%、73.5%、72.8%、65.5%。

(2) 防火板可以大幅降低由于火灾高温造成的高温应力,减小高温对于沉管隧道结构的影响,并且降低效果显著,使得隧道混凝土结构仅在内表面位置出现较大应力,而到 5cm 厚度处时已经降为较为安全的 20.3MPa,而一般的钢筋混凝土结构在 5cm 厚度范围内基本为保护层,该处对于结构的稳定而言无太大影响。

为了说明布设防火板对高温作用下沉管隧道结构其他部位的影响,现将升温曲线 4 火灾工况下其他断面和截面不同状态下的最大第三主应力列出,见表4-27～表4-29。

截面 A 第三主应力对比(单位:MPa)　　　　表4-27

距火源位置	状　态	结构厚度位置			
		表面	5cm	10cm	25cm
火源处	常温	-26.84	-23.28	-19.70	-12.58
	未设置防火板	-134.95	-75.42	-38.06	-23.43
	设置防火板	-73.07	-29.36	-14.52	-10.17
距火源5m	常温	-23.92	-20.78	-17.61	-11.23
	未设置防火板	-125.58	-92.13	-38.98	-11.76
	设置防火板	-83.36	-40.36	-22.44	-7.74
距火源10m	常温	-23.10	-20.05	-16.95	-10.68
	未设置防火板	-105.83	-88.92	-35.82	-11.43
	设置防火板	-78.45	-38.14	-21.19	-7.24
距火源30m	常温	-23.85	-20.72	-17.54	-11.16
	未设置防火板	-123.71	-60.74	-27.98	-8.815
	设置防火板	-66.30	-34.41	-20.80	-8.62
距火源80m	常温	-23.76	-20.64	-17.48	-11.12
	未设置防火板	-77.12	-40.90	-22.03	-7.53
	设置防火板	-46.92	-28.62	-19.00	-9.56

截面 B 第三主应力对比(单位:MPa)　　　　表4-28

距火源位置	状　态	结构厚度位置			
		表面	5cm	10cm	25cm
火源处	常温	-0.25	-0.20	-0.25	-0.37
	未设置防火板	-133.01	-76.58	-30.89	-17.43
	设置防火板	-59.74	-20.33	-8.38	-5.98
距火源5m	常温	-0.13	-0.07	-0.06	-0.08
	未设置防火板	-117.57	-80.04	-31.25	0.92
	设置防火板	-60.59	-23.34	-7.19	0.16
距火源10m	常温	-0.08	-0.01	0.02	0.15
	未设置防火板	-107.42	-65.61	-18.86	0.57
	设置防火板	-57.54	-22.91	-8.10	0.38
距火源30m	常温	-0.18	-0.14	-0.21	-0.45
	未设置防火板	-107.58	-50.53	-19.15	0.03
	设置防火板	-43.90	-17.11	-5.53	-0.31
距火源80m	常温	-0.13	-0.08	-0.12	-0.27
	未设置防火板	-59.37	-26.98	-9.87	-0.01
	设置防火板	-24.84	-9.84	-2.93	-0.18

截面 C 第三主应力对比(单位:MPa)　　　　　　　　　　表 4-29

距火源位置	状　态	结构厚度位置			
		表面	5cm	10cm	25cm
火源处	常温	-16.72	-15.63	-10.20	-9.09
	未设置防火板	-121.74	-64.14	-40.10	-25.89
	设置防火板	-58.90	-29.07	-18.79	-13.71
距火源5m	常温	-13.40	-12.36	-11.18	-8.49
	未设置防火板	-97.96	-29.63	-12.10	-6.38
	设置防火板	-57.13	-29.06	-17.00	-6.81
距火源10m	常温	-12.35	-11.39	-10.29	-7.72
	未设置防火板	-112.43	-54.98	-25.49	-5.28
	设置防火板	-52.72	-26.84	-15.53	-5.99
距火源30m	常温	-12.54	-11.58	-10.49	-7.98
	未设置防火板	-83.29	-43.01	-21.40	-5.15
	设置防火板	-42.53	-23.79	-14.53	-6.83
距火源80m	常温	-12.36	-11.40	-10.31	-7.75
	未设置防火板	-54.75	-28.92	-15.70	-5.53
	设置防火板	-29.53	-18.06	-12.33	-6.96

4) 火灾高温应力损伤

火灾通过两种方式对沉管结构造成损伤:一种是在高温作用下,结构内工作应力超过其残余强度而产生破坏;另一种是高温导致的管节混凝土材料的性能劣化,降低了截面的承载能力。廖仕超[27]在对海底盾构隧道火灾下结构承载能力的研究中得出,对于超静定的隧道结构来说,结构高温应力对衬砌截面损伤远远大于材料劣化所导致的损伤。

本专题对管节结构的火灾损伤深度按应力所致的截面损伤进行计算。对于热应力导致的结构截面损伤来说,结构截面某部位的工作应力 σ_T 若超过其残余强度 f_c^T,则导致该处混凝土失效,即 $\sigma_T/f_c^T>1$ 时,结构混凝土失效,反之,未失效。

(1) 未隔热时应力损伤

选择对于结构最不利的位置(截面 A)进行损伤分析,其他不作赘述。图 4-109 ~ 图 4-112 为 4 种火灾工况作用下,结构不同纵向距离下的损伤情况。

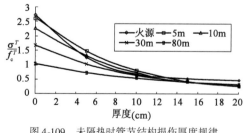

图 4-109　未隔热时管节结构损伤厚度规律
(升温曲线 1,600℃级)

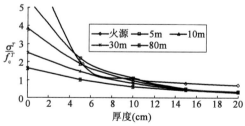

图 4-110　未隔热时管节结构损伤厚度规律
(升温曲线 2,900℃级)

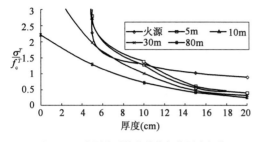

图 4-111 未隔热时管节结构损伤厚度规律
（升温曲线 3，1 200℃级）

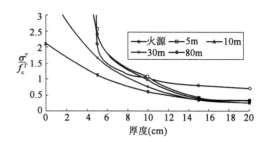

图 4-112 未隔热时管节结构损伤厚度规律
（升温曲线 4，RABT）

为了更清晰、直观地展示不同升温曲线作用下结构的损伤深度，现将各结果整理成表 4-30，可以看出：在同一种升温曲线作用下（除了升温曲线 3 以外），损伤深度最大的位置为距火源 5m 断面处，而后，随着距火源距离的增加，损伤深度逐渐减小。出现这种情况的原因是设计中管节接头处存在一个环向的缺口，相邻管节间仅通过受力结构剪力键连接，在距离内表面约 20cm 厚度范围的混凝土受热膨胀后，在缺口处形成不了对膨胀混凝土的约束作用，而其他位置则工作应力增长明显，所以会出现 5m 处损伤深度更大的情况。而随着所施加的温度进一步升高，此时，混凝土的残余强度急速下降。从计算结果来看，升温曲线 3 作用下，火源处结构混凝土的残余强度在高温下只有 1.14MPa，此时，在火源处断面的损伤深度急剧增加，从而出现了计算中的规律。

不同升温曲线下损伤深度（未隔热）（单位：cm） 表 4-30

火灾工况	距火源位置				
	火源	5m	10m	30m	80m
升温曲线 1	6.6	8.2	7.2	5.2	0.4
升温曲线 2	10.2	10.5	9.6	8.0	5.0
升温曲线 3	15.0	12.0	11.4	10.0	7.2
升温曲线 4	10.4	10.4	9.8	8.2	5.8

（2）有隔热时应力损伤

为了研究沉管隧道管节结构布设 2cm 玻镁防火板后，在相应的火灾升温曲线作用下结构的损伤情况，现采用同样的方法来分析。图 4-113~图 4-116 为 4 种火灾升温曲线作用下，结构在布设防火板情况下不同纵向距离下的损伤情况。

为了更直观地展示不同情况下的损伤深度，同样将各升温曲线作用下结构的损伤深度情况整理成表 4-31。

从表 4-31 可以看出，布设防火板后，结构损伤深度规律与未布设防火板时的情况是一致的，相比未布设防火板而言，结构的损伤深度减少了很大的比例。如在火源处断面，升温曲线 3 情况下的损伤深度从 15cm 减小为 4.6cm，减小比例达 69.3%，且布设防火板后，很大部分结构损伤深度在5cm以内,这说明防火板能够有效地降低火灾作用下结构的损伤深度。

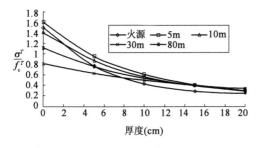

图4-113 有隔热时管节结构损伤厚度规律
（升温曲线1,600℃级）

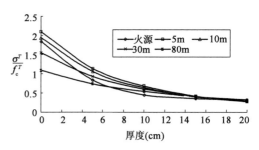

图4-114 有隔热时管节结构损伤厚度规律
（升温曲线2,900℃级）

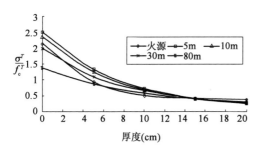

图4-115 有隔热时管节结构损伤厚度规律
（升温曲线3,1 200℃级）

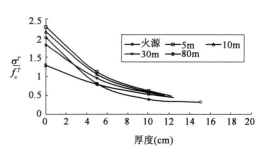

图4-116 有隔热时管节结构损伤厚度规律
（升温曲线4,RABT）

不同升温曲线下损伤深度(有隔热)（单位:cm） 表4-31

火灾工况	距火源位置				
	火源	5m	10m	30m	80m
升温曲线1	3.2	4.4	3.6	1.6	0
升温曲线2	4	6	5.6	4.4	1.2
升温曲线3	4.6	7.2	6.8	5.8	3.6
升温曲线4	4	5.6	5.2	4.6	2.6

4.3.5 本节小结

(1)以热弹性力学为理论基础,在考虑基础的不均匀沉降、管节(段)之间的接触关系的基础上,建立了沉管隧道三维热力耦合模型。

(2)基于4类升温曲线构成的火灾场景,提出了管节结构三维热力耦合有限元实现方法,包括定义与隧道内壁热烟气流的温度以及结构受火表面与火灾热烟气流之间的综合换热系数、定义热物理参数、定义瞬态热传导求解方式等。

(3)考虑外荷载与温度荷载组合效应,得出的管节结构的共性变形规律如下:

①热膨胀效应使得管节顶板发生向上的竖向位移,原本在外荷载作用下的竖向位移总量减小,且管节顶板受竖向变形影响较边墙水平变形显著。

②热膨胀效应使得其边墙发生相对向外的水平位移,原本在外荷载作用下的水平位移总量增加,但量值比竖向位移小很多。

③随着距离火源位置越远,管节结构位移变化与常温越接近。其中,距离火源 0~5m 为强影响区,顶板竖向位移与边墙水平位移均有较大影响。

④在管节纵向方向,对于顶板变形,距火源 0~5m 范围影响最大;对于边墙变形,距离火源 30m 以后与常温基本一致。

⑤铺设防火板对改善顶板膨胀有显著作用,尤其在距火源 10m 的范围内。

(4)考虑外荷载与温度荷载组合效应,得出的沉管管节结构的共性受力规律如下:

①同一种火灾工况下,管节结构顶板、侧墙和边墙 3 个截面位置由于其所处位置的差异性,造成其在高温作用下表现出不一样的力学变化规律。总体上讲,火灾高温增加了结构中的应力,特别在 0~10cm 厚度范围内,增加效果显著,这是由于增加的应力主要是由管节结构的高温膨胀引起的。而在 0~5cm 厚度范围内,存在压溃和爆裂的可能。

②随着距离火源越来越远,高温对结构的作用效果也变得缓和。突出地表现在距离火源 5m 以后,管节结构距表面 10cm 以内的非爆裂区应力较火源处显著下降。

③火灾高温作用使结构中产生的应力重分布对于结构的稳定是不容忽视的,即便在距离火源 80m 的位置处也存在着量值较大的应力调整,一般意味着应力增加。

④管节结构中应力变化主要受火灾中达到的最高温度(火灾规模)的影响,温度越高,结构产生的应力也就越大。

(5)有、无防火板的受力对比:

①在 2cm 防火板的隔热条件下,结构不同厚度处的压应力相对于未布设防火板时均出现了大幅的下降,如内表面、5cm、10cm、25cm 厚度处应力较无防火板时分别降低了 54.9%、73.5%、72.8%、65.5%。

②防火板可以大幅降低由于火灾高温造成的高温应力,到 5cm 厚度处时已经降为较为安全的 20.3MPa,而 5cm 厚度范围内为管节结构的保护层,尽管存在爆裂可能,但对管节结构的安全影响不大。

(6)无防火措施时,得到了 4 类火灾升温曲线下管节结构在纵向方向上的损伤深度,计算求得的最大损失深度为 15cm。

(7)布设防火板后,结构损伤深度规律与未布设防火板时基本一致,但相比未布设防火板而言,结构的损伤深度减少了很大的比例。布设防火板后,最大损伤深度为 7.2cm,绝大多数部位的结构损伤深度控制在 5cm 以内,表明防火板隔热降力效果显著。

4.4 沉管隧道管节接头及节段接头火灾力学行为

在考虑外荷载的基础上,采用热-力耦合模型对沉管隧道管节接头、节段接头的力学响应进行了有限元计算,分析了两类接头的变形与剪力变化,研究了接头剪力键在火灾高温下的抗错断性能;在此基础上,进一步研究了防火板对火灾高温作用下接头剪力键力学行为的影响,论证了其隔热减灾效果。

4.4.1 接头剪力键

接头是管节与节段的关键部位,主要构造是剪力键,包括混凝土剪力键和钢剪力键。

与盾构隧道接缝类似,沉管隧道管节与管节之间、节段与节段之间的接头的刚度远小于混凝土主体结构的刚度,是薄弱部位。为保证相邻两沉管管段具有共同的变形,在接头处通过一组或几组犬牙交错在一起的剪力键传递由不均匀沉降或因地震等变形而产生的剪力。

剪力键在沉管隧道结构中是主要的横向传力构件,分为垂直剪力键和水平剪力键两种,垂直剪力键主要承受竖向的剪力,水平剪力键主要承受横向的剪力,布设于隧道外缘壁和内部隔墙板的断面上,一般为钢结构或钢筋混凝土结构。在欧洲,传统的管节接头剪力键一般由钢筋混凝土制成,其缺点是修理或更换时很不方便。剪力键的布置和结构设计应考虑尽量均匀分担接头的总剪力。剪力键之间设有橡胶垫层,使接头在剪切变形过程中具备一定的弹性。

在港珠澳大桥海底沉管隧道中,管节与管节之间设置了2组水平向混凝土剪力键、2组竖向混凝土剪力键和2组竖向钢剪力键(图4-117)。图4-118为钢剪力键平面图。图4-119为钢筋混凝土剪力键平面图。

(1)水平向混凝土剪力键后浇,分别布置在2个行车孔底板的压舱混凝土中;竖向混凝土剪力键后浇,分别布置在2个中墙上,竖向钢剪力键分别布置在2个侧墙上。

(2)钢剪力键系统包含固定在接头一侧位于中间的剪力键和固定在接头另一侧两端的剪力键,如图4-120所示。两端与中间剪力键的接触面上设置有弹性支承,这样有利于接头产生一定的位移与转动。钢剪力键为可拆卸的,这样方便日后对安装在剪力键后部的OMEGA密封条进行维护和修理。钢剪力键系统包含一个预埋的锚板和通过螺栓连接在锚板上的可拆卸部分。剪力通过板之间的企口从可拆卸部分传到锚板上,再通过剪力钉从锚板传递到混凝土结构上。

节段接头在沉管隧道断面上的位置如图4-121、图4-122所示。每个节段接头共设4组水平向和4组竖向钢筋混凝土剪力键。其中,水平向剪力键在顶、底板各设置2组;竖向剪力键分别在2个侧墙、2个中墙处各设置1组。

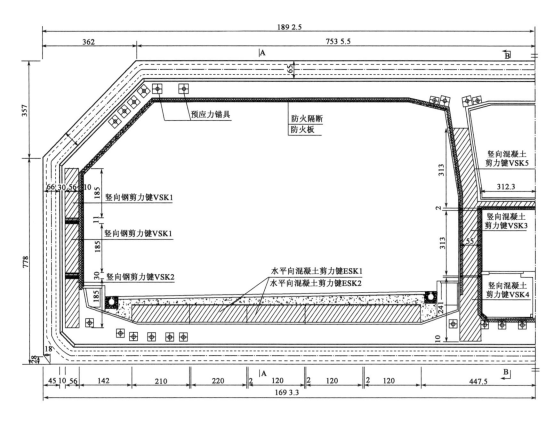

图 4-117 1/2 管节接头横断面布置图(尺寸单位:mm)

图 4-118 钢剪力键平面图

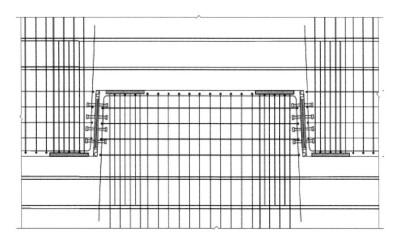

图 4-119 钢筋混凝土剪力键平面图

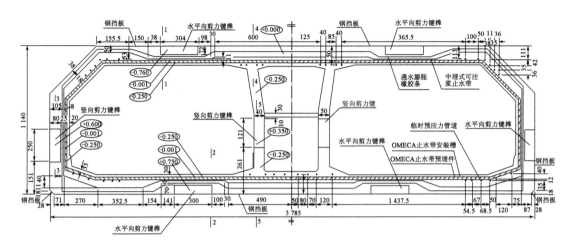

图 4-120 节段接头横断面布置图(尺寸单位:mm)

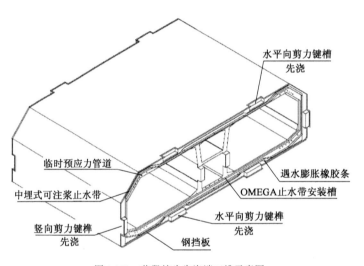

图 4-121 节段接头先浇端三维示意图

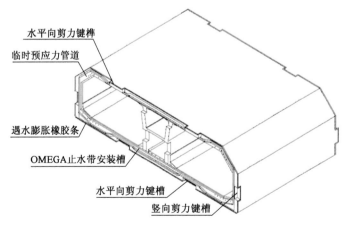

图 4-122 节段接头匹配端三维示意图

接头中的每组剪力键包括剪力键榫和剪力键槽,按节段浇筑顺序和所处位置,分别位于先浇端和匹配端,具体尺寸见表4-32。在每组剪力键榫的受力面之间设置垫层,垫层通过预埋钢板安装,其余空间采用聚苯乙烯泡沫填充。

钢筋混凝土剪力键尺寸表 表4-32

名　　称	长×宽×高	位　　置	备　　注
侧墙竖向剪力键榫	0.60m×0.80m×2.50m	节段先浇端	长度沿隧道纵向
侧墙竖向剪力键槽	0.61m×0.82m×2.54m	节段匹配端	
中墙竖向剪力键榫	0.60m×0.80m×2.20m	节段先浇端	
中墙竖向剪力键槽	0.60m×0.80m×2.24m	节段匹配端	
顶板水平向剪力键榫	0.75m×0.70m×3.00m	节段匹配端	
顶板水平向剪力键槽	0.76m×0.72m×3.04m	节段先浇端	
底板水平向剪力键榫	0.75m×0.70m×3.00m	节段先浇端	
底板水平向剪力键槽	0.76m×0.72m×3.04m	节段匹配端	

4.4.2 数值计算方法

港珠澳大桥海底沉管隧道为两孔一管廊结构形式,在力学上属于超静定结构,其中一孔发生火灾产生的温度应力对另一孔结构同样会有影响。本节的研究是以前节的温度场为基础进行的。有关两种接头+管节的热-力耦合有限元模型,荷载取值以及温度场计算与前节相同,本章不再赘述。

数值模拟前提设定:

(1)本专题假定在右洞中的管节接头位置发生火灾,左洞无火灾。

(2)接头均设置防火构造,有关热物理参数经试验测定或经反推。

(3)结构分析时,将第3节热分析单元SOLID70转化为其对应的结构分析单元SOLID185,管节与地基基础、侧面回填层之间的抗力关系用弹簧单元COMBIN14来模拟。

(4)沉管隧道接头张开(不传递法向力)和压紧(传递法向力,但不传递拉应力)在ANSYS软件中被称为接触,本次模拟中接触设置位置为剪力键槽面与剪力键榫面,通过目标单元TARGE170、接触单元CONTA173来实现该功能。

(5)在沉管隧道底部和两个侧面,通过弹簧单元COMBIN14来约束,并且在弹簧末端,约束住了x、y、z三个方向上的位移自由度。

(6)在沉管隧道纵向方向上(模型中的z方向)一端约束住z方向上的自由度,另一端考虑相邻结构的单向推力作用。

4.4.3 管节接头力学分析

管节接头剪力键如图4-123所示,CZ、CY为左、右侧墙剪力键,NZ、NY为左、右内墙剪力键,DZ、DY 为左、右底板剪力键。图 4-124 为对应的有限元网格图。

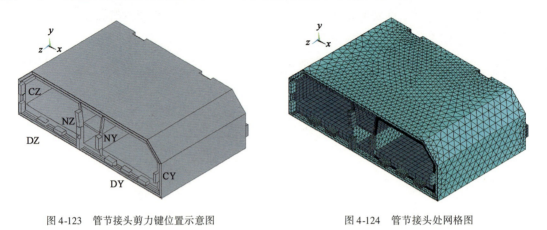

图 4-123 管节接头剪力键位置示意图　　　　图 4-124 管节接头处网格图

1) 管节接头剪力键位移

(1) 个性规律

因主要探讨火灾高温对结构的影响,图 4-125 列出了各火灾工况下剪力键相对于正常情况下剪力键的相对位移变化。

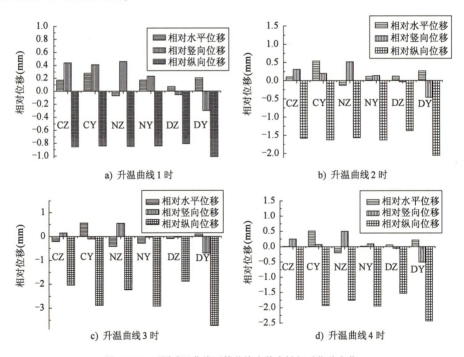

图 4-125 不同升温曲线下管节接头剪力键相对位移变化

从图 4-125 可以看出:

①右边墙竖向剪力键 CY 处在火灾发生侧,随着升温曲线的加剧,膨胀相对水平位移增大,量值 0.3~0.5mm,方向外凸,指向管廊外;相对竖向位移受到榫槽约束,呈现递减趋势,量

级 0.4~−0.1mm,方向指向 Y 轴负方向,表明榫槽互相咬紧;相对纵向位移为 −0.8~−2.8mm,方向为 Z 轴负方向,表明两个管节之间因热发生了张开,并且随温度等级升高开度加大。

②左边墙竖向剪力键 CZ 处在无火灾一侧,其膨胀位移受火灾侧的控制与调整,相对水平位移由正变负,量值 0.17~−0.2mm,方向指向管廊外,表明在顶板的伸长下也发生了被动外凸膨胀;相对竖向位移受到榫槽约束,呈现递减趋势,量级 0.44~0.1mm,方向指向 Y 轴负方向,表明榫槽互相咬紧;相对纵向位移为 −0.8~−2.0mm,方向为 Z 轴负方向,表明两个管节之间因热发生了张开,且随温度等级升高开度加大。

③右内墙竖向剪力键 NY 处在火灾发生侧,随着升温曲线的加剧,膨胀相对水平位移由正变负,量值 0.18~−0.3mm,方向外凸,指向管廊外;相对竖向位移受到榫槽约束,呈现递减趋势,量级 0.2~−0.1mm,方向指向 Y 轴负方向,表明榫槽互相咬紧;相对纵向位移为 −0.8~−2.8mm,表明两个管节之间因热发生了张开。

④左边墙竖向剪力键 NZ 处在无火灾一侧,相对水平位移均为负值,量值 −0.18~−0.4mm,方向指向管廊内,表明在顶板的伸长下也发生了被动内凹;相对竖向位移变化受温度等级升高变化不大,量级维持在 0.5mm,方向指向 Y 轴正方向,表明榫槽互相脱空;相对纵向位移为 −0.8~−2.2mm,方向为 Z 轴负方向,表明两个管节之间因热发生了张开。

⑤底板水平剪力键 DY(火灾侧)、DZ(无火灾侧)位于很厚的路面及压重层下部,温度接近常温。底板剪力键的位移受结构其他部位的影响而调整。

a. DY(火灾侧)的相对水平位移基本维持在 0.2mm,方向指向管廊外,表明发生了膨胀变形;相对竖向位移 −0.3~−0.7mm,表明榫槽互相咬紧;相对纵向位移 −1.2~−3.4mm,表明两个管节在底板之间也因热发生了张开,量级与竖向剪力键相当。

b. DZ(无火灾侧)位于底板位置而且远离火灾位置,受顶板的伸长影响也较小,其相对水平位移与常温下相差不大,膨胀变形不明显;相对竖向位移变化也不明显,与常温下相差不大;相对纵向位移 −0.8~−2mm,表明两个管节在底板之间也因热发生了张开,但张开量不及有火侧剪力键 DY。

(2)共性规律

总体而言,在受火侧,高温作用下的混凝土材料力学性能降低,并且由于内侧受热膨胀,产生了向外扩张趋势的位移,在纵向方向上均表现张开的趋势,这对于结构防水效果来说是不利的。而在相邻侧,由于要抵消受火侧产生的位移,所以该侧的剪力键位移基本是由于协调变形作用而产生的,进而使结构达到一个新的平衡体系。

2)管节接头剪力键应力

当管节接头部位发生火灾时,高温作用将在剪力键中产生额外的剪力,增大剪力键破坏的可能。经计算,剪力键位置处的剪应力结果如图 4-126 所示。

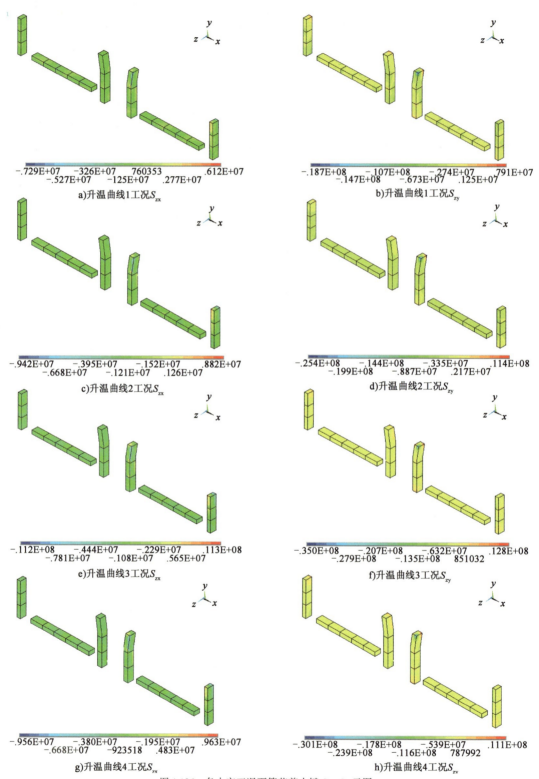

图4-126 各火灾工况下管节剪力键 S_{zx}、S_{zy} 云图

可以看出，在4种火灾高温下，管节接头的水平方向剪应力最大值位置大致相同，分布在右侧侧墙、右侧内墙处；竖直方向剪应力最大值大致分布在右侧内墙处，即最大剪应力出现在火灾发生侧，并且随着火灾功率的增大，最大剪应力也相应增大。

由于平时在进行结构计算时习惯于用剪力表示，所以本书将计算结果换算成了更直观的剪力结果来进行分析。

(1) 水平方向剪力

图4-127为各火灾工况下管节接头剪力键水平剪力随时间的变化情况。

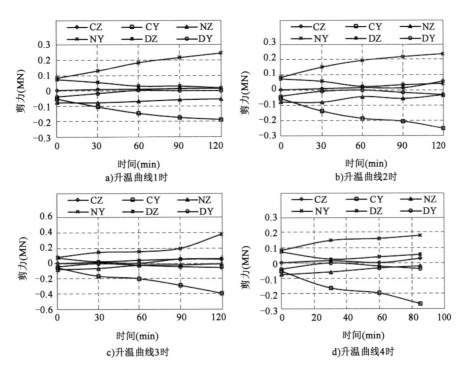

图4-127 各火灾工况下管节接头剪力键水平剪力变化

可以看出：

①剪力键(CY、CZ、NY、NZ、DZ、DY)的水平方向剪力受火灾影响不大，当火灾为升温曲线1(600℃)时，水平剪力变化范围为-0.2~0.25MN；当火灾为升温曲线2(900℃)时，水平剪力变化范围为-0.25~0.23MN；当火灾为升温曲线3(1200℃)时，水平剪力变化范围为-0.4~0.4MN；当火灾为升温曲线4(RABT曲线)时，水平剪力变化范围为-0.27~0.2MN。以上数值均较小，不足以影响剪力键的抗错断性能。

②各位置剪力键水平剪力均有所调整，一般表现为火灾侧右洞竖向剪力键CY、NY的水平剪力随火灾时间持续而增大，表明近火侧的剪力键受影响相对较大；而远离火灾位置的剪力键DY、DZ、CZ、NZ的水平剪力变化幅度不大，或有所减小。

(2)竖向剪力

图4-128为各火灾工况下管节接头剪力键竖向剪力变化情况。

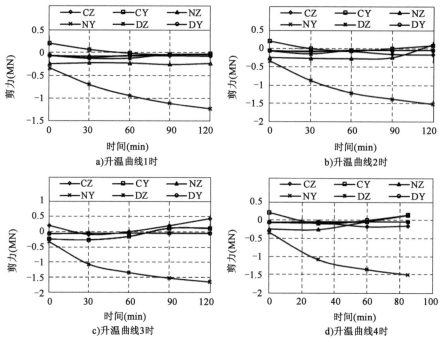

图4-128 各火灾工况下管节接头剪力键竖直剪力变化

可以看出：

①火灾侧右侧内墙剪力键NY的竖向剪力影响较显著，分别在升温曲线1、2、3、4火灾工况下增大了4~5倍，最大值为1.65MN，未超过其正常使用极限状态下的设计值5MN，表明火灾下剪力键的竖向抗错断能力能够得到保障。

②其他位置的剪力键(CY、DY、DZ、CZ、NZ)竖向剪力未发生较大变化。

综上分析，管节接头处发生火灾时，内墙剪力键是个薄弱部位，应重点关注。

4.4.4 节段接头力学分析

港珠澳大桥沉管一个管节由8节22.5m的节段构成，而节段与节段之间的传力结构即剪力键结构。当沉管管节发生火灾后，在节段接头部位会产生不均匀热变形，进而导致接头-主体结构之间发生荷载转移和内力重分布现象，这会引起节段接头剪力键产生额外的外力。

节段接头剪力键如图4-129所示，CZ、CY为左、右侧墙剪力键，NZ、NY为内墙剪力键，DZ、DY为底板剪力键，SZ、SY为顶板剪力键。

节段接头+管节的热力耦合有限元模型、荷载取值以及温度场计算、数值模拟假定与本章4.3相同，不再赘述。下面给出距火源处第1、2、3个节段接头的受力情况，它们分别对应于图4-130的1-1断面、2-2断面、3-3断面。

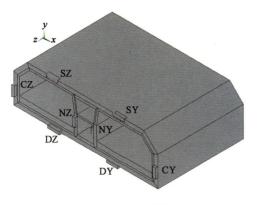

图 4-129 节段接头剪力键位置示意图

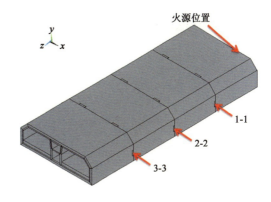

图 4-130 节段接头位置示意图

1) 1-1 断面节段接头剪力键剪力分析

图 4-131 为第 1 个节段接头(1-1 断面)剪力键在各火灾工况下的 S_{zx}、S_{zy} 云图。

从图 4-131 可知,在水平方向,最大剪应力出现在右侧内墙处,而在竖直方向,最大剪应力则出现在右侧顶板处。随着火灾温度的升高,相应的最大剪应力也增大了。

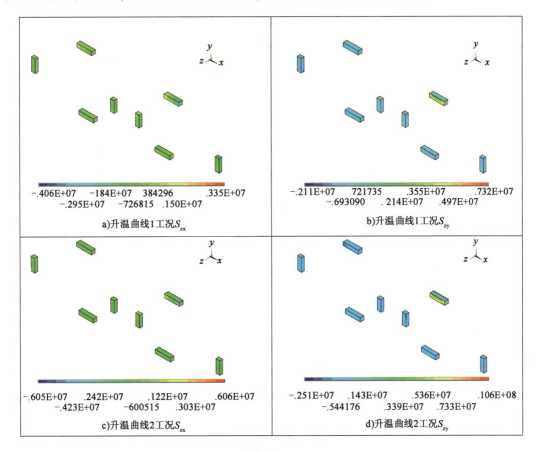

图 4-131

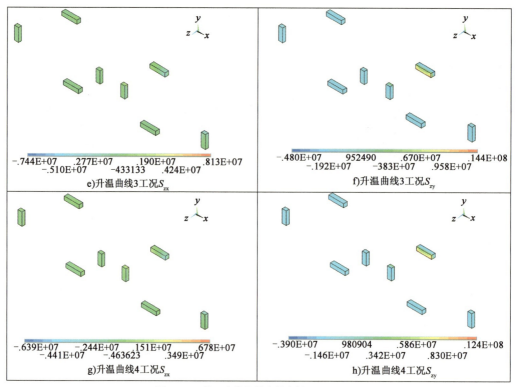

图4-131 第1个节段接头剪力键 S_{zx}、S_{zy} 云图

图4-132、图4-133 为各火灾工况下第1个节段接头剪力键水平剪力、竖直剪力随时间的变化情况。

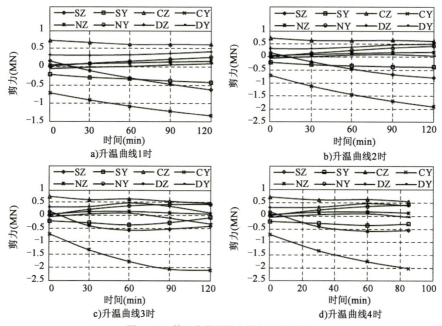

图4-132 第1个节段接头剪力键水平剪力

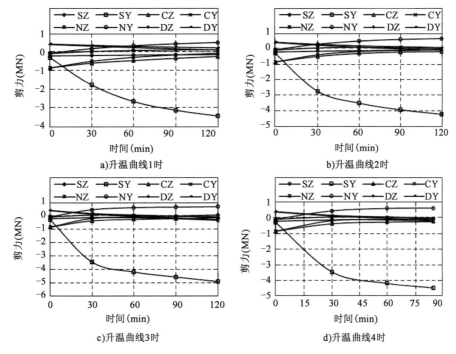

图 4-133 第 1 个节段接头剪力键竖直剪力

可以看出:

(1)水平剪力方面,在第 1 个节段接头处,各火灾工况下水平剪力影响较大的位置为左侧顶板(SZ 剪力键)、右侧内墙(NY 剪力键)、右侧侧墙(CY 剪力键)三个位置;影响最大为右侧侧墙(CY 剪力键)位置,其水平剪力增大将近三倍。量值上,右侧侧墙 CY 剪力键达到 2MN,其余剪力键均低于 1MN,变化不显著。以上数值均较小,不足以影响剪力键的抗错断性能。

(2)竖直剪力方面,影响较大的位置为右侧顶板(SY 剪力键),具体表现为在升温曲线 1、2、3 工况下较常温分别增加了 3.12MN、3.89MN、4.6MN。在升温曲线 2、3、4 作用下,SY 剪力键已经超过其正常使用极限状态下的设计值 4.15MN,但未超过其承载能力极限状态下的设计值 8.8MN。

2)2-2 断面节段接头剪力键剪力分析

图 4-134 为第 2 个节段接头(2-2 断面)剪力键在各火灾工况下的 S_{zx}、S_{zy} 云图。

从图 4-134 可知,在水平方向,最大剪应力出现在右侧内墙(CY 剪力键)处,而在竖直方向,最大剪应力则出现在右侧顶板(SY 剪力键)处。相比 1-1 节段接头,由于 2-2 节段接头位置离火源位置更远(45m),其所受的火灾高温影响也相应较小,具体体现为相比 1-1 节段接头,在各剪力键中产生的附加剪应力更小。

图 4-135、图 4-136 为各火灾工况下第 2 个节段接头剪力键水平剪力、竖直剪力随时间的变化情况。

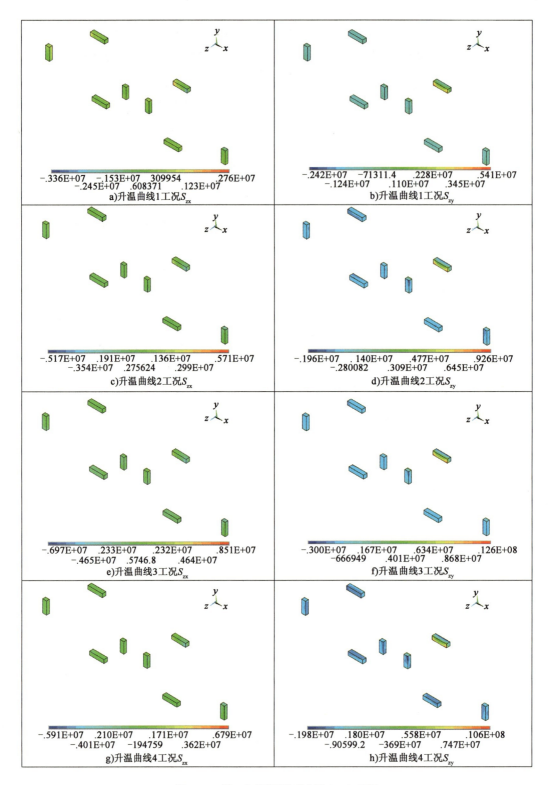

图 4-134 第 2 个节段接头剪力键 S_{zx}、S_{zy} 云图

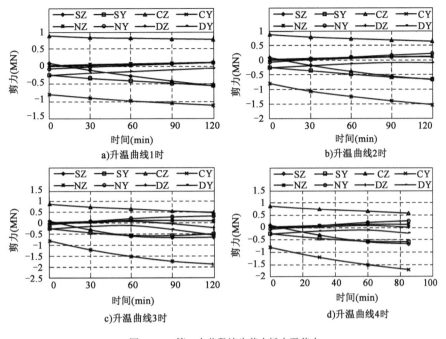

图4-135 第2个节段接头剪力键水平剪力

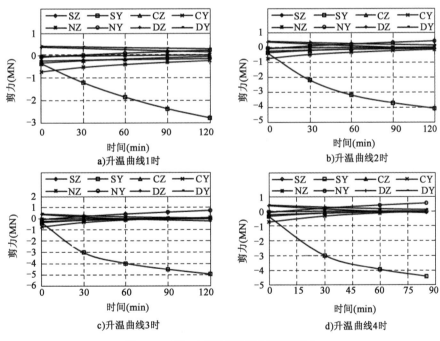

图4-136 第2个节段接头剪力键竖直剪力

可以看出：

(1)水平剪力方面,在第2个节段接头处,各火灾工况下水平剪力影响较大的位置为左侧顶板(SZ剪力键)、右侧内墙(NY剪力键)、右侧侧墙(CY剪力键)三个位置。量值上,右侧侧墙 CY 剪力键达到 1.86MN,其余剪力键均低于 1MN,变化不显著。以上数值均较小,不足以影响剪力键的抗错断性能。

(2)竖直剪力方面,2-2 节段距离火源位置 45m,但在不同火灾工况下,各位置竖直方向剪力仍有变化,变化最明显的位置仍为右侧顶板(SY 剪力键)处,具体表现为在升温曲线 1、2、3 工况下较常温分别增加了 2.4MN、3.69MN、4.56MN。在升温曲线 3、4 作用下,右侧顶板处剪力键已经超过其正常使用极限状态下的设计值 4.15MN,但未超过承载能力极限状态下的设计值 8.8MN。其余位置剪力键未超过正常使用设计值。

3)3-3 断面节段接头剪力键剪力分析

图 4-137、图 4-138 为 3-3 断面节段接头剪力键水平、竖直剪力变化情况。

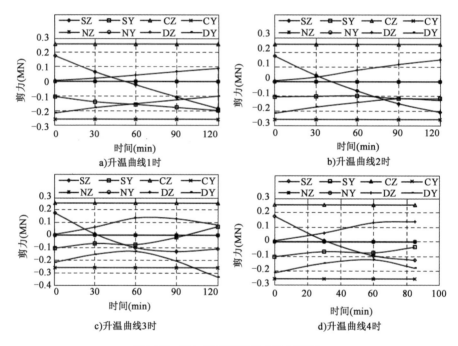

图 4-137　第 3 个节段接头剪力键水平剪力

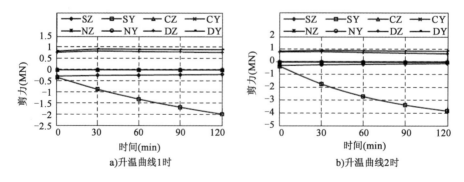

图 4-138

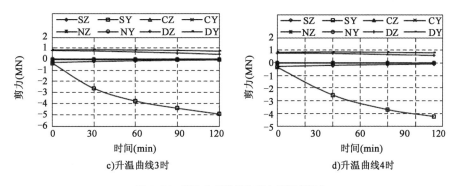

图 4-138 第 3 个节段接头剪力键竖直剪力

可以看出：

(1) 水平剪力方面，由于距离火源较远 (67.5m)，节段 3-3 接头处剪力键所受的水平剪力变化已经很小了，左右侧墙及内墙的竖向剪力键 (CY、CZ、NY、NZ) 和顶板及底板的水平向剪力键 (SZ、SY、DZ、DY) 量值均不大，未超过 0.3MN。

(2) 竖直剪力方面，影响较大的位置为右侧顶板 (SY 剪力键)，具体表现为在升温曲线 1、2、3 工况下较常温分别增加了 1.63MN、3.48MN、4.56MN，在升温曲线 3、4 作用下，SY 剪力键竖直剪力超过其正常使用极限状态下的设计值 4.15MN，但未超过其承载能力极限状态下的设计值 8.8MN。其余位置剪力键未超过 1MN，远小于设计值。

4) 共性规律

(1) 沉管隧道节段接头发生火灾时，受影响的剪力键主要为受火侧剪力键。

(2) 在离火源一定距离范围内，最大剪应力出现的位置一致：最大水平剪应力出现在右侧内墙处，最大竖直剪应力出现在右侧顶板处。

(3) 同一位置的剪力键，随着距火源位置距离的增加，剪力增大值也相应减小。

(4) 低规模火灾时 (600℃、900℃)，节段接头各剪力键的剪力值均小于正常使用的设计值；高温火灾时 (1 200℃，RABT)，火灾侧顶板、外边墙上的剪力键剪力值超出了正常使用的设计值，但未超过其承载能力极限状态下的设计值 8.8MN，其余剪力键剪力值未超过正常使用设计值。

4.4.5 防火板对接头剪力的影响

为了探讨防火板对高温作用下接头剪力键的影响，现选取高温作用下剪力影响比较大的几个位置做对比分析。此时，管节结构外贴 2cm 厚玻镁防火板，管节接头和节段接头按照防火构造进行隔热布设。

选取无防火隔热条件下剪力变化最大的剪力键作为主要分析对象：

对于管节接头，选取右侧侧墙 (剪力键 CY) 探讨设置防火板对水平剪力的影响，选取右侧内墙位置(剪力键CY)探讨设置防火板对竖直剪力的影响。

对于节段接头,选取1-1节段接头处右侧内墙(剪力键NY)探讨设置防火板对水平剪力的影响,选取右侧顶板位置(剪力键SY)探讨设置防火板对竖直剪力的影响。

按照规范,仅对升温曲线4火灾工况作用下的情况做一个对比分析。图4-139为管节接头处剪力键CY水平剪力和剪力键NY竖直剪力变化情况,图4-140为节段接头剪力键CY水平剪力和剪力键SY竖直剪力变化情况。

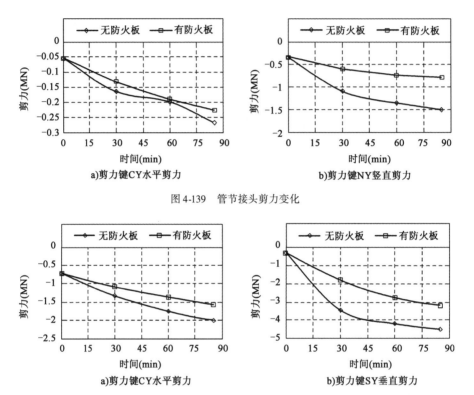

a)剪力键CY水平剪力　　　　　b)剪力键NY竖直剪力

图4-139　管节接头剪力变化

a)剪力键CY水平剪力　　　　　b)剪力键SY垂直剪力

图4-140　节段接头水平剪力变化

从图4-139、图4-140中可以看出,在2cm玻镁防火板的保护下,阻断了高温热烟气流与结构的直接接触,大大降低了管节、节段内的温度,使得管节、节段与接头的热膨胀效应及内力重分布现象在很大程度上得到了减轻。就接头而言,管节与节段接头的水平剪力、竖直剪力均有较大幅度的减少,其中超标的剪力值已经回落至正常使用设计值以下:

(1)管节接头的剪力键CY水平剪力由0.27MN减至0.22MN,减幅20%;剪力键NY竖直剪力由1.5MN减至0.78MN,减幅48.1%。

(2)节段接头的剪力键CY水平剪力由2MN减至1.56MN,减幅21.8%;剪力键SY竖直剪力由4.56MN减至3.2MN,减幅29.2%,减少后剪力值已经降至正常使用设计值4.15MN以下。

出现以上情况,其原因在于:水平方向的剪力降低是因为设置防火隔热措施后,热膨胀效应的降低减小了剪力键榫与剪力键槽接触面之间的摩擦力;竖直方向的剪力则由于温度的降低减小了结构内侧的热膨胀程度,减小了节段接头两端结构不一致的向上位移,剪力键的剪力相应减小了。

4.4.6 本节小结

本节建立了火灾高温下沉管隧道管节接头、节段接头的热-力耦合数值模型,对接头剪力键进行了受力分析,研究结论如下:

1) 管节接头的变形

(1) 由于受热膨胀,管节接头在横向表现为外凸,纵向则基本上均表现为张开。

(2) 火灾发生侧的右边墙竖向剪力键水平外凸值较大,为0.3~0.5mm,指向管廊外,纵向张开0.8~2.8mm;无火灾一侧的左边墙竖向剪力键在顶板的伸长下也发生了水平外凸,量值0.17~0.2mm,指向管廊外,纵向张开0.8~2mm。

(3) 底板水平剪力键位于路面及压重层下部,温度接近常温,因此其位移受结构其他部位的影响而发生调整。火灾发生侧的底板水平剪力键纵向张开值1.2~3.4mm,无火灾一侧的底板水平剪力键纵向张开值0.8~2mm。

2) 管节接头的剪力

(1) 水平剪力受火灾影响不大,水平剪力变化范围为-0.4~0.4MN,数值较小,不足以影响剪力键的抗错断性能。

(2) 竖向剪力方面,内墙剪力键是个薄弱部位,应重点关注。火灾侧右侧内墙剪力键的竖向剪力在火灾工况下增大了4~5倍,最大值为1.65MN,未超过其正常使用极限状态下的设计值,表明火灾下剪力键的竖向抗错断能力能够得到保障;其他位置的剪力键竖向剪力未发生较大变化。

3) 节段接头的剪力

(1) 火灾时受影响的节段接头剪力键主要为受火侧剪力键。

(2) 最大水平剪应力出现在右侧侧墙处,最大竖直剪应力出现在右侧顶板处。

(3) 低规模火灾时(600℃、900℃),节段接头各剪力键的剪力值均小于正常使用的设计值;高温火灾时(1 200℃,RABT),火灾侧顶板、外边墙上的剪力键剪力值超出了正常使用的设计值,但未超过其承载能力极限状态下的设计值8.8MN,其余剪力键剪力值未超过正常使用设计值。

4) 防火板对接头剪力影响

布设防火板能够有效减小火灾高温对剪力键的影响,管节接头剪力在水平、竖直方向上分别减小12%、48%,节段接头剪力在水平、竖直方向上分别减小22%、29.8%,相应减小了对接头部位的影响。

4.5 沉管隧道结构防火保护技术

对现有隧道结构防火技术进行了技术经济比较;依托构件与实体隧道火灾试验平台,分别进行了沉管隧道构件耐火保护试验和足尺试验隧道火灾试验,提出了港珠澳大桥海底沉管隧道管节结构及接头耐火保护技术建议方案。

构件耐火保护试验进行了海底沉管隧道管节结构、管节接头、节段接头三种类型试验。设计了管节结构单层拼装与双层错缝拼装、防火板与喷涂防火涂料、管节接头多层玻镁板与双层保全板 + 耐火岩棉、节段接头多层玻镁板等多种试验工况,测试了结构及接头构件表面、钢筋保护层等不同厚度处的温度梯度分布规律,得到了不同防火构造方案对管节结构及接头的耐热、耐温保护效果。

4.5.1 保护措施及现状

隧道结构一般采用钢筋混凝土作为支撑结构,当表面受热后,其表层会产生爆裂现象。未经保护的混凝土,如果含水率超过3%,在高温或火焰作用下5~30min内就会产生爆裂,深度有的可达4~5cm,会引起钢筋的暴露,进一步引起结构的恶化。混凝土冷却收缩后将会出现深度裂缝,影响结构的正常使用。因此,对沉管隧道的结构进行防火保护是一项十分重要的工作。

1) 既有耐火措施分类

目前,国内外既有隧结构耐火保护措施主要有:基于结构表面隔热的方法,如贴耐火板、喷耐火涂料等;基于消防降温的方法,如水喷淋系统等;基于改善结构本身抗裂性能的方法,如掺加聚丙烯纤维、掺加钢纤维、增设钢筋网、改善混凝土材料组成配合比等。

隧道内防火措施按照类型可以分为两大类,即主动防火措施与被动防火措施。

(1) 主动防火措施

主要从预防火灾发生以及火灾发生后及时扑救以防止火势扩大的角度出发,或者是改善火灾时隧道内的救援环境等方面考虑。典型的措施有火灾通风排烟、火灾自动报警、喷淋系统以及火灾紧急照明等。

(2) 被动防火措施

主要从对结构加装防火措施出发,避免火灾对结构的影响,保证结构正常的承载力以及稳定性。常见的措施有防火板、防火涂料、加大保护层以及喷射无机纤维等。

表4-33 为从主动、被动角度分别统计的常见隧道防火保护措施。

常见的隧道防火措施　　　　　　　　表 4-33

主动防火措施	火灾通风排烟系统	被动防火措施	保护层安装围护金属网
	火灾自动报警系统		衬砌中添加纤维
	喷淋系统		使用耐高温混凝土
被动防火措施	喷射无机纤维		防火涂料
	加大保护层厚度		防火板材

2) 主动防火措施

(1) 火灾通风排烟系统

隧道结构的温度主要来自于火灾时的热烟气及热辐射。因此,火灾发生时通过通风排烟措施,改善隧道内的逃生环境,可以大大降低火灾高温。同时,通风排烟又可以将大部分热量带到顺风下游,使得火源处衬砌结构的温度有所改善。试验表明,小型火灾时,如小汽车火灾,通风对其影响不太大,可以降低热释放率,但是在大型火灾时,如试验中的大型油池火灾或者实际情况中载重货车引发的火灾,通风可能加大火势,增大火灾的热释放率,因此应对通风排烟方案进行专项设计。

对隧道进行通风设计,一般需要先对隧道的参数进行考虑,如长度、断面、交通流量、车辆类型,通风系统的组成、数量及布置以及设计的火灾工况参数等,并针对区域模型进行隧道内的烟气流动计算。

(2) 火灾自动报警系统

火灾自动报警系统设备的应用,可以有效地早期预报火灾,从而提早地采取有效的灭火和疏散措施,避免和减少火灾所造成的损失。简单的火灾自动报警系统由火灾探测器、手动报警按钮、火灾报警装置、主电源和备用电源等组成。而复杂的火灾自动报警系统是集火灾报警、消防设施的联动控制与其他有关设备的监视于一体的多功能火灾自动警报系统,因此也囊括了火灾主动通风排烟系统与水喷淋系统。

(3) 喷淋系统

喷淋灭火系统分为消火栓系统、自动喷淋灭火系统、水成膜泡沫灭火系统以及泡沫-水喷淋系统/水-水雾喷淋系统。这些措施可有效控制火灾初期的火势,冷却热气流,降低烟雾浓度及热空气温度,对隧道结构以及隧道内的各种设备的防护具有一定的效果。

3) 被动防火措施

相对于主动防火措施侧重于火灾初期的逃生救援环境以及同时兼顾结构的安全性角度,被动防火措施的相关方法更多的是关注隧道结构的安全,尽量减少火灾中隧道结构受到的影响。而从港珠澳大桥海底沉管隧道管节结构的防火保护而言,应从主动防护和被动耐火两个方面采取技术措施,以便能够更好地保证衬砌结构的火灾安全,以下为相关技术简介。

(1)喷射无机纤维

喷射无机纤维防火材料在20世纪60年代就出现了。最早喷射的无机纤维主要是石棉纤维,但对人体有危害。目前的替代品是无机纤维。人造无机纤维有硅酸铝棉、岩棉、矿棉与玻璃等,它们都是在高温下融化后,经喷丝成型而成。美国早在1972年就制定了有关矿物纤维喷射的技术以及施工规范标准,并在2000年的修订中,称这种材料为SFRM,即Sprayed Fire-Resistive Material,可翻译为喷射防火材料。它包括喷射纤维材料和喷射水泥类材料。图4-141为无机纤维喷射作业图。图4-142为无机纤维喷射工具。

图4-141　无机纤维喷射作业图

图4-142　无机纤维喷射工具

无机纤维对喷涂工艺有相应的要求,为使粒状棉之间连接密实,平稳地附着在材料表面,除了喷射冲击以外,还需配上黏结剂。无机纤维喷涂是用专用纤维喷涂机,将特殊工艺加工的无机纤维棉和专用水基黏结剂,瞬间均匀混合后喷射在被喷物的表面上,形成具有一定强度的三维状保温、吸音纤维层制品。施工的具体步骤为:首先进行施工准备,然后对待喷涂的隧道表面进行处理,之后进行喷射施工,在喷涂完成后对喷涂过后的衬砌表面进行修正罩面,最后对喷涂质量进行检测验收。

该产品在我国还处于推广阶段,没有统一的行业标准。同时,由于喷射无机纤维防火保护层材料的制造设备较为复杂,施工必须使用专用的设备,而这些设备目前在国内尚无制造厂家,而引进国外的生产施工设备,价格非常昂贵,因而也使得该材料在国内的推广步履维艰。此外,在港珠澳大桥海底沉管隧道喷射无机纤维,还将加大隧道净空,除了工程大幅上升外,日常维护也很成问题。

(2)加大保护层厚度

该法假定用附加的混凝土作为牺牲层,来维持隧道结构的整体性,并阻止结构在火灾中倒塌。事实上,火灾发生时,混凝土中结合水变成水蒸气,混凝土内压力上升,由于混凝土结构致密,水蒸气不能及时有效地散发,当压力超过其强度时,表层就会出现爆裂,这样新裸露的混凝土又暴露于高温之中,从而引发进一步的爆裂。而当钢筋表面的温度超过250℃时,钢筋的强度也开始下降。

英吉利海峡隧道所采用的就是这种设计,事实上,英吉利海峡隧道发生火灾后,损害最严重的地方,由原来45cm厚的混凝土只剩下了4cm,同时消防队的报告表明,混凝土的爆裂不仅会炸伤消防队员,也阻塞了安全疏散线路。因而,目前该法较少采用。

(3) 保护层安装围护金属网

从以往比较严重的火灾案例来看,混凝土衬砌的破坏大多数都是从衬砌爆裂开始,混凝土由于其抗拉强度很低,在水汽压力作用下,混凝土产生很大的拉力破坏,产生爆裂。在保护层安装围护金属网,当火情发展不是特别严重的时候,爆裂发展到钢筋网处,钢筋能够提供一定的拉结力,限制爆裂的扩展,减轻爆裂的损伤。德国 ZTV 技术标准 Part 5(section 2)也建议在衬砌受火侧保护层增加额外的钢筋,以限制混凝土爆裂。

此外,为了避免由于钢丝网与混凝土间的热不相容性而导致增加混凝土的爆裂,应选用较细的钢丝网。图 4-143 为火灾试验后混凝土爆裂情况。

图 4-143　火灾试验后混凝土爆裂情况

(4) 衬砌中添加纤维

从混凝土自身出发,提高其抗火性能也是一个重要的研究方向。

为了减弱混凝土的高温爆裂,国内外学者从掺加纤维、改变混凝土配合比、钢筋布置等各个方面进行了研究。目前使用较多的是聚丙烯纤维、尼龙纤维与钢纤维等。聚丙烯纤维抗爆裂的机理是:当混凝土遭受高温时,一旦温度超过聚丙烯纤维的熔点 160 ℃,混凝土内分散的聚丙烯纤维就会熔化并顺着孔道逸出,在混凝土中留下相当于纤维所占体积的孔隙,并且相互连通,使混凝土内部的渗透性明显增大,进而减缓了内部蒸汽压的积聚,避免了衬砌混凝土的爆裂。

虽然混凝土中掺加聚丙烯能够有效地避免混凝土的高温爆裂,但是同时也严重降低了混凝土高温后的抗渗耐久性;此外,聚丙烯纤维的造价相对较高,大量使用聚丙烯纤维会较多地增加工程造价。对于混凝土中掺入钢纤维的效果目前有不同的看法。

(5) 使用耐高温混凝土

耐热混凝土是指能长期在高温(200~900℃)作用下保持所要求的物理和力学性能的一种特种混凝土。根据防火耐热混凝土胶结料的不同可分为硅酸盐、铝酸盐、磷酸盐、硫酸盐、氯化物、溶胶类及有机物结合防火耐热混凝土等。

硅酸盐防火耐热混凝土最高使用温度可达 700~800℃,其耐热的主要机理是硅酸盐系列水泥熟料的水化产物氢氧化钙在高温下脱水,生成的氧化钙与矿渣及掺和料中的活性氧化硅和三氧化二铝又反应生成具有较强耐热性的无水硅酸钙和无水铝酸钙,使混凝土有一定的防火耐热性。其他盐类耐热原理基本类似。

(6)防火涂料

大量的试验也表明,由于隧道防火涂料具有良好的隔热性能,从而可以有效地降低混凝土升温速率,避免混凝土的爆裂。

隧道防火涂料是喷涂在隧道内拱顶与侧壁表面,起防火隔热保护作用的一种防火保护材料,隧道内喷涂防火涂料后,可防止钢筋混凝土在火灾中迅速升温而导致强度降低,避免混凝土炸裂、衬砌钢筋混凝土破坏失去支撑能力进而导致隧道垮塌的危险。可保护隧道中钢筋混凝土结构稳定及材料强度在耐火极限内不被破坏,减少维修费用,缩短工程修复时间。

防火涂料分为非膨胀型防火涂料和膨胀型防火涂料两种。

①膨胀型防火涂料。

膨胀型防火涂料的作用原理是:在火焰或高温作用下,涂层逐渐开始受热软化和分解,变成黏稠的熔融体,同时涂层受热分解产生气体,从熔融层中释放出来,使涂层膨胀形成泡沫体。泡沫层发生缩合反应(脱水和交联),熔体黏度不断增加,泡沫层厚度也随之增加,并进一步发生交联反应。当泡沫的体积到最大时,产生凝固和炭化并形成多孔致密的膨胀炭化层结构,从而能有效地阻挡外部热源对基材的作用。

这种防火涂料具有以下几种作用:a.隔绝火焰对基材的直接热传导及辐射;b.涂层的软化、熔融、膨胀等变化及涂料组分的分解、挥发和炭化等吸收大量热量,以降低材料的表面温度;c.隔绝基材与空气的直接接触;d.释放出阻燃气体,可在空气中冲淡可燃性气体,并有效遏制火焰燃烧。

膨胀型防火涂料根据其分散介质的不同又可分为水性与溶剂型两类。水性涂料用高分子乳液作为成膜基料,水作为分散介质。该种类型涂料生产和施工安全、环保,但存在涂膜不如溶剂型涂料致密的问题,所以与溶剂型涂料相比其耐水性较差;而溶剂型涂料是以有机树脂作为成膜基料,成膜不受温度限制,但是作为基料的有机溶剂却存在着易燃,对环境产生污染,价格较高,并且在储存、运输、生产以及施工中对人体有害等诸多问题,因而水性涂料是发展方向。

②非膨胀型防火涂料。

非膨胀型防火涂料是由难燃性树脂、阻燃剂、防火填料等配制而成的。这类涂料在火焰和高温的作用下,根据配方不同,可以具有不同的阻火隔热效果。无机非膨胀防火涂料遇火不燃,并能释放出低分子惰性气体(如 Cl_2、NH_3、HCl 和水蒸气等),可以起到冲淡、覆盖和捕获促进燃烧的游离基的作用。非膨胀型防火涂料根据其作用机理又可分为两种:

a.烧蚀性涂料。此类有机涂料在火灾高温的作用下,吸收热量而逐渐烧蚀,由固态变成气态混合物,从而防止被防护基体吸收热量而遭受破坏。与膨胀型涂料类似,烧蚀性有机涂料也有抗机械损伤性,但作用过程比较复杂,运用的代价较高。其微孔炭化层对水流冲击也很敏感。

b. 升华型涂料。该类涂料中的活性成分吸热后,会从固态直接变成气态。就如同烧蚀性涂料,膨胀性添加剂也能为其提供额外的隔热炭化层。升华性涂料的防护性能与各种组分的升华温度、涂层厚度、被防护体的热容量和火灾强度及作用时间有关。

总的来说,非膨胀型防火涂料虽然对可燃性基材具有一定的阻燃防护作用,但由于涂层的隔热效果较差,往往需要较厚的涂层才能达到防火要求,因而目前应用还有很大的局限性。

隧道所用的防火涂料选用应遵循以下原则:涂料在火灾中不能产生有毒气体,以便于隧道火灾的扑救;隧道防火涂料要与结构有很好的黏结能力及耐水性,以适应隧道内潮湿以及车辆带来的强风与振动等环境;应充分考虑施工方便,涂料应既可人工涂抹,又可机械喷涂。

(7) 防火板

与防火涂料一样,防火板属于一种表面隔热技术。

早期所使用的防火保护板材主要有蛭石混凝土板、石膏板、石棉水泥板和珍珠岩板,还有采用预制混凝土定型套管。随着环保技术的发展,目前,市场上的防火板类型有以下几种。

① 矿棉板、玻璃棉板。

主要以矿棉、玻璃棉为隔热材料。其本身不燃、耐高温性能好、质轻,但不足之处有:短纤维对人体呼吸系统会造成危害,板材强度差,板材对火灾烟气蔓延的阻隔性能差,装饰性差,安装施工工作量大。因此,该种板材现已大部分演变成以无机黏结材料为基材,矿棉、玻璃棉作为增强材料的板材。

② 水泥板。

板材强度高,来源广泛。过去常用它作防火吊顶和隔墙,但其耐火性能较差,在火场中易炸裂穿孔、失去保护作用而使其应用受到一定限制。水泥混凝土构件的隔热、隔声性能好,可作为隔墙和屋面板。建材市场上陆续出现了纤维增强水泥板等改进品种,具有强度高、耐火性能好的优点,但韧性较差、碱性大、装饰效果较差。

③ 珍珠岩板、漂珠板、蛭石板。

此类板是以低碱度水泥为基材,珍珠岩、玻璃微珠、蛭石为加气填充材料,再添加一些助剂复合而制成的空心板材。具有自重轻、强度高、韧性好、防火隔热、施工方便等特点,可广泛应用于高层框架建筑物分室、分户、卫生间、厨房、通信管等非承重部位。

④ 防火石膏板材。

从石膏的防火性能被广泛接受以来,以石膏为基材的防火板材发展很快。该板材主要成分不燃且含有结晶水,耐火性能较好,可用作隔墙、吊顶和屋面板等。该板材原料来源丰富,便于工厂定型化生产。在使用中,它自重较轻,可以减轻建筑承重,且加工容易,可锯可刨,施工方便,装饰性好,但它的抗折性能较差。影响石膏板耐火性能的因素较多,如组成成分、板的类型、龙骨种类、板的厚度、空气层中有无填料、拼装方式等。最近几年又出现了硅钙石膏纤维防火板、双面贴纸石膏防火板等新品种。

⑤硅酸钙纤维板。

硅酸钙纤维板是以石灰、硅酸盐及无机纤维增强材料为主要原料的建筑板材,具有质轻、强度高且隔热性好、耐久性好、加工性能与施工性能优良等特点,主要用于制作天花板、隔墙或作为钢柱、钢梁的防火保护材料。但板材强度和弯曲性能还有待提高。

⑥氯氧镁防火板。

属于氯氧镁水泥类制品,以镁质胶凝材料为主体、玻璃纤维布为增强材料、轻质保温材料为填充物复合而成,能满足不燃性要求,是一种新型环保型板材。

在上述板材中,一般用于普通工业与民用建筑,适用于隧道的防火板少,国内隧道用防火板一般是玻镁板和硅酸钙板。

4) 既有防火方案技术经济比较

(1) 各方案主要优缺点

隧道结构耐火性方法有很多,每种方法都有着自身的使用范围和环境,以及不同的优势和缺点,如表4-34所示。

隧道衬砌结构各种耐火保护措施的主要优缺点分析　　　　表4-34

耐火保护措施	主要特点(优缺点)
喷淋系统	反应迅速,可以控制初期火灾,能有效降低隧道衬砌表面温度;能够抑制火情发展,为救援疏散赢得时间。 使隧道内烟气下沉,降低能见度,恶化逃生救援环境;对于油类火灾效果不大,同时喷出的水蒸气可能会损害隧道内的设备;造价和维护费用较高,需要有充足的水源
喷射无机纤维	质量轻,与结构的黏结性好,火灾时不容易脱落,不含有机物,火灾高温下不产生有毒物质;无开裂、脱落等老化问题,耐久性与耐火性较好。 增加开挖面积,增加工期;喷射无机纤维防火护层材料的制造工艺及设备较为复杂,喷射设备造价昂贵,阻碍推广
加大保护层厚度	保护衬砌本体不受高温破坏;衬砌火灾承载力能够得到保证。 增加工程量和工程造价;容易砸伤逃生及救援人员,阻塞疏散线路
保护层安装围护金属网	能够形成拉结力,能很好地保护混凝土层爆裂;不需要加大保护层的厚度,对结构的火灾后性能影响较小。 金属网需特殊定制;金属网的安装和固定有比较特殊的要求
衬砌中添加纤维	不增加开挖面积和工期,造价较低,耐火效果好,能够有效地减少衬砌混凝土的爆裂;在混凝土中直接添加即可,施工方便,成本较低,耐久性好,不需更换和维修,无污染,不影响隧道内设备铺设;对于施工过程中发生的火灾起到防护作用;不影响隧道结构运营后的裂缝观测和强度检测等。 火灾后残留的孔道降低了混凝土高温后的抗渗性能;大量使用聚丙烯纤维会增加造价,同时目前使用的聚丙烯纤维燃烧后会产生有毒性的气体;对添加钢纤维的效果,目前有不同的看法
使用耐高温混凝土	长期在高温条件下能够保持物理及力学性能
防火涂料	技术成熟,防火涂料的种类众多;施工方便。 受施工因素影响较大,喷涂要达到一定的厚度;防火涂料易老化,易开裂脱落;火灾下会产生有毒气体,影响人员逃生和救援
防火板材	技术成熟,防火效果较好;施工方便。 不能够及时发现隧道的病害位置;若覆盖不全面,存在施工问题时会造成失效;影响风机等其他设备的安装和维修;易老化,需要维护更换;存在材料防水以及曲率无法标准化问题

(2)港珠澳大桥海底沉管隧道结构防火方案建议

就目前的发展来看,欧洲、日本等发达国家在隧道防火方面已经不再是采用单一的方法进行防护,而是将多种方法进行结合,如水喷淋系统和结构表面隔热方法同时使用,增大保护层厚度的同时添加聚丙烯纤维等。

针对港珠澳大桥海底沉管隧道,也应该采用多种方法相结合,从主动防护与被动耐火保护两个方面采取措施,以便更好地保护衬砌结构的火灾安全:

首先,做好主动防火措施,如火灾通风排烟、火灾自动报警以及火灾闭路监控等火灾联动系统。

其次,从被动耐火保护方面,喷射无机纤维需要专业的设备,造价较高,同时在国内还没有相关的技术标准,因而不建议采用;而采用加大保护层方法会额外增加隧道衬砌厚度与断面,加大工程量,对于沉管隧道变动的方面较多,同时火灾时额外的混凝土爆裂会阻塞救援通道、砸伤救援与逃生人员等;在混凝土中添加纤维,除了有造价较高问题外,火灾后容易留下对应的孔道,会造成结构抗渗性的降低,对于海底沉管隧道来说是绝对不允许的;保护层安装围护金属网会额外增加工程造价;而对于耐高温混凝土,则需要针对海域环境做相应的研究,以确定材料是否可以在这样的环境中使用;防火涂料价格低廉、施工以及维修方便,有较好的耐火保护性能,且目前国内相关施工技术相对成熟,在国内山岭隧道中广泛使用,但是防火涂料存在容易从被覆盖的结构上脱落,从而导致结构在高温时失去防火保护的问题;防火板材目前应用也较为成熟,价格适中(国内约160元/m^2,国外价格要高些)且可供选择的生产厂家较多,耐火性能较高,施工以及更换方便,同时还兼具装饰功能,在建筑中广泛应用。因而综合考虑沉管隧道被动耐火保护,可以从防火涂料与防火板中选择或二者组合来设置。

4.5.2 耐火保护对象

如图4-144所示,从沉管隧道管节的构成而言,主要起受力和防水双重作用的接头是关键防火部位,一旦失效,修复极为困难,因此是耐火保护的核心部位。此外,管节结构的顶板、底板及其侧墙由于是主要承载结构,也是耐火保护的主要对象。

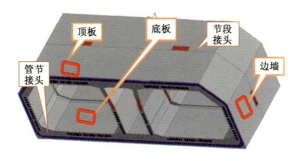

图4-144 试验构件所取位置示意

有关管节结构(顶板/底板/侧墙)、管节接头、节段接头的构件及其耐火保护设计方案如图 4-145 所示。

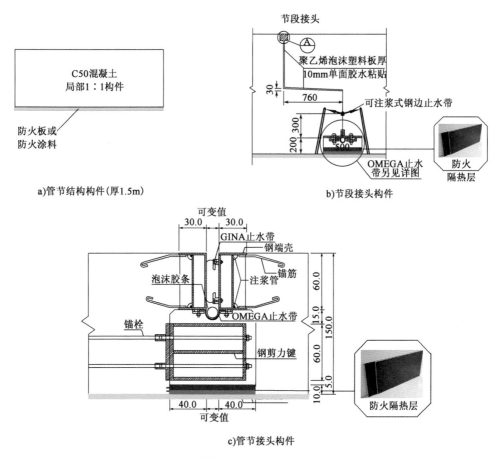

图 4-145　沉管隧道耐火保护对象(尺寸单位:mm)

4.5.3　试验方案

根据前节调研,下面将主要从设置防火措施方面进行管节结构及其接头的耐火保护技术方案研究。本项研究主要通过 1:1 全比例尺的大型构件试验进行,以模拟管节顶板(侧墙)部位、管节接头部位、节段接头部位的高温受热状况,比较各种不同防火措施条件下的隔热效果,提出具体的防火构造及其设置参数。

鉴于现有的大型构件耐火试验平台或系统主要针对工业与民用建筑,缺少专用的大型隧道用构件试验平台,因此本项研究遵循的基本技术路线是:

构件耐火试验平台调研→研制大型隧道构件高温试验系统→管节结构构件耐火保护试验→管节接头构件耐火试验→节段接头构件耐火试验→三种类型构件的防火方案及其构造建议。

1) 隧道结构构件高温耐火试验系统研制

关于试验平台的调研与研制详见第二章,为了章节的完整性,本节仅进行简述。

(1) 构件耐火试验平台调研

利用燃烧炉来研究各种类型构件的耐火性能是世界各国采用的主要手段之一。在国外,美国、英国、日本等国家的检测中心或科研单位都建有研究型燃烧炉。国内公安部天津市消防科研所、四川消防科研所也建立了符合国标和部标的构件测试试验炉,一些高校与科研院所也有类似设备。

调研发现,我国现有建筑类耐火试验炉大部分以 ISO 834 升温曲线为标准,该曲线持续升温而无平稳期,峰值温度略大于 1 000℃,无论是升温速率还是持续时间均不满足《建筑设计防火规范》(GB 50016—2014) 对城市隧道的要求。《建筑设计防火规范》(GB 50016—2014) 要求,城市交通一类隧道(如港珠澳海底隧道) 应采用 RABT 标准升温曲线测试构件的耐火极限。

港珠澳大桥海底沉管隧道管节结构顶板与底板设计厚度高达 1.5m,且管节接头与节段接头包含低耐热、易老化的 GINA 止水带与 OMEGA 止水带(材质为橡胶),经调研,国内各高校与研究院现有高温炉难以满足该管节厚度及接头复合构造要求。为此,项目组启动了专用试验平台筹建计划,最终建成燃气式高温试验系统一座。该系统目前可实现国际与国内推荐的 RABT 升温曲线,设计最高温度 1 250℃,高温持续 2h,构件长宽高尺寸达 1.7m × 1.7m × (0.2 ~ 1.5)m,并在高度(厚度)方向上可调。上述指标符合现有规范要求,为港珠澳大桥海底沉管隧道的管节结构及接头大型构件防火试验提供了坚实基础。

(2) 隧道结构构件高温耐火试验系统研制

① 系统构成。

通过设计,研制成大型隧道构件耐火试验系统一套,包括高温燃气式试验炉一座,其他部分包括结构构件、燃烧子系统、测控子系统、报警子系统,如图 4-146 所示。各系统相互之间的关系如图 4-147 所示。

图 4-146　隧道结构构件高温耐火试验系统

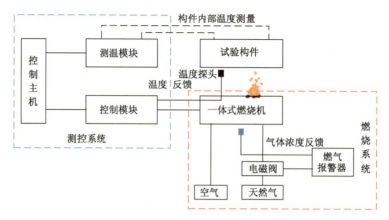

图 4-147　隧道结构构件高温耐火试验构成

与高温试验炉相关的 4 个子系统分别是试验炉体、燃烧系统、测控系统、报警系统。

试验炉：主要有炉膛（耐火砖）、烟道、绝热棉、保护壳体。

燃烧系统：天然气源、管道、调压箱、一体式燃烧机。

测控系统：控制主机、温度传感器、温度采集模块、燃烧机控制模块。

报警系统：燃气泄漏报警装置。

② 系统功能与指标。

根据实际的隧道火灾条件，该高温试验炉考虑以下技术要求：a. 明火试验；b. 单面受火；c. 反映隧道实际火灾场景。

而对于隧道火灾场景，应明确三个定量指标：火灾持续时间、燃烧最高温度与升温速率。关于这三个指标，《建筑设计防火规范》(GB 50016—2014)作出了明确要求。根据规范，港珠澳大桥海底沉管隧道为一类隧道，其承重结构体的耐火极限不应低于 2h，应采用 RABT 标准升温曲线进行测试，如图 4-148 所示。

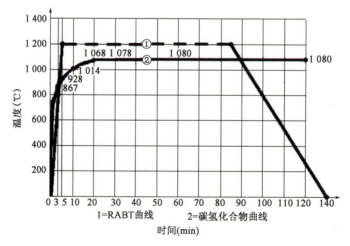

图 4-148　RABT 升温曲线

根据 RABT 曲线描述，各指标要求如下：

火灾持续时间：根据港珠澳大桥海底沉管隧道工程实际情况及《建筑设计防火规范》（GB 50016—2014）要求，本试验设计火灾持续时间为 2h。

燃烧最高温度：根据《建筑设计防火规范》（GB 50016—2014），试验中将最高温度设定为 1 200℃，并设定自动转火回差 20℃。

升温速率：高温试验炉升温速率按照 RABT 曲线要求进行设计，5min 从常温上升到 1 200℃。

③试验炉温曲线。

试验中，在高温炉膛设有两支高温热电偶，实时测量炉内温度情况，并根据高温热电偶反馈的温度数据控制燃烧机的补风量和供气量，从而达到控制炉内温度的目的。

根据混凝土结构耐火试验要求，将炉温设定为 1 200℃，控制精度 ±20℃。图 4-149 为热电偶实际测的炉膛升温曲线，可知，炉内温度在 5min 时，由常温上升到 1 200℃，并维持在（1 200±20）℃直到试验结束，试验持续时间 120min。总体上，该曲线在持续时间上满足规范要求，在燃烧最高温度 T_{max}、升温速率上达到 RABT 曲线要求，且峰值温度持续时间接近 2h，还超过了 RABT 曲线，符合规范要求。

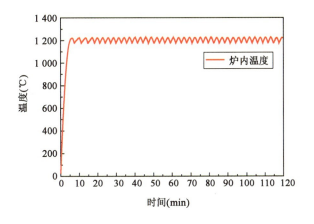

图 4-149 构件耐火试验炉膛升温曲线

本书中所有构件耐火试验均是在此升温曲线下开展，下文中不再赘述。

2）总体试验方案

（1）试验类型

选取沉管隧道结构受火的典型部位（图 4-150），按照港珠澳大桥海底沉管隧道实际构造要求，采用 C50 钢筋混凝土设计建造试验构件。共设计了 10 个火灾试验构件，其中管节结构 6 个构件、管节与节段接头各 2 个构件。共进行三种类型的构件耐火保护试验，包括：

①管节结构构件火灾试验；
②管节接头构件火灾试验；
③节段接头构件火灾试验。

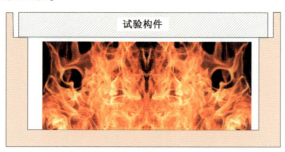

图 4-150　构件耐火试验

（2）试验目的

研究管节（节段）顶板、底板、侧墙等位置的结构单元、管节接头和节段接头在火灾高温条件下，结构内部及接头内部、OMEGA 止水条温度变化情况。

研究防火涂料、玻镁防火板、保全防火板的耐火性能，设置厚度及安装方法。

研究管节接头、节段接头的外层防火板＋内层防火隔断的构造方案以及该构造的耐火性能及要求。

（3）试验内容

①研究在 RABT 升温曲线下，采用不同防火保护材料时，管节主体结构表面及内部温度变化情况、厚度方向分布情况。

②接头耐火保护方案——测试采用不同耐火保护方案时，沉管接头复合构造处 OMEGA 止水条温度变化情况。

（4）试验评价标准

根据《建筑设计防火规范》（GB 50016—2014），钢筋混凝土结构耐火极限判定标准为：当采用 RABT 标准升温曲线测试时，受火后，当距离混凝土底表面 25mm 处钢筋的温度超过 300℃，或者混凝土表面的温度超过 380℃，则判定为达到耐火极限。

关于沉管隧道接头橡胶材料、钢筋的耐火标准如表 4-35 所示。

公路隧道常见材料极限使用温度　　表 4-35

材　料　名　称	极限使用温度（℃）	材　料　名　称	极限使用温度（℃）
混凝土	250~380	橡胶	70~100
钢筋	250~350		

4.5.4　管节结构构件耐火保护试验

1）试验工况

试验考查的耐火保护方案主要有防火涂料与防火板，试验工况见表 4-36。

主体结构耐火保护试验工况表　　　　表 4-36

序号	升温曲线	测试时间(min)	防火材料	材料厚度(cm)	安 装 方 式
1	RABT	83	防火涂料	2	挂网涂装
2	RABT	32	玻镁防火板	1	膨胀螺栓固定
3	RABT	120	玻镁防火板	2	双层错缝安装,膨胀螺栓固定
4	RABT	120	保全防火板	2.7	单层安装,膨胀螺栓固定

2) 试验构件制作

(1) 试验构件尺寸

图 4-151 给出了发生小汽车、公交车、重型货车、油罐车 4 种类型火灾时衬砌结构内部沿厚度方向的温度分布图。可以发现,由于混凝土材料的热惰性,温度在厚度约 30cm 处衰减为常温条件。

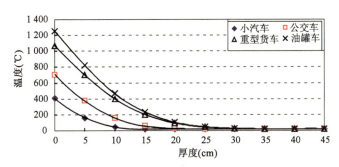

图 4-151　衬砌内部温度沿厚度方向分布图

另据 2011 年 4 月 8 日甘肃新七道梁隧道火灾(两辆危险品运输车、一辆重型半挂车燃烧爆炸)现场勘察,在估值 200MW 的火灾烧伤后,衬砌厚度 40cm 背后的塑料防水板外观完整无损。因此,综合考虑试验构件厚度取 70cm,足够反映火灾对隧道结构的影响范围。考虑试验规模及高温试验炉尺寸,试验构件平面尺寸取 170cm×170cm。

(2) 管节主体结构试验构件制作

管节结构试验构件共制作 6 块,构件尺寸 1.7m×1.7m×0.7m(长×宽×高)。管节结构试验构件浇筑、成形如图 4-152、图 4-153 所示。

图 4-152　管节结构试验构件现场浇筑

图 4-153　管节结构试验构件浇筑成形

3）防火材料安装

（1）防火涂料施工

试验中使用隧道专用防火涂料，主要成分为水泥、珍珠岩、耐火细粉、云母粉等，如图4-154所示。试验用防火涂料的主要技术指标见表4-37，其主要性能需达到耐火极限2h，厚度为2cm。

图 4-154　试验用防火涂料

隧道防火涂料主要技术指标　　　　表 4-37

序 号	项　　目		技 术 指 标
1	在容器中的状态		经搅拌后呈均匀稠厚液体，无结块
2	干燥时间，表干（h）		≤24
3	黏结强度（MPa）		≥0.1
4	干密度（kg/m³）		≤800
5	耐水性（h）		经720h试验后，涂层不开裂、起层、脱落，允许轻微发胀和变色
6	耐酸性（h）		经360h试验后，涂层不开裂、起层、脱落，允许轻微发胀和变色
7	耐碱性（h）		经360h试验后，涂层不开裂、起层、脱落，允许轻微发胀和变色
8	耐冻融循环试验（次）		经15次试验后，涂层不开裂、起层、脱落、变色
9	耐湿热性（h）		经720h试验后，涂层不开裂、起层、脱落、变色
10	耐火性能	涂层厚度（mm）	20±2
		耐火极限（h）	≥2.0

本次试验构件防火涂料施工采用涂抹施工，将防火涂料均匀涂抹于测试构件底面（图4-155）。具体步骤如下：

①首先对构件待施工表面进行清洁，去除灰尘、泥土等。

②由于试验构件表面较光滑，先用水泥浆对表面作拉毛处理。

③将防火涂料、黏结剂、适量清水按一定比例均匀混合、搅拌，搅拌时间应不低于20min，并放置10min，再搅拌5min后方可涂抹施工；拌制好的隧道防火涂料宜在产品规定的时间（通常为1.5~2h）内用完。

图 4-155 管节结构构件防火涂料施工

④防火涂料采用分层间隔性施工。第一遍涂抹厚度 3～4mm,以后每遍厚度以 3～5mm 为宜。第二次涂抹涂料后,将准备好的铁丝网固定在试验构件底面。

⑤隧道涂装涂料涂层施工达到设计厚度且终凝后应进行 7d 保湿养护,初始宜采用喷雾养护,后期可喷洒清水养护,然后自然养护 21d。

(2)玻镁防火板安装

试验中使用的防火板为上海新垒防火材料有限公司生产的玻镁防火板。玻镁防火板具体技术指标如表 4-38 所示。该板材主原料是氧化镁(氧化镁是制作高温炉砖的原料,熔点在 2 800℃)与氯化镁,配制后强度极佳,板内由抗返卤剂、防炸裂素材等 7 种耐火高分子材料组成,另有 5～8 层玻纤布(中碱性)作板材加强筋。板材正面采用阻燃防水装饰膜,板材反面采用防水无纺布膜保护,整个板材正、反面都防水、防潮与空气隔绝,达到了防氧化功能,提高了板材使用的寿命。

隧道玻镁防火板技术指标　　　　　　表 4-38

项目	检 验 项 目	技术要求和指标
1	面密度(kg/m^2)	≤25
2	边缘平直度和对角线之差允许值	不低于《不燃无机复合板》(GB 25970—2010)4.3.3 要求
3	干态抗弯强度(MPa)	符合《不燃无机复合板》(GB 25970—2010)4.4 要求

续上表

项目	检 验 项 目	技术要求和指标
4	吸水饱和状态的抗弯强度(MPa)	不低于干态抗弯强度的70%
5	吸湿变形率(%)	≤0.20
6	抗反卤性	无水珠、无反潮
7	产烟毒性	不低于《材料产烟毒性危险等级》(GB/T 20285—2006)的ZA1
8	耐水性(h)	≥720h试验后,不开裂、起层、脱落,允许轻微发胀和变色
9	耐酸性(h)	≥360h试验后,不开裂、起层、脱落,允许轻微发胀和变色
10	耐碱性(h)	≥360h试验后,不开裂、起层、脱落,允许轻微发胀和变色
11	耐湿热性(h)	≥720h试验后,不开裂、起层、脱落,允许轻微发胀和变色
12	耐冻融循环性(次)	≥15次试验后,不开裂、起层、脱落,允许轻微发胀和变色
13	耐盐雾腐蚀性(h)	≥30h试验后,不开裂、起层、脱落,允许轻微发胀和变色;如装饰面板为金属材料,其金属表面应无锈蚀
14	燃烧性能	不低于《建筑材料及制品燃烧性能分级》(GB 8624—2012)中B级的规定要求
15	吸水率(%)	≤12.0
16	耐火性能 标准类 耐火极限(h)	≥2.0
	HC类 耐火极限(h)	≥2.0
	RABT类 耐火极限(h)	升温≥2,降温≥1.83

试验用单张玻镁防火板规格为240cm(长)×120cm(宽)×1cm(厚),防火板采取专用膨胀螺栓固定在试验构件底面,无须预埋预留紧固件,施工方便(图4-156)。

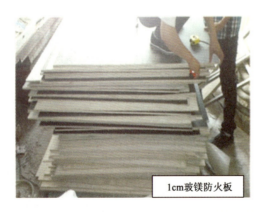 

图4-156 试验用玻镁防火板和固定膨胀螺栓

试验共设计了两种安装方式:

①1cm单层防火板拼装(图4-157);

②2cm双层防火板错缝安装(图4-158)。

图 4-157　1cm 单层防火板拼装

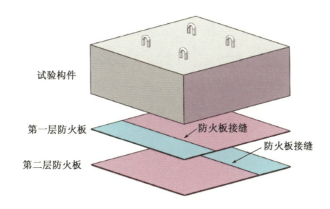

图 4-158　2cm 双层防火板错安装示意

(3) 保全防火板安装

除了玻镁板,还对构件外贴保全板的耐火方案进行了测试。保全板尺寸为 120cm×120cm× 2.75cm,用膨胀螺栓固定于试验构件底部,如图 4-159 所示。

图 4-159　保全防火板安装图

4) 测点布置

管节结构温度测点布置如图 4-160 所示。构件平面上共布置了 4 个测孔;沿深度方向, "1-x,2-x,3-x,4-x"表示测点编号,编号右侧数字表示测点距构件底面距离,单位为 mm。

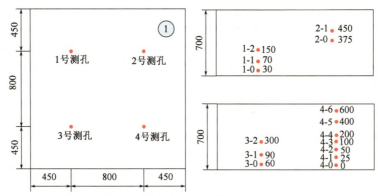

图 4-160　管节试验构件内部温度测点布置(尺寸单位:mm)

5)试验结果分析

(1)工况1:防火涂料试验结果

图 4-161 给出了在 2cm 厚隧道专用防火涂料保护下,试验构件内部的温度分布情况。从温度数据看,防火涂料能够较好地保护混凝土试验构件,并未超过混凝土的耐火极限。

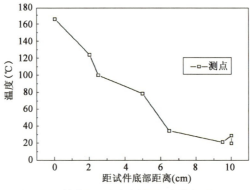

图 4-161　管节 2cm 防火涂料下温度分布（70min）

从国内隧道防火涂料的实践看,隧道内的渗流水、通行车辆带来的振动,以及汽车尾气带来的酸性物质会对防火涂料的稳定性带来一定的不利影响。特别是,当隧道发生火灾时,经受高温的炙烤,隧道防火涂料可能会发生脱落。图 4-162 为其中一次试验之后防火涂料发生脱落的情况。

图 4-162　防火涂料脱落

(2)工况2：1cm玻镁防火板

本工况对1cm厚单层玻镁防火板的耐火性能进行了试验。本次工况在试验构件底面与防火板之间布设了6支热电偶用于监测混凝土构件底面的温度，测试数据如图4-163所示。

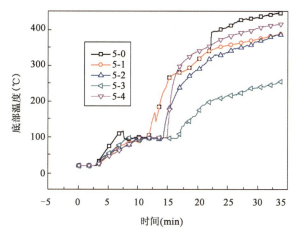

图4-163　1cm玻镁防火板保护下构件底部温度曲线

观察图4-163可知，在1cm单层玻镁防火板保护下，试验构件底面温度在5~10min之间逐渐开始上升；10~15min时，构件底面温度维持在100℃左右；15min之后，构件底面温度开始急剧上升；在点火后33min，构件底面最高温度达到445℃。此温度已经超过了混凝土的耐火极限，如果继续进行高温试验，混凝土继续升温，会有发生爆裂的可能，考虑到试验安全，停止本次试验。由此可见，仅采用1cm厚单层玻镁防火板不足以长时间保护混凝土构件。

图4-164给出了本工况试验构件部分测点内部温度变化情况。

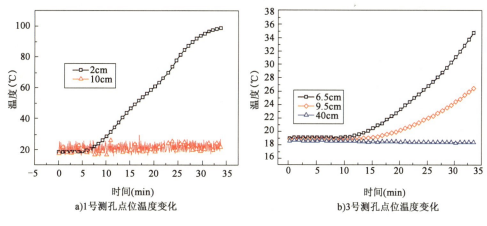

图　4-164

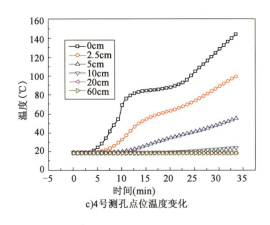

c) 4号测孔点位温度变化

图 4-164　管节主体构件内部各测点温度变化

从图 4-164 看,在试验过程中(33min 内),混凝土内部温度并不高,最高温度仅 150℃。这是由于混凝土材料具有一定的热惰性,且本次试验时间较短,因此试验构件内部温度并不高。

(3)工况 3:双层(2cm)玻镁防火板错缝安装

本工况试验采用两层 1cm 厚的玻镁防火板错缝安装对混凝土构件进行保护,试验持续高温时间 120min。图 4-165 给出了试验后防火板及试验构件的烧蚀情况。

a)外层防火板　　　　　　b)内层防火板　　　　　　c)试验构件底面

图 4-165　试验后管节主体构件双层防火板保护下烧蚀情况

从图 4-165 中可发现,经历 120min 高温之后,外层防火板破坏较严重,内层防火板破坏情况较轻,外形保持完整,混凝土构件底面无任何损伤。

图 4-166 给出了试验构件底面与防火板之间的测点温度变化情况。可以看出,在 70min 左右时,构件底面温度有明显快速上升趋势,但在整个试验持续时间内,构件底部最高温度始终未超过耐火极限标准 380℃。由此可见,采用双层玻镁板错缝安装能够较好地保护混凝土构件。

图 4-167 给出了试验构件内部各测点温度随时间的变化情况。从中可看出,在距结构底部 2.5cm 处温度均未超过 300℃,最大温度为 4 号测区的 226.7℃,满足耐火极限要求。

第4章 离岸特长沉管隧道接头及结构防火灾技术

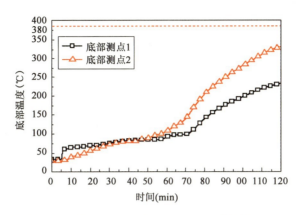

图 4-166 管节结构构件底面与防火板之间测点温度变化

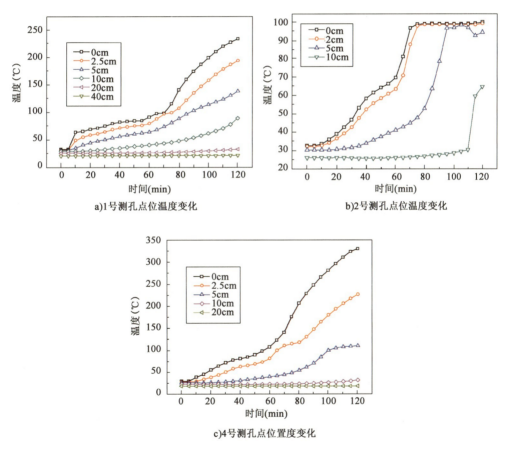

a) 1号测孔点位温度变化

b) 2号测孔点位温度变化

c) 4号测孔点位置度变化

图 4-167 管节主体构件在双层防火板保护下构件内部测点温度变化

图 4-168 给出了三个测孔内温度沿构件厚度方向的分布情况。从图中看出，两层防火板错缝安装后混凝土底部温度最高没有超过350℃，温度对混凝土的影响范围有限，主要在底部 20cm 内，20cm 以外温度基本降到了常温。

对混凝土构件内部温度沿厚度方向分布情况进行最小二乘法拟合,可以得到管节主体构件在双层防火板保护下沿厚度方向温度分布拟合曲线(图4-169),拟合公式如下:

$$T = 207.4e^{\frac{-h}{7.04}} + 15.7, R^2 = 0.9365 \quad (4-144)$$

式中:T——距离构件底部某处的温度,℃;

h——距底部的距离,cm。

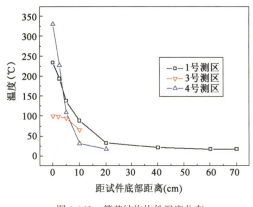 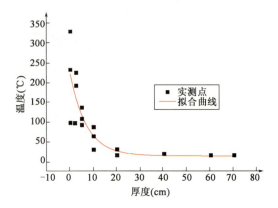

图4-168 管节结构构件温度分布　　　　图4-169 管节结构构件温度分布拟合曲线

(4)工况4:保全板

本次试验采用一层27.5mm厚保全板对试验构件进行保护,试验持续时间120min,图4-170给出了本次试验结果。从试验结果看,在整个试验持续过程中,试验构件底面混凝土表面温度随时间增加而持续上升,但并未超过380℃;图4-170给出了构件内部距底面65mm、100mm、200mm、400mm、600mm处温度变化情况,各测点温度均较低,上升较缓慢,最高温度仅为135℃。由此可见,保全防火板在试验设定的升温曲线下,能够较好地保护管节主体构件。

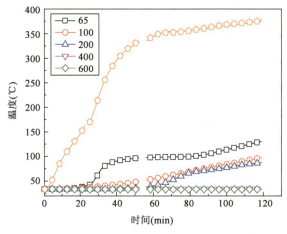

图4-170 保全板保护下试验构件内部及底面温度变化

另外,试验过程发现,由于保全防火板只进行单层安装,无法利用上下层互补的方式弥补防火板接缝造成的高温烟气窜流,因此在单层防火板施工过程中应特别注意防火板接缝的处理,尤其是待保护混凝土表面本身不够平整的情况。

4.5.5 管节接头构件耐火保护试验

1) 试验工况

本节试验主要研究在 RABT 升温曲线下,沉管隧道管节接头的耐火保护方案。主要通过测量管节接头钢剪力键处、止水带处温度,考察不同耐火保护材料及其不同安装方案下耐火保护效果。具体开展的试验工况如表 4-39 所示。

管节接头耐火保护试验工况表　　　　　表 4-39

序号	升温曲线	测试时间(min)	防火材料	保护方案	备注
1	RABT	50	玻镁防火板+硅酸铝耐火棉	防火隔断+底层防火板(不与防火隔断铆固)	具体安装方案见管节接头耐火保护方案(一)
2	RABT	120	玻镁防火板+硅酸铝耐火棉	防火隔断+底层防火板(与防火隔断铆固)	具体安装方案见管节接头耐火保护方案(二)
3	RABT	120	保全防火板+硅酸铝耐火棉	防火隔断+底层防火板(与防火隔断铆固)	具体安装方案见管节接头耐火保护方案(三)

2) 管节接头构件制作

管节接头构件共制作 2 块,构件外部尺寸 1.7m×1.7m×1.35m(长、宽、高),内腔尺寸 1.7m×0.9m×0.9m(长、宽、高)。管节接头构件设计图见图 4-171。

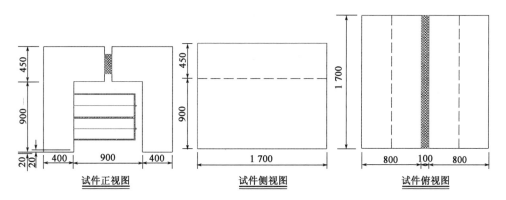

图 4-171　管节接头构件设计图(尺寸单位:mm)

3) 管节接头耐火保护方案及安装

由于管节接头处止水带材质为橡胶,容许最高使用温度仅 70~100℃。为保证沉管隧道在运营过程中,尤其是发生火灾的情况下,整体结构安全,须对管节接头构件进行重点防火设计。本试验针对管节接头构件耐火保护总体思路为"接头防火隔断+底部防火板"。

为了比选出最合适的耐火保护方案,本试验共设计三种细化方案进行测试比较。三种细化方案分别如下。

方案(一):防火隔断(轻钢龙骨+防火板+耐火棉+防火板)+底层防火板(与防火隔断不铆固)

图 4-172 为管节接头耐火保护方案(一)示意图。防火隔断从上到下依次由 3cm 玻镁防火板、2cm 硅酸铝耐火棉、1cm 玻镁防火板构成,并通过连接螺栓固定在轻钢龙骨上。底面防火板为 2cm 厚玻镁防火板,通过膨胀螺栓固定在接头两侧管节主体结构上。图 4-173 给出了耐火保护方案(一)安装过程。

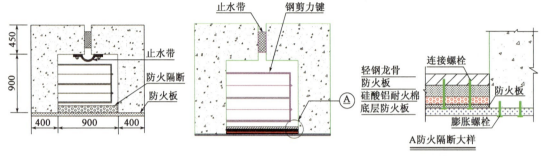

图 4-172 管节接头耐火保护方案(一)示意图

图 4-173 管节接头耐火保护方案(一)安装过程

方案(二):防火隔断(轻钢龙骨+防火板+耐火棉+防火板)+底层防火板(与防火隔断铆固)

管节接头耐火保护方案(二)示意图如图 4-174 所示。本方案防火隔断与底层防火板构成方法同耐火保护方案(一)。不同之处在于本方案采用螺栓将底层防火板与防火隔断铆固为一体。图 4-175 为管节接头耐火保护方案(二)中底层防火板与防火隔断的铆固效果。

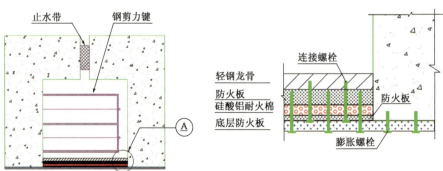

图 4-174 管节接头耐火保护方案(二)示意图

方案(三):防火隔断(耐火棉+不锈钢龙骨+防火板)+底层防火板(与防火隔断铆固)

管节接头耐火保护方案(三)示意图如图4-176所示,本方案总结了前两种方案的经验,对原方案进行了优化。两项主要改进为:

(1)采用了强度更高同时耐腐蚀的不锈方钢龙骨。

(2)在龙骨两侧加装了防火板和固定钢板,增强了龙骨的固定强度,同时较好地保护接头侧壁,防止高温烟气窜流。

图4-177为管节接头耐火保护方案(三)安装过程。

图4-175 管节接头耐火保护方案(二)安装

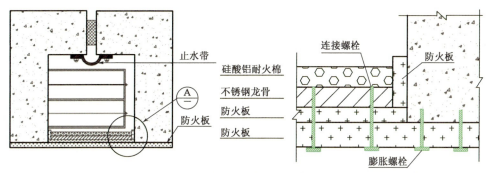

图4-176 管节接头耐火保护方案(三)示意图

图4-177 管节接头耐火保护方案(三)安装过程

4）温度测点布置

本试验每个构件共布置17支测温热电偶，主要布设在止水带内外、钢剪力键处、防火隔断以及底层防火板之后，具体布设位置见图4-178。

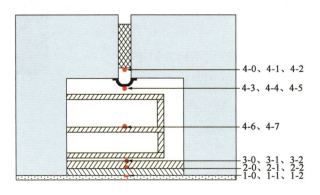

图4-178　管节接头耐火保护试验温度测点布置图

5）试验结果分析

（1）工况一：耐火保护方案（一）底层防火板不与防火隔断铆固

本次试验中，底层防火板并未与防火隔断进行铆固，仅靠膨胀螺栓固定在接头两侧的管节主体结构上。

在试验点火50min后，发现底层防火板之后测点温度超过380℃，很快读数显示异常。试验后吊装试件出炉，发现外层防火板烧穿，内层防火隔断的外层也损坏严重，如图4-179所示。

图4-179　管节接头构件耐火保护方案（一）试验结果

图4-180、图4-181分别给出了在耐火保护方案（一）下，管节接头内层防火隔断处，以及OMEGA止水带处温度随时间的变化情况。

图4-180、图4-181可看出，在40~50min时，外层防火板与内层防火隔断之间的测点1-0、1-1、1-2温度急剧上升，最高温度达到1 000℃，推测此时底层防火板已被烧坏，失去保护作用。

为保证试验安全,试验操作人员及时终止试验,此时接头 OMESA 橡胶止水条内/外侧温度均未超过50℃。

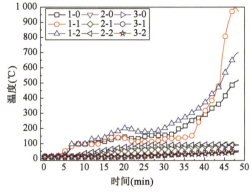

图4-180 管节接头构件内层防火隔断各测点温度

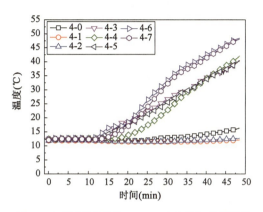

图4-181 管节接头构件 OMEGA 止水条内/外侧温度

原因分析:从图4-179所示的防火板破坏形态看,破坏首先发生在设置防火隔断的内腔处,底层防火板从中心开始烧穿,周边防火板未烧坏,状况较好,同时内腔温度较正常。分析其原因有以下两点:

①在接头内腔处,存在90cm的跨度,而底层防火板并未与防火隔断同时铆固在轻钢龙骨上,导致接头附近底层防火板刚度不一致。

②炉子内部为喷嘴喷射明火加载,高温气流的反复冲击作用(与实际火灾现场火焰冲击类似),对接头空腔位置形成动力冲击,导致底层防火板首先开始损坏。

(2)工况二:耐火保护方案(二)底层防火板与防火隔断铆固

总结耐火保护方案(一)试验经验,耐火保护方案(二)采用螺栓将底层防火板与接头内腔处防火隔断铆固在一起,同时加强了防火隔断与接头内腔壁面密封,防止高温烟气从壁侧窜流。

经过120min高温灼烧之后,底层防火板已基本烧酥,剥开底层防火板之后,内侧防火隔断外观基本保持完好,仅被熏黑,如图4-182所示。

图4-183为在底层防火板与内侧防火隔断铆固在一起的情况下,内层防火隔断各点温度。从图中可以发现,布

图4-182 管节接头内侧防火隔断烧坏

设于底层防火板与内侧防火隔断之间测点1-0、1-1、1-2温度相对较高,但也未超过220℃;防火隔断中间层的测点2-0、2-1、2-2温度相对较低,未超过100℃;防火隔断内侧测点3-1、3-1、3-2温度最低,未超过80℃。综合来看,采用此种保护方案下,底层防火板内侧温度均未超过380℃。但同时也应该看到,底层防火板与内侧防火隔断之间测点1-0、1-1、1-2在

105min 之后,温度快速攀升,可推测此时已基本达到底层防火板的耐火极限。

图 4-184 为 OMEGA 橡胶止水条内/外侧温度及钢剪力键处温度变化情况。可以发现,OMEGA 橡胶止水带外侧测点 4-3、4-4 最高温度为 72.3℃,内侧测点 4-0、4-1、4-2 最高温度低于 49℃。即止水带内外侧温度均处于 OMEGA 橡胶的正常工作温度范围内。本次试验成功实现了从外部火焰温度 1 200℃到内部正常工作温度 70~100℃的转变,说明采用"2cm 底面防火板 + 防火隔断(3cm 玻镁防火板 + 2cm 硅酸铝耐火棉 + 1cm 玻镁防火板)"的构造,并将防火隔断作为整体与内部龙骨铆固的保护方案是成功的。

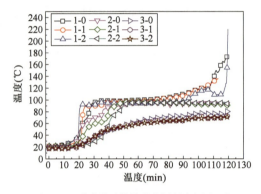
图 4-183 管节接头构件防火隔断处各层温度

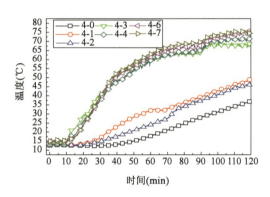
图 4-184 管节接头构件 OMEGA 止水带内/外侧温度

试验结果表明,在实际工程中,接头处的防火板安装一定要做好额外的支护,确保在火灾发生时,火焰冲击力不会对其产生影响。

(3)工况三:耐火保护方案(三)(更换龙骨,加强铆固强度)

本方案总结了前两种方案的经验,对原方案进行了优化。主要有以下两项改进:①采用了强度更高同时耐腐蚀的不锈方钢龙骨;②在龙骨两侧加装了防火板和固定钢板,增强了龙骨的固定强度,同时可较好保护接头侧壁,防止高温烟气窜流。如图 4-185 所示,耐火保护方案(三)具体为:防火隔断为 30mm 耐火棉 + 不锈钢方钢龙骨 + 27.5cm 单层保全防火板,底层防火板为 27.5mm 单层保全防火板,底层防火板与防火隔断通过螺栓同时铆固在不锈钢龙骨上。

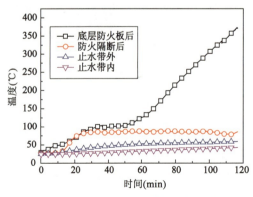
图 4-185 耐火保护方案(三)接头构件各处测点温度

将采用耐火保护方案(三)进行保护的管节接头构件置于高温试验炉内,在 RABT 升温曲线下进行试验 120min,试验结果如图 4-185 所示。从图中看出,各测点温度随时间变化不断上升,其中底层防火板后测点上升速度最快。在整个试验过程中,底层防火板后测点最高温度为 371.5℃;防火隔断之后测点最高温度 85.5℃;止水带外侧最高温度 59℃;止水带内侧最高温度 42.5℃。保证了在给定的火灾持续时间之内,OMEGA 止水带始终保持在正常工作范围之内,实现了管节接头耐火保护目标。

4.5.6 节段接头构件耐火保护试验

1) 试验工况

节段接头耐火保护方案总体设计思路同样按照"防火隔断+底层防火板"的思路。本节试验主要研究该耐火保护方案对节段接头的保护效果,同时本节还对比分析长期处于潮湿环境对耐火保护效果的影响。主要开展试验工况见表4-40。

节段接头耐火保护试验工况表　　　表4-40

序号	升温曲线	测试时间(min)	防火材料	保护方案	暴露环境	备注
1	RABT	120	玻镁防火板+硅酸铝耐火棉	防火隔断+底层防火板	潮湿环境	具体构造方案见相关章节
2	RABT	120	玻镁防火板+硅酸铝耐火棉	防火隔断+底层防火板	正常环境	具体构造方案见相关章节

2) 节段接头构件制作

节段接头构件共制作2块,构件外部尺寸1.7m×1.7m×0.7m(长、宽、高),内腔尺寸1.7m×0.5m×0.2m(长、宽、高)。节段接头构件设计图见图4-186。节段接头试验构件安装过程见图4-187。

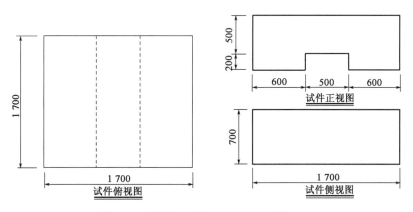

图4-186　节段接头构件设计图(尺寸单位:mm)

3) 节段接头耐火保护方案及安装

本试验节段接头采用防火隔断+底层防火板保护方案(图4-188)。防火隔断由龙骨+3cm玻镁防火板+2cm硅酸铝耐火棉+1cm玻镁防火板构成,底层防火板为2层1cm厚玻镁防火板,同时利用螺栓将底层防火板与防火隔断铆固在龙骨上。具体安装方式如图4-189所示。

4) 温度测点布置

本节节段接头耐火保护试验温度测点布置方案如图4-190、图4-191所示。

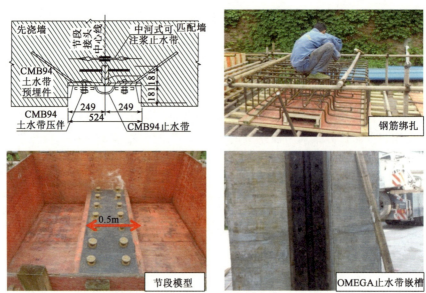

图 4-187 节段接头试验构件安装过程(尺寸单位:mm)

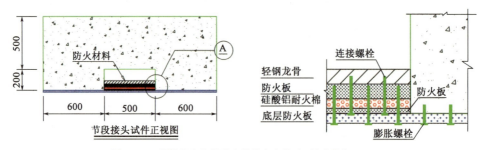

图 4-188 节段接头构件耐火保护方案构造(尺寸单位:mm)

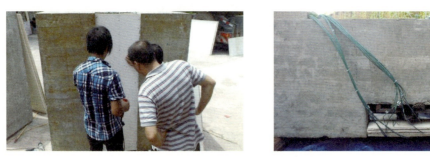

图 4-189 节段接头构件耐火保护方案

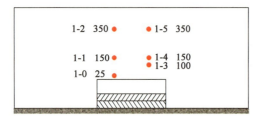

图 4-190 节段接头结构内温度测点布置

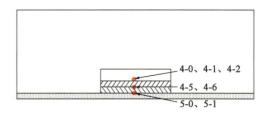

图 4-191 节段接头构件防火隔断处温度测点布置

5）试验结果分析

(1) 工况一：节段接头暴露在雨季潮湿环境

本工况所用的编号为 8 的节段接头试件于 2012 年 8 月制作完成，外层防火板、内层防火隔断均按照设计方案安装到位，于 2012 年 11 月 27 日开始进行耐火试验。在此三个月期间，试验所在地重庆地区多次下雨，将 8 号试件安放在室外，尽管有雨布遮挡，仍受到雨季潮气与少量地面溅水侵蚀。

高温试验之后，接头构件底层双层防火板被烧穿，内层防火隔断被烧坏，而位于接头内的 OMEGA 橡胶止水带被完全烧毁，同时接头构件部分混凝土结构爆裂，如图 4-192 所示。

试验过程中，防火隔断处温度变化情况如图 4-193 所示。分析各温度曲线变化规律，可推测本工况节段接头构件烧毁过程。

图 4-192　节段接头暴露于潮湿环境后高温试验结果图

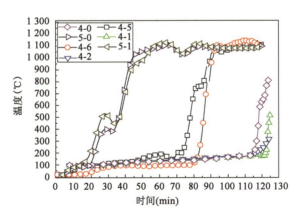

图 4-193　节段接头构件防火隔断测点温度曲线

①第一阶段，作为第一道防线的底层防火板首先被破坏，导致 40min 时外层防火板背后的温度传感器 5-0、5-1 温度急剧升温，短短 10min 的时间由 500℃ 急剧升温至 1 100℃。

②第二阶段，内层防火隔断的第一层在约 70min 时烧毁，其背后温度传感器 4-5、4-6 温度

急剧升温,15~20min 的时间由 200℃急剧升温至 1 100℃以上。

③第三阶段,在 120min 左右时,内层防火隔断全部被烧毁,导致其背后温度传感器 4-0、4-1、4-2 温度急剧升温。在此阶段,OMEGA 止水带被焚烧殆尽。

(2)工况二:节段接头暴露在正常环境

本工况更换了全新的玻镁防火板材,仍然按照防火隔断(龙骨 +3cm 玻镁防火板 +2cm 硅酸铝耐火棉 +1cm 玻镁防火板) +底层防火板(2cm 玻镁防火板)方案进行耐火保护。存储及安装过程中始终保持该试验构件暴露在正常环境。在 RABT 曲线下,经过 120min 高温试验,试验结果如图 4-194 所示。

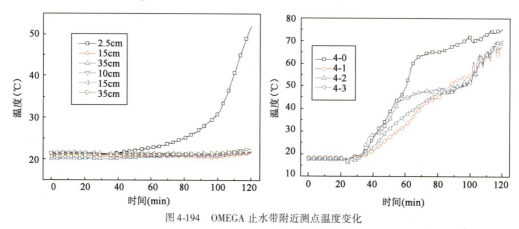

图 4-194 OMEGA 止水带附近测点温度变化

图 4-194 为节段接头构件结构内部各测点温度变化情况。从图中可以看出,混凝土内部最高温度出现在距离止水带 2.5cm 处,为 50℃;试验过程中 OMEGA 止水带处最高温度为 4-0 测点的 75℃,在 OMEGA 止水带的正常工作范围之内。因此,本保护方案较好地实现了节段接头耐火保护目标。

4.5.7 本节小结

(1)对现有隧道结构防火技术进行了技术经济比较,阐述了各主动、被动防火措施的优劣,论证了港珠澳大桥海底沉管隧道应采取的防火措施。

(2)设计建造了隧道结构构件高温耐火试验系统,该系统目前可实现火灾最高温度 1 250℃,高温持续 2h,构件长宽高尺寸达 $1.7m \times 1.7m \times (0.2 \sim 1.5)m$,并在高度(厚度)方向上可调。该系统采用反映沉管隧道实际升温曲线,可对沉管隧道管节结构和两类接头构件进行单面明火试验,并可用于构件耐火极限测试和防火构造方案设计。

(3)依托构件火灾试验平台,进行了沉管管节结构、管节接头、节段接头三种类型试验。设计了管节结构单层拼装与双层错缝拼装、防火板与喷涂防火涂料、管节接头多层玻镁板与双层保全板 +耐火岩棉、节段接头多层玻镁板等多种试验工况,测试了结构及接头构件表面、钢筋保护层等不同厚度处的温度梯度分布规律,得到了不同防火构造方案对管节结构及接头的耐热、耐温保护效果。试验研究结论如下：

①温度在沉管隧道管节结构（顶板/边墙/底板）构件内部传递时，在距离受火面30cm范围内温度梯度大，降温迅速。在双层2×1cm防火板错缝布置保护下，结构构件在距离底部20cm内就基本降为常温。

②在双层2×1cm防火板错缝布置条件下，管节结构构件内部温度衰减符合指数函数。通过该函数可得到相应位置处的力学参数，可为评价火灾中材料的损伤及确定结构承载力提供参考。

③《建筑设计防火规范》（GB 50016—2014）中对城市交通隧道耐火极限进行了规定，要求衬砌底部温度不超过380℃，距离底部2.5cm处温度不超过300℃（RABT曲线）。试验中，管节主体结构在单层1cm防火板保护下，点火33min左右时，混凝土底部温度就已经超过该规定；而在双层2×1cm防火板错缝布置保护下时，在整个试验过程中，混凝土底部最高温度约为330℃，距离构件底部2.5cm处的温度为200~230℃，满足规范要求。根据试验结果，从技术经济角度，建议港珠澳大桥海底隧道采用双层拼装方案。

④管节主体结构试验在点火后约70min时，测试的结构表面温度曲线有明显上扬，表明防火板内部结构开始发生变化，耐火性能有所降低，温度明显上升。建议在实际工程中，隧道受火时间超过1h时，也要对火源附近的防火板及时检测，必要时加以更换。

⑤试验表明，潮湿环境是影响防火板耐火性能及耐久性的一个重要因素。在雨季放置三个多月后的节段构件试验表明，接头不能满足RABT温升曲线下持续2h的耐火极限标准。建议港珠澳大桥海底沉管隧道定期检测环境湿度与防火板性能，局部潮湿环境可采样送检。

⑥管节接头与节段接头的耐火保护部分，采用防火隔断（龙骨+3cm玻镁防火板+2cm硅酸铝耐火棉+1cm玻镁防火板）+底层防火板（2cm玻镁防火板）的耐火保护方案可以满足RABT升温曲线下的接头耐火目标要求，即在外部火灾温度1 200℃时，接头处止水带温度不超过70~100℃的极限工作温度。

⑦在明火火灾条件下，火源附近的火焰冲击会对接头部分（包括管节接头与节段接头）防火板产生较大影响，会降低防火板耐火性能。建议在港珠澳大桥海底沉管隧道，防火隔断处务必做好锚固连接，推荐采用龙骨加固方案。

（4）在上述试验的基础上，本部分提出了港珠澳大桥海底沉管隧道管节结构及接头耐火保护技术建议方案。

4.6 成果应用

为了验证本章研究成果的可靠性，在1∶1试验隧道进行了相关试验。试验中，管节主体结构采用2cm厚的双层玻镁防火板；接头模拟管节接头，其防火构造采用耐火保护方案（三），即防火隔断(耐火棉+不锈钢龙骨+防火板)+底层防火板(与防火隔断铆固)。足尺沉管隧道结构耐火保护试验工况见表4-41。

足尺沉管隧道结构耐火保护试验工况 表4-41

序号	时间	燃料种类	燃料数量	燃烧持续时间	火灾功率	备注
1	2013年12月14日	93号汽油	300L,面积0.5m×1.5m×6块	15min	45MW	3min开启喷淋

4.6.1 足尺沉管隧道耐火保护方案及测点分布

本试验在150m足尺沉管隧道火灾综合试验平台中开展,该试验平台由30m实体段和60m×2框架段组成。火源位置及节段接头(Ω止水带)位于隧道正中,火源左右两侧20m内均敷设上海新垄防火材料有限公司生产的玻镁防火板,如图4-195所示。

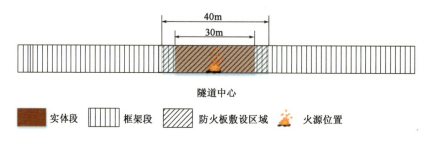

图4-195 防火板安装位置示意图

管节主体结构顶板及上侧墙采用双层玻镁防火板错缝安装,下侧墙(检修道以上2.4m)采用阻燃装饰板安装。实体段结构内预埋5处温度测点,分别为左侧墙、顶板1、顶板2、顶板3和右侧墙(图4-196);框架段结构内预埋4处温度测点,分别为左侧墙、顶板1、顶板2和右侧墙(图4-197)。实体段防火板安装效果如图4-198所示。节段接头防火板安装及测点布置如图4-199所示。

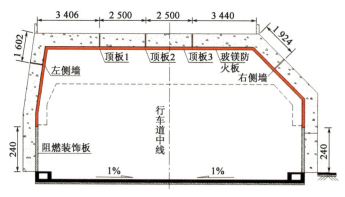

图4-196 实体段防火板安装及测点分布示意图(尺寸单位:mm)

节段接头位于试验隧道正中(纵向),耐火保护方案采用"内部防火隔断+底层防火板"的方案。为了便于监测防火板的耐火性能,本试验分别在防火隔断之后(Ω止水带外侧)和防火隔断与底层防火板之间布设温度测点。

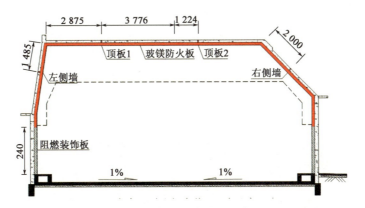

图 4-197 框架段防火板安装及测点分布示意图(尺寸单位:mm)

图 4-198 实体段防火板安装效果图

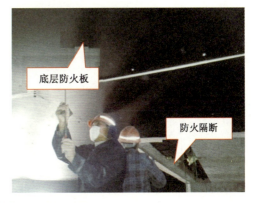

图 4-199 节段接头防火板安装及测点布置

4.6.2 火灾 45MW 温度测试

图 4-200 为 45MW 汽油池火燃烧情况。图 4-201 给出了本试验工况下隧道结构内部及接头处温度分布情况。从测得的温度情况看,结构内温度随距隧道内壁面距离增加略有减小。尽管火灾峰值规模高达 45MW,但测得的结构内最高温度仅 27℃,这是由于一方面在隧道壁面

安装有防火板,另一方面在点火 3min 时即开启泡沫喷淋,泡沫喷淋对油池火有很好的控火作用,既能控制火灾的规模,又能降低隧道内部以及结构表面的温度。接头处最高温度出现在防火隔断之下测点 3 处,约 115℃;防火隔断之后温度始终维持在 20℃ 左右,符合 Ω 止水带正常使用温度范围。因此,在本试验工况下,防火板 + 防火隔断的保护方案能够较好地保护沉管隧道节段接头。

图 4-200　45MW 汽油池火燃烧情况

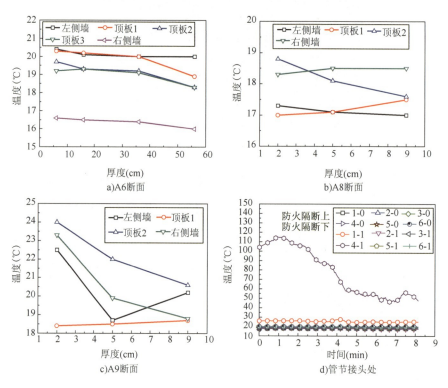

图 4-201　45MW 汽油池火隧道主体及接头温度分布情况

试验发现,管节结构内部温度 20~30℃,且随着距结构内壁距离增加而减小,双层防火板错缝安装的耐火保护方案能较好地保护管节结构;4 种火灾工况下,节段接头防火隔断之上温度始终维持在 20℃ 左右,防火隔断 + 底层防火板的耐火保护方案能够较好地保护沉管隧道接头。

4.7 本 章 结 论

本章借助火灾试验、理论分析和数值模拟分析等手段,开展了沉管隧道火灾场景、管节结构火灾温度场分布规律、热应力变化规律、结构损伤及隔热措施方面的研究,并对沉管隧道中的管节接头、节段接头中的重要结构构件剪力键进行了力学分析。本章取得的主要成果及主要结论如下。

(1)沉管隧道结构温度场分布规律方面取得的研究成果。

①建立了沉管隧道火灾工况温度场计算方法与模型:在合理选择升温曲线与边界条件、正确设置随温度变化的材料热工参数的基础上,结合热传导基本理论进行沉管隧道结构火灾高温下的温度传播模拟计算。

②沉管隧道结构仅在距离高温边界(受火表面)较近的地方升温比较快,达到的温度也较高,在距离温度边界稍远的地方,截面的温度基本接近于初始温度,在远离高温边界的地方,截面温度保持初始温度不变。

③沉管隧道结构截面内温度分布主要受火灾中最高温度的影响。火灾达到的最高温度越大,高温影响厚度越大,并且同一厚度处的温度越高;火灾中达到的最高温度相同,则截面内的温度分布也基本相同。

④在火灾高温对沉管隧道结构影响厚度方面,小汽车与公交客车火灾下,高温影响厚度基本相同,为10~15cm,重型货车火灾和RABT升温曲线下,高温影响厚度基本相同,为15~20cm。

⑤在火灾导致的结构最高温度方面,小汽车火灾下为358℃、公交客车火灾下为681℃、重型货车火灾下为1 071℃、RABT升温曲线(升温阶段)下为1 010.5℃。

⑥通过回归分析,分别拟合出小汽车、公交客车与重型货车火灾下,结构内任意时刻的温度分布计算公式。在隧道的运营过程中,假如隧道内发生火灾,则可以根据发生火灾的车辆类型以及火灾持续的时间,结合拟合得出的温度分布计算公式,判断出火灾下沉管结构截面内经历的高温过程。

(2)无隔热条件下沉管隧道结构火灾力学行为方面取得的研究成果。

①建立沉管隧道温度-结构共同作用计算模型:根据结构的受火时间,在衬砌内部施加对应的温度荷载;依据沉管隧道的不同埋深段,在沉管结构外部施加对应的荷载作用,可实现火灾工况下沉管隧道结构的实时热应力分析。

②沉管隧道结构火灾工况下热应力的产生主要来自高温导致的混凝土材料的热膨胀,火灾引起的高热应力区域厚度约为25cm。

③沉管隧道结构火灾工况下热应力主要受火灾中达到的最高温度的影响,火灾达到的最高温度越大,结构的热应力就越大,火灾达到的最高温度相同,结构的热应力就相同。

④火灾下结构断面不同位置处热应力随时间变化的趋势比较一致,并且火灾下三个埋深段(深埋段、过渡段和浅埋段)的最大热应力基本相等,因此在进行沉管隧道结构的热应力损伤分析时,可以选择深埋段热应力最大的位置作为最不利截面来进行火灾致损分析。

⑤建立了火灾工况沉管隧道结构热应力损伤判别式,分析得出结构受火时间与损伤深度的对应关系,拟合得出小汽车、公交客车和载重货车火灾下损伤深度与受火时间之间的函数关系式,分别为 $y=3.142\ln x+6.950$、$y=3.721\ln x+6.363$ 和 $y=4.535\ln x+6.613$。

(3)隔热条件下沉管隧道结构温度场及火灾力学行为方面取得的研究成果。

①沉管隧道结构内壁表面设置两层 1cm 厚(共 2cm 厚)的玻镁防火板后,火灾高温引起的结构内温度上升区域厚度约为 15cm。

②沉管隧道结构内部温度场分布的试验结果与数值计算结果比较一致,说明数值计算结果可靠性能得到保障,其结果能够用于工程实践。

③沉管隧道结构内壁表面设置两层 1cm 厚(共 2cm 厚)的玻镁防火板后,火灾引起的高热压应力区域深度约为 15cm,且其最大热应力远小于无隔热条件的最大热应力。

④两层 1cm 厚(共 2cm 厚)玻镁防火板隔热层的设置,可以有效地避免沉管隧道结构在火灾初期就发生损伤,减小损伤深度。

(4)基于高温下沉管隧道结构可能达到的承载力极限状态,在综合考虑结构内温度场分布以及混凝土与钢筋力学性能劣化的基础上,分别给出了沉管隧道结构高温极限承载力的计算方法和表达式。

(5)沉管隧道火灾场景。

结合 1∶1 足尺沉管隧道火灾试验及相关公路隧道火灾研究,建立了随时间、空间变化的港珠澳大桥海底沉管隧道的完整火灾场景。

(6)沉管隧道管节结构三维温度场。

①升温速率方面,结构中达到最高温度的时间要远大于升温曲线达到最高温度的时间,且仅在靠近高温边界时(受火表面)升温较快,达到的温度也较高,距离内表面 5cm 范围内,温度随时间的变化规律近似于升温曲线的形状。而在远离高温边界时则升温较慢,并且随着远离受火表面的距离增大,升温速率逐渐降低,相应的温度也逐渐降低,且温度随时间的变化规律在不同升温曲线下趋近于统一,直至达到初始温度(20℃)。

②结构中达到最高温度方面,升温曲线温度越高,结构中的温度也就越高,升温曲线 1 情况下时为 361℃、升温曲线 2 情况下时为 735℃、升温曲线 3 情况下时为 1 127℃、升温曲线 4 情况下时为 1 087℃。

③温度分布方面,在同一横断面上,呈现顶板温度最高,侧墙温度次之,内墙相比而言温度最低的规律;在纵断面上,呈现随着离火源距离的增大,温度逐渐降低的规律。

④高温对结构影响厚度方面,对于结构在空间上位置的不同,其高温区域也不尽相同。总

的来说,影响厚度随着距顶板、火源的距离的增大而减小。在升温曲线 1、2 情况下,最大影响厚度为 10~15cm,而在升温曲线 3、4 情况下,最大影响厚度为 15~20cm。

⑤隔热措施方面,提出了距地面 3m 位置开始布设防火板的设置方案,计算结果表明该方案能够满足结构的耐火要求(混凝土底部及内部钢筋温度分别为 380℃ 和 300℃ 以下)。

(7)高温作用下沉管隧道管节结构力学行为方面取得的研究成果。

①火灾高温作用下的沉管隧道,变形主要由高温引起的热膨胀变形和材料力学性能劣化两个原因主导。变形随着两种因素中的某种因素占据主导地位而表现为不同的变形规律。火灾侧竖向位移最大减小 6.75mm,减小 57.7%,水平位移最大增加 0.71mm(升温曲线 3)。

②由于沉管隧道整个体系为超静定结构,在沉管隧道一侧发生火灾,不仅对该侧各部位的变形情况产生影响,而且对相邻侧结构各部位的变形也会产生影响,使相邻侧最大水平位移增大 0.52mm,最大竖直位移减小 1.5mm,达 12.6%(升温曲线 3)。

③同一种火灾工况下,结构三个截面位置由于其所处位置差异性,造成其在高温作用下表现出不一样的力学变化规律。但总的来,高温作用下,很大程度地增大了结构中的应力,特别在 10cm 厚度范围内,应力增大效果显著。

④高温作用下的沉管隧道管节结构中应力变化主要受火灾中达到的最高温度的影响,温度越高,结构产生的应力也就越大。

⑤在 4 种火灾升温曲线下,得到了管节结构最不利部位在纵向方向上的损伤深度,并且针对管节接头的几何特点,得到了最大损伤深度位置的规律。

⑥布设防火板可以大幅降低由于火灾高温引起的高温应力(减小 73.5%)及损伤深度(减小 69.3%),并且降低效果显著,同时减小了高温对于沉管隧道的影响。

(8)高温作用下沉管隧道接头剪力键力学行为方面取得的研究成果。

①高温作用下管节接头剪力键的位移在受火侧表现为向外扩张的趋势,而在相邻侧车道,剪力键产生相应的协调位移。

②管节接头处,火灾高温对受火侧内墙剪力键影响较大,竖直剪力较常温增大约 5 倍,达到了 1.65MN;节段接头处,火灾高温对受火侧侧墙及顶板影响较大,其中,顶板位置最大剪力增加了 4.6MN,约是初始剪力的 16 倍。

③同一位置的节段接头剪力键,随着离火源位置距离的增加,剪力增大值相应减小。

④距火源超过一定距离后(3-3 节段接头),高温对节段接头受火侧顶板处剪力键影响仍然较大,使剪力值增大了 4.55MN,相对于初始剪力增大约 13 倍。

⑤布设防火板能够有效地减小火灾高温对剪力键的影响,管节接头剪力在水平、竖直方向上分别减小 20%、48.1%,节段接头剪力在水平、竖直方向上分别减小 21.8%、29.2%,相应减小了对接头部位的影响,且能保证两种接头剪力键在正常使用极限状态下工作。

第5章 离岸特长沉管隧道通风排烟试验

5.1 隧道通风排烟理论

隧道火灾是一种典型的地下空间受限火灾,隧道火灾产生烟气的运动规律和烟控方法遵循着火灾工程学的有关原理和数学模型。了解烟气运动的基本规律将有助于设计人员更好更全面地设计通风排烟系统。隧道内一旦发生火灾,就应对通风系统进行操控,以建立和维护一个有利于自我疏散和营救的外部环境。在公路隧道中有两种主要的通风方式——横向通风和纵向通风。习惯上,纵向通风主要着眼于防止烟雾发生逆流。横向通风主要是排出隧道内烟雾(从靠近隧道顶部的烟雾层)。本章主要介绍有关隧道通风排烟的知识理论。

5.1.1 概述

火灾是公路隧道内的最大风险,火灾产生的烟雾是人员死亡的主要原因,不加控制或控制不当将导致严重后果。火灾时,隧道应提供足够的逃生疏散通道及新鲜空气供人员逃生及车辆疏散,并使救援人员能快速到达火灾地点实施消防与救援。

当前,隧道营运通风方式有纵向通风、全横向通风、半横向通风三种通风系统。在国外众多长大公路隧道采用的通风系统中,纵向通风方式约占54%,其次为半横向通风方式,约占39%,而采用全横向通风方式的公路隧道仅约7%。国内特长公路隧道也多采用纵向通风方式,这与欧美发达国家的主流设计理念是相吻合的。当今公路隧道采用的排烟模式主要有纵向排烟和集中排烟两种模式。通过调研,在国外长度超过2 000m的59座隧道中,火灾工况下采用的集中排烟模式最为广泛,约占74%,其次为纵向排烟模式。国内虽然仅有盾构法水底隧道推广采用这种排烟模式,但借鉴国外成功经验,结合我国实际,推广采用集中排烟模式已成一种趋势。

目前,带有独立排烟道的集中排烟系统在国内逐渐被应用到隧道工程中,该通风排烟系统有机地结合纵向通风与点式排烟两种模式。该系统在正常运营情况下采用纵向通风模式,不开启排烟道两端的轴流排烟风机。隧道内一旦发生火灾,立即打开火源附近几组排烟阀,同时启动排烟道内的排烟风机及隧道内的射流风机,在轴流风机的抽吸和射流风机的诱导下将烟气控制在一定的区域内,从而将有毒有害的烟气与新鲜空气进行了分离,减少了对人员的危害,提高了隧道内的能见度。由于烟气控制范围小,减少了对结构的破坏,比纵向通风模式有较大优势。

常见的独立排烟道设置方式有三种,包括利用隧道拱顶富余空间设置顶隔板形成独立排烟道、在行车道底部设置独立排烟道以及设置与主隧道分离的独立辅助隧道作为排烟道。目前,国内外已对顶部设置排烟道的集中排烟系统进行过系统的研究,但对于设置与主隧道分离的独立辅助隧道作为排烟道的集中排烟系统仍缺乏相关的设计方法和研究体系。

港珠澳大桥海底隧道工程设计采用了设置与主隧道分离的独立辅助隧道作为排烟道的排烟模式。鉴于本工程的重要性及目前国内对通过设置辅助隧道作为排烟道的排烟效果研究较少,因此,重点研究4项关键技术:单组排烟口合理排烟量的分析;排烟口开启组数试验分析;排烟阀开启角度分析;不同纵坡模式下火灾烟控方案的研究。其研究成果将为同类隧道排烟系统烟控策略提供技术支持。

1) 研究现状及存在的问题

(1) 国外研究现状

关于公路隧道火灾研究,国外起步较早,他们成立了很多专门的研究机构。1965年在瑞士进行的奥芬耐格(Ofenegg)试验,是最早进行公路隧道火灾通风方面排烟问题的研究性试验。到目前为止,国外进行的部分公路隧道火灾试验研究见表5-1。

国外相关隧道火灾通风排烟试验研究项目 表5-1

时间	试验机构	试验地点或名称	试验内容或结论
1970年	英国火警研究站格拉斯哥隧道消防队	格拉斯哥隧道	研究隧道火灾烟雾厚度和扩散情况
1974—1975年	奥地利	Zwenberg隧道	发现不同通风方式对油料燃烧速度和烟气流向及温度影响较大
1985年	德国	盖尔森基兴—俾斯麦市隧道	得出不同通风方式和火灾荷载下温度与火灾持续时间的关系
1991年	—	Aptectal模型试验	以期发展一种基于大尺寸模型试验的CFD隧道火灾模拟程序
1990—1993年	德国、芬兰、奥地利和挪威等九国	欧洲隧道防火计划	研究了整个隧道内的温度分布及其对衬砌结构的损伤、热传导、烟气流量、烟气浓度及对能见度的影响
1993年	—	全尺寸矿山隧道	研究发现当热释放速率较低时,临界风速与其1/3次方成正比
1993—1995年	美国	Memorial隧道	进行了火灾通风测试,对全(半)横向通风式、自然通风式和射流纵向通风式等各种方式的火灾放热率、通风率、入口开度、泡沫灭火系统的使用和火灾控制情况进行了测试,试验证明,当火灾的热释放速率较大时,利用经验公式算出的控制隧道内烟气不发生逆流的临界风速要比真实的试验值高5%~15%
1993年	英国健康与安全实验室	HSL Buxton试验	研究纵向通风下的烟气回流现象,并与数值模拟的结果进行对比验证

续上表

时间	试验机构	试验地点或名称	试验内容或结论
1995—1996 年	美国	1/10 缩尺模型试验	研究水平隧道的烟气运动状况，这次试验也再次验证了 1993 年美 Memorial 隧道试验关于临界风速的研究结果，随后又进行了坡度对烟气运动影响的试验，提出了控制烟气不发生逆流的临界风速的坡度修正系数，进一步完善了该公式
2001 年	日本	Shimizu tests	研究隧道火灾行为和烟气控制策略，为 CFD 模拟的试验验证
2001—2004 年	欧洲 9 个研究机构	Safe Tunnel	改革隧道安全和应急的运营管理理念
2002 年	荷兰	Benelux	研究纵向通风对隧道火灾早期烟气分层或混合的变化规律、烟气的前端风速、临界风速，研究强制通风对 HRR 和隧道环境的影响
2002 年	瑞士	Mont Blanc 隧道	检验修复后的隧道火灾安全性，对隧道通风系统、逃生救援系统进行了火灾试验
2002—2006 年	欧洲	UPTUN	针对欧洲既有隧道火灾安全的综合研究项目，内容包括隧道结构防护和发展完善隧道火灾安全进行登记评估方法
2003 年	欧洲	Safe-T	为隧道火灾提供逃生、事故管理、风险评价及交通控制等方面的解决方案

大量的试验研究推动了隧道防灾技术的发展，但模型试验需要巨大的人力、物力、财力，并且其结果并不是一定适用于所有隧道。

随着计算机技术以及计算数学的发展，出现了很多新兴学科，如流体力学、传热学以及燃烧学等，正是由于这些相关学科的迅速发展，数值模拟研究也逐渐发展起来。国外有关公路隧道火灾数值模拟成果如下：

①英国的 M. Tabarra 研究了在不同通风状态下，火灾烟雾的扩散现象，其 CFD 模拟结果和 1/5 比例的模型试验很好地吻合。

②英国火灾研究中心的 Gx. Cox 和 S. Kumar 等在 1987 年伦敦 Kings Cross 地铁站发生火灾之后，结合火灾的调查做了大量的研究工作，采用计算机流体动力学的方法，建立了求解三维非稳态问题的烟气流动模型，并开发了 JASMINE 程序，模拟研究了通风、坡度和不稳定火灾的影响，其包括不同纵向风速下隧道内中型火灾的温度场、流场、烟气浓度场的动态发展。研究结果表明，除火源附近外，模拟分析结果与奥地利 Zwenberg 模型试验结果吻合较好。

③英国的 Fletcher. D. R. , Kent. J. H. , Apte. v. B. 和 Green. A. R. 等人于 1991 年开始对不同通风风速和火灾模型中燃料池尺寸对火灾产生的影响进行了数值模拟研究，并将模拟结果与他们进行的试验研究结果进行了对比。

④美国的 S. S. Levy 和 J. R. sandzimier 利用 CFD 方法进行三维瞬态模拟，探讨了 Ted Wiiliams 隧道火灾时的排风量和烟气控制效果之间的关系。

⑤美国的 C. C. Hwang 和 J. C. Edwrdas 两位学者利用场模拟软件 FDS 对火灾时隧道内纵向通风的临界风速问题进行了模拟研究,模拟结果表明,当火灾热释放速率增大到某一点时,临界风速将不再随火灾热释放速率的变化而改变,同时,两位学者还重点研究了临界风速保持不变的原因,研究得出了新的临界风速关系,并将模拟结果与现有的试验数据和经验公式进行了对比。

⑥法国的 E. Demouge 和 D. Lacroix 采用三维的 CFD(Computational Fluid Dynamics)方法计算并分析了横向火灾通风下的烟气流动。

⑦1995 年,A. N. Beard,D. D. Drysdale 和 S. R. Bishop 等人利用计算机模拟研究了在纵向通风隧道内发生火灾时物体(例如重型货车)间的火灾蔓延问题。

⑧日本的 M. Dobashi 和 T. Mai 等人运用数值模拟方法对采用纵向和横向混合通风系统的隧道火灾通风系统进行了研究,并将研究成果应用到日本当年正在建设的 Higashiyama 隧道。

⑨Fletcher 等人在数值模拟计算中提出了采用浮力修正的紊流模型来模拟隧道内火灾时火源附近的温度场,并用壁面函数来模拟壁面流态,从而使数值模拟的结果与真实的结果更加接近。

⑩B. A. Schrefler,P. Brunello,D. Gawin 等人在总结了欧洲众多火灾案例的基础上,采用有限元数值计算方法,分析了隧道衬砌结构在火灾下的温度场及应力场分布情况,并就火灾下衬砌结构的安全性能提出了评估建议。

(2)国内研究现状

国内对公路隧道火灾的研究比较少。试验研究中的物理模拟模型测试以试验室为基础,1∶1 全尺寸风洞试验很少;数值模拟方面主要运用 CFD 数值模拟软件等,此外,还在国外软件新项目的发展基础上,再研究火灾烟气运动。到目前为止,国内开展的关于隧道火灾通风排烟,以及其他相关问题的典型试验研究见表 5-2。

国内有关隧道火灾通风排烟研究的试验项目　　　　　　　　　表 5-2

时　间	试 验 机 构	试验名称或地点	试验内容或结论
1987—1989 年	兰州铁道学院	七道梁隧道模型试验	探讨了射流通风系统的流动结构和射流的诱导通风效应,获得了单元通风段流场的速度分布和压力分布,提出了脉动射流的增压效应和诱导效应共同作用的射流通风原理,推导了射流通风距离的回归方程
20 世纪 90 年代初	铁道第二勘察设计院,西南交通大学等	"八五"国家重点科技攻关项目——公路长隧道纵向通风研究	对长大公路隧道通风进行了较为系统的研究,为我国特长公路隧道的运营通风开创了一条新途径

续上表

时间	试验机构	试验名称或地点	试验内容或结论
1994—1997 年	铁科院西南分院、长沙铁道学院等	铁道部发展计划隧道消防技术研究	隧道衬砌结构火灾损伤评定和修复加固措施
1996 年	铁科院西南分院	峨眉试验基地	秦岭特长铁路隧道消防系统模拟试验
1998 年	重庆交通科研设计院	湖雾岭隧道模型试验	国内首次对公路隧道不同位置的火灾进行了模拟,并试验了气流的组织,回答了火灾状态下的气流组织问题
2001—2004 年	西南交通大学	秦岭隧道大比例模型试验	对长大公路隧道内火灾规律、竖井模型下的火灾通风技术、紧急逃生策略等进行了深入的研究
2001 年	华南理工大学	京珠高速公路粤境南段隧道工程	研究了上行隧道烟气对横洞和下行隧道的影响
2001 年	北京工业大学	二郎山隧道	研究采用了半横向通风对火灾控制的试验台进行试验,获得了在不同隧道火灾发生位置下可控的通风控制模式,提出了人员安全疏散和救援方案的具有科学依据的建议,对隧道火灾通风对策及响应措施进行了初步探讨
2004—2007 年	同济大学	地下空间防灾安全关键技术及其应用	采用火灾试验与理论分析相结合的方法研究了盾构管片在火灾下的破坏模式、变形性能、承载力及内力重分布现象
2006 年	中国科学技术大学云南省消防总队	阳宗隧道等	研究了不同火灾条件和风速下烟气的运动情况,分析了纵向风速对火灾的影响

据有关统计资料,国内在隧道火灾的数值模拟研究方面取得了很多成果,主要成果如下:

①曾巧玲、赵成刚和梅志荣应用了一种分析火灾时隧道三维瞬态温度场的半解析有限元法,在一维方向上采用了三角级数,另两维方向则采用了常规的插值函数,将三维问题转化为二维数值计算问题,并与试验结果进行了比较分析,为了解隧道内外火灾温度场分布和传递规律奠定了一定的基础,其计算方法和成果对我国隧道火灾后衬砌结构的评估具有指导意义。

②舒宁、徐建闽采用 ANSYS 软件对公路隧道的火灾通风进行仿真,研究火灾时烟气在隧道内的流动状况。模拟中火源简化成中心温度为 1 000K 的高温点,未考虑火灾的动态特性。

③清华大学的李先庭等建立了场模型模拟地铁隧道的烟气流动,研究表明,在 3MW 的热释放速率下,2m/s 的纵向风速可抑制火灾热烟气向上游流动,并且指出机械通风时,隧道坡度对烟气流动的影响不大。

④香港理工大学的周允基教授利用场模拟软件 PHOENICS 模拟研究了纵向通风情况下隧道内火灾的烟气控制,指出在纵向通风下不仅会增加排烟系统的排烟量,而且由于纵向通风风流为火源提供了充足的氧气,从而可以使火灾的热释放速率随之增加。

⑤西南交通大学的于丽、王明年和郭春利用 CFD 软件对秦岭特长公路隧道火灾温度场进行了数值模拟,分析研究其纵、横断面的温度分布情况,数值模拟提供了较详细的数据和变化

特征,为秦岭特长公路隧道的防灾救援提供了技术依据,也对认识其他长大公路隧道火灾灾变机理有一定的参考作用。

⑥西南交通大学的张发勇、冯炼等人利用 CFD 方法数值模拟研究了秦岭终南山特长公路隧道火灾的烟气控制情况,比较分析了不同纵向通风方案下气流流动和火灾下游的温度分布,评估了各种通风方案所能达到的效果。

⑦广州大学的周孝清等人利用场模拟软件 Phonics 模拟研究了隧道断面形状对临界风速和隧道内温度和浓度分布的影响,拟合得出了烟气逆流层长度和通风速度大小的变化关系式。

⑧北京工业大学的张娜等人利用场模拟软件 CFX5.5 研究了火灾时坡度对隧道内的临界风速的影响,得出了临界风速的通用坡度修正公式。

⑨北京工业大学的王日升利用 CFX5.5 对美狐林隧道内发生火灾时的烟气流动进行了三维瞬态模拟计算,研究了烟气在隧道内的分层扩散现象,以及不同火源情况下的临界风速的确定,进而研究了烟气的流动情况和疏散方案。

⑩西南交通大学的李志业、贺丽娟等人通过试验研究了混杂纤维混凝土的耐火性能,并采用数值模拟软件对比分析了几种不同掺量的混杂纤维混凝土衬砌的温度场分布情况。

2) 发展趋势及存在的问题

我国公路隧道通风方式主要以纵向通风模式为主。当隧道内发生火灾时,常见的情况是向隧道内提供一个合理的纵向风速,阻止烟气回流现象,通过射流风机的推力,将烟雾吹向某一个方向。在单向交通隧道中通常将烟雾吹向行车方向,因为通常可以认为火源下游的车流已经驶离隧道,而火源上游方向则有一定数量的车辆和人员阻塞。

因此在单向交通隧道内,不考虑二次事故情况下,这种排烟模式是非常有效的。然而,在双向交通模式下若发生火灾事故,由于车辆和人员要从火场向隧道两端疏散,纵向排烟模式将很难确定烟雾流向;此外,当前方交通事故造成后方车辆阻塞时,极易引发二次追尾事故。当发生二次事故火灾时,火灾下游车辆也无法自由离开隧道,同样带来烟雾控制困难。针对这种情况,集中排烟模式被提出,其工作原理为:在公路隧道正常运营时,排烟道一般不使用,排烟口阀门关闭,利用通风模式进行通风;在火灾工况下,利用专用排烟道,打开火源附近一定范围的排烟阀进行集中排烟,即采用排烟轴流风机抽排和射流风机纵向诱导相结合,把烟气控制在行车道的一定范围内,从而将火灾释放的、威胁人员生命健康的有害烟气与维持人员呼吸的清洁空气进行分离。利用独立排烟道集中排烟既可有效控制烟气蔓延及沉降,还能确保行车道内的卫生环境,从而提高防灾救援的安全性,同时将火灾对隧道内装修与设备损坏最小化,解决了纵向通风火灾烟雾沿纵向蔓延带来的危害,使通风既节能又安全。

在特长公路隧道中,运营通风模式仍然以纵向通风模式为主,半横向通风方式次之,全横向方式最少,近年来,国内特长公路隧道正常运营通风也多采用纵向通风方式。对于火灾排烟,欧美发达国家则大多采用点式集中排烟方式。相对欧美发达国家,国内隧道对火灾排烟问题的认识和研究刚刚起步,因此,国内对于特长公路隧道的设计和运营管理经验是欠缺的。借鉴国外成功经验,结合我国实际,从技术上、设施上大大提高交通量、特长隧道防灾抗灾能力是我们未来运营期间面临的重要任务。火灾排烟设计应以生命保障优先和烟气分离为原则。

港珠澳大桥海底沉管隧道采用独立排烟道集中排烟模式,火灾工况下集中排烟系统会适时启动进行排烟。然而针对不同火灾工况,如何开启轴流风机和排烟口组合才能有效控制烟气蔓延并高效排烟,则为隧道运营过程中亟须解决的工程问题。本章以沉管隧道火灾排烟所面临的工程实际问题为出发点,对火灾工况下排烟系统轴流风机排烟量的科学界定、排烟口开启策略的合理选取等重点、难点问题,采用足尺火灾试验与数值仿真相结合的方法进行系统研究。

5.1.2 通风排烟设计原则及工作原理

1)特长公路隧道通风排烟的指导原则

(1)烟气分离设计原则

特长公路隧道火灾情况下的通风排烟模式应采取烟气分离排放的设计思想,通过打开火源两侧一定范围内的排烟阀及隧道内独立排烟道集中排放火灾烟雾,从而将火灾释放的、威胁人员生命健康的有害烟气与维持人员呼吸的清洁空气进行分离,这样既可有效控制烟气蔓延及沉降,还能确保行车道内的卫生环境,从而提高防灾救援安全性,同时降低火灾对隧道内装修与设备的损坏率。

(2)生命保障优先原则

隧道防灾减灾设计总体趋势为体现以人为本思想的"生命保障工程"(火灾发生后10min内)和"财产保障工程"(火灾发生后10min至2h或更长)。"生命保障工程"设计理念主要是如何提供有效的排烟、扑灭、逃生措施,防止有毒高温的火灾烟雾危害生命,并能在最短的时间内有效逃生疏散。"财产保障工程"设计理念主要是如何提供有效的扑灭、外部救援等措施保护隧道设施结构、车辆等,使财产损失最小。

运营通风方式常采用经济的竖井送排式分段纵向通风模式。为了提高消防能力,应采取有效的排烟措施,通过技术、经济、安全等各方面综合比较后,对于特长山岭公路隧道拟采用有独立排烟道的竖井送排式纵向通风模式,这也是在山岭隧道中最先总结的研究成果,具有重要的指导意义。

2)不同通风排烟模式的工作原理

目前国内外公路隧道运营通风主要有三种方式:纵向通风、全横向通风、半横向通风。火灾时排烟模式主要有纵向排烟和集中排烟[集中排烟在国外有三种称法:集中排烟(Central Extraction)、点式排烟(Point Smoke Extraction)和即时排烟(Punctual Extraction)]。

在特长公路隧道中,运营通风模式仍然以纵向通风模式为主,半横向通风方式次之,全横向不多。主要原因是世界各国对纵向通风的经济性共识,而横向通风和半横向通风模式在建设阶段和运营阶段的经济性均没有优势,因此主要用于以双向交通为主的隧道中。近年来,国内特长公路隧道正常运营通风也多采用纵向通风方式,这是与欧美发达国家的主流设计理念相吻合的。

欧美国家特长隧道排烟模式则以集中排烟为主,即一些特长公路隧道运营通风采用纵向通风,而火灾采用排烟道集中排烟。相对于欧美发达国家,国内隧道对火灾排烟问题的认识和研究刚刚起步。目前,国内水底隧道已逐渐推广这种排烟模式,如已经通车的上海长江隧道、武汉长江隧道和浙江省在建的钱江通道均采用了集中排烟方式;另外,我国香港地区新建隧道也多采用集中排烟模式。但我国内地已建或在建的特长山岭公路隧道中基本采用纵向排烟模式。

由于国内特长隧道的建设起步较晚,我国特长隧道均是近几年建设的,部分刚投入运营,部分还处于在建状态,结合我国实际,如何从技术上、设施上提高大交通量、特长隧道防灾抗灾能力是我们在未来运营期间将面临的重大问题。

隧道安全是一个系统工程问题。如何提高隧道消防能力,改善有效的排烟系统将是总体发展方向。对于火灾发生风险大(交通量大、运营条件复杂、交通事故高发)的隧道在采用纵向通风模式时,实现烟气分离设计将是最有效的消防安全手段之一。

(1)纵向通风排烟系统

纵向式通风是最简单的通风方式,但是因为通风所需动力与隧道长度以及设计风量的平方成正比,所以通常在隧道中间设置竖井对长隧道进行分段,以提高正常运营通风的经济性。

在全射流纵向通风模式下,火灾发生时,火灾烟流控制方案的目的就是防止烟雾回流,即应控制烟流向某一个方向(火源点下游)排放,这就引出了临界风速的概念,即使烟雾不发生回流的最小风速。通过射流风机的推力,将烟雾吹向某个方向,在单向交通隧道中通常将烟雾吹向行车方向,因为通常可以认为火源下游的车流已经驶离隧道,而火源上游方向则有一定数量的车辆和人员阻塞。因此在单向交通隧道内,不考虑二次事故火灾情况下,这种排烟模式是非常有效的。在城市隧道中,由于交通拥挤状况日趋严重,隧道出口交通疏解困难造成隧道内交通阻滞呈常态化时,这种排烟模式也带来了相应的风险。

在双向交通模式下若发生火灾事故,由于车辆和人员要从火场向隧道两端疏散,纵向排烟模式将很难确定烟雾流向。

此外,当前方交通事故造成后方车辆阻塞时,极易引发二次追尾事故,当发生二次事故火灾时,火灾下游车辆也无法自由离开隧道,同样带来烟雾控制困难。

(2)全横向、半横向通风及排烟方式

半横向通风模式分为送风型半横向通风模式和排风型半横向通风模式。送风型半横向通风是半横向通风模式的标准形式,新鲜空气经送风管直接吹向汽车的排气孔高度附近,对汽车尾气直接稀释,控制污染在隧道上部扩散,经两端洞口排出洞外。半横向通风主要适用于双向交通隧道,但是送风型半横向通风模式也适用于单向交通隧道,因为可以有效利用活塞风。排风型半横向通风过去仅有个别工程实例,后来几乎没有使用过,因为除了污染物浓度非常不均匀外,通风效率也较差。

全横向通风模式同时设置送风管道和排风管道,隧道内基本不产生纵向流动的风,只有横向的风流动,污染物浓度的分布沿全隧道大致均匀。但是在单向交通时因为交通风的影响,在纵向能产生一定风速,污染浓度由入口至出口有逐渐增加的趋势,一部分污染空气直接由出口排出洞外,这种排风量有时占有很大的比例。但通常情况下,可以认为送风量与排风量是相等的,因而设计时也把送风道和排风道的断面积设计成同样的。

火灾发生时,半横向或全横向通风模式立即转入火灾控制工况,将烟雾通过排风道排走。其中送风型半横向通风模式必须在最短时间内逆转主风机,以转入火灾通风工况,新鲜空气从隧道两端洞口进入,以便提供消防人员和疏散人员必需的氧气,火灾烟雾通常通过隧道顶部或底部的排烟道吸走,因此,可以将烟雾控制在较短的长度范围内。其中,利用隧道顶部富余空间设置顶隔板形成独立排烟道系统的设置方式,能够利用火灾烟雾的浮力作用及时高效地抽排火灾烟雾,且不用加大开挖面,从而保证了隧道工程的安全性和经济性。底部排烟道集中排烟模式,在行车道底部一侧设置排风道,可利用另一侧形成紧急疏散通道,以供人员在火灾等紧急情况下进行疏散所用,但需在隧道开挖时在行车道下部加大开挖面,形成独立的排烟道,这将加大施工的难度和工程投资。

(3)纵向通风与集中排烟混合方式

混合通风排烟模式,在正常运营阶段采用纵向通风模式,在长隧道中也可以增设竖井分段,可以充分利用纵向通风的经济性。在火灾发生时,则利用独立排烟道就近集中抽排火灾烟雾,从而能够将烟雾控制在较短的长度范围内,增加人员可用逃生时间,大大提高消防能力。

3)不同排烟设计方案的综合比较分析

通过制定这些不同的通风排气程序原则表明,长公路隧道通风排气设计可以选择多种模式,但其中哪些是更经济、安全、可行的方式,应加以分析。由于这些原因,本节对前述几种通风排烟模式优缺点进行比较分析。

(1)全横向通风排烟

①主要特点

a. 正常运营阶段:专门布置一条送风道,供给新鲜空气,并通过专门的排风道,排出废气。

b. 火灾工况下:排风道被打开至满负荷工作状态,集中抽排烟气。

②主要优点

能够在短距离将烟气抽出整个隧道,且能控制烟气沿隧道长度方向的流动,为人员逃生创造有利的条件。

③主要缺点

a.需要修建专门的送、排风管道来供应与排出通风空气,因此隧道横断面要求较大,造价较高,且不节能。

b.由于交通风力(活塞风)的存在,与隧道纵向完全交叉的气流实际上很难实现。

c.机电控制比较复杂,正常运营时风阀的开度调节比较困难。

d.从正常营运工况转入火灾工况需要一定的时间。

(2)半横向通风排烟

①主要特点

a.送风型:新鲜空气通过专门的管道均匀添加,污染空气则纵向排放到隧道的进出口。

b.排风型:新鲜空气从隧道进出口进入,污染空气则通过专门管道被抽排出隧道。

②主要优点

a.在长度方面没有限制,其条件较为灵活,可应用于不同隧道长度的通风排烟。

b.火灾时,能将烟雾控制在较小区域。

③主要缺点

a.需要修建专门的送、排风管道来供应与排出通风空气,因此隧道横断面要求较大,造价较高,且不节能。

b.由于交通风力(活塞风)的存在,与隧道纵向完全交叉的气流实际上很难实现。

c.机电控制比较复杂,正常运营时风阀的开度调节比较困难。

d.从正常营运工况转入火灾工况需要一定的时间。

e.下部送风型半横向通风,顶部无专门排烟道,排烟口纵向间距大,火灾时排烟效果不佳。

(3)纵向通风、排烟(竖井送排式)

①主要特点

a.正常运营阶段,空气交换通过隧道进出口、竖井,气流纵向流动。

b.火灾时,烟雾纵向流动,通过隧道主洞、隧道洞口及竖井分段排放。

②主要优点

土建工程量相对较少,工程造价较低,控制相对较为简单。

③主要缺点

a.在火灾工况下,烟气在纵向有一定距离的蔓延,使隧道下游产生严重的烟雾,这种情况不利于人员逃生。

b.产生长区段的高温,使得灾后维修成本增加,并且长时间中断交通,破坏隧道的机械和电器设备。

c. 在双向交通情况下,引起大面积车辆堵塞,容易形成二次事故。

(4)纵向通风+独立排烟道集中排烟(竖井送排式)

①主要特点

a. 正常运营阶段,采用纵向通风方式。

b. 火灾条件下的隧道拱顶采用一套独立的集中烟道。

②主要优点

火灾情况下利用独立排烟道排烟,可有效控制烟气蔓延及沉降。

③主要缺点

需要在隧道拱顶富余空间设置顶隔板形成独立排烟道,土建及机电成本有所增加。

综上所述,既要选择经济节能的营运通风方式,又要节省建设投资减少运营费用,因此,特长公路隧道正常营运通风普遍采用纵向通风方式。但如何解决火灾条件下的排烟问题是近年来国外研究的热点,尤其是山岭隧道由于两洞口高低差、通风竖井与洞口的高差、隧道洞内外的温差等因素引起的"烟囱效应"问题,交通量大的条件下高火灾发生频率问题,二次事故火灾问题等。

因全横向和半横向通风模式的工程造价较高,且现今特长公路隧道主要以单向交通为主,又不能充分利用车辆活塞风作用,营运电费昂贵。因此,在特长公路隧道设计时,营运通风方式较多采用经济的竖井送排式分段纵向通风模式。而在火灾工况条件下,利用独立排烟道进行通风排烟将大大提高火灾安全性。

鉴于特长隧道正常工况下的纵向通风和火灾工况下的独立排烟道集中排烟结合起来的混合方式的突出特点,探讨特长公路隧道纵向通风模式下不同的独立排烟道系统,在技术、经济、施工难度、工期以及排烟效果等方面对其进行综合分析,获得纵向通风模式下的不同独立排烟道设置方式的主要技术参数指标,具有重要意义。

5.1.3 纵向通风模式下不同独立排烟道系统比较研究

1)纵向通风模式下不同独立排烟道系统工作原理

特长公路隧道在纵向通风模式下,设置的独立排烟道系统是一种新型通风排烟系统,可将纵向通风与集中排烟有机结合。其工作原理为:在公路隧道正常营运时,排烟道一般不使用,排烟口阀门关闭,利用纵向通风模式进行通风;火灾工况时,打开火源附近一定范围内的排烟阀,利用专门排烟道进行集中排烟,即采用排烟轴流风机抽排和射流风机纵向诱导相结合,把烟气控制在行车道的一定范围内,从集中排烟既可有效控制烟气蔓延及沉降,还能确保行车道内的卫生环境,从而提高防灾救援的安全性,同时将火灾对隧道内设备损坏降低,解决了纵向通风火灾烟雾沿纵向蔓延带来的危害,使通风既节能又安全。

独立排烟道的设置方式一般有三种:利用隧道拱顶富余空间设置顶隔板形成独立排烟道;在行车道下部设置独立排烟道;设置与主隧道分离的独立辅助隧道作为排烟道。

2)三种独立排烟道设置方式比较研究

通过分析顶部独立排烟道系统、行车道下部独立排烟道系统和分离式独立排烟道系统的三种不同独立排烟道的设置方式,分析三种方式的优缺点,在实际工程中应该选用哪一种,则需要对它们进行综合分析,根据工程的实际情况进行选择。不同独立排烟道设置方式见表5-3。

不同独立排烟道设置方式比较表　　表5-3

对比内容	顶部独立排烟道系统	行车道下部独立排烟道系统	分离式独立排烟道系统
施工性	排烟风道与主隧道的连接点结构设计和施工处理有一定的难度;顶部烟道板距拱顶高度小时,施工难度大	在行车道下部设置排烟道,在修建时需要大大增加隧道断面的开挖面积,这会大大增加隧道的土建总价;排烟口通过沿隧道拱壁设置的排烟联系通道与排烟风道相连接,需沿隧道设置多个排烟联系通道,局部施工难度大;烟道结构同时是行车道承载结构,耐高温要求高	独立排烟道长度长,洞径小,且开挖工作面少,又距主隧道近,难以组织快速施工;由于与主隧道连接的排烟横道多,且要与主隧道进行竖向连接,开挖难度及施工干扰均较大,施工工期较长,施工难度更大
维护	排烟风道设置于主隧道拱顶,断面狭小且呈扁平形状,给养护、维修带来一定困难	排烟道的面积和尺寸可根据需要进行设置,不影响排烟道的维护	排烟道的面积和尺寸可根据需要进行设置,不影响排烟道的维护
排烟道数量	在双管单向交通隧道中,需在两座主隧道内设置两个独立的排烟风道及配套的排烟风阀,也即排烟风道不能被两座隧道共用	在双管单向交通隧道中,需在两座主隧道内设置两个独立的排烟风道及配套的排烟风阀,也即排烟风道不能被两座隧道共用	当采用双管单向交通隧道时,两座主隧道共用一个排烟风道,既节省土建成本,又有利于营运维护
对正常通风的影响	在双车道隧道内,若采用常规断面且不扩大断面,仅在主隧道断面内分隔出一定空间作为排烟风道,使得正常营运的过风断面积有所缩小,这在一定程度上会增加正常营运期间纵向通风的能耗。若在双车道隧道中适当扩大断面,或者在三车道隧道中,即使不扩大断面,纵向通风的能耗影响也很小	不会压缩正常营运的通风断面积,纵向通风的经济性得到最大限度的保证	不会压缩正常营运的通风断面积,纵向通风的经济性得到最大限度的保证
排烟效果	设置专用排烟道,火灾烟雾可及时从排烟道排出,避免或减少了隧道主风道烟雾纵向蔓延的危害,提高了人员逃生与救援的安全性	设置专用排烟道,火灾烟雾可及时从排烟道排出,避免或减少了隧道主风道烟雾纵向蔓延的危害,提高了人员逃生与救援的安全性	设置专用排烟道,火灾烟雾可及时从排烟道排出,避免或减少了隧道主风道烟雾纵向蔓延的危害,提高了人员逃生与救援的安全性

续上表

对比内容	顶部独立排烟道系统	行车道下部独立排烟道系统	分离式独立排烟道系统
排烟能力	为控制工程造价，风道断面通常较小且呈扁平形状，排烟流速较大，会影响排烟能力 行车道与排烟道用顶隔板进行分隔，排烟口和排烟阀设置方便，增加排烟口施工量不大，可根据需要设置，确保排烟效果	排烟风道的截面面积可根据需要进行设置，需要时也可以在排烟风道内同时设置中继加压风机，以补偿长距离排烟的沿程压力损失 每个排烟口需用排烟联系通道与排烟道连接，排烟口须增加排烟联系通道，开挖难度及施工干扰均较大，因此，隧道内排烟口的间距一般较大	每个排烟口需用排烟横道与排烟道连接，排烟横道多，且断面小，开挖难度及施工干扰均较大，因此，隧道内排烟口的间距一般较大
排烟道耐久性要求	需要考虑排烟风道顶隔板的耐久性和火灾下的力学反应，确保在日常运营中的结构安全性及防止火灾工况下大面积的坍塌	不需考虑排烟风道火灾工况下大面积的坍塌，但烟道结构同时是行车道承载结构，耐高温要求高	不需要考虑排烟风道火灾工况下大面积的坍塌，耐久性及安全性易实现
应用范围	适用于拱形、圆形、矩形等各种断面的单向、双向公路隧道	适用于拱形、圆形、矩形等各种断面的单向、双向公路隧道	适用于拱形、圆形、矩形等各种断面的单向、双向公路隧道
应用情况	在实际的工程中最为常见，技术也比较成熟	勃朗峰（Mont-Blanc）隧道	在实际工程中，尚未有应用
其他用途	无其他用途	在行车道底部一侧设置排烟风道，可利用另一侧形成紧急疏散通道，以供人员在火灾等紧急情况下进行疏散所用	无其他用途

3) 火灾排烟模式的选择

目前排烟所采用的主要模式有两种，即不含独立排烟道纵向排烟，和含有独立排烟道的、半横向集中排烟模式。当使用不带独立排烟道的排烟模式时，控制火灾烟流方案的主要目的就是防止烟雾回流，即控制烟流向火源点下游排放。在单向交通工况下，这种控制方案是合理的。因为火灾点的下游车辆通常都已经离开隧道，在烟雾流向的下游隧道内，也没有驾乘人员；然而在一些特殊工况下，就存在严重的安全隐患，如在双向交通工况下，以及二次事故导致火灾的工况，当前方发生交通事故，造成后方车辆阻塞，从而引发二次追尾并导致火灾。在这些工况下，火源两侧均有驾乘人员，无论火灾烟雾流向哪一侧均会威胁该侧人员的生命危险，火灾下游的车辆无法自由离开隧道，此时，不带独立排烟道的纵向排烟模式，将无法满足隧道的防灾要求。

在欧洲双向交通的公路隧道中，大量采用了带独立排烟道半横向集中排烟模式（Point Smoke Extraction）。这种排烟模式通常与正常营运阶段的半横向通风模式结合起来。以送风型半横向通风为例,在正常营运阶段,送风道用于输送新风,当发生火灾时,立即转入火灾通风模式,轴流送风机逆转用于排烟,送风道成为排烟道,仅开启火源附近的若干风阀,其余关闭,并辅之以两侧的纵向气流,防止烟雾紊乱,于是烟雾通过排烟风阀吸入排烟道。采用这种排烟模式时,火灾烟雾的扩散就得到了有效控制,火源点两侧的驾乘人员均处于安全的空气环境中,且消防力量可以从火场两侧进入,消防能力大大提高。

5.2 单组排烟口合理排烟量

对沉管隧道火灾烟气进行有效控制,必须进行排烟,确定单组排烟口合理的排烟量是烟控策略的关键因素之一。对于设置独立排烟道的集中排烟系统的排烟量,既不能过大,也不能过小,排烟量过大会造成排烟道内和排烟阀处流速过大,对系统结构造成不利的影响,同时造成不必要的浪费;而排烟量过小,又达不到控制烟气蔓延的效果。因而,合理排烟量的确定直接关系到烟控的效果。本节通过排烟量的理论计算、单组排烟口排烟量数值模拟,以及增大排烟量对烟气控制效果的影响等角度进行分析,最后得到隧道火灾时合理的排烟量。

5.2.1 火灾排烟量的计算

1) 隧道火灾火源功率

(1) 火源类型

①定常火源。

定常火源的火源功率为常数,不随时间变化。定常火源是消防安全工程中最常用的火源模化方式之一。在建筑中,通常可用火灾荷载来描述该建筑的可燃物状况,对于不同用途的建筑,不少学者给出了不同的火灾载荷密度的建议值。定常火源火灾中的热释放速率即为火灾载荷密度与空间体积或房间面积乘积。

②火灾增长系数。

火灾增长系数是衡量火灾危险性的重要指标。同样的火灾荷载可能支持较小的火燃烧较长的时间,如得到消防队及时扑救则造成的损失较小,或可能支持较大的火燃烧较短时间,则这种情况的危险性更高,造成的损失更大。火灾的增长系数与燃烧特性、储存状态、空间摆放形式、是否有自动喷水灭火系统、火场通风排烟条件等因素密切相关。可燃物的引燃温度、临界引燃辐射热流越低,火灾发展越快,液体火灾比固体火灾一般发展要快。而可燃物集中堆放燃烧的火灾发展速度一般要比可燃物分散摆放时要慢,尤其是当可燃物在垂直方向还有分布时,火灾的发展速度更快。

火灾增长系数除了可以通过试验测定之外,还可以通过模型计算、经验估算以及参考相关文献和引用规范的数据等方式得到。大多数民用建筑火灾在没有可燃液体和可燃气体参与,而以纤维类火灾为主要特征时,其初期增长速率都比较慢。当火灾增长到一定规模后,增长速率将加速。火灾的热释放速率与火灾发展时间关系可用式(5-1)表示:

$$\dot{Q} = \alpha(t - t_0)^2 \tag{5-1}$$

式中:$\dot{Q}$——火源热释放速率,kW;

α——火灾增长系数,kW/s^2;

t——火灾燃烧的时间,s;

t_0——火灾的引燃时间,s。

在工程应用中,由于火灾引燃阶段对火灾蔓延影响较小,通常可不考虑火灾达到有效燃烧需要的时间,仅研究火灾开始有效燃烧后的情况,故取 $t_0 = 0$。因此,火灾热释放速率随时间的变化关系可以简化为式(5-2):

$$\dot{Q} = \alpha t^2 \tag{5-2}$$

对于火灾的类型,国际标准 ISO/TS 16733(火灾安全工程第4部分:设定火灾场景和设定火灾的选择)中根据火灾增长系数(表5-4)的值定义了四种标准火灾:慢速火、中速火、快速火和超快速火,它们分别在600s、300s、150s、75s时刻可达到1MW 的火灾规模,见表5-4。

火灾增长系数　　　　　　　　　　表5-4

火 灾 类 别	典型的可燃材料	火灾增长系数(kW/s^2)	热释放速率达到1MW 的时间
慢速火	硬木家具	0.002 93	600s
中速火	棉质、聚酯垫子	0.011 72	300s
快速火	装满的邮件袋、木制货架托盘、泡沫塑料	0.046 89	150s
超快速火	池火、快速燃烧的装饰家具、轻质窗帘	0.187 5	75s

③时间平方增长-稳定火。

顾名思义,时间平方增长-稳定火是指火源功率先按时间平方的增长方式增长一定时间后,再保持在某个稳定值。这也是在工程分析中常用到的一种火源模化方式。通常火灾中,火源增长到一定程度之后,由于受燃料的限制或主动消防措施(如水喷淋系统)的作用,火源功率就不再继续增长而维持在某个值左右。

(2)隧道火灾火源功率

隧道火灾的危险性主要取决于火灾规模的大小、隧道的长度、车流量大小及人员逃生方式的可靠性。火灾规模的确定对于隧道消防设施的设置以及通风救援方案的选择影响很大,是制定预防策略、设计防火体系、选用防火设备以及开展相关工作的基础和依据。众所周知,火灾规模与事故车辆的车型直接相关,无论是燃烧功率还是持续时间,小客车均小于载货汽车,PIARC 的数据表明,在隧道发生火灾后最大热量的释放会持续一段时间,具体数据见表 5-5,另据英国公路隧道设计规范,其对隧道火灾规模的建议值见表 5-6。

PIARC 火灾规模 表 5-5

火源(汽车类型)	火灾功率(MW)	火源(汽车类型)	火灾功率(MW)
汽车,小客车	3	卡车,公共汽车	20
运货汽车	10	油罐车	50~100

英国规范对隧道火灾规模的建议值 表 5-6

隧道长度	通风设计火灾荷载取值			
	高速公路	城市主干道	非城市主干道	非主干道
长度 > 2 000m	50	20	20	20
长度 < 2 000m	50	20	20	20

2) 火灾排烟量的确定

火灾排烟需风量由三方面因素决定:火灾烟气的生产量、保证排烟风机在耐热工作范围内所需的通风量以及通风过程中车道内风速应能限制烟气蔓延。而若对火灾烟气进行有效控制,必须进行排烟,确定合理的排烟量是进行排烟系统设计的关键因素之一。排烟量主要取决于烟气生成速率,而火灾烟气生成速率主要取决于火源上方烟气羽流的质量流量。依据《建筑防排烟技术规程》(附条文说明)(DGJ 08-1988—2006),结合港珠澳大桥海底沉管隧道工程实际及可能的火灾场景,隧道排烟量的理论计算值可采用轴对称型烟羽流的烟气生成量与墙型烟羽流的烟气生成量。

(1) 轴对称型烟羽流模型

轴对称羽流在高度 Z 处的烟气的生成速率按式(5-3)计算:

$$M_p = \begin{cases} 0.032 Q_c^{\frac{3}{5}} z & z \leqslant z_1 \\ 0.071 Q_c^{\frac{1}{3}} z^{\frac{5}{3}} + 0.0018 Q_c & z > z_1 \end{cases} \quad (5\text{-}3)$$

式中:M_p——羽流质量流量,kg/s;

Q_c——火源的对流热释放速率,kW;

z_1——火焰限制高度,m;$z_1 = 0.166 Q_c^{\frac{2}{5}}$,$Q_c \approx 0.7Q$($Q$ 为火源功率,kW);

z——燃料面到烟气层底部的高度(取值应大于或等于最小清晰度),m。

最小清晰高度为 2m,假设燃料面为行车道路面,当所产生的烟气全部被排出时,烟气层底部即为排烟道顶板底面,此时 z 即为行车道路面到排烟道顶隔板底面的高度,为 7.2m。

当隧道内车辆火灾规模为 50MW 时:

$$\because z_1 = 0.166 Q_c^{\frac{2}{5}} = 0.166 \times (0.7 \times 50\,000)^{\frac{2}{5}} = 10.91 \text{m} > z = 7.2(\text{m})$$

$$\therefore M_p = 0.032 Q_c^{\frac{3}{5}} z = 0.032 \times (0.7 \times 50\,000)^{\frac{3}{5}} \times 7.1 = 121.02(\text{kg/s})$$

在羽流质量流量 $M_p = 121.02 \text{kg/s}$ 的情况下，可根据式(5-4)计算其产烟速率：

$$v = \frac{M_p T}{T_0 \rho_0} \tag{5-4}$$

式中：v——火灾产烟速率，m^3/s；

ρ_0——环境温度下气体密度，kg/m^3，一般取 $\rho_0 = 1.2 \text{kg/m}^3$；

T_0——环境温度，K；

T——烟气的平均温度，K，其中 T 由式(5-5)计算得到。

$$T = T_0 + \frac{Q_c}{M_p c_p} \tag{5-5}$$

式中：c_p——空气的定压比热，kJ/(kg·K)，取 $c_p = 1.02 \text{kJ/(kg·K)}$；

T_0——环境温度，K，取 $T_0 = 298\text{K}$。

$$\therefore T = T_0 + \frac{Q_c}{M_p c_p} = 298 + \frac{35\,000}{121.02 \times 1.02} = 298 + 283.54 = 581.54(\text{K})$$

$$\therefore v = \frac{M_p T}{T_0 \rho_0} = \frac{121.02 \times 581.54}{298 \times 1.2} = 196.81(\text{m}^3/\text{s})$$

由计算可知，在隧道单向行车 50MW 火灾条件下，要将火灾产生的烟气全部排出，所需的最小排烟量应等于产烟速率 $196.81 \text{m}^3/\text{s}$。

(2)墙型烟羽流模型

墙型烟羽流在高度 z 处的烟气的生产速率按式(5-6)计算：

$$M_p = \begin{cases} 0.035\,5(2Q_c^{\frac{1}{3}})z^{\frac{5}{3}} + 0.001\,8Q_c & z > z_1 \\ 0.035 Q_c & z = z_1 \\ 0.016(2Q_c)^{\frac{3}{5}} z & z < z_1 \end{cases} \tag{5-6}$$

符号意义同上。当隧道内车辆火灾规模为 50MW 时：

$$\because z_1 = 0.166(2Q_c^{\frac{2}{5}}) = 0.166 \times (2 \times 0.7 \times 50\,000)^{\frac{2}{5}} = 14.4\text{m} > z = 7.2(\text{m})$$

$$\therefore M_p = 0.016(2Q_c^{\frac{3}{5}})z = 0.016 \times (2 \times 0.7 \times 50\,000)^{\frac{3}{5}} \times 7.1 = 91.71(\text{kg/s})$$

在羽流质量流量 $M_p = 91.71 \text{kg/s}$ 的情况下，可根据式(5-7)计算产烟速率：

$$v = \frac{M_p T}{T_0 \rho_0} \tag{5-7}$$

式中：v——火灾产烟速率，m^3/s；

ρ_0——环境温度下气体密度，kg/m^3，一般取 $\rho_0 = 1.2 kg/m^3$；

T_0——环境温度，K；

T——烟气的平均温度，K，其中 T 由式(5-8)计算得到。

$$T = T_0 + \frac{Q_c}{M_p c_p} \tag{5-8}$$

式中：c_p——空气的定压比热，$kJ/(kg \cdot K)$，取 $c_p = 1.02 kJ/(kg \cdot K)$；

T_0——环境温度，K，取 $T_0 = 298K$。

$$\therefore T = T_0 + \frac{Q_c}{M_p c_p} = 298 + \frac{35\,000}{91.71 \times 1.02} = 298 + 368.9 = 672.15(K)$$

$$\therefore v = \frac{M_p T}{T_0 \rho_0} = \frac{91.71 \times 672.15}{298 \times 1.2} = 172.38(m^3/s)$$

在上述羽流模型所对应隧道单向行车 50MW 火灾发生场景下，要将火灾产生的烟气全部排出，所需的最小排烟量应等于产烟速率 $172.38m^3/s$。

根据烟气生成量理论计算值，得出 50MW 火灾时的排烟量取为 $200m^3/s$，同时考虑侧向排烟系统排烟效果差及漏风量等因素，港珠澳大桥海底沉管隧道通风排烟设计方案中排烟量为 $240m^3/s$。

5.2.2 排烟量的确定

火灾排烟需风量由三方面因素决定：火灾烟气的生产量、保证排烟风机在耐热工作范围内所需的通风量以及通风过程中车道内风速应能限制烟气蔓延。综合轴对称型烟羽流的烟气生成量与墙型烟羽流的烟气生成量的计算值，在选取 50MW 火灾发生场景下，所需的最小排烟量应取为 $200m^3/s$，同时考虑侧向排烟系统排烟效果差及漏风量等因素，港珠澳大桥海底沉管隧道通风排烟设计方案中排烟量为 $250m^3/s$。

5.2.3 单组排烟口合理排烟量数值模拟分析

集中排烟时，随着轴流风机排风量的增大，单组排烟口的烟气流速也会增大。当单个排烟口的排烟量过大时就可能导致发生烟气层吸穿，会导致机械排烟的效率大大降低，影响机械排烟系统的有效性，甚至会出现远离排烟口处的烟气层继续沉降的情况，从而有可能使其威胁到人员安全。

当轴流风机排烟量较小时难以有效排烟，烟雾蔓延进入排烟道，此时排烟道内烟雾浓度与烟气层相当，浓度达到最大；随着轴流风机排烟量继续增大，排烟口吸入的空气量也随之增大，排烟道烟雾浓度会缓慢降低；当轴流风机增大到一定程度时，排烟道内的烟气浓度会迅速降低,这是因为在排烟口排烟时,排烟口正前方的烟气先出现凹陷,凹陷程度与排烟速率相关,当排烟速率增大到一定程度时,排烟口前方已不存在烟气,大量前方冷空气被直接吸入排烟口,即烟气层发生了"吸穿现象",但此时仍有烟气从排烟口四周被吸入,并在排烟口周围与空气混合,反而增加了烟气厚度,故而导致了排烟道内的烟气浓度降低。因而,为了避免排烟口发生"吸穿现象",通过在不同的排烟量下,对排烟道内 CO 的浓度进行模拟分析,进而优选出单组排烟口的最佳排烟量。

本节通过数值模拟的方法对集中排烟模式下单组排烟口合理排烟量进行研究,由于提取各个排烟阀排出的烟气量存在困难,试验中,利用火源生成的 CO 量和各个排烟阀排出的 CO 量表征火源烟气生成量和各个排烟阀的烟气排出量,对双向排烟方式下火灾规模为 50MW 的不同排烟阀设置方案的排烟效率进行数值模拟研究。

1)数值模拟工况

火灾规模为 50MW 时,对称地开启两组排烟口,排烟口开启方式如图 5-1 所示,排烟口的间距为67.5m,纵向风速为 0m/s,对双向排烟模式进行数值模拟,研究在不同排烟量对 CO 浓度($\times 10^{-6}$)控制的效果,进而分析处单组排烟口的最佳排烟量。模拟工况见表 5-7。

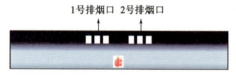

图 5-1 排烟口示意图

火灾规模为 **50MW** 时模拟工况 表 5-7

工 况	火 灾 规 模	轴流风机排风量(m^3)	排烟组开启
A-1		60	
A-2		70	
A-3		80	
A-4		90	
A-5		100	
A-6	50MW	120	1号、2号
A-7		140	
A-8		160	
A-9		200	
A-10		240	
A-11		300	

2)数值模拟结果分析

(1)不同排烟量下排烟道内 CO 浓度变化规律

通过对火源功率为 50MW 时的工况进行数值模拟,得到了排烟道内 CO 体积分数($\times 10^{-6}$)随排烟风机排风量变化曲线,如图 5-2 所示。

由图中可以看出:随着排烟量增加,CO 体积分数开始减小;当排烟量达到 $100m^3/s$ 至 $120m^3/s$ 时,CO 体积分数开始降幅平缓;当排烟量大于 $120m^3/s$ 并继续增大时,CO 体积分数降幅趋于平缓,并最终趋于某一定值。这是由于当排烟量小于 $100m^3/s$ 时,排烟口烟气流速小,排出烟气中烟雾比例大,因此 CO 浓度较大;当排烟量继续增大时,排烟口气体流速增大,吸入大量空气,排出烟气中烟雾比例逐渐变小,因此 CO 浓度会逐渐减小;当排烟量继续增大,由 $100m^3/s$ 增大至 $120m^3/s$ 时,排烟口气体流速继续增大,此时烟雾层在排烟道被稳定排出,烟雾与空气混合比例均匀,因此 CO 浓度处于稳定状态;当排烟量大于 $120m^3/s$ 且继续增大时,排烟口气体流速增大,部分排烟口出现烟气层吸穿现象,导致 CO 浓度急剧降低;当排烟量增大到一定程度时,排烟口气体流速极大,所有排烟口都出现烟气层吸穿现象,导致 CO 浓度将趋近于某一定值。

(2)不同排烟量下 CO 排出量变化规律

通过对火源功率为 50MW 时的工况进行数值模拟,得到了排烟道单位时间内 CO 排出量随着排烟风机排风量变化曲线,如图 5-3 所示。

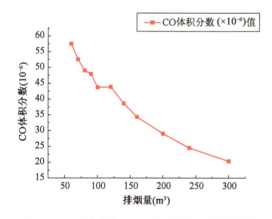 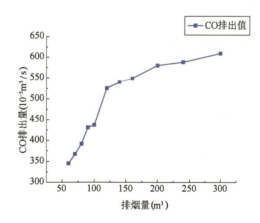

图 5-2　CO 体积分数($\times 10^{-6}$)随排烟量变化曲线图　　图 5-3　CO 排出量随着排烟量变化曲线图

由图中可以看出:随着排烟量增大,单位时间内排出的 CO 量先急剧增大,在排烟量达到 $120m^3/s$ 时,单位时间内排出的 CO 量增速平缓,最终趋于某一定值。这是因为,当排烟量在小于 $120m^3/s$ 开始增大时,排烟口气体流速增大,单位时间内排出的烟雾多,因此单位时间内排出的 CO 量也多;当排烟量大于 $120m^3/s$ 开始增大时,部分排烟口周围发生烟气吸穿现象,导致单位时间内排出的烟雾增加缓慢,同时单位时间内排出的 CO 量也缓慢增加;当排烟量继续增大到一定程度时,排烟口气体流速极大,所有排烟口都出现烟气层吸穿现象,导致单位时间内排出的烟雾值趋于稳定,因而单位时间内排出的 CO 值将趋近于某一特定值。

因此,当排烟口总排烟量超过 $120m^3/s$ 时,增大排烟风机排风量已不能显著提升排烟效果,故两组排烟口总排烟量为 $120m^3/s$ 时可保证排烟系统高效运行。

综合以上两点分析,得出了在火灾规模为 50MW 时,开启两组排烟口条件下,单组排烟口最佳排烟量为120m³/s,此时排烟效率达到最高。

在确定单组排烟量时,其取值还应考虑以下两个因素:

①规范规定。《建筑防排烟系统技术规范》规定当采用机械排烟时,排烟口风速不宜大于10m/s,最大不宜超过15m/s。当单组最优排烟量取值为60m³/s时,部分排烟口风速将大于15m/s,不符合规范规定,故单组最优排烟量应选取50m³/s,才能符合规范规定。

②排烟口排烟效果。当单组最优排烟量取值为60m³/s时,部分排烟口周围的烟雾层发生紊乱,而火灾发生时,为了使人员能在最优环境逃生,必须保证火灾烟雾能在隧道顶部很好分层,烟雾层紊乱不利于火灾时人员逃生,因此,单组最优排烟量应选取50m³/s,才能为火灾时人员逃生创造最有利环境。

综合以上两点分析,在火灾发生时,单组最优排烟量取值应为50m³/s。本部分的后续内容在涉及单组最优排烟量时都以50m³/s进行计算。

5.2.4 本节小结

本节针对港珠澳大桥海底沉管隧道侧向集中排烟系统的工程实际,结合上一章国内外对公路隧道火源功率开展的试验研究、相关规定及港珠澳大桥海底沉管隧道工程实际情况,在确定港珠澳大桥海底沉管隧道合理火源规模的前提下,分别采用轴对称型烟羽流模型与墙边受限烟羽流模型计算了港珠澳大桥海底沉管隧道的理论排烟量;然后通过数值仿真计算,得到单组排烟口的合理排烟;最后对比分析了增大排烟量对烟气控制效果的影响,具体结论如下:

(1)结合国内外对公路隧道火源功率开展的试验研究、相关规定及港珠澳大桥海底隧道工程实际情况,得出了港珠澳大桥海底沉管隧道火灾情况下最大火源功率为50MW。

(2)依据烟气生成量理论,综合轴对称型烟羽流的烟气生成量与墙型烟羽流的烟气生成量的计算值,在选取50MW火灾发生场景下,所需的最小排烟量应取为200m³/s,同时考虑侧向排烟系统排烟效果差及漏风量等因素,港珠澳大桥海底沉管隧道通风排烟设计方案中排烟量选取为250m³/s。

5.3 侧向集中排烟模式效率分析

在实际排烟系统中,影响排烟效果的两个关键因素主要是排烟口的有效过风面积和烟气通过排烟口的流速。火灾发生后,集中排烟系统在一定时间内启动,烟气将在排烟阀及排烟道内进行流动。但由于受到排烟道内沿程损失的影响,各个排烟阀附近的风流存在一定的纵向速度,各个排烟阀附近的纵向速度均不一样。距离排烟风机近的排烟阀,排烟风速较大,反之,排烟风速较小。合理的风速有助于烟气的排出,为了使各组排烟口处烟气流速达到均衡,可通过调整各组排烟口的有效过风面积,即调整各组排烟口的最优开启角度,获得均衡烟气流速,提高排烟系统的烟控效果。

因此,本节主要通过物理试验和数值仿真试验,对比分析50MW火灾规模下,排烟口的合理开启组数,以及各组排烟阀的最优开启角度问题,以期为后期排烟阀的合理设置提供依据。

5.3.1 排烟阀合理开启角度试验及其分析

在实际排烟系统中,影响排烟效果的两个关键因素主要是排烟口的有效过风面积和烟气通过排烟口的流速。

本节主要通过物理试验和数值仿真试验,来研究各组排烟口的最优开启角度下,隧道内排烟口处烟气流速分布规律,研究成果以期为后期排烟阀的合理设置提供依据。

1)数值仿真试验

(1)试验工况设计

集中排烟系统,对于各组排烟阀开启角度的研究,主要通过在排烟口开启组数一定的条件下,排烟阀开启最优角度。火灾发生时,启动轴流风机开始排烟,在开启排烟口组数确定的条件下,为了不致隧道内烟气紊乱,保护隧道烟气处于分层状态,使人员车辆尽快逃生,需保证排烟时排烟口烟气流速均匀。由于排烟阀的开启角度与排烟口有效过风面积一一对应,因此,在试验过程中,通过有效过风面积来研究排烟口的最优开启角度问题,以确定最佳的排烟阀设置方案。

根据研究目的,通过数值模拟火源功率为50MW,对比分析不同的排烟口开启组数(由2组到5组),在不同的有效过风面积下,独立排烟道系统中的排烟阀流速分布规律。模拟工况见表5-8。

数值仿真工况   表5-8

工况名称	排烟口开启组数	有效过风面积比(k)
A-1	1号、2号	0.6/0.9、0.7/1.0、0.75/1.0
A-2	1号、2号、3号	0.5/0.8/1.0、0.6/0.8/1.0、0.6/0.9/1.0、0.7/0.8/1.0
A-3	1号、2号、3号、4号	0.4/0.6/0.8/1.0、0.4/0.7/0.8/0.9、0.4/0.7/0.8/1.0、0.4/0.6/0.7/0.9、0.4/0.6/0.8/0.9
A-4	1号、2号、3号、4号、5号	0.4/0.5/0.6/0.7/1.0、0.4/0.6/0.8/0.9/1.0、0.4/0.6/0.8/1.0、0.4/0.6/0.7/0.8/1.0、0.4/0.7/0.8/0.9/1.0

有效过风面积比:排烟口排烟时开启角度决定了排烟口的有效过风面积,有效过风面积比即为排烟口的有效过风面积与实际面积之比,计算方法见式(5-9):

$$k = \frac{A'}{A} \tag{5-9}$$

式中:k——有效过风面积比;

A'——排烟口有效过风面积;

A——排烟口面积。

(2)试验结果对比分析

港珠澳大桥海底沉管隧道排烟系统中排烟口 3 个为 1 组,排烟道示意如图 5-4 所示,通风排烟过程中以组为单位进行控制,单组排烟口的开启角度一致。试验过程中均以组为单位研究排烟口的开启策略。

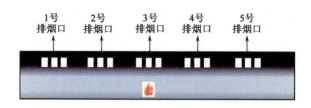

图 5-4 排烟口示意图

①通过 FDS 数值模拟软件计算可得在开启 2 组排烟口(1 号、2 号),排烟口有效过风面积比 $k_{1号}=0.75, k_{2号}=1.0$ 的情况下,各组排烟口处排烟量随时间的变化曲线,计算结果如图 5-5 所示。

图 5-5 表明此种工况下两组排烟口流量均匀,近似于 $100 m^3/s$,总排烟量接近于 $200\ m^3/s$。

②通过 FDS 数值模拟软件计算可得在开启 3 组排烟口(1 号、2 号、3 号),排烟口有效过风面积比 $k_{1号}=0.6, k_{2号}=0.8, k_{3号}=1.0$ 的情况下,各组排烟口处排烟量随时间的变化曲线,计算结果如图 5-6 所示。

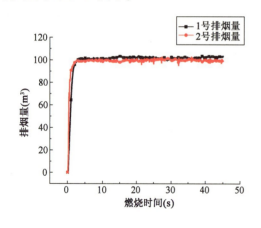

图 5-5 1 号、2 号排烟口开启时
排烟量随燃烧时间关系图

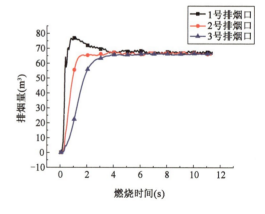

图 5-6 1 号、2 号、3 号排烟口开启时
排烟量随燃烧时间关系图

图 5-6 表明 3 组排烟口排风量均匀,近似于 $66m^3/s$,总排烟量接近于 $200m^3/s$。

③通过 FDS 数值模拟软件计算可得在开启 4 组排烟口(1 号、2 号、3 号、4 号),排烟口有效过风面积比 $k_{1号}=0.4, k_{2号}=0.6, k_{3号}=0.8, k_{4号}=1.0$ 的情况下,各组排烟口处排烟量随时间的变化曲线,计算结果如图 5-7 所示。

图 5-7 表明 4 组排烟口排风量均匀,近似于 50m³/s,总排烟量接近于 200m³/s。

④通过 FDS 数值模拟软件计算可得在开启 5 组排烟口(1 号、2 号、3 号、4 号、5 号),排烟口有效过风面积比 $k_{1号}=0.4,k_{2号}=0.5,k_{3号}=0.6,k_{4号}=0.8,k_{5号}=1.0$ 的情况下,各组排烟口处排烟量随时间的变化曲线,计算结果如图 5-8 所示。

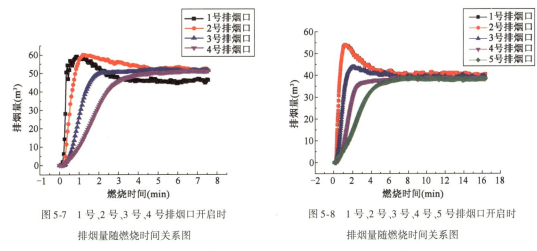

图 5-7　1 号、2 号、3 号、4 号排烟口开启时排烟量随燃烧时间关系图

图 5-8　1 号、2 号、3 号、4 号、5 号排烟口开启时排烟量随燃烧时间关系图

图 5-8 表明 5 组排烟口排风量均匀,近似于 40m³/s,总排烟量接近于 200m³/s。

2) 物理验证试验

(1) 试验工况设计

针对上一节数值模拟的结论,本部分开展了物理试验进行验证。港珠澳大桥海底沉管隧道的排烟口为自动百叶窗形式,图 5-9 为试验隧道排烟口示意图,而排烟口开启角度影响排烟面积,此时存在排烟面积的换算问题,此问题依照规范规定,可以通过以下方法进行计算:

当开启角度小于 70°时,$FP = FC \cdot \sin a$;

当开启角度大于 70°时,$FP \approx FC$。

其中 FP 为排烟面积,FC 为窗口面积,a 为开启角度。

试验中,所开展的物理试验统一采用排烟口开启角度来控制排烟口有效过风面积,其排烟口开启组数示意图如图 5-10 所示(图中 W* 为排烟口编号)。试验时轴流风机全开,排风量为 60m³/s,综合前面的试验结论,物理试验开展的工况见表 5-9。

图 5-9　足尺沉管试验隧道排烟口

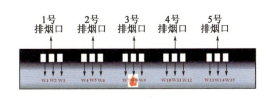

图 5-10　隧道排烟口开启组数示意图

物理试验工况 表5-9

工况	1号排烟口	2号排烟口	3号排烟口	4号排烟口	5号排烟口
A′-1	开启49°	开启90°	关闭	关闭	关闭
A′-2	开启36°	开启53°	开启90°	关闭	关闭
A′-3	开启24°	开启36°	开启53°	开启90°	关闭
A′-4	开启24°	开启30°	开启36°	开启53°	开启90°

(2)试验结果对比分析

①在开启2组排烟口时,1号排烟口开启角度为49°,2号排烟口开启角度为90°,此时排烟口有效过风面积比 $k_{1号}=0.75$,$k_{2号}=1.0$,两组排烟口风速如图5-11所示。

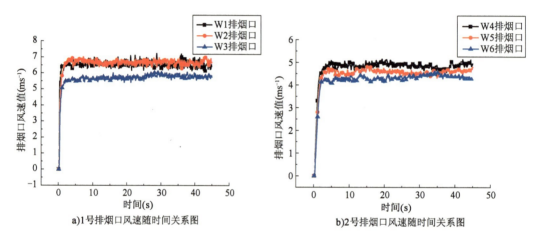

a)1号排烟口风速随时间关系图　　b)2号排烟口风速随时间关系图

图5-11　开启2组时排烟口风速随时间关系图

由图5-11容易看出1号排烟口流速 $W_1=6.61\text{m/s}$,$W_2=6.76\text{m/s}$,$W_3=5.62\text{m/s}$;2号排烟口流速 $W_4=4.85\text{m/s}$,$W_5=4.62\text{m/s}$,$W_6=4.29\text{m/s}$。各排烟口的流量随时间变化如图5-12所示。

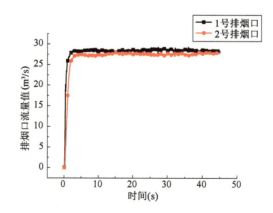

图5-12　排烟口流量随时间关系变化图

由图 5-12 可知,2 组排烟口排风量均匀,近似于 28 m³/s,总排烟量接近于 56m³/s。由于在物理试验时,风机和风道存在漏风等原因,实测总排烟量和风机总排烟量有一定差值。工况 A′-1 与 A-1 结果一致,表明物理试验结果与数值仿真结果吻合。

②在开启 3 组排烟口时,1 号排烟口开启角度为 36°,2 号排烟口开启角度为 53°,3 号排烟口开启角度为 90°,此时排烟口有效过风面积比 $k_{1号}=0.6, k_{2号}=0.8, k_{3号}=1.0$,3 组排烟口风速如图 5-13 所示。

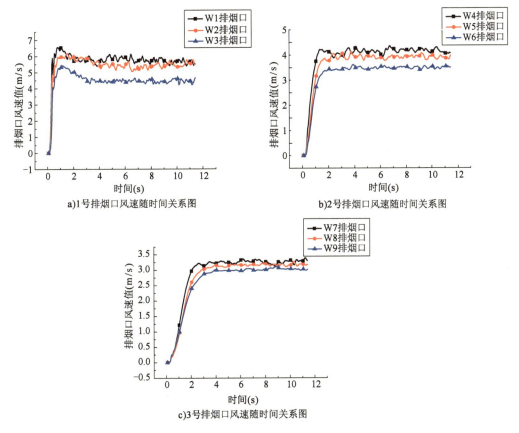

图 5-13 开启 3 组时排烟口风速随时间关系图

由图 5-13 容易看出 1 号排烟口流速 $W_1=5.72\text{m/s}, W_2=5.13\text{m/s}, W_3=4.43\text{m/s}$;2 号排烟口流速 $W_4=4.16\text{m/s}, W_5=3.92\text{m/s}, W_6=3.49\text{m/s}$;3 号排烟口流速 $W_7=3.24\text{m/s}, W_8=3.16\text{m/s}, W_9=3.02\text{m/s}$。各排烟口的流量随时间变化如图 5-14 所示。

由图 5-14 可知,3 组排烟口排风量均匀,近似于 18.5m³/s,总排烟量接近于 56m³/s,因此工况 A′-2 与 A-2 结果一致,表明物理试验结果与数值仿真结果吻合。

③在开启 4 组排烟口时,1 号排烟口开启角度为 24°,2 号排烟口开启角度为 36°,3 号排烟口开启角度为 53°,4 号排烟口开启角度为 90°,此时排烟口有效过风面积比 $k_{1号}=0.4, k_{2号}=0.6, k_{3号}=0.8, k_{4号}=1.0$,4 组排烟口风速如图 5-15 所示。

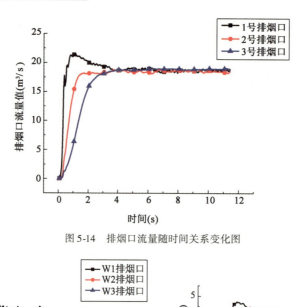

图 5-14 排烟口流量随时间关系变化图

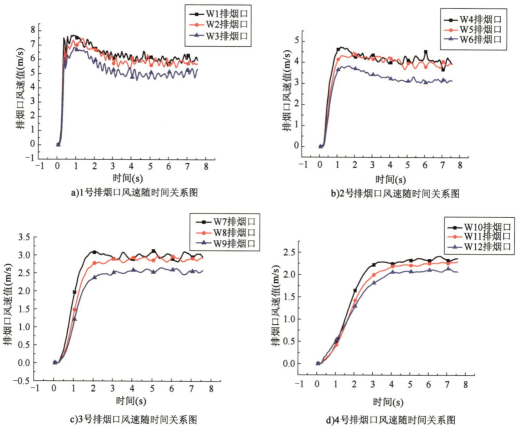

a)1号排烟口风速随时间关系图　　　　b)2号排烟口风速随时间关系图

c)3号排烟口风速随时间关系图　　　　d)4号排烟口风速随时间关系图

图 5-15　开启 4 组时排烟口风速随时间关系图

由 5-15 图容易看出 1 号排烟口流速 $W_1=6.06 \mathrm{m/s}$,$W_2=5.77 \mathrm{m/s}$,$W_3=5.10 \mathrm{m/s}$;2 号排烟口流速 $W_4=4.02 \mathrm{m/s}$,$W_5=3.91 \mathrm{m/s}$,$W_6=3.14 \mathrm{m/s}$;3 号排烟口流速 $W_7=3.01 \mathrm{m/s}$,$W_8=2.88 \mathrm{m/s}$,$W_9=2.53 \mathrm{m/s}$;4 号排烟口流速 $W_{10}=2.36 \mathrm{m/s}$,$W_{11}=2.27 \mathrm{m/s}$,$W_{12}=2.09 \mathrm{m/s}$。各排烟口的流量随时间变化如图 5-16 所示。

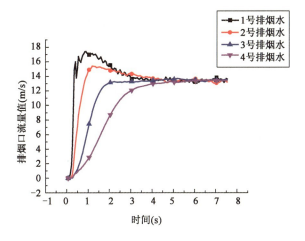

图 5-16 排烟口流量随时间关系变化图

由图 5-16 可知,4 组排烟口排风量均匀,近似于 13.5m³/s,总排烟量接近于 54m³/s,因此工况 A′-3 与 A-3 结果一致,表明物理试验结果与数值仿真结果吻合。

④在开启 5 组排烟口时,1 号排烟口开启角度为 24°,2 号排烟口开启角度为 30°,3 号排烟口开启角度为 36°,4 号排烟口开启角度为 53°,5 号排烟口开启角度为 90°。此时排烟口有效过风面积比 $k_{1号}=0.4, k_{2号}=0.5, k_{3号}=0.6, k_{4号}=0.8, k_{5号}=1.0$,5 组排烟口风速如图 5-17 所示。

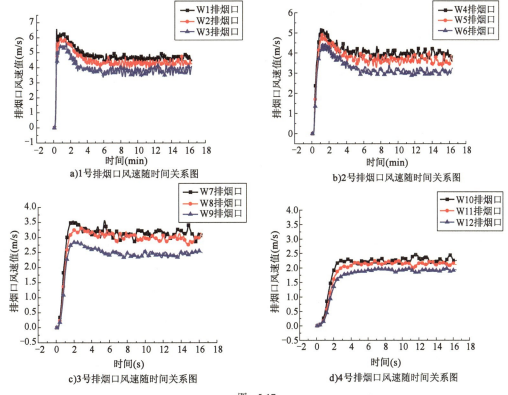

a) 1号排烟口风速随时间关系图
b) 2号排烟口风速随时间关系图
c) 3号排烟口风速随时间关系图
d) 4号排烟口风速随时间关系图

图 5-17

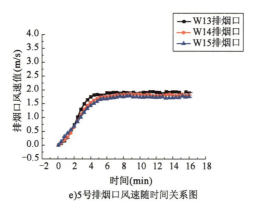

e) 5号排烟口风速随时间关系图

图5-17 开启5组时排烟口风速随时间关系图

由图5-17容易看出1号排烟口流速$W_1=4.65\mathrm{m/s}$,$W_2=4.26\mathrm{m/s}$,$W_3=3.87\mathrm{m/s}$;2号排烟口流速$W_4=3.77\mathrm{m/s}$,$W_5=3.66\mathrm{m/s}$,$W_6=3.08\mathrm{m/s}$;3号排烟口流速$W_7=3.06\mathrm{m/s}$,$W_8=3.04\mathrm{m/s}$,$W_9=2.51\mathrm{m/s}$;4号排烟口流速$W_{10}=2.25\mathrm{m/s}$,$W_{11}=2.13\mathrm{m/s}$,$W_{12}=1.92\mathrm{m/s}$,5号排烟口流速$W_{13}=1.89\mathrm{m/s}$,$W_{14}=1.81\mathrm{m/s}$,$W_{15}=1.74\mathrm{m/s}$。各排烟口的流量随时间关系变化如图5-18所示。

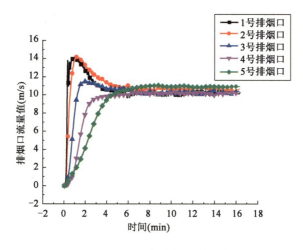

图5-18 排烟口流量随时间关系变化图

由图5-18可知,5组排烟口排风量均匀,近似于$10.6\mathrm{m^3/s}$,总排烟量接近于$53\mathrm{m^3/s}$,因此工况A′-4与A-4结果一致,表明物理试验结果与数值仿真结果吻合。

5.3.2 排烟口开启组数试验及其分析

集中排烟系统中,烟控的关键在于制定合理的通风排烟控制方案,排烟控制主要在于排烟口开启的组数与角度,而排烟口的开启角度问题已经在前面章节展开了研究,本部分直接采用前面的研究成果,通过数值模拟的方法对排烟口开启组数进行研究。

1) 双向轴流风机开启时排烟效果分析

(1) 试验工况

根据烟气生成量理论计算以及前面章节研究得到的单组排烟口的最佳排烟量可知,火源功率为50MW时,发烟量为200m³/s,由于单组排烟口的排烟量为50m³/s,因此排烟口的最低开启组数为4组,但考虑到实际情况下侧向排烟系统排烟效果差及漏风量等因素的影响,以及排烟口风速限制情况,拟对开启4组、5组以及6组的排烟口进行数值仿真试验,试验工况见表5-10。

不同的排烟口开启组数设计　　　　　　　　　　　表5-10

工况	火灾规模	发烟量	排烟风机排烟方式	排烟口开启位置	排烟量
C-1	50MW	200m³/s	双侧开启	1号、2号、3号、4号	200 m³/s
C-2				1号、2号、3号、4号、5号	250 m³/s
C-3				1号、2号、3号、4号、5号、6号	300 m³/s

(2) 模拟结果分析

① C-1工况模拟结果分析。

火灾规模为50MW,发烟量为200m³/s,排烟风机开启方式为双侧开启,当排烟口开启1号、2号、3号、4号时,烟雾在火灾发生30s、60s、90s、120s、150s、180s、210s和240s时蔓延范围如图5-19所示(图中坐标原点0m为火源位置,隧道纵向总长度为450m)。

以上为火灾发生时烟雾蔓延范围和烟雾在隧道内的蔓延状况。容易看出,在此工况下,火灾发生时,排烟口开启排烟并不能控制住烟雾蔓延,在180s时,火源左侧,烟雾蔓延到了整个断面;在240s时,在火灾远端烟雾几乎弥漫整个隧道,达不到排烟的目的,因此,此工况不再分析考虑。

② C-2工况模拟结果分析。

火灾规模为50MW,发烟量为200m³/s,排烟风机开启方式为双侧开启,当排烟口开启1号、2号、3号、4号、5号时,烟雾在火灾发生30s、60s、90s、120s、150s、180s、210s和240s时蔓延范围如图5-20所示(图中坐标原点0m为火源位置,隧道纵向总长度为450m)。

以上为火灾发生时烟雾蔓延范围和烟雾在隧道内的蔓延状况。容易看出,在此工况下,在火灾发生150s到240s甚至到火源熄灭时,烟雾能很好地分层,并且能控制到一个稳定的范围之内,达到很好的排烟效果。

③ C-3工况模拟结果分析。

火灾规模为50MW,发烟量为200m³/s,排烟风机开启方式为双侧开启,当排烟口开启1号、2号、3号、4号、5号、6号时,烟雾在火灾发生30s、60s、90s、120s、150s、180s、210s和240s时蔓延范围如图5-21所示(图中坐标原点0m为火源位置,隧道纵向总长度为450m)。

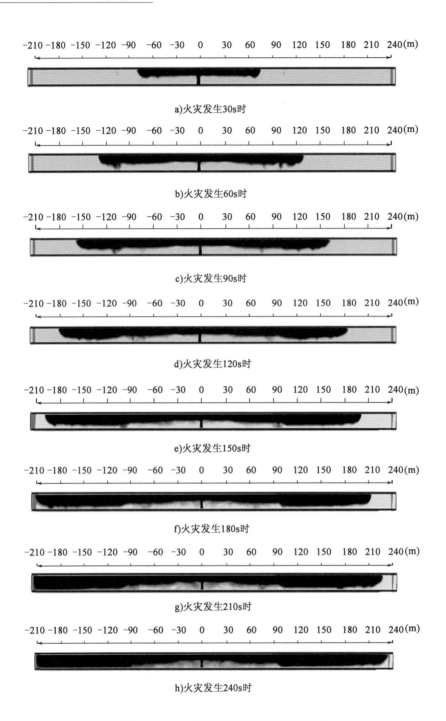

图 5-19　C-1 工况不同时刻烟雾纵向蔓延情况

以上为火灾发生时烟雾蔓延范围和烟雾在隧道内的蔓延状况。容易看出,在此工况下,在火灾发生 150s 到 210s 甚至到火源熄灭时,烟雾能很好地分层,并且能控制到一个稳定的范围之内,达到很好的排烟效果。因此,此工况将达到通风排烟的目的,可以作以分析考虑。

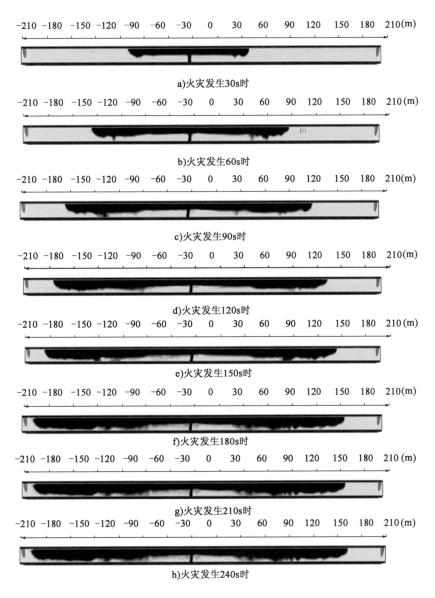

图 5-20 C-2 工况不同时刻烟雾纵向蔓延情况

综合 C-1、C-2 和 C-3 工况的模拟结果,只有在 C-2 和 C-3 工况下才能达到火灾排烟的目的,但是还应控制效果与经济性。结果表明排烟量为 300m^3/s 和 250m^3/s 时,均能有效控制烟雾蔓延,从经济性考虑,最佳排烟量应为 250m^3/s,即排烟口的合理开启组数为 5 组。

2)单侧轴流风机开启时排烟效果对比分析

为了对比不同的排烟风机开启方式下(双侧排烟和单侧排烟)的排烟效果,拟对火灾规模为 50MW,发烟量为 200m^3/s,排烟口开启位置为 1 号、2 号、3 号、4 号、5 号,排烟方式为单侧排烟时的排烟效果进行数值仿真,其模拟工况见表 5-11。

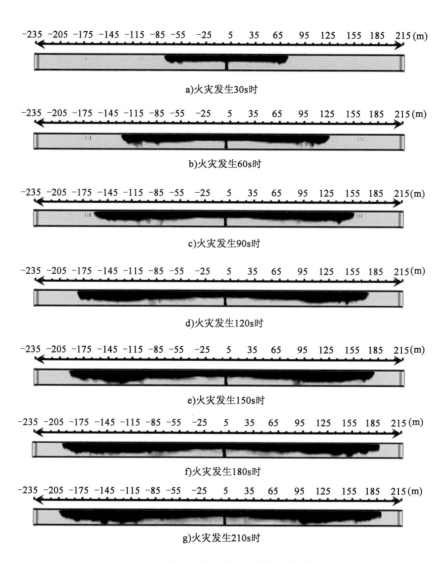

图 5-21 C-3 工况不同时刻烟雾纵向蔓延情况

试验 C′-2 工况表　　　　表 5-11

工况	火灾规模	发烟量	排烟风机排烟方式	排烟口开启位置	排烟量
C′-2	50MW	200m³/s	单侧开启	1号、2号、3号、4号、5号	250 m³/s

烟雾在火灾发生 30s、60s、90s、120s、150s、180s、210s 和 240s 时蔓延范围如图 5-22 所示（图中坐标原点 0m 为火源位置，隧道纵向总长度为 450m）。

以上为火灾发生时烟雾蔓延范围和烟雾在隧道内的蔓延状况。容易看出，在火灾发生 90s 时，火源左侧的排烟口周围烟雾层被打破，并且蔓延到地面，从火灾发生 90s 到 180s 直至火源熄灭，整个隧道内的烟气层大面积紊乱，有些断面全部被烟雾弥漫，不利于人员逃生，因此，此工况达不到通风排烟的效果。

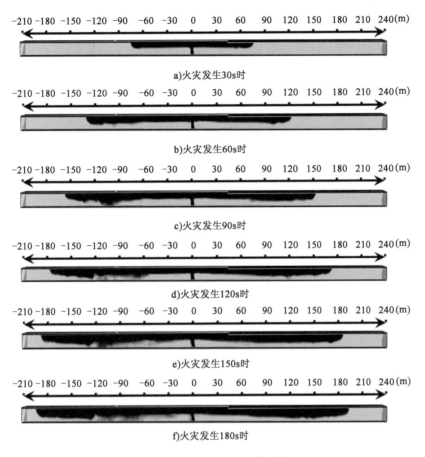

图 5-22 不同时刻烟雾纵向蔓延情况

5.3.3 本节小结

本章通过数值模拟研究,分析火灾时通风排烟的规律,结合港珠澳大桥海底沉管隧道的实际工程情况,在综合试验平台上制定相关的通风排策略,通过对试验结果的分析研究,修正数值模拟中不确定的边界条件和模拟参数,为以后各种工况模拟提供科学依据的试验基础。

主要取得的成果如下:

(1)在排烟口组数一定的情况下,排烟口有效面积比和排烟口的开启角度见表 5-12。

排烟口有效面积比和排烟口的开启角度　　表 5-12

开 启 组 数	有效过风面积比	排烟口开启角度
2 组	0.75/1.0	49°/90°
3 组	0.6/0.8/1.0	36°/53°/90°
4 组	0.4/0.6/0.8/1.0	24°/36°/53°/90°
5 组	0.4/0.5/0.6/0.8/1.0	24°/30°/36°/53°/90°

注:本表有效过风面积比和排烟口开启角度序列都以距离风机最近的为最小。

(2)火灾规模为50MW,排烟量为200m³/s,排烟风机开启方式为双侧开启,当排烟口开启1号、2号、3号、4号时,在240s时,在火灾远端烟雾几乎弥漫整个隧道,达不到排烟的目的。

(3)火灾规模为50MW,排烟量为250m³/s,排烟风机开启方式为双侧开启,当排烟口开启1号、2号、3号、4号、5号时,在火灾发生150s到240s甚至到火源熄灭时,烟雾能很好地分层,并且能控制到一个稳定的范围之内,达到很好的排烟效果。

(4)火灾规模为50MW,排烟量为300m³/s,排烟风机开启方式为双侧开启,当排烟口开启1号、2号、3号、4号、5号、6号时,在火灾发生150s到210s甚至到火源熄灭时,烟雾能很好地分层,并且能控制到一个稳定的范围之内,达到很好的排烟效果。

(5)综合对比分析可以看出,火灾规模为50MW,开启6组(排烟量为300m³/s)和开启5组(排烟量为250m³/s),均能有效控制烟雾蔓延,但是从经济性考虑,最佳排烟量应为250m³/s,即排烟口的合理开启组数为5组。

(6)火灾规模为50MW,排烟量为250m³/s,排烟风机开启方式为单侧开启,当排烟口开启1号、2号、3号、4号、5号时,在火灾发生90s时,火源左侧的排烟口周围烟雾层被打破,并且蔓延到地面,从火灾发生90s到180s直至火源熄灭,整个隧道内的烟气层大面积紊乱,有些断面全部被烟雾弥漫,不利于人员逃生,因此,此工况达不到通风排烟的效果。

5.4 侧向集中排烟模式下火灾烟控策略

本节主要基于1∶1沉管隧道的火源标定试验以及5MW火灾规模的通风排烟试验,采用FDS火灾动态仿真软件,建立1∶1足尺沉管隧道火灾仿真模型,探讨当火灾发生在沉管隧道内不同位置,应采用哪种排烟组织方式(双向均衡排烟、下游端单向排烟、上游端单向排烟),采取怎样的排烟口开启方案(上游开启1组+下游开启4组、上游开启2组+下游开启3组),以及配合多大的纵向诱导风速。

5.4.1 侧向集中排烟试验及其分析

为测得准确的烟气蔓延数据,开展了5MW火灾规模的侧向集中排烟试验,通过物理试验和数值仿真试验对比分析,得到侧向通风排烟数值仿真试验中的关键参数。

结合以上章节的分析研究,针对沉管隧道通风排烟试验,设计了三种工况并进行试验,通风排烟工况见表5-13,本文仅对C-1工况进行分析,并结合数值模拟论证仿真的合理性。

通风排烟试验　　　　　　　　　　　　　　表5-13

工况	火源类型	火源设计	燃料	火源位置	纵向风速	排烟口开启情况
C-1	油盘火	1.5m×1.5m×0.1m(5MW)	3cm厚水+40L柴油	中间车道	0~1m/s	12月1日,开3组,上风向1组,下风向2组,间距22.5m,开启角度为30°、45°、90°

续上表

工况	火源类型	火源设计	燃料	火源位置	纵向风速	排烟口开启情况
C-2	油盘火	1.5m×1.5m× 0.1m(5MW)	3cm厚水+40L柴油	中间车道	0~1m/s	12月2日,开启2组,上风向1组,下风向1组,间距45m,开启角度为45°、90°
C-3	油盘火	1.5m×1.5m× 0.1m(5MW)	3cm厚水+40L柴油	中间车道	0~1m/s	12月2日,开启3组,上风向1组,下风向2组,间距45m,开启角度为30°、45°、90°

1)通风排烟物理试验

在 1.5m×1.5m×0.1m 的油盆中添加 40L 柴油燃料进行试验,当火源燃烧 60s 时,开启单侧排烟风机,其轴流风机的排烟量为 216 000m³/h。排烟口开启的组数为 3 组,开启的角度分别为 30°、45°、90°。其试验过程及其现象如图 5-23~图 5-26 所示。

图 5-23 点燃火源

图 5-24 烟气蔓延

图 5-25 烟气通过排烟口排出

图 5-26 烟气蔓延到隧道洞口

2)数值仿真试验

(1)仿真模型的建立

仿真模型参照试验隧道,断面尺寸以港珠澳大桥海底沉管隧道断面尺寸作为依据,港珠澳大桥海底沉管隧道横断面尺寸如图 5-27 所示。在数值模拟中,取 3 倍的 1∶1 试验隧道长度,长度(y 方向)为 450m,宽度(x 方向)为 14.25m,高度(z 方向)为 7.25m,如图 5-28 所示。在长度为 450m 的隧道中,设置排烟口,其尺寸为 1m×2m,排烟口间距为 22.5m。火源中点位于隧道模型中点处。火源尺寸为 1.5m×1.5m×0.5m。模拟工况为 50MW 火灾规模。不同断面监控点布置如图 5-29 所示。

图 5-27 港珠澳大桥海底沉管隧道横断面图

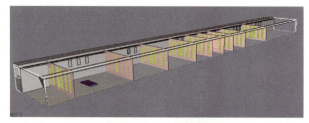

图 5-28 试验隧道数值仿真模型图

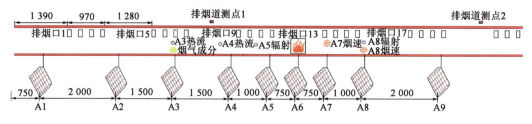

图 5-29 不同断面监控点布置图(尺寸单位:m)

(2) 边界条件

①纵向风速:0m/s。

②隧道主体结构:混凝土结构。

③环境温度:20℃。

④混凝土材料热工参数:热容 0.88kJ/(kg·K);密度 2 100kg/m³;导热系数 1.0W/(m·K)。

⑤铁质油盘热工参数:热容 0.46kJ/(kg·K);密度 7 850kg/m³;导热系数:45.8W/(m·K)。

(3) 火源

①汽油火燃烧模型 $C=8,H=18$。

②燃料热值:45 000kJ/kg。

③烟气释放系数:$Y(SOOT)=0.032$。

④CO 释放系数:$Y(CO)=0.01$。

(4) 边界条件及火源设置

FDS 参数设置:模型隧道入口处设置为速度入口,隧道出口设置为自燃开口。环境温度设置为20℃。墙体边界设置为惰性边界,FDS中设置为"INERT"。参数设置时,在每个排烟口处加载一个向外的风速,该风速的大小由排烟风机的排烟量确定,在港珠澳大桥海底沉管隧道中采用240m^3/s。由于隧道几何结构特点,其纵向尺寸远大于横向尺寸,所以在进行隧道火灾模拟时,对隧道纵向长度方向上的网格处理就显得尤为重要。

考虑到建模使用FDS5.3.0点火源附近,相关热力学梯度变化较大,通常在火源附近区域,选取较小尺寸的网格,使得湍流能够被准确模拟。随着距离火源增大,隧道内的流场变化趋于平稳,所以在火源远场区域可以采用较粗的网格尺寸,以便在满足计算精度的前提下,节约计算时间。

本模型对隧道网格划分采用上面所描述的方法,模型中对火源附近进行加密,在火源区域附近纵向 y 轴±25m采用的网格尺寸为0.25m,火源远场区域纵向网格尺寸分别为0.5m和1.0m,x 轴与 z 轴区域隧道横向选用的网格尺寸均为0.5m×0.5m。整个模型共约512 000个网格。网格尺寸具体划分见表5-14。

隧道仿真模型拟采用的网格尺寸 表5-14

离火源距离(m)	x轴方向(m)	y轴方向(m)	z轴方向(m)
±25	0.5	0.25	0.5
±100	0.5	0.5	0.5
±100	0.5	1.0	0.5

3)试验对比分析

(1)火源功率对比分析

①物理试验测得的火源功率。

分别采用失重法和热辐射法对火源热释放速率进行计算,可得火源热释放速率随时间变化的曲线,如图5-30所示。

②仿真测得的火源功率。

由FDS软件进行仿真试验,可测得火源的热释放速率随时间的变化曲线如图5-31所示。

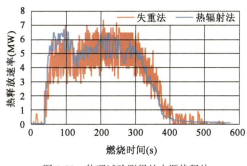

图5-30 物理试验测得的火源热释放速率-时间变化曲线

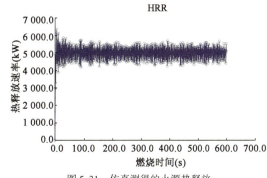

图5-31 仿真测得的火源热释放速率-时间变化曲线

由图5-31可知,试验测得的火源功率约为5MW(4~6MW),而仿真测得的火源热释放速率约为5MW。试验表明,数值模拟结果和物理试验结果比较吻合。

(2)烟气流速对比分析(2m高度处)

火源功率为5MW,纵向风速为0~1m/s,开启3组排烟口进行排烟试验。开启方式为火源点上游开启1组,火源点下游开启2组,排烟口开启角度为30°、45°、90°。为了测得排烟试验时的烟气流速,在距离火源点下游30m、60m和90m的距离布置风速仪,风速仪距离地面的高度为2m。烟气流速随时间的变化曲线如图5-32~图5-34所示。

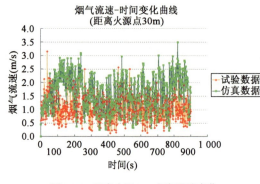

图5-32 距离火源30m烟气流速变化　　图5-33 距离火源60m烟气流速变化

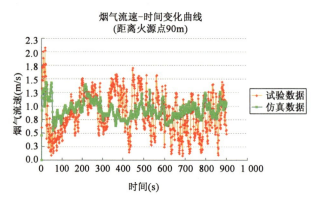

图5-34 距离火源90m烟气流速变化

由图5-32~图5-34可知,在距离火源点下游30m时,试验测得的烟气流速值在1.5m/s左右波动,数值模拟测得的相应位置处的烟气流速约为1.5m/s;在距离火源点下游60m时,试验测得的烟气流速值在为1.2m/s左右波动,数值模拟测得的相应位置处的烟气流速约为1.2m/s;在距离火源点下游90m时,试验测得的烟气流速值在0.9m/s左右波动,数值模拟测得的相应位置处的烟气流速约为0.9m/s。试验表明,数值模拟结果和物理试验结果比较吻合。

(3)火灾烟气温度场分布对比分析

火源功率为5MW进行排烟试验,排烟口开启的角度分别为30°、45°、90°,纵向风风速为0~1m/s。通过测量各监控点的温度值,可得不同断面隧道顶板高度处的温度随时间的变化曲线,本文中选取火源上游距离火源 0m(A1 断面),火源下游距离火源 10m(A2 断面)、25m (A3 断面)、40m(A4 断面)、50m(A5 断面)对实际火灾试验和仿真试验隧道顶部温度随时间变化曲线进行对比分析,如图 5-35 ~ 图 5-45 所示。

图 5-35　5MW 火灾规模的烟气蔓延

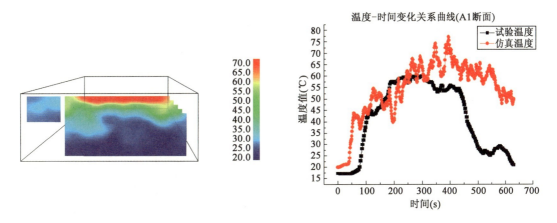

图 5-36　A1 断面温度云图切片　　　　图 5-37　A1 断面温度-时间变化曲线

图 5-36 和图 5-37 表明,在 A1 断面处,通风排烟试验中隧道顶部最高温度约为 60.1℃。仿真试验中隧道顶部最高温度约为 70℃。

图 5-38 和图 5-39 表明,在 A2 断面处,通风排烟试验中隧道顶部最高温度约 66.4℃。仿真试验中隧道顶部最高温度约 70℃。

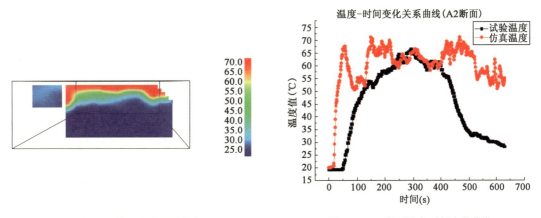

图 5-38　A2 断面温度云图切片　　　　图 5-39　A1 断面温度-时间变化曲线

图 5-40 和图 5-41 图表明,在 A3 断面处,通风排烟试验中隧道顶部最高温度约 50.1℃。仿真试验中隧道顶部最高温度约 55℃。

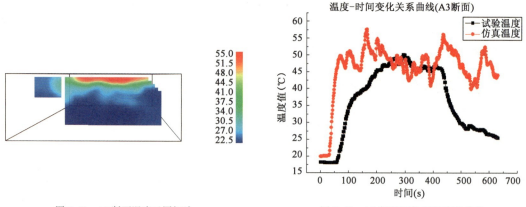

图 5-40　A3 断面温度云图切片　　　　图 5-41　A3 断面温度-时间变化曲线

图 5-42 和图 5-43 表明,在 A4 断面处,通风排烟试验中隧道顶部最高温度约 45.6℃。仿真试验中隧道顶部最高温度约 45℃。

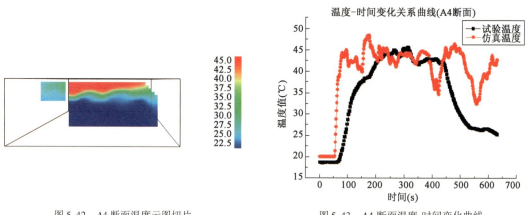

图 5-42　A4 断面温度云图切片　　　　图 5-43　A4 断面温度-时间变化曲线

图 5-44 和图 5-45 表明,A5 断面处,实际火灾试验中隧道顶部最高温度约 44.8℃。仿真试验中隧道顶部最高温度约 40℃。

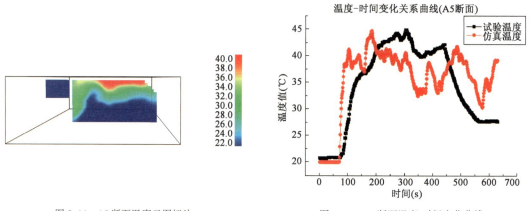

图 5-44　A5 断面温度云图切片　　　　图 5-45　A5 断面温度-时间变化曲线

通过以上对比试验分析可知：

①火源功率为 5MW 时，开启 3 组排烟口，排烟口尺寸为 1m×2m，开启角度为 30°、45°、90°时，在顶板位置处，A1 断面的最高温度值约为 60.1℃，A2 断面的最高温度值约为 66.4℃，A3 断面的最高温度值约为 50.1℃，A4 断面的最高温度值约为 45.6℃，A5 断面的最高温度值约为 44.8℃。

②通过 A1~A5 断面试验实测温度曲线容易看出，火灾功率为 5MW 时，燃烧经历增长、稳定和衰减 3 个阶段。火源开始燃烧后，各点温度急剧上升，一两分钟就已达到最高并进入稳定燃烧阶段，而后逐渐进入衰减阶段。并且整个隧道纵向最高值出现在火源下游的 A2 断面，这主要是由于纵向风速导致的烟气温度漂移现象。

综上分析可见，数值模拟得到的烟气流速、温度值和试验测得的烟气流速、温度值比较吻合。由此得到的数值仿真关键参数较为可靠。

5.4.2 火灾烟控方案研究

研究探讨当火灾发生在沉管隧道内不同位置，应采用哪种排烟组织方式（双向均衡排烟、下游端单向排烟、上游端单向排烟），采取怎样的排烟口开启方案（上游开启 1 组 + 下游开启 4 组、上游开启 2 组 + 下游开启 3 组），以及配合多大的纵向诱导风速。图 5-46 为火源在不同坡度的示意图。

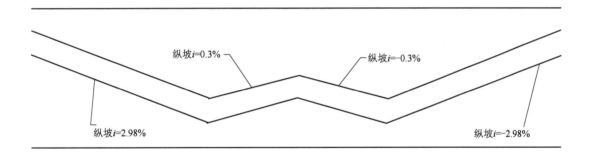

图 5-46　火源在不同坡度的示意图

在实际隧道的独立排烟道系统中，与排烟道相连的排烟竖井一般设置在隧道的两端。由于隧道内火灾发生的位置具有不确定性，不同的火灾位置与两个风机位置的远近是不一样的，为了更好地实现火灾下所设定的排烟量，更好地组织烟气排离行车道，把隧道分成 3 段（纵坡为 -2.98%，0%，2.98%），在排烟道所分成的 3 段中，可采用不同的排烟方案，以达到更好的控烟效果。

1）火源位于 -2.98% 坡度段时的合理烟控气流组织模式研究

当火源位于 -2.98% 坡度路段时，探讨当火灾发生时，应采用哪种排烟组织方式（双向排烟、下游端单向排烟、上游端单向排烟），采用怎样的排烟口开启方案（上游开启 1 组 + 下游开启4组、上游开启2组+下游开启3组),以及配合多大的纵向诱导风速,最终确定合理的烟控气流组织模式。

探讨火源功率50MW,火源位于-2.98%坡度排烟口打开段内,根据-2.98%坡度在实际隧道中的位置应采用上游端单向排烟的排烟组织方式,探讨采用怎样的排烟口开启方案(上游开启1组+下游开启4组,上游开启2组+下游开启3组),以及配合多大的纵向诱导风速。图5-47为火源位于-2.89%坡度时排烟示意图,表5-15为数值模拟工况表。

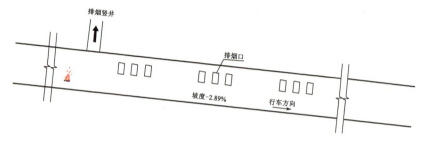

图5-47 火源位于-2.89%坡度时排烟示意图

排烟口非对称开启下诱导通风+上游端单向排烟数值模拟工况表　　表5-15

编号	火源功率	坡度	上下游排烟口组数		通风排烟方式	排烟量(m³/s)	通风风速(m/s)	排烟口开启情况
			上游	下游				
A1	50MW	-2.98%	1组	4组	上游端单向排烟+纵向通风	240	1.5	间距67.5m,面积2m²×3
A2	50MW	-2.98%	1组	4组	上游端单向排烟+纵向通风	240	2.0	间距67.5m,面积2m²×3
A3	50MW	-2.98%	2组	3组	上游端单向排烟+纵向通风	240	1.5	间距67.5m,面积2m²×3
A4	50MW	-2.98%	2组	3组	上游端单向排烟+纵向通风	240	2.0	间距67.5m,面积2m²×3

(1)温度场分布规律

50MW火灾下,诱导风速分别为1.5m/s和2.0m/s,分别开启上游1组+下游4组排烟口和上游2组+下游3组排烟口,烟气蔓延稳定后,隧道内人员高度处、顶板下方温度分布,如图5-48~图5-51所示。

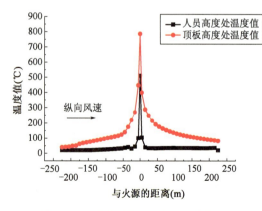

图5-48 A1工况烟气稳定后温度随距离变化

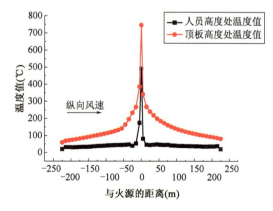

图5-49 A2工况烟气稳定后温度随距离变化

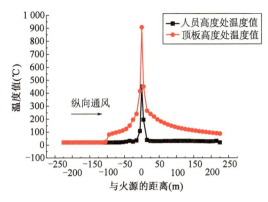
图 5-50 A3 工况烟气稳定后温度随距离变化

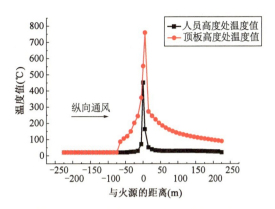
图 5-51 A4 工况烟气稳定后温度随距离变化

结果分析如下：

①由火源功率为 50MW 的工况烟气稳定后隧道内温度纵向变化的曲线图可以看出，在 -2.98% 坡度隧道中，火源位于排烟口打开段内排烟口非对称开启，排烟口设置间距为 67.5m，开启组数为 5 组，进行纵向通风+上游端单向排烟时，不同排烟口开启方案及不同纵向诱导风速下，3 个行车道顶板下方、距地面 2m 高处温度分布规律趋于一致。所有工况中，每个行车道最高温度均位于火源附近顶板高度处，顶板下方及距地面 2m 高处温度最高值均出现在中间车道火源附近。

②对比工况 A1、A2、A3 和 A4 可知，当坡度为 -2.98% 时，采用纵向诱导通风+上游端单向排烟时，且排烟口开启方案相同情况下，当沿行车方向纵向风速为 2.0m/s 时，隧道内 2m 高处温度低于纵向诱导风速 1.5m/s 时的 2m 高处的温度；由于坡度"烟囱效应"的影响，当纵向诱导风速较小时，烟气向火源上游蔓延，导致火源上游 2m 高处温度稍高于下游，增大纵向风速 (2.0m/s)，"烟囱效应"得到抑制，所以此时下游隧道 2m 高处温度稍高于上游 2m 高处温度，但 2m 高处温度除火源附近较小范围大于 60℃ 外，其他位置均低于 60℃，表明纵向诱导通风+上游端单向排烟模式下隧道空间烟气分层效果较好。

③对比工况 A1、A2、A3 和 A4 可看出，-2.98% 坡度隧道中，采用纵向诱导通风+上游端单向排烟时，排烟口开启方案相同情况下，沿隧道行车方向通不同纵向诱导风速时，最高温度相差不大，但 60℃ 以上高温气体分布范围随纵向风速的增大而减小。

④由烟气稳定后顶板下方和距地面 2m 高处温度分布曲线图来看，坡度为 -2.98% 时，排烟量一定，排烟口开启方案相同时，较大的纵向诱导风速 (2.0m/s) 下隧道顶板及距地面 2m 高处温度较低，且高温分布范围较小。因此，隧道坡度为 -2.98% 且位于排烟口打开段内的隧道火灾合理的纵向诱导风速为 2.0m/s。

(2) 能见度分布规律

50MW 火灾下，诱导风速分别为 1.5m/s 和 2.0m/s，烟气蔓延稳定后，隧道内 2m 高处能见度分布,如图 5-52 ~ 图 5-55 所示。

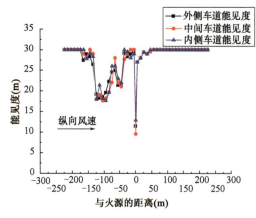

图 5-52 A1 工况烟气稳定后温度随距离变化

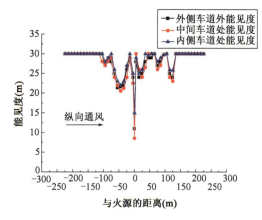

图 5-53 A2 工况烟气稳定后温度随距离变化

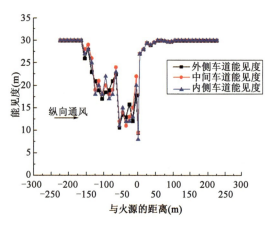

图 5-54 A3 工况烟气稳定后温度随距离变化

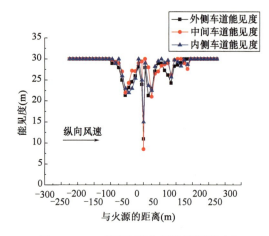

图 5-55 A4 工况烟气稳定后温度随距离变化

①由火源功率为 50MW 的工况烟气稳定后能见度随火源距离变化的曲线图可以看出,各工况均是能见度最小值出现在中间车道的火源处,沿隧道纵向两侧其他位置处能见度均高于 10m,表明在 -2.98% 坡度隧道中采用纵向诱导通风 + 上游端单向排烟模式时,隧道空间烟气分层效果较好。

②由 A1、A2、A3 和 A4 工况烟气稳定后行车道 2m 高度处能见度随距离变化的曲线图可以看出,在 -2.98% 坡度隧道中,较小的纵向诱导风速(1.5m/s)下,"烟囱效应"使烟气向火源上游蔓延的作用强于沿行车方向的纵向风流作用,致使隧道内火源上游能见度受到较大的影响。当纵向诱导风速增大为 2.0m/s 时,坡度引起的"烟囱效应"作用得到抑制,隧道 2m 高处能见度分布往火源下游偏移,且隧道内整体能见度得到提高。

③通过对比工况 A1、A2、A3 和 A4 可知,在 -2.98% 坡度隧道中,进行纵向诱导通风 + 上游端单向排烟,当排烟口开启方案相同时,随着纵向诱导风速的增大(诱导风速为 2.0m/s),隧

道内沿程各点2m高度处的能见度逐渐提高,且能见度受到影响的区域逐渐减小,对人员疏散及消防救援有利,因此纵向诱导风速为2.0m/s是合理诱导风速。通过对比工况A2和A4分析可知,在合理的纵向诱导风速(2.0m/s)下,上游开启1组+下游开启4组排烟口时隧道能见度均大于10m,整体能见度最高。因此,单从2m高处能见度分布情况来看,火源功率为50MW时,在-2.98%坡度隧道中,采用纵向诱导通风+上游端单向排烟模式,上游开启1组+下游开启4组排烟口,合理的纵向诱导风速取2.0m/s的烟气控制方案为最佳选择。

(3)烟气蔓延范围分析

火源功率为50MW,进行纵向诱导通风+上游端单向排烟时,不同排烟口开启方案及不同纵向诱导风速下烟气蔓延范围见表5-16所示。

纵向诱导通风+上游端单向排烟模式下烟雾蔓延距离　　　　表5-16

编号	火源功率	排烟量(m^3/s)	通风风速(m/s)	上下游排烟口组数		排烟口开启况	上游蔓延距离(m)	下游蔓延距离(m)	烟雾蔓延范围(m)
				上游	下游				
A1	50MW	240	1.5	1组	4组	间距67.5m,面积$2m^2 \times 3$	205	150	355
A2	50MW	240	2.0	1组	4组	间距67.5m,面积$2m^2 \times 3$	98	145	243
A3	50MW	240	1.5	2组	3组	间距67.5m,面积$2m^2 \times 3$	195	123	315
A4	50MW	240	2.0	2组	3组	间距67.5m,面积$2m^2 \times 3$	113	157	270

对比工况A1、A2、A3和A4可知,在-2.98%隧道坡度中,纵向诱导通风+上游端单向排烟模式下,排烟口开启方案为上游1组+下游4组时,纵向诱导风速为2.0m/s,火源上游烟气蔓延受到纵向风流作用的抑制,蔓延范围明显减小,且总蔓延范围为250m,而纵向诱导风速为1.5m/s时总蔓延范围为365m,由此得出纵向诱导风速为2.0m/s时烟控效果较好;排烟口开启方案为上游2组+下游3组时,纵向诱导风速为2.0m/s,火源上游烟气蔓延受到纵向风流作用的抑制蔓延范围明显减小,且总蔓延范围为275m,而纵向诱导风速为1.5m/s时总蔓延范围为328m,由此得出纵向诱导风速为2.0m/s时烟控效果较好。通过对比工况A2和A4可知,当纵向风速为2.0m/s时,上游开启1组+下游开启4组排烟口时烟气蔓延范围最小。因此,从烟气蔓延范围考虑,在隧道-2.98%坡度段发生火灾时,且火源位置位于排烟口设置段内,合理的烟气控制方案为开启上游1组+下游开启4组排烟口,纵向风速为2.0m/s。

2)火源位于0%坡度段时的合理烟控气流组织模式研究

当火源位于0%坡度路段,探讨当火灾发生时,应采用哪种排烟组织方式(双向排烟、下游端单向排烟、上游端单向排烟),采用怎样的排烟口开启方案(上游开启1组+下游开启4组、上游开启2组+下游开启3组),以及配合多大的纵向诱导风速,最终确定合理的烟控气流组织模式。

(1)纵向诱导通风+上游端单向排烟控制模式

当火源位于0%坡度路段时,结合相关工程研究成果及公路隧道通风排烟系统实际控制能力,鉴于隧道正常通风时隧道内纵向风速,拟采用沿行车方向1.5m/s的纵向诱导通风+上游端单向排烟控制模式(图5-56),并设计了两组火灾工况(表5-17),根据隧道火灾时该排烟模式下的烟气控制效果,判定其是否能够实现火灾烟气的有效控制,能否满足排烟要求。

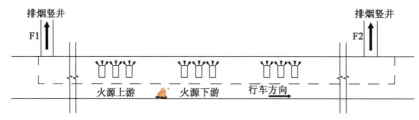

图5-56 火源位于0%坡度时排烟示意图

排烟口非对称开启下诱导通风+上游端单向排烟数值模拟工况　　　表5-17

编号	火源功率	坡度	上下游排烟口组数		通风排烟方式	排烟量(m³/s)	通风风速(m/s)	排烟口开启情况
			上游	下游				
B1	50MW	0%	2组	3组	上游端单向排烟+纵向通风	240	1.5	间距67.5m,面积2 m²×3
B2	50MW	0%	1组	4组	上游端单向排烟+纵向通风	240	1.5	间距67.5m,面积2 m²×3

①温度场分布规律。

50MW火灾下,在1.5m/s的诱导风速时,烟气蔓延稳定后,不同排烟口开启方案下隧道内2m高处、顶板下方温度分布如图5-57和图5-58所示。

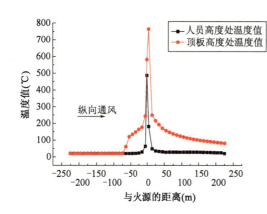

图5-57 B1工况烟气稳定后温度随距离变化

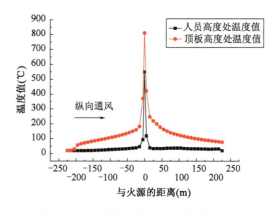

图5-58 B2工况烟气稳定后温度随距离变化

结果分析如下:

a. 由火源功率为50MW的工况烟气稳定后温度随离火源距离变化的曲线图可以看出,在0%坡度隧道中,火源位于排烟口打开段内排烟口非对称开启,排烟口设置间距为67.5m,开启组数为5组,进行纵向诱导通风+上游端单向排烟时,在1.5m/s的纵向诱导风速下,两工况中3个行车道顶板下方、距地面2m高处温度分布规律相同,即每个行车道最高温度均位于火源附近的顶板高度处,且在所有模拟工况中顶板下方及距地面2m高处温度最高值均出现在中间车道火源附近。

b. 对比 B1 和 B2 工况可知,0% 坡度隧道中,采用纵向诱导通风 + 上游端单向排烟时,在 1.5m/s 的纵向诱导风速下,采用两种不同排烟口开启方案时隧道内 2m 高处最高温度相差不大;两工况下除火源附近较小范围外其余位置 2m 高处温度迅速降低至 60℃ 以下,表明纵向诱导通风 + 上游端单向排烟模式下隧道空间烟气分层效果较好。

c. 对比 B1 和 B2 工况可看出,0% 坡度隧道中,采用纵向诱导通风 + 上游端单向排烟时,在 1.5m/s 的纵向诱导风速下,采用不同排烟口开启方案时隧道顶板气体温度分布规律相同,即高温区域分布在火源附近,沿隧道纵向两侧呈指数递减。但上游开启 2 组 + 下游开启 3 组排烟口时顶板最高温度低于上游开启 1 组 + 下游开启 4 组排烟口时的温度。

d. 由以上各工况下烟气稳定后顶板下方和距地面 2m 高处温度分布规律曲线图来看,温度场的分布不影响 0% 坡度隧道火灾工况下烟气控制方案的选取。

②能见度分布规律。

50MW 火灾下,在 1.5m/s 的诱导风速下,烟气蔓延稳定后,不同排烟口开启方案时隧道内 2m 高处能见度分布如图 5-59 和图 5-60 所示。

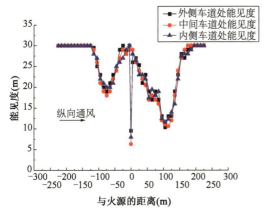

图 5-59　B1 工况烟气稳定后温度随距离变化

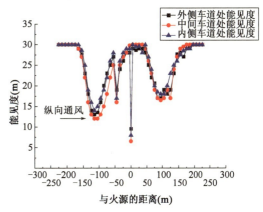

图 5-60　B2 工况烟气稳定后温度随距离变化

结果分析如下:

a. 由火源功率为 50MW 的工况烟气稳定后能见度随离火源距离变化的曲线图可以看出,两工况中,在 1.5m/s 的纵向诱导风速下能见度呈不对称分布,能见度小于 10m 仅出现在中间车道的火源处,当上游开启 2 组 + 下游开启 3 组排烟口时,火源上游端能见度受烟气影响较小,在沿行车方向的纵向风流的作用下大量烟气向火源下游蔓延,致使下游较大区域受到烟气影响,能见度降低;当上游开启 1 组 + 下游开启 4 组排烟口时,上游 1 组排烟口对烟气回流的抑制作用较弱,导致上游较大区域受到烟气影响,不利于人员疏散。两工况下除火源附近较小区域外其余位置能见度均大于 10m,表明在 0% 坡度隧道中采用纵向诱导通风 + 上游端单向排烟模式时,隧道空间烟气分层效果较好。

b. 通过对 B1 和 B2 工况分析可知,在 0% 坡度隧道中,进行纵向诱导通风 + 上游端单向排烟时,纵向诱导风速为1.5m/s,上游开启2组+下游开启3组排烟口上游烟气回流较小,2m高处能见度受到烟气影响区域较小,对上游人员疏散有利。

③烟气蔓延范围分析。

火源功率为50MW,进行纵向诱导通风+双向排烟时,纵向诱导风速为1.5m/s,不同排烟口开启方案下烟气蔓延稳定后烟气蔓延范围见表5-18。

纵向诱导通风+上游端单向排烟模式下烟雾蔓延距离　　　表5-18

编号	火源功率	排烟量(m³/s)	通风风速(m/s)	上下游排烟口组数		排烟口开启况	上游蔓延距离(m)	下游蔓延距离(m)	烟雾蔓延范围(m)
				上游	下游				
B1	50MW	240	1.0	2组	3组	间距67.5m,面积2m²×3	165	170	335
B2	50MW	240	1.5	1组	4组	间距67.5m,面积2m²×3	175	177	352

对比分析B1和B2工况可知,在0%坡度隧道中,纵向诱导通风+上游端单向排烟模式下,进行1.5m/s的纵向诱导通风,上游开启2组+下游开启3组排烟口时火源上游烟气回流距离较小,且烟气总蔓延范围较小。因此,从烟气蔓延范围考虑,0%坡度隧道发生火灾时,采用纵向诱导通风+上游端单向排烟模式,合理的烟气控制方案为纵向风速1.5m/s,开启上游2组+下游3排烟口。

(2)纵向诱导通风+双向排烟控制模式

排烟口非对称开启下诱导通风+双向排烟数值模拟工况见表5-19。

排烟口非对称开启下诱导通风+双向排烟数值模拟工况表　　　表5-19

编号	火源功率	坡度	上下游排烟口组数		通风排烟方式	排烟量(m³/s)	通风风速(m/s)	排烟口开启情况
			上游	下游				
B3	50MW	0%	2组	3组	双向排烟+纵向通风	240	1.5	间距67.5m,面积2m²×3
B4	50MW	0%	1组	4组	双向排烟+纵向通风	240	1.5	间距67.5m,面积2m²×3

①温度场分布规律。

50MW火灾下,在1.5m/s的诱导风速时,烟气蔓延稳定后,不同排烟口开启方案下隧道内2m高处、顶板下方温度分布如图5-61和图5-62所示。

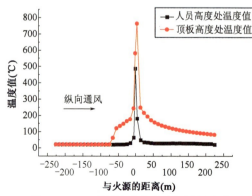

图5-61　B3工况烟气稳定后温度随距离变化

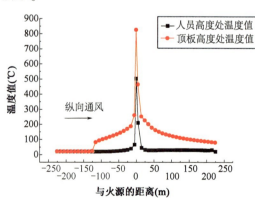

图5-62　B4工况烟气稳定后温度随距离变化

结果分析如下：

a. 由火源功率为 50MW 的工况烟气稳定后温度随距离火源位置变化的曲线图可以看出，在 0% 坡度隧道中，火源位于排烟口打开段内排烟口非对称开启，排烟口设置间距为 67.5m，开启组数为 5 组，进行纵向诱导通风 + 两端均衡排烟时，在 1.5m/s 的纵向诱导风速下，两工况中 3 个行车道顶板下方、距地面 2m 高处温度分布规律相同。即每个行车道最高温度均位于火源附近的顶板高度处，且在所有模拟工况中顶板下方及距地面 2m 高处温度最高值均出现在中间车道火源附近。

b. 对比 B3 和 B4 工况可知，0% 坡度隧道中，采用纵向诱导通风 + 两端均衡排烟时，两工况下 2m 高处温度分布规律基本相同，即除火源附近较小范围外其余位置 2m 高处温度迅速降低至 60℃ 以下，表明纵向诱导通风 + 两端排烟模式下隧道空间烟气分层效果较好。

c. 对比 B3 和 B4 工况可看出，0% 坡度隧道中，采用纵向诱导通风 + 两端均衡排烟时，在 1.5m/s 的纵向诱导风速下，采用不同排烟口开启方案时隧道顶板气体温度分布规律相同，即高温区域分布在火源附近，沿隧道纵向两侧呈指数递减。但上游开启 2 组 + 下游开启 3 组排烟口时顶板最高温度低于上游开启 1 组 + 下游开启 4 组排烟口时的温度。

d. 由以上各工况下烟气稳定后顶板下方和距地面 2m 高处温度分布规律曲线图来看，0% 坡度隧道火灾工况下采用纵向诱导通风 + 两端均衡排烟，在 1.5m/s 的纵向诱导风速下，上游开启 2 组 + 下游开启 3 组排烟口时和上游开启 1 组 + 下游开启 4 组排烟口时的烟控效果相差不大。

②能见度分布规律。

50MW 火灾下，在 1.5m/s 的诱导风速下，烟气蔓延稳定后，不同排烟口开启方案时隧道内 2m 高处能见度分布如图 5-63 和图 5-64 所示。

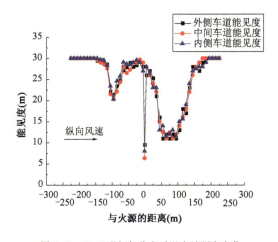 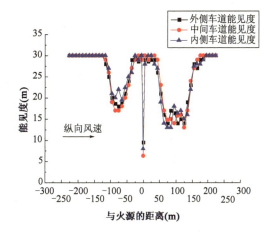

图 5-63　B3 工况烟气稳定后温度随距离变化　　图 5-64　B4 工况烟气稳定后温度随距离变化

结果分析如下：

a. 由火源功率为 50MW 的工况烟气稳定后能见度随离火源距离变化的曲线图可以看出，

两工况在 1.5m/s 的纵向诱导风速下能见度呈不对称分布,能见度小于 10m 仅出现在中间车道的火源处,当上游开启 2 组+下游开启 3 组排烟口时,火源上游端能见度受烟气影响较小,在沿行车方向的纵向风流的作用下大量烟气向火源下游蔓延,致使下游较大区域受到烟气影响,能见度降低;当上游开启 1 组+下游开启 4 组排烟口时,上游 1 组排烟口对烟气回流的抑制作用较弱,导致上游较大区域受到烟气影响,不利于人员疏散。两工况下除火源附近较小区域外其余位置能见度均大于 10m,表明在 0%坡度隧道中采用纵向诱导通风+两端排烟模式时,隧道空间烟气分层效果较好。

b.通过对 B3 和 B4 工况分析可知,在 0%坡度隧道中,进行纵向诱导通风+两端均衡排烟时,纵向诱导风速为 1.5m/s,上游端开启 2 组+下游端开启 3 组排烟口上游烟气回流较小,2m 高处能见度受到烟气影响区域较小,对上游人员疏散有利。

③烟气蔓延范围分析。

火源功率为 50MW,进行纵向诱导通风+双向均衡排烟时,纵向诱导风速为 1.5m/s,不同排烟口开启方案下烟气蔓延稳定后烟气蔓延范围见表 5-20。

纵向诱导通风+双向均衡排烟模式下烟雾蔓延距离　　表 5-20

编号	火源功率	排烟量(m^3/s)	通风风速(m/s)	上下游排烟口组数		排烟口开启况	上游蔓延距离(m)	下游蔓延距离(m)	烟雾蔓延范围(m)
				上游	下游				
B3	50MW	240	1.0	2 组	3 组	间距 67.5m,面积 $2m^2 \times 3$	158	182	340
B4	50MW	240	1.5	1 组	4 组	间距 67.5m,面积 $2m^2 \times 3$	173	187	360

对比分析 B3 和 B4 工况可知,在 0%坡度隧道中,纵向诱导通风+两端排烟模式下,进行 1.5m/s 的纵向诱导风速,上游开启 2 组+下游开启 3 组排烟口时火源上游烟气回流距离小于下游蔓延距离,且烟气总蔓延范围较小。因此,从烟气蔓延范围考虑,0%坡度隧道发生火灾时,采用纵向诱导通风+两端均衡排烟模式,合理的烟气控制方案为纵向风速 1.5m/s,开启上游 2 组+下游 3 组排烟口。

(3)纵向诱导通风+下游端单向排烟控制模式

排烟口非对称开启下诱导通风+下游端单向排烟数值模拟工况见表 5-21。

排烟口非对称开启下诱导通风+下游端单向排烟数值模拟工况表　　表 5-21

编号	火源功率	坡度	上下游排烟口组数		通风排烟方式	排烟量(m^3/s)	通风风速(m/s)	排烟口开启情况
			上游	下游				
B5	50MW	0%	2 组	3 组	下游端单向排烟+纵向通风	240	1.5	间距 67.5m,面积 $2m^2 \times 3$
B6	50MW	0%	1 组	4 组	下游端单向排烟+纵向通风	240	1.5	间距 67.5m,面积 $2m^2 \times 3$

①温度场分布规律。

50MW 火灾下,在 1.5m/s 的诱导风速时,烟气蔓延稳定后,不同排烟口开启方案下隧道内 2m 高处、顶板下方温度分布如图 5-65 和图 5-66 所示。

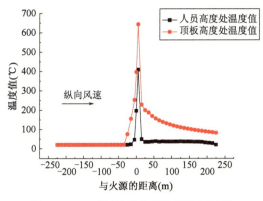

图 5-65 B5 工况烟气稳定后温度随距离变化

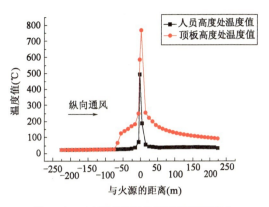

图 5-66 B6 工况烟气稳定后温度随距离变化

结果分析如下：

a. 由火源功率为 50MW 的工况烟气稳定后温度随离火源距离变化的曲线图可以看出，在 0% 坡度隧道中，火源位于排烟口打开段内排烟口非对称开启，排烟口设置间距为 67.5m，开启组数为 5 组，进行纵向通风 + 下端单向排烟时，在 1.5m/s 的纵向诱导风速下，两工况中 3 个行车道顶板下方、距地面 2m 高处温度分布规律相同，即每个行车道最高温度均位于火源附近的顶板高度处，且在所有模拟工况中顶板下方及距地面 2m 高处温度最高值均出现在中间车道火源附近。

b. 对比 B5 和 B6 工况可知，0% 坡度隧道中，采用纵向诱导通风 + 下游端单向排烟时，在 1.5m/s 的纵向诱导风速下，上游开启 2 组 + 下游开启 3 组排烟口时隧道内 2m 高处最高温度较低；且由于上游开启 1 组 + 下游开启 4 组排烟口时火源上游的 1 组排烟口未能充分抽吸扰乱的烟气，导致火源上游 2m 高处温度稍高于下游温度。两工况下除火源附近较小范围外其余位置 2m 高处温度迅速降低至 60℃ 以下，表明纵向诱导通风 + 下游端单向排烟模式下隧道空间烟气分层效果较好。

c. 对比 B5 和 B6 工况可看出，0% 坡度隧道中，采用纵向诱导通风 + 下游端单向排烟时，在 1.5m/s 的纵向诱导风速下，采用不同排烟口开启方案，隧道顶板温度分布规律相同，即高温区域分布在火源附近，沿隧道纵向两侧呈指数递减。但上游开启 2 组 + 下游开启 3 组排烟口时顶板最高温度低于上游开启 1 组 + 下游开启 4 组排烟口时的最高温度。

d. 由以上各工况下烟气稳定后顶板下方和距离地面 2m 高处温度分布规律曲线图来看，0% 坡度隧道火灾工况下采用纵向诱导通风 + 下游端单向排烟，在 1.5m/s 的纵向诱导风速下，上游开启 2 组 + 下游开启 3 组排烟口时烟控效果较好。

② 能见度分布规律。

50MW 火灾下，在 1.5m/s 的诱导风速下，烟气蔓延稳定后，不同排烟口开启方案时隧道内 2m 高处能见度分布如图 5-67 和图 5-68 所示。

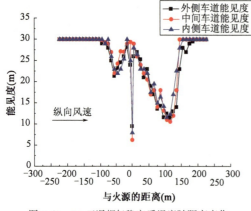

图5-67 B5工况烟气稳定后温度随距离变化

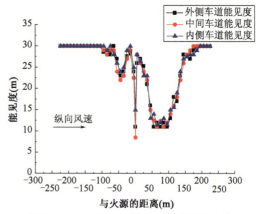

图5-68 B6工况烟气稳定后温度随距离变化

结果分析如下：

a. 由火源功率为50MW的工况烟气稳定后能见度随离火源距离变化的曲线图可以看出，两工况能见度分布规律相同，在1.5m/s的纵向诱导风速下能见度呈不对称分布，能见度最小值均出现在中间车道的火源处，火源上游能见度受烟气影响较小，在沿行车方向的纵向风流的作用下大量烟气向火源下游蔓延，致使下游较大区域受到烟气影响，能见度降低，但能见度均大于10m，表明在0%坡度隧道中采用纵向诱导通风+下游端单向排烟模式时，隧道空间烟气分层效果较好。

b. 通过对B5和B6工况分析可知，在0%坡度隧道中，进行纵向诱导通风+下游端单向排烟时，纵向诱导风速为1.5m/s，上游端开启2组+下游端开启3组排烟口和启上游端开启1组+下游端开启4组排烟口时2m高处能见度均能满足人员疏散的要求。

③烟气蔓延范围分析。

火源功率为50MW，进行纵向诱导通风+上游端单向排烟时，纵向诱导风速为1.5m/s，不同排烟口开启方案下烟气蔓延稳定后烟气蔓延范围见表5-22。

纵向通风+上游端单向排烟模式下烟气蔓延距离 表5-22

编号	火源功率	排烟量(m³/s)	通风风速(m/s)	上下游排烟口组数		排烟口开启况	上游蔓延距离(m)	下游蔓延距离(m)	烟雾蔓延范围(m)
				上游	下游				
B5	50MW	240	1.0	2组	3组	间距67.5m,面积2m²×3	165	185	350
B6	50MW	240	1.5	1组	4组	间距67.5m,面积2m²×3	185	190	37

对比分析B5和B6工况可知，在0%坡度隧道中，纵向通风+下游端单向排烟模式下，进行1.5m/s的纵向诱导风速，上游端开启2组+下游端开启3组排烟口时火源上游烟气回流距离小于下游蔓延距离，且烟气总蔓延范围较小。因此，从烟气蔓延范围考虑，0%坡度隧道发生火灾时，采用纵向诱导通风+下游端单为向排烟模式，合理的烟气控制方案为纵向风速1.5m/s，开启上游2组+下游3组排烟口。

3) 火源位于2.98%坡度段时的合理烟控气流组织模式研究

当火源位于2.98%坡度路段时,探讨当火灾发生时,应采用哪种排烟组织方式(双向排烟、下游端单向排烟、上游端单向排烟),采用怎样的排烟口开启方案(上游开启1组+下游开启4组、上游开启2组+下游开启3组),以及配合多大的纵向诱导风速,最终确定合理的烟控气流组织模式。

探讨火源功率50MW,火源位于2.98%坡度排烟口打开段内,根据2.98%坡度在实际隧道中的位置应采用上游端单向排烟的排烟组织方式,探讨采用怎样的案排烟口开启方案(上游开启1组+下游开启4组,上游开启2组+下游开启3组),以及配合多大的纵向诱导风速。图5-69为火源位于2.89%坡度时排烟示意图,表5-23为数值模拟工况表。

图5-69 火源位于2.89%坡度时排烟示意图

排烟口非对称开启下诱导通风+上游端单向排烟数值模拟工况表　　表5-23

编号	火源功率	坡度	上下游排烟口组数		通风排烟方式	排烟量 (m³/s)	通风风速 (m/s)	排烟口开启情况
			上游	下游				
C1	50MW	2.98%	2组	3组	上游端单向排烟+纵向通风	240	1.0	间距67.5m,面积2m²×3
C2	50MW	2.98%	1组	4组	上游端单向排烟+纵向通风	240	1.0	间距67.5m,面积2m²×3

(1)温度场分布规律

50MW火灾下,诱导风速为1.0m/s,烟气蔓延稳定后,隧道内2m高处、顶板下方温度分布如图5-70和图5-71所示。

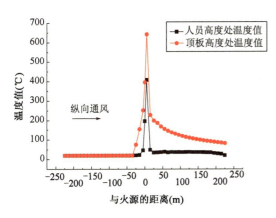

图5-70 C1工况烟气稳定后温度随距离变化

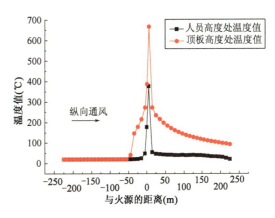

图5-71 C2工况烟气稳定后温度随距离变化

结果分析如下：

①在 2.98% 坡度隧道中，火源位于排烟口打开段内排烟口非对称开启，排烟口设置间距为 67.5m，开启组数为 5 组，不同排烟口开启方案下，进行纵向通风+下游端单向排烟时，从温度分布曲线可以看出，当诱导风速 1m/s 时，每个工况下 3 个行车道顶板下方、距地面 2m 高处温度分布规律基本相同，温度随距离的变化曲线均向下游端（即上坡侧）发生偏移。所有工况中，每个行车道最高温度均位于火源上方的顶板高度处，且在所有模拟工况中顶板下方及距地面 2m 高处温度最高值均出现在中间车道火源附近。

②通过分析工况 C1 和 C2 温度分布曲线图可知，2.98% 坡度隧道中，采用纵向诱导通风+下游端单向排烟，当纵向诱导风速为 1m/s 时，在沿上坡方向的纵向风流和"烟囱效应"的共同作用下，大量烟气向火源下游蔓延，导致下游排烟口打开段内隧道 2m 高处温度较高，但仍在 60℃ 以下。两工况中 2m 高处高温区域出现在火源附近，沿纵向两侧温度迅速降低至 60℃ 以下。

③对比工况 C1 和 C2 可看出，相同纵向诱导风速时不同排烟口开启方案下隧道顶板温度相差不大。

④由以上各工况下烟气稳定后顶板下方和距地面 2m 高处温度分布规律曲线图来看，采用纵向诱导通风+下游端单向排烟模式时，各工况距地面 2m 高处除火源附近较小范围外其余位置温度均低于 60℃，能满足人员疏散的要求。因此，温度场分布情况不影响 2.98% 纵坡隧道烟气控制方案的选取。

（2）能见度分布规律

50MW 火灾下，诱导风速分别为 1.5m/s 和 2.5m/s，烟气蔓延稳定后，隧道内 2m 高处能见度分布如图 5-72 和图 5-73 所示。

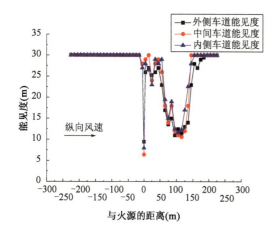

图 5-72 C1 工况烟气稳定后能见度随距离变化

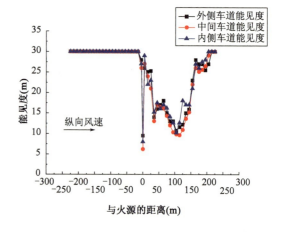

图 5-73 C2 工况烟气稳定后温度随距离变化

结果分析如下:

①由火源功率为50MW的工况烟气稳定后能见度随离火源距离变化的曲线图可以看出,C1和C2工况能见度分布规律相同,能见度最小值均出现在中间车道的火源处,火源上游端能见度基本不受烟气影响,维持在30m;在热浮力及沿行车方向的纵向风流的共同作用下,大量烟气向火源下游(上坡侧)蔓延,致使下游较大区域受到烟气影响,能见度降低,其中,上游开启1组+下游开启4组排烟口时火源下游出现能见度小于10m的区域。

②通过对比C1和C2工况可知,在2.98%坡度隧道中,进行纵向诱导通风+下游端单向排烟时,上游开启2组+下游开启3组排烟口时,除火源附近外其他位置能见度均大于10m,整体能见度较高,隧道内烟气分层效果较好,能满足人员疏散要求。因此,单从2m高处能见度分布情况来看,火源功率为50MW时,在2.98%坡度隧道中,上游开启2组+下游开启3组排烟口时烟控效果较好。

③烟气蔓延范围分析。

火源功率为50MW,进行纵向诱导通风+下游端单向排烟时,不同排烟口开启方案及不同纵向诱导风速下烟气蔓延范围见表5-24。

纵向诱导通风+下游端单向排烟模式下烟气蔓延距离　　　　表5-24

编号	火源功率	排烟量(m³/s)	通风风速(m/s)	上下游排烟口组数		排烟口开启况	上游蔓延距离(m)	下游蔓延距离(m)	烟雾蔓延范围(m)
				上游	下游				
C1	50MW	240	1.0	2组	3组	间距67.5m,面积2m²×3	110	205	315
C2	50MW	240	1.0	1组	4组	间距67.5m,面积2m²×3	105	225	340

对比工况C1和C2可知,在2.98%坡度隧道中,纵向诱导通风+下游端单向排烟模式下,排烟口开启方案相同时,纵向诱导风速为1m/s,两种排烟口开启方案下烟气在排烟口的抽吸下向火源上下游均有一定的蔓延距离,但上游开启2组+下游开启3组排烟口时烟气总蔓延范围较小。因此,从烟气蔓延范围考虑,2.98%坡度隧道发生火灾时,合理的烟气控制方案为纵向风速1m/s,开启上游游2组+下游3组排烟口。

5.4.3 本节小结

本节主要探讨当火灾发生在沉管隧道内不同位置,应采用哪种排烟组织方式(双向均衡排烟、下游端单向排烟、上游端单向排烟),采取怎样的排烟口开启方案(上游开启1组+下游开启4组、上游开启2组+下游开启3组),以及配合多大的纵向诱导风速。主要结论如下:

(1)不同的纵向诱导风速下,由于高温烟气与隧道壁面及新鲜空气的对流换热,烟气温度在沿着隧道纵向向两端蔓延的过程中逐渐降低。在距行车道2m高度处,除火源附近较小范围温度高于60℃,其他位置均迅速降低至60℃以下,表明纵向诱导风速+下游端单向排烟模式下,隧道空间烟气分层效果较好。

(2)纵向通风+侧向集中排烟模式下,隧道顶板处温度分布规律相同,即高温区域分布在火源附近,向隧道两侧呈指数递减分布。

(3)研究表明在-2.98%隧道坡度中,火源功率为50MW,在纵向通风+上游端单向排烟模式下,通过2m高度处温度分布、能见度分布以及烟气蔓延范围计算分析,排烟口开启方案为上游1组+下游4组时,纵向诱导风速为2.0m/s,烟控效果较好。

(4)研究表明在0%隧道坡度中,火源功率为50MW,通过2m高度处温度分布、能见度分布以及烟气蔓延范围计算分析,在不同的排烟组织方式(双向均衡排烟、下游端单向排烟、上游端单向排烟),排烟口的合理开启模式为上游2组+下游3组,合理的烟控方案为纵向风速1.5m/s,烟控效果较好。

(5)研究表明在2.98%隧道坡度中,火源功率为50MW,在纵向通风+下游端单向排烟模式下,通过2m高度处温度分布、能见度分布以及烟气蔓延范围计算分析,排烟口开启方案为上游2组+下游3组时,纵向诱导风速为1.0m/s,烟控效果较好。

5.5 本章结论

本章通过理论分析、物理试验以及数值仿真试验的研究,主要取得的成果如下:

(1)依据烟气生成量理论,综合轴对称型烟羽流的烟气生成量与墙型烟羽流的烟气生成量的计算值,在选取50MW火灾发生场景下,所需的最小排烟量应取为200m^3/s,同时考虑侧向排烟系统排烟效果差及漏风量等因素,港珠澳大桥海底沉管隧道通风排烟设计方案中排烟量为250m^3/s。

(2)结合港珠澳大桥海底沉管隧道工程实际及可能的火灾场景,通过对集中排烟模式下单组排烟口合理排烟量的研究可以看出:火灾规模为50MW,对称的开启两组排烟口,单组排烟口的间距为67.5m,通过数值模拟计算可得,在纵向风速为0m/s+双向排烟模式时,单组排烟口的排烟量合理取值应为50m^3/s。

(3)通过对增大排烟量对烟气控制效果的影响分析可以得到,在火灾峰值功率由50MW增大到200MW,集中排烟的排烟量由相应的200m^3/s达到370m^3/s的条件下,增大集中排烟的排烟量对于烟气控制效果的改善作用并不显著。同时,将排烟量在50MW火灾防控标准的基础上增大85%意味着风机数量可能增加一倍,造成风机与机房的投资增加将近一倍。

(4)在排烟口组数一定的情况下,获得了排烟口有效面积比和合理的排烟口开启角度。

(5)火灾规模为50MW,排烟量为200m^3/s,排烟风机开启方式为双侧开启,排烟口开启1号、2号、3号、4号,在240s时火灾远端烟雾几乎弥漫整个隧道,达不到排烟的目的。

(6)火灾规模为50MW,排烟量为250m³/s,排烟风机开启方式为双侧开启,排烟口开启1号、2号、3号、4号、5号,在火灾发生150s到240s甚至到火源熄灭时,烟雾能很好地分层,并且能控制到一个稳定的范围之内,达到很好的排烟效果。

(7)火灾规模为50MW,排烟量为300m³/s,排烟风机开启方式为双侧开启,排烟口开启1号、2号、3号、4号、5号、6号,在火灾发生150s到210s甚至到火源熄灭时,烟雾能很好地分层,并且能控制到一个稳定的范围之内,达到很好的排烟效果。但是从经济性考虑,最佳排烟量应为250m³/s,即排烟口的合理开启组数为5组。

(8)不同的纵向诱导风速下,由于高温烟气与隧道壁面及新鲜空气的对流换热,烟气温度沿着隧道纵向向两端蔓延的过程中逐渐降低。在距行车道2m高度处,除火源附近较小范围温度高于60℃,其他位置均迅速降低至60℃以下,表明纵向诱导风速+下游端单向排烟模式下,隧道空间烟气分层效果较好。

(9)纵向通风+侧向集中排烟模式下,隧道顶板处温度分布规律相同,即高温区域分布在火源附近,向隧道两侧呈指数递减分布。

(10)研究表明在-2.98%隧道坡度中,火源功率为50MW,在纵向通风+上游端单向排烟模式下,通过2m高度处温度分布、能见度分布以及烟气蔓延范围计算分析,排烟口开启方案为上游1组+下游4组时,纵向诱导风速为2.0m/s,烟控效果较好。

(11)研究表明在0%隧道坡度中,火源功率为50MW,通过2m高度处温度分布、能见度分布以及烟气蔓延范围计算分析,在不同的排烟组织方式(双向均衡排烟、下游端单向排烟、上游端单向排烟),排烟口的合理开启模式为上游2组+下游3组,合理的烟控方案为纵向风速1.5m/s,烟控效果较好。

(12)研究表明在2.98%隧道坡度中,火源功率为50MW,在纵向通风+下游端单向排烟模式下,通过2m高度处温度分布、能见度分布以及烟气蔓延范围计算分析,排烟口开启方案为上游2组+下游3组时,纵向诱导风速为1.0m/s,烟控效果较好。

第6章 离岸特长沉管隧道安全设施配套标准

6.1 沉管隧道运营灾害预警技术

离岸特长沉管隧道运营灾害包括隧道火灾、水灾、恐怖袭击以及地质灾害引起的隧道结构安全问题等。本章研究的离岸特长沉管隧道运营灾害预警技术只针对隧道火灾,通过开展足尺沉管隧道火灾试验研究离岸特长沉管隧道火灾预警技术。

6.1.1 概述

火灾自动报警系统由火灾探测器和火灾报警器组成。火灾探测器是系统的"感觉器官",它的作用是监视环境中有没有火灾的发生。一旦有了火情,就将火灾的特征物理量如温度、烟雾、气体和辐射光强等转换成电信号,并立即动作,向火灾报警控制器发送报警信号。对于易燃易爆场合,火灾探测器主要探测其周围空间的易燃气体浓度,在浓度达到爆炸下限以前报警。

早期在隧道中应用的空气管、感温电缆检测器,是从库房、管道、电缆沟等相对封闭的构造物中引用出来的。实践证明,它们在公路隧道这种相对开放、环境恶劣的条件下,使用效果不甚理想,存在温度漂移、故障率高、误报漏报、施工工艺复杂、管理养护工作量大等缺陷,基本上已被淘汰了。目前主流的火灾探测器有:光纤感温探测系统、双波长火焰探测器等几种。欧洲和日本在火灾探测器方面研究得相对较多,但他们的研究结果倾向明显不同。欧洲倾向于缆线式传感报警,在光纤传感和金属电缆传感方面都有研究;日本则倾向于火焰传感,尤其集中于双波长火焰探测。不同的隧道火灾探测技术由于报警原理不同,必然使它们在不同的工况下有不同的反应,各自有不同的优缺点。

高速公路隧道自动火灾检测报警问题不仅仅是火灾探测技术本身,而是一个复杂的系统工程。目前国内开展的工作要么集中在探测技术研究,要么关注于工程实施,没有从系统的角度对该问题进行研究,在隧道火灾检测系统的工程应用和维护方面缺乏相应的规范;同时,对于几种常用的隧道火灾自动报警技术而言,通常应用于不同的隧道工程中,有不同的环境条件,其应用效果也是在不同的条件下得出来的;各种技术的优劣和适应不同工况的能力并没有在相同的条件得到客观的比较,因此检测技术的选用存在一定的随意性。为了解决这一问题,本章根据不同类型火灾探测器的感应灵敏度、误报漏报情况、监测距离、抗干扰性、费用、后期维护等方面的因素,给出了目前国内市场中常用火灾探测器的系统指标,分析不同类型火灾探测器的优缺点与适用范围,为在不同的工程应用中根据隧道的具体情况选择合适的探测技术,实现早期火灾报警提供了指导性的建议。

此外,本章通过开展足尺沉管隧道火灾试验,对光纤光栅火灾报警系统的报警响应时间、定位精度及预设阈值对报警响应时间的影响进行分析。

6.1.2 公路隧道火灾监测技术

影响火灾量级并最终造成危害的主要参数是"时间",即发现火灾的时间、发出警报的时间、确定火源的时间和实现应急反应过程的时间。探讨隧道火灾的早期灭火,将火灾扑灭于刚刚着火的初期阶段。除了有效的灭火系统外,最有效的措施就是设置灵敏、高效、可靠的火灾自动报警系统。

1)基本构成与分类

(1)火灾自动报警系统基本构成

火灾自动报警系统一般由火灾探测器、火灾报警装置、警报装置、火灾报警控制器及其他辅助装置组成。目前被广泛采用的有区域报警系统、集中报警系统和控制中心报警系统三种形式。

①区域报警系统由火灾探测器、手动火灾报警按钮以及区域火灾报警控制器组成,适用于较小范围的保护。

②集中报警系统由火灾探测器、手动火灾报警按钮以及区域火灾报警控制器、集中火灾报警控制器等组成,适用于较大范围内多个区域的保护。系统的容量越大,所控制程序越复杂,消防设施控制功能越全,发展到一定程度便构成消防控制中心系统。

③控制中心报警系统由火灾探测器、手动火灾报警按钮、区域火灾报警控制器、集中火灾报警控制器以及消防控制设备等组成。一般情况下,在控制中心报警系统中,集中火灾报警控制器设在消防控制设备内,组成消防控制装置。

(2)火灾探测器分类

物质在燃烧过程中,通常会产生烟雾,同时释放出称之为气溶胶的燃烧气体,它们与空气中的氧发生化学反应,形成含有大量红外线和紫外线的火焰,导致周围环境温度逐渐升高。这些烟雾、温度、火焰和燃烧气体称为火灾参量。火灾信息探测以物质燃烧过程中产生的各种火灾参量为依据。分析普通可燃物的火灾特点,以物质燃烧过程中发生的能量转换和物质转换为基础,可形成不同的火灾探测方法,如图 6-1 所示。

火灾探测器的基本功能是通过敏感元件,将表征火灾参量的物理量转化为电信号,传输到火灾报警控制器。按探测火灾参量的不同,可以划分为感温、感烟、感光、气体和复合式等几大类。

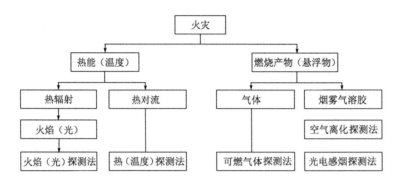

图 6-1　火灾探测方法

感温火灾探测器是一种响应异常温度、温升速率和温差的火灾探测器,又可分为定温火灾探测器——温度达到或超过预定值时响应的火灾探测器;差温火灾探测器——升温速率超过预定值时响应的感温火灾探测器;差定温火灾探测器——兼有差温、定温两种功能的感温火灾探测器。感温火灾探测器,由于采用不同的敏感元件,如热敏电阻、热电偶、双金属片、易熔金属、膜盒和半导体等,又可派生出各种感温火灾探测器。

感烟火灾探测器是一种响应燃烧或热解产生的固体或液体微粒的火灾探测器。由于它能探测物质燃烧初期所产生的气溶胶或烟雾粒子浓度,因此,有些国家称之为"早期发现"探测器。感烟火灾探测器可分为离子型、光电型、电容式和半导体型等几种。其中光电感烟火灾探测器,按其动作原理的不同,还可以分为减光型(应用烟雾粒子对光路遮挡原理)和散光型(应用烟雾粒子对光散射原理)两种。

感光火灾探测器又称为火焰探测器。这是一种感应火焰辐射出的红外、紫外、可见光的火灾探测器,主要有红外火焰型和紫外火焰型两种。

气体火灾探测器是一种响应燃烧或热解产生的气体的火灾探测器。在易燃易爆场合中主要探测气体(粉尘)的浓度,一般调整在爆炸下限浓度的 1/6～1/5 时动作报警。探测气体(粉尘)浓度的传感元件主要有铂丝、铂钯(黑白元件)和金属氧化物半导体(如金属氧化物、钙钛晶体和尖晶石)等几种。

复合式火灾探测器是一种感应两种以上火灾参量的火灾探测器,主要有感温感烟火灾探测器、感光感烟火灾探测器、感光感温火灾探测器等。

其他火灾探测器中,有探测泄漏电流大小的漏电流感应型火灾探测器,有探测静电电位高低的静电感应型火灾探测器,还有在一些特殊场合使用的,要求探测极其灵敏、动作极为迅速的微差压型火灾探测器,以及利用超声原理探测火灾的超声波火灾探测器等。

按火灾探测器的结构造型分类,可以分成线型和点型两大类。线型火灾探测器是一种感应某一连续线路周围的火灾参量的探测器,其连续线路可以是物理位置上的连续,也可以是人为定义上的连续。点型探测器是一种响应某一点周围的火灾参量的探测器。

火灾探测器按不同的分类依据有不同的种类,详细分类见表6-1。

火灾探测器分类表 表6-1

类　别	包括的类型		
感光式火灾探测器	紫外火灾探测器		
	红外火灾探测器		
	线形光束火灾探测器		
可燃气体火灾探测器	气敏半导体可燃气体火灾探测器		
	催化燃烧型可燃气体探测器(分铂丝催化型和载体催化型)		
	光电式可燃气体探测器		
	固定电解质可燃气体探测器		
复合式火灾探测器	复合式感温感烟火灾探测器		
	复合式感温感光火灾探测器		
	复合式感温感烟感光火灾探测器		
	分离式红外光束感温感光火灾探测器		
图像型火灾探测系统	双波段图像火灾探测器		
	光截面图像感烟探测技术		
	激光图像早期火灾探测技术		
感烟式火灾探测器	点型	离子感烟火灾探测器	双源式离子感烟火灾探测器
			单源式离子感烟火灾探测器
		光电感烟火灾探测器	减光式光电感烟火灾探测器
			散射式光电感烟火灾探测器
	线型	激光感烟火灾探测器	
		分离式红外光束感烟火灾探测器	
感温式火灾探测器	点型	定温式	易熔合金属定温式火灾探测器
			玻璃球膨胀型定温火灾探测器
			双金属定温火灾探测器
			水银接点定温火灾探测器
			热电耦式定温火灾探测器
			金属薄片式定温火灾探测器
			半导体定温火灾探测器
			热敏电阻型火灾探测器
		差温式	双金属差温火灾探测器
			金属膜盒式差温火灾探测器
			半导体差温火灾探测器
			热敏电阻差温火灾探测器

续上表

类别			包括的类型
感温式火灾探测器	点型	差定温式	金属膜盒式差定温火灾探测器
			双金属动圈式差定温火灾探测器
			半导体差定温火灾探测器
			热敏电阻差定温火灾探测器
	线型	定温式	可熔绝缘物线性定温火灾探测器
			半导体线性定温火灾探测器
			光纤火灾探测器
		差温式	空气管线性差温火灾探测器
			热电偶线性差温火灾探测器
		差定温式	双金属差定温火灾探测器
			膜盒式差定温火灾探测器
			热敏电阻差定温火灾探测器
			半导体差定温火灾探测器
其他			超声波型火灾探测器
			微差型火灾探测器
			静电型火灾探测器
			漏电流感应型火灾探测器

2)常用火灾自动报警系统性能分析

公路隧道火灾自动报警系统是目前国内隧道机电系统中最薄弱的环节之一。如何根据工程,选择合理的火灾自动报警系统是隧道火灾防范的关键技术问题。

(1)热敏合金线感温探测报警系统

以成都康达电子有限公司的 HT1901 型隧道专用火灾探测报警系统为例,阐述热敏合金感温火灾探测报警系统的特点。

①系统构成。

热敏合金线式隧道专用火灾检测报警系统由设于中控室内的火灾报警控制器,中控室、变电站及发电机房室内的下位机、点式感烟火灾探测器、点式感温火灾探测器、手动报警按钮,以及隧道内的室外下位机、热敏合金线式线型差温火灾探测器、手动报警按钮及连接线缆等设备。

②工作原理。

火灾发生后,同时伴随着热量的变换和温度的升高。本系统基于热敏合金线的物理特性,实现空间温度检测和报警。

在隧道中,每根热敏合金线(100m)对折后以环状方式安装于隧道顶部,检测隧道内50m的区域,它的电阻值随现场温度的变化而变化。下位机以一定的采样周期采集电阻值,并进行A/D转换,通过通信总线将转换值送至火灾报警控制器,控制器通过专用软件对下位机送来的数据进行分析、比较和处理后,还原为温度值,并显示于控制器显示屏上。一旦该温度值或温升速率高于系统定温或差温报警设定值时,系统将发出相应的火灾报警声光信号。

同时,下位机还采集隧道内的手动报警按钮以及室内点式感烟、点式感温探测器、手动报警按钮的开关量等报警信号。因此,无论是隧道还是室内发生火灾,系统均能及时自动或手动发出相应的火灾报警信号。

③系统主要优点。

热敏合金线感温探测系统具有以下优点:

a. 探测器具有差温特性,可以架空安装。

b. 传感电缆采用4线双绞结构,抗电磁干扰能力强,其中2根线为环境温度补偿导线,使探测器适应于安装环境温度变化范围较宽的场所。

c. 传感电缆的绝缘电阻在发生过热或火灾后可恢复到常温数值,探测器可重复使用。

d. 一根传感电缆的定温动作的温度在60~160℃之间调整,差温的响应时间性能满足10℃/min、20℃/min、30℃/min 3种升温速率的要求。

e. 具有开路、短路两种故障报警。

f. 由于传感电缆一般和被保护物品保持一定安装距离,因此安全性能大大提高,尤其适用于保护高压动力电缆场所。

g. 探测器的灵敏度可随传感电缆受热长度增加而提高。

h. 可适用于大空间、高架场所。

i. 包装运输、安装没有特殊要求,抗机械损害能力很强。

④系统主要技术参数。

热敏合金线火灾感温探测系统在标准配置下测温精度为±1℃,分辨率为0.1℃,报警反应时间小于60s,一台控制器可带125台下位机,可监控范围为12.5km,单回路探测器监测范围为纵向50m,横向11m,其熔点为1 000℃。

(2)光纤感温探测报警系统

以上海华魏自动设备有限公司的DTS200光纤分布式感温火灾探测报警系统为例,阐述光纤感温火灾探测报警系统的特点。

①系统构成。

光纤火灾报警系统的基本构成非常简单,主要由探测光缆、火灾报警控制器、手动报警按钮、输入模块几部分构成。

②检测原理。

该系统工作原理为激光光源沿着光纤注入光脉冲,脉冲大部分能传到光纤末端并消失,但一小部分拉曼散射光会沿着光纤反射回来。拉曼散射是当温度上升时,会导致光纤中的 SiO_2 分子键产生晶格振动,在分子振动过程中,若受到光的冲击,分子中的光粒子与电子会发生互动影响,导致光纤中的光散射。散射量的大小可直接反映温度的高低。光模块把来自纤维的拉曼散射光过滤,并透过光探测器变换成电子信息,信息最后被放大变换至低频谱范围,通过对信息进行处理,将微小的时空差别以频率方式体现,实现报警和精确定位。

③系统主要优点。

a. 光纤本身就是传感器,光纤放在哪里就测到哪里,温度测量是连续分布的。

b. 制造光纤的石英材料是绝缘体,光纤传感器不会受到任何电磁诱导干扰。

c. 光纤本身就是光传播的媒体,可以同时将传感的温度信号送到光纤的端部,光纤传感器测温的这一既传感又传播的特点,使火灾检测系统结构变得非常简单。

d. 光纤非常细小,加之柔软轻量且属于玻璃质,使得安装施工非常简单,并且传感器不受酸碱腐蚀,无须维护保养。

④系统主要技术参数。

光纤分布式温度监测系统具体的测温范围取决于光纤外表面涂层的材料,测量距离、温度精度、测量时间,三者之一的技术参数如发生变化,则另两个会随之变化,同时它们也会随光纤规格不同而作相应改变。主要指标:测温精度为 ±1℃,分辨率为 0.1℃,定位精度为 1m,报警反应时间 <60s,可监控范围为 2km、4km、6km、8km 等。

(3)光纤光栅感温火灾探测报警系统

以武汉理工光科股份有限公司的 TGW-100D 光纤光栅感温火灾器为例,阐述光纤光栅感温火灾探测报警系统的特点。

①系统构成。

光纤光栅感温火灾探测系统由探测器和信号处理系统组成。探测器由感温探头、连接光缆、传输光缆组成。信号处理器由光纤光栅调制解调器和信号处理系统组成。感温探头安装在使用现场;信号处理器安装在控制室内,可进行声光报警,并能向报警控制器输入信号;现场和控制室之间采用单模光缆进行信号传输。

②系统工作原理。

当探测光纤光栅周围的温度发生变化时,光栅周期或者纤芯折射率将发生变化,从而产生光栅 Bragg 信号的波长位移 $\Delta\lambda$,通过监测 Bragg 波长的变化情况,即可获得探测现场上光纤光栅周围温度的变化状况。光纤光栅中心波长的计算见式(6-1)。

简言之,光纤光栅 Bragg 波长的变化与环境温度的变化有着简单的线性关系,通过测量光纤光栅 Bragg 波长,可测得环境温度。当温度的变化或者温变率超过事先设定的某个门槛值时,即可给出报警信号。

$$\lambda_B = 2n_{\text{eff}}\Lambda \tag{6-1}$$

式中:λ_B——光纤光栅中心波长;

n_{eff}——有效折射率;

Λ——光纤光栅周期。

③系统主要特点。

a. 先进的数字式测量技术

光纤光栅感温火灾探测系统检测信号采用波长编码,不受光源功率的波动及连接或耦合损耗的影响,也不受信号远距离传输过程中电磁场的干扰,与容易受来自光源的信号的波动、光缆的不均匀性、光缆位置的微小随机振动、连接或耦合损耗等随机因素影响的检测光强的系统相比,可靠性更高。

b. 安全无电检测技术

光纤光栅感温火灾探测系统将信号处理及控制单元置于远离工作区域的控制室进行,同时光纤光栅感温探头对温度信号的采集是在无电的情况下进行的,本质更安全。

c. 灵活方便的布点措施

可根据工程需要,灵活多变地调节探头的疏密程度。另外,具有快速响应报警响应时间不超过60s,便于迅速处理突发事件的优点。

d. 大容量

可单线多线路复用,构成传感网络和列阵,便于波分、时分复用和分布式传感。

e. 传输距离远

由于采用光纤传输,传输距离可以达到20km。

f. 准确可靠

光纤光栅感温火灾探测系统采用数字式测量技术,测量精度达到5℃,温度分辨率达到1℃。

g. 温度巡检

光纤光栅感温火灾探测系统可根据用户需要对探测器所在区域的温度情况进行巡检,实时监测其温度变化情况。

h. 线路自检

光纤光栅感温火灾探测系统使用特制的宽带光栅实现对线路的可靠自检。

i. 仪表自检

光纤光栅感温火灾探测系统采用有效的措施实现仪表自检。

j. 多级温度报警

光纤光栅感温火灾探测系统可以按给定的条件发出温度报警信号。比如,在温度超过50℃时,发出报警信号,从而启动喷水降温装置,进行降温;在温度超过100℃时,发出报警信号,启动灭火装置。

k. 多动温差报警

根据温度上升的快慢程度,给出不同的报警信号,分别启动喷水降温装置或者灭火装置。

④主要技术参数。

光纤受环境的干扰较少,主要技术指标见表6-2。

光纤光栅感温火灾探测器指标 表6-2

项目	指标参数	项目	指标参数
温度测量范围	0~95℃(B型)	响应时间	≤60s
报警设定范围	50~95℃	传输距离	≤20km
测量精度	±5℃		

(4)双波长火焰探测报警系统

以美国通用电气GS9208双波长火焰探测报警系统为例,阐述双波长火焰探测报警系统的特点。

①系统构成。

双波长火焰探测器探测系统主要由火灾报警控制器、火焰探测器组成。

②工作原理。

双波长火焰探测器主要是采用光学过滤器检出火灾中辐射光闪变的两种波长,并进行比较,同时感光窗感知火焰,从而准确地判断出是否发生火灾。探测器把设定的波长范围P—Pp作为比较结果,必须同时捕捉到燃烧火焰特有的跳动频率,并检测到光波特性,作为判定火灾的依据。

③系统主要特点。

a. 采用独特的捕捉火灾中辐射光的波长来感知火灾发生,可不受气流影响,能准确感知火灾发生的位置。

b. 有较好的监视视野,对火焰感知灵敏度高。

c. 不会因隧道内的钠蒸气灯、荧光灯和其他车辆灯光而动作。

d. 采用了密封结构,可防水和防腐蚀,对隧道内的渗水、废气酸碱腐蚀有出色的耐久性。

④主要技术指标。

双波长火焰探测器的主要技术指标见表6-3。

第6章 离岸特长沉管隧道安全设施配套标准

双波长火焰探测器指标 表6-3

项 目		指 标
输入电压		DC48V
消费电流	警戒	7mA
	动作	30mA(脉冲状)
使用温度范围		−20～50℃
监视范围	水平方向	受光窗口的正面左右各90°,宽25m及半径30m包围的范围
	垂直方向	受光窗口正面各60°,宽10m及半径30m包围的范围
灵敏度		0.5m²(0.7m×0.7m试验盘)的汽油火灾(车用汽油2L以上),在30s以内发现。燃烧时风速12m/s以下,受光窗口的污损率为光学减光率50%以下
不动作条件		用温度(2 856±50)K的白热电球照明5 000lx 用灯照明10 000lx 用荧光灯照明10 000lx 用自然光照明10 000lx 用回转灯照明1 000lx(赤、黄、绿、青、紫)
安装间距		40～50m

3) 公路隧道火灾报警系统选择

现有的各种火灾探测器,因探测原理、安全性、长距离传输、可靠性等因素影响,应用于隧道环境中均无法很好地解决火灾探测问题。针对不同的隧道工程特点选择合适的火灾探测器,才能真正发挥其效能,有效探测火灾,实现早期发现火灾,早期报警的目的。在实际应用中,应选用抗干扰性好、误报漏报少、费用低、响应时间短的火灾探测器。

各国隧道工程具备各自的特点,且各国相关技术的差异,国外隧道火灾探测器也各具特色,其主要代表应用见表6-4,其中火焰探测器由于抗干扰性强,其使用越来越多。

国外隧道火灾探测器的应用情况 表6-4

国家	澳大利亚	比利时	丹麦	法国	意大利	日本	美国
火灾探测器类型	线型感温火灾探测器	点式火灾探测器	温度激发型	CO及不透明性指示计	线型探测器	火焰探测器	线型火灾探测器

国内隧道火灾探测器种类较多,质量也良莠不齐。随着我国相关技术的进步,一些抗干扰性弱、误报漏报多、费用高、维护工作繁多的探测器已逐渐被淘汰。国内各火灾探测器的应用情况见表6-5。其中光纤感温火灾探测器、光纤光栅感温火灾探测器及双波长火灾探测器具有抗干扰能力强、误报少、维护方便等优点,被广泛应用。

国内隧道火灾探测器的应用情况 表6-5

序 号	火灾探测器类型	应用情况
1	空气管线型感温火灾探测器	已淘汰
2	感温电缆定温火灾探测器	较少

续上表

序 号	火灾探测器类型	应用情况
3	热敏电阻火灾探测器	2000年以后应用较少
4	红外线感烟火灾探测器	无
5	光纤感温火灾探测器	较广泛
6	光纤光栅感温火灾探测器	较广泛
7	双波长火灾探测器	较广泛

在火灾探测器选型中,应根据隧道工程的特点着重考虑其感应灵敏度、误报漏报情况、监测距离、抗干扰性、费用、后期维护等方面的因素,选择最适宜的探测器进行火灾探测,方可发挥其效能。表6-6给出了目前国内市场中常用火灾探测器的系统指标,可供参考。

常用火灾探测器的系统指标 表6-6

参 数	测温精度	灵敏性	响应时间	误报漏报	监测距离	抗干扰性	费用	其 他
空气管线型差温火灾探测器		7.5℃/min	<1min	一般	20~100m	隧道内环境因素影响大	高	空气管路泄漏,检查维修不方便
		15℃/min						
		30℃/min						
感温电缆定温火灾探测器	±10%	68×(1±10%)℃	<30s	容易	<200m	抗电磁干扰能力差	较高	不可恢复感温电缆成本高,可恢复式感温电缆抗电磁干扰能力差
		85×(1±10%)℃						
		105×(1±10%)℃						
		138×(1±10%)℃						
红外线感烟火灾探测器		60%	5~10s	容易	<100m	抗车辆尾气以及潮湿空气和电磁干扰差	较高	受到车辆排出烟雾潮湿腐蚀性的气体和严重的电磁影响大
		35%						
		20%						
热敏电阻火灾探测器	±1℃	10℃/min	<45s	少	<200m	受环境影响较小	低	后期运营维护工作量较大
		20℃/min						
		30℃/min						
光纤感温火灾探测器	±1℃	10℃/min	<35s	少	<8km	受环境影响较小	低	后期运营维护工作少
		20℃/min						
		30℃/min						
光纤光栅感温火灾探测器	±5℃	10℃/min	<30s	少	<10km	受环境影响较小	高	后期运营维护工作较少
		20℃/min						
		30℃/min						
双波长火灾探测器			<30s	少	<200m	受环境影响较小	高	后期运营维护工作量较大

6.1.3 火灾自动报警定位技术

为有效防范隧道火灾,近10年来国际上普遍在隧道中设置火灾自动报警设备,其中光纤光栅感温探测报警系统和双波长火焰探测报警系统在我国的应用最为广泛,也是国际上普遍应用的主流技术之一。双波长火焰探测报警系统采用光学过滤器检出火灾中辐射光闪变的两种波长,并进行比较,同时感光窗感知火焰,从而准确地判断出是否发生火灾;光纤光栅感温探测报警系统则通过探测现场光纤光栅周围温度的变化状况来判断火灾是否发生。故影响双波长火焰探测报警系统性能的主要是探测器能否探测到明火,火灾定位不是影响其探测性能的关键;对于光纤光栅感温探测报警系统,由于隧道内纵向风的影响,火灾工况下存在"温度漂移"现象,火灾定位技术是影响其探测性能的关键。本节通过对所开展的足尺沉管隧道火灾试验进行系统分析,主要研究光纤光栅感温探测报警系统的火灾定位技术。

1)隧道火灾场景热能传递特性

热辐射与热对流是热量空间传递的两种主要方式。火灾发生时通常会产生剧烈的热效应。热作为能量的一种形式通过辐射或对流的方式传递到光线光栅温度传感器。本节通过对所开展的足尺沉管隧道火灾试验中光纤光栅探测器温度数据的系统分析,研究隧道火灾发展初期的热能传递特性。

(1)火灾试验

试验在足尺沉管试验隧道内开展。光纤光栅火灾探测器沿隧道纵向均布,探头间隔5m,总布设长度100m,探测器悬挂在试验隧道顶部中央。全长共分成4个消防报警分区(分区长度均为25m),探测器序号如图6-2所示。箭头标出隧道内的通风方向,风速可调。火源燃料采用汽油。火焰热释放率约1MW。试验火源置于隧道内光纤光栅探测器10号和11号之间下方地面,沿垂直于探测器光缆地面投影线分别侧移2.5m(表6-7,工况1)和1.5m(表6-7,工况2)。

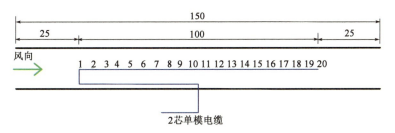

图6-2 光纤光栅串纵向布置示意图(尺寸单位:m)

试验工况与报警时间　　　　　　　　　　表6-7

工　况	风速(m/s)	报警时间(s)
1	1.5	32
2	1.5	30
3	3	37

(2)试验结果分析

足尺沉管隧道火灾试验记录了隧道火灾发生后沿车行方向等距离分布的不同光纤光栅探

测器的温度-时间变化，测温分辨率为 0.1℃。试验发现：如果以差温模式判别火灾，当风速为 3m/s 时，虽然探测器 10 和 11 距离火源最近并率先升温，但并未触发火灾报警。率先触发差温火灾报警的是火源下风方向的探测器 12。

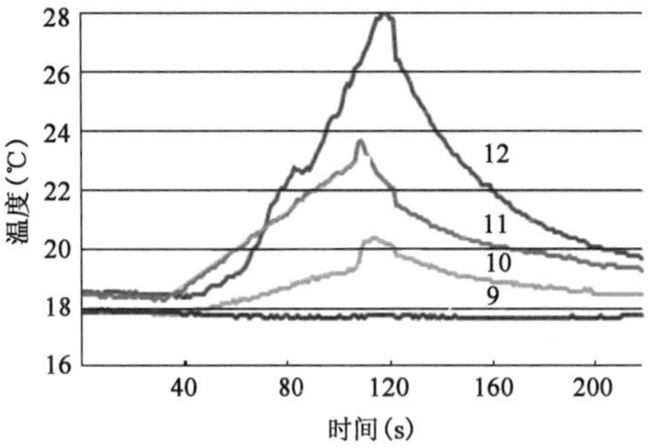

在隧道通风作用下，火灾产生的烟气被吹向下风侧，导致探测器 12 首先接触到高温烟气，因而产生突然升温，达到并超过预先设定的差温报警阈值，发出报警。由图 6-3 可知，在整个试验期间，隧道顶部温度仅升高了 10℃ 左右，未能达到预设的定温报警阈值(60℃)，而传感器 10 和 11 的早期温度响应曲线表现出明显的辐射传热特性。

图 6-3　不同光纤光栅探测器温度随时间的变化曲线

电磁辐射是真空传热的唯一方式。热源的辐射功率与其热源绝对温度的四次方成正比。光纤光栅探测器从热源(如火焰)吸收辐射热，吸收能量的效率与热源的热辐射功率，以及光纤光栅探测器和热源之间的距离等参数有关。显然，在隧道火灾发生的最初几秒钟内，光纤光栅探测器的热响应以辐射传热的贡献为主。而对流的热传递速度较慢，但效率较高，是隧道环境温升的主要贡献者。试验结果表明，首先通过辐射瞬时传递到布置于隧道顶部的光纤光栅温度传感器。辐射加热一段时间后，火灾释放的更大量的热能通过空气对流以更高的效率传递给光纤光栅传感器，使得传感器的温度大幅升高。

2)报警阈值对响应时间的影响分析

通常认为火灾报警系统的报警响应速度取决于预先设定的阈值。降低阈值可以大大缩短系统的报警时间，实现快速报警，但是迄今为止尚无可靠的试验或理论研究工作显示光纤光栅感温火灾报警系统的预设阈值与火灾报警速度的对应关系。报警阈值设置过低，则导致报警系统误报率增高；而报警阈值设置过高，则导致报警响应时间延长，不利于火灾工况下的防灾救援工作快速开展。通过开展足尺沉管隧道火灾试验，本节对不同报警阈值对报警响应时间的影响进行分析。

(1)系统噪声分析

光纤光栅火灾报警系统通过探测器的温度变化来探测火灾信息，然而隧道内的空气温度并非恒定，存在一定的波动。为了研究隧道内空气温度波动对火灾报警系统的影响，项目组对点火前后光纤光栅探测器的温度波动进行了详细分析，如图 6-4～图 6-6 所示。

点火前后光纤光栅探测器升温速率变化曲线表明：在不点火时，温度梯度的噪声范围 -3～+3℃/min(-0.05 +0.05℃/s)，故光纤光栅火灾报警系统系统阈值不能低于 +3℃/min(+0.05℃/s)，否则将导致系统误报率大大提高。隧道实际运营过程中同样有此现象，如果差温报警阈值太低，当有大型汽车经过并在某位置有短暂停留时，亦会产生差温报警，使得误报率提高(实例:上海大连路隧道消防系统差温报警阈值的选定试验,为使响应速度不减的同时降低误报率,曾将阈值根据实际运营情况做修改,在通过视频及人工监视工作下,发现在某一阈值的时候为最佳,低于该值时误报率大大提高,误报大多为交通堵塞情况及夜间隧道养护工作大型车辆定点作业时引起)。

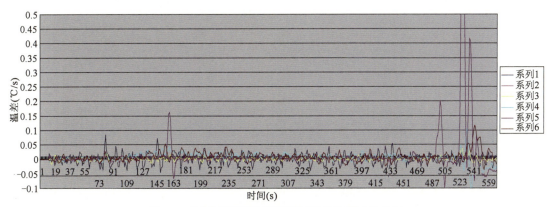

图6-4 点火前后探测器升温速率变化曲线(第1次点火)

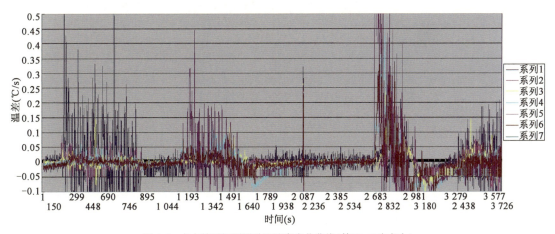

图6-5 点火前后探测器升温速率变化曲线(第2~5次点火)

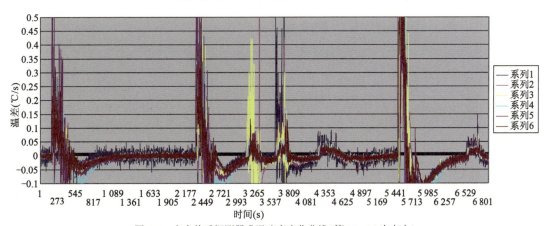

图6-6 点火前后探测器升温速率变化曲线(第10~16次点火)

（2）报警阈值对响应时间影响

本项目通过开展足尺沉管隧道火灾试验，提取了低风速和高风速两种试验工况下的温度上升梯度数据，见表6-8。

不同时刻不同位置传感器温度梯度响应　　　　表6-8

时间(s)	不同位置传感器的温度梯度响应(℃/min)					
	0m	10m	20m	30m	40m	50m
-5	-0.08	0.02	-0.09	-0.07	0.00	-0.09
-4	-0.04	0.04	-0.12	0.00	0.00	-0.09
-3	-0.05	0.05	-0.15	0.00	0.00	-0.08
-2	-0.07	0.00	-0.09	0.00	0.00	-0.06
-1	-0.07	-0.05	-0.09	0.00	-0.03	-0.03
0,点火	-0.07	-0.04	-0.09	0.00	-0.03	0.00
1	-0.05	-0.02	-0.07	0.00	-0.05	-0.03
2	-0.08	-0.07	-0.03	0.00	-0.07	-0.06
3	-0.06	-0.11	0.01	-0.03	-0.08	-0.08
4	-0.03	-0.13	-0.04	-0.03	-0.08	-0.09
5	0.00	-0.07	0.00	-0.05	-0.08	-0.09
6	0.00	-0.08	-0.03	-0.07	-0.13	-0.09
7	0.00	-0.01	-0.06	-0.08	-0.17	-0.08
8	0.00	-0.08	-0.01	-0.08	-0.18	-0.12
9	-0.03	-0.07	-0.02	-0.08	-0.21	-0.15
10	-0.06	-0.05	-0.04	-0.07	-0.18	-0.15
11	-0.08	-0.01	-0.05	-0.05	-0.17	-0.17
12	-0.05	0.02	-0.07	-0.03	-0.15	-0.18
13	-0.03	0.04	0.00	-0.03	-0.12	-0.17
14	-0.01	-0.01	0.00	0.00	-0.10	-0.15
15	0.01	0.01	0.00	-0.03	-0.06	-0.12
16	0.00	-0.04	0.00	-0.06	-0.08	-0.07
17	0.03	0.07	0.00	-0.08	-0.09	0.00
18	0.03	0.09	0.00	-0.09	-0.09	0.00
19	0.02	0.09	0.00	-0.09	-0.09	0.00
20	0.01	0.09	0.07	-0.09	-0.08	0.00
21	-0.01	0.00	0.12	-0.08	-0.09	-0.03
22	0.01	0.06	0.15	-0.06	-0.09	-0.06
23	0.02	0.12	0.17	-0.03	-0.04	-0.08

续上表

时间(s)	不同位置传感器的温度梯度响应(℃/min)					
	0m	10m	20m	30m	40m	50m
24	0.07	0.09	0.18	0.00	-0.03	-0.09
25	0.08	0.06	0.21	0.00	0.02	-0.09
26	0.04	0.04	0.24	0.00	0.06	-0.09
27	0.04	0.08	0.25	0.00	0.09	-0.08
28	0.00	0.11	0.29	0.00	0.12	-0.03
29	-0.04	0.14	0.33	0.00	0.13	0.03
30	-0.07	0.16	0.42	0.00	0.15	0.08
31	-0.09	0.09	0.57	0.03	0.17	0.15
32	-0.11	0.11	0.69	0.19	0.21	0.21
33	-0.09	0.12	0.80	0.54	0.28	0.27
34	-0.03	0.17	0.88	1.06	0.37	0.31
35	0.00	0.20	0.97	1.73	0.49	0.32
36	0.03	0.24	1.06	2.49	0.66	0.33
37	0.06	0.29	1.13	3.36	0.89	0.37
38	0.09	0.35	1.21	4.40	1.17	0.43
39	0.08	0.47	1.38	5.51	1.45	0.51
40	0.06	0.62	1.62	6.63	1.80	0.61
41	0.03	0.83	2.09	7.75	2.26	0.75
42	0.03	1.03	2.67	8.88	2.83	1.00
43	0.12	1.22	3.36	10.16	3.51	1.30
44,报警	0.19	1.38	4.13	12.25	4.25	1.61
45	0.24	1.51	4.78	15.52	4.95	1.91
46	0.20	1.51	5.23	19.99	5.56	2.26
47	0.22	1.47	5.41	25.84	6.04	2.69
48	0.21	1.29	5.25	32.75	6.69	3.12
49	0.12	1.08	4.91	39.90	7.74	3.59
50	0.09	0.84	4.38	46.24	9.56	4.13
51	0.04	0.65	3.99	50.96	11.93	4.64

注：风速5m/s，偏离中心2m。表中左边第一栏为时间，以点火时间为起始时间，所以在点火之前显示为负时间，其余各栏显示在不同里程位置上各个温度探头的升温梯度。其中30m处的探头在44s时首先报警。

简单的报警判断模式将升温梯度是否达到或超过报警阈值作为判据。依据所记录的温度梯度和点火后达到此温度梯度所用的时间可以得到系统达到设定报警阈值-时间曲线(图6-7、图6-8)。在低风速下，阈值(报警判据)从10℃/min减小到3℃/min，报警时间会从31s减少到23s，缩短了8s。而在高风速情况下，报警响应时间会有所延长，同样的阈值调整会使得报警响应时间从 43s 减小到 39s,仅缩短了 4s。低风速时热烟气直接在温差动力下上升到隧道顶部,而在高风速下热烟气沿着风向向下移动的同时在温差作用下同时向上方移动,经过一段时间后才能达到隧道顶部,造成报警时间的延长。

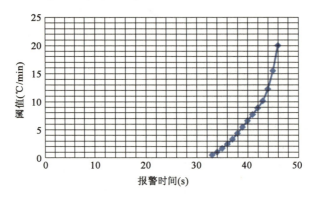

图 6-7　预设的阈值对系统报警响应时间的影响(风速 5m/s,火偏离隧道中心 2m)

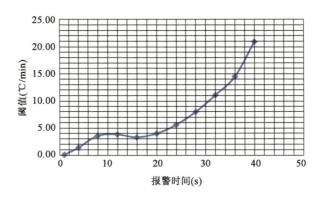

图 6-8　预设的阈值对系统报警响应时间的影响(风速 0.4m/s,火偏离隧道中心 0m)

研究结果表明,隧道内空气温度波动对探测器升温速率的影响范围为 $-3 \sim +3℃/min$ ($-0.05 \sim +0.05℃/s$)。如果设定差温报警温度为 5℃/min,既能保证差温报警时间迅速,又能保证没有误报。

3) 火灾报警定位方法

隧道火灾工况下,热量首先通过辐射瞬时传递到布置于隧道顶部的光纤光栅温度传感器。辐射加热一段时间后,火灾释放的更大量的热能通过空气对流以更高的效率传递给光纤光栅传感器,使得传感器的温度大幅升高。故火灾时光线光栅传感器对温度的响应存在如下工况:

工况一:一个传感器的辐射升温早于相邻传感器对流升温,但辐射升温没有达到差温报警阈值。试验数据如图 6-9 所示。

原因分析:火源功率较小(火盆面积 $0.4m^2$),有风情况 $4 \sim 5m/s$,辐射升温传感器距离着火点最近,但是温度中心偏离了着火点。

定位方法:由报警点(传感器 5 报警)起依次向前判断左右相邻的各 3 个传感器温度梯度大小,找到在大于 3℃/min(0.05℃/s)情况下,比报警传感器大的温度梯度传感器(传感器 6),如果找到即判定为辐射升温传感器,确定为着火点位置(传感器 6 所在位置)。

工况二:一个传感器辐射升温早于相邻传感器对流升温,而且辐射升温已经达到差温报警阈值。试验数据如图 6-10 所示。

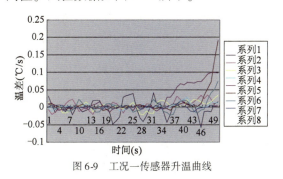

图 6-9　工况一传感器升温曲线　　　　图 6-10　工况二传感器升温曲线

原因分析:火源功率大(火盆面积 $2m^2$),有风情况 4~5m/s,辐射升温直接达到报警阈值,由光辐射引起差温报警。

定位方法:由报警点(传感器 6 报警)起依次向前判断左右相邻的各 3 个传感器温度梯度大小,找到在大于 3℃/min(0.05℃/s)情况下,比报警传感器大的温度梯度传感器,如果没有找到,即判定报警点(传感器 6)为辐射升温传感器,确定为着火点位置(传感器 6 所在位置)。

工况三:两个或多个传感器辐射升温早于相邻传感器对流升温,但辐射升温没有达到差温报警阈值。试验数据如图 6-11 所示。

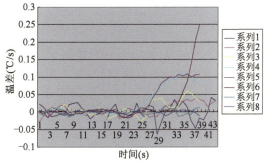

图 6-11　工况三传感器升温曲线

原因分析:火源功率较小(火盆面积 $0.4m^2$),有风情况 4~5m/s,两个或多个辐射升温传感器距离着火点最近,但是温度中心偏离了着火点。

定位方法:由报警点(传感器 6 报警)起依次向前判断左右相邻的各 3 个传感器温度梯度大小,找到在大于 3℃/min(0.05℃/s)情况下,比报警传感器大的温度梯度传感器(传感器 4 和 5),如果找到,而且找到了两个或多个(传感器 4 和 5),取两个或多个传感器中间位置(传感器 4 与传感器 5),判定为辐射升温传感器,确定为着火点位置(传感器 4 与传感器 5 中间位置)。

试验开展过程中,光纤光栅传感器对环境温度变化的响应出现了以上三种工况。然而由于试验开展次数有限,未包含所有工况,光纤光栅传感器对环境温度变化的响应仍存在如下两种工况(不包含多火源及移动火源工况)。

工况四:两个或多个相邻传感器辐射升温早于相邻传感器对流升温,而且辐射升温已经达到差温报警阈值。试验过程中未出现此工况。

原因分析:火源功率很大(火盆面积大于 $2m^2$),有风情况 4~5m/s,辐射升温直接达到报警阈值,由光辐射引起差温报警。

定位方法:由报警点(传感器 5 和 6 报警)起依次向前判断左右相邻的各 3 个传感器温度梯度大小,找到在大于 3℃/min(0.05℃/s)情况下,比报警传感器大的温度梯度传感器,如果找到,而且找到了两个或多个(传感器 3 和 4),取两个或多个传感器中间位置(传感器 3.5),判定为辐射升温传感器,确定为着火点位置(传感器 3.5 所在位置),如果没找到,就取报警点传感器的中间位置(传感器 5.5),判定为辐射升温传感器,确定为着火点位置(传感器 5.5 所在位置)。

工况五:两个或多个相邻传感器辐射升温早于相邻传感器对流升温,但是辐射升温没有达到差温报警阈值,而且同时有两个或多个相邻传感器因为对流升温而报警。

原因分析:火源功率小(火盆面积小于 $2m^2$),有风情况,辐射升温没有达到报警阈值,由对流升温引起差温报警。

定位方法:由报警点(比如传感器 5 和 6 报警)起依次向前判断左右相邻的各 3 个传感器温度梯度大小,找到在大于 3℃/min(0.05℃/s)情况下,比报警传感器大的温度梯度传感器,如果找到,而且找到了两个或多个(传感器 3 和 4),取两个或多个传感器中间位置(传感器 3.5),判定为辐射升温传感器,确定为着火点位置(传感器 3.5 所在位置),如果没找到,就取报警点传感器的中间位置(传感器 5.5),判定为辐射升温传感器,确定为着火点位置(传感器 5.5 所在位置)。

综上所述,火灾定位程序的判断方法是:由报警点起,取其左右相邻的 3 个传感器的 60s 历史数据,找到在大于 3℃/min(0.05℃/s)情况下,比报警传感器大的温度梯度传感器。如果找到,则该点被视为辐射升温点,即着火点位置;如果未能找到,则就取报警点为着火点位置。

4)定位精度与响应时间

通过开展足尺沉管隧道火灾试验,本节主要研究不同风速、不同火灾功率及不同安装条件下,光纤光栅火灾报警系统的温度响应和温度梯度响应随时间和空间的变化规律及空间分布特征,并开发基于隧道内温场分布的火灾快速识别技术,精细调整光纤光栅火灾报警系统的相关参数,同时优化报警三要素(响应速度、定位精度和火灾虚警抑制特性)。

(1)试验概况

①试验目的。

发展高风速条件下隧道火灾报警与定位算法模型,测试并验证独立光纤光栅火灾报警系统在实体隧道工况下的报警响应时间和定位精度。

②试验条件。

试验场景:试验在足尺沉管试验隧道内开展,隧道宽14.55m,高7.1m,可提供的隧道纵向风速为0~5m/s。

(2)试验火源

符合《公路隧道火灾自动报警系统设备技术条件》中"试验火"的规定。火盆:0.8m×0.8m(图6-12);燃料:柴油。

图6-12 试验油盆

(3)设备安装与调试

试验采用独立光纤光栅线型感温火灾探测器。按照现行国家标准《线型感温火灾探测器》(GB 16280)的规定,光纤光栅间距不应大于10m。按照新国标,要求分布定位型(独立光栅技术)设备的光纤光栅间距设置为10m。设备安装与调试应符合国家标准《公路隧道火灾自动报警系统设备技术条件》试样安装与调试的相关规定。其中试验中采用火源位置的最有利、最不利及各中间工况对于光纤光栅线型感温火灾探测器,传感器布置与隧道物理位置,采用如图6-13所示的对应方式。

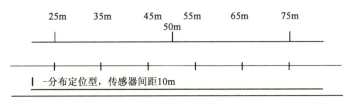

图6-13 光纤光栅传感器布设示意图

(4)火源位置

试验火源位置选择在1~6号位,如图6-14所示。

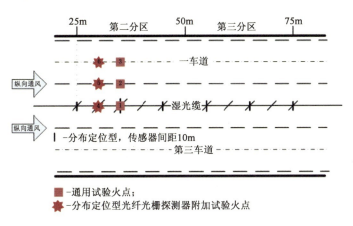

图6-14 试验火源布设示意图

①1号位:35m处传感器链路正下方;
②2号位:35m处传感器链路正下方侧偏2m;
③3号位:35m处传感器链路正下方侧偏4m;
④4号位:30m处传感器链路正下方;
⑤5号位:30m处传感器链路正下方侧偏2m;
⑥6号位:30m处传感器链路正下方侧偏4m。

(5) 风速工况

①自然风;

②1.5m/s;

③3.0m/s;

④大于3.0m/s。

(6) 试验结果与讨论

为了满足实际隧道复杂工况下火灾报警和火灾精确定位的需要,本试验设计了最苛刻的隧道火灾场景:

①火灾功率仅1MW,模拟一辆轿车着火初期场景;

②采用开口钢板罩遮盖火焰,模拟轿车内失火情况;

③模拟有隧道通风存在的情况,风速0m/s,3m/s和大于3m/s;

④隧道顶部正中挂一串光纤光栅火灾探头,着火点发生在近隧道侧壁,模拟三车道失火距离探头最远的情况。

试验结果:以1Hz的频率记录所有温度探头测量的温度随着时间变化曲线(图6-15)和升温梯度(差温)随时间的变化曲线(图6-16)。报警采用差温报警模式,报警响应时间见表6-9。火灾定位由自动修正程序确定,结果给出了系统判断火焰位置和实际点火位置的偏差值。

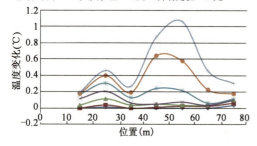

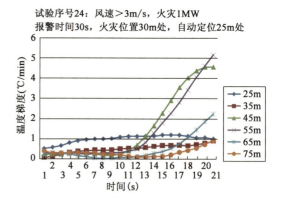

图6-15 点火后30s内测量所得的隧道温度分布

图6-16 点火后20s内不同位置传感器的升温梯度随时间的变化

报警时间和火灾定位偏差试验结果 表6-9

试验序号	位置	风速	报警响应时间(s)	定位偏差(m)
1	1	无风	18	5
2	2	无风	17	0
3	3	无风	17	5
4	4	无风	20	5
5	5	无风	21	5
6	6	无风	21	5
7	1	1.5m/s	38	0
8	2	1.5m/s	34	10
9	3	1.5m/s	31	10
10	4	1.5m/s	33	5
11	5	1.5m/s	21	−5
12	6	1.5m/s	17	5
13	1	3m/s	29	0
14	2	3m/s	30	10
15	3	3m/s	40	5
16	4	3m/s	38	5
17	5	3m/s	34	−5
18	6	3m/s	45	−5
19	1	>3m/s	33	10
20	2	>3m/s	31	0
21	3	>3m/s	35	10
22	4	>3m/s	32	5
23	5	>3m/s	33	5
24	6	>3m/s	36	−5

试验结果表明,光纤光栅感温火灾探测器定位误差不超过10m(光纤光栅探测器布设间距)。

(7)不同工况对火灾报警时间的影响

火灾报警响应时间是火灾报警系统最重要的性能指标之一,必须与火灾定位精度和火灾虚警抑制特性同时优化。在设备和工况一定的情况下,火灾报警的响应时间取决于设备灵敏度以及所设定的报警阈值。提高系统的灵敏度将广泛涉及技术层面的改进并可能伴随着设备成本的提高。虽然简单地调低报警阈值可以达到快速报警目的,但在系统实际运行中,低阈值无疑会导致虚警率偏高,以至于某些现在正在运行的系统需要在环境温度变化时人为调整阈值才能保证其工作,因此不宜使用。

在有风条件下,火焰对其正上方隧道顶部的加热作用明显被分散并弱化,在火灾发生之初隧道顶部温度很难达到定温报警的阈值。差温报警模式是以温度升高的速率作为判断火灾发生的判据,受环境温度影响较小,是更为科学的火灾报警模式。但使用差温报警模式要求报警系统有较高的分辨率、较快的采样频率和较低的系统噪声水平,这些构成高质量火灾报警系统的先决技术条件。独立光纤光栅感温系统保证测温分辨率不大于 0.1℃,所以在差温报警性能指标方面具有突出的固有优势,能同时满足火灾响应速度和火灾虚警抑制特性的需求。

试验证明,在全部上述工况条件下,独立光纤光栅火灾报警系统的差温报警响应时间均小于 45s。当风速较小(自然风)且为遮盖火的工况下,响应时间普遍小于 21s。

(8)光纤光栅火灾探头的保护范围

感温型火灾探测器的保护范围是指符合火灾报警系统技术性能指标的传感探头的最大空间保护半径。在隧道这样的特殊空间里,火灾造成的热传递主要来自于对流传热。热空气沿着隧道顶流动的过程中只要接触到独立光栅探头火灾报警系统会作出灵敏响应。一旦温度或温度上升条件达到或超过阈值即可瞬时报警。虽然试验选定的三车道隧道顶部中央仅悬挂一串光纤光栅温度探头,但系统对隧道内任意车道上发生的火灾的响应时间均小于 45s。不同的火灾发生位置对报警响应时间来说并无明显的差别。可以推断:探头的保护半径不小于 10m。

(9)火灾探测及报警技术试验结论

①在所有全尺寸火灾试验工况条件下,光纤光栅火灾报警系统的报警响应时间均小于 45s。

②在所有试验工况下,自动火灾位置判断偏差小于 10m。

6.1.4 本节小结

公路隧道火灾自动报警系统是目前国内隧道机电系统中最薄弱的环节之一,本节综合分析了隧道火灾报警系统的构成与分类,以及各类火灾自动报警系统的性能、技术参数,提出了隧道常用火灾探测器的系统指标,为公路隧道火灾报警系统的选择提供了参考。

通过开展足尺沉管隧道火灾试验,本节对光纤光栅火灾报警系统的报警响应时间、定位精度及预设阈值对报警响应时间的影响进行分析,研究发现:

(1)在隧道火灾发生的最初几秒钟内,光纤光栅探测器的热响应以辐射传热的贡献为主,而对流的热传递速度较慢,但效率较高,是隧道环境温升的主要贡献者。

(2)隧道内空气温度波动对探测器升温速率的影响范围为 $-3 \sim +3℃/min$($-0.05 \sim +0.05℃/s$),如果设定差温报警温度为 5℃/min,既能保证差温报警时间迅速,又能保证没有误报。

(3)光纤光栅火灾报警系统的差温报警响应时间小于 45s,当风速较小(自然风)且为遮盖火的工况下,响应时间普遍小于 21s。

(4)较高纵向风速(4~5m/s)作用下,本节所建立的火灾报警定位方法可保证光纤光栅感温火灾探测器定位误差不超过10m(光纤光栅探测器布设间距)。

6.2 沉管隧道消防灭火技术

公路隧道消防设施是隧道内发生火灾时,用于灭火或控制火势的设施。现有公路隧道消防设施有人工手动灭火设施和自动灭火设施两类。人工手动灭火设施包括隧道内设置的灭火器、消火栓、沙桶等,自动灭火设施包括自动喷水灭火系统、水喷雾灭火系统、CO_2灭火系统、卤代烷烃自动灭火系统、泡沫-水喷雾灭火系统和细水雾灭火系统等。

港珠澳大桥海底沉管隧道消防设施包括:消火栓系统,泡沫-水喷雾联用系统,灭火器,安全通道变压器室气体灭火设施,强电电缆通道防火分隔设施等。消火栓系统、灭火器、气体灭火设施及防火分隔设施在隧道内的应用已十分广泛,相关技术业已非常成熟,相应的设计规范也比较完善。然而世界范围内对于泡沫-水喷雾联用系统在隧道内的应用仍未达共识,泡沫-水喷雾联用系统在隧道内应用的一些关键技术问题与解决办法尚无定论。本章从泡沫-水喷雾联用系统的功能特点出发,通过开展足尺沉管隧道火灾试验,分析其在隧道消防灭火方面的优点及存在的问题,并提出相应的解决办法与控制措施。

6.2.1 概述

1)功能特点与工作原理

(1)功能特点

隧道事故中,虽然发生火灾类型有A、B、C类火灾,但主要是B类流淌火灾,且大多数是由于两车相撞引起的,所以,单用水喷雾无法扑灭隧道内火灾,况且现在汽车燃油要求越来越高,对90号以上汽油更难以扑灭,甚至会加大火灾的扩展。泡沫-水喷雾灭火设施对石油类和B类火灾的灭火作用优于蛋白泡沫和氟蛋白泡沫。它的灭火原理,除具有一般泡沫灭火剂的作用外,还有当它在燃烧液表面流散的同时析出液体冷却燃液表面,并在燃烧液面上形成一层水膜与泡沫层共同封闭燃液表面,隔绝空气,形成隔热屏障,吸收热量后的液体汽化稀释燃液面上空气的含氧量,对燃烧液体产生窒息作用,阻止了燃液的继续升温、汽化和燃烧。它和其他灭火剂的根本区别是"亲水"泡沫具有泡沫和水膜的双层灭火作用,这是它灭火效率高、时间短的原因。

(2)工作原理

联用系统包含了雨淋报警阀、泡沫液控制电磁阀、供水侧信号蝶阀、系统侧信号蝶阀、排水调试球阀、泡沫液控制阀、冲洗球阀等阀组,其状态位置及作用见表6-10,其结构图如图6-17所示。

控制阀组主要阀件的状态位置及作用　　　　　　表 6-10

序号	名称		常态位置	作用
1	雨淋报警阀	启动电磁阀	常闭	在接收到消防电信号后开启
		紧急启动球阀	常闭	自动控制及电动控制失灵时开启,或发现火灾而自动启动尚未开启时启动
		控制腔进水球阀	常开	维修时关
		水力继动器		雨淋阀复位时使用
		水力警铃通断球阀	常开	不需要水力警铃动作的试验、调试时关
2	泡沫液控制电磁阀		常闭	在接收到消防电信号后开启,可手动开启
3	供水侧信号蝶阀		常开	维修时关
4	系统侧信号蝶阀		常开	试验、调试时关
5	排水调试球阀		常闭	试验、调试时开
6	泡沫液控制球阀		常开	维修时、冲洗泡沫液管路时关
7	冲洗球阀		常闭	灭火后冲洗泡沫液管路时开

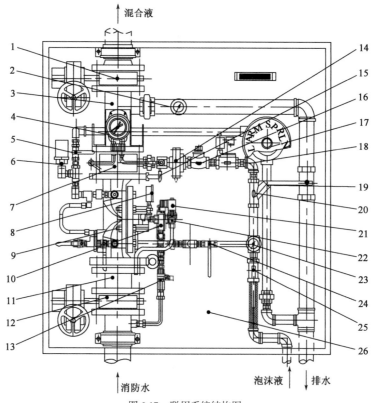

图 6-17　联用系统结构图

1-系统侧信号蝶阀(常开);2-调试管路压力表;3-混合器外接管;4-双针压力表;5-水力警铃控制阀(常开);6-压力开关;7-比例混合器;8-雨淋阀控制腔压力表;9-雨淋报警器;10-供水侧压力表;11-法兰短管;12-供水测信号蝶阀(常开);13-雨淋阀控制腔球阀(常开);14-平衡阀;15-滴液阀(常闭);16-回止阀;17-水力警铃;18-泡沫液控制电磁阀(常闭);19-排水调试球阀;20-过滤器;21-雨淋阀启动电磁阀(常闭);22-雨淋阀紧急启动球阀(常闭,雨淋阀水力继动器与其并联);23-泡沫液进口压力表;24-冲洗球阀(常闭);25-泡沫液控制球阀(常开);26-阀组箱体

联用系统状态包括备用状态、工作状态、紧急状态等三种。

在备用状态时,控制阀组中各阀件处于常态位置,雨淋报警阀、泡沫液控制电磁阀、信号蝶阀、压力开关与消防控制中心之间的电路连接正常,且处于准工作状态。泡沫液管路压力表(显示泡沫液管路入口压力)、雨淋报警阀入口压力表及控制腔压力表(显示供水侧水压)指针位置处于正常范围内,如图6-18所示。

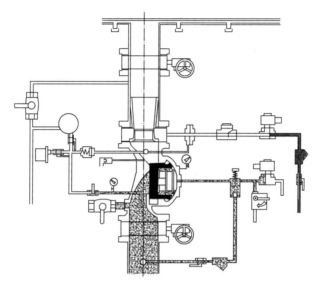

图6-18 联用系统备用状态

在发生火灾时,系统进入工作状态,雨淋报警阀和泡沫液控制电磁阀在接收到消防控制中心报警控制器发出的启动电信号后迅速开启,压力开关动作启动消防水泵和泡沫原液泵,水经过雨淋报警阀后进入比例混合器的进水口,泡沫液流经泡沫液控制球阀、控制电磁阀、平衡阀后流入比例混合器的泡沫液入口,比例混合器将水和水成膜泡沫液混合后送至管网,管网上喷头喷洒出泡沫水雾扑灭隧道火灾,如图6-19所示。

当远程电控制失灵或发现火灾时自动启动尚未开启时系统进入紧急状态,可在现场手动打开雨淋报警阀,紧急启动球阀和泡沫液控制电磁阀,进行手动应急启动。

《公路隧道消防技术规范》对隧道泡沫水喷雾联用系统的设计参数给出了如下的相关要求:

①喷雾强度不应小于$6.5L(\min \cdot m^2)$,最不利点处喷头的工作压力不应小于$0.35MPa$,且喷头的选型和布置应避免喷雾受车辆遮挡的影响。

②泡沫混合液持续喷射时间不应小于20min,喷雾持续时间不应小于60min。

③系统的作用面积不宜大于$600m^2$,响应时间不应大于45s。

④泡沫-水喷雾联用灭火系统控制器应具有现场和远程控制方式。远程控制采用自动触发时,宜由来自隧道同一或相邻探测区域的、两个独立的火灾报警信号,按制定顺序进行触发。

⑤泡沫-水喷雾联用灭火系统控制器现场操作部件,应设置在检修道侧或行车向右侧隧道壁上,高度为 1.5m±0.2m 位置处的设备洞室内或嵌入隧道侧壁安装。

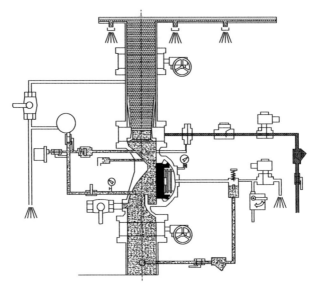

图 6-19　联用系统工作状态

2) 应用现状与优缺点

自动喷水在隧道中的使用效果各国持有争议。美国 NFPA502(1998 版)消防法规中提出宜考虑 AFFF(水成膜泡沫)喷淋系统,不提倡使用自动喷水系统。

美国法规认为,喷水不仅无效,而且还有助于火灾的传播或加重火灾的危害,将其有利条件转化为不利条件,主要理由有:

(1) 典型的火灾通常发生在车辆下部或车厢内部,顶部喷水没有灭火效果。

(2) 如在火灾开始和喷头动作之间发生延误,在巨热火焰上喷一层薄水雾,实质上压不住火焰,反而将产生大量过热蒸汽,蒸汽比烟雾更具有危害性。

(3) 隧道是狭长的,其横向和纵向有坡度,且是强制通风,又无防火分隔,因此热量不会局限于着火点。

(4) 因为热气层流沿着隧道顶部运动,喷头动作可能不会固定在火焰上,如此大量的动作喷头将远离火场,产生冷却效果,致使烟雾层下降,影响逃生及消防人员视线。

(5) 喷水会引起烟雾分层,导致紊流,将空气和烟雾混合,威胁隧道中人员的安全。

日本的隧道已有多条隧道安装自动喷水灭火系统,根据 1960—1980 年近 20 年的统计,共发生火灾 6 起,自动喷水系统使用仅有日本坂隧道 1 次,起火后 1min 系统自动投入运行,喷水 25min 后火灾继续扩大,现场接连发生爆炸,喷水失败。该隧道火灾共烧毁汽车 174 辆,死伤多人,150m 天花板崩落。

日本大阪隧道火灾后,为了研究隧道内使用自动喷水效果及对火灾的影响,1982年日本建设省土木所在一座隧道内进行火灾试验,用 $2m^2$ 火盆装入144L汽油点燃,结果表明:无自动喷水系统条件下路面附近透光率为31.5%,当设有适当照明及诱导灯时,避难条件可改善;但若使用自动喷水系统,则热的烟气温度下降,向路面附近压下,恶化避难环境。结论是"对汽油火盆实施喷淋不能起到灭火作用,只能降低周围温度"。

以往的水喷雾系统试验表明,消防水喷雾系统在探测到火灾后并不能马上启动,过早启动将会对尚未撤离隧道人员的安全疏散产生较大影响,增加隧道内人员的恐慌效应,可能引发交通事故。

日本已开展的水喷雾系统试验(PWRI火灾试验,1980)表明:水喷雾系统可有效阻止火势的传播,然而却会导致烟雾层的沉降,恶化逃生环境。Ofenegg隧道火灾试验(瑞士,1965)表明水喷雾系统可能引发一系列边际效应:烟雾分层的紊乱,水蒸气的增加,未完全燃烧气体的增加。这些效应主要对隧道内的能见度产生较大的影响。试验结果并未被广泛接受。Memorial Tunnel火灾试验开展了两组水喷雾系统试验,结果表明:4m/s的纵向风速几乎没有对水喷雾系统产生影响。试验结果并未被广泛认可。

尽管自动喷水灭火系统在隧道使用中有许多问题,不过日本的《隧道设计要领》(1997)中还规定了在对防火特别的重要长大隧道和长度大于3 000m、交通量大于4 000辆/d的双向行驶隧道中使用,他们认为还有下列4个优点:

(1)抑制火源;

(2)防止火源附近的延烧;

(3)保护隧道主体结构;

(4)保护隧道内设施。

而美国今年在3座隧道中也设置了自动喷水灭火系统,它们是:北部地区中央大道、波士顿第一隧道、西雅图Mercer岛和Baker岛之间的隧道,设置原因是因为这些隧道中允许装运危险品车辆在无人保护的情况下通过。

3)研究内容与试验工况

(1)研究内容

国内外隧道火灾的案例表明发生在隧道中的大火会比我们预想的温度更高,持续时间更长,毁坏性更大,这些因素会使救援行动和实施灭火更加困难。未安装自动灭火设施的隧道,火灾发生时,由于隧道相对封闭,温度升高迅速,消防员无法接近火场,因此隧道内所产生的火灾大多只能两端封堵,任由可燃物烧完,氧气耗尽,然后收拾残局,造成的损失极大。因此隧道内的火灾援救装备在火灾发生时,其控火灭火的有效性及其对人员疏散的影响情况显得尤为重要。隧道内火灾救援装备中,喷淋系统一直饱受争议,为了对泡沫-水喷雾系统抑制火灾发展和火灾传播的有效性及其对人员疏散和逃生环境的影响作深入的研究,本节依据泡沫-水喷淋控火灭火有效性的若干影响因素设计了一系列的灭火试验,主要研究泡沫-水喷雾联用系统对火灾发展规律的影响,以及泡沫-水喷雾联用系统开启后对人员逃生环境的影响。研究内容主要包括以下几个方面:

①研究泡沫-水喷雾联用系统对不同工况火灾的抑制作用。

对比分析泡沫-水喷雾联用系统开启前后温度场、烟雾场、火源热释放速率等的变化特征,分析泡沫水喷雾系统的控火、灭火效果。

②研究泡沫-水喷雾联用系统开启后对火源附近人员疏散环境的影响。

对比分析泡沫-水喷雾联用系统开启前后温度、烟雾、湿度、热辐射、有毒气体浓度等指标的变化特征,分析泡沫-水喷雾联用系统开启前后人员疏散环境的变化。

③泡沫-水喷雾联用系统最优开启时间。

火灾工况下,泡沫-水喷雾联用系统开启过早则会导致隧道内烟气层紊乱,烟气分层被破坏,不利于人员安全疏散;而开启过晚则不利于控制火势发展,隧道内温升过快导致隧道结构体受到损害。隧道发生火灾时,何时开启泡沫-水喷雾联用系统是本部分的一个主要研究内容。

(2)试验工况

水喷淋系统控火灭火的效果受火源类型、火灾规模及喷淋系统喷洒物质等因素影响较大。在进行水喷淋系统有效性分析中,通过对油池火、木垛火、汽车火等多种火源,5MW、20MW、40MW等不同火灾规模,水喷淋、泡沫-水喷雾不同喷洒物质进行喷淋系统灭火试验,共开展了9组试验,见表6-11。

喷淋试验工况表　　　　　　　　　表6-11

编号	燃料类型	火源位置	火源设计	火源功率(MW)	备注
D-1	93号汽油	中部中间车道	油池尺寸 1.5m×1.5m×0.1m	5	开启喷淋时间4min08s,持续时间58s
D-2	木垛	中部中间车道	20个木托盘,单个尺寸 1.0m×1.2m×0.13m	4.9~5.3	开启喷淋时间2min40s,关闭喷淋时间5s
D-3	木垛	中部中间车道	20个木托盘,单个尺寸 1.0m×1.2m×0.13m	5.0~5.6	只喷水,开启喷淋时间3min06s,火源熄灭关闭
D-4	93号汽油	中部中间车道	4个油池,单个尺寸 1.5m×1.5m×0.1m	20	喷淋不开启(对比工况)
D-5	93号汽油	中部中间车道	4个油池,单个尺寸 1.5m×1.5m×0.1m	20	开启喷淋时间3min,火源熄灭关闭
D-6	模拟小汽车	中部中间车道	小汽车内放入8个木托盘+2个轮胎		不开启喷淋,作为对比工况
D-7	模拟小汽车	中部中间车道	小汽车内放入8个木托盘+2个轮胎		开启喷淋时间4min30s,关闭喷淋时间10min40s,车内火难以熄灭;14min燃烧基本结束,17min复燃,27min才燃烧完
D-8	模拟中巴车	中部中间车道	中巴车内放入40个木托盘		不开启喷淋,作为对比工况

续上表

编号	燃料类型	火源位置	火源设计	火源功率（MW）	备注
D-9	模拟中巴车	中部中间车道	中巴车内放入40个木托盘		开启喷淋时间5s,关闭喷淋时间11min30s
D-10	0号柴油	东侧洞口中间车道	油池尺寸1.5m×1.5m×0.1m	5	3min开启排烟风机,6min开喷淋此时烟已降落,开启喷淋后一片漆黑,8min关喷淋
D-11	93号汽油	中部中间车道	6个油池,单个尺寸1.5m×1.5m×0.1m	50	3s开启动喷淋,5min30s关闭,测到的最高温度达800℃

6.2.2 泡沫水喷淋控火效果

1) 泡沫-水喷雾联用系统油池火灭火效果

分别选取5MW汽油火（试验D1）、20MW汽油火（试验D4与试验D5）和40MW汽油火（试验D9）研究泡沫-水喷雾联用系统对油池火的灭火效果。

（1）5MW汽油火（试验D1）

试验D-1采用单个油池（尺寸为1.5m×1.5m×0.1m）作为火源,以93号汽油为燃料,火源热释放速率约为5MW,试验各个阶段现场情况如图6-20所示。

a) 点火前

b) 喷淋前

c) 喷淋中

d) 喷淋后

图6-20　5MW油池火泡沫水喷淋试验

以试验 B-1 作为对比工况(5MW 汽油火,不开启喷淋),泡沫-水喷雾联用系统开启与不开启两种工况下,5MW 汽油火火源热释放速率变化情况如图 6-21 所示,试验过程中火源断面隧道顶部温度变化情况如图 6-22 所示。

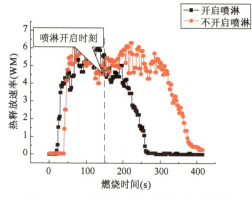

图 6-21 2MW 汽油火火源热释放速率对比曲线　　图 6-22 火源断面隧道顶部温度对比曲线

图 6-21 表明,试验火源在 60s 左右即达到稳定,其热释放速率为 5MW 左右。喷淋系统开启后,火源热释放速率在 30s 内由 4MW 降至 1MW 以下,喷淋系统开启 60s 后火源熄灭。而同种工况下,不开启喷淋时火源热释放速率仍在一段时间保持不变(存在小幅波动)。

图 6-22 表明,开启泡沫水喷淋后,30s 内火源断面顶部温度由约 90℃下降至 45℃左右,降幅达到 1.5℃/s;而同种工况下,不开启喷淋时火源断面隧道顶部温度仅下降 5℃。

(2)20MW 汽油火(试验 D4)

试验 D-5 采用 4 个 1.5m×1.5m×0.1m 的油池(汽油)作为火源,预期火源规模为 20MW,由于试验火灾规模较大,这里采用电子点火方式。点火后 3 分时开启泡沫-水喷雾联用系统进行灭火,试验过程的各个阶段现场情况如图 6-23 所示。

以试验 D-4 作为对比工况(20MW 汽油火,不开启喷淋),泡沫-水喷雾联用系统开启与不开启两种工况下,20MW 汽油火火源热释放速率变化情况如图 6-24 所示,试验过程中火源断面隧道顶部温度变化情况如图 6-25 所示。

由图 6-24 可得,该试验火源在 60s 左右即达到稳定,其热释放速率约为 20MW 左右(最高达到 25MW)。泡沫-水喷雾联用系统开启后 30s 内火源热释放速率趋近于 0,火源基本熄灭。

图 6-25 表明,火源附近拱顶温度在开启泡沫水喷淋后,隧道顶部测点温度下降速率明显加快,30s 内已由约 180℃下降至 100℃以下,30s 之后火源基本熄灭,隧道顶部温度降幅减缓,测点温度的下降主要为烟气温度的自然冷却。

(3)50MW 汽油火(试验 D9)

试验 D-11 采用 6 个 1.5m×1.5m×0.1m 的油池火(汽油)作为火源,预计火源规模为

50MW,由于试验火灾规模较大,这里采用电子点火方式。试验进行到 3 分时开启泡沫-水喷雾联用系统进行灭火,试验过程的各个阶段现场情况如图 6-26 所示。泡沫-水喷雾联用系统使火源热释放速率快速下降如图 6-27 所示,水喷淋覆盖区域温度明显下降如图 6-28 所示。

图 6-23　20MW 油池火泡沫水喷淋试验

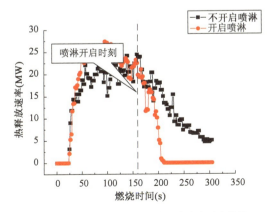
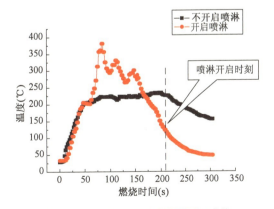

图 6-24　20MW 汽油火火源热释放速率对比曲线　　图 6-25　火源断面隧道顶部温度对比曲线

图 6-26　40MW 油池火泡沫-水喷雾联用系统试验

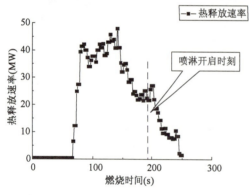

图 6-27　40MW 油池火火源热释放速率变化曲线

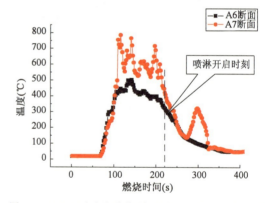

图 6-28　40MW 油池火隧道顶部温度变化曲线（A6 为火源断面，A7 为火源下游 7.8m 处监测断面）

图 6-27 和图 6-28 表明，试验过程中火源热释放速率及隧道顶部温度从 200s 开始急剧下降。喷淋系统 180s 开启，20s 内火源热释放速率和温度基本没有发生变化，这是由于 40MW 汽油火火源附近温度较高（测得最高温度达到 800℃），喷淋系统启动最初 20s 内，火源有效燃烧面积并未受到影响，故热释放速率基本保持不变。泡沫-水喷雾联用系统开启 20s 后，所喷洒的混合液开始覆盖油池火燃油表面，火源热释放速率短时间内急剧下降，30s 内火源基本熄灭。

综上所述，泡沫-水喷雾联用系统对油池火的控火灭火效果明显，都能在较短的时间内起到控火降温的效果。对于30MW以下汽油火,泡沫-水喷雾联用系统可在30s有效控制火源,达到控火、降温的目的;对于30~50MW大规模火灾,泡沫-水喷雾联用系统可在60s有效控制火源,达到控火、降温的目的。

2)泡沫-水喷雾联用系统木垛火灭火效果

试验D-2采用20个1.0m×1.2m×0.13m的木垛火作为火源,预计火源规模为5MW,试验进行到2min40s时开启泡沫-水喷雾联用系统进行灭火,泡沫水喷淋开启前后试验现场情况如图6-29所示。

图6-29 木垛火泡沫水喷淋试验

以试验B-8作为对比工况(5MW木垛火,不开启喷淋),泡沫-水喷雾联用系统开启与不开启两种工况下,5MW木垛火火源热释放速率变化情况如图6-30所示,试验过程中火源断面隧道顶部温度变化情况如图6-31所示。

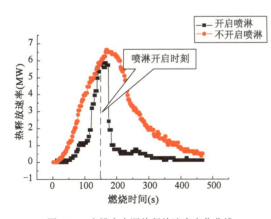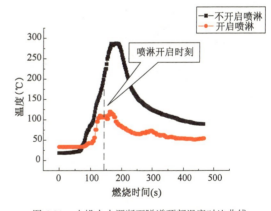

图6-30 木垛火火源热释放速率变化曲线　　　图6-31 木垛火火源断面隧道顶部温度对比曲线

图6-30及图6-31表明,泡沫-水喷雾联用系统开启20s后,木垛火火源热释放速率已由约5.5MW降至1MW以下,火源断面顶部测点温度数据也由约120℃降至75℃左右,相比汽油火,泡沫-水喷雾联用系统对木垛火的控火降温效果更显著。

试验结果表明,泡沫-水喷雾联用系统对油池火和木垛火都起到控火灭火的作用,能够有效降低喷淋区域的温度。但泡沫-水喷雾联用系统对汽油火较木垛火具有更好的灭火效果。

3) 汽车火灾适用性分析

试验 D-7 采用 8 个木垛 + 2 个轮胎作为填充物,试验 D-9 采用 40 个 $1m \times 1.2m \times 0.13m$ 的木垛作为填充物,分别放入小汽车和中巴车内,泼洒少量汽油引燃木垛,模拟小汽车和中巴车火灾。由于车内空间相对较为封闭,木垛同时起火面有限,其火灾规模较真实中巴车火灾小。试验 D-7 点火后 4min30s 开启喷淋,10min40s 关闭;试验 D-9 点火后 5min 开启泡沫-水喷雾联用系统,11min30s 关闭。试验火灾现场情况如图 6-32 所示。

a) 模拟小汽车

b) 模拟中巴车

图 6-32　泡沫-水喷雾联用系统在汽车火灾中的应用

以试验 D-6 和试验 D-8 分别作为模拟小汽车与模拟中巴车喷淋试验对比工况,泡沫-水喷雾联用系统开启与不开启两种工况下,模拟小汽车火灾试验与模拟中巴车火灾试验火源热释放速率变化情况分别如图 6-33 和图 6-34 所示,试验过程中火源断面隧道顶部温度变化情况分别如图 6-35 和图 6-36 所示。

图 6-33 与图 6-34 表明,火源功率从开始增长至达到最大值耗时约 200s。不启动喷淋系统时,小汽车火灾在 300s 时火源热释放速率达到最高(约 3.8MW),火源断面隧道顶部温度于 330s 达到最大值(约为 90℃)。模拟小汽车喷淋试验中喷淋系统于 250s 左右启动,此时火源热释放速率为 1.8MW,尚未达到最大值,喷淋系统启动后火源热释放速率急速下降,50s 内由

1.8MW 下降至 0.5MW,而此时同种工况下不开启喷淋时火源功率为 3.8MW。

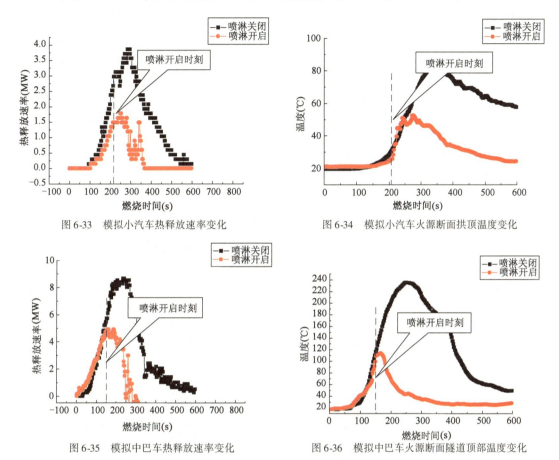

图 6-33　模拟小汽车热释放速率变化　　　图 6-34　模拟小汽车火源断面拱顶温度变化

图 6-35　模拟中巴车热释放速率变化　　　图 6-36　模拟中巴车火源断面隧道顶部温度变化

图 6-35 与图 6-36 表明,模拟中巴车火灾火源功率从开始增长至达到最大值耗时约 200s。在不启动喷淋系统时,中巴车火灾在 200s 时火源热释放速率达到最高(约 8.8MW),火源断面隧道顶部温度于 250s 达到最大值(约为 240℃)。模拟中巴车喷淋试验中喷淋系统于 150s 左右启动,此时火源热释放速率为 5.0MW,尚未达到最大值,喷淋系统启动后火源热释放速率急速下降,100s 内由 5.0MW 下降至 0.5MW 以下,而此时同种工况下不开启喷淋时火源功率为 7MW。泡沫-水喷雾联用系统对隧道顶部温度的影响同样显著,喷淋系统开启后 50s 内由 110℃下降至 60℃,100s 内由 110℃下降至 40℃。

综上分析可得,泡沫-水喷雾联用系统在汽车火灾中,对火灾热释放速率与隧道顶部最高温度控制效果显著,可有效降低火源周围的温度,有效抑制火势发展与蔓延。

6.2.3　泡沫-水喷雾联用系统对烟雾扩散影响

喷淋系统试验中除试验 D-7 外,其余所有试验火源均置于隧道中间位置,泡沫-水喷雾联用系统喷头布设于火源附近 20m 范围内,双侧布设,每侧 5 个喷头,间距 4m。试验 D1、D2、

D5、D9 喷淋系统开启前后隧道内烟气蔓延及能见度情况如图 6-37 所示。

a) 5MW 汽油火喷淋前

b) 5MW 汽油火喷淋后

c) 5MW 木垛火喷淋前

d) 5MW 木垛火喷淋后

e) 20MW 汽油火喷淋前

f) 20MW 汽油火喷淋后

g) 模拟中巴车喷淋前

h) 模拟中巴车喷淋后

图 6-37　喷淋系统开启前后隧道内烟气蔓延及通透性情况

图 6-37 表明,泡沫-水喷雾联用系统开启后,隧道内烟雾层并未明显沉降,火源断面视觉通透性明显降低。然而上述试验中泡沫-水喷雾联用系统喷头仅作用于火源附近 16m 范围内,为了研究开启距离火源较远处喷淋系统对烟雾层的影响,特设计试验 D-7。

试验 D-7 采用 1.5m×1.5m×0.1m 的油池火(柴油)作为火源,预计火源规模为 5MW,在试验隧道东侧离洞口 15m 的位置,所开启喷淋系统距离火源 60m。点火后 70s 时烟雾蔓延至喷淋区域。试验进行到 3min 时开启排烟风机,进行排烟。进行到 6min 时,开启喷淋系统。喷淋系统开启前后隧道内烟气蔓延及通透性情况如图 6-38 所示。

图 6-38

g) 关闭喷淋1.5min后　　　　　　　　　h) 关闭喷淋3min后

图6-38　试验D-7喷淋系统开启前后隧道内烟气蔓延及能见度情况

开启喷淋后,喷淋区域内烟气瞬间降落,一片漆黑,很快烟气向四周蔓延,能见度很快下降。因此在工程应用中应该尽可能地对着火点进行准确定位,尽可能开启火源附近较短范围内的喷淋系统,否则开启喷淋将迅速打破烟气层分层,烟气弥漫在整个断面并很快蔓延至较大的范围,影响隧道内人员的疏散逃生及后续的救援工作。

6.2.4　本节小结

1) 油池火、木垛火泡沫-水喷雾联用系统效果

泡沫-水喷雾联用系统对油池火和木垛火的控火灭火效果明显,都能在较短的时间内起到控火降温的效果。对于30MW以下汽油火,泡沫-水喷雾联用系统可在30s有效控制火源,达到控火、降温的目的;对于30~50MW大规模火灾,泡沫-水喷雾联用系统可在60s有效控制火源,达到控火、降温的目的。

2) 汽车火灾泡沫-水喷雾联用系统效果

对于汽车火灾,泡沫-水喷雾联用系统对火灾热释放速率与隧道顶部最高温度控制效果显著,开启100s时间内可有效降低火源周围的温度,有效抑制火势发展与蔓延。

3) 50MW大规模火灾的控火效果

对于50MW大规模火灾,即使在火源热释放速率达到最高时开启泡沫-水喷雾联用系统,也不会产生大量过热蒸汽,且火源附近温度降幅显著,能起到较好控火效果。

4) 泡沫-水喷雾联用系统对烟雾层影响

火灾时,开启火源附近较短范围内泡沫-水喷雾联用系统可起到良好的控火降温作用,并且短时间内不会破坏喷淋区域之外的烟雾层,虽然喷淋区域视觉通透性明显降低,但喷淋区域之外能见度并未显著改变。然而开启距离火源较远距离处喷淋系统时,喷淋区域内烟气瞬间降落,很快烟气向四周蔓延,能见度趋近于零。

5)泡沫-水喷雾联用系统在沉管隧道中的应用

沉管隧道火灾工况下,泡沫-水喷雾联用系统对不同类型火灾均具有较好的抑制效果。然而泡沫-水喷雾联用系统却会导致相应区段能见度显著降低,且开启部位距离火源较远时会导致烟雾层下降并蔓延至整个隧道断面。建议火灾工况下,火灾报警系统发出报警信号后,应通过隧道视频监控系统确定火源位置的防火分区,确定该分区内没有滞留人员时,再开启泡沫-水喷雾联用系统,且开启范围不应超过50m。

6.3 沉管隧道防灾设施优化配置

6.3.1 概述

公路隧道作为路段的特殊构造物,具有易发生事故、事故危害大和难以处理的特点,是公路运输网络的瓶颈路段。为此需根据隧道的类别,设置不同规模的安全保障设施,以达到保证隧道正常运营的目的。从这个意义上讲,公路隧道安全保障设施主要应具有以下功能:

(1)安全性:系统能保证交通正常运营,最大限度地发挥运输效率。

(2)可靠性:系统局部设施故障不影响其他设施功能发挥,关键设施有必要的冗余措施。

(3)可控性:系统收集的交通、环境、语言、视频等信息能得到充分利用,据之合理诱导交通流,并进行有效控制。

(4)经济性:系统投资少、性能价格比高,同类设备运转平衡,控制方案除能保证正常运营外,还必须节能,运营费用省。

(5)稳定性:系统可长期(在设计周期内)稳定运行。

(6)便捷性:系统操作、维护方便。

6.3.2 隧道防灾设施配置现状分析

我国公路隧道防灾设施配置的现状可从以下两个方面进行分析。

1)设计方面

目前,现行的与隧道交通安全相关的规范主要有:《公路工程技术标准》(JTG B01—2014)、《公路路线设计规范》(JTG D20—2017)、《公路隧道设计规范》(JTG D70—2004)、《公路隧道养护技术规范》(JTG H12—2015)、《公路工程质量检验评定标准》(JTG F80—2004)、《公路隧道照明灯具》(JT/T 609—2004)、《公路隧道火灾报警系统技术条件》(JT/T 610—2004)、《隧道环境检测设备 第1部分~第4部分》(GB/T 26944.1~26944.4—2011)等。这些标准、规范和指南面对快速发展的我国公路隧道建设局面,表现出修订不及时、缺项、规定模糊,甚至出现偏差等情况,从设计层面来说,规范的不完善是导致交通安全隐患的主要原因。

同时由于执行现有的规范与实际的设计需要之间存在时间上的滞后,在一定程度上限制了新技术、新材料、新工艺的应用和发展。

2)运营方面

运营中最可靠的系统是闭路电视监视系统、紧急电话系统。有线广播系统虽然可靠,但回声较大,应用效果不佳。交通控制系统目前大多数隧道依赖手控方式,采集的交通信息不能得到有效使用。出问题最多的是火灾自动报警系统,有些隧道没有消防许可证的火灾探测产品也在使用,火灾探测时间长,既不满足规范要求,也不满足实际需要。

6.3.3 沉管隧道防灾设施优化配置研究

1)环境检测设施

隧道环境检测设施一般包括光强检测器、一氧化碳(CO)/能见度(VI)检测器、风速风向检测器等。

(1)光强检测器

光强检测器主要由布置在隧道口外的亮度计和布置在隧道口内的亮度计组成,应按照如下原则布置:

①光强检测器宜安装在隧道入口内、外。隧道外亮度计距离洞口 1 个停车视距,隧道内亮度计布置在距离洞口 20~25m 处。

②若隧道口外地形限制,可适当调整光强检测器的设置位置,但不宜离洞口太远,一般不宜超过 1 个停车视距。

(2)一氧化碳(CO)/能见度(VI)检测器

隧道一般应使用一氧化碳(CO)/能见度(VI)一体化检测设备。一氧化碳(CO)/能见度(VI)检测器应按照如下原则布置:

①一氧化碳(CO)/能见度(VI)检测器测定隧道内一氧化碳浓度及能见度。射流风机纵向通风的隧道在中部、弯道处及距出口 100~150m 处设置,长于 3 000m 的隧道可适当增设。有竖、斜井通风的隧道在排风口前 30m 外设置。

②射流风机附近不宜设置一氧化碳(CO)/能见度(VI)检测器,一般在选择在两组风机距风机中间适当位置设置。

③车行横洞、人行横洞、紧急停车带处不宜设置一氧化碳(CO)/能见度(VI)检测器。

④一氧化碳(CO)/能见度(VI)检测器安装在隧道外侧壁支架上,距检修道 2.5~3m 的高度。

(3)风速风向检测器

风速风向检测器应按照如下原则布置:

①原则上与一氧化碳(CO)/能见度(VI)检测器配套安装。

②风速风向检测器应满足如下安装要求:一种安装在隧道外侧壁支架上,距检修道2.5~3m的高度;另一种安装在隧道内外两侧的支架上,两探头与隧道纵向中心线夹角为30°~60°,以45°为宜,且不能侵占建筑界限。

2) 视频监视设施

隧道监控摄像机分带云台彩色摄像机和固定摄像机。隧道监控摄像机应按照如下原则布置:

(1)隧道外摄像机宜设置在距隧道入出口100~250m处。

(2)隧道入出口前的线形如有弯道,设置时应考虑监视效果,避免盲区。

(3)隧道内摄像机宜布置在距隧道洞口顶部2.0m处,直线隧道采用150m的布置间距,实现无盲区监控。

(4)隧道内曲线段应根据实际情况加密设置摄像机,避免监视盲区。

(5)隧道内摄像机布置宜考虑较好监视紧急电话、紧急停车带、人行横洞、车行横洞等。

(6)隧道内如有风机房、配电房,应设置摄像机监视。

(7)隧道内摄像机安装在隧道外侧壁的支撑架上,距路面高至少5.0m以上;隧道洞口外的摄像机采用路侧立柱安装。应采用热浸镀锌钢杆,高度一般不低于8m,并采取防止立杆抖动的措施。

3) 报警及警告设施

报警及警告设施一般包括隧道紧急电话、视频事故事件检测、EED 检测、火灾检测器(含火灾报警按钮)、隧道广播等。

(1)隧道紧急电话

隧道紧急电话系统主要向行驶在隧道区段的驾乘人员提供紧急呼叫,当路上发生异常事件时(包括交通事故、医疗救助等),驾驶员通过紧急电话机呼叫,报告事故情况,值班人员经过确认,组织调度救护、排障,以减少事故损失,应按照如下原则布置:

①一般隧道宜采用光缆型紧急电话和有线广播系统综合应用平台。

②隧道内紧急电话宜采用200m左右布置间距,原则上不能超过250m。

③隧道内紧急电话应优先考虑在紧急停车带内靠行车方向上游的一角处设置。

④隧道入、出口内200m范围内不宜设置紧急电话。

⑤隧道入、出口外约10m左右宜各设置1台紧急电话。

⑥隧道入、出口外的紧急电话安装在路侧,应设置紧急电话平台和保护使用人员安装的设施。

⑦隧道内的紧急电话安装在隧道外侧的预留洞室内,一般宜采用2.0m(高)×1.0m×

1.0m的洞室,电话高度要求1.2~1.5m为宜,要求使用人员能在洞室内方便使用,并且洞室要求有照明和隔音门。

⑧紧急电话控制主机一般安装在隧道管理站或(分)中心。

(2)视频事故事件检测器

一般由摄像机、分析处理器构成,其中摄像机与隧道内固定摄像机共用,视频事故事件检测布置间距根据隧道曲线半径、投资规模确定。应满足以下要求:

①可检测停车、拥阻、逆行、车速过低、路面落物及隧道内行人等工况。

②反应时间:事故事件发生起10~120s内可调。

③检测精度:正常照明情况下事故事件检测精度为90%,车流量参数精度为90%,占有率精度为90%。

④报警输出:报警信息RS232/RS485标准接口或以太网口,图像记录3min(事故事件前1min后2min)以上数字图像。

(3)EED检测

EED检测指在隧道入口与隧道出口设置图像识别与传感设施,根据进入隧道的车辆标识与行驶速度,通过与预设车辆正常安全通过隧道时间与实际行驶时间比较,判别隧道洞内交通状态及隧道内行驶车辆数,为交通控制与预案决策提供依据。

①车辆检测设备布置情况。

交通信息检测传感设施(包括感应环形线圈、磁性检测器、地磁检测器等检测设备)采集进出隧道车辆的行驶速度,为判别车辆进入隧道后的运行情况提供依据。视频监视系统用于监视出入隧道的交通流状态,识别车辆标识。隧道出入口摄像机一般设在距隧道出入口外100~350m处,若双管隧道两洞口相距不远,其间地势平坦,则可设置在两洞口中间地带,同时监视两洞口交通流状况。感应设施布设在离隧道出入口外100~350m处,车辆行驶道路中间。两种检测设备的布置情况如图6-39所示。

图6-39 EED检测设备布置示意图

②EED检测基本流程。

步骤1:通过视频检测设备和传感设施标识进入隧道的车辆a,并采集车辆进入隧道行驶车速v_{a1}和驶出隧道行驶速度v_{a2}。

步骤2:记录车辆a驶入隧道时刻t_1及驶出隧道时刻t_2,求得车辆a通过隧道的实际行驶

时间 $T_1 = t_2 - t_1$。

步骤 3：根据 v_{a1}、v_{a2} 计算车辆通过隧道的平均行驶速度 $\bar{v} = (v_{a1} + v_{a2})/2$。

步骤 4：平均行驶速度为 $\bar{v}$，设定车辆 a 正常安全通过隧道行驶时间阈值范围，$T_s \in \left[0, \dfrac{L}{\bar{v} - (\bar{v}) \cdot 30\%}\right]$。

步骤 5：车辆 a 通过隧道的实际行驶时间 T_1 与车辆 a 正常安全通过隧道行驶时间临界值 $T_2 = \dfrac{L}{\bar{v} - (\bar{v}) \cdot 30\%}$ 进行比较，若 $T_1 > T_2$，则判断隧道洞内发生交通拥堵异常事件，转步骤 6，若 $T_1 \leq T_2$，则转步骤 1 继续检测下一辆进入隧道洞内车辆 b 的相关信息。

步骤 6：根据视频摄像机和感应线圈等检测设备采集标识的车辆数据，计算车辆 a 通过隧道的实际行驶时间 T_1 内，洞内被困车辆数及平均排队长度，并发出交通异常事件警报。

(4) 火灾检测器

火灾检测器按原理分为两类：线型探测器和点型探测器。线型探测器目前应用比较多的有光纤感温探测器、光纤光栅感温探测器；点型探测器包括双波长火焰探测器、图像火灾探测器、线型光束图像感烟火灾探测器。隧道内火灾检测器宜选用光纤感温探测器或点型探测器。火灾报警设施必须选用通过国家消防系统检验的产品，应选用通过交通运输部行业重点实验室检验的产品，隧道火灾检测器应按照如下原则布置：

①线型火灾检测器宜沿隧道连续布置。

②点型火灾检测器宜以 50m 间距连续布置。

③点型火灾检测器由于受洞口的太阳光等影响，一般隧道口 15m 以内不设置检测器。

④火灾报警按钮宜按约 50m 的间距布置，一般与消防栓同址设置。

⑤声光报警器在隧道内宜与火灾报警按钮同址设置。

⑥在隧道管理站和/或(分)中心的监控室内必须设置声光报警器。

⑦隧道风机房、管理站、变电所内一般宜设置点型火灾检测器。

(5) 手动报警按钮

手动报警按钮主要用于隧道内发生火灾时，现场人员向中央控制室报警。手动报警按钮按照如下原则布置：

①手动报警按钮设置间距应不大于 50m，宜与消防设备配合设置。

②手动报警按钮设置在隧道行车方向右侧，设置高度应为 1.3~1.5m。

③手动报警按钮防护等级应不低于 IP65，否则应置于防护箱内。

(6) 声光报警器

根据《建筑设计防火规范》(GB 50016—2014) 中 12 章"城市交通隧道"的 12.4.1 明确规定"隧道入口外 100~150m 处，应设置火灾事故发生后提示车辆禁入隧道的报警信号装置"。

(7) 隧道广播

广播分为有线广播和无线广播。隧道宜使用有线广播,特殊情况下可使用无线广播。隧道广播的扬声器应按照如下原则布置:

①隧道广播应分音区设置,以避免混响。

②隧道内扬声器布置间距不宜超过100m,一般根据扬声器功率大小选择合适的距离。一般20W的扬声器布置间距宜选择50m。

③隧道口外应设置30W扬声器。

④车行横洞、人行横洞处可设置扬声器。

⑤在有斜、竖井通风的风机房内宜设置扬声器,隧道内如果有配电房或其他设备间等,也应设置扬声器。

⑥隧道入口外应配套设置广播标志,尤其设置无线广播时,应明确标出频段。

⑦隧道内的扬声器宜安装在隧道外侧壁的支架上,一般在检修道上方2.5~3.0m;隧道口外扬声器可采用立柱安装或安装在隧道口洞口侧壁的支架上,安装在立柱上的扬声器也可安装在洞口外的摄像机等立柱上,安装高度不低于5m。

4) 信息发布及控制设施

信息发布及控制设施一般包括可变情报板、可变限速标志、车道控制器、交通信号灯、洞口栏杆机。应按照下列总原则考虑布置:隧道外控制和诱导设备的布置应考虑构造物、驾驶员视野、供电接地、设备遮挡、挖方填方等问题,合理选择设备位置;隧道内控制和诱导的布置应考虑隧道弯度、坡度、净空、设备遮挡等问题,合理选择设备位置。

(1) 车道指示器

车道指示器一般由显示屏、灯箱以及安装连接件等组成。一般采用600mm×600mm、600mm×700mm、700mm×700mm等尺寸。车道指示器分为LED和光纤两种型号。一般宜采用LED型。防护等级不低于IP65。车道指示器设在隧道内每车道的上方由红"×"或绿"↓"表示车道封闭、开启,为使隧道在异常情况时安全反向行车,车道指示器宜采用双面式。车道指示器应按照如下原则布置:

①严禁车道指示器与隧道内其他设施相互遮挡。

②隧道入、出口内3~7m处应设置车道指示器,根据隧道洞口形式(端墙式、削竹式或其他)确定起始位置。

③隧道内车行横洞前应设置车道指示器。

④隧道内也可以300~500m间距无盲区设置,保证视线的连续性,在弯道处可适当调整。

⑤车道指示器宜采用悬挂式吊装在隧道顶部,建筑界限以内,垂直于路面车道中心线。

(2) 信号灯

交通信号灯用来控制隧道口的交通流的启停等,交通信号灯的每个信号灯的直径为 300mm,光源采用 LED,接口为 RS232/RS485,最远可见度≥200m,防护等级不低于 IP65。交通信号灯安装在路侧,以立柱方式或悬臂方式安装。交通信号灯应按照如下原则设置:

①交通信号灯宜安装在隧道入口,联络道(转向车道)前。

②隧道入口前,整体式路基与分离式路基交界处,也可设置交通信号灯。

③隧道入口前如有构造物,应避开构造物设置。

④隧道入口前线形如有弯道,设置时应考虑驾驶员视认效果,避免遮挡驾驶员视线。

⑤严禁交通信号灯与交通标志等相互遮挡。

⑥设置隧道洞口信号灯架上宜加设声光报警黄闪灯配合使用。

(3) 可变情报板(外部)

可变情报板(外部)根据项目具体情况设置,分为大型可变情报板、小型可变情报板。

①大型可变情报板。

大型可变情报板应由显示屏体、控制器(内含软件)、驱动器、配电箱、龙门架等组成。大型可变情报板根据显示颜色分为全彩色、双基色和单色三种形式。一般大型可变情报板使用双基色,一般两车道的大型可变情报板宜采用 10~11 个显示单元,三车道显示单元可适当增加,每个单元显示尺寸 1m×1m,每个汉字一般由 32×32 点阵组成,汉字显示大小也可自由编辑。整屏亮度>8 000cd/m^2,至少 4 档亮度自动调节,可视距离≥250m,半功率角为 15°,失效点<1‰,外壳防护等级应达 IP65,具备故障自检功能。大型可变情报板宜采用门架方式安装。大型可变情报板应按照如下原则设置:

a. 严禁大型可变情报板与安全标志牌或其他设施相互遮挡。

b. 大型可变情报板宜设置在隧道入口前 250m 以外的位置。

c. 如果隧道口前有转向或交叉车道,则大型可变情报板应设置在其之前。

d. 隧道入口前如有构造物,应避开构造物设置。

e. 隧道入口前的线形如有弯道,设置大型可变情报板时应考虑驾驶员视认效果,避免遮挡驾驶员视线,一般要求视距应不小于 250m。

f. 大型可变情报板设置时宜避开不利于施工安装和维护的高填方区和挖方区。

g. 两隧道间距 500m,其间不应设置大型可变情报板,应设置在前一个隧道入口前。

h. 安全等级为 I 级隧道入口前宜设置大型可变情报板。

②小型可变情报板。

小型可变情报标板用来根据外场、隧道内的环境、交通实际情况及时向驾驶员提供信息,包括显示车辆速度限速值。小型可变情报板由显示屏体、控制器(内含软件)、驱动器、配电箱、立柱或支架等组成。一般小型可变情报宜采用双基色,如造价允许,也可采用全彩色。

小型可变情报板分为隧道外立柱式可变情报板、隧道外悬臂式可变情报板两种。立柱式可变情报板一般显示面积为1.6m×1.6m,外形尺寸2m×2m;整屏分辨率为48×48;一般能显示汉字(至少4个汉字)、字母、图案、限速值及全黑等,可全屏编辑,每个汉字分辨率为24×24;全屏亮度≥8 000cd/m²;可视距离至少2个停车视距的距离,可视角30°;防护等级IP65,具备故障自检功能。隧道外悬臂式可变情报板一般显示尺寸1.2m×2.4m,分辨率为48×96;可全屏编辑,能显示汉字(至少8个汉字)、字母、图案、限速值及全黑等;每个汉字的分辨率为24×24;全屏亮度≥8 000cd/m²;可视距离至少200m(车速100km/h),可视角30°;防护等级IP65,具备故障自检功能。显示面积也可使用1.6m×3.2m等尺寸。小型可变情报板设置原则如下:

a. 严禁小型立柱式可变情报板或悬臂式可变情报板与安全标志牌或其他设施相互遮挡。

b. 小型立柱式可变情报板或悬臂式可变情报板宜设在隧道入口前250m以外的位置。

c. 隧道入口前如有构造物,应避开构造物设置。

d. 隧道入口前的线形如有弯道,设置时应考虑驾驶员视认效果,避免遮挡驾驶员视线。

e. 小型立柱式可变情报板或悬臂式可变情报板设置时宜避开不利于施工安装和维护的高填方区和挖方区。

f. 标志板靠路侧一面边缘距土路肩外边缘至少保持25cm距离。

g. 两隧道间距约500m以下者,其间不应设置小型可变情报板,应设置在前一个隧道入口前。

h. 根据交通量,隧道内可变情报板间距宜为1 000~3 000m,也可根据造价情况,调整间距或二期设置;另外也可考虑在车行横洞前方设置,靠近出口位置不宜设置。

i. 原则上安全等级为Ⅱ级隧道前宜设置悬臂式可变情报板,安全等级Ⅲ级隧道入口前宜设置悬立柱式可变情报板。

(4)可变情报板(内部)

隧道内可变情报板宜悬挂在隧道顶,建筑界限以上的位置。一般悬挂在隧道顶部,底边距路面至少5.2m,具体尺寸根据隧道断面确定。可显示两行8个24×24的汉字,可全屏编辑,一般显示尺寸1.2m×2.4m。全屏亮度≥3 500cd/m²;半功率角15°;防护等级IP65,具备故障自检功能。显示面积根据隧道净空选择,可使用1.6m×3.2m、1.0m×3.0m等尺寸。

①隧道内可变情报板设置时应考虑隧道内的弯道对驾驶员视野的影响。

②原则上安全等级为Ⅰ级隧道前宜设置悬可变情报板(内部)。

(5)可变限速标志

可变限速标志由标志板、控制箱、安装连接件等组成。标志板由显示屏、机壳组成,其中显示屏由图形外圈、数字字符及其支撑底板构成。可变限速标志分为方形和圆形两种,按图形外圈尺寸一般分为ϕ1 200mm、ϕ1 400mm、ϕ1 600mm三种。可视角30°,应至少显示5、10、15、20、30、40、50、60、80、90、100、120等内容,且能控制全亮与全灭,具备调光故障自检功能。可变限速标志应按照如下原则设置：

①严禁可变限速标志与安全标志牌或其他设施相互遮挡。

②可变限速标志宜设在隧道入口前两个停车视距以外处，宜与可变情报板合并设置。

③隧道入口前如有构造物，应避开构造物设置。

④隧道入口前的线形如有弯道，设置时应考虑驾驶员视认效果，避免遮挡驾驶员视线。

⑤两隧道间距约 250m 以下者，其间不应再设置可变限速标志。

⑥可变限速标志设置时宜避开不利于施工安装和维护的高填方区和挖方区。

⑦隧道口外的可变限速标志宜采用路侧立柱方式安装，标志版靠路侧一面边缘距土路肩外边缘至少保持 25cm 距离。隧道内宜安装在外侧壁，建筑界限以外，高度至少 2.5m，也可悬挂在隧道顶部右侧。

(6)洞口栏杆机

隧道入口前可设置洞口栏杆机，用以隧道发生异常事件需要封闭隧道时，强制手动操作封闭隧道。栏杆由铝合金制成，杆体表面贴有红、白相间的高强反光膜。栏杆臂的断面形状可为长方形、圆形或其他形状，杆长可根据路面宽度确定，洞口栏杆机应按照如下原则设置：栏杆臂下边缘距水平地面的高度在 750~1 050mm 之间，洞口栏杆机的设置位置应与洞口信号灯或车道指示器配套使用。

①功能要求。

车道栏杆机应具备状态检测功能、手动控制功能、自动控制功能，具体要求见表 6-12。

车道栏杆机功能要求表 表 6-12

名 称	功 能 要 求
状态检测	概述：实时反映当前的车道栏杆机状态（抬起、降落）；所有车道栏杆机状态显示在同一个界面上
	输入：车道栏杆机状态（抬起、降落）
	输出：无
手动控制	概述：手工选取需要控制的车道栏杆机，控制车道栏杆机的抬起、降落
	输入：选择车道栏杆机，车道栏杆机状态
	输出：车道栏杆机状态是否变换成功
自动控制	概述：预先设计的方案（包括正常情况、阻塞情况、火灾情况和其他交通事故情况下交通灯信号组合方案），正常情况下，用户可以选择实施的方案；当遇到紧急情况（比如火灾和其他交通事故的时候），会自动弹出某个系统认为最优方案选项，让用户确认实施；用户也可以根据实际情况自行选择方案
	输入：选择方案
	输出：方案实施情况

②控制流程。

通过控制室发送控制指令到区域控制器，区域控制器执行控制命令，控制栏杆机的抬起/

降落状态,并反馈栏杆机的状态信息,从而实现交通控制功能。栏杆机控制与信号灯控制相关联,具体控制流程如图 6-40 所示。

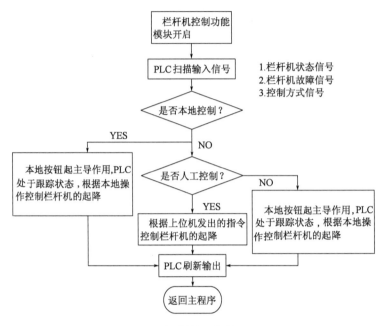

图 6-40　车道栏杆机控制流程图

5) 消防设施

(1) 灭火器

隧道内应配置能扑救 A、B、C 类火灾的手提式干粉灭火器,应符合表 6-13 的规定。

隧道内灭火器配置基准　　　　　　　　表 6-13

隧道灭火器配置基准 $U(m^2/B)$	每具灭火器最小配置灭火级别 Q_m
7.5	10B

灭火器应成组配置在灭火器箱内,每个灭火器箱内的灭火器数量不应少于 2 具,不宜多于 5 具。灭火器箱应安装在隧道侧壁上,应采用嵌墙型开门式灭火器箱,其尺寸和质量应符合现行行业标准《灭火器箱》(GA 139)的规定。灭火器箱设置间距不应大于 50m,灭火器箱上应有明显的反光标志,并宜具备箱门启闭信号反馈功能。每个灭火器材箱内的灭火器数量按式 (6-2) 计算:

$$N = \frac{L \cdot W \cdot K \cdot K_L}{U \cdot Q_m} \tag{6-2}$$

式中:N——每个灭火器材箱内的灭火器数量;

　　　L——灭火器材箱的设置间距,m;

　　　W——单孔隧道横断面的建筑限界净宽,m;

U——隧道灭火器的配置基准,m^2/B;

Q_m——拟选用灭火器所对应的配置灭火级别,B;

K——灭火设施修正系数,未设置消火栓系统的,K取1.0;设置消火栓系统的,K取0.7;

K_L——隧道长度修正系数,长度不超过1 000m的隧道,K_L取1.0;长度超过1 000m的隧道,K_L取1.3。

(2)消防水源

①消防用水可由市政管网、深井或天然水源供给,采用深井取水方式时应与施工用水充分结合。利用天然水源应确保枯水期最低水位时的消防用水量,并应设置可靠的取水设施。如洞口附近无法找到合适的水源,还应配备运水车,消防补水时间可适当延长。

②隧道消防给水宜设置高位消防水池,利用重力流供水;当无条件设置高位水池时,可采用自动加压供水。当消防用水量达到最大时,其水压应满足隧道内最不利点灭火设施的要求。

③隧道用水按同一隧道同一时间内发生一次火灾的原则进行设计。

(3)隧道消防给水管道

①隧道消防给水管道应布置成环状。环状管网的进水管不应少于2根。当其中一根发生故障时,其余的进水管或引入管应能保证消防用水量和水压的要求。

②隧道内给水管道应采用阀门分成若干独立段,阀门宜采用普通闸阀或具有启闭信号反馈功能的信号阀门。

③隧道内给水管道的直径应经水力计算确定。管道宜敷设于检修道下的管沟内,管道敷设应有可靠的固定措施。

④隧道内给水管道应在最高部位设置自动排气阀,应根据需要设置管道伸缩器。泡沫灭火装置的给水管道上应设置管道过滤器。

⑤消防给水管道应采用内外壁热镀锌钢管或符合现行国家或行业标准的其他给水管道,管道的连接应采用螺纹、沟槽式管接头或螺纹法兰连接。直径大于或等于100mm的管道,应分段采用螺纹法兰或沟槽式管接头连接。

⑥严寒地区消防管道可采取以下防冻措施:

a.将管道埋于冻土层以下;

b.管道采用保温材料包裹及电伴热;

c.对管道保温材料,应选择能提供允许使用温度、导热系数、容重、机械强度和不燃性、难燃性、吸水性、吸湿性、憎水性检测证明的产品。

(4)隧道消火栓系统

①隧道每个出入口外应设置室外消火栓。为方便消防车取水,单向交通隧道宜在联络道附近设置;双向交通隧道宜在洞外回车场及洞内的适当位置设置一个室外消火栓。室外消火栓宜采用地上式,当采用地下式消火栓时,应有明显标志。

②隧道内宜采用双口双阀室内消火栓,并应符合下列规定:

a.隧道内的任何部位应有两个消火栓的水枪充实水柱同时达到,消火栓的水枪充实水柱应通过水力计算确定,但不应小于13m。

b.消火栓箱应安装在隧道侧壁上,应采用双开门暗装消火栓箱,其尺寸和质量应符合现行国家标准《消火栓箱》(GB 14561)的规定。

c.消火栓箱设置间距不应大于50m,应设置明显的反光标志,宜具备箱门启闭信号反馈功能。

d.距隧道出入口最近的消火栓应设置压力显示装置。

e.消火栓应采用同一型号规格。消火栓的栓口直径应为65mm,水带长度宜为25m,水枪喷嘴直径不应小于19mm,并应选用多功能型水枪。

f.消火栓栓口距车道地面高度宜为1.10m,栓口出水方向宜与隧道侧壁垂直。

g.消火栓栓口出水压力应确保喷雾水枪充分雾化要求。消火栓栓口的出水压力大于0.50MPa时,消火栓处应设减压装置;消火栓栓口的静水压力大于1.0MPa时,应在给水管道的相应管段上设置静压减压装置。

(5)水成膜泡沫灭火装置

隧道汽车燃油火灾宜采用水成膜泡沫灭火,其设置应符合下列规定:

①水成膜泡沫灭火装置的设计应符合现行国家标准《泡沫灭火系统设计规范》(GB 50151)的规定。水成膜泡沫混合液浓度宜为3%,喷射时间不应小于22min。

②水成膜泡沫灭火装置应安装在隧道侧壁的箱体内,其箱体尺寸和安装高度应与消火栓箱协调。

③水成膜泡沫灭火装置的设置间距不应大于50m,并应设置明显的反光指示标志,宜具有箱门启闭信号反馈功能。

④水成膜泡沫灭火装置主要设计参数应满足表6-14的要求。

水成膜泡沫灭火装置主要设计参数   表6-14

泡沫液型号	混合液量 (L/min)	混合比	喷射距离 (m)	喷射时间 (min)	供水压力 (MPa)	软管长度 (m)
3%	≥25	6%	≥6	≥22	0.4~0.8	≥25

(6)消防车

消防车的配置按照基于"黄金6分钟"的"消防盲区"的理念进行配置。假设隧道两端均预设消防车,消防车从发生火灾时刻起,以速度v(km/h)同时从两端向洞内行驶,"黄金6分钟"时间内,消防车最多可以达到隧道洞内的距离合计$0.2V$(km),消防车在此时间内未能达到的地方则称为消防盲区,长度为$(L-0.2V)$km,如图6-41所示。当隧道长度L大于$0.2V$(km)时,隧道洞内存在消防盲区,安全级别降低;当隧道长度L小于或等于$0.2V$(km)

时,隧道洞内无消防盲区,安全等级较高。对于隧道单方向设有消防车的情况,消防盲区的长度为$(L-0.1V)$km。

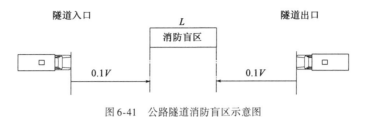

图 6-41　公路隧道消防盲区示意图

(7) 消防自动巡检设备

为保证消防设备的正常运行,根据工程实际情况,可增设消防自动巡检设备。按照《消防应急照明和疏散指示系统》(GB 17945—2010)要求执行。

(8) 疏散指示照明设施

疏散指示标志用于指示该点与洞口、行人横洞、行车横洞的距离与方向,在隧道发生紧急情况时,指示行人、车辆迅速离开。疏散指示标志宜采用电光标志,照明方式宜为内部照明,单面显示。疏散指示标志应设置于隧道侧墙上,安装高度净空应不大于1.3m,间距应不大于50m。其他要求按照《消防应急照明和疏散指示系统》(GB 17945—2010)要求执行。

6) 交通安全设施

(1) 隧道标志

隧道标志应采用反光标志,包括隧道标志、禁止超车标志、限高标志等,技术要求参照《道路交通标志和标线》(GB 5768—2009)、《公路交通标志》(JT/T 279—2016)。

(2) 紧急电话指示标志

①紧急电话指示标志用于指示隧道内紧急电话位置。

②洞内紧急电话标志宜采用电光标志,照明方式宜为内部照明,双面显示。

③紧急电话指示标志应设置于紧急电话上部,安装高度净空应不小于2.5m。

(3) 消防设备指示标志

①消防设备指示标志用于指示隧道内消防设备位置。

②消防设备指示标志宜采用电光标志,照明方式宜为内部照明。

③消防设备指示标志应设置于消火栓上方,安装高度净空应不大于2.5m。

(4) 横洞指示标志

①行人横洞指示标志用于指示隧道行人横洞位置,在隧道发生紧急状况时指示隧道内人员逃生路线。

②行车横洞指示标志用于指示隧道行车横洞位置,在隧道发生紧急状况时指示车辆改行行车横洞。

③行人横洞指示标志应设置于行人横洞顶部,安装高度净空应不小于 2.5m。
④行车横洞指示标志应设置于行车方向左侧行车横洞处,安装高度净空应不小于 2.5m。
横洞指示标志宜采用电光标志,照明方式宜为内部照明,双面显示。

(5)紧急停车带标志
①紧急停车带标志用于指示隧道内紧急停车带位置。
②紧急停车带标志宜采用电光标志,照明方式宜为内部照明,双面显示。
③紧急停车带标志应设置于紧急停车带前 5m 左右,安装高度净空应不小于 2.5m。

(6)标线
①纵向标线:隧道内道路标线主要为纵向指示类标线,包括双向车道路面中心线、行车道分界线和行车道边缘线等,线宽 20cm,实线。
②防滑振动标线:设置防滑振动标线,使驾驶人员潜意识主动减速。

(7)突起路标
考虑到隧道内可能的双向通车条件,隧道内的突起路标宜为双面反光型。突起路标的设置应按照《道路交通标志和标线》(GB 5768—2009)执行,技术要求按照《突起路标》(GB/T 24725—2009)执行。

(8)被动发光诱导设施(轮廓标)
轮廓标宜安装在隧道壁上 60cm 高度位置,反射器颜色左侧宜采用黄色,右侧宜采用白色,布设间距宜为 20~50m。技术要求按照《轮廓标》(GB/T 24970—2010)执行。

(9)主动发光诱导设施(LED 诱导灯)
行车方向右侧正面白色、反面黄色,行车方向左侧正面黄色、反面白色,布设间距为 10~15m,每 120m 设置一处蓝色诱导灯,隧道曲线半径小于 1 000m 时,可缩短布设间距。主动发光诱导设施(LED 诱导灯)与被动发光诱导设施(轮廓标)间隔布设时,布设间距为 20~30m。

6.4 本章结论

本章通过研究离岸特长沉管隧道运营灾害预警技术,开展了针对隧道火灾的足尺沉管隧道火灾试验,得到了以下关键成果:

(1)综合分析了隧道火灾报警系统的构成与分类,以及各类火灾自动报警系统的性能、技术参数,提出了隧道常用火灾探测器的系统指标,为公路隧道火灾报警系统的选择提供了参考。

(2)通过开展足尺沉管隧道火灾试验,对光纤光栅火灾报警系统的报警响应时间、定位精度及预设阈值对报警响应时间的影响进行分析,研究发现:
①在隧道火灾发生的最初几秒钟内,光纤光栅探测器的热响应以辐射传热的贡献为主,而

对流的热传递速度较慢,但效率较高,是隧道环境温升的主要贡献者。

②隧道内空气温度波动对探测器升温速率的影响范围为 $-3 \sim +3℃/min$($-0.05 \sim +0.05℃/s$),如果设定差温报警温度为 $5℃/min$,既能保证差温报警时间迅速,又能保证没有误报。

③光纤光栅火灾报警系统的差温报警响应时间小于 $45s$,当风速较小(自然风)且为遮盖火的工况下,响应时间普遍小于 $21s$。

④较高纵向风速($4 \sim 5m/s$)作用下,本节所建立的火灾报警定位方法可保证光纤光栅感温火灾探测器定位误差不超过 $10m$(光纤光栅探测器布设间距)。

(3)油池火、木垛火泡沫-水喷雾联用系统效果

泡沫-水喷雾联用系统对油池火和木垛火的控火灭火效果明显,都能在较短的时间内起到控火降温的效果。对于 30MW 以下汽油火,泡沫-水喷雾联用系统可在 $30s$ 有效控制火源,达到控火、降温的目的;对于 $30 \sim 50MW$ 大规模火灾,泡沫-水喷雾联用系统可在 $60s$ 有效控制火源,达到控火、降温的目的。

(4)汽车火灾泡沫-水喷雾联用系统效果

对于汽车火灾,泡沫-水喷雾联用系统对火灾热释放速率与隧道顶部最高温度控制效果显著,开启 $100s$ 时间内可有效降低火源周围的温度,有效抑制火势发展与蔓延。

(5)50MW 大规模火灾的控火效果

对于 50MW 大规模火灾,即使在火源热释放速率达到最高时开启泡沫-水喷雾联用系统,也不会产生大量过热蒸汽,且火源附近温度降幅显著,能起到较好控火效果。

(6)泡沫-水喷雾联用系统对烟雾层影响

火灾时,开启火源附近较短范围内泡沫-水喷雾联用系统可起到良好的控火降温作用,并且短时间内不会破坏喷淋区域之外烟雾层,虽然喷淋区域视觉通透性明显降低,然而喷淋区域之外能见度并未显著改变。然而开启距离火源较远距离处喷淋系统时,喷淋区域内烟气瞬间降落,很快烟气向四周蔓延,能见度趋近于零。

(7)泡沫-水喷雾联用系统在沉管隧道中的应用

沉管隧道火灾工况下,泡沫-水喷雾联用系统对不同类型火灾均具有较好的抑制效果。然而泡沫-水喷雾联用系统却会导致相应区段能见度显著降低,且开启部位距离火源较远时会导致烟雾层下降并蔓延至整个隧道断面。建议火灾工况下,火灾报警系统发出报警信号后,应通过隧道视频监控系统确定火源位置的防火分区,确定该分区内没有滞留人员后,再开启泡沫-水喷雾联用系统,且开启范围不应超过 $50m$。

第7章 离岸特长沉管隧道逃生救援技术及预案

7.1 隧道火灾人员疏散特性

7.1.1 概述

人员疏散和火灾发展沿着一条时间线不可逆进行,火灾过程大体可以分为起火期、成长期、全盛期、衰退期、熄灭共5个阶段,人员疏散过程一般包括察觉火灾、行动准备、疏散行动、疏散到安全场所等阶段。

由于人员疏散过程包括多个阶段,通常对RSET时间量进行更详细划分。本节将RSET划分为火灾探测时间t_d、火灾报警时间t_a、人员识别时间t_i、人员反应时间t_r、疏散行动时间t_m,共5个部分,参见图7-1。

$$\text{RSET} = t_d + t_a + t_i + t_r + t_m \tag{7-1}$$

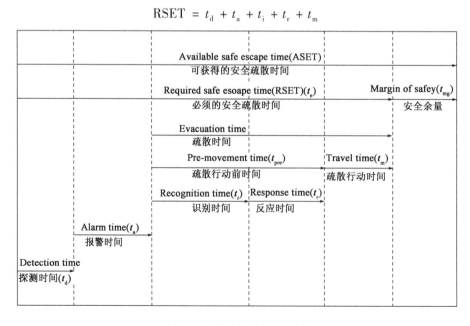

图7-1 人员安全疏散的时间判据

人员沿疏散路线逃生过程中的穿行时间和在拥挤空间或出口处的等待时间综合起来即为人员运动时间 t_m。

同理,人员对火灾的识别时间 t_i 与确认火灾发生后做出反应的时间 t_r 综合起来即为人员疏散行动前时间 t_{pre},即

$$t_{pre} = t_i + t_r \tag{7-2}$$

将式(7-2)代入式(7-1)得到:

$$RSET = t_d + t_a + t_{pre} + t_m \tag{7-3}$$

疏散行动前时间包括识别时间和反应时间,识别时间指的是从火灾报警或发觉火灾线索开始到疏散准备行为发生之前这段时间,反应时间指的是从疏散准备行为发生到正式开始逃生行动这段时间。BSI DD240 和 ISO TR13387-8 定义的人员疏散行动前时间包括意识时间和响应时间,与新西兰火灾安全设计指南中给出的人员调查取证时间、决策时间属于同等概念。

ASET 和 RSET 这两个时间对研究人员安全疏散具有重要意义,在隧道火灾安全工程中,当隧道的可用安全疏散时间大于必需安全疏散时间,即满足式(7-4),认为人员疏散是安全的。

$$ASET \geqslant RSET \tag{7-4}$$

依据人员安全疏散的时间判据,我们得到描述人员安全疏散的安全疏散系数:

$$e = \frac{ASET}{RSET} \tag{7-5}$$

式中,e 表示安全疏散系数。当 ASET − RSET > 0 时,即 $e > 1$,即认为人员疏散过程是安全的;反之,在 ASET − RSET < 0 时,即 $e < 1$,认为人员疏散过程是失效的,即火灾发生后不能保证建筑内的人员在危险时刻来临前完全疏散到安全区域;对于 ASET − RSET = 0,即 $e = 1$,表示人员疏散处于临界状态,则得到人员安全疏散临界状态式(7-6)。

$$ASET - RSET = 0(即\ e = 1) \tag{7-6}$$

在计算中为了简化模型,并结合工程实际,同时考虑经济情况,将必需的安全疏散时间 RSET 考虑为疏散时间 t_e 的 1.2 倍及以上倍数,即

$$RSET = k \times t_e, k \subset [1.2, \infty) \tag{7-7}$$

通过前面研究以及国内外关于疏散时间和火灾探测及报警时间的文献查阅,综合港珠澳大桥实际情况取 $k = 1.8$ 进行计算,则

$$RSET = 1.8 \times t_e \tag{7-8}$$

将疏散中的安全余量设为 t_{mg},那么可获得的安全疏散时间则为必需安全疏散时间和安全余量的和,即为:

$$ASET = RSET + t_{mg} \tag{7-9}$$

将式(7-2)、式(7-5)、式(7-8)和式(7-9)整理,可得安全疏散系数 e 的表达式:

$$e = \frac{1.8 \cdot t_{\text{pre}} + t_{\text{mg}}}{t_{\text{m}}} + 1.8 \tag{7-10}$$

由于发生火灾时,人员疏散的安全余量可看作定值。同时疏散行动前时间按照最不利因素考虑,即疏散对象全部为老人和小孩,那么疏散行动前时间也为定值,为了简化模型,那么安全疏散系数则可写为:

$$e = C_1 \cdot \frac{1}{t_{\text{m}}} + 1.8 \tag{7-11}$$

C_1 为常量。那么安全疏散系数 e 则为疏散行动时间 t_{m} 的反比例函数。

在火灾发生时,疏散行动时间 t_{m} 与众多因素相关,如火点与逃生门距离 l,隧道当时的风向,疏散人群组成,火点类型,排烟系统是否开启等。而人员逃生速度 v 最主要的影响因素为火点与逃生门的距离。在火灾发生时,为了火场内人员能安全逃生,尽量控制隧道火源处为无风状态,因此,在进行计算时我们考虑逃生环境为无风。那么疏散行动时间 t_{m} 则可以表示为:

$$t_{\text{m}} = \eta \cdot \frac{l}{v}, \eta \subset (0,1) \tag{7-12}$$

将式(5.12)带入式(5.11)可得到:

$$e = C_2 \cdot \frac{v}{l} + 1.8 \tag{7-13}$$

式中,$C_2 = \eta \cdot C_1, \eta \subset (0,1)$,由此式则可以进行关于安全疏散系数的计算。

根据港珠澳大桥海底沉管隧道内通过的车辆类型以及常见车型的外轮廓尺寸可以得到一个标准车型。其标准车型的长度取 6m,而每辆车之间的间距取 3m,由此对于沉管隧道(以计算区域长 450m 为例)来说,车道数为三车道,堵塞时总车辆数为 $3 \times 450/(6+9) = 150$(辆),考虑不利工况,假设每辆车内载有 9 人,则共有 1 350 人。

探测、报警与人员预动作时间总共为 180s。人员疏散开始至疏散结束的时间由步行时间 T_{s}(从最远疏散点至安全出口步行所需的时间)和出口通过排队时间 T_{q}(计算区域人员全部从出口通过所需的时间)构成,其由疏散模拟软件计算获得。

研究火灾事故的历史经验表明,当火灾发生和开始疏散时,尽管事故现场的人员千差万别,但其生理和心理状态、个体行为和群体行为都有其特殊的规律。因此,根据受灾人员在火灾发生时所表现出来的生理和心理特点及公路隧道的特点,研究个体行为和群体行为的规律,建立火灾疏散中人的行为模型,有助于疏散组织者和其他人理解掌握火灾中人的行为,对公路隧道消防系统的设计和疏散指挥体系的建立也有重要的理论参考价值。

但是,由于火灾等紧急事故的突发性、随机性和不确定性,对隧道火灾时人员疏散行为及决策过程进行定量分析和实验模拟无疑是非常困难的。考虑到以下因素,目前来讲,调查问卷仍不失为一种行之有效的数据采集手段。

(1)很难在实际的火灾现场对人员的应急疏散行为进行观察。一方面火灾现场复杂、混乱,烟气浓度大。即使有 CCTV 电视监控系统,也无法完成对建筑物内所有人员行为的追踪监测。

(2)如果依靠消防人员观察采集数据,得到的数据将是非常有限的。而且在火灾初期和消防人员到达现场之前的时间段内,将会出现无法填补的空白。

(3)消防演习无法与火灾现场人员的真实心理和状态完全吻合。

(4)不可能在不告知实情的情况下在建筑物内进行火灾试验,这将威胁当事人的生命安全。

为了掌握有关火灾发生时人员疏散行为的第一手资料,我们有针对性地进行了问卷调查,并借助数学统计软件 SPSS,对采集到的数据进行了列表相关分析,总结了一些人员在公路隧道火灾中的疏散行动规律,对于隧道火灾时人员疏散行为的预测和应急疏散辅助决策系统的建立有着积极的指导意义。

7.1.2 人员疏散的基本规律

根据各种文献及人类在遭遇火灾时心理、生理及火场中逃难行为学理论,人员在建筑物发生火灾时逃难行为过程可分为 4 个阶段:第一阶段为认知,即从接受火灾初期产生的模糊信息,知道火灾发生,尚不完全清楚,这时期以心理活动为主;第二阶段为逃生准备行为,即个体明确知道火灾发生,放弃观望或灭火行为,预备实施逃难行为,这一阶段中,通常包括对火灾进行确认和定义以及危险性评价等行为;第三阶段为逃生实施行为,即个体知觉火灾非常严重或其他原因而开始逃生;第四阶段为逃生结束,即不论是成功地逃出火场(烟场)到达安全区,还是逃生行为失败而伤亡,至此所有逃生行为均已停止。图 7-2 为人员疏散行为过程简图。

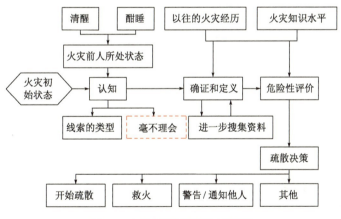

图 7-2 人员疏散决策反应过程简图

7.1.3 隧道火灾时人员疏散行为调查

(1)问卷设计形式

问卷调查的关键在于调查问卷内容的科学性。为了尽可能地保证采集到的数据信息的准确性以及帮助受采访者准确地回忆火灾中的决策经过,调查人员根据图 7-2 所示的人员应急疏散行为过程设计了调查问卷,具体内容详见附录 B。

(2)问卷调查表的发放与回收

为了保证调查问卷的有效性和代表性。我们选择在比较有代表性的长沙火车站进行了抽样调查,并在学校和社会多个阶层进行了补充,保证了被调查者的代表性。

问卷总共发放 1 100 份,有效回收 976 份。

7.1.4　问卷调查结论

根据以上问卷调查的统计结果,并对此进行分析,可以得出如下结论:

(1)调查表明年龄、性别、文化程度、使用隧道的频率都会影响人员对隧道内安全设施的熟悉程度。总体上对安全设施了解很少,超过半数的人员根本没有听说过,或仅仅是听说过而已,而不知道具体位置和使用方法。只有 10% 左右的人知道具体位置和使用方法(图 7-3)。

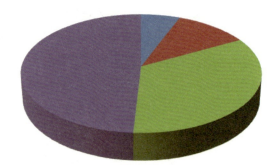

图 7-3　被调查者对公路隧道内灭火器的熟悉程度比例图

(2)年龄、文化程度和疏散经验对火灾发生后采取的措施有影响。年轻人、文化程度高、没有疏散经验的人员更多直接报警而不是首先试图控制火势;年龄较大、文化程度低、有过疏散经验的人员更愿意先控制火势,或是控制不住再试图报警。总体上有超过半数的人愿意直接报警,但不会去灭火。接近三分之一的人愿意先控制火势,再报警(图 7-4)。

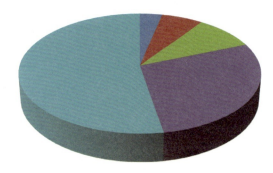

图 7-4　火灾发生后有报警救火行为比例图

(3)性别、文化程度、使用隧道的频率、疏散经验均会影响人员在火灾失控时的行为。男性、文化程度低、有经验的人员更愿意去指挥别人逃生。而女性、文化程度高、没有经验的人员更愿意直接逃生;总体上愿意告诉别人、指挥别人逃生的人员所占比例最大(图7-5)。

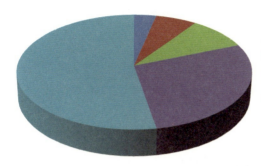

图7-5　火灾失控时人员行为比例图

(4)调查发现,使用隧道的次数对火灾发生时人员对财物的处置行为有影响。使用频率越高的人越会选择合理携带物品。而性别、年龄、文化程度等对在火灾中对财物的态度没有明显影响(图7-6)。

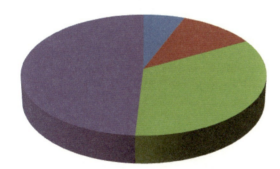

图7-6　火灾中对携带物品选择的比例图

(5)年龄、性别、文化程度、使用隧道的频率、疏散经验均会影响人员对逃生方式的选择。年轻、女性、文化程度高、没经验的人员更多是直接弯腰快速逃生。而年长、男性、文化较低、有经验的人员则更会先观察周围人员行动后再采取措施。有一半的人员选择寻找水源后用湿手帕捂住鼻子逃生(图7-7)。

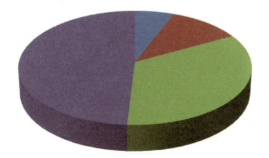

图7-7　逃生方式选择的比例图

(6)调查发现,在火灾发生时与亲人走散后,不同性别、文化程度,不同经验的人员行为都没有明显差别,大多数都选择在安全地带等待亲人。只有年龄对此有显著影响,年轻人更愿意返回人群里去寻找亲人(图7-8)。

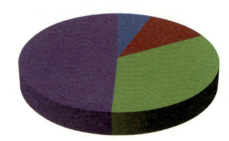

图7-8 火灾中与亲人走散后的行为比例图

(7)调查显示,在火灾逃生过程中救助他人的行为受到性别、文化程度、使用隧道频率的显著影响。男性更多的是采取一些措施救助摔倒人员或者直接越过。而女性则是更多的避免踩踏发生。而文化程度高的人员更多的是自己逃生,自我意识比较强(图7-9)。

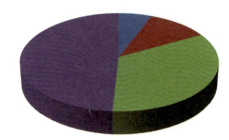

图7-9 人员逃生过程中发现他人摔倒后的反应比例图

(8)调查显示,火灾发生时,人员的耐心受到性别、文化程度等影响,而年龄却没有显著影响。女性和文化程度较高的人更多的感到心急和恐惧。而男性更有耐性或者更多直接采取措施向前拥挤。但总体上有超过一半的人员都会感到恐慌(图7-10)。

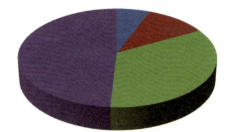

图7-10 逃生时发现出口比较拥挤时后人员反应比例图

(9)人员在火灾发生后对顺利逃生的信心仅受到性别与文化程度的显著影响。男性和文化程度较高的人员相对来说更绝对,他们要么完全相信自己能够逃生,要么完全不相信安全设施能帮助自己逃生。但是总体上有约三分之二的人基本相信隧道里的安全设施能够帮助自己顺利逃生。而完全不相信的人员仅占不到百分之三（图7-11）。

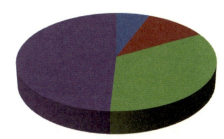

图7-11　逃生时性别和文化程度对人员逃生影响比例图

7.1.5　人员避难行为对疏散的影响

上述人员在火灾中的心理及行为反应又直接影响着火灾中人员的安全疏散，所以人员在火灾中的心理及行为反应是决定人员能否安全疏散的重要因素之一。

1) 人员在火灾中的心理反应

在隧道火灾这种特殊的环境下，由于火灾过程中产生的浓烟、火焰、毒气、高温等都对人的感觉器官有刺激作用，人会产生一些火灾环境下特殊的心理反应，主要表现为以下几个方面：

(1) 恐惧心理

在心理学的概念里，人们遇到危险时由于缺乏应付、摆脱可怕场景的力量或能力，通常导致恐惧心理。建筑火灾导致的群死群伤事故多发生在人员相对密集的公共场所，在这些场所聚集的人员一般都是此场所的过客，而且几乎未受过针对性的火灾安全教育，加上对建筑物疏散通道情况的不熟悉，一旦发生火灾，在火灾产生的烟气、高温、火焰等的刺激影响下，疏散速度势必减慢，让人们感觉生命受到威胁，产生恐惧心理。

(2) 惊慌心理

惊慌心理是人们在特定环境条件下，由于焦虑、急躁等因素诱导引起的。由于建筑火灾本身具有突发性的特点，火灾往往在没有任何迹象的情况下发生，不可能给人们充足的时间做心理准备。同时建筑物本身消防设施的不完善可能无法有效地控制火情发展，人们赖以生存的建筑空间和疏散时间不断减少，导致人们的心理平衡破坏，加重了人们对现状的焦虑情绪，进而产生惊慌心理。

(3) 冲动心理和侥幸心理

现代心理学认为，冲动心理是由于外界环境的刺激引起的，受情绪左右，需要激情推动；侥幸心理是人们在特殊环境下的一种趋利避害的投机心理。它们是两种密切联系的心理反应。在火场环境下，烟气、火焰等火场外在刺激条件对感觉器官的作用，使人们的忍受极限受到挑战，为了能尽快地离开火场，必然会产生一些冲动的想法，而在冲动心理的支配下，就会产生一丝侥幸心理,势必采取无法预知结果的逃生行为,在侥幸心理的作用下,人们的冲动心理会更加严重,且常造成恶性循环。

(4) 个体孤独和从众心理

个体孤独是指人们在某些环境下感觉孤立无援时的心理情况。从众心理是指人们在自身没有主见的情况下,寄望于跟随人流离开特殊环境的心理行为。一旦发生火灾,绝大多数人员势必手足无措,不知道该采取怎么样的措施尽快离开火场,心里十分恐惧。而人的本能决定了人员的第一反应是保护自己,在混乱的火场环境下,人们之间缺少相互间的关爱,使人的孤独心理加重,在这种心理的影响下,人流便成了疏散人员的救命稻草,从众心理因此产生。

上述几种是人们在建筑火灾中经常出现的心理反应,严重干扰了安全疏散的进行顺利。研究分析发现人员的火场行为中,当个人能掌握各项火灾信息时,人们的行为完全是有理性的行动;而缺乏消防知识者,对于火灾的发展与火灾动态无法做出最佳的分析与判断,因此造成心理恐惧进而影响避难行动决策与避难行为。人类空间行为表现如图7-12所示。

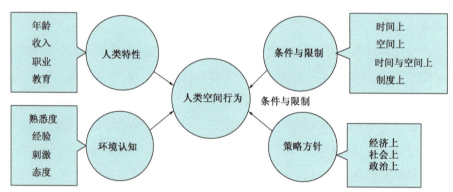

图7-12 人类空间行为表现

故由上述分析表明,应重视和提高乘客对当时火灾环境、环境危害因素威胁的迫切性(火灾成长速度)、乘客个人对消防常识认知以及驾驶员对事故现场的掌控与应变能力。

2) 群众行为

人群特性为预测火场中群众行为最为主要的要素,它由许多重要参数概况所集合,如人群年龄、行动能力、知识与经验及群众有无受过训练所表现的反应潜能发挥。其次,个人的人格特性与决策形态,对于行为上的反应均有所影响,有些人有从众行为,而有些人则充当领袖角色。

火灾特性对于群众反应扮演重要角色。在火灾发生时,人们察觉不同火灾信号及对于随形势快速改变的诠释方式均影响他们的行为表现。一般人经由嗅觉察觉烟时,将展开各种不同反应,鲜少直接由看见火势后才有行为反应。因此,对于由上述一连串特性混合且交互作用下形成不同形态的每一种情况,若欲预测群众行为或将群众行为公式化呈现将非常困难。

在人们计划决定执行一项特殊活动,譬如一般发生的消费性活动,如吃饭、排队取车票、观看表演等,一些无关的事很难使其转移注意力,此种"心理寄托"强烈影响事故发生行为决策,故又称为"寄托概念（Concept of Commitment）"。

其次为"角色概念（Concept of Role）"。在消费场所，许多人扮演着购物者或观光者的角色，就其角色而言，他们期待凡事都受到妥善照料与服务。一旦火灾警报动作，若无工作人员引导，则会发生群体间交互影响行为。因此，如果他人不在乎火警信号，即使本身已经察觉火灾警报信号，他们仍然觉得依他们的角色仍需等待进一步指示或期待某些人主动告知应该如何做，而一旦群体出现稍微噪动，将出现不合适或过度反应情形。

而隧道火场中人群避难心理，除了潜藏着上述行为特征外，与其所在位置熟悉度、光亮程度、人潮拥挤度、生理状况等有极大关系。由于旅客对隧道内环境不甚熟悉，加上个人旅行特性不同，如遇紧急状况，在彼此间群体间交互影响下，极有可能发生惊恐慌张的情形，造成不理性的错误疏散决策，因此快速反应与事故信息有效地传递是消除仓皇、减少伤亡的关键动作。表 7-1 为人员避难行为特性对隧道内逃生避难的影响。

人员避难行为特性对隧道内逃生避难的影响　　　　　　　　表 7-1

避难特性	特 性 说 明	对隧道内逃生避难的影响	影响程度
归巢特性	当人遇到意外灾害时为求自保,会本能地折返原来的途径,或按日常生活习惯的途径以求逃脱	造成主出入口拥塞,避难时间增长	—
从众特性	人员在遭遇紧急状况时,思考能力下降,会追随先前疏散者(Leader)或多数人的倾向,人潮会有合流现象	若有熟悉环境的引导人员,可减少避难时混乱及伤亡	◎
向光特性	在火灾黑烟弥漫、视线不清情况下,人们具有往稍亮方向移动的倾向(火焰亮光除外),而且明亮的地方也可能为较安全之处	避难路径上明亮的紧急出口、指引标示等设施,可安抚群众且加快避难速度	◎
左转特性	人们右撇较多,惯于使用右手右脚,在黑暗步行中,会有自然左转本能,当下楼梯时左向回转的方式具有安全感、方便及速度快。复杂避难动线处较易产生人群冲突	在避难动线交叉点上,依人左转的特性,减少混乱的产生	—
躲避特性	当察觉灾害等异常现象时,为确认而接近,一感觉危险时由于反射性的本能,马上从该地向远离的方向逃跑	起火车厢内人员因危险而往两侧疏散时,将造成人群移动的困难与混乱	◎
习惯特性	对于经常使用的空间如走廊、楼梯、出入口等,有较深切的了解及安全感,灾害时宁可选择较危险的路径,优于不熟悉的环境	一般人对于捷运隧道狭窄空间多不熟悉	—
往开阔处	越开阔的地方,障碍可能越少,安全性也可能较高,生存的机会也可能较多	横通道的入口处可留设较开阔的空间	◎
鸵鸟心态	在危险接近且无法有效地应变时,有强烈迷惑混乱的程度和逃往狭窄角落方向的行动,如躲入浴室或爬到窗外及屋角,以减少危险,等待救援	发生于公路隧道内的火灾,人们将自己锁在车内企图逃避危险	○
潜能发挥	人处于危险状态中,常能使出异常的力量,排除障碍而逃生	—	○
服从本能	人员在遭遇紧急状况时,较容易服从指示行事,但指令的内容必须非常简洁	车厢内的紧急事故安抚与引导广播,成为避难疏散成功的重要因素	◎

续上表

避难特性	特 性 说 明	对隧道内逃生避难的影响	影响程度
寄托概念	对于事物过于？忽略紧急事故发生,即使事故发生亦很难转移其注意力,一般发生在消费性场所	一般具有餐饮及床铺的长途旅行列车较易发生	○
角色概念	人们认为花钱消费应得到一定服务,即使发生事故状况,仍需由员工服务指导避难。多属消费性角色依赖行为	在事故不明朗或危害环境尚未产生影响下,期待列车人员主动告知应该如何做	◎

注:影响程度:◎表示严重;○表示中等;—表示小或无。

7.1.6 本节小结

本节的离岸特长沉管隧道火灾人员疏散特性研究主要取得以下成果:

(1)按影响因素的来源,将影响水下隧道人员疏散的因素分为本体构造因素、火灾危害因素、人员因素、事件因素和管理因素五个方面。其中隧道本体构造因素又包括:水底环境、隧道长度、疏散线路和疏散口间距、疏散口宽度、疏散口分布。

(2)对1 100位人员进行隧道火灾逃生的随机问卷调查,分析了性别、年龄、学历等因素对人员疏散心理及疏散行为的影响。统计结果发现:绝大多数人对隧道设施和隧道火灾安全疏散知识了解很少,且不知道隧道设施位置和使用方法。研究表明:隧道火灾时,人员疏散心理行为与性别、年龄、文化程度、消防教育水平等因素显著相关;大多数调查对象的心理素质较差,女性不如男性理智;文化程度高的人员反而更易产生恐慌心理;仅有44.8%的调查对象接受过火灾安全教育,受过火灾安全教育者虽更能够选择合理的疏散路径,但缺乏针对隧道火灾疏散方面的专门教育。

(3)分析了人员火灾中的恐惧心理、惊慌心理、冲动心理和侥幸心理、个体孤独和从众心理等心理反应对疏散影响,得到人类避难行为特性与隧道内避难逃生关系。

7.2 沉管隧道逃生疏散试验

7.2.1 试验目的

本节考虑驾乘人员疏散效率与救援方案、交通状况、火点位置、逃生门开启状况的关系,以疏散时间最短为目标函数,提出港珠澳大桥沉管隧道火灾时人员安全疏散所需时间。以沉管隧道火灾研究成果为基础,在火灾发生时实施有效的控制风流流动状态措施,建立了隧道火灾安全疏散模式及救援组织方案。

7.2.2 试验内容

本试验在福建漳州的试验隧道内进行,隧道主体长约150m,内宽14.55m,内净高7.1m,

为钢筋混凝土结构;其中实体段厚度为70cm,框架段厚度为12cm。距隧道洞口7.5m起每间隔15m设置一个观察窗,共设置10个;距洞口30m起每间隔45m设置一个疏散逃生门,共设置3个。火灾疏散试验隧道如图7-13所示。

图7-13 火灾逃生试验隧道

为模拟事故火灾发生时现场的真实性,并按最不利工况分析,即火灾发生规模为50MW,因此本次逃生试验所用车辆为旅游大巴车,车载48人,尽可能真实呈现火灾发生时的情况。交通状况为阻滞工况,即三车道都有车辆在行进时发生火灾,并且燃烧车辆在中间车道,因为两边的车道都有检修井和人行通道,疏散时从人行通道逃生时,逃生速度比有障碍物时加快,因此,此次试验的燃烧车辆设在中间车道。由于火灾发生伊始,排烟风机等其他的通风排烟系统都没有开始工作,因此,本次试验全过程均未开启通风排烟系统。

本次火灾疏散试验内容主要如下:

(1)测试分析不同工况下人员车内疏散速度和时间。

(2)测试分析紧急情况下人员行走速度和时间。

(3)测试分析疏散门通行效率。

(4)根据火灾工况下人员行为特征,分析人员逃生所需的最短安全疏散时间。

火灾疏散试验现场布置情况如图7-14所示。

a)

b)

图7-14 火灾疏散试验现场布置图

假设燃烧车辆位于中间车道,距 1 号逃生门 67.5m 位置处,如图 7-15 所示。

图 7-15　模拟火灾燃烧车辆

7.2.3　试验工况设计

1) 疏散人员特征

本次试验总人数为 48 人,为了使样本多样性,疏散时能更好地贴近火灾场景,疏散的人员主要为福建漳州开发区的公交公司职员和重庆万桥有限公司职员以及本地部分居民,人员构成如图 7-16 所示。为了保证疏散人员尽可能快速完成疏散,试验过程中对最先完成疏散的前 15 名人员给予一定的奖励,此措施大大提高了人员参与试验的热情,同时使试验结果贴近实际情况。

本次疏散所用大巴车为厦门金龙牌大巴车,座位数为 51 座(含驾驶和副驾驶各一座),车辆外形尺寸:长(mm)×宽(mm)×高(mm)为 11 480×2 490×3 540,车辆照片如图 7-17 所示。

图 7-16　疏散试验人员构成

图 7-17　火灾疏散试验用车(厦门金龙客车)

下面主要介绍本次试验人数的特征情况:

(1) 年龄分布。试验的年龄分布为:25 岁以下 2 人,25~30 岁 24 人,30~35 岁 12 人,35~40 岁 7 人,45~50 岁 2 人,50 岁以上 1 人,年龄集中在 25~30 岁段,属于标准轴为 $\varphi=26$ 的正态分布。年龄分布如表 7-2。

逃生疏散人员年龄分布表 表7-2

年龄段(岁)	25以下	25~30	30~35	35~40	45~50	50以上	总数
人数(人)	2	24	12	7	2	1	48

可以看出人员年龄的标准轴为 $\varphi=26$，因此本次试验可以为港珠澳发生火灾时，人员年龄集中在25~30岁时的人员分布作支撑，也可作为其他年龄段疏散时的参考。

(2)性别分布。此次试验男性样本41人，女性样本7人。

(3)健康程度。此次试验前，调查了每位参与者的身体状况，42人良好，6人优秀，均无心脏病史，无残疾人士。

(4)有无火灾经验。在试验前的调查中，参与试验人员均无火灾经验，并不了解火灾逃生相关知识。

2)试验流程

试验操作流程如表7-3所示。

试验操作流程 表7-3

试验阶段	工作内容
试验准备	1. 摄像机校时与安装； 2. 试验场景布设，根据试验设计工况布设试验车辆、模拟阻滞车辆及试验油盆，并规划疏散路径； 3. 试验人员编号与试验服发放，并交代试验注意事项与规则； 4. 准备试验奖品
试验过程	1. 点火，试验开始； 2. 点火1min后通过广播通知疏散人员开始逃生； 3. 疏散人员通过指定逃生门撤离试验隧道； 4. 所有疏散人员全部通过指定逃生门后，试验结束
清理现场	1. 试验数据收集与备份； 2. 清理现场并准备下一组试验

3)试验工况

为了全方位得到疏散时人员从大巴车撤离的速度，人员从车道空隙逃生的速度，人员从检修道逃生的速度和人员从不同逃生门逃生的速度，本次试验共设计如表7-4所示几种工况。

疏散试验工况设计表 表7-4

编号	火源	疏散人数(人)	场景布设	疏散路径
工况一	$1.5\times1.5m^2$ 油盆火	48	大巴距离1号逃生门67.5m	疏散人员从1号逃生门逃生
工况二	$1.5\times1.5m^2$ 油盆火	32	大巴距离1号逃生门67.5m	疏散人员从1号逃生门逃生
工况三	$1.5\times1.5m^2$ 油盆火	48	大巴距离1号逃生门67.5m	疏散人员从1号逃生门沿指定路径逃生
工况四	$1.5\times1.5m^2$ 油盆火	20	大巴距离1号逃生门67.5m	疏散人员从1号逃生门逃生
工况五	$1.5\times1.5m^2$ 油盆火	48	大巴距离2号逃生门30m	疏散人员从2号逃生门逃生
工况六	$1.5\times1.5m^2$ 油盆火	48	大巴距离2号逃生门30m	疏散人员可选择从1号、2号、3号逃生门逃生

7.2.4 试验过程及结果整理

1) 工况一试验过程及结果整理

(1) 测试内容

火灾时阻滞工况下,满载大巴内所有人员安全疏散时间。

(2) 场景布设

大巴置于试验隧道中间车道距离 1 号疏散门 67.5m 位置处,所有疏散人员均从 1 号疏散门逃生,车辆满载率为 100%,疏散人员共计 48 人,油盆置于距离车辆头部 10m 位置处,所有人员从 1 号疏散门撤离后试验结束。工况一场景布设如图 7-18 所示。

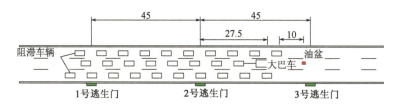

图 7-18 疏散试验布设图(尺寸单位:m)

(3) 疏散过程

整个疏散先由现场负责人员进行疏散讲解,然后组织人员上大巴车,开始在小油池内注油,接着点火开始,试验正式开始。在试验开始 1min 后,大巴车内人员开始疏散,从指定逃生门(1 号逃生门)开始逃生,人员全部从指定逃生门逃出后,逃生门关闭,试验结束。试验结束后由现场人员对逃生人员讲解灭火器使用方法,对小油池的火焰进行灭火。最后整理数据,进行下一个试验。疏散过程如图 7-19 ~ 图 7-26 所示。

图 7-19 火灾模拟试验前疏散人员了解情况

图 7-20 引燃油池火

在火灾开始时,位于大巴内的乘客出现了不同的反应,部分乘客因为没有看到过火灾现场,出现了紧张情绪,在车内解开了安全带,随时准备开始逃生。

图 7-21　点火后车内疏散人员状况

图 7-22　疏散人员逃离大巴车

图 7-23　人员开始疏散

图 7-24　人员向逃生门疏散

图 7-25　疏散人员尾部状

图 7-26　油池火熄灭演习

(4) 试验结果分析

试验过程中,人员先从大巴车下来,此时由于大巴车人员较多,因此人员从大巴车下来速度较慢,然后从车辆缝隙和逃生通道开始逃生,此时人员逃生速度加快,但是人员表现出很强的盲从性,后面的人员会紧跟前面的人员,很少有人从另外的路径逃生,第一个人的逃生路径成为大多数人的路径,即使极少数人选择了其他的路径,跟随的人也很少,基本上都是随大众,沿着人数最多的路径逃生。在逃生门处,由于人员较多,发生了少量的拥挤现象,影响了逃生速度。

在这个逃生疏散试验过程中,刚开始,由于部分人员从未见到过真实火灾,在油池火引燃时出现恐惧和焦灼的现象。从大巴车下来时,由于车内人员较多,从第一个人下来到人员全部撤离大巴车辆共用时53s。之后人员开始加速逃向逃生门,此阶段人员表现出很强的盲从性。随后人员逃至逃生门处,开始出现了少量的拥挤情况,然后人员逃生完毕,试验结束。这次试验从人员开始撤离大巴车到所有人员逃出1号逃生门用时74s。

此次试验中人员逃生速度如图7-27所示。

从图中可看出本次人员逃生速度最大值为3.7m/s,最小值为2.7m/s,总体的平均速度为3.1m/s。

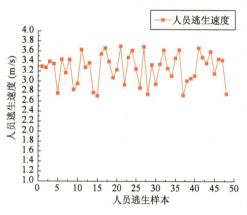

图7-27 人员逃生速度分布图(1)

2)工况二试验过程及结果分析

(1)测试内容

火灾时阻滞工况下,70%满载率大巴内所有人员安全疏散时间。

(2)场景布设

场景布设同工况一,车辆满载率为70%,疏散人员合计32人。

(3)疏散过程

整个疏散试验过程与工况一一致,这里不再赘述。

(4)试验结果分析

试验过程中,人员先从大巴车下来,此时由于大巴车人员比工况一少,因此人员从大巴车下来速度加快,然后从车辆缝隙和逃生通道开始逃生,此时人员逃生速度开始加大,但是人员依旧表现出很强的盲从性。在逃生门处,还是发生了少量的拥挤现象,影响了逃生速度。

在这个逃生疏散试验过程中,人员从大巴车下来计时,第一个人员下来到人员全部撤离大巴车辆共用时32s。之后人员开始加速逃向逃生门,此阶段人员表现出很强的盲从性。随后人员逃至逃生门处,开始出现了少量的拥挤情况,然后人员逃生完毕,试验结束。这次试验从人员开始撤离大巴车到所有人员逃出1号逃生门用时53s。

此次试验中人员逃生速度如图7-28所示。

从图中可看出本次人员逃生速度最大值为

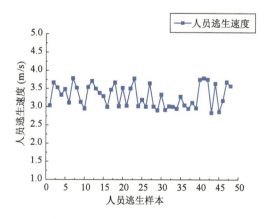

图7-28 人员逃生速度分布图(2)

3.8m/s,最小值为2.8m/s,总体的平均速度为3.3m/s。

3)工况三试验过程及结果分析

(1)测试内容

火灾时阻滞工况下,100%满载率大巴车所有人员沿给定疏散通道时的人员安全疏散时间。

(2)场景布设

大巴置于试验隧道中间车道距离1号疏散门67.5m位置处,所有疏散人员从车辆撤离后均沿给定疏散通道从1号疏散门逃生,车辆满载率为100%,疏散人员共计48人,油盆置于距离车辆头部10m位置处,疏散通道宽度为1.0m。工况三场景布设如图7-29所示。

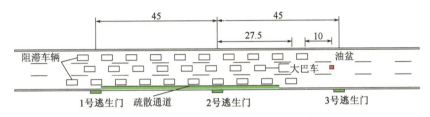

图7-29 疏散试验布设图(尺寸单位:m)

(3)疏散过程

本次疏散由于逃生路径为指定路径,因此先由现场负责人员进行疏散讲解,然后组织人员上大巴车,开始在小油池内注油,接着点火开始,试验正式开始。在试验开始1min后,大巴车内人员开始疏散,所有疏散人员从车辆撤离后均沿指定疏散通道从1号疏散门逃生开始逃生,人员全部从指定逃生门逃出时,逃生门关闭,试验结束。试验结束后由现场人员对逃生人员讲解灭火器使用方法,对小油池的火焰进行灭火。最后整理数据,进行下一个试验。疏散过程如图7-30~图7-32所示。

图7-30 试验人员查看逃生路线

图7-31 试验疏散人员从检修道向逃生门疏散

(4)试验结果分析

试验过程中,人员先从大巴车下来,由于此次试验的逃生线规定为检修道,故大巴试验人员下车后开始上检修道,在疏散人员抢上检修道时人员速度变慢,因此也影响了人员从大巴车逃离的时间。在撤离大巴车后,人员开始逃生,由于检修道宽度受限,每个断面只能容下一个人,因此此时人员逃生速度比工况一和工况二明显降低。在逃生门处,还是发生了少量的拥挤现象,影响了逃生速度。

在这个逃生疏散试验过程中,自人员从大巴车下来计时,第一个人员下来到人员全部撤离大巴车辆共用时 59s。之后人员在检修道上逃生,但是检修道宽度只允许一个人疏散,整体逃生速度减慢。随后人员逃至逃生门处,开始出现了少量的拥挤情况,然后人员逃生完毕,试验结束。这次试验从人员开始撤离大巴车到所有人员逃出 1 号逃生门用时 87s。

此次试验中人员逃生速度如图 7-33 所示。

图 7-32　试验疏散人员逃出逃生门

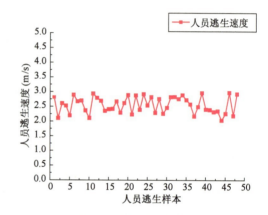

图 7-33　人员逃生速度分布图(3)

从图中可看出本次人员逃生速度最大值为 3.2m/s,最小值为 2.1m/s,总体的平均速度为 2.7m/s。

4)工况四试验过程及结果整理

(1)测试内容

火灾时阻滞工况下,50%满载率大巴内所有人员安全疏散时间。

(2)场景布设

场景布设同工况一,车辆满载率为 50%,疏散人员合计 20 人。

(3)疏散过程

整个疏散试验过程与工况一一致,这里就不再赘述。

(4)试验结果分析

试验过程中,人员先从大巴车下来,此时由于大巴车人员比工况一少,因此人员从大巴车下来速度加快,然后从车辆缝隙和逃生通道开始逃生,此时人员逃生速度开始加大,但是人员依旧表现出很强的盲从性。在逃生门处,还是发生了少量的拥挤现象,影响了逃生速度。

在这个逃生疏散试验过程中,人员从大巴车下来计时,第一个人员下来到人员全部撤离大巴车辆共用时 22s。之后人员开始加速逃向逃生门,此阶段人员表现出很强的盲从性。随后人员逃至逃生门处,区别于前几次试验没有出现拥挤情况,然后人员逃生完毕,试验结束。这次试验从人员开始撤离大巴车到所有人员逃出 1 号逃生门用时 42s。

此次试验中人员逃生速度如图 7-34 所示。

从图中可看出本次人员逃生速度最大值为 4.0m/s,最小值为 3.1m/s,总体的平均速度为 3.3m/s。

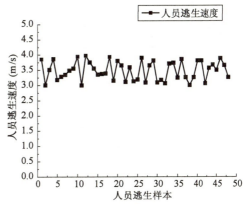

图 7-34　人员逃生速度分布图(4)

5)工况五试验过程及结果整理

(1)测试内容

火灾时阻滞工况下,100%满载率大巴距离逃生门 30m 时人员安全疏散时间。

(2)场景布设

大巴置于试验隧道中间车道距离 1 号疏散门 30m 位置处,所有疏散人员均从 1 号疏散门逃生,车辆满载率为 100%,疏散人员共计 48 人,油盆置于距离车辆头部 10m 位置处。工况五场景布设如图 7-35 所示。

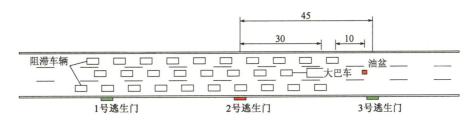

图 7-35　人员逃生速度分布图(尺寸单位:m)

(3)疏散过程

整个疏散先由现场负责人员进行疏散讲解,然后组织人员上大巴车,开始在小油池内注油,接着点火开始,试验正式开始。在试验开始 1min 后,大巴车内人员开始疏散,从指定逃生门(2 号逃生门)开始逃生,人员全部从指定逃生门逃出时,逃生门关闭,试验结束。试验结束后由现场人员对逃生人员讲解灭火器使用方法,对小油池的火焰进行灭火。最后整理数据,进行下一个试验。疏散过程如图 7-36 和图 7-37 所示。

(4)试验结果分析

试验过程中,人员先从大巴车下来,开始选择路径逃生,由于此时逃生门为 2 号逃生门,因此本试验的整体试验过程要短。但是人员依旧表现出很强的盲从性。在逃生门处,还是发生了少量的拥挤现象,影响了逃生速度。

图 7-36 疏散人员从 2 号逃生门逃出

图 7-37 疏散人员逃生

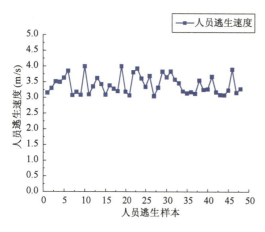

图 7-38 人员逃生速度分布图(5)

在这个逃生疏散试验过程中,人员从大巴车下来计时,第一个人员下来到人员全部撤离大巴车辆共用时 52s。之后人员开始加速逃向逃生门,此阶段人员表现出很强的盲从性。随后人员逃至逃生门处,然后人员逃生完毕,试验结束。这次试验从人员开始撤离大巴车到所有人员逃出 2 号逃生门用时 61s。

此次试验中人员逃生速度如图 7-38 所示。

从图中可看出本次人员逃生速度最大值为 4.0m/s,最小值为 3.1m/s,总体的平均速度为 3.4m/s。

6)工况六试验过程及结果整理分析

(1)测试内容

①火灾时阻滞工况下,100%满载率大巴距离逃生门 15m 时人员安全疏散时间。

②疏散人员疏散路径选择方案,分别记录 1 号逃生门和 2 号逃生门的疏散人数。

(2)场景布设

大巴置于试验隧道中间车道距离 1 号逃生门 15m 位置处,火源置于中间车道 1 号逃生门位置处。所有疏散人员从车辆撤离后可选择从 1 号逃生门或 2 号逃生门逃生,车辆满载率为 100%,疏散人员共计 48 人。工况六场景布设如图 7-39 所示。

(3)疏散过程

整个疏散先由现场负责人员进行疏散讲解,然后组织人员上大巴车,开始在小油池内注油,接着点火开始,试验正式开始。在试验开始 1min 后,大巴车内人员开始疏散,此次试验中,逃生人员可选择逃生门，所以逃生路线更加有主动性，人员全部从指定逃生门逃出时，逃生门关闭，试验结束。试验结束后由现场人员对逃生人员讲解灭火器使用方法，对小油池的火焰进行灭火。最后整理数据，结束试验。

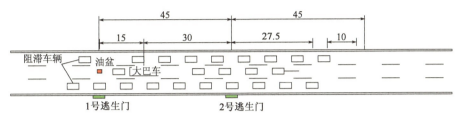

图7-39　疏散试验布设图(尺寸单位：m)

(4)试验结果分析

试验过程中，人员先从大巴车下来，虽然此时人员逃生的路径有很强的自主性，但是人员表现出很强的盲从性，后面的人员会紧跟前面的人员，很少有人从另外的路径逃生，第一个人的逃生路径成为大多数人的路径，即使极少数人选择了其他的路径，跟随的人也很少，基本上都是随大众，沿着人数最多的路径逃生。虽然2号逃生门距离火点最远，但是从2号逃生门逃出的人数最多，为47人。从1号逃生门逃出的仅为1人(图7-40)。在逃生门处，由于人员较多，发生了少量的拥挤现象，影响了逃生速度。

在这个逃生疏散试验过程中，人员从大巴车下来计时，第一个人员下来到人员全部撤离大巴车辆共用时51s。之后人员开始加速逃向逃生门，此阶段人员表现出很强的盲从性。随后人员逃至逃生门处，开始出现了少量的拥挤情况，然后人员逃生完毕，试验结束。这次试验从人员开始撤离大巴车到所有人员从逃生门逃出用时60s。唯一一个样本从1号逃生门逃出，用时5s。

此次试验中人员逃生速度如图7-41所示。

图7-40　只有一个样本从最近的逃生门逃生

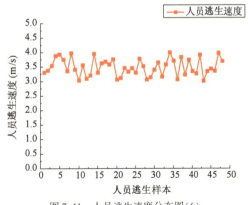

图7-41　人员逃生速度分布图(6)

从图中可看出本次人员逃生速度最大值为4.0m/s，最小值为3.1m/s，总体的平均速度为3.5m/s。

7.2.5 试验结果分析

1）试验结果汇总

本次试验工况为六组,分别测试了不同数量疏散人员从不同的逃生路径逃生时的疏散速度分布和人员逃生时间,并且测试了人员在逃生过程中所表现出的不同特性,可作为制作港珠澳海底沉管隧道运营时期逃生疏散手册的科学支撑。

本次试验的结果汇总如表7-5所示。

试验结果汇总表 表7-5

工况	疏散人数	场景布设	疏散路径	人员逃生平均速度（m/s）	人员逃生时间(s)	人员从大巴车撤离时间(s)
工况一	48	大巴距离1号逃生门67.5m	疏散人员从1号逃生门逃生	3.1	74	53
工况二	32	大巴距离1号逃生门67.5m	疏散人员从1号逃生门逃生	3.3	53	32
工况三	48	大巴距离1号逃生门67.5m	疏散人员从1号逃生门沿指定路径逃生	3.2	87	59
工况四	20	大巴距离1号逃生门67.5m	疏散人员从1号逃生门逃生	3.3	42	22
工况五	48	大巴距离2号逃生门30m	疏散人员从2号逃生门逃生	3.4	61	52
工况六	48	大巴距离2号逃生门30m	疏散人员可选择从1号、2号、3号逃生门逃生	3.5	60	51

2）试验结果分析

从试验的对比分析中主要获得以下4点结论：

（1）从工况一、工况二和工况四对比中可以看出疏散人数是影响人员疏散时间最主要的因素,使得人员逃生时间从74s降至42s,若车辆限载乘客为48人,则疏散人员在出口处出现拥堵,使得逃生时间增加。因此人员疏散的基数是影响人员疏散最主要的因素。在发生火灾时,火灾车辆若为大巴车,那么应尽量准确地了解车内所载乘客人数,以便在制订疏散救援策略时能更精确地把握疏散救援时间。

（2）从工况一和工况五对比中可以看出,逃生距离也是影响人员逃生时间的重要因素,人员逃生速度从3.1m/s增加到3.4m/s,这主要是因为人员从逃生通道逃生时的逃生速度大于从拥挤的逃生门处逃离火场的速度,当疏散距离较近时,人员会快速逃至逃生门处进行逃生,中间过程时间短,使得逃生时间减少,能更好地进行人员的疏散。

（3）从工况一和工况三对比中可以看出,指定逃生路径对人员逃生影响次于逃生距离,这主要是因为人员在逃生通道尺寸一定的情况下只能单行,如果有前面人速度很慢,那么后面疏散的速度也不能增加,影响了逃生时间,使得逃生时间增加。因此在发生火灾时,应提倡大家从各种可能的逃生路径逃生,以减少逃生时间,使人员更快速地疏散。

(4)从工况一、工况五和工况六对比中可以看出,人员在逃生时表现出特别强的从众特性,即人员在遭遇紧急状况时,思考能力下降,会追随先前疏散者(Leader)或多数人的倾向,人潮会有合流的现象。在试验中工况五和工况六的疏散时间几乎相等。

7.2.6 本节小结

1)疏散试验结论

从试验的对比分析中主要获得以下几个结论:

(1)在发生火灾时,应尽量准确地了解车内所载乘客人数,精确制订疏散救援策略以提高疏散效率。

(2)逃生距离对人员逃生时间影响大。

(3)逃生路径对人员逃生影响次于逃生距离。

(4)人员在逃生时表现出特别强的从众特性。

(5)人员逃生速度和逃生时间如表 7-6 所示。该表内所示为平均值,然而发现有 20%~30% 人数的逃生速度低于 50MW 条件下的烟速(一般为 2.6m/s),这部分人员可称为"逃生短板",值得重视,如图 7-42 所示。

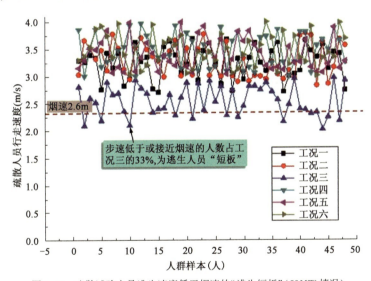

图 7-42 疏散试验人员逃生速度低于烟速的"逃生短板"(50MW 情况)

2)疏散试验相关性推广

本次试验的年龄分布为:25 岁以下 2 人,25~30 岁 24 人,30~35 岁 12 人,35~40 岁 7 人,45~50 岁 2 人,50 岁以上 1 人,年龄集中在 25~30 岁段,属于标准轴为 $\varphi=26$ 的正态分布,且男性女性样本比例约为 6:1,健康程度均良好,都无火灾经验。因此当火灾发生时,若人员组成与本次试验一致,那么疏散时间和疏散速度则可以直接从本次试验中取值;若人员组成与本次试验有出入,那么疏散时间和疏散速度则需通过换算再进行取值。本次试验的车载人数分别是48人、32人和20人,其试验结论也为后续研究和试验提供了真实、直观、科学的依据。试验并不能将所有人员逃生状况覆盖,因此本研究在后续内容中依靠此次试验的试验数据修正仿真参数,对不同火灾情况下人员疏散进行说明。

3)试验结论汇总

(1)本次试验通过不同的试验工况,得到人员在火灾工况下逃生的平均速度。虽然试验时能见度好,人员对逃生通道的位置一目了然,但是在逃生过程中的逃生速度却为以后的研究做出了贡献,之后无论是逃生疏散试验还是数值仿真模拟均用此次逃生速度乘以不大于1的系数即可。

(2)通过不同的工况得到影响人员逃生疏散时间的几个主要影响因素,其影响因素的排列为:疏散人员基数,疏散距离,逃生路径。为以后港珠澳沉管隧道运营手册的制订提供了科学依据,并为救援提供参考。

(3)通过试验现场人员的真实疏散了解到人员在疏散时表现出最大的特性就是从众特性。这就要求我们对驾乘人员多进行火灾逃生方面的宣传,并在隧道内明确地指出逃生路线和逃生通道的位置,尽可能使逃生过程更有效,逃生时间更短。

7.3 隧道疏散仿真支持系统

对疏散问题的研究试验并不能穷举人员火灾的典型工况,而且即使做试验,人员也很难进入真实灾难发生时的那种恐慌状态,因此试验结果在一定程度上并不是真实情景的反映。另外对疏散规律的数学描述均较为抽象,不易理解,使得工程技术人员很难根据具体工程实际来评价逃生技术方案的适应性和安全度。

目前,基于数学模型的疏散仿真是研究疏散规律,解决疏散问题的有效工具和手段。疏散仿真支持系统不但能可视化地显示出入口疏散过程中的各种规律,而且可以帮助工程技术人员评价依托工程疏散技术的安全度,建立、修改或调整疏散预案,为依托工程安全设施性能优化设计提供相应的数据和指标。

7.3.1 疏散仿真的理论分析

1)疏散仿真的理论基础

近年来,从疏散仿真的发展过程来看,疏散仿真研究的内容越来越广,所涉及的研究方面也来越来越多。目前疏散仿真的算法和仿真模型涉及了计算机仿真、人工智能、社会学、力学等领域。计算机技术是疏散仿真的基础、研究疏散规律的重要手段和方法,疏散仿真的发展仅有二十多年的历史。但人们对疏散规律的认识和研究却已经有四十多年的历史。

从疏散仿真目前所处的发展阶段来看,建立拟真度较高的疏散模型依然是研究的重点。在疏散仿真二十多年的发展历程中,据统计已经有 22 种之多的疏散模型被提出或使用,但很多模型由于其拟真度不高等原因基本被弃用。Gwynne 等人提出了 4 种疏散模型的分类方法,分别是按照模型的应用、人员特征的表示方法、人员行为的模化方法和模型空间的表示方法进行分类。第四种分类方法目前已经被很多人接受或引用,按照该分类方法,现有的疏散仿真模型主要分为:网络疏散模型、精细网格疏散模型和连续疏散模型。

在国内,由于疏散研究作为一个较新的研究课题,人员安全疏散的研究起步比较晚,到目前为止只有少数一些研究机构对疏散进行了专门研究,也取得了一些成果,不过相对于国外起步晚一些。例如香港城市大学的有关研究人员提出了利用计算机虚拟现实的技术设计出对疏散中人员行为进行数据量化的调查方法,比较详细地研究了公共设施内人员疏散行为,得出了一些有价值的结论。通过建立网格疏散模型(SGEM),在几何空间上将公共设施划分为能反映人员具体位置的细网格,并利用拉格朗日方法分析每个人员在公共设施内的移动速度。另外,武汉大学卢兆明、中国科技大学宋卫国等人也对疏散仿真进行了研究,得出了一些结论。

2) 疏散仿真的模型基础

近年来,随着计算机的发展,国外研究机构和大学对疏散进行了更加深入的研究,提出了各种各样的疏散仿真模型,也对一些模型进行了不断改进,在此基础上开发出了一些高水平的人员安全疏散模拟软件。众多的消防安全工程师利用这些模型和软件工具对各类建筑中人员的安全疏散进行评估,取得了令人瞩目的效果。例如由美国 Francis 公司开发的预测最小理论疏散时间的网络模型 EVACNET,Alvord 开发的疏散与救援模型,还有 Building Exodus、Simulex、EXIT89、Firecale 等,已经达到商业化的程度并得到了实际效用。

通过阅读文献不难发现,当前国内外发展的几十种人员疏散模型,根据人员疏散模型疏散路径的定义方式,按照模型空间的表示方法大致可以归纳为三类,主要包括粗糙网格疏散仿真模型、精细网格疏散仿真模型和连续疏散仿真模型,如图 7-43 所示。

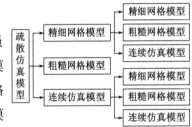

图 7-43 主要疏散仿真模型

(1) 网络疏散仿真模型

网络疏散仿真模型也叫粗糙网格模型,类似于水力模型,该模型把流动人群视为管中的水,而把建筑结构根据其特性视为蓄水池和水管。粗糙网格(Coarse grid)根据实际建筑物理格局的划分来分割建筑空间,将建筑物的房间、走道或者楼梯间看作网络中的节点,连接任意两节点的门或通道的转折点看作网络中的弧。

网络路径每个疏散单元设置成为一个点,每个单元通过线段来连接,将所有的单元都用线段相连,公共设施的疏散路径形似网状的结构,故称网络路径模型。人员在疏散时,是通过这些预定的线段来进行的。

网络模型与公共设施空间的大小、结构布局无关,每个空间或走廊用一个网络节点表示,按照它们在建筑中的拓扑关系,用代表"出口"的弧线将这些网络节点连接起来,弧线上的权值表示该出口的疏散能力。网络疏散模型将建筑物的结构信息转化为只有节点和连接弧线的等效图,这种转化忽略了建筑物内大量的有用信息,只保留了空间的容量、通道的通行能力以及建筑的拓扑关系等重要信息,而忽略的信息往往直接地或间接地影响着疏散仿真的拟真度。各节点的面积、形状不一定会相同,疏散过程中,人员移动以人群的方式从一个节点移动到另一个节点,根据各建筑单元的出口容量和人员在建筑物内的移动速度来确定相应的几何位置。在该模型中,人员只会从一个建筑结构单元运动到另一个建筑结构单元,而不能在同一个建筑结构单元中做区域性移动,它不能表现人员疏散过程中避开障碍物等局部运动,也不能对人员之间的相互影响进行模拟。人群内部的个体之间的相互作用只剩下了对有限资源的竞争,而忽略了个体之间复杂的非线性关系。

(2)精细网格疏散仿真模型

网格路径是指将要疏散的单元,根据模型和计算需要分为很多网格,每个网格设置为有人和没有人两种状态,再根据一定的规则进行模拟人员的行走。精细网格疏散仿真模型相对于粗糙网格疏散仿真模型,一般将公共设施平面划分为一定大小的单元网格,不但能够较为准确地反映出公共设施内部的障碍物分布情况、突发事件的影响情况、个体的位置情况,而且可以反映出疏散个体之间复杂的相互关系。

相对网络疏散仿真模型,精细疏散仿真模型不再将人群作为一个整体来考虑,而是将重心放到疏散个体上,人群中不同个体可以有不同的特性及行为规则,从而能真实反映出个体的异质性和疏散个体之间复杂的相互作用。

(3)连续疏散仿真模型

连续疏散仿真模型将个体看作一个复杂的能量系统,认为群体内部个体之间存在着相互影响、相互渗透的交互作用,而将各能量系统之间相互的作用力认为是"群体作用力"。依据这种思想结合动力学方程、流体力学方法、热力学方程等建立的人口疏散仿真模型具有时间上、空间上连续的特性。因此,一般称为连续疏散仿真模型。

社会力模型是利用动力学方程建立的、使用较为广泛的连续疏散仿真模型,它属于多粒子自驱动的多主体模型。模型引入"社会力"的概念表示个体之间、个体与环境之间的社会心理和物理作用。一个质量为 m_i 的行人 i,期望以大小为 v_i^0、方向为 e_i^0 的期望速度运动,个体能在疏散过程中不断地调整其速度 v_i。假设个体可以在 r_i 时间内加速到 v_i^0,若用 f_{ij} 和 f_{iw} 来表示个体之间、个体与墙之间的作用力,则在时间 t 内个体的速度变化可用如下的运动方程描述:

$$m_i \frac{\mathrm{d}v_i}{\mathrm{d}t} = m_i \frac{v_i^0(t)e_i^0(t) - v_i(t)}{\tau_i} + \sum_{j(\neq i)} f_{ij} + \sum_w f_{iw} \tag{7-14}$$

连续疏散仿真模型一般基于动力学方程、流体力学方程和热力学方程等，个体之间的相互作用、疏散时间的计算等都是连续的。

3) 疏散仿真的模型选取规则

疏散模型的选取是疏散仿真的关键。前面已经简单介绍了几类主要的疏散仿真模型，即网络疏散模型、连续仿真模型和精细网格疏散模型。一般来说，疏散仿真模型对现实的拟真度与仿真模型的复杂性和计算能力成反比。疏散仿真模型若要逼真地模拟疏散现场的真实状况，就必须考虑更多的影响因素，建立的疏散仿真模型就会更复杂，对计算机的计算能力的要求也就越高。本文在疏散仿真模型的选取过程中主要考虑了两个因素：

(1) 疏散模型的复杂度和拟真度之间权衡。

(2) 拟真度与计算机计算能力需求之间的权衡。

连续疏散仿真模型的建立是基于复杂的动力学方程、热力学方程和流体力学等方程。一般来说，疏散模型较为复杂、计算量非常多、拟真度比较高，但这是以疏散模型的复杂化和计算量的剧增为代价换来的。一般的连续仿真模型中个体的运动规则由一组相应的微分方程给出，且状态是连续变化的，若在有数百人甚至上千人同时疏散的聚集人口场所使用该类模型计算仿真，则对设备计算机能力的要求相当高，这使得该类方法的应用普及大打折扣。况且，建立拟真度较高的连续模型较为困难，也不利于程序的实现。

网络模型将公共设施内的单元定义为点，点与点之间进行相连构成了交通系统的整个疏散路径网络。网络疏散仿真模型过多忽略了公共设施平面信息和疏散个体信息，得到的数据不够准确，且对个人行为特征的描述不够细致，在一些关键的出口或通道，不能很好地反映个体的疏散特征；但这种模型简单、计算量小，在疏散仿真发展的历史进程中得到了广泛的研究和应用。

精细网格模型将整个公共设施划分为很多网格，比较细致地描述了疏散过程中人员疏散的行为，它能较好地反映疏散过程中单个人员的行为特征。其缺点是同样需要很大的工作量，并且耗费巨大的资源。网格疏散仿真模型相对于网络疏散仿真模型，考虑了更多的建筑平面信息，疏散个体变得更加智能，拟真度也有较大提高。相对于连续疏散仿真模型，精细网格疏散仿真模型较为简单，空间、时间的离散化处理和简单的局部作用规则极大地降低了模型的计算量。

目前网络路径模型已经发展得比较成熟，并且在许多实际场合得到应用。同样，随着计算机硬件技术的飞速发展，数据的存储量得到大大的提高，数据的处理速度也飞速的增加，所以应用网格路径模型进行疏散路径分析也不再存在硬件上的障碍。

7.3.2 火场环境实时作用下的人群疏散仿真原理

在确定拟分析的建筑后，实现火场环境实时作用下的人群疏散仿真，核心内容是模拟火灾发展过程和在人群疏散仿真中体现火场环境,下面分别对其进行阐述。

1) 火灾发展过程模拟

广义上讲,火灾场景就是人为设定的火灾发展过程。根据真实的火灾资料,完整的火灾场景应是静态和动态场景的统一体,既含建筑、可燃物等静态结构,也有火焰传播、烟气流动等动态特性,其具有如下特征:

(1) 对于某个具体建筑物,需要考虑的火灾场景不能是无穷多个,即不能把所有的场景列举出来。应根据最不利原则,选择火灾风险较大的场景作为设定火灾场景。

(2) 火灾场景并不是真实的火灾,它是对大量已发生的火灾统计分析之后,抽象出来的具有典型特征的火灾,因而具有一系列严格而规整的火灾发生、发展演进条件。

设定火灾场景应当综合考虑建筑起火前状况、点火源、初始可燃物、二次可燃物、蔓延的可能性以及火灾统计数据等。其核心工作是确定热释放速率随时间的变化规律。完整的火灾发展过程,包括阴燃阶段、增长阶段、充分发展阶段、衰退阶段直至最终熄灭。在设计火灾时,通常忽略火灾的阴燃阶段及衰退阶段,而主要考虑火灾的增长阶段和充分发展阶段,因为这两个阶段最能够反映火灾的特征及危险性,其中增长阶段反映了火灾发展的快慢程度,而充分发展阶段则反映了火灾可能达到的最大规模。

已有研究表明,公路隧道内最可能发生火灾的区域是车辆。对于车辆火灾热释放速率随时间的变化规律,本书采用 t^2 模型描述其增长阶段:

$$Q = \alpha t^2 \tag{7-15}$$

式中: Q——热释放速率,kW;

α——火灾增长因子,kW/s^2;

t——起火后的时间,s。

实际上,热释放速率的变化是个非常复杂的过程,利用上述方法得到的火灾增长曲线只是与实际火灾相似,为使设计的火灾曲线能够反映真实的火灾特性,设计时应作适当偏于保守的考虑。

火灾增长到一定规模后,热释放速率将达到峰值,到达峰值后进入充分发展阶段。由于性能化设计中涉及的火灾烟气温度、火灾烟气生成量等指标都与最大热释放速率有关,因此,最大热释放速率是描述火灾特征的重要参数。

目前,在世界范围内有几十种较为成熟的火灾模拟程序。在选择计算工具时,若仅需模拟火灾蔓延过程,则尽可能地提高计算精度是选择模拟程序的根本原则。然而,对于旨在实现火灾物理模拟与人员行为模拟的实时结合而言,由于目前鲜有能够与疏散仿真软件相结合的火灾模拟程序,因此,只要兼顾计算的精度和操作的可行性即可。

2) 火灾物理模拟与人员行为的结合

热烟气层高度降至人员身高之前,疏散者不会受到热烟气层的影响。火场环境能否产生作用由热烟气层高度、人员行走方式和身高3个因素共同决定。

热烟气层高度通过火灾模拟程序计算得到。人员行走方式则根据火场环境确定。当烟气层高度大于人员身高时,疏散者采用直立行走方式逃生。当烟气层高度小于人员身高,且烟气浓度对人员疏散造成影响时,为避免吸入烟气,疏散者会自动调整为爬行方式进行疏散,这与真实的火场疏散过程是一致的。

因此,对最终的仿真结果而言,用户设定人员身高,就显得格外重要。在使用国外软件时,有必要考虑国人的身体特征。

在确定上述条件后,主要通过两种方式体现火场环境的作用,第一种是降低人员行走速度,另一种是毒性、刺激性气体直接导致人员伤亡。确定两种方式的影响程度都要求首先依据火灾模拟程序,得到 CO、CO_2 等毒性、刺激性气体浓度。在此基础上,通过计算人员活动性指数确定行走速度的改变。根据 FED 模型计算火灾产物对人员的作用,当达到一定剂量后,就会出现人员伤亡的现象。

7.4 港珠澳大桥沉管隧道疏散数值仿真

7.4.1 疏散设计方案

港珠澳大桥海底隧道为二孔一管廊布局形式,两侧为行车隧道,中间为管廊,管廊上部为排烟道,中部为安全通道,下部为电缆通道。沿隧道纵向间距 67.5m 设置一道行人横通道,行人横通道两端设常闭甲级防火门,向安全通道方向开启。在紧急情况下,两侧行车隧道、行人横通道、安全通道均可作为疏散通道,但以安全通道为最佳疏散通道。

火灾或其他突发事件在隧道中发生时,隧道内的所有人员应立即疏散到隧道外安全地带。火灾或事故导致隧道内车辆滞留后,现场前方车辆应继续行驶,迅速脱离现场。现场后方滞留车辆上的驾乘人员应立即离开车辆,按照隧道侧壁上疏散指示标志的指示,快速从最近的行人横通道进入安全通道,并沿安全通道迅速远离事故现场。在疏散过程中,应听从救援人员的指挥,疏散途径如图 7-44 所示。

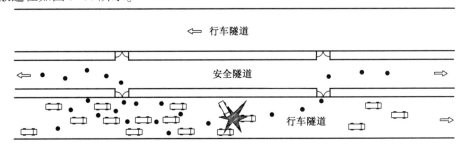

图 7-44 隧道疏散途径示意图

7.4.2 疏散场景设计

1) 物理模型

以港珠澳大桥沉管隧道为原型来进行人员疏散仿真物理模型的设计。采用 FDS5 进行建模,模型长、宽、高为 270m×14.5m×7.5m,网格划分为 1 080×64×32 单元。

模型中隧道内安全门宽度为 1.5m,高度为 2m。安全门间距为 67.5m,如图 7-45 所示。

图 7-45　安全门间距(67.5m,共 5 个安全门)

2) 交通工况

隧道内车型比例参照《港珠澳大桥工程可行性研究报告》中基本配额方案交通量预测结果方案三的交通量预测结果。各特征年份交通量及车辆类型如表 7-6 所示。

各特征年份交通量及车辆类型　　表 7-6

年份(年)	交通量(pcu)	车辆类型			
		私家车	旅游巴士	货柜车	普通货车
2016	27 575	4 300	1 350	4 550	3 800
2020	42 675	8 000	2 150	7 150	5 000
2030	70 800	15 700	3 500	11 850	4 150
2035	90 000	21 250	4 250	14 950	8 759

交通量配额方案中车辆类型有四种,分别为私家车、旅游巴士、货柜车和普通货车,《港珠澳大桥工程可行性研究报告》的人员疏散模拟中对交通量的分析主要目的在于确定疏散总人数,而货柜车和普通货车单车人员数量与私家车相近,故建模过程中将货柜车和普通货车均折合为标准小汽车,即所建立模型中车辆类型只有小汽车和旅游巴士。

该研究重点模拟隧道内人员疏散的最不利情况,也即隧道内发生交通拥堵时的人员疏散过程。参照各特征年交通量预测结果,疏散模型中小汽车和旅游巴士的数量分别为 98 辆和 4 辆。旅游巴士长、宽、高为 12m×3m×3.5m,车门宽度为 1m;小汽车长、宽、高为 5m×2m×1.5m。模型中车辆分布情况如图 7-46 所示。

图 7-46　模型中车辆不同类型车辆分布情况

3) 疏散人数

仿真模型中疏散人员分为男人、女人、老人、小孩 4 种人员类型。不同人员数量按人员荷载计算和不同类型人员荷载计算所得结果进行设置。即成年男人、成年女人、老人、小孩的数量分别为 250 人、250 人、100 人、100 人，共 700 人。

4) 人员特征

(1) 参数设定

在 Evac 中，当新建人员类型为 Male 时，系统自带这类人员的人体特征尺寸与步行速度数据库。并自带了如下参数的默认：

①探测时间 Detection Time。

系统默认该类型人员的 Detection Time 为均匀的(Constant)，用户可以根据需求自定义人员不同方式的探测时间。如可设定 Uniform(统一)的探测时间，还可根据如下属性设定探测时间：Truncated Normal、Uset、Gamma、Normal、Log Normal、Beta、Triangular、Weibull、Gubell、Exponential。通过这些属性设置相应所需参数从而得到探测时间。

②反应时间 Reaction Time。

系统默认了该类型人员的 Reaction Time 为均匀的(Constant)10s。与探测时间的设置方法类似。用户可以根据需求自定义人员不同方式的反应时间。如可以设定 Uniform(统一)的反应时间，还可以根据如下属性设定反应时间：Truncated Normal、Uset、Gamma、Normal、Log Normal、Beta、Triangular、Weibull、Gubell、Exponential。通过这些属性设置相应需要的参数得到反应时间。

③直径、躯干、肩膀(Diameter、Torso、Shoulder)。

在 Evac 中，人员身体特征是以三圆模型为基础，即一个大圆代表身体，两个小圆代表肩膀，椭圆代表人体在地面上的投影，人员特征尺寸如图 7-47 所示。

R_t 代表身体圆的半径；R_s 代表肩膀圆的半径；D_t 代表身体中心到肩膀中心的距离；R_d 代表身体中心到肩膀边界距离。

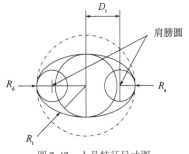

图 7-47 人员特征尺寸图

根据这种人员身体特征，系统默认了人员身体直径(Diameter)统一(Uniform)为最小值 0.5m，最大值 0.58m。用户也可以根据自身需求，自定义人员身体直径。可供选择的属性有：Truncated Normal、Uset、Gamma、Normal、Log Normal、Beta、Triangular、Weibull、Gubell、Exponential。在定义躯干圆(Torso)平均(Mean)直径时系统默认为 0.32m。在定义肩膀圆(Shoulder)平均直径时系统默认为 0.2m。

④逃离速度 Velocity。

在 Evac 中,该类型人员系统自定义的人员逃生速度统一(Uniform)默认为:最小值 1.15m/s,最大值 1.55m/s。用户还可以根据需要自定义人员逃离速度。同时还可以根据如下属性设定人员逃生速度:Truncated Normal、Uset、Gamma、Normal、Log Normal、Beta、Triangular、Weibull、Gubell、Exponential。通过这些属性设置相应需要的参数从而得到逃生速度。

⑤滞后时间 Relaxation Time。

在 Evac 中,系统定义的人员滞后时间的默认值为 Uniform,其中最小值为 0.8s,最大值为 1.2s。还另包括 τ、T 两个参数,默认值分别为 0.2s、$-0.4m^2 \cdot kg$。用户还可以根据需要自定义人员滞后时间。同时还可以根据如下属性设定人员滞后时间:Truncated Normal、Uset、Gamma、Normal、Log Normal、Beta、Triangular、Weibull、Gubell、Exponential。通过这些属性设置相应需要的参数得到滞后时间。

⑥社会力 Social Force Parameter。

在 Evac 中,Social Force Parameter 是由 A、B、λ 3 个参数来体现的。其默认值分别为:2000N、0.08m、0.3。

⑦接触力 Contact Force Parameter。

Contact Force Parameter 主要包括 K、k 两个参数。默认值分别为 1.2E5N、4.0E4N。

将人群分为 5 类进行参数设定,分别为男性、女性、成人、老人、小孩。各人群的参数设置如表 7-7 所示。

人员参数设定表　　　　表 7-7

参数	属性	默认属性	默认值						单位
				Male(男性)	Female(女性)	Adult(成人)	Child(小孩)	Elder(老人)	
探测时间(Detection Time)	Constant	√	0						s
反应时间(Reaction Time)	Constant	√	10						s
直径(Diameter)	Uniform	√	min	0.5	0.44	0.44	0.39	0.46	
			max	0.58	0.52	0.58	0.45	0.54	
Torso(躯体直径)	Mean	√		0.32	0.28	0.3	0.24	0.3	m
肩膀直径(Shoulder)	Mean	√		0.2	0.18	0.19	0.14	0.18	m
速度(Velocity)	Uniform	√	min	1.15	0.95	0.95	0.6	0.5	m/s
			max	1.55	1.35	1.55	1.2	1.1	
松弛时间(Relaxation Time)	Uniform	√	min	0.8					s
			max	1.2					

续上表

参数	属性	默认属性	默认值				单位
			Male（男性）	Female（女性）	Adult（成人）	Child（小孩） Elder（老人）	
松弛时间（Relaxation Time）	τ	√	0.2				m
	T	√	-0.4				$m^2 \cdot kg$
社会力（Social Force Parameter）	A	√	2 000				N
	B	√	0.08				m
	λ	√	0.3				
接触力（Contact Force Parameter）	K	√	1.2×10^5				N
	k	√	4.0×10^4				N

（2）物理特征

发生火灾时，隧道内人员疏散过程可分为3个时间段，分别为火灾探测报警时间、人员疏散预动作时间和疏散运动时间。疏散运动时间通过仿真软件进行计算，在此对火灾探测报警时间和人员疏散预动作时间进行设置。

①火灾探测报警时间：从火灾发生到火情被发现这段时间间隔为报警时间，通常由人员或火灾探测器发现并报警。通常人员觉察到火灾的时间比火灾探测器的报警时间略有延迟。模拟过程中火灾探测报警时间设置为区间[5s,15s]之间的一个随机变量。

②预动作时间：指从发现火情到开始疏散的这段时间，包括火灾确定和制定行动决策。当人员觉察到火灾后都会产生一定的行为反应，不同的年龄、受教育程度、经验等因素都对人们火灾第一行为反应产生影响。模拟过程中人员对火灾的反应时间设置为区间[5s,15s]之间的一个随机变量。

5）出口及路径选择

FDS + Evac 中对于疏散出口的选择运用了博弈反动力理论和最佳动力学响应理论。模拟过程中，所有疏散人员都会观察其他逃生人员所处的位置和行动，以选择最快到达紧急出口的路线。因此，在模拟中出口的选择是一个最先考虑的问题，每个被疏散者都在努力选择一个能够缩短疏散时间的出口。估算的疏散时间由行动时间和等待时间组成，行动时间的估算是通过步行速度来划分到出口的距离，等待时间的估算是按其他被疏散人群的行动和环境的共同作用来决定的。

除了出口位置和其他人群的行动，还有其他影响疏散者抉择的因素。这些因素是与火灾条件相关的，包括疏散者对出口的熟悉度和可视度等。这些因素关系到增加缩短疏散时间问题的约束条件。根据提及的3个因素，出口被分为7种情况，每种情况属于一个相应的人群（表7-8）。

出口情况与人群对应表　　　　　　　　　　　　　　　　　　表 7-8

优 选 级	可 视 的	熟 悉 的	干 扰 条 件
1	是	是	否
2	否	是	否
3	是	否	否
4	是	是	是
5	否	是	是
6	是	否	是
无优选	否	否	否
	否	否	是

模拟过程中,隧道内疏散人员类型分别为男士、女士、老人和小孩,其中男士、女士、老人对所有出口的熟悉程度为1,小孩对所有出口的熟悉程度为0。

出口运算法则:当前 FDS + Evac 版本以人员在自由步行速度下到达门口的时间来作为估算的疏散时间。到可见和不可见门的距离均通过运动路线来计算。烟气或毒性气体浓度影响选择出口运算法则,在默认状态下,有毒气体(CO、CO_2、O_2)浓度,其 FED 作用为如果 FED(时间 = dist/vo)小于 0.000 001,门是无烟的。只要 FED 小于均值,门就是有用的(可见的)。如果使用烟气浓度,用户给出的门的可见度值是"无烟的"。只要能见度是到门口距离的 0.5 倍,则门是有用的,即可见的(可见度 =3/消光系数)。如果看不见门,则运用人员位置处的局域浓度和通过运动曲线来计算离门的距离。

6)火源设定

火灾规模:考虑设计规模火灾 50MW。

火源位置:分别考虑火源位于安全门附近和位于两安全门中间位置两种工况。

7)排烟系统

考虑最不利情况(排烟系统失效),模拟过程中不考虑隧道内排烟系统对疏散的影响。

8)纵向风速

模拟过程中隧道内纵向风速假设为常值,取 1.5m/s。

7.4.3　模拟工况

根据所涉及的疏散场景,模拟工况组合如表7-9 所示。

人员疏散模拟工况组合表　　　　　　　　　　　　　　　　　　表 7-9

边 界 条 件	工　　况
火灾规模	50MW
火源位置	安全门处
安全门间距	67.5m

续上表

边界条件	工况	
安全门启用状况	开启所有安全门	关闭火源附近安全门
排烟系统	考虑最不利情况,排烟系统失效	
纵向风速	取1.5m/s	
隧道纵坡	不考虑隧道坡度对疏散的影响,隧道纵坡 i 取 0	

7.4.4 疏散仿真过程分析

1) 能见度分布

模拟过程中火灾规模、纵向风速、隧道坡度均保持不变,通过改变安全门的间距和启用状况,分两种工况对隧道内人员疏散情况进行了模拟仿真。两种工况下隧道内的温度场、烟雾场均保持不变。图7-48为火源热释放率随时间变化情况,图7-49为不同时刻隧道内1.5m高度处能见度分布情况。

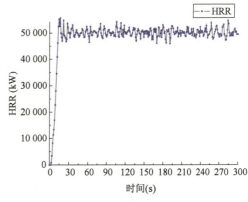

图 7-48 火源热释放率随时间变化情况

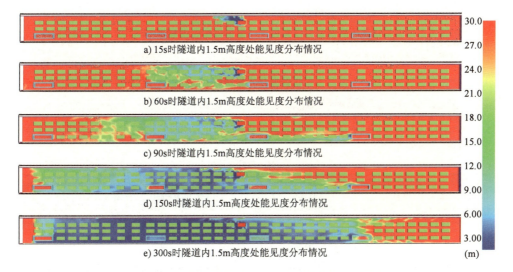

图 7-49 不同时刻隧道内 1.5m 高度处能见度分布情况

2) 疏散过程

模拟过程中火灾规模、纵向风速、隧道坡度均保持不变,通过改变安全门的间距和启用状况,分两种工况对隧道内人员疏散情况进行了模拟仿真。两个疏散过程如图7-50和图7-51所示。

工况一:火灾规模50MW;安全门间距67.5m;开启所有安全门。

图 7-50 工况一不同时刻疏散人员分布情况

工况二:火灾规模 50MW;安全门间距 67.5m;关闭火源附近安全门。

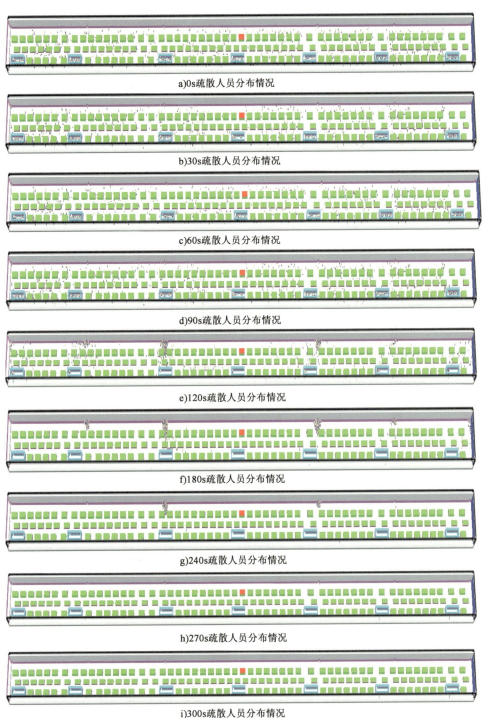

a) 0s疏散人员分布情况

b) 30s疏散人员分布情况

c) 60s疏散人员分布情况

d) 90s疏散人员分布情况

e) 120s疏散人员分布情况

f) 180s疏散人员分布情况

g) 240s疏散人员分布情况

h) 270s疏散人员分布情况

i) 300s疏散人员分布情况

图 7-51 工况二不同时刻疏散人员分布情况

3) 疏散结果分析

(1) 疏散人数和疏散时间

通过对比不同工况下不同时刻隧道内疏散人员分布情况可知:工况一和工况二条件下隧

道内所有人员均可实现安全疏散。图 7-52、图 7-53 分别为四种不同工况下隧道剩余疏散人员总数随时间的变化情况。

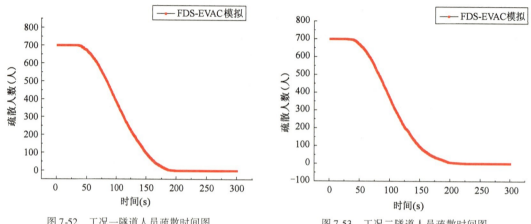

图 7-52　工况一隧道人员疏散时间图　　　　图 7-53　工况二隧道人员疏散时间图

由图可知,工况一(开启所有安全门)在火灾发生后 270s 隧道内大部分人员即可完成安全疏散,直至 281s 时,所有人员安全疏散;工况二(关闭火源附近安全门)在火灾发生后 240s 隧道内大部分人员即可完成安全疏散,直至 253s 时,所有人员安全疏散。

从以上两种工况的逃生过程图可以看出:

①当发生火灾时,人员先对灾害进行判断,然后再选择逃生门,之后开始逃离火灾现场,在逃生过程中,人员向出口处高度聚集,就好像在出口安装了一台虚拟的"抽风机"一样,吸引"人流"从隧道内流出。且由于老人和小孩相对成年男子和女子的行动速度要慢,故逃生时在后面的人群一般都为老人和小孩。

②当发生火灾时,不管正对火源的逃生门开启与否,都没有人选择从此逃生门逃生。而且在火灾发生时,火源附近的逃生门受到大量的热辐射,如果很多人就近选择这个逃生门,那么将会在此逃生门处发生拥堵,而此时热辐射很大,会造成逃生人员皮肤灼伤甚至失去生命。

(2)能见度分布

图 7-54 和图 7-55 分别为工况一条件下,火灾发生 300s 时火源附近 1.5m 高度处能见度和

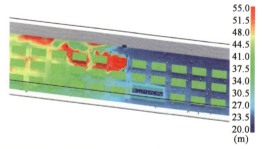

图 7-54　火灾发生 300s 时火源附近 1.5m 高处能见度分布特征(工况一)

图 7-55　火灾发生 300s 时火源附近 1.5m 高处能见度分布特征(工况一)

温度场分布情况以及相应的疏散人员分布情况。

(3)出口及路径选择

①工况一(开启所有安全门)。

本模型中,共设置7个安全出口,人员逃生时根据软件本身和人员自身特性,在火灾发生时从各逃生出口逃离现场的人员分布情况如表7-10所示。

各出口选择逃离火场人数分布表 表7-10

出口	出口1	出口2	出口3	出口4	出口5	出口6	出口7
人数	81	115	169	0	160	118	57

工况一条件下隧道内安全门设置间距为67.5m,共有7个安全门(出口),火源位于出口4附近。从图7-56中可以看出:所有人员均由其他安全门逃出,并未从出口4逃出,这是由于火灾发生后中间安全门附近人员(火源附近)倾向于从中间安全门处逃生,然而隧道火势的增大,从中间安全门进行疏散将有较大的危险性,故火源附近部分人员的目标出口开始转向左、右边的安全门。而此时离出口4较近的出口3和出口5已经聚集了大量的疏散人员,因此隧道内部分疏散人员又跑向远处,但还是有一部分人员在出口3、出口4和出口5之间来回波动。然而,隧道内疏散人员目标出口取向的不断改变,势必导致其在不同安全门之间的来回走动,使得火源附近疏散人员行为混乱,随着火灾规模的进一步发展,火源附近逃生环境逐渐进一步恶化,能见度迅速降低,致使大量人员无法完成预期的疏散行为,使安全疏散时间增加。

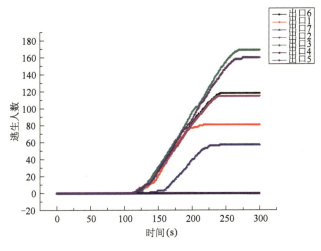

图7-56 工况一各出口逃离人数曲线图

②工况二(关闭火源附近安全门)。

本模型中,共设置7个安全出口,出口4封闭。人员逃生时根据软件本身和人员自身特性,在火灾发生时从各逃生出口逃离现场的人员分布情况如表7-11所示。

各出口选择逃离火场人数分布表　　表 7-11

出口	出口1	出口2	出口3	出口5	出口6	出口7
人数	81	110	179	156	109	65

工况二条件下,关闭火源附近安全门后,火源附近人员行为规律性增强,火场附近人群的交织与冲突现象相对较弱,疏散人员可按照预期完成疏散行为。如图 7-57 所示,至 253s 时所有曲线斜率均为零,说明隧道内大部分疏散人员已经撤离火灾隧道,完成了安全疏散。

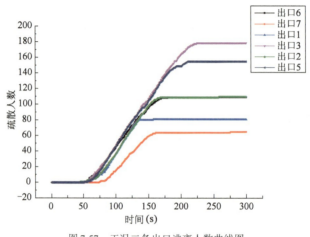

图 7-57　工况二各出口逃离人数曲线图

7.4.5　本节小结

本节立足于前章烟雾场、温度场、消防联动的研究成果,结合港珠澳大桥沉管隧道的实际情况,采用 FDS + Evac 仿真软件,建立接近实际情况的人员逃生疏散数值仿真,对开启和关闭正对火源位置的逃生门两种工况下隧道内人员疏散行为进行了分析。结果表明正对火源的逃生门开启与否,都没有人选择从此逃生门逃生。但是在疏散人员可选择安全门进行逃生的条件下,由于隧道内疏散人员目标出口取向的不断改变,导致人员在不同安全门之间来回走动,使得火源附近疏散人员行为混乱,大量人员无法完成预期的疏散行为,不能实现安全疏散。而关闭火源附近安全门时,隧道内绝大部分人员,在火灾发生 240s(4min)后即可撤离火灾隧道,实现安全疏散。隧道内人员疏散所需的最短时间约为 253s。

7.5　离岸特长沉管隧道应急救援预案

7.5.1　火灾和危化物事故的特点及原因

隧道火灾和危化物事故的特点有以下几点:

(1)成灾快,蔓延快,持续时间长,控制难度大。隧道因车辆撞击后引起的火灾和危化品泄漏事故,从爆发到成灾,一般为 5~10min,发展速度很快,且当隧道环境比较易燃时,比如随车载易燃易爆物品较多、隧道内毒害气体浓度较高等,隧道内的火灾蔓延速度会相对快速提高,且很难控制。

(2)道路堵塞,疏散救援困难。由于隧道空间狭小,横断面窄,发生火灾和危化物泄露时隧道内大量车流难以疏散,火势和危化品易沿车流和隧道通风方向蔓延和扩散,扩大了灾害损伤面。此外,救援物质和人员的进入也因隧道的交通堵塞而变得相当困难。

(3)扑救处理困难。隧道发生火灾和危化物扩散时,由于蔓延速度快,使得隧道内照明系统、监控系统和自动报警系统等在短时间内就可能迅速失效,加之火灾以及危化品和地面反应后产生浓烟、高热、高温等,从而造成隧道内能见度差,温度高,通信联络中断等,往往使得救援人员无法靠近,以至延长扑救处理时间,导致扑救难度增大。

(4)隧道火灾事故损失大,危害性大。隧道火灾、危化品泄露由于发展速度快,扑救困难等原因,导致事故损失巨大,也有可能造成群死群伤,隧道严重受损、交通中断,造成较大社会影响等。

造成隧道火灾和危化物泄漏的原因一般有以下几种:
(1)汽车化油器燃烧起火。
(2)紧急制动时制动器起火。
(3)交通事故起火。
(4)车载易燃易爆物起火。
(5)维修养护时使用明火。
(6)隧道电器线路和电器设备起火。
(7)隧道内外高低温差引发液类危化物渗漏腐蚀罐体,导致大范围泄漏。

7.5.2 防灾救援原则与防灾救援安全系数

1)防灾救援原则与方法

从隧道的火灾和危化物泄漏事故的特点和成因来看,结合本文依托工程隧道的特点,隧道安全事故防火救援管理应遵循预防为主,防救结合的原则;以人员逃生为主,保护财产为辅;救援队伍以隧道管理部门为主,外援为辅。具体如下:

根据隧道长度和灾害等级对应设置,隧道火灾和危化品事故应急方案,对不同等级的灾害,配置不同救援设备,以此达到合理配置资源最大化利用的目的。同时,坚持"救人第一"的指导思想,正确处理救人与救灾的关系。到现场首先进行火情侦查,查明起火燃烧原因、燃烧物质、火灾性质,有无爆炸和危化物泄漏可能,针对不同火情采取不同措施进行扑救。特殊情况下,可在人员撤离后采取隔离或封洞灭火灭灾,有效地控制火势,消灭灾害,或者选择转移处置法,将车辆牵引出洞,置于安全地带而后采取灭火堵漏措施。

为了预防隧道火灾,除必须具备良好的隧道平纵线形、断面构造、通风、照明、交通标志标线等硬环境之外,在交通法律法规宣传、教育和交通管制等软环境方面也应高度重视。应通过媒介对隧道使用者(包括驾驶员和乘客)说明隧道交通潜在的危险性,提高其安全防范意识,使其交通行为自觉地规范化。同时应通过隧道内的广播系统和信息牌向驾乘人员介绍隧道内有关设施在紧急情况下的正确使用方法。

针对隧道火灾和危化物的演习建议定期进行,可3个月进行一次小型演习,6个月进行一次中型演习,12个月进行一次大型演习,使人员和设备常处于一种戒备状态。从以往一些隧道的情况看,时间长,人懒,业务生疏,设备生锈严重时,一旦发生事故,我们的应对能力低下,酿成大规模灾害就在所难免。

建立遥控运行中心,联动各方救援部门,保持与其他紧急服务部门的联络。利用隧道内广播系统和信息发布系统,滚动播放防灾救援设备的使用方法和基本知识。可考虑在服务区设置大屏幕显示器,或者对沿线手机实现小区循环广播,这样宣传效果更好,能将火灾的发生概率和危害减到最小。

根据隧道火灾事故的分析,由一氧化碳导致的死亡占总数的50%,因直接烧伤、爆炸力及其他有毒气体引起死亡的约占50%。一般事故情况下,采用通风、排烟措施控制烟气、毒物可以改善火灾环境,并降低火场温度以及热烟气和火灾热分解产物的浓度,从而改善视线。机械通风不同的途径对不同类型和规模的火灾会产生一定的控制影响,但某些情况下反而会加剧火灾、泄漏事故的发展和蔓延。根据以往试验表明:在低速通风时,对小轿车火灾的影响不大,可以降低小型油池火灾的热释放速率,而加强通风控制的大型油池火灾,在纵向机械通风时,载重货车的火灾增长率可以达到自然通风的十倍。因此,对不同车型选择不同通风、排烟条件可有效控制火灾影响。

收集道路运营信息,有针对性地收集、整理和研究隧道通行车辆的往返地,所运物品名称,对危化品运输进行备案,了解通行本路段的危化品大概种类以及中和方法和中和试剂,建立隧道营运管理数据库系统。

运用新科技、新产品,投入到救灾防灾系统中。如排烟机器人、消防水管牵引机器人的使用和研究。

最后,根据以往调研的结果,事故发生后尽快抢救,减少被困伤员的获救时间,是减少事故死亡率的关键,而交通事故发生后的半小时被称为"生命黄金半小时"。因此,建立完备的紧急救援体系,对于公路隧道火灾和危化品事故发生后,减少事故带来的损害,防止次生事故的发生非常重要。

2）防灾救援安全系数

在隧道防灾救援方面,所有的防灾救援的力量配置均依据现有经验或者对隧道的重视程度而定,没有统一的量化指标来进行指导,这就导致了两种常见的状况：

(1)救援力量不足。这种状况较为常见,由于设计者按照以往经验来进行救援力量的配备,但是每个隧道都有其不可复制的特殊性,因此从山岭隧道到沉管隧道,从高速公路隧道到低级别公路隧道,其救援力量的部署均应不同,但是很多隧道的消防设施配备却大同小异,并且在发生火灾时,呈现救援力量薄弱的情况,我们所见到的大多火灾事故救援不力均属此类。

(2)救援力量有余。这种状况很少见,主要是分布在部分特别重要的交通线路和具有军事意义的线路上。因此,本节研究了消防力量与隧道各方面的因素,给出了防灾救援安全系数 r 的表达式,为以后进一步研究做铺垫。

为了使防灾救援安全系数能进行量化分析,先取高速公路隧道进行分析。

隧道发生火灾时,使高速公路火灾隧道救援困难的主要因素有：火灾规模、车流量、火点与消防力量的距离、消防人员的素质、隧道安全响应机制和处置机制等。而隧道的救援力量的组成主要是：机动消防车辆的配置、隧道内消防设施的布置、消防人员的素质。因此隧道的安全救援系数可表达为：

$$r = \frac{k_1 \text{机动消防车辆配置} + k_2 \text{隧道消防配置}}{k_3 \text{火灾规模} + k_4 \text{车流量} + k_5 \text{消防距离}} + k_6 \text{安全响应机制} + k_7 \text{消防人员素质}$$

上式中, $k_1, k_2, k_3 \ldots$ 均为每个组成部分的权值,每个组成部分可根据研究后取相应的值,比如消防车配置取值：一辆消防车取值为1,一辆消防摩托取值为0.3等。消防人员素质取值为：消防意识薄弱取 -1,消防意识一般取0,消防意识强取1,专业消防人员且经常进行消防演练的人员取值为2。以此类推,将每个防灾救援的组成部分量化表示,通过权值的运算,可以计算出隧道运营时安全救援系数,此系数应大于等于1。

对于其他隧道,可以将安全救援系数通过比例 η 折算用以表达广义的安全救援系数,即：

$$r^* = \eta \times r \tag{7-16}$$

因此, r^* 可广义上表达为各种隧道的安全救援系数。

通过研究,获得了安全救援系数的量化计算公式,但 η 受诸多因素如隧道长度、隧道断面、等级、工法、地理位置等影响,因此,研究人员在计算其值时需要结合现场实际和工程经验。安全救援系数的提出为以后防灾救援研究提供了理论基础,为后续防灾救援设计提供了新思路。

7.5.3 危险物品运营消防管理措施

危险货物运输需要有一整套严密而科学的管理制度来保证安全。否则,危险货物存在的火灾隐患,将会在运输中造成爆炸或火灾。故应加强消防管理。

1) 易燃和可燃液体运输的防火管理

美国对于装运易燃和可燃液体的罐车,除了要求罐车结构符合现代安全标准,做到罐车状态完好,不漏气又维修良好以外,对于罐车装卸也提出了严格要求。

(1) 考虑到罐车装卸站有可能发生溢油事故,要求一级液体(燃点低于37.8℃的液体)罐车装卸站应与该装卸站的其他建筑设施和最近的建筑红线相距至少7.6m。并要求装卸站地面平坦,设有排水道、拦河围堤或自然地面坡度等以阻挡溢油,防止溢油流淌至装卸站的其他部分或其他设施引发火灾。

(2) 罐车装油时,在装运一级液体时,或者把二级、三级液体装进上次装过一级液体的罐车时,为了防止发生静电火花,必须采取接地措施。

(3) 在可能存在杂散电流的场所,罐车装卸时,必须采取预防杂散电流的措施。

(4) 许多液体(如汽油、喷气发动机燃料、甲苯、轻油等),在液体表面能造成危险的静电电荷,如果在液体表面存在易燃蒸汽与空气的混合物,在遇到高静电放电时,会产生爆炸或着火。罐内因静电发生爆炸或着火的最普遍原因是过分振动(即液体搅动),故在有易燃蒸汽的地方装油时,在装油管道完全淹没在油中之前,装油速度应不超过 $0.91m^3/s$,以减少静电。

(5) 易燃液体受热即膨胀,在正常温度范围内,汽油温度每增加5.6℃,体积约膨胀0.06%,丙酮、乙烷基乙醚和某些膨胀系数大的其他易燃液体,温度的升高造成液体体积膨胀更大。为了避免运输中液体温度升高流出来,应严格控制罐内液体的充装高度。

2) 压缩气体和液化气体公路运输的防火管理

(1) 罐车装罐

罐车充装前应有专人对罐车按安全要求进行检查。对以下故障未进行妥善处理的不得充装:

①罐车超过检查期限。

②罐体外表腐蚀严重或有明显损坏、变形。

③附件不全、损坏、失灵或不符合安全规定。

④罐车内气体含氧量超过3%。

⑤罐车内没有余压且未判明罐车内残留物料品种以及残留物重量不明确。

⑥罐体密封性能不良或各密封面及附件有泄漏。

⑦罐车走行部分或制动部分超期未检修。

罐车充装过程中,应有可靠的导除静电措施,同时控制充装速度,以防装罐速度过快产生大量摩擦静电。

由于液化石油气受热膨胀使蒸汽具有压缩气体的作用,液体膨胀又压缩蒸气,造成液化石油气随着温度的增高发生很危险的压力增长(在这种情况下,附加热量很小就会使压力大大增长),故要求液化石油气不得装入过多,装入罐车的适宜数量在相当程度上随液化气品种和影响温度等的不同而不同,应符合规定要求。

(2)罐车检修

为了防止破损罐车在运输途中发生泄漏引起火灾,应按规定做好罐车的检修工作,并对各次检修做出详细记录存档。凡是停用时间超过一年的罐车,应按大修内容重新进行检查,必要时,应做全面技术鉴定。考虑到火灾、脱轨、撞车等重大事故有可能使罐车破损,故发生这些事故进行事故分析和全面检查后,应提出罐车修理的方案。

3) 化学物品运输的防火管理

为了防止化学物品在运输中发生火灾、爆炸以及环境污染等事故,美国要求在陆上、水上或空中运输的危险性化学物品,一定要符合美国交通部的规定。这些规定中包括容器的构造,包装的方法,每件化学物品包裹的重量、商标、标签、载量、布告以及车辆的行程等。

美国安全运输化学物品的原则如下:

(1)容器的材料不与化学物品发生反应或被分解。

(2)在同一外部容器内,禁止存放有可能发生危险性化学反应的几种化学药品。

(3)在正常运输条件下,加包装的有毒和放射性化学物品不会危害人体健康,而且在发生意外或其他不正常情况时不会泄漏出来。

(4)装运化学物品的容器,要留出足够的预留空间,以便在能预料的情况下,满足液体膨胀达到最大时的需要。

(5)限制在容器破裂或渗漏时跑出化学物品的数量,可以通过限制单个容器最大尺寸来达到。

(6)给容器加上垫子,使容器破碎的可能性降到最低限度。

4) 爆炸物质运输的防火管理

爆炸性物质或物品不应使用货物集装箱、汽车和铁路货车装运。但货物集装箱、汽车和货车在结构上确实可用的除外,例如,货物集装箱用现行国际安全集装箱公约规定的板材制成,并且要求做如下详细直观检查:

(1)货物集装箱,汽车和货车装载爆炸物之前应进行检查,以确保其中没有残留先前的货物,并保证车辆结构是适于运用的,内部底板和壁面没有突出物品。

(2)在结构上适于运用是指:货物集装箱、汽车和货车的结构部件,例如货物集装箱的顶和底的侧梁和端梁、门栏和门头板、底板横向构件、角支柱和角装置等没有严重缺陷。结构部件中的严重缺陷是指:凹痕或弯曲的深度大于19mm(不考虑长度);结构部件有裂纹或断裂;顶和底的端梁或门头板的拼接不正确(例如部分搭接);顶或底的任一个侧梁或任一个门栏或角支柱的拼接多于两处;门合页和金属器具失灵、扭曲、损坏、丢失或不起作用;垫圈和密封垫不密封;货物集装箱的整体变形,以致妨碍了吊装设备精确对位,从而难于把货物安放和固定到底盘、汽车或货车上,或进入舱内。

(3)此外不论何种材料的集装箱、汽车和货车的任何零部件,老化(例如生锈的金属侧墙或分解了的玻璃纤维)后都不能使用。然而正常的损耗,包括氧化(生锈)、轻微的凹痕和划痕及不影响坚固性的损害,部件完整能防风、雨等,则是可以使用的。

5)危险货物运输的防火安全规定

国外公路(如日本、德国等)运输危险货物均要求遵守危险物品运输法。如德国公路危险物品运输法,列有利用各种交通工具运输危险货物的基本法规,并考虑了运输安全和环保。德国交通部长还公布了国内和境外公路运输危险货物的规定,规定中对危险货物的运输方式、罐车的结构、危险货物的等级划分、运输中发生事故应采取的措施、违规行为的处罚等做了明确规定。

为了确保隧道的防火安全及设施状态良好,国外公路还对通过隧道货物列车装运的货物品种严加限制。如欧洲隧道公司在货运业务中,禁止运送某些货物,其中包括核燃料、石油及其他可燃或有毒物品。

7.5.4 防灾救援方案

公路隧道应急救援包括如下几个过程:事故确认,即获取事故发生的地点、事故类型、事故规模等信息;事故救援力量的组成;有关人员到达现场;受伤人员救护;事故现场取证;事故现场清理;现场恢复等过程。紧急救援体系的根本任务就是,即时获取发生交通事故的信息,协调各方面迅速采取紧急救援行动,最大限度地降低交通事故所造成的人员伤亡和财产损失;尽快恢复隧道的通行能力,减少异常交通状态下公路隧道的流入交通需求。公路隧道交通事故紧急救援管理作业,涉及诸多部门,主要有:政府部门、公路路政管理部门、公路巡警部门、医疗部门、事故排除部门、消防部门、特种危化物品处置部门、环境保护部门等。各部门紧密配合,从各自职责出发是圆满处理各种事故的基本条件。公路管理部门在获取事故信息后,迅速将信息传达各救援部门,紧急救援队伍快速抵达现场开展救援,对现场实行交通管制,并将有关信息反馈各控制中心,控制中心根据反馈信息立即决定是否改变管理方案并向附近驾驶员提供有关交通事故的情报。医疗、消防、保险等部门做好救援准备和善后工作。

理论上公路隧道紧急救援体制的建立应采用立法方式予以确认,但从实际情况来看,现在时机尚未成熟,各紧急救援参与部门的联动机制暂时只能通过部门与部门之间协商解决。从以往的高速公路紧急救援的经验来看,由政府部门牵头,各参与部门与之签订紧急救援联动协议,固定紧急救援联动模式的方法在实际运用中效果较好。

1)救援组织

救援组织规划一般包括救援梯队的组织形式、救援工作流程组织安排。

对于长大公路隧道而言,救援梯队的组织形式一般按二级或三级考虑。影响隧道火灾量级并影响生命安全的主要参数是"时间",隧道火灾的初期灭火工作不容忽视。在国内外隧道救援组织设计上,隧道火灾的初期灭火工作一般由发生火灾车辆的驾乘人员(第一梯队)和隧道管理人员、警察(第二梯队)实施,第三救援梯队由地面(或隧道)专业消防人员组成,从一些隧道火灾实例和典型火灾试验的资料来看,专业救援队伍到达火灾现场的时间不应超过10min,否则,将给救援和灭火工作带来很大的困难。

隧道一旦发生火灾,应尽量在火灾初期灭火,防止隧道内充满烟雾而使避难环境恶化,同时对使用者提供确切的情报,防止车辆驶向火灾现场并对驶向隧道出口的车辆给予正确的引导,使其安全撤离失火隧道。

2) 消防系统

不同规模的火灾以及火灾发展的不同阶段,灭火的方式和手段均应区别对待。建议公路隧道消防系统采用固定式灭火和移动式灭火相结合的方案。其中,固定式灭火系统推荐使用常规消火栓和水成膜灭火器相结合的综合形式。消火栓和水成膜灭火器的布置间距不宜过长,一般以50m为标准。移动式灭火设施主要包括地面消防车和自反应灭火器。

针对公路特长隧道的特点,研究认为,以两辆载货汽车起火为最不利火灾,以此为主要依据来进行其消防系统的设计较为合适。装载易燃易爆和危险品的车辆通过一系列管理办法,杜绝其在隧道发生火灾的可能性。

3) 火灾事件分级

港珠澳大桥每个人工岛救援站配备的消防救援车辆包括:消防摩托车2台、消防水罐车2台、泡沫-干粉联用消防车2台。由于火灾的扑救受消防队员的灭火战斗能力、火灾蔓延范围及程度、车载灭火剂的质量及重量、现场实际情况等多因素的影响,仅仅从消防救援车辆的配置数量来衡量隧道消防力量是否足够有所片面。但考虑到应急响应程序分级,结合以往火灾事故的案例分析,同时保守估计消防车辆的灭火能力,将海底隧道火灾事件分为特别重大(Ⅰ级)、重大(Ⅱ级)、较大(Ⅲ级)和一般(Ⅳ级)四个等级。港珠澳大桥海底隧道火灾事件级别的划分应根据人工岛救援站的消防力量变化而调整。

参考相关车辆火灾蔓延的研究成果可知,火灾荷载为20MW的私家车着火后,火势可能蔓延至6m以内的其他私家车;火灾荷载为50MW的货柜车着火后,火灾可能蔓延至10m的其他车辆。本节下文中的"可能导致"是指着火车辆10m内火势可能蔓延至其他车辆。

(1) 特别重大火灾事件(Ⅰ级)

特别重大火灾事件是指港珠澳大桥海底隧道火灾发生后,仅仅依靠港珠澳大桥管理局的救援力量无法满足隧道火灾扑灭及救援的需要,需要向香港、珠海和澳门三地的消防力量求援。一般地,由于海底隧道所处位置更靠近香港侧,香港消防力量将最快到达港珠澳大桥海底隧道。特别重大火灾事件包括:

①可能导致2辆及以上货柜车发生火灾。

②可能导致2辆及以上旅游巴士发生火灾。

③可能导致7辆及以上私家车发生火灾。

④可能导致4辆及以上普通货车发生火灾。

(2)重大火灾事件(Ⅱ级)

重大火灾事件是指港珠澳大桥海底隧道火灾发生后,仅仅依靠东、西人工岛的消防力量无法满足隧道火灾救援的需要,应向珠澳口岸人工岛救援站请求支援。重大火灾事件包括：

①可能导致1辆货柜车发生火灾。

②可能导致1辆旅游巴士发生火灾。

③可能导致5~6辆以下私家车发生火灾。

④可能导致3辆普通货车发生火灾。

(3)较大火灾事件(Ⅲ级)

较大火灾事件是指港珠澳大桥海底隧道火灾发生后,需要东、西人工岛消防力量全部到达后才能扑灭火灾。这就需要两个救援站的消防车都抵至着火位置进行灭火。较大火灾事件包括：

①可能导致2辆普通货车发生火灾。

②可能导致3~4辆私家车发生火灾。

(4)一般火灾事件(Ⅳ级)

一般火灾事件是指港珠澳大桥沉管隧道火灾发生后,仅仅需要隧道一侧的消防力量就可以将火灾扑灭。保险起见,另一侧的消防人员应轻装(乘坐轻快的车辆)从非着火隧道赶至离着火位置最近的上游的安全门,进入着火隧道利用隧道内消防设施展开救援。一般火灾事件包括：

①可能导致1~2辆私家车发生火灾。

②可能导致1辆普通货车发生火灾。

③其他火灾,如电缆隧道火灾、电气线路火灾等。

在发生火灾进行救援时,首先应对整个路线进行交通控制,使得救援力量能在尽量短的时间内赶到。

4)火灾响应机制

(1)火灾信息来源

①驾乘人员发现异状(包括气味、浓烟、吵闹声、哀号等),并通过紧急电话、移动电话向监控中心提供的火灾信息。

②监控中心人员通过火灾自动检测设备、视频监控设备、火灾报警按钮获得的火灾信息。

③巡逻人员发现碰撞声音、行车停止、黑烟、火焰、气体臭味等异状。

④珠海市消防局告知大桥的火灾信息。
⑤大桥应急工作组联络员得到的火灾信息。

(2)火灾信息确认

①西岛监控所人员接到火灾报警,需记录报警时间,报警人姓名,报警电话,火灾事故位置,人员伤亡情况,车辆类型、数量、灾情状况等。西岛监控所人员通过视频监控系统进行确认,若情况属实,立即启动预案。

②西岛监控所人员通过火灾自动检测设备、视频监控设备获得火灾信息时,需派遣事故最近人员前往确认,若确认属实,则立即启动预案。

③西岛监控所人员通过火灾报警按钮获得火灾信息时,通过视频监控系统进行确认,若情况属实,立即启动预案。

④巡逻人员发现异状时,进行事件确认,并与西岛监控所联络,立即启动预案。

⑤大桥应急工作组联络员接到珠海市消防局告知的火灾信息时,立即根据已知情况启动预案。

⑥大桥应急工作组联络员得到的火灾信息应包括:告知者岗位、姓名,告知时间,火灾发生时间、地点、人员伤亡情况,并立即根据已知情况启动预案。

(3)火灾应急响应

不同火灾应急响应和相应操作如表7-12所示。

火灾应急响应与响应操作　　　　　　　　　　　　　　　　表7-12

响应操作	火灾应急响应级别		
	Ⅰ级	Ⅱ级	Ⅲ级
上层领导操作	积极配合现场负责人工作,并根据现场负责人要求组织协调管理局应急响应工作	对监控室人员的组织协调	同Ⅱ级
	作为监控中心负责人,组织协调监控中心人员工作	组织大桥救援力量处理火灾事故	同Ⅱ级
	对管理局应急响应工作的落实情况进行监察	同Ⅰ级	同Ⅰ级
	在突发情况下及时应变,并组织救援力量实施救援	同Ⅰ级	同Ⅰ级
西岛监控所操作	监控中心人员根据现场专业人员的判断对火灾处理时间进行预估	同Ⅰ级	同Ⅰ级
	监控中心人员负责根据事故现场情况操作交通控制设施(包括可变情报板、可变限速标志、车道控制标志等)实现交通控制	同Ⅰ级	同Ⅰ级
	若珠海市交警提出大桥需配合其采取交通控制措施,则根据珠海市交警要求执行	同Ⅰ级	同Ⅰ级
	密切关注现场处理情况,并与现场人员保持信息实时沟通	同Ⅰ级	同Ⅰ级

续上表

响应操作	火灾应急响应级别		
	Ⅰ级	Ⅱ级	Ⅲ级
地面人员操作	根据事态情况组织派遣救援力量到达现场	组织派遣救援力量到达现场。若由于道路堵塞等因素，珠海市消防人员不能到达事故现场，则需与监控中心值班人员联系，此时需准备启动Ⅰ级响应	接受西岛监控所主任指令，路政及养护人员到现场，根据情况布设现场
	组织协调现场人员开展救援行动，包括扑灭火灾、协助夹困人员脱困、人员疏散、人员救治、现场清理等	珠海市消防人员到达现场后，对事态进行判断，若为珠海市消防局可控范围，则组织开展救援行动，包括扑灭火灾、协助夹困人员脱困、人员疏散、人员救治、现场清理等	接受西岛监控所主任指令，派遣医疗车、消防车等资源，并组织救援人员(消防人员至少2名，医疗、路政、养护等)到达现场
	密切关注事态发展，并及时与监控中心人员沟通	珠海市消防人员密切关注火势发展，若超出珠海市消防局可控范围，则迅速通知监控中心值班人员，此时需准备启动Ⅰ级响应	大桥消防人员对事态进行判断，若为大桥自身可控范围，则组织开展救援行动，包括扑灭火灾、协助夹困人员脱困、人员疏散、人员救治、现场清理等
	珠海口岸及香港口岸负责为救援车辆开辟快速通道。依据救援车辆凭证(可以是救援车辆的标识)，救援车辆可以快速通过口岸。消防车通道宽度不应小于5m	同Ⅰ级	同Ⅰ级
	大桥消防人员组织大桥救援力量积极配合珠海市消防人员/香港消防人员行动。	同Ⅰ级	珠海市交警到达现场后进行事故处理和交通控制
资讯发放、回收及反馈	监控中心人员向大桥3个救援站发布火灾信息。信息发布手段包括信息平台、内部电话(录音)、无线对讲电话	同Ⅰ级	同Ⅰ级
	监控中心人员向珠海口岸、香港口岸告知事故信息，并提出需求，使其开辟救援车辆在口岸的快速通道	监控中心人员将火灾信息及请求配合事项告知珠海市消防局、珠海应急办	同Ⅱ级
	大桥联络员将事故信息及救援需求告知三地联络员	监控中心人员向珠海口岸告知事故信息，并提出需求，使其开辟救援车辆在口岸的快速通道	
	香港联络员负责将事故信息及救援需求告知香港消防处		

① Ⅰ级响应。

a. 上层领导操作：

管理局应急工作组组长为Ⅰ级火灾事故时管理局应急响应工作的总负责人，需到达监控中心，主要负责：

a-1. 积极配合现场负责人工作，并根据现场负责人要求组织协调管理局应急响应工作；

a-2. 作为监控中心负责人，组织协调监控中心人员工作；

a-3. 对管理局应急响应工作的落实情况进行监察；

a-4. 在突发情况下及时应变，并组织救援力量实施救援。

b. 监控中心操作：

b-1. 监控中心人员根据现场专业人员的判断对火灾处理时间进行预估；

b-2. 监控中心人员负责根据事故现场情况操作交通控制设施（包括可变情报板、可变限速标志、车道控制标志等）实现交通控制；

b-3. 若珠海市交警提出大桥需配合其采取交通控制措施，则根据珠海市交警要求执行；

b-4. 密切关注现场处理情况，并与现场人员保持信息实时沟通。

c. 地面人员的操作：

现场负责人由联络员协商决定，主要负责：

c-1. 根据事态情况组织派遣救援力量到达现场；

c-2. 组织协调现场人员开展救援行动，包括扑灭火灾，协助夹困人员脱困，人员疏散，人员救治，现场清理等；

c-3. 密切关注事态发展，并及时与监控中心人员沟通；

c-4. 珠海口岸及香港口岸负责为救援车辆开辟快速通道。依据救援车辆凭证（可以是救援车辆的标识），救援车辆可以快速通过口岸。消防车通道不应小于3.5m；

c-5. 大桥消防人员组织大桥救援力量积极配合珠海市消防人员/香港消防人员行动。

d. 资讯发放、回收及反馈：

d-1. 监控中心人员向大桥3个救援站发布火灾信息。信息发布手段：信息平台、内部电话（录音）、无线对讲电话；

d-2. 监控中心人员向珠海口岸、香港口岸告知事故信息，并提出需求，使其开辟救援车辆在口岸的快速通道；

d-3. 大桥联络员将事故信息及救援需求告知三地联络员；

d-4. 香港联络员负责将事故信息及救援需求告知香港消防处。

② Ⅱ级响应。

a. 上层领导操作：

西岛监控所主任是Ⅲ级火灾事故时管理局应急响应的负责人,主要负责:

a-1.对监控室人员的组织协调;

a-2.组织大桥救援力量处理火灾事故;

a-3.对管理局应急响应工作的落实情况进行监察;

a-4.在突发情况下及时应变,并组织救援力量实施救援。

b.监控中心操作:

b-1.监控中心值班人员根据现场专业人员的判断对火灾处理时间进行预估;

b-2.监控中心值班人员负责根据事故现场情况操作交通控制设施(包括可变情报板、可变限速标志、车道控制标志等)实现交通控制;

b-3.若珠海市交警提出大桥需配合其采取交通控制措施,则根据珠海市交警要求执行;

b-4.密切关注现场处理情况,并与现场人员保持信息实时沟通。

c.地面人员的操作:

珠海市消防人员为地面操作负责人。主要负责:

c-1.组织派遣救援力量到达现场。若由于道路堵塞等因素,珠海市消防人员不能到达事故现场,则需与监控中心值班人员联系,此时需准备启动Ⅰ级响应;

c-2.珠海市消防人员到达现场后,对事态进行判断,若为珠海市消防局可控范围,则组织开展救援行动,包括扑灭火灾,协助夹困人员脱困,人员疏散,人员救治,现场清理等;

c-3.珠海市消防人员密切关注火势发展,若超出珠海市消防局可控范围,则迅速通知监控中心值班人员,此时需准备启动Ⅰ级响应;

c-4.珠海口岸负责为救援车辆开辟快速通道。依据救援车辆凭证(可以是救援车辆的标识),救援车辆可以快速通过口岸。消防车通道不应小于3.5m;

c-5.大桥消防人员组织大桥救援力量积极配合珠海市消防人员行动。

d.资讯发放、回收及反馈:

d-1.监控中心人员向大桥3个救援站发布火灾等级信息。信息发布手段:信息平台、内部电话(录音)、无线对讲电话;

d-2.监控中心人员将火灾信息及请求配合事项告知珠海市消防局、珠海应急办;

d-3.监控中心人员向珠海口岸告知事故信息,并提出需求,使其开辟救援车辆在口岸的快速通道。

③Ⅲ级响应。

a.上层领导操作:

西岛监控所主任是Ⅲ级火灾事故时管理局应急响应的负责人,主要负责:

a-1.对监控室人员的组织协调;

a-2.组织大桥救援力量处理火灾事故;

a-3. 对管理局应急响应工作的落实情况进行监察；

a-4. 在突发情况下及时应变，并组织救援力量实施救援。

b. 西岛监控所操作：

b-1. 西岛监控所值班人员根据现场专业人员的判断对火灾处理时间进行预估；

b-2. 西岛监控所值班人员负责根据事故现场情况操作交通控制设施（包括可变情报板、可变限速标志、车道控制标志等），实现交通控制；

b-3. 若珠海市交警提出大桥需配合其采取交通控制措施，则根据珠海市交警要求执行；

b-4. 密切关注现场处理情况，并与现场人员保持信息实时沟通。

c. 地面人员的操作：

大桥消防人员为地面操作负责人，负责现场救援力量的组织协调。大桥救援力量主要负责：

c-1. 接受西岛监控所主任指令，路政及养护人员到达现场，根据情况布设现场；

c-2. 接受西岛监控所主任指令，派遣医疗车、消防车等资源，并组织救援人员（消防人员至少2名、医疗、路政、养护人员等）到达现场；

c-3. 大桥消防人员对事态进行判断，若为大桥自身可控范围，则组织开展救援行动，包括扑灭火灾，协助夹困人员脱困，人员疏散，人员救治，现场清理等；

c-4. 大桥消防人员密切关注火势发展，若超出大桥自身可控范围，则迅速通知西岛监控所值班人员，此时需准备启动Ⅱ级响应；

c-5. 珠海市交警到达现场后进行事故处理和交通控制。

d. 资讯发放、回收及反馈：

d-1. 西岛监控所人员向大桥3个救援站发布火灾事故信息及派遣指令。信息发布手段：信息平台、内部电话（录音）、无线对讲电话；

d-2. 西岛监控所值班人员将火灾信息告知珠海市消防局、珠海交警、珠海应急办。

（4）火灾善后恢复

若满足大火扑灭，且确认无复燃危险，同时受伤人员已全部救出时，进入火灾善后恢复阶段。火灾善后恢复措施如表7-13所示。

火灾善后恢复措施 表7-13

响应操作	响应级别	
	Ⅰ级、Ⅱ级	Ⅲ级
上层领导操作	1. 积极配合珠海市交警工作，并根据现场负责人要求组织协调管理局工作	同Ⅰ级
	2. 作为监控中心负责人，组织协调监控中心人员工作	同Ⅰ级
	3. 对管理局工作的落实情况进行监察	同Ⅰ级
	4. 在突发情况下及时应变，并组织救援力量实施救援	同Ⅰ级

续上表

响应操作	响应级别	
	Ⅰ级、Ⅱ级	Ⅲ级
监控中心操作	1. 配合珠海市交警采取交通控制措施,指挥避难人员驶离。并确认其全部驶离	同Ⅰ级
	2. 配合珠海市交警采取交通控制措施,协助救援车辆驶离现场	同Ⅰ级
	3. 确认现场清理干净	同Ⅰ级
	4. 密切关注现场处理情况,并与现场人员保持信息实时沟通	同Ⅰ级
地面人员操作	1. 在交警完成现场勘察后,路政人员协助交警指挥避难人员返回现场,依序移动车辆	同Ⅰ级
	2. 路政及养护人员协助交警清理现场	同Ⅰ级
	3. 路政及养护人员协助交警为救援车辆开辟通道,使其驶离大桥	同Ⅰ级
	4. 养护人员检查大桥及隧道情况,保证大桥可以正常运营	同Ⅰ级
资讯发放、回收及反馈	1. 监控中心人员向大桥3个救援站发布火灾善后恢复信息。信息发布手段:信息平台、内部电话(录音)、无线对讲电话	1. 西岛监控所人员向大桥3个救援站发布火灾善后恢复信息。信息发布手段:信息平台、内部电话(录音)、无线对讲电话
	2. 监控中心人员向珠海口岸、香港口岸告知信息	2. 西岛监控所人员向珠海市消防局、珠海应急办告知信息
	3. 监控中心人员向珠海应急办告知信息	
	4. 大桥联络员将火灾善后恢复信息告知三地联络员	

① Ⅰ、Ⅱ级响应的善后恢复

a. 上层领导操作:

大桥应急工作组组长确认进入善后恢复阶段,并采取以下恢复措施:

a-1. 积极配合珠海市交警工作,并根据现场负责人要求组织协调管理局工作;

a-2. 作为监控中心负责人,组织协调监控中心人员工作;

a-3. 对管理局工作的落实情况进行监察;

a-4. 在突发情况下及时应变,并组织救援力量实施救援。

b. 监控中心操作:

b-1. 配合珠海市交警采取交通控制措施,指挥避难人员驶离。并确认其全部驶离;

b-2. 配合珠海市交警采取交通控制措施,协助救援车辆驶离现场;

b-3. 确认现场清理干净;

b-4. 密切关注现场处理情况,并与现场人员保持信息实时沟通。

c. 地面人员的操作：

现场负责人确认可以进入恢复阶段后，告知监控人员现场情况，建议进入恢复阶段。

珠海市交警为恢复阶段现场负责人，大桥救援力量积极配合交警，完成以下工作：

c-1. 在交警完成现场勘察后，路政人员协助交警指挥避难人员返回现场，依序移动车辆；

c-2. 路政及养护人员协助交警清理现场；

c-3. 路政及养护人员协助交警为救援车辆开辟通道，使其驶离大桥；

c-4. 养护人员检查大桥及隧道情况，保证大桥可以正常运营。

d. 资讯发放、回收及反馈：

d-1. 监控中心人员向大桥3个救援站发布火灾善后恢复信息。信息发布手段：信息平台、内部电话（录音）、无线对讲电话；

d-2. 监控中心人员向珠海口岸、香港口岸告知信息；

d-3. 监控中心人员向珠海应急办告知信息；

d-4. 大桥联络员将火灾善后恢复信息告知三地联络员。

②Ⅲ级响应的善后恢复：

a. 上层领导操作：

西岛监控所主任确认进入善后恢复阶段，并采取以下恢复措施。

a-1. 积极配合珠海市交警工作，并根据现场负责人要求组织协调管理局工作；

a-2. 组织协调监控中心人员工作；

a-3. 对管理局工作的落实情况进行监察；

a-4. 在突发情况下及时应变，并组织救援力量实施救援。

b. 监控中心操作：

b-1. 配合珠海市交警采取交通控制措施，指挥避难人员驶离。并确认其全部驶离；

b-2. 配合珠海市交警采取交通控制措施，协助救援车辆驶离现场；

b-3. 确认现场清理干净；

b-4. 密切关注现场处理情况，并与现场人员保持信息实时沟通；

c. 地面人员的操作：

大桥消防人员确认可以进入恢复阶段后，告知监控人员现场情况，建议进入恢复阶段。

珠海市交警为恢复阶段现场负责人，大桥救援力量积极配合交警，完成以下工作：

c-1. 在交警完成现场勘察后，路政人员协助交警指挥避难人员返回现场，依序移动车辆；

c-2. 路政及养护人员协助交警清理现场；

c-3. 路政及养护人员协助交警为救援车辆开辟通道，使其驶离大桥；

c-4. 养护人员检查大桥及隧道情况，保证大桥可以正常运营。

d. 资讯发放、回收及反馈：

d-1.西岛监控所人员向大桥3个救援站发布火灾善后恢复信息。信息发布手段:信息平台、内部电话(录音)、无线对讲电话;

d-2.西岛监控所人员向珠海市消防局、珠海应急办告知信息。

(5)响应终止

响应终止指标如下:

①救援车辆、事故车辆已离开,事故现场清理完毕。

②大桥可以正常运营。

③珠海市交警确认可以终止响应后,告知监控人员现场情况,建议终止响应;各级响应负责人若确认满足响应终止指标,则终止响应,并实施以下响应终止措施。

④监控人员向大桥3个救援站发布火灾响应终止信息。信息发布手段:信息平台、内部电话(录音)、无线对讲电话。

⑤监控人员使大桥交通控制设施恢复为正常通行状态。

7.5.5 火灾事故交通控制

1)火灾事故交通控制等级划分

火灾事故交通控制等级如表7-14所示。

火灾事故交通控制等级 表7-14

事件种类	相应级别	指标	主要措施
火灾事故	Ⅱ	2条或2条以下车道封闭低于20min	结合监控中心监视和交警、消防人员处理事故的需求,视情况采取相应措施
	Ⅰ	导致完全封闭或2条或以下车道封闭超过20min	结合与香港连接线沟通封闭大桥半幅或全幅、隧道全幅的结果,监控中心监视和交警、消防人员处理事故的需求,视情况采取相应措施

2)火灾事故交通控制要求

(1)此火灾事故交通控制专项预案衔接匹配于消防应急专项预案。

(2)港珠澳大桥分为大桥主体段和跨境段(西岛—隧道—东岛—香港连接线衔接段)两部分,如图7-58所示。隧道或香港连接线衔接段发生事故时,主要对大桥主体与西岛—隧道的交通控制过度和跨境段的交通控制平滑过渡予以重点研究。

(3)根据火灾事故发生位置和影响范围,港珠澳大桥交通控制主要包括:

①大桥主体段的交通控制。

②大桥主体与西岛—隧道的交通控制和跨境段(西岛—隧道—东岛—香港连接线衔接段)的跨境交通控制。

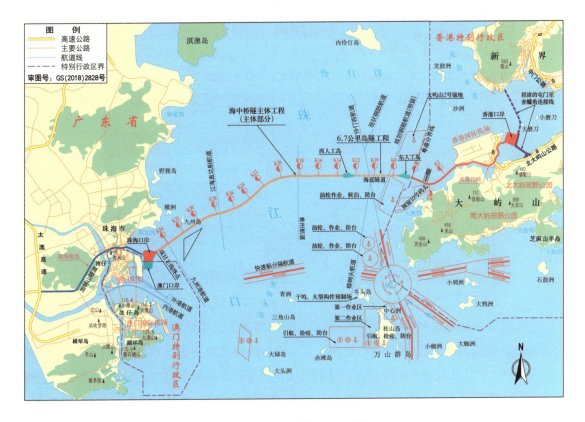

图 7-58 港珠澳大桥平面示意图

③火灾事故信息主要来源于驾乘人员、监控中心人员、珠海市消防局、大桥巡逻人员、大桥应急工作组联络员。

④一旦发生火灾事故,监控中心值班员立即通知珠海交警火灾事故情况(如地点、类型、严重程度、影响范围等信息),为预防火势失控也需告知珠海市应急办和珠海市消防局;根据珠海市交警和消防人员建议的交通控制范围(车道数)和控制持续时间以及监控中心对事故状态和车流实时监控情况,由负责人员决定启动相应预案。不同级别交通控制确认启动流程如图 7-59 所示。

⑤监控中心值班员通知管理局内部现场指挥组,巡逻组、养护组等相关小组赶赴火灾事故现场组织交通。路政养护人员在安全距离位置放置反光锥筒和警告标志,维护道路通行秩序。根据需要,通过喇叭喊话或巡逻人员现场指挥保证应急车道畅通,不被其他社会车辆占用。

⑥在收费站和口岸发布火灾事故信息,提前告知驾驶员大桥发生火灾事故。

⑦密集监控隧道交通状况和通行环境,确保隧道火灾事故在 3min 内发现,隧道巡逻至少每隔 2h 进行一次。

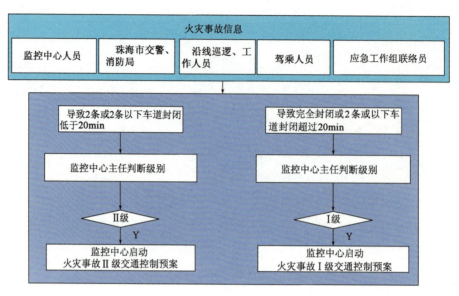

图 7-59　不同级别交通控制确认启动流程图

⑧一旦发生隧道火灾事故,则视情况,由交警和消防人员决定封闭全幅隧道车道,监控中心与香港连接线沟通隧道封闭事宜;监控人员根据事故情况将隧道入口至事故后方的车道指示灯变换为"×",并且至少在隧道入口处的可变信息板发布事故信息"隧道火灾,禁行",巡逻人员现场指挥保证应急车道畅通,要确保消防车、急救车和警车、维修车辆及时赶赴火灾现场。现场听从交警指挥,视情况路政养护人员协助交警打开中央分隔带或采取东西人工岛疏散的措施。监控中心严密监视隧道内车流动态、隧道通风、照明等情况。

⑨当大桥主体段(去珠澳方向)或隧道发生火灾事故时,监控中心要将车道或车速控制需求发送给香港连接线,香港连接线应配合大桥管理局对交通实施协调控制。香港连接线衔接段的隧道入口安排专人指挥交通按警示行驶。

⑩当香港连接线衔接段或是粤港分界线附近发生火灾事故(去香港方向),需要隧道采取限速或是车道控制措施时,监控中心应根据港方协调控制请求,对隧道内的限速值和车道控制进行相应调整,并发布香港连接线的道路状况信息。隧道内限速值要与大桥主体段和香港连接线衔接段的限速平滑过渡。

⑪ I 级火灾事故发生时,当珠海市消防局到达火灾现场时,大桥消防人员协助其消防工作,若珠海市消防局和交警建议封桥,则监控中心根据此建议与香港连接线沟通大桥封闭需求,监控中心主任将与港方沟通的结果告知珠海市交警,由珠海市交警决定限流或封闭大桥。

⑫在交警确定需要大桥主体段封闭半幅车道时,由交警现场指挥,利用中央分隔带开口和东西人工岛疏导车辆或者掉头返回。若需要采取限流措施,联络员将事故信息与控制需求告知粤港澳三地联络员,各方联络员协调口岸限制通关流量,并在外围连接路网发布大桥拥堵信息。

⑬在交警确定需要封闭大桥主体段全部车道时,监控中心值班员将大桥关闭信息发布给

主线收费站和香港、珠海、澳门口岸。收费站入口关闭,利用收费广场设施对滞留车辆疏散进行合理组织。由交警现场指挥,将大桥滞留车辆由中央分隔带、东西人工岛疏散或掉头返回驶离大桥。

注:限速或车道控制措施主要根据交警建议。

3) Ⅰ级火灾事故交通控制措施

(1)启动Ⅰ级交控响应的流程

①监控中心值班人员告知珠海市交警、应急办和消防局火灾交通事故相关信息,并结合交警和消防人员的建议对事故处理的车道封闭数量和时间进行预估,若需要封闭半幅或全部,将此情况与香港连接线沟通,并将沟通结果告知交警。

②监控中心主任确定该事故导致完全封闭或2条或以下车道封闭超过20min的重要火灾事故。此时启动Ⅰ级火灾事故交通控制措施。

(2)交通控制人员安排和工作

①监控中心主任主要负责组织协调监控中心人员;积极配合珠海市交警和消防局的工作,并根据交警和消防人员的要求组织协调应急工作组协助其工作。

②监控中心值班人员负责根据事故现场情况操作交通控制设施(包括可变情报板、可变限速标志、车道控制标志等),实现交通控制。

a. 利用事故上游可变信息板发布事故信息"前方火灾事故区域、谨慎慢行"(视需要可调整)。

b. 需要交通控制的区域的车道指示灯显示为"×",其他车道显示"↓"。

c. 事故上游至事故控制区域逐级限速至40km/h(视需要)。

d. 监控中心值班员密切关注事故路段及其上游路段交通状况。

e. 监控中心值班人员密切关注现场处理情况,并与现场人员保持信息实时沟通。

③若珠海市交警提出大桥需配合进行其他交通控制措施(如下),则根据珠海市交警要求,路政养护协助其工作。

a. 现场听从交警指挥,需要打开中央分隔带时,由路政养护人员协助打开中央分隔带开口疏导车辆借道行驶或掉头返回。

b. 当大桥主体段发生火灾事故。

b-1. 交警决定封闭半幅车道(去香港方向)时,事故后方车辆听从交警指挥,事故前方车辆向前驶离大桥。

b-2. 交警决定封闭半幅车道(去珠澳方向)时,东西人工岛派专人驻守。

ⓐ疏导已进隧道(去珠澳方向)车辆听从交警指挥在中央分隔带掉头返回。

ⓑ疏导未进隧道车辆(去珠澳方向)在东人工岛掉头返回。

b-3.交警决定封闭全部车道时,东西人工岛派专人驻守。

ⓐ事故后方(去香港方向)车辆听从交警指挥。

ⓑ事故前方(去香港方向)车辆向前驶离大桥。

ⓒ疏导已进隧道(去珠澳方向)车辆听从交警指挥在中央分隔带掉头返回。

ⓓ疏导未进隧道(去珠澳方向)车辆在东人工岛掉头返回。

ⓔ当隧道发生火灾事故。

c.交警决定封闭隧道全部车道时,东西人工岛派专人驻守。

ⓐ未进入隧道(去香港方向)车辆由西人工岛掉头返回。

ⓑ进入隧道事故前方(去香港方向)车辆驶离大桥。

ⓒ进入隧道事故后方(去香港方向)车辆人员听从交警指挥疏散。

ⓓ未进入隧道(去珠澳方向)车辆在东人工岛掉头返回。

ⓔ进入隧道事故前方(去珠澳方向)车辆驶离大桥。

ⓕ进入隧道事故后方(去珠澳方向)车辆人员听从交警指挥疏散。

注:隧道内人员疏散或救援听从交警指挥,大桥应急工作组协助。

(3)重新开启封闭的道路

交警和消防人员确认事故处理完毕,路政养护人员清理现场之后,路政养护人员及时与监控中心联系,报告地面事故处理完毕,监控中心主任向香港连接线沟通是否可以重新开启封闭的道路,把沟通结果告知珠海市交警,由交警决定是否重新开启封闭的道路。

若交警决定重新开启封闭的道路,则由监控中心主任确定是否恢复正常交通控制。

注:对于造成结构损伤的火灾事故,监控中心在重开相应的封闭道路前应提供安全评估。

4)Ⅱ级火灾事故交通控制措施

(1)启动Ⅱ级交控响应的流程

①监控中心值班人员告知珠海市交警、应急办和消防局火灾事故相关信息,并结合交警和消防人员的建议对事故处理的车道封闭数量和时间进行预估。

②监控中心主任确定该事故导致2条或2条以下车道封闭低于20min,此时启动Ⅱ级火灾事故交通控制措施。

(2)交通控制人员安排和工作

①监控中心主任主要负责组织协调监控中心人员;积极配合珠海市交警和大桥消防人员的工作,并根据交警和消防人员的要求组织协调应急工作组协助其工作。

②监控中心值班人员负责根据事故现场情况操作交通控制设施(包括可变情报板、可变限速标志、车道控制标志等),实现交通控制。

a.利用事故上游可变信息板发布事故信息"前方火灾事故区域、谨慎慢行"(视需要可调整)。

　　b. 需要交通控制的区域的车道指示灯显示为"×",其他车道显示"↑"。

　　c. 事故上游至事故控制区域逐级限速至40km/h(视需要)。

　　d. 监控中心值班员密切关注事故路段及其上游路段交通状况。

　　e. 监控中心值班人员密切关注现场处理情况,并与现场人员保持信息实时沟通。

　③若珠海市交警提出大桥需配合进行其他交通控制措施,则根据珠海市交警要求,路政养护协助其工作。

　　a. 现场听从交警指挥,需要打开中央分隔带时,由路政养护人员协助打开中央分隔带开口疏导车辆借道行驶或掉头返回。

　　b. 隧道发生火灾事故时,交警决定封闭隧道全部车道,东西人工岛派专人驻守。

　　c. 未进入隧道(去香港方向)车辆由西人工岛掉头返回或滞留等待(事故处理低于20min时)。

　　d. 进入隧道事故前方(去香港方向)车辆驶离大桥。

　　e. 进入隧道事故后方(去香港方向)车辆人员听从交警指挥疏散。

　　f. 未进入隧道(去珠澳方向)车辆在东人工岛掉头返回或滞留等待(事故处理低于20min时)。

　　g. 进入隧道事故前方(去珠澳方向)车辆驶离大桥。

　　h. 进入隧道事故后方(去珠澳方向)车辆人员听从交警指挥疏散。

注:隧道内人员疏散或救援听从交警指挥,大桥应急工作组协助。

东西人工岛路网疏散掉头返回路线图如图7-60和图7-61所示。

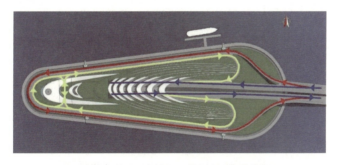

图7-60　东人工岛路网疏散掉头返回路线图

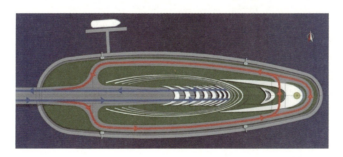

图7-61　西人工岛路网疏散掉头返回路线图

(3) 重新开启封闭的道路

交警及其消防人员确认事故处理完毕,路政养护人员清理现场之后,路政养护人员及时与监控中心联系,报告地面事故处理完毕,由监控中心主任确定是否恢复正常交通控制。

若是隧道发生火灾事故,在重开隧道前,交警及其消防人员确认事故处理完毕,路政养护人员清理现场完毕,此时与香港连接线沟通重新开启隧道事宜,将沟通结果告知交警,由交警决定是否重新开启隧道。

注:对于造成结构损伤的火灾事故,监控中心在重开相应的封闭道路前应提供安全评估。

5) 交通控制流程图

交通控制流程图如图 7-62 所示。

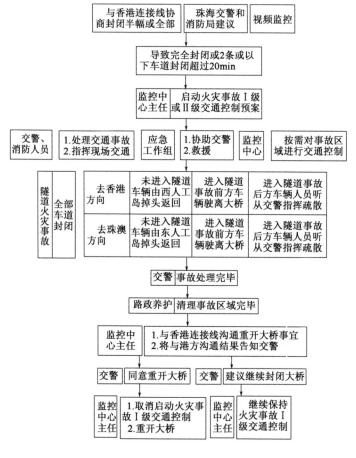

图 7-62　交通控制流程图

7.5.6　本节小结

在全面总结公路隧道火灾和危化物事故的特点与成因的基础上,分析了公路隧道防灾救援原则与方法,初步提出了隧道防灾救援方案和危险物品运营消防管理措施,并且提出了火灾时间分级相应的机制,为港珠澳发生火灾后如何开展救援提供指导。同时通过分析火灾隧道救援困难的主要因素和救援力量的组成部分,提出了防灾救援安全系数的概念,为以后防灾救援力量配置和设计提供依据,并且为防灾救援的量化研究提供新思路。

7.6 本章结论

本章主要内容为离岸特长沉管隧道火灾时人员疏散和应急预案研究。研究火灾事故的历史经验表明,当火灾发生和开始疏散时,尽管事故现场的人员千差万别,但其生理和心理状态,个体行为和群体行为都有其特殊的规律。为了掌握有关火灾发生时人员疏散行为的第一手资料,本章有针对性地进行了问卷调查,以便为隧道火灾时人员疏散行为的预测和应急疏散决策系统提供科学的支撑。

本章针对性地对位于福建漳州的试验隧道做了逃生疏散试验,实测每个逃生样本的逃生速率,得出贴近真实情况的人员疏散时间,为港珠澳海底沉管隧道逃生策略奠定科学的基础。在试验的基础上,通过试验数据对仿真模型的修正,模拟出不同火灾规模情况下人员逃生疏散情况。而且,在前面的基础上提出火灾安全疏散系数和安全救援系数两个概念,并定义了其实际意义,为以后火灾逃生救援方面的发展做了铺垫。

本章通过研究沉管隧道火灾人员逃生的基本理论,并通过试验研究和模拟仿真,主要为港珠澳大桥沉管隧道运营提供如下几个方面的支撑:

(1)人员疏散特性。通过对人员特性的调查结果分析,给出了人员在火灾场景中表现出的各种不同特性(问卷调查),为港珠澳大桥沉管隧道发生火灾救援时人员逃生特性的把握提供指导。

(2)人员逃生速度。通过沉管隧道的人员逃生试验,实测人员逃生时的逃生速度,为港珠澳大桥沉管隧道运营发生火灾时提供最有力的支撑。

(3)人员逃生时间。通过沉管隧道人员逃生试验中人员逃生速度的计算,修正了仿真软件中人员逃生速度值的设定,立足于逃生试验和大量仿真的基础上给出了沉管隧道火灾人员逃生疏散时间,为港珠澳大桥沉管隧道发生火灾时人员疏散的时间和救援时间的把握提供了科学的指导。

(4)安全疏散系数 e。通过连特长沉管隧道应急疏散理论基础的研究,提出了逃生安全系数的概念,并通过简化系数表达式,使得逃生安全系数可以计算,为以后火灾人员逃生疏散的量化研究提供基础。

(5)火点附近逃生门开启与关闭。通过逃生疏散试验和数值仿真,对比了火灾发生时火源附近逃生门开启与关闭时人员逃生所用的逃生时间,建议港珠澳沉管隧道在运营发生火灾时应关闭火点附近的逃生门,以减少人员逃生时间和人员伤亡。

注:"火点附近"是指火点距逃生门的距离。当10MW时为10m;25MW时为20m;50MW时为25m。此定义的论述内容见本书第3.3节。

(6)安全救援系数 r。通过分析火灾隧道救援困难的主要因素和救援力量的组成部分,提出了防灾救援安全系数的概念,为以后防灾救援力量配置和设计提供依据,并且为防灾救援的量化研究提供新思路。

(7)应急救援初步方案。在全面总结公路隧道火灾和危化物事故的特点与成因的基础上,分析了公路隧道防灾救援原则与方法,初步提出了隧道防灾救援方案和危险物品运营消防管理措施,并且提出了火灾时间分级相应的机制,为港珠澳大桥发生火灾后如何开展救援提供指导。

第8章 沉管隧道渗漏水智能红外监测技术

8.1 利用导热差分法判定缓慢渗漏的室内试验

8.1.1 概述

通常隧道在运营时,内部与外部存在温差。热量将从温度高的区域传递至温度低的区域,通常情况下沉管隧道内气温高于隧道外水体温度,即热量从隧道内向隧道外散失。

物体间的热传递是自然界普遍存在的一种现象。只要物体之间或同一物体的不同部分之间存在温度差,就会有热传递现象发生,热传递将一直继续到温度相同的时候为止。发生热传递的唯一条件是存在温度差,与物体的状态、物体间是否接触都无关。

热传递有三种基本方式:导热、对流和热辐射。

1) 导热

当物体内部或相互接触的物体间存在温度差时,热量从高温物体传到低温处的过程称为导热。通常使用热量计算公式来计算物体间的导热:

$$Q = K \cdot S \cdot \Delta t \tag{8-1}$$

式中:K——物体传热系数;

S——传热面积;

Δt——温差。

2) 对流

当温度不同的各部分流体之间产生宏观的相对运动时,各部分流体因相互掺混所引起的热量传递过程,称为热对流。

物体之间以流体(流体是液体和气体的总称)为介质,利用流体的热胀冷缩和可以流动的特性传递热能。热对流是靠液体或气体的流动,使内能从温度较高部分传至较低部分的过程。对流是液体或气体热传递的主要方式,气体的对流比液体明显。对流可分自然对流和强迫对流两种。自然对流往往自然发生,是由于温度不均匀而引起的。强迫对流是由于外界的影响对流体性搅拌而形成的。

流体流过一个物体表面时的热量传递过程,在工程中被称为对流换热。对流换热是热对

流的一种,可利用牛顿冷却公式进行计算:

$$q = h \cdot \Delta t \tag{8-2}$$

式中:h——表面传热系数,W/(m²·K)。

表面传热系数的大小与换热过程中的许多因素有关,它不仅取决于流体的物性以及换热表面的形状、大小与布置,而且还与流速有着密切的关系,是一个较为复杂的参数。

3) 热辐射

物体之间利用放射和吸收彼此的电磁波,而不必有任何介质,就可以达成温度平衡。热辐射是物体不依靠介质,直接将能量发射出来,传给其他物体的过程。热辐射是远距离传递能量的主要方式,如太阳能就是以热辐射的形式,经过宇宙空间传给地球的。物体温度较低时,主要以不可见的红外光进行辐射。

实际物体辐射热流量的计算可以采用修正的斯蒂芬-玻尔兹曼公式进行计算:

$$\phi = \varepsilon \cdot A \cdot \sigma \cdot T^4 \tag{8-3}$$

式中:T——物体的热力学温度,K;

ϕ——物体表面向整个半球空间发射的所有波长的总辐射功率;

σ——斯蒂芬-玻尔兹曼常数;

A——辐射表面积;

ε——物体的发射率。

实际上,物体对外辐射散热的同时,也从外界环境中吸收辐射光波,物体与外界的辐射换热量按下式计算:

$$\phi = \varepsilon_1 A_1 \sigma (T_1^4 - T_2^4) \tag{8-4}$$

式中下标为 1 的变量表示物体本身参数,下标为 2 的变量表示环境参数。

因此,针对港珠澳沉管隧道工程实际情况,考虑沉管隧道两种工况下的热传递过程,即:接头热传递过程、渗漏时的热传递过程,从而提出本章所采用的判定方法——导热差分法。

1) 管段接头热传递过程

沉管接头界面如图 8-1 所示。

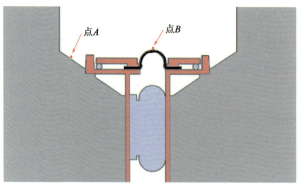

图 8-1 沉管接头界面示意图

由上文分析可知,沉管内外存在温差时,在沉管接头处将产生热传递。假定温度条件为隧道内温度高于隧道外温度,设隧道内空气温度为 T_1、沉管接头处内表面温度为 T_2、外表面温度为 T_3、隧道外温度 T_4。

隧道内空气与隧道内表面的热传递方式主要为对流换热与热辐射,设空气与内表面间热流量为:

$$q_1 = h_1(T_1 - T_2) + \varepsilon_2 \sigma(T_1^4 - T_2^4) \tag{8-5}$$

式中:h_1——沉管内壁对流换热系数;

ε_2——管壁红外发射率。

隧道内表面的热量主要通过隧道结构向外导热,设其热流量为:

$$q_2 = K(T_2 - T_3) \tag{8-6}$$

式中:K——管壁结构导热系数。

隧道外表面与水体接触,主要通过水体与管壁的对流进行散热,设其热流量为:

$$q_3 = t_4(T_3 - T_4) \tag{8-7}$$

式中:t_4——沉管外壁对流换热系数。

当沉管内外热传递达到平衡状态时,应有:

$$q_1 = q_2 = q_3 \tag{8-8}$$

2)渗漏导致传热路径变化

在沉管隧道接头处,隧道结构中的构件主要包括:压板、端钢壳、OMEGA 橡胶、空腔、GINA 橡胶、混凝土,其材质主要包括钢铁、混凝土、水、橡胶、空气。这些材质的导热系数如表8-1所示。

不同材料的导热系数 表8-1

材质	钢板	混凝土	水	橡胶	空气
导热系数[W/(m²·K)]	40~80	1.7~2.3	0.45	0.15~0.25	0.023

可知导热性能顺序依次为:钢板≥混凝土≥水>橡胶>空气。

故可认为在未发生渗漏时,沉管接头部位 OMEGA 橡胶处的热传递主要路径如图 8-2 所示,热量由 OMEGA 橡胶传递至端钢壳,向外界散发。

发生渗漏后,OMEGA 橡胶空腔将被水体填充,OMEGA 橡胶处的热传递主要路径将发生如图 8-3 所示的变化,热量由水体以及 OMEGA 橡胶传递至端钢壳,向外界散发。明显可知发生渗漏后,接头部位的导热路径发生了变化,简言之,其导热性能得到增强,导热系数 K 增大。当 K 增大时,联立式(8-5)~式(8-8),式中变量除 K 外,仅有 T_2 及 T_3 发生变化,其余各参数均不变,用反证法进行分析易知,随 K 增大:T_2 将减小,T_3 将增大。

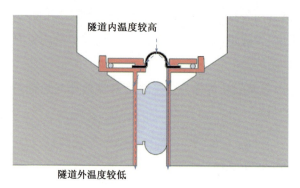

图 8-2　无渗漏时接头部位热传递主要路径示意图

注：----▶ 主要传热路径

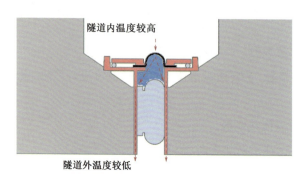

图 8-3　渗漏时接头部位热传递主要路径示意图

注：----▶ 主要传热路径

3）导热差分法的定义

发生渗漏后，点 A 处传热路径变化不明显，点 B 位于 OMEGA 橡胶上，由于导热性能增强，导致其温度降低。基于这种导热路径变化带来的构件表面温度变化，对沉管接头处各关键部位（压板、端钢壳、OMEGA 橡胶等）的红外辐射性能进行监控。对不同点位的图像数据进行差分，如将点 A 与点 B 的图像数据差值作为判定标准，预期各目标点位的差分值将因为渗漏而发生变化，此即为导热差分法。

8.1.2　导热差分法室内试验方案设计

1）试验目的

（1）为本章预期判定方式的可行性提供判定依据。

（2）收集不同环境条件下监测对象的红外图样，分析在工程实际中沉管隧道接头处可能出现的情况。

（3）根据控制变量下的各组试验，收集监测对象的红外辐射特征随温度、湿度等条件的变化规律。

(4)在监测所得数据的基础上,编制监测程序。

2)试验对象及试验模型设计

沉管隧道的主要构造在上面已有介绍,沉管管段通过水力实现有效对接,管段与管段的接触面中安置 GINA 止水带橡胶,管段压接后,GINA 橡胶变形并适应管段的压合,从而实现第一道防水。

GINA 止水带内侧,再铺设 OMEGA 橡胶止水带,利用压板将 OMEGA 橡胶的两侧翼缘分别压合在两节管段边缘处,形成密封,从而提供第二道防水保护。沉管接头的工程结构设计示意如下:

(1)管节接头的宏观构造

沉管隧道管节接头的剖面如图 8-4 所示。

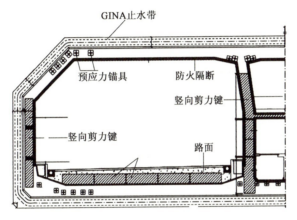

图 8-4 沉管隧道结构剖面图

管节接头的三维示意图见图 8-5,其中匹配浇筑线表示该管节由若干管段组合而成。

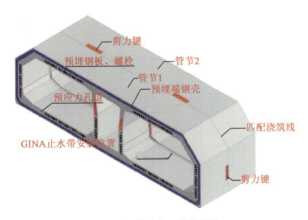

图 8-5 沉管管段三维模型图

(2)管节接头的防水设计

如图 8-6 所示,A、B、C 三处分别表示常规位置、拉索处、剪力键处的管节防水构造,由图可知,这三处的防水构造一样,只是OMEGA至防火板间的空间略有差别。

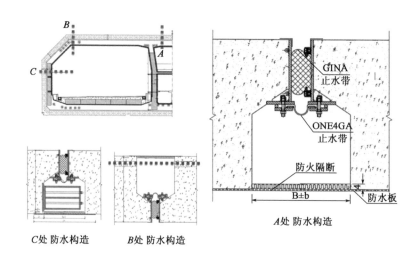

图 8-6　沉管接头处防水构造

通过图 8-6 可直观地理解上述两道防水层:GINA 橡胶在管段间受挤压而防水,OMEGA 橡胶两翼分别与两管节压合形成密封而防水。

沉管隧道接头处有安装 OMEGA 止水带的预埋钢壳,主要由端部面板、翼缘板、锚筋(焊钉)组成。

由图 8-7 可知:若红外镜头安置在防火隔板处,则可供监测的沉管接头处界面包括:混凝土、端钢壳、压板、OMEGA 橡胶、螺栓。

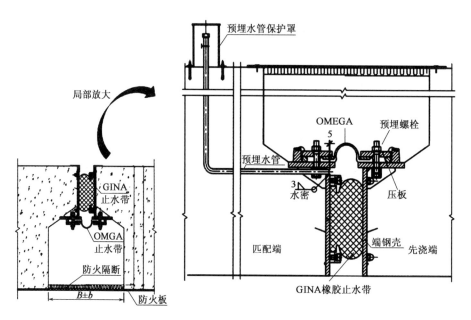

图 8-7　沉管接头处防水构造局部放大图

图中预埋在管段内的水管,一端连接 OMEGA 后的空腔,一端连接布设在沉管管囊内的水压表,构成一套简单的渗漏监测系统。当 GINA 橡胶失效,水体渗漏至 OMEGA 橡胶后的空腔时,水体经预埋水管直达水压表,人工巡查时即可通过水压表的情况判断是否存在渗漏。该监测体系优点在于结构简单、便于使用。而其不足在于需要依靠人工巡检,监测的时效性不佳且劳动强度大;水压表经一定时间后可能失效,无法可靠地判断渗漏水。

工程应用中,拟对沉管隧道接头处进行监测。如图 8-8 所示,沉管接头处界面关键构件包括:压板与螺栓、OMEGA 橡胶(GINA 橡胶被 OMEGA 橡胶遮挡)、混凝土等材料。

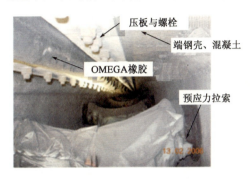

图 8-8 沉管接头处工程实物图

本试验将以沉管隧道接头模型为监测对象,拟用表 8-2 所示材料模拟上述构件。

试验目标构件与对应所用材料　　　　表 8-2

目 标 构 件	试验室所用材料
压板与螺栓	港珠澳桥隧工程管节接头所用压板与螺栓
OMEGA 橡胶	外环隧道管段接头所用 OMEGA 橡胶
混凝土	10cm 厚现浇 C40 混凝土板
端钢壳	1cm 厚 Q235 钢板焊接

该技术方案设计如图 8-9 所示,在可控温的试验室内利用三块混凝土板以及隔热板材搭建箱体,模拟沉管隧道管节。在混凝土板上,预留空洞,并预埋钢板(钢板模拟端钢壳)。压板材料与 OMEGA 橡胶均采用港珠澳隧道所用材料。混凝土板空洞内埋设隔热材料,模拟 GINA 橡胶。

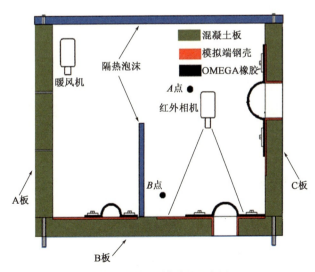

图 8-9 试验室设备布置示意图

此方案的布设,将营造类似于管节接头处的情形,利用红外相机拍摄 OMEGA 橡胶、压板、端钢壳,即可获得试验数据。

①A 板的构造。

A 板为 10cm 厚钢筋混凝土板,开有两孔,可用于模拟普通墙壁渗漏时的红外监测。A 板尺寸如图 8-10 所示。

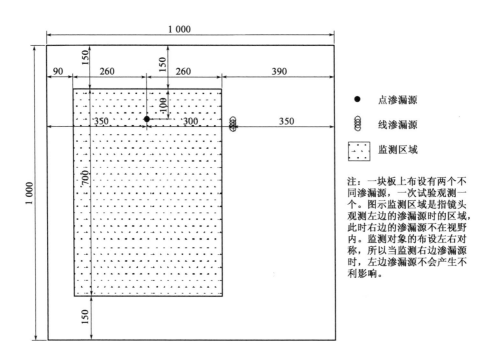

图 8-10 A 板平面布置图(尺寸单位:mm)

A 板配筋图如图 8-11 所示,板的四角所留钢筋用于拼装混凝土板。

②B 板的构造。

B 板为 10cm 厚钢筋混凝土板,通过预留空腔模拟管段接头,空腔处预埋焊接钢板,用于模拟端钢壳。钢板上焊接螺栓,用于紧固压板,固定 OMEGA 橡胶。

B 板拟用于模拟外环隧道沉管管段接头、港珠澳工程沉管隧道管节接头(小接头),其构件布置示意如图 8-12 所示,板的四角所留空洞用于配合 A、C 板四角的钢筋,用于混凝土箱的拼接。

其中端钢壳长度均为 800mm,厚度均为 10mm,模拟管段接头处焊接成 L 形,模拟管节接头则为平板型。

③C 板的构造。

C 板为 10cm 厚钢筋混凝土板,通过预留空腔模拟管段接头,空腔处预埋焊接钢板,用于模拟端钢壳。钢板上焊接螺栓,用于紧固压板,固定 OMEGA 橡胶。

第8章 沉管隧道渗漏水智能红外监测技术

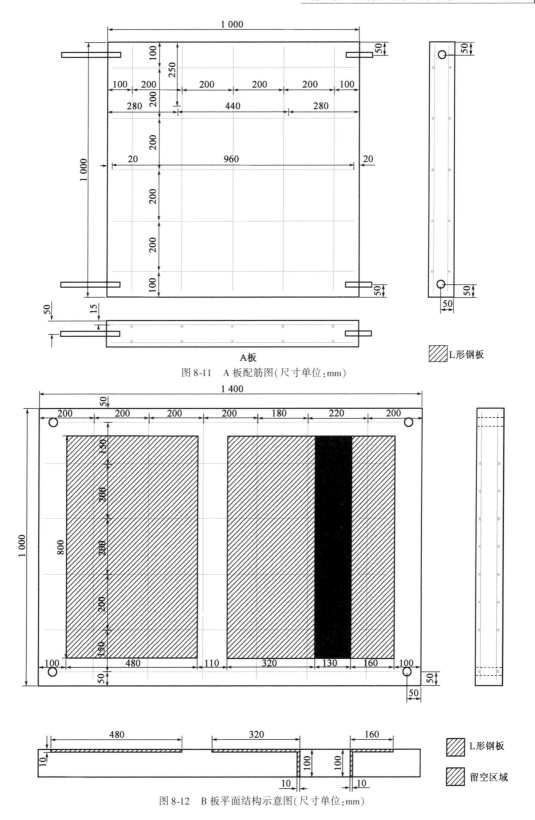

图 8-11　A 板配筋图(尺寸单位:mm)

图 8-12　B 板平面结构示意图(尺寸单位:mm)

C板拟用于模拟港珠澳大桥工程沉管隧道管段接头(大接头),其构件布置示意图如图8-13所示,板的四角所留钢筋用于拼装混凝土板。

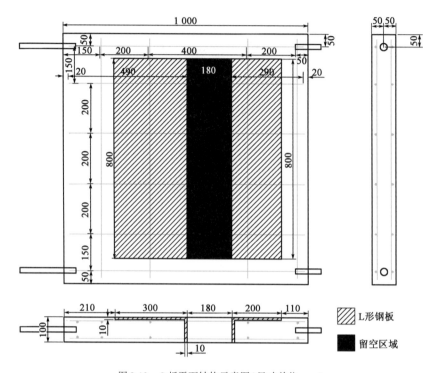

图8-13 C板平面结构示意图(尺寸单位:mm)

④保温板材。

保温板材用于箱顶与正门处,由1cm厚木板及内侧粘贴的3cm厚保温泡沫构成。

⑤板块的拼接。

如图8-14所示为箱体四壁,混凝土板与保温板材进行拼接,图中未显示的部分包括:利用地板作为底板,利用保温板材作为顶板。

3)试验方法

调节好箱体内外气温后,通过水管向OMEGA橡胶后空腔注水或抽水,以模拟水体渗漏,调节气温与水体渗漏的同时,进行接头部位的红外数据采集。

(1)温度的控制

箱体外部温度由试验室空调系统控制;箱体内温度通过调节暖风机的不同加热挡位供热,并提供足量风速促进箱体内空气流动,从而获得所预期的均匀温度。

(2)温度的记录

箱体内不同位置分别安放8个温度探头,采集不同高度、不同区域的气温;箱外也安置温度探头,每隔一段时间记录温度读数。

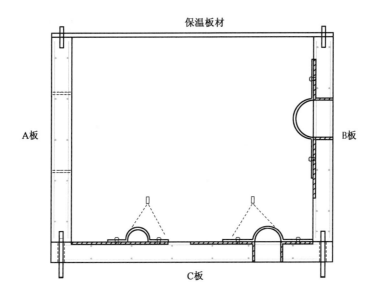

图 8-14 板块拼接示意图(尺寸单位:mm)

(3)控制变量法

改变温差:通过控制箱体外温度不变,改变箱体内温度,实现温差的规律性变化。

改变环境温度:同时调控箱体外温度与箱体内温度同步变化,使二者间温差维持恒定。

(4)数据记录

监测系统连接笔记本电脑,进行红外图样数据的收集。

试验流程的描述以及温度、湿度的数据用试验记录本进行人工记录。

8.1.3 导热差分法室内试验过程

1)沉管接头模型制作

(1)场地准备

在岩土楼后地坪选择 3 块平整地面,打扫干净后铺设油膜纸,并涂刷脱模剂作为底层。

(2)钢筋绑扎

选用 $\phi 10$ 光圆钢筋作为混凝土板主筋,按照设计图纸所示绑扎,每张混凝土板均设置双排钢筋网。

(3)浇筑混凝土

混凝土按照 C30 的标准配比人工配置,由于工程量较小,本试验的混凝土板采用人工浇筑。图 8-15 所示分别为 A 板钢筋板扎半成品和试验构件浇筑。

(4)养护

混凝土板浇筑完成后,按照通用要求养护 28d 后投入使用。

a) A板钢筋板扎半成品　　　　　　　　　b) 试件混凝土浇筑

图 8-15　A 板钢筋板扎半成品和试件混凝土浇筑

2) 试验设备现场拼装

(1) 试验箱体拼装

将养护好的混凝土板转移至试验室后按设计方案拼装。箱体三面为混凝土板,顶板与箱门为保温板,顶板与混凝土板之间的缝隙用水泥填堵并找平。

(2) OMEGA 橡胶安装

试验中采用港珠澳大桥工程所使用的压板与螺栓、外环隧道工程的 OMEGA 橡胶材料,如图 8-16 所示。

图 8-16　试验室安装 OMEGA 橡胶

混凝土板空腔中填充隔热泡沫,模拟导热系数较低的 GINA 橡胶。

将螺栓以 20cm 的等间距焊接在待安装 OMEGA 橡胶处的端钢壳上,在空腔上安置好 OMEGA 橡胶,将压板穿过螺栓压住 OMEGA 橡胶的翼缘,并拧紧螺栓。

(3) 温控系统

温控系统由温度探头连接至多通道巡检仪,并利用标准温度计对巡检仪的读数进行标定修正。在箱体内各个位置放置 8 个温度探头,用于探测箱体内的加温效果是否均匀。

(4) 布置箱内设备

利用 1 台暖风机制造箱体内的高温环境,并加设一台风扇确保箱体内空气流通充分;需要对环境湿度另行控制时,则在箱体内放置散装干燥剂。有关设备如图 8-17 所示。

图 8-17　箱体内所用暖风机、风扇、干燥剂

(5) 布置监控系统

室内试验阶段只需采集渗漏过程的红外图样变化数据,故并不需要集成整个监控系统,而只需使用红外摄像头、红外数据处理器、移动 PC。

经图样对比,当红外镜头距离 OMEGA 橡胶表面 55cm 时监测范围比较适当,涵盖了端钢壳、压板、螺栓、OMEGA 橡胶等目标区域,且图样清晰。固定好镜头后,将镜头三脚架的位置记录下来,以防后续操作移动镜头,导致不同组次的监测范围发生变化。

室内试验采用程序 V1.0,这套简化版的监测程序只需将红外镜头、红外数据处理器的数据通过网线传输到试验室笔记本电脑上,即可构成数据采集系统。

3) 试验过程

使用干燥剂将箱体内湿度恒定在 40% 左右,开展不同温度条件下试验。试验步骤如下:

(1) 按照工况要求,调节调节房间温度 T_1、箱体内温度 T_2。

(2) 打开监测系统开始试验,记录开始时间。

(3) 通过开关调节 OMEGA 橡胶空腔后的水量,可营造"无水""满水""半水"状态。

注:无水状态是指 OMEGA 橡胶后空腔中无渗漏;满水状态是指 OMEGA 橡胶后空腔被渗漏水充满;半水状态是指 OMEGA 橡胶后渗漏水体填充的水面高度位于镜头监测画面的中央。

(4) 24h 后停止程序,记录结束时间,记录温度读数,并转移监测数据 data.dat 至日期文件夹;可开始下一工况试验。

8.1.4　导热差分法室内试验结果分析

1) 可用工况

经严格筛选后,可用于分析的数据如表 8-3 所示。

可用试验工况列表 表8-3

试验组号	日期	渗漏状态	内部温度(℃)	外部温度(℃)	温差(℃)	可用数据数量(每组1 440个数据)
1	2012/10/5	无水	27.5	23.5	4.0	900
2	2012/10/7	满水	34.5	24.1	10.4	400
3	2012/10/8	满水	35.6	23.3	12.3	持续低幅度降低
4	2012/10/11	半水	26.0	22.6	3.4	900
5	2012/10/12	满水	25.5	22.7	2.8	700
6	2012/10/14	半水	28.4	23.1	5.3	1 000
7	2012/10/24	半水	14.2	14.2	0.0	很多突变
8	2012/10/26	半水	21.1	21.1	0.0	关键部分突变
9	2013/1/6	半水	21.9	18.3	3.6	1 000
10	2013/1/7	半水	24.0	16.5	7.5	300
11	2013/1/9	半水	25.3	17.7	7.6	1 200
12	2013/1/14	半水	19.1	17.7	1.4	600

内部温度是指箱体内气温,取用各个温度探头读数的平均值作为内部温度;外部温度是指箱体外试验室气温;内部温度设定高于外部温度,其温差则用于提供由内向外的热传递。

每组工况下监控系统以每24h为一个监测单元,每分钟取用一张红外监测图像,监测数据每单元包含$24 \times 60 = 1\,440$个数据。从数据存储时间点往前统计,选用温度变化趋于恒定的若干数据作为可用数据,此时的可用数据数量反映了试验中温度传递处于稳定状态的时间段长度,可用于衡量该组工况的可信程度。

2) 数据初步处理

通过初步处理,可以将系统所得的海量数据提取简化,转化为简单明了的数据。

(1) 数据处理Step1

监测系统所得原始数据为14位红外图像数据,单张照片分辨率为320×240,每分钟截取一张图片进行保存,24h得到1 440张图像,数据文件为dat格式,占220MB存储空间。

Step1的过程,利用matlab将原始文件转化为320列、$240 \times 1\,440$行的矩阵,对该矩阵中的系列点位图像数据进行分析。本步骤的目标在于:

① 利用图片,得到数据变化的趋势,为Step2提供依据。

② 利用表格,得到可用数据段的时间节点$t_1 \sim t_2$。

每组工况中的数据采集过程如图8-18所示。监测系统以分钟为单位存储数据,一天24h形成一个数据覆盖改写的循环。图示红色竖向虚线表示该组试验存储的时间段,截至此时数据已覆盖了前一天这个时段的图像数据。在结束点之前的$t_1 \sim t_2$段,数据除了局部微小的抖动外,总体已经趋于稳定,故认为$t_1 \sim t_2$段的数据为本组工况下的可用数据,可用于进行下一步的分析。

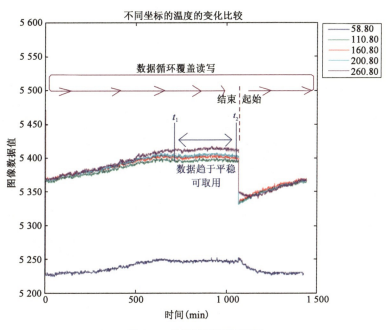

图 8-18 数据循环读写示意图

(2) 数据处理 Step2

分析的对象依旧是 Step1 中所提及的 220MB 的 dat 文件。

本步骤的目标在于：

①得到有效监测画面。

②利用有效监测画面选取关键目标点位。

利用 matlab 导出系统在时间点 t_1、t_2 的监测图样 Step2_p1.png 及 Step2_p2.png（注：Step2_p1.png 及 Step2_p2.png 为矢量格式的灰度图）。将 Step2_p1.png 及 Step2_p2.png 导入 Auto CAD 作为点选目标点的背景图，利用该软件选取若干目标点，并确定其坐标。所选目标点位编号及其相应坐标，即可作为坐标文件输出，供下一步分析适用。

本次室内试验需分析其纵向系列点的图像数据规律及综合系列点位图像数据规律。图 8-19 所示为 Step2 导出的监测图样灰度图，图 8-20 所示为取点情况。

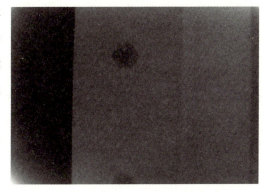

图 8-19 Step2 导出的监测图样灰度图 Step2_p1.png

(3) 数据处理 Step3

分析的对象依旧是 Step1 中所提及的 220MB 的 dat 文件。

本步骤利用 matlab，以实现以下目标：

①利用 Step2 得到的坐标文件,分别进行总体系列、纵向系列分析。

②分析坐标点处图像数据,取分析区域半径依次为 0、1、2、3、4、5,依次存为不同工作表。

③最后得到 zongti_part.xls、zongxiang_part.xls 等 Excel 表格,将用于后续数据分析。

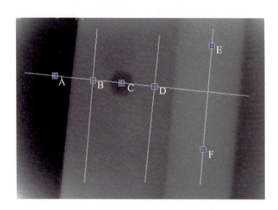 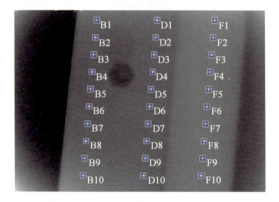

图 8-20　在 CAD 中标示的综合系列点位以及竖向系列点位

图 8-21 所示为所得数据文件的界面,Sheet1~Sheet6 依次表示时间段 $t_1 \sim t_2$ 内区域半径从 0~5 时目标区域的图像数据合集。该文件中的数据可用 Excel、Origin 等数据处理软件实现直观分析。

图 8-21　Step3 批量导出的文件界面

3) 目标取值区域半径的选择

取值区域的定义:对任一目标点,在该点处选取一定大小的正方形区域作为取值区域。选取目标点位置区域内各点的图像数据的平均值之后,可以有效地对抗采集数据时系统本身造成的数据突变。图 8-22 所示是指取值区域不同半径时,所取用的点位分布。当取值区域半径为 r 时,设目标点坐标为 (x,y),则取值区域此时包括的范围 $(x \pm r, y \pm r)$ 内的像素点选定取值区域后,对范围内各点的图像数据取平均值,作为目标点的图像数据输出。

考察论证不同取值区域半径的影响。由于监控对象包含螺栓,螺栓在图样中面积较小,故取值区域半径必须加以限制,以防取值区域大于螺栓面积。本试验拟分析取值区域半径 0~5 时不同半径对图像数据的影响。

取值区域的意义在于减少目标点图像数据的突变,使其曲线更平滑,故将从数据方差、数据分段统计、数据曲线平滑度三方面对取值区域半径的影响进行分析。目标点的选取见图 8-23,选用综合系列的点 $A \sim F$。

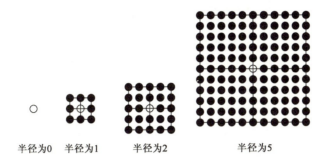

图 8-22 取值区域不同半径时取用的点位

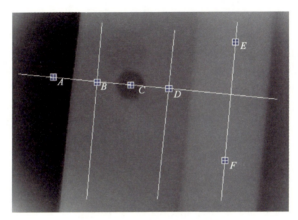

图 8-23 $A \sim F$ 系列点位的选取

(1) 图像数据的方差

图 8-24 所示为取值区域不同半径取值对综合系列各点图像数据方差的修正,纵坐标的无量纲数即表示对方差的减小量。对于各点来说,取值区域半径为 0 时方差最大,以 A 点为例,则取值区域半径越大,图像数据的方差修正效果越好,即其数据方差越小,故可知,取值区域半径选用 5 是比较有利的。

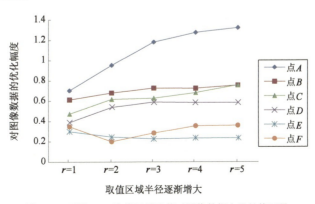

图 8-24 不同 mask 取值区域取值时图像数据方差的修正量

(2) 取值区域不同半径对图像数据分段统计的影响

以 B 点在时间段 $t_1 \sim t_2$ 的图像数据为分析目标,所有图像数据的均值设为 B',现将图像数据分为:$(\infty, B'-3.5)$,$[B'-3.5, B'-2.5)$,$[B'-2.5, B'-1.5)$,$[B'-1.5, B'-0.5)$,$[B'-0.5, B'+0.5)$,$[B'+0.5, B'+1.5)$,$[B'+1.5, B'+2.5)$,$[B'+2.5, B'+3.5)$,$[B'+3.5, +\infty)$ 共计 9 个区间。

利用分段统计的柱状图可直观判断数据分布的集中趋势。如图 8-25 所示为 B 点在取值区域选用不同半径时的图像数据分段统计,由图可知,取值区域半径取值越大,数据分布越靠近其均值 B'。由此,判定选择取值区域半径为 5 是较为有利的。

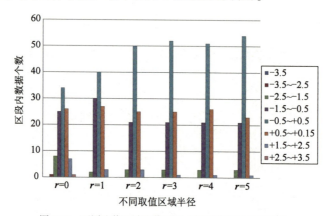

图 8-25 不同取值区域取值时 B 点图像数据的分段统计

(3) 取值区域不同半径对图像数据曲线平滑度的影响

图 8-26 所示为节选点 C 在取值区域半径为 0 及 5 时的图样数据分布,可较直观地看出取值区域半径为 5 时图线更趋于平滑。故认为取值区域半径取为 5 较为有利。

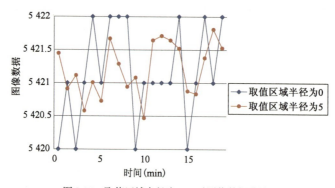

图 8-26 取值区域半径为 0、5 时图像数据曲线

综上所述,取值区域半径为 5 时图像数据的方差更小,数据更加靠近平均值,图像数据曲线更加平滑,故后续的分析中将按照此处的结论,只分析取值区域半径为 5 时的数据。

4) 对钢板纵向图像数值的修正

以纵向 B、D、F 系列点的图像数据为分析对象,理论上若箱体内气流充分、加热均匀,则竖向各点图像数据应相等。实际上则由于 OMEGA 橡胶及压板等外形的影响,导致箱体内的气流交换并不充分,因此需考虑对纵向上各点的图像数据规律进行分析,修正箱体内人工加温带来的误差。如图 8-27 所示,纵向上 B、D 系列点在压板上,F 系列点在 OMEGA 橡胶正中间。

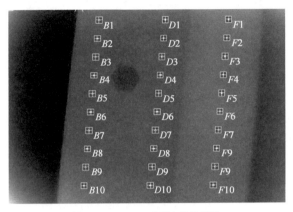

图 8-27　B、D、F 系列点位的选取

(1) 较高加热强度下钢板的图像数据

选用试验工况 2、3,其试验条件如表 8-4 所示。

试验工况 2、3 的试验条件　　　　　表 8-4

试验组号	日期	渗漏状态	内部温度(℃)	外部温度(℃)	温差(℃)	可用数据数量(每组 1 440 个数据)
2	2012/10/7	满水	34.5	24.1	10.4	400
3	2012/10/8	满水	35.6	23.3	12.3	持续低幅度降低

这两组工况下,钢板上 B、D 系列点平均图像数据如图 8-28、图 8-29 所示。

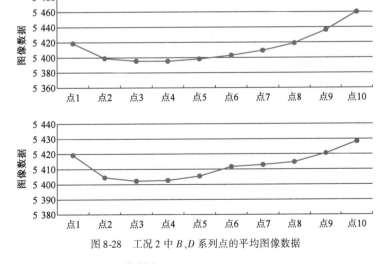

图 8-28　工况 2 中 B、D 系列点的平均图像数据

(2) 较低加热强度下钢板的图像数据

选用试验工况 1、4,其试验条件如表 8-5 所示。

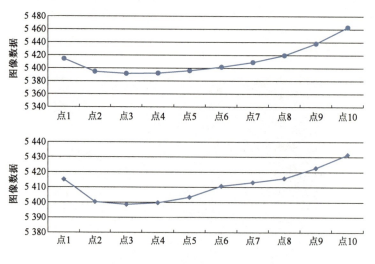

图8-29 工况3中 B、D 系列点的平均图像数据

试验工况1、4的试验条件 表8-5

试验组号	日期	渗漏状态	内部温度(℃)	外部温度(℃)	温差(℃)	可用数据数量(每组1 440个数据)
1	2012/10/5	无水	27.5	23.5	4.0	900
4	2012/10/11	半水	26.0	22.6	3.4	900

这两组工况下,钢板上 B、D 系列点平均图像数据如图8-30、图8-31所示。

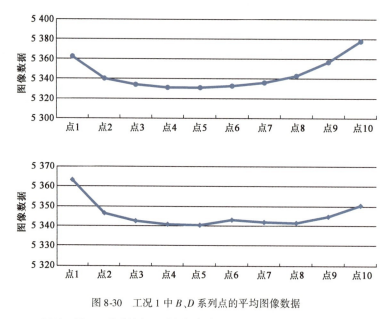

图8-30 工况1中 B、D 系列点的平均图像数据

由上文(1)(2)所述可知,不同的加温挡位条件下,由于风速等的变化,导致钢板纵向上的图像数据分布略有差别。但是在近似的加热条件下,如工况2对比工况3,二者都是高加热强度,钢板纵向上的图像数据分布非常接近,因此可知本次室内试验中箱体内气温加热的工作性

能是稳定的。

在数据取用方面,由于不需要在钢板上取多点进行差分,故可选钢板上十点的图像数据平均值作为导热差分法中钢板的图像数据。

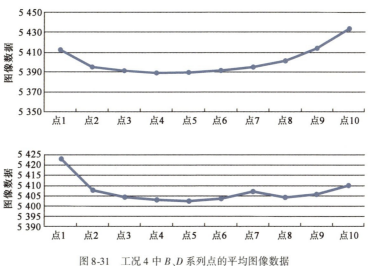

图 8-31　工况 4 中 B、D 系列点的平均图像数据

5)对橡胶纵向图像数值的修正

(1)较高加热强度下橡胶的图像数据

选用试验工况 2、3,其试验条件与前述的表 8-4 相同。

这两组工况下,OMEGA 橡胶上 F 点系列平均图像数据如图 8-32、图 8-33 所示。

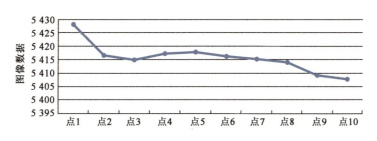

图 8-32　工况 2 中 F 系列点的平均图像数据

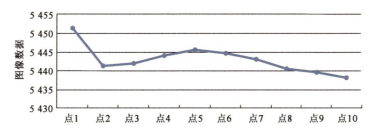

图 8-33　工况 3 中 F 系列点的平均图像数据

可知 OMEGA 橡胶两端的图像数据分布有突变,将 1、2、9、10 点剔除后剩余点 3~8,这部分图像数据分布均匀,最大差值为 5。

(2)较高加热强度下橡胶的图像数据

选用试验工况 1、5,其试验条件如表 8-6 所示。

试验工况 1、5 的试验条件　　　　表 8-6

试验组号	日期	渗漏状态	内部温度(℃)	外部温度(℃)	温差(℃)	可用数据数量(每组 1 440 个数据)
1	2012/10/5	无水	27.5	23.5	4.0	900
5	2012/10/12	满水	25.5	22.7	2.8	700

这两组工况下,OMEGA 橡胶上 F 系列点平均图像数据如图 8-34、图 8-35 所示。

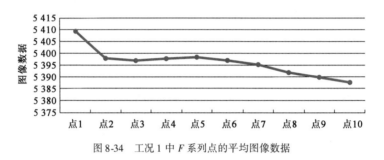

图 8-34　工况 1 中 F 系列点的平均图像数据

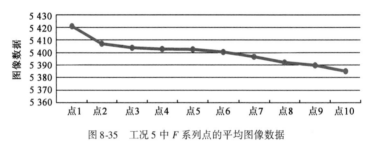

图 8-35　工况 5 中 F 系列点的平均图像数据

可知 OMEGA 橡胶两端的图像数据分布有突变,将 1、2、9、10 点剔除后剩余点 3~8,这部分图像数据分布均匀,最大差值为 9。

所选四组工况,OMEGA 橡胶空腔分别为满水或无水,即理论上每组 F 系列点的图像数据均应是相等的,出现如(1)(2)中所述两端位置图像数据出现突变现象,可理解为气流受 OMEGA 外形影响而分布不均。

需注意的是,剔除两端突变区域后,剩余的 6 个点位图像数据分布较为均匀,若采用导热差分法,则应确保所选的目标点位在这部分均匀区域内。

同时也注意到,OMEGA 橡胶上 F 系列点的图像数据纵向上最大有 9 的差值,这部分差值需要在后续进行导热差分法的判断时进行参考。

6)红外辐射的规律

(1)环境温度对红外辐射的影响

可选用内外温差较低同时箱内与环境温度不同的几组试验工况来观察环境温度对红外辐射的影响,选用工况1、5、9,其试验条件如表8-7所示。

试验工况1、5、9的试验条件　　表8-7

试验组号	环境温度(℃)	温差(℃)	外部温度(℃)	混凝土图像数据	钢板图像数据	螺栓图像数据
1	27.5	4	23.5	5 332.5	5 351.4	5 335
5	25.5	2.8	22.7	5 311.5	5 334.7	5 316.9
9	21.9	3.6	18.3	5 291	5 318.9	5 295.9

点位的选取见图8-36,其中钢板的数值取用纵向 B、D 系列点的平均值,混凝土图像数据取自 A 点,螺栓数据取自 C 点。

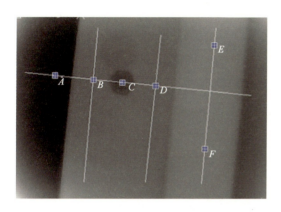 

图8-36　A、C 点及 B、D 系列点的定位

上述混凝土、压板、螺栓红外图像数据与温度的关系如图8-37所示。

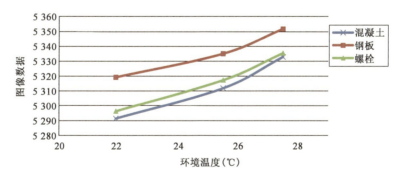

图8-37　试验对象的图像数据随温度的变化

以各个物体为分析对象可知,任意材料随温度上升,其辐射强度增加,体现在图中则为图像数据的增加。

(2)内外温差对红外辐射的影响

选用箱体内温度条件近似而内外温差不同的试验工况,可观察内外温差变化带来的红外辐射行为特征变化。可选用试验工况4、5、10、11,其试验条件如表8-8所示。

试验工况 4、5、10、11 的试验条件　　　　　表 8-8

试验组号	内部温度(℃)	温差(℃)	外部温度(℃)	混凝土图像数据	钢板图像数据	螺栓图像数据
4	26	3.4	22.6	5 313.8	5 335.3	5 317
5	25.5	2.8	22.7	5 311.5	5 334.7	5 316.9
10	24	7.5	16.5	5 289	5 319	5 293.9
11	25.3	7.6	17.7	5 291	5 318.9	5 295.9

横坐标所示为内外温差,温差越大,热量散失越快。由图 8-38 可知,在近似的箱体内气温条件下,物体表面的图像数据随温差增大而明显降低,这种变化是符合预期的。由此得出结论:内外温差导致的热传递也会影响物体的表面温度,温差越大,散热越快,表面温度变化越明显。

图 8-38 中三条斜线的斜率表征物体表面温度与温差变化的相关性,斜率大小依次为:钢板 > 螺栓 > 混凝土板,即表面温度受温差影响的敏感性方面,钢板最敏感,螺栓次之,混凝土板敏感性最差。而热量从内至外散失时,散热路径按长短排序为:混凝土 < 螺栓 < 钢板,由此推论:温度传递路径越短,辐射强度受温差影响越明显。

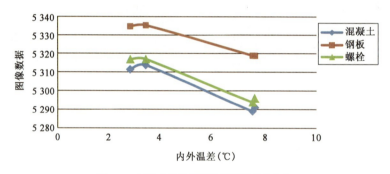

图 8-38　试验对象的图像数据随温差的变化

(3)渗漏水对 OMEGA 表面辐射强度的影响

为考证 OMEGA 橡胶空腔内发生渗漏,即 OMEGA 区域导热路径发生变化时监测画面的变化,特选用环境温度、温差条件接近的工况 1、5、6,这几组工况最显著的区别在于 1 组属于无水状态,5 组属于满水状态,6 组属于半水状态。试验工况条件如表 8-9 所示。

试验工况 1、5、6 的试验条件　　　　　表 8-9

试验组号	内部温度(℃)	温差(℃)	外部温度(℃)	图像数据差值 钢板-E	图像数据差值 螺栓-E	图像数据差值 E-E	图像数8据差值 F-E
1	27.5	4	23.5	-51.0	-67.4	0	-1.8
5	25.5	2.8	22.7	-30.7	-48.5	0	-2.4
6	28.4	5.3	23.1	-53.1	-70.1	0	-25.2

点位的选取如图 8-39 所示,其中钢板的数值取用纵向 B、D 系列点的平均值,混凝土图像数据取自 A 点,螺栓数据取自 C 点。

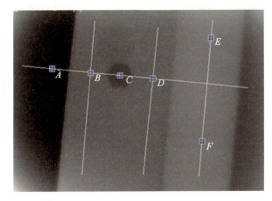 

图 8-39　A、C、F 点及 B、D 系列点的定位

分析不同监测对象之间图像数据的差值。预计在半水状态下点 E 的导热路径最长,其图像数据值最大,故以其图像数据作为差分的基准,分别考虑混凝土-E、压板-E、螺栓-E、E-E、F-E 的图像数据差值,具体数值见表 8-9。

可用图 8-40 进行更为直观的表示。

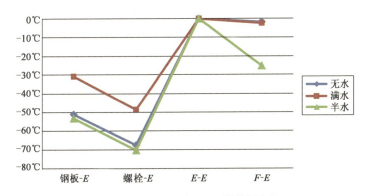

图 8-40　各点位相对点 E 的图像数据差分

观察 F-E 的图像数据变化可知,半水状态下,E 处无水,F 处有水,F 点图像数据比 E 点图像数据小 25.2;无水状态下,E、F 点后均无水,相同的导热路径时二者辐射值相差 1.8;满水状态下,E、F 点后均有水,相同的导热路径时二者辐射值相差 2.4。由此可知,OMEGA 橡胶空腔中发生渗漏水时,其表面图像数据将产生较大的变化。

观察钢板-E、螺栓-E 可知,在满水状态,即 E 处有水时,压板-E 及螺栓-E 的差值均减少,差值减小量接近 25。这种变化也体现了 OMEGA 橡胶空腔中发生渗漏水时,其表面图像数据将产生较大的变化,为导热差分法提供了依据。

7) 半水状态下各点图像数据的差分

选用半水条件的工况 6、9、11、12,分别对混凝土-E、压板-E、螺栓-E、E-E、F-E 的图像数据差值进行分析。试验条件与图像数据差值见表 8-10。

试验工况 6、9、11、12 的试验条件　　　　　表 8-10

试验组号	内部温度（℃）	温差（℃）	外部温度（℃）	图像数据差值 钢板-E	图像数据差值 螺栓-E	图像数据差值 E-E	图像数据差值 F-E
6	28.4	5.3	23.1	−53.1	−70.1	0	−25.2
9	21.9	3.6	18.3	−50.7	−76.5	0	−24.3
11	25.3	7.6	17.7	−50.1	−73.1	0	−27.2
12	19.1	1.4	17.7	−48.1	−72.6	0	−23.9

点位的选取与图 8-39 所示同,其中钢板的数值取用纵向 B、D 系列点的平均值,混凝土图像数据取自 A 点,螺栓数据取自 C 点。各点图像数据差分如图 8-41 所示。

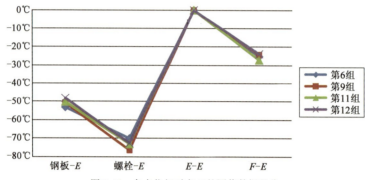

图 8-41　各点位相对点 E 的图像数据差分

观察混凝土-E、压板-E 的图像数据差分可见数据小范围的变动,这是由于四组试验工况的环境温度及温差略有不同,从而导致辐射图像数据的差分产生波动。

由图 8-41 可知,环境温度、温差条件的不同对各点温度差分的影响并不明显。渗漏水改变导热路径后,对 OMEGA 的图像数据有明显影响。

半水状态下 E-F 的图像数据差值在 23~27 之间,监测系统可有效辨识。值得注意的是,前面提及的图像数据纵向最大误差为 9,相对 23~27 的差分值比重为 33%~39%,这对监测系统判定的正确性有一定挑战。

8.1.5　本节小结

1）试验讨论

（1）温度控制精度有限

原定的试验工况设计中,希望能精确控制试验箱体的内外温差,而在实际操作中,箱体外（即室温）随空调系统的运作产生了规律性的温度波动,波动值约为 2℃;暖风机由于挡位限定,也未能按照预期产生精确的温度,故本试验在温度控制方面存在一定局限。

工程现场利用压板压合 OMEGA 橡胶,压板通过螺栓固定,能达到密封效果。而室内模型试验,由于构件制作条件有限,焊接在端钢壳上的螺栓不能为压板提供足够大的压合力,故

OMEGA 橡胶的密封性能不稳定，部分工况中 OMEGA 橡胶空腔中的水体从试验模型中流出，使得数组试验工况失效。但表 8-3 所示的可用工况，是在多组工况中筛选出来的，试验条件稳定且数据可靠。

（2）渗漏水判定的方式

本试验中采用的红外监测系统所得图像数据分布在 5 100～5 500，物体温度与其辐射性能之间有较稳定的映射关系。渗漏水导致 OMEGA 橡胶表面图像数据产生约 25 的差值，故可对端钢壳、螺栓、压板、OMEGA 等不同构件的图像数据进行差分，当差分值变化超过 25 时，即可判定已发生渗漏。

（3）由于箱体内构件表面并不平整，导致暖风机制造的气流流通不充分，构件表面图像数据并不均匀。压板表面各点图像数据误差在 10 以内，OMEGA 橡胶表面各点图像数据误差在 9 以内。最不利情况下，若渗漏导致 OMEGA 橡胶的图像数据变动为 25，而选用的点位间存在 9 的误差，则误差占判定值的 36%，故使用差分法进行渗漏水判定时，试验误差是必须考虑的因素。

在后续的研究中，可期通过在沉管隧道工程现场对渗漏水进行长期监测，以现场采集的数据为基础进一步论证导热差分法的精确性。

2）试验结论

本试验针对沉管隧道接头部位的隐藏水体渗漏问题，制作室内沉管接头模型箱模拟工程应用中的接头布置，通过控制箱体内外温度及 OMEGA 橡胶后水体渗漏，利用红外监测系统对不同试验工况进行红外图像数据采集，并编制程序分析不同点位图像数据变化规律，得到以下结论：

（1）红外监测中，利用目标点位周边区域数据的平均值替代改点图像数据，可有效改善目标点位图像数据的波动性，减小系统判定的误差。

（2）通过 14 位红外摄像头采集不同温度下材料的图像数据，可知材料的图像数据与温度有稳定的正相关性。

（3）在热传递过程中，内外温差导致的热传递也会影响物体的表面温度，温差越大，散热越快，表面温度变化越明显；物体温度传递路径越短，其辐射强度受温差影响越明显。可通过 14 位红外摄像头捕捉到内外存在温差时传热路径导致的红外辐射性能差异。

（4）本试验表明沉管接头处发生隐藏水体渗漏时，接头处构件（尤其是 OMEGA 橡胶）的导热能力增强。当存在内外温差时，导热路径的变化会带来较大的图像数据变化，红外监测系统可基于这种变化判定是否发生水体渗漏。

本试验为隐藏水体渗漏的红外监测提供了一种判定思路，可在后续工作中利用工程现场的数据采集进一步论证导热差分法的精确性。

8.2 利用温度突变法判定快速渗漏的室内试验

8.2.1 概述

如 8.1 节所述,未发生渗漏时沉管接头处内外处于热传递平衡状态,假定温度条件为隧道内温度高于隧道外温度,设隧道内空气温度为 T_1、沉管接头处内表面温度为 T_2、外表面温度为 T_3、隧道外温度 T_4。热量的传递也按 8.1.1 中式(8-5)~式(8-8)设定,当水体发生渗漏,低温水涌入 OMEGA 橡胶空腔后开始吸收构件热量,取低温水吸收热量为 Δq,则管节内壁向管节外壁的热流量为:

$$q_2 = K(T_2 - T_3) + \Delta q \tag{8-9}$$

联立式(8-5)~式(8-8)可知 q_2,T_2 将降低。

式(8-9)中 Δq 受水体温度、渗漏速度等因素影响,且发生渗漏时的热传递过程为非稳态过程,故仅能推测 T_2 降低的速度与 Δq 有一定正相关性。水体温度越低,渗漏速度越快,T_2 的下降越明显。

水体渗漏导致构件表面温度突变,可选取不同构件表面图像数据求差值,如对图 8-1 所示点 A 与点 B 的图像数据取差值,以该差值为标准分析温度突变的数据规律,可预期发生渗漏时该差值将显著增大,这种判定方法即为温度突变法。

图 8-42、图 8-43 所示分别为冷水和热水渗漏导致温度突变的直观监测效果。

图 8-42 冷水渗漏监测画面

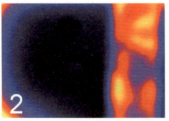

图 8-43 热水渗漏监测画面

8.2.2 温度突变法室内试验方案设计

1)试验目的

(1)验证温度突变法用于渗漏判定的可行性。

(2)收集不同温差条件下监测对象的红外图样,分析系统可有效判定渗漏的温差范围。

(3)通过所得数据分析红外监测系统正常工作时的数据误差,据此选取判定渗漏的数据阈值。

2)试验对象及模型设计

试验对象及模型设计,同8.1节。

3)试验方法

将箱体置于设定温度环境中并达到热传递平衡后,向OMEGA橡胶后快速注入特定温度水体,模拟快速渗漏,并进行接头部位的红外数据采集。

(1)温度的控制:箱体外部温度由试验室空调系统控制;箱体敞开使构件处于室温环境;利用保温箱、加热棒、水泵制作水体循环系统,提供精确的水温控制。

(2)温度的记录:在箱体内、箱体外、OMEGA橡胶空腔、水箱中分别放置两个温度探头,采集试验过程中各处的温度变化情况。

(3)控制变量法:通过控制箱体所处环境温度,调节渗漏水体温度,实现温差的精准控制。

(4)数据记录:监测系统连接笔记本电脑,进行红外图样的收集。试验流程的描述以及温度、湿度的数据用试验记录本进行人工记录。

4)试验工况设计

为达到试验目标,拟在稳定的环境温度下,分别模拟不同温差的水体快速渗漏,采集红外数据。

8.2.3 温度突变法室内试验过程

1)沉管接头模型制

沉管接头模型制作,同8.1节。

2)试验设别现场拼装

利用导热差分法的模型进行试验,主要构件的拼接与8.1节一致,稍许不同处为:

(1)布置温控水体循环系统

为实现特定温度水体向OMEGA橡胶空腔的快速注入,本试验采用水泵、加热棒、无级变阻器、电流表、保温箱、水管等组成温控水体循环系统,如图8-44、图8-45所示。

图 8-44 挡位调节装置

图 8-45 温控水体循环系统

(2)布置温度探头

在箱体内、箱体外、OMEGA 橡胶空腔内、水箱中分别放置两个温度探头,采集试验过程中各处的温度变化情况。图 8-46 所示为部分温度探头的位置。

图 8-46 部分温度探头布置

3)试验过程

每次试验都包括两部分:本次试验部分、下次试验准备工作。

(1)本轮试验

①试验室清场。

②确认 OMEGA 橡胶后腔体无水。

③关闭箱体。

④开始拍摄,并记录试验开始时间 T_{start}。

⑤记录各温度探头温度。

⑥开始向 OMEGA 橡胶后腔体注水,注满后根据试验工况设定而控制水体循环,立即记录温度。

⑦每隔一定时间,记录温度数据。

⑧根据工况设定在一段时间后停止试验。
⑨记录此时各温度度数及试验结束时间 T_{end}。
⑩进入下阶段。

(2)准备下次试验

①放空 OMEGA 橡胶后腔体的水。
②打开箱体的隔板,内外通风。
③设定空调温度。
④设定热水器挡位,保持水箱内水温。

8.2.4 温度突变法室内试验结果分析

1)可用工况(表 8-11)

温度突变法试验的可用工况　　　　　　表 8-11

编 号	水箱水温(℃)	模型箱内温度(℃)	室温(℃)	渗漏水温度(℃)	渗漏温差(℃)
1	33.7	23.2	22.3	32.3	10.1
2	28.3	23.0	22.9	27.9	5.0
3	27.0	23.6	22.5	27.0	4.5
4	26.1	23.3	23.2	26.0	2.8
5	22.8	23.4	22.2	22.8	0.7
6	20.2	23.2	23.9	20.4	-3.4
7	18.5	23.9	23.9	18.7	-5.2
8	12.9	24.2	24.1	13.4	-10.7

第 5 组工况中内外温差非常小,可认为它属于内外同温状态,以该组为分界点,可将以上八组工况分为:高温渗水,工况 1~5;低温渗水,工况 6~8。

2)数据初步处理

数据处理步骤类似 8.1 节,不过有以下区别:

(1)取值区域:直接选定取值区域半径为 5,对各点图像数据进行收集。

(2)分析对象:如图 8-47 所示,选用端钢壳上点 $A1$~$A5$、压板上点 $B1$~$B5$、OMEGA 橡胶上点 $C1$~$C5$ 3 个纵向系列点位进行分析。

3)系统误差

由于红外镜头采集数据时系统本身误差,导致同一时刻 A 系列点、B 系列点各点图像数据存在一定差值,比如 A 系列点的理论图像数据应为 5 500 时,可能由于红外镜头误差,使 $A1$ 数据为 5 501、$A2$ 数据位 5 499,两点间存在差值。对于每一工况,收集 A 系列点及 B 系列点各点图像数据在同一时刻的最大极差,如第 i 张图片内,该值为:

 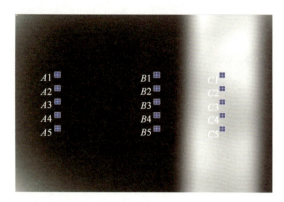

图 8-47 监测对象与监测图样取点

$$\Delta i = \mathrm{MAX}\{[\mathrm{MAX}(A) - \mathrm{MIN}(A), \mathrm{MAX}(B) - \mathrm{MIN}(B)]\} \tag{8-10}$$

每一工况由 1 440 张图像组成,收集 1 ~ Δ1 440,取其最大值作为该工况下由于系统误差产生的数据波动。

表 8-12 所示为各工况下系统误差。本系列试验中,最大系统误差为 12。

各工况的系统误差　　　　　　　表 8-12

工况	1	2	3	4	5	6	7	8
系统误差(无量纲)	10.7	11.7	9.3	10.7	12	11.9	11.9	10.3

4)用于渗漏判定的图像数据差分阈值

当未发生渗漏或渗漏发生较长时间后,沉管接头处构件表面出入热平衡状态。本试验在内外同温的条件下进行,由于端钢壳、压板、OMEGA 橡胶的构成材料不同,辐射系数也不同,故在热平衡状态下不同构件表面的图像数据是不一样的。分析在热平衡状下各物体图像数据的差值,可为后文中利用差分法判定温度突变提供标准。

试验工况 4、7、8 中存在热平衡状态,取端钢壳、压板的图像数据对 OMEGA 橡胶的图像数据做差分,后文中以 A-C、B-C 分别表示端钢壳图像数据减去 OMEGA 图像数据的差值、压板图像数据减去 OMEGA 图像数据的差值。

当渗漏带来温度突变时,OMEGA 表面图像数据将产生剧烈变动,此时 A-C 及 B-C 的值将大幅度偏离表 8-13 所述平均值,如渗入热水后,OMEGA 图像数据增大,端钢壳数据变化不明显,此时 A-C 的值将小于 24.2。考虑到系统最大误差为 12,本试验中采用 2 倍最大误差(即 24),作为判定渗漏的差值变化阈值。引入阈值后,判定渗漏的图像数据边界值如表 8-14 所示。

各工况下的正常图像数据差值　　　　　　　表 8-13

工况	4	7	8	平 均 值
A-C	20.4	25.7	26.5	24.2
B-C	5.5	7.3	9.3	7.3

渗漏判定阈值 表8-14

差值对象	正 常 差 值	渗入热水后的判定阈值	渗入冷水后的判定阈值
A-C	24.2	0.2	48.2
B-C	7.3	-16.6	31.3

5) 各工况渗漏的监测结果

当 OMEGA 橡胶后腔注入热水时，A-C 及 B-C 的值将迅速减小至最低值，再随时间推移而慢慢升高至热平衡状态。

工况 1~5 为注入热水的工况，不同位置的差分值最值如表 8-15 所示。

工况 1~5 中的最大辐射差值 表8-15

工况	1	2	3	4	5
温差(℃)	10.1	5.0	4.5	2.8	0.7
MAX($A-C$)	-305.7	-133	-95.9	-58.3	32
MAX($B-C$)	-297.4	-141	-111.5	-79.2	8.4

图 8-48 所示为最大辐射差值的散点图。

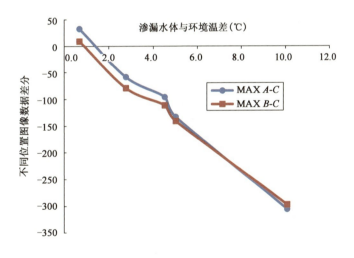

图 8-48 工况 1~5 中的最大辐射差值

工况 6~8 为注入冷水的工况，不同位置的差分值最值如表 8-16 所示。

工况 6~8 中的最大辐射差值 表8-16

工况	6	7	8
温差(℃)	-3.4	-5.2	-10.7
MAX($A-C$)	444	512	703
MAX($B-C$)	345	440	621

图 8-49 所示为工况 6~8 中的最大辐射差值散点图。

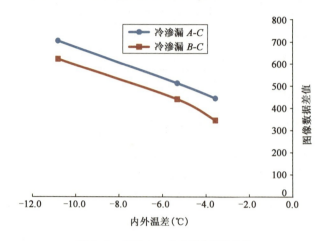

图 8-49 工况 6~8 中的最大辐射差值

快速渗入的水体将破坏沉管接头部位热平衡,吸收或散发热量,改变 OMGEA 橡胶的温度。渗入水体与原有环境的温差越大,OMEGA 橡胶的红外图像数据变化越明显;温差与 OMEGA 有关的图像数据差值变化呈正相关性。

6) 不同条件下监测的时效性

对于渗漏监测而言,最重要的是对渗漏判定的反应速度。本试验中按表 8-11 的标准,以 A-C 橡胶及 B-C 橡胶的红外图像数据差值为指标,监测渗漏带来的图像数据突变。

当渗漏水温度高于环境温度时,A-C 橡胶及 B-C 橡胶的红外图像数据差值指标分别为 0.2、−16.6,即 A-C < 0.2 且 B-C < −16.6 时将被判定为渗漏发生。当渗漏水温度低于环境温度时,A-C 橡胶及 B-C 橡胶的红外图像数据差值指标分别为 48.2、33.3,即 A-C > 48.2 且 B-C > 33.3 时将被判定为渗漏发生。

(1) 渗漏从发生到判定所需时间

工况 1~5 中,渗漏水温高于环境温度,其判定所需时间如表 8-17 所示。

工况 1~5 中渗漏至系统判定所需时间　　　　　表 8-17

工况	1	2	3	4	5
温差(℃)	10.1	5.0	4.5	2.8	0.7
时间(min)	3	5	6	6	无法判定

工况 6~8 中,渗漏水温低于环境温度,其判定所需时间如表 8-18 所示。

工况 6~8 中渗漏至系统判定所需时间　　　　　表 8-18

工况	6	7	8
温差(℃)	−3.4	−5.2	−10.7
时间(min)	8	6	5

分析表 8-17、表 8-18 可知,温差越大,热量传递越快,系统响应越快。

当渗漏水温差小于一定程度时,系统将无法判断。这种无法判定的局限性,需要从两方面去理解:从热量传递方面考虑,工程中渗漏水传递的热量由温差及渗漏速度决定,试验中采用迅速灌水的方式是非常理想化的,实际条件可能是渗漏速度较慢,这将对渗漏水产生一定不利影响;从渗漏水的判定标准来看,本试验中的阈值参考了 2 倍的监测系统误差,正式应用中可以通过降低该阈值从而提高系统反应速度,或者为保证系统工作性能稳定而进一步提高该阈值。

(2)温度突变的持续时间

隧道现场气温随一天中时间的推移及运营状况变化会出现波动,若渗漏发生时气温正处变化中,且内外温差不大,监测系统可能无法立即捕获此时的温度变化。故渗漏发生后带来的温度波动必须能够持续一段时间,才能保证这种突变不被渗漏发生时的环境温度掩盖。

本试验中,监测系统每分钟收集一幅监测图样。通过统计不同工况下触发突变阈值的数据组数,即可推算出温度突变效应的持续时间。

工况 1~5 中,渗漏水温高于环境温度,触发渗漏突变判定的数据组数如表 8-19 所示。

工况 1~5 中可判定渗漏的数据组数　　　　　　　表 8-19

工况	1	2	3	4	5
温差(℃)	10.1	5.0	4.5	2.8	0.7
触发判定的数据组数	614	500	417	311	0
持续时间(h)	10.2	8.3	7.0	5.2	0

工况 6~8 中,渗漏水温低于环境温度,触发渗漏突变判定的数据组数如表 8-20 所示。

工况 6~8 中可判定渗漏的数据组数　　　　　　　表 8-20

工况	6	7	8
温差(℃)	-3.4	-5.2	-10.7
触发判定的数据组数	345	440	621
持续时间(h)	5.8	7.3	10.4

在本试验的环境温度条件下,通过表 8-19、表 8-20 可知,渗漏水与环境温度温差越大,造成的温度突变效应越明显,构件表面的图像数据处于可判定渗漏状态的持续时间越长。温度突变的持续时间也受环境温度以及判定阈值的影响。

8.2.5　本节小结

1)试验讨论

(1)试验条件的控制

试验涉及室温及水文的控制。由于水体加热及水体循环系统的相关技术已非常成熟,故本试验中在温度控制方面非常精确,从 8 组可用工况中可看出室温基本维持不变,而循环水与室温的温差也呈现明显的层次性。

(2)试验工况的设定

理想的温度突变监测试验,应对环境温度、温差、水体渗漏速度等因素分别进行控制变量法的工况设计。未进行不同环境温度下的温度突变试验,是因为热量传递主要取决于水体与环境的温差,受环境本身温度的影响较小;未进行不同水体渗漏速度条件的试验,一方面是因为试验设计中采用10cm厚薄板,渗漏路径被大幅度缩减,低流速渗漏条件下,若渗漏路径模拟不合理,将导致热量在传递过程中提前发生交换,影响试验结果;另一方面,渗漏速度作为影响热交换的一个因素,完全可以通过温差的不同来体现,合理设定温差,即可获得不同渗漏速度条件下的效果。

(3)图像数据的系统误差

本试验中箱体处于相对简单的气温条件下,监测系统捕捉端钢壳及压板表面各点图像数据后,各点间数据存在一定差值。理论上各点数据应相等,故这些差值可视为系统误差。本试验8组工况中出现的最大系统误差为12,为避免系统在判定渗漏时被系统误差影响,系统认为各部位图像数据差值在平均差值±24(2倍最大系统误差)区间内的波动属于未渗漏状态。

实际工程中,物体表面图像数据可能受涂料、形状、湿度、空气流动等因素影响,系统误差将增大,此部分需要利用现场采集的数据进行修正。

(4)渗漏判定的阈值

阈值的选取影响系统对于渗漏判定的灵敏性及可靠性,本试验中采用各部位图像数据差值的平均差值±24(2倍最大系统误差)作为渗漏判定的阈值。当选用阈值的波动范围较小,可提高系统的灵敏性,对于可识别渗漏的温差范围将扩大,但系统对抗系统误差的能力将降低,可靠性能下降。

2)试验结论

本试验针对沉管隧道接头部位的水体渗漏问题,制作室内沉管接头模型箱模拟工程应用中的接头布置,通过控制箱体所处环境温度并在OMEGA橡胶后腔制造不同温差的水体渗漏,利用红外监测系统对构件表面的温度突变进行红外图像数据采集,并编制程序分析不同点位图像数据变化规律,得到以下结论:

(1)若快速渗漏的水体与沉管接头处构件存在较大温差,则会造成构件表面温度突变。在红外监测中,温度突变带来的图像数据变化将远大于系统本身的误差,可利用这种突变有效实现对渗漏的判定。

(2)温度突变的实质是热量传递,该过程主要受两方面因素影响:水体与环境的温差、水体渗漏速度。试验工况5中,由于渗漏水体与环境温差较小,系统无法判定渗漏。故在实际工程应用中,若利用温度突变效应作为判定渗漏水的标准时,应考虑水体渗漏速度及水体与环境温差的局限性。

(3)渗漏水体与环境温差越大,造成的温度突变越明显,监测系统判定出渗漏所需时间越短;同时,接头处构件的温度变化过程持续时间会随温差的增大而增长,可有效地克服隧道内气温多变的不利影响。

(4)本试验的数据表明,渗漏判定时阈值的选取对系统工作性能影响重大。实际应用中,阈值的制定应充分考虑以下因素:不同环境温度下各构件表面图像数据的正常差值、红外镜头在工作现场的系统误差等。若无法使用单一的判定阈值,则应考虑在监测系统中引入温度探头、湿度探头等原件,为渗漏的判定提供辅助参数。

(5)本试验中定义的系统误差是由于红外镜头感应元件工作不稳定引起的,稳定条件下每个点的数据都会呈现周期性的变化。可考虑针对本系统的红外镜头采取更多措施提高图像数据的稳定性,减小系统误差。

本试验为隐藏水体渗漏的红外监测提供了另一种判定思路,可在今后工作中作为导热差分法的辅助判定方式,在适宜的渗漏条件中发挥作用。

8.3 监测系统集成

8.3.1 监测系统总体功能

红外监测系统可分为硬件、软件两部分。系统整体可实现数据采集、数据分析、数据传递与存储、监控预警等功能。

8.3.2 硬件选型

红外监测系统的硬件系统主要包括:数据采集,红外摄像头、温湿度探头;数据分析,工控机、嵌入式现场处理器;数据存储,远端控制台、现场处理器;数据传输,光纤、数据交换机;监控预警功能,短信发送装置等。系统构成如图 8-50 所示。

1)红外摄像头(图 8-51)

为实现对红外镜头的二次开发,本节选择被动式数值化红外摄像头。大恒公司出产的 DH-PA080IR 型摄像头符合本节的开发要求。

该镜头性能参数如表 8-21 所示。

2)温湿度探头(图 8-52)

温湿度探头所配置的铜烧结防护型探头内置瑞士进口 SENSIRION SHT15 传感器,集成温度、湿度、露点测量于一体。湿度测量范围 0% ~ 100% RH;温度测量范围: $-20 \sim +85$ ℃;高精度温湿度测量最高可达到±2%RH、±0.3℃(在25℃时)。传感器全标定线性输出,无须标定即可互换使用。附加的用户校准功能,用于一点或两点校准。探头采用 RS485 或 RS232 通信,支持 ModbusRTU/ASC Ⅱ 协议。本款探头尺寸小,安装简单,可作为系统拓展模块集成于现有系统中,且具有良好的长期稳定性、高可靠性以及性价比。

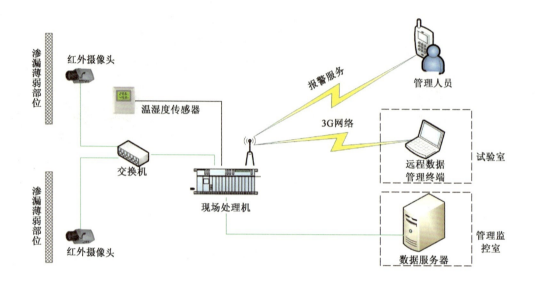

图 8-50　系统构成示意图

红外镜头参数　　　　　　　　　　　　　　　表 8-21

型　　号	DH-PA080IR
传感器	氧化钒,最新一代非制冷式焦平面红外探测器
工作波段	7.5～13.5μm
像素尺寸	38μm×38μm
热灵敏度	<35mk@ f/1.0
分辨率	320×240
帧率	9Hz
数字输出	8 和 14 位数字图像
处理器	32 位 Intel Xscale PXA 270 处理器,主频 520MHz
内存	128MB
存储介质	32MB NorFlash + 64MB NandFlash
操作系统	Linux(kernel 2.6)

3) 现场处理机设备选型

(1) ETCP 嵌入式设备

嵌入式系统主要由嵌入式处理器、相关支撑硬件和嵌入式软件系统组成,它是集软硬件于一体的可独立工作的器件。嵌入式处理器主要由一个单片机或微控制器(MCU)组成。相关支撑硬件包括显示卡、存储介质(ROM 和 RAM 等)、通信设备、IC 卡或信用卡的读取设备等。嵌入式系统有别于一般的计算机处理系统,它不具备像硬盘那样大容量的存储介质,而大多使用闪存(Flash Memory)作为存储介质。嵌入式软件包括与硬件相关的底层软件、操作系统、图形界面、通信协议、数据库系统、标准化浏览器和应用软件等。总体看来,嵌入式系统具有便利灵活、性能价格比高、嵌入性强等特点,可以嵌入到现有任何家电和工业控制系统中。从软件角度来看,嵌入式系统具有不可修改性、系统所需配置要求较低、系统专业性和实时性较强等特点。图 8-53 所示为 ETCP 嵌入式设备。

图 8-51　红外镜头

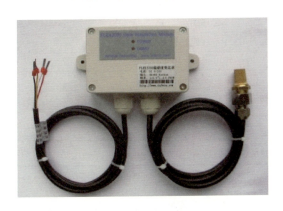

图 8-52　温湿度探头

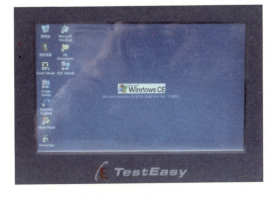

图 8-53　ETCP 嵌入式设备

前期研发中,采用上海泰易电子科技公司提供的 ETCP 嵌入式设备。该设备集数据采集、数据分析与处理、I/O 控制、人机界面为一体。外形小巧便携,外形尺寸仅 21cm×17cm×4cm。通过高分辨率触摸屏进行操作,方便快捷。

基于红外监测系统的硬件开发证明,采用 ETCP 嵌入式设备为现场处理器具有直观的操作性能,有利于系统安装、调试、巡检期间工作人员工作的开展。

(2) Mini PC

后期研发中,考虑到部分隧道工程现场环境较为恶劣,粉尘、湿度较高,前期方案中现场工控机设计采用 ETCP 嵌入式设备,其触摸屏在隧道环境中工作寿命将受到影响,故改为采用 Mini PC。本系统采用新创云公司生产的 L-20 工控机(图 8-54)。

图 8-54 工控机

工控机参数如表 8-22 所示。

工 控 机 参 数　　　　　　　　　　　　　　　表 8-22

名称	新创云 L-20
尺寸	21cm×14cm×4cm
质量	850g
CPU	Intel D525 双核四线程 CPU 1.8G
内存	内存 DDR3 SO-DIMM 2GB
硬盘	标配 8G SSD 固态硬盘
串口	标配无,可加。一个串口费用 20 元
接口	6USB 2.0 接口(4 个在后置面板,2 个在前置面板)
系统支持	Linux,Windows XP,Windows 2003,WIN7
产品特点	高性能,低功率,低发热。千兆网卡,支持无盘启动

4)光纤

系统采用铺设光纤的方式实现现场设备与总控室之间的数据传输。其性能参数如表 8-23 所示。

光 纤 参 数　　　　　　　　　　　　　　　表 8-23

产品组成	光纤缆芯填充,油膏轧纹钢带粘连 PE 护套
技术特点	低损耗、低色散、结构紧凑良好的综合机械性能
应用范围	适用于长途通信和局间通信
敷设方式	架空管道直埋
允许弯曲半径	敷设时 20 倍缆径;工作时 10 倍缆径
允许拉力(N)	长期:800;短期:2 500
允许侧压力(N/100mm)	长期:800;短期:2 500
使用条件:使用温度(℃)	-40~+60
光纤型号	62.5/125μmG652

5) 数据交换机

为整合系统中各个数据流,选用工用数据交换机作为探头、数据处理器等设备的数据交换基础。数据交换机性能如表 8-24 所示。

数据交换机参数 表 8-24

产品名称	HB08CHCS 8 口数据交换机模块
端口数	8 个 10/100MB 自适应双速交换端口
网络标准	IEEE802.3U 100BASE-TX 以太网协议
协议类型	CSMA/CD
网络电缆	10BASE-T;3、4 或 5 类屏蔽(STP)双绞线
100BASE-T	5 类屏蔽(STP)/非屏蔽(UTP)双绞线
传输带宽	100BASE-TX;全双工 200Mb/s
转发速率	10BASE-T;14 880b/s 每端口
使用环境温度	工作 0~40℃
使用环境湿度	工作 10%~90%
模块尺寸	120mm×46mm×47mm($L×W×H$)

6) 短信报警装置

USB 短信猫(图 8-55)是一款 USB 接口的 WAVECOM 芯片 GSM MODE,其外观参照了法国 WAVECOM 原装 GSM MODEM 的金属外壳,内核完全基于 WAVECOM 原装模块制造。随着 USB 接口的广泛应用,在很多的台式机特别是笔记本电脑上,串行 COM 口已经不再是标准配置,而 USB 口比比皆是,甚至一台 PC 配置了 4~5 个 USB 口。创天电子提供的短信猫二次开发包和短信猫中间件均能充分满足基于短信猫的行业短信应用开发需要,支持 VC、VC++、VB、DELPHI、PB、C#/等各种语言环境开发,并提供各种示例程序。USB 短信猫的特点及优势主要包括:基于法国原装 WAVECOM 核心模块,品质优异;基于 USB 接口适应更多的 PC 和笔记本;相比原装 WAVECOM GSM MODEM,性价比好;通过 USB 供电,配件精简,携带方便。

图 8-55 短信发送机

7) 设备集成箱

第一套设备采用相对保守的设计,系统主要设备包括:工控机、交换器、电源、红外镜头数据处理器、光电转换设备等,均安置在设备集成柜内,红外镜头安置于待监测位置,通过数据线接入箱内。整套设备通过光缆与总控室连接。

可根据工程现场条件及需要,对设备集成进行改造、升级,使监测系统成为便携式设备。

8.3.3 软件编制

本节中的智能监测系统的软件组成模块如图 8-56 所示。

图 8-56 智能监测系统组成图

该系统主要由监测、分析、预警 3 个模块组成。监测模块的主要功能是利用监测设备对易发生渗漏的部位进行全天候的监测,并将监测结果传输至分析模块。分析模块主要在计算机系统内通过相应的识别算法对监测设备的监测数据进行分析、识别,判定是否发生渗漏以及渗漏的位置;预警模块则是根据分析系统的分析结果,决定是否发送预警信息,一旦需发送预警信息,则通过互联网技术直接将预警信息发送至运营管理方。

1) 监测程序流程图

该系统具体的工作流程图如图 8-57 所示。

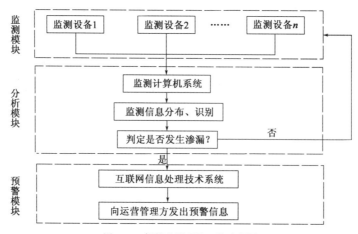

图 8-57 智能监测系统工作流程图

由于本节中沉管隧道较长,接头的数量也相对较多且距离相对较远,为了有效地对各个渗漏敏感部位进行监测,需要多台监测设备同时进行工作,根据一线总线式的数据传输方式,将多台监测设备的监测数据通过不同的通道传输至监测计算机系统,通过监测计算机系统对监测的信息进行分析、识别,并判定是否发生渗漏及渗漏的位置,再利用互联技术将预警信息发送至运营管理方。

2) 软件界面及具体操作

主界面(图 8-58)主要包括:系统开关、显示监测界面、目标点位数据、红外图像数据分析结果、通信验证、参数设置等按钮。打开视频后,左下角将显示系统各部分的开启情况,若正常启动监测系统,即可获得当前红外镜头的监测画面的伪彩图。右侧文本框将同步显示部分分析参数。数据分析、存储、触发报警等进程在后面运行。

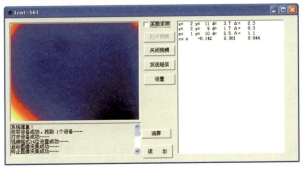

图 8-58　主界面

点击系数采样选项,系统将利用近期采集的数据进行规律分析,对各目标点位的数据进行线性拟合,得出拟合方程系数,以及最大拟合误差。

如图 8-59 所示,点击设置按钮,系统将进入参数设置界面,读取图片,可得左侧所示灰度图,此即为当前镜头监测所得画面。在图像上双击,即可得图示白色点域,此即为选定的若干参数点。右侧串口号为短信发送装置的连接串口;手机号为隧道运营方负责人的手机号码,可默认警报短信接收方;右侧文本框中可设置警报短信的内容;显示在文本框右下方的 co.x、co.y、co.z 分别为系统系数采样过程中所得数据,表示推荐的拟合参数,工作人员亦可根据需要自行拟定;右下方 thrd20 表示导热差分法进行渗漏判定的阈值,当连续 60 个数据中有 50% 以上的数据与拟合方程的误差超过阈值 thrd20 时,系统即判定渗漏;右下方 thrd30 表示温度突变法进行渗漏判定的阈值,当连续 3 个数据与拟合方程的误差超过阈值 thrd30 时,系统即判定渗漏。

图 8-59　参数设置界面

(注:本图所示为红外监测系统最底层的软件界面,由主界面、参数设置界面构成)

8.4　监测设备在隧道现场安装与运行

8.4.1　现场试验计划

室内试验阶段,通过现有技术资料、试验数据完成了监测系统的数据采集与存储模块,并开始编制渗漏分析模块;在此基础上完成了第一代设备集成(下文以监测系统 V1.0 指代)。

利用监测系统 V1.0,可开展隧道现场试验,收集现场数据,进一步进行系统升级。本试验在上海外环隧道工程现场进行,现场试验分为两阶段进行。

1)初步数据采集阶段

设备选定合适管段接头位置并安装好后,数据在系统的现场处理机中存储。初步预计数据采集阶段持续 30d,通过大量现场数据,可完善前文所述的导热差分法等渗漏判定方法,并根据工程现场条件开发系统的通信模块。

2)现场试用阶段

完成数据采集及剩余系统模块编制工作后,拟将设备安置于上海外环隧道现场,进行一段时间的工程现场监测。预期可通过现场试用情况反馈改善监测系统。

8.4.2 现场条件

工程现场条件,如沉管隧道结构本身的空间布局、设备安装、监测系统布设、监测平台构成等条件,对于阶段性的现场试验,如数据采集过程中的硬件安装以及短时间内数据采集计划的制订具有决定性影响。从长远来看,监测系统的硬件集成、监测设备的布设、监测数据的远程转移等也受工程现场条件的影响。因此,对隧道现场条件进行了解,有利于开展下阶段现场试验工作。该沉管隧道的现场条件如下所示:

1)监控系统组成

工程中已实现对外环隧道一体化智能集中管理,在建立统一的中央控制室的同时,搭建出中央计算机信息网络,并对其六个部分进行协调和管理,主要包括:

(1)交通监控分系统。

(2)设备监控分系统(含电力 SCADA、照明等)。

(3)通信分系统(包括有线、无线子系统)。

(4)闭路电视监控分系统(CCTV)。

(5)火灾报警分系统(FAS)。

(6)广播分系统(PA)。

该沉管隧道为已建成隧道,所研发的监测系统属于在此基础上后加入的新系统。该套系统分布在隧道管廊间,与上述系统监测位置及功能均有所不同,属于水灾防护报警体系。

2)系统所依据的主要设计原则

(1)以确保隧道运营、人身安全及提高车辆通过能力为目的,达到疏导交通、防灾和消灾的功能;对隧道东西两侧出入口、风井、区间、控制中心实行统一监控、集中管理。

(2)建立多级、分功能、多系统集成中央计算机网络,完成智能监控、操作、维护、通信、资源共享等功能;各分系统界面应清楚,保持相对独立性,且均有自诊断功能,以便及时准确地发现异常和故障,并能迅速地排除故障;系统应具有降级使用功能。

(3)设备选型应考虑隧道的工作环境;尽可能地采用成熟技术及成熟产品,关键设备计算机采用冗余配置,以确保系统的可靠性。

(4)系统应具有开放性、可靠性、先进性、可扩展性等特点,同时具有高速、实时、可靠地检测隧道内交通运行状态以及检测各种事故、灾情的能力;能掌握各类管理信息,以及时采取有效的措施。

(5)系统应具有开放性,分系统具有可扩展性,为以后实现道路交通统一管理预留网络接口和通信接口。

本节所涉及的项目符合以上各项隧道监测系统的布设目的,并通过现场试验环节改善产品,使之符合上述各项原则。

3)主要工程参数

该试验工作所在的上海外环隧道为大型沉管式越江隧道,长2 882.8m,交通功能以通行货运车为主。该隧道共分设2个暗埋段(浦西和浦东各1段),由7个管节相连接,形成3孔八车道沉管隧道(南孔3车道、中孔双向2车道、北孔3车道)。另设2条双层专用通道,上层为电缆通道,下层为安全通道。其横断面如图8-60所示。

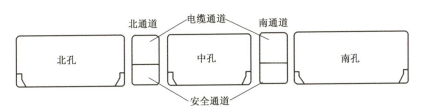

图8-60 试验工作依托的隧道横断面示意图

监测系统布设在南、北通道任一侧,其监测对象主要是针对沉管接头处的部分构件,现场条件如图8-61所示。

图8-61 沉管隧道管段接头现场

监测系统 V1.0 是一套可以移动的数据采集系统,数据采集过程中,与隧道运营管理人员巡检配合,对图 8-62 所示的 J11 ~ J88 共计 8 个隧道接头处进行数据采集。本阶段所采集数据均在南通道隧道管节接头中取得。

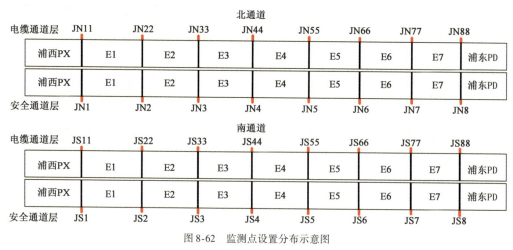

图 8-62 监测点设置分布示意图

■-监控点

4)中央计算机信息系统

(1)系统功能

中央计算机信息系统是整条隧道管理的核心,能在各种情况下准确、可靠、迅捷地作出反应,及时处理、协调各系统工作,实时监控。系统的建立,为集数据通信、处理、采集、控制、协调、图文显示为一体的综合性数据应用提供载体。其他各个子系统通过网络或通信接口及介质有机地并入。系统能指挥和协调数据的流向,监视隧道内各种状态的变化,通过数据通道将中控室发出的控制指令及相关信息送往各个子系统,使整个监控系统有机结合、协调运行。

系统以以太网方式组建局域网,并基于 Client/server 结构建立大型、统一的隧道运营数据库系统,采用 TCP/IP 通信协议,以多工作站形式分功能、分级别实现网上资源共享、网络协调运作功能。系统设立交通监控、设备监控、防灾报警、闭路电视(CCTV)、多媒体、大屏幕及模拟屏、程控网管工作站;通过局域网组成系统信息层;各系统在独立工作、联动、显示、监视工作的同时,提供系统所需的隧道中的各种信息,存入统一的数据库中;经各子系统分别处理、运算后,向下发布控制命令,并适时地监控各系统的工作,存储运行记录,供值班人员随时调用、显示、打印。

系统的主要工作,分一般情况、异常情况两种方式。

①一般情况:分别从上层局域网或下层的光环通信网获取所需信息,经运算、处理后,按一定模式存档、制表及显示,并通过所制定的控制模式提出决策建议及发布控制指令,供操作员参考,另外服务器还可向背投大屏幕及模拟屏发送显示信息,以便直观地显示交通、设备、电

力、火灾等各工况。主控工作站计算机上的人机界面亦可在显示器和大屏幕上动态地反映隧道内交通状况和电力、设备系统运行状况和模拟图,并可根据需要对某一局部予以放大或对某些信息进行列表,以便观察和看清细节。使用紧急电话时,在大屏幕上可显示电话的地址信息。

②异常情况:在火警情况下,模拟屏上有声光报警;火灾报警器按最优原则经人工确认后直接将一般通风模式转换为火灾排烟模式,并在相应的报警地点配合执行相关的消防措施;同时向信息网发送火灾地点及特征信息,通知交通、设备监控等工作站,依此提出相应的交通、设备控制方案,以便尽快疏散火灾地段的人员及车辆。在隧道交通拥挤或事故情况下,综合屏上有相应的状况显示,交通监控工作站提出相应的交通控制提案,并通知相关工作站以作出相应的反应。

针对每种异常情况,中央计算机系统均提出相应的各种处方提案控制模式,操作员可通过键盘/鼠标选择某一处方提案,也可自行发出自认为正确的命令,以抑制事故的发生和蔓延。操作员键入的命令,以及发生事故的地点、时间和性质等参数均存入相应的数据库服务器,可随时检索、调用、查询、打印和显示。

中央计算机信息网络的所有计算机均在统一的软件操作平台上工作,并设置了安全子系统,不允许非法入网。软件模块设计具备较强的冗余、校验、互锁、检错、纠错及自恢复功能。建立历史数据记录文件,供查询,统计,打印。人机界面:依靠图控组态软件,能方便地显示电力系统运行工况图,并包括隧道内照明、风机、泵房的运行工况,水位状态图,事故报警点,报警参量图等各种用户需要的画面。

(2)技术应用情况

系统主要设置了主/备服务器、千兆以太网三层交换机、局域网两层交换机、各子系统操作工作站、局域网管理/维护工作站、工程师工作站、网络打印机、通信线缆等设备,并配置了网管软件、数据库软件、图控组态软件等。

中央计算机信息网络系统中设置了一套具有镜像存储功能的专用网络服务器和一台网络管理计算机,分别具有系统服务和管理分配网络资源的功能。网络管理机负责各分系统的数据存取权限及资料分配,其级别为网络最高级。主控计算机采用的是通用性计算机。网络共设5台打印机,其中电力监控系统、交通与设备监控系统各配一台喷墨打印机,火灾报警配一台打印机打印火灾实时信息,一台用于彩色打印及图表打印,另一台制表打印机挂于网上,作为网络及网管打印机。

主服务器负责以 Windows NT 系统为平台的数据库管理,还以模块化软件为基础提供整个系统的实时数据库功能;实时数据库维护一个庞大的过程点和系统点的历史数据记录;历史数据可按照1s到24h的不同数据间隔采集数据。采用冗余服务器构成双局域网大大提高了系统的安全性。

平台软件采用 Windows NT 4.0；SQL server 7.0 为数据集成；Access 数据处理交换；IN-TOUCH 图控组态软件。另外,应用软件全部开发,采用模块化程序结构,各功能模块相对独立,并能互相协调工作,同时可以扩展及升级,数据文件结构及程序采用开放式结构。应用软件主要包括:初始化及自诊断模块、交通监控模块、设备监控模块、照明控制模块、电力 SCADA 模块、防灾报警模块、综合屏管理模块、通信模块、监控电源模块、显示打印机模块、热备份机切换模块。

8.4.3 数据采集

1)监测系统 V1.0 安设

(1)安设方案

该隧道的 8 处沉管接头部位,构件安设及接头处空间尺寸都很相似。由于隧道管段的不均匀沉降,故沉管接头处的压缩量、管段上下位置存在一定的微小差异,对于监测系统的安设而言,属于可以通过镜头位置调节而克服的影响。

红外摄像头主要监测的对象包括:OMEGA 橡胶、压板、螺栓、端钢壳。镜头通过可伸缩的三脚架固定,为避免两段沉管管段的相对错动,三脚架应集中固定在某一侧的管段上,使用时应保证红外摄像头垂直于拍摄面。

考虑到隧道运营时,空气中油烟、粉尘含量高,镜头长时间裸露在外将被污染,影响监测效果,损害监测设备的使用寿命。对此,本试验拟通过在监测范围外再加设防尘烟雾防护罩,营造不透风的监测环境,将油烟、粉尘隔绝在外。防尘烟雾罩由可自由组装的角铁框架、框架外粘连的防尘布组成,并可利用高强磁铁做短时间的固定,或可利用焊接、胶合等方式实现长期的固定。

如图 8-63 所示,模型为沉管隧道管段接头处的模拟,粉色四面体区域示意为红外镜头监测区域;浅绿色五面体区域示意为烟雾罩保护区域。

(2)现场安装

现场设备安设的条件比预期的复杂。主要挑战包括:人工操作空间小、场地积灰及油渍较多、在结构顶部安设设备的施工较为困难。

初期数据采集阶段,监测系统在每个接头处放置的时间都是一个星期。在每个接头处安设监测系统主要包括以下步骤:整合施工空间、清理构件表面、安设烟雾防护罩、安设红外镜头、监系统及镜头微调,如图 8-64～图 8-66 所示。

整合施工空间,主要是整理出监测系统安设及使用过程中所涉及的空间,工作人员将原有的部分线缆转移位置,并切割、清除掉部分多余的结构。部分接头处存在运营方加设的钢支撑,这些钢支撑无法转移或去除,缩减了施工空间。

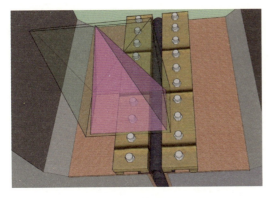
图 8-63　监测空间布置示意图

图 8-64　管节接头处空间

图 8-65　监测区域的构件表面

图 8-66　防尘架的布设

清理构件表面，主要是将目标监测区域内的 OMEGA 橡胶、压板、螺栓、端钢壳等构件表面的积灰、油渍去除。隧道投入运营多年，接头处各构件表面积灰约有 2cm 厚，部分接头处的构件表面存在油渍，较难清除。需要特别指出的是，部分接头处受渗漏水侵蚀，端钢壳表面出现锈蚀，这种现象会影响隧道结构安全，应避免。图 8-65 所示为监测区域的构件表面。

构件表面清洁工作完成后，将监测系统的温度采集探头贴附在监测区域外缘处压板的表面，以便收集监测区域的温度。

烟雾防护罩的角铁骨架在进隧道前已经根据现场空间的设计尺寸进行组装，在现场安装时只需对其进行固定。固定好角铁骨架后，在骨架表面附着防尘布（图 8-66），并使其对整个监测空间实现接近密封的状态。烟雾防护罩顶端设置有矩形接口，红外摄像头伸入这个接口中即可实现对目标区域的监测。架设红外摄像头时，需注意将相机架的 3 个伸缩杆都固定在同一个沉管管段上，这样可以避免相邻管段错动时牵动相机架导致的相机拍摄角度剧烈变动。

因为数据采集的需要，本系列数据采集都是短期收集，一个星期就需要转移一次系统。为了能更方便地将烟雾防护罩、相机架等设备转移，本阶段的硬件固定都采用强力磁铁吸附方式。通过强力磁铁的作用，将铁质烟雾防护罩、相机架吊挂在沉管顶部，磁铁提供的吸附力约为构件自重的5倍,可以实现附加构件的稳定。

架设好防尘架及红外摄像机后,将监控系统打开,测试红外摄像机以及温度探头的工作性能,并对红外摄像机的拍摄位置、拍摄角度进行微调。调节完毕后将防尘架的观测口扎紧,并整理好监测系统的各种线路,保证在数据采集期间系统不会被外界干扰。

2)数据分析

(1)隧道内温度变化

①温度标定。

架设红外监测系统时,监测区域外缘压板的表面贴附有温度探头。为确保该探头所采集数据的准确性,在进行数据采集前,先利用标准温度探头对该探头进行标定。

标准探头的感温元件为裸露的金属小杆件;现场探头的感温元件被塑料壳包裹,且不具备防水功能。故将标准探头及现场探头用密封塑料袋包在一起,将二者一起浸泡在热水中。随时间的推移,所测得的温度变化曲线如图8-67所示。

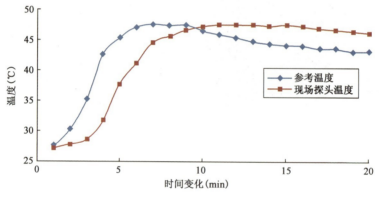

图8-67 温度标定曲线图

由图8-67中可知,两个探测器所测得的起始温度分别为27.4℃、27.2℃,相差0.2℃;所测得的最高水温分别为47.6℃、47.5℃,相差0.1℃。据此可认为现场温度探头的测量量程及精确度是可靠的。标定过程中体现出的温度变化速度不一致,现场温度探头的变化比标准探头更迟缓,是因为现场温度探头的感温元件被塑料壳包裹,未与水体直接接触,故温度感应不如标准探头敏感。

②隧道内温度变化。

以2013年9月27日为例,当日隧址最低气温21.0℃,最高气温26.0℃。检测系统布设在隧道江中段的E5~E6管段接头。所测得接头处构件表面一天的气温变化曲线如图8-68所示。

所测得气温最低为27.5℃,最高为29.5℃,最大温差为2℃,且温度变化较为迟缓,可以认为温度基本均衡。

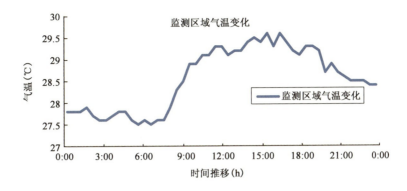

图 8-68 现场构件表面温度

(2) 单点的红外图像数据变化

前阶段室内试验所提出的温度突变法及导热差分法,本质上均需要在监测界面上对各构件的图像数据进行差分。本系统中主要衡量压板—端钢壳—OMEGA 橡胶的图像数据差值变化。为衡量初期所采集数据的可用性,特选取点位分析其图像数据的稳定性。

①理想状态下的单点图像数据。

图 8-69 所示为压板上单点的红外图像数据随时间推移的变化。此时室内无风,试验构件置于有一定隔温效果的试验室内,气温随时间而缓慢升高。由图示可知,图像数据介于 5 542~5 555,11h 内,图像数据变化的差值在 13 之内。理想状态下,单点的图像数据应是平稳的,其变化也符合气温的波动。

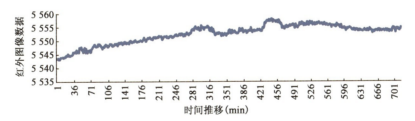

图 8-69 压板单点的图像数据

②隧道现场构件的单点图像数据。

图 8-70 所示为 9 月 27 日所拍摄得到的压板表面单点红外图像数据变化曲线。24h 内温度变化幅度为 2℃,但是单点图像数据变化幅值介于 5 630~5 830,变化幅度接近 200。相比于理想条件,现场条件下的单点图像变化数据差值远远超过预期值,并且相邻时段内图像数据曲线并不平滑,表明数据在短时间内出现跳动。

(3) 各点图像数据差值的变化

单点图像数据的变化只是定性的对数据可靠性进行探索。在此基础上,对于目标区域各点的图像数据差值继续分析,更符合本研发需求。

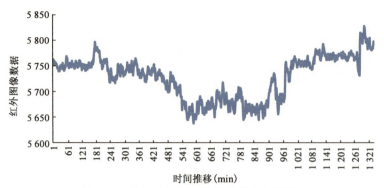

图8-70 压板上单点的红外图像数据日变化情况

①理想状态下各点的图像数据差分。

图8-71所示为温度突变法室内试验阶段的数据示意图。向OMEGA橡胶后腔灌入温水后,压板、端钢壳与OMEGA橡胶的图像数据差值出现突变,并随着时间推移,构件之间温差逐渐减小,红外图像数据的差值开始平稳下降。

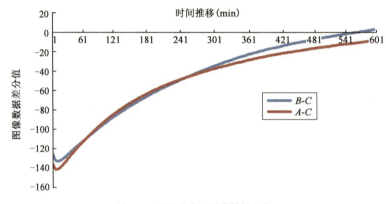

图8-71 理想状态下图像数据变化

②隧道现场各构件的图像数据差分。

压板上各点的红外图像数据差分值日变化情况。

图8-72所示为9月27日所拍摄得到的构件表面各点红外图像数据变化曲线。24h内温度变化幅度为2℃,但是各点图像数据差值变化幅值介于 $-80 \sim 20$,变化幅度接近100。相比于理想条件,现场条件下的各点图像变化数据差值的波动幅度远远超过预期值,并且相邻时段内图像数据曲线并不平滑,表明数据在短时间内出现跳动。

3)初步结论

结合现场24h内的温度变化和各点红外图像数据差值变化图,可发现构件表面单点的图像数据变化曲线与温度变化曲线无明显对应关系,图像数据差值的变化趋势与温度变化的曲线趋势有一定程度的共通,但是图像数据差值存在较为剧烈的波动。这种波动从单点的图像数据上体现得更为明显。

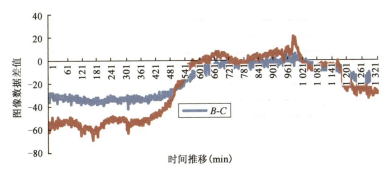

图 8-72 现场条件下图像数据变化

为了得到更为严格合理的数据,需要解决单点图像数据的波动问题。

8.4.4 系统改进

现场所测得数据的波动性超出试验室理想条件下所获得的数据,其主要原因可能源自两方面:相机在现场的振动、隧道现场的构件表面空气流通改变温度。本节将分别验证这两种导致误差出现的因素。

1) 振动

车辆在隧道内行驶时,会导致沉管隧道产生轻微的振动,部分重型车辆可以带来轻微震感。红外摄像机架设在管段接头处,振动等因素导致的两相邻管节错动更加明显。振动有可能导致红外相机拍摄区域的变动,相机需要一定时间相应拍摄边界的变动,因而产生数据突变。对此,在试验室内对振动因素进行分析。图 8-73、图 8-74 为红外摄像头与拍摄对象。

图 8-73 附振动仪的红外摄像头

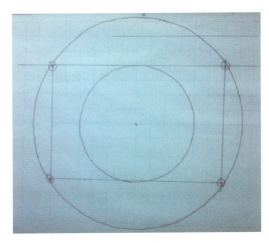

图 8-74 拍摄对象

在保温的试验室内,架设拍摄系统,在正常的无振动条件下拍摄 30min,每分钟取用 1 个数据;在相机下连接振动仪,制造出较为明显的无规律振动(图 8-75、图 8-76)。拍摄对象为贴附在塑料平板上的白纸,拍摄距离为 2m,整个试验在无风环境下进行。

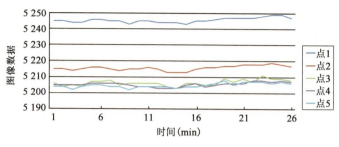

图 8-75　无振动时的图像数据

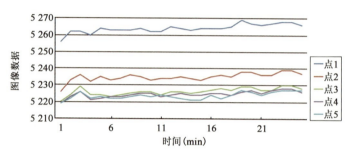

图 8-76　有振动时的图像数据

上述无振动及有振动时的图像数据图样,具有相同的时间、图像数据量纲,从其数据曲线的线形波动幅度可知,振动对于红外摄像机获取数据并没有显著影响。

2）漏风

红外监测系统拍摄的位置是沉管隧道管段接头处的管廊上半段。在布设监测系统时,可明显感觉到管廊两侧的行车区间与设备管廊之间的空气流动。流动的空气携带着隧道内通行车辆制造的热量,从隧道构件表面吹过,很有可能对监测结果产生影响。

在现场与室内无风环境两种工况下,主要的条件区别也在于空气的流通。隧道内空气携带热量,并有较高强度的粉尘与油烟。对此,对防尘烟雾防护罩及相机架作出以下改进。

（1）相机架改为独脚支架

相机架由支座、L形横杆、移动平台组成。支座包含空心杆件及底板,将底板焊接或胶接在压板、端钢壳上,即可固定。L形杆件一端插入支座的空心杆件中,且可根据需要调节插入深度,通过铆钉枪等方式固定其位置;L形杆件的横杆部分上架设移动平台,移动平台可在横杆上平移并调节角度;红外相机固定在移动平台上。

（2）烟雾防护罩改变形式

烟雾防护罩改为4个独立支撑,支撑为可伸缩的杆件形式,通过焊接、胶接等形式固定在端钢壳上。独立支撑固定好后,在四个支撑上牵引柔性钢索,即可构成烟雾防护罩的骨架。

烟雾防护罩外部的防风罩设计为2个半罩的形式,半罩均匀地分为左右两部分,可贴合在烟雾防护罩的骨架体系上,并通过密封拉链的形式将2个半罩结合起来,形成完整的罩体。

半罩在隧道外加工好，携带进隧道后，可先利用封边技术将半罩与沉管隧道结构表面固定起来。完成密封后，再将拉链拉合。

更重要的改变在于，烟雾防护罩将相机架整体包裹住，只需要预留红外相机数据线的出入位置即可。这种新的布置方式操作简单，对施工空间要求更低，并能更大程度保证密封、防振动及设备防腐蚀的效果。

(3) 烟雾罩封边

前阶段的试验中，利用柔性的磁条将烟雾罩的防尘布边缘贴附在端钢壳、压板上，受限于现场狭小的施工空间，烟雾罩边缘无法有效地用磁铁封住。另外，在防尘布的边缘处、端钢壳与压板的接合处、压板与OMEGA橡胶的接合处等均存在漏风的缝隙。这些不足很可能就是导致产生空气流通，从而导致数据突变的原因。

新型烟雾防护罩的设计提供了更大的试验操作空间，可采用胶接、补充泡沫等更为可靠的方式实现对防尘布的密封。

8.4.5 现场试用

利用改进的烟雾防护罩、相机架等设备，展开新一轮数据采集。

1) 数据可靠性

对比图 8-77、图 8-78 所示 24h 内单点的图像数据变化曲线可见，烟雾防护罩改进后，单点的图像数据曲线短时间内变动幅度降低，同时剧烈变动的数据段明显减少，数据的可靠性大幅度提升。

图 8-77　原有烟雾防护罩中 24h 的单点数据变化

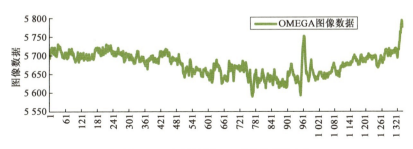

图 8-78　新烟雾防护罩中 24h 的单点数据变化

对比图8-79、图8-80所示24h内各点的图像数据差值变化曲线可见,烟雾防护罩改进后,各点的图像数据差值开始呈现明显的大小关系,并且相邻时段内数据并未出现剧烈波动,各组数据间可体现出潜在的规律。基于改进后的烟雾防护罩、相机架,采集的数据可用于分析现场构件的红外辐射规律。

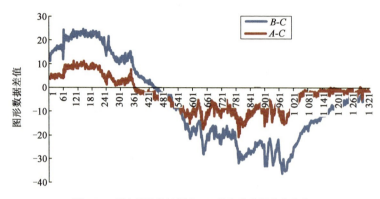

图8-79 原有烟雾防护罩中24h的各点数据差分变化

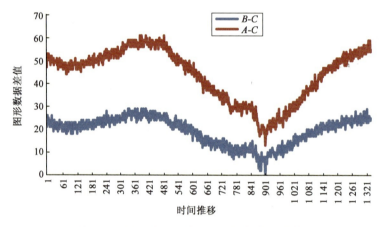

图8-80 新烟雾防护罩中24h的各点数据差分变化

2) 规律分析

根据室内试验阶段提出的温度突变法及导热差分法判定思路,主要针对OMEGA橡胶、压板、端钢壳的红外图像数据进行分析。

理论上,严格的分析流程为:建立不同物体图像数据与温度、湿度的函数关系;根据该函数关系确定渗漏情况。实际上,红外相机所提供图像数据介于0~16 383,为无量纲数。该数值与相机感光元件所接收到的红外辐射强度有一定关联,但是相机供应商并未提供严格的转换关系。经验证,红外图像数据与环境温度无法通过简单的多项多次式(4次方以内)进行拟合,加之红外相机在现场采集的图像数据是在小范围内波动的数据,无法严格契合现场温度。现场条件下,不同材料的表面性能也会对图像数据有影响,且难以对每一处构件的性能逐一进行分析,故尝试采用更加简单实用的判定方式。

温度突变法及导热差分法的共性在于,都需要取用 OMEGA 橡胶、压板、端钢壳的红外图像数据,分析其相互差值的规律。渗漏水对 OMEGA 橡胶的红外辐射性能产生直接影响,对压板、端钢壳的影响较小。

设 OMEGA 橡胶图像数据为 A,压板的图像数据为 B,端钢壳的图像数据为 C,可知 x 相对会随渗漏水产生较大变化,B、C 较为稳定。故取 B-C 值为 x 轴坐标,A-B 值为 y 轴坐标,作散点图,分析 A-B 及 B-C 的分布规律。

选择相邻的两个沉管接头,一个已产生隐藏的渗漏水,另一个未产生渗漏水,每个接头处进行连续 24h 持续的数据采集,两处接头分别在 10 月 11 日、10 月 12 日采集数据。相邻两天的天气条件类似,监测所得温度数据、湿度数据非常接近。

图 8-81 所示两个点域的分布具有一定规律,在相似的现场气候环境下,所得的红外图像数据差分值的分布分属不同的位置,这意味着这些数据可以被系统识别区分。对图示两个点域分别进行线性拟合,分别得到线性方程:

无渗漏水时数据拟合方程
$$y = 0.904\ 1x - 3.014\ 5 \tag{8-11}$$

产生渗漏水时数据拟合方程
$$y = 0.758\ 6x - 26.196 \tag{8-12}$$

式中:y——OMEGA 橡胶图像数据减去压板图像数据(A-B);

x——压板图像数据减去端钢壳图像数据(B-C)。

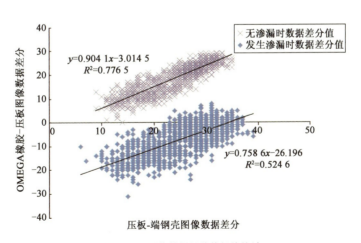

图 8-81 图像数据差分值规律统计

利用图 8-82 所示类似的点域分布图,本试验所采集到的稳定工况中,红外图像数据差分值的分布均与图示相类似。由于本阶段数据采集时烟雾罩、相机架等设备的铺设为临时结构,其性能局限性使得现场采集的数据未能达到室内条件下数据的稳定性。根据 21 个工作日里采集的较为可靠的数据分析,图像数据差分值偏离拟合方程的最大误差为 14.335 2。

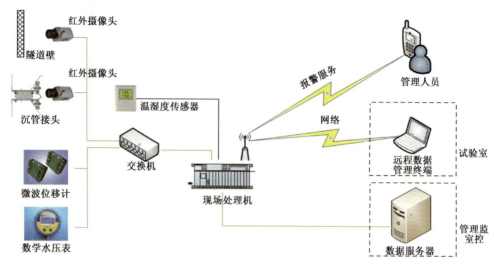

图 8-82　多功能监测平台构架示意图

3）判定标准的选择

前文所述的红外图像数据差分值分布规律,为导热差分法及温度突变法拟定判定的标准。

(1) 导热差分法

本阶段所采集的数据,符合导热差分法的环境设定,即:沉管隧道接头处产生有渗漏水,渗漏水隐藏在 OMEGA 橡胶后,经历一段时间,构成隧道内外温差环境下稳定的热交换过程。

以未产生渗漏水的沉管隧道接头处所采集的数据为基准,依据式(8-11),取判定标准为:

$$|y-(0.904\ 1x-3.104\ 5)|\geqslant 20 \tag{8-13}$$

式(8-13)中,考虑到数据采集阶段所出现的差分值分布最大误差约为 15,故取经验值 20 作为判定的阈值。

利用已采集的数据,考虑到 A-B 及 B-C 散点的分布是沿拟合曲线上下两侧无规律波动,故不能单凭一组数据判定是否渗漏。导热差分法涉及的导热过程是长期而稳定的过程,故判定标准再附加一条:

当采集的数据中,连续 60 个时刻的数据(目前每分钟拍照一次,故 30 组数据表示 30min 所采集的数据)内,有 30 组 X-Y 及 Y-Z 的数值分布符合不等式 8-13 时,即判定为已发生渗漏水。

这条附加的判定同时可以避免因为系统误差(如个别数据突变),导致的系统误判。

(2) 温度突变法

本阶段现场试验的条件并不符合温度突变法的环境:原本没有渗漏水的沉管隧道管节接头处突发渗漏,渗漏水水体温度与隧道内温度存在温差,突发的渗漏导致管节接头处构件表面温度突变。

前阶段室内试验条件下所取得的试验结果表明,一定程度温差的渗漏水体即可导致明显的红外图像数据变化,如4℃温差的渗漏水将带来红外图像数据将近100的变化。

取温度突变法的判定标准为:

$$|y-(0.9041x-3.1045)| \geqslant 30 \tag{8-14}$$

式(8-14)中,考虑到数据采集阶段所出现的差分值分布最大误差约为15,故取经验值30作为判定的阈值。并附加以下条件:

当采集的数据中,连续10个时刻的数据(目前每分钟拍照一次,故10组数据表示10min所采集的数据)内 $A\text{-}B$ 及 $B\text{-}C$ 的数值分布符合式(8-14)时,即判定为已发生渗漏水。

附加条件可有效规避系统误差。室内试验的结果表明,渗漏水体与隧道内环境温差达到3℃时,系统即可判定出渗漏水。

需指出的是,隧道突发渗漏水一般是在冬季,此时隧道内外温差一般较大,这是有利因素;另一方面,实际条件下渗漏水的渗漏速度比试验条件下要小,且渗漏路径较室内试验条件下长,这些属于不利因素。

8.4.6 多功能监测平台

根据本阶段现场试验工作所积累的大量经验及对隧道运营管理需求的认识,提出以红外监测系统为基础,开发多功能电子监测系统。该系统以红外监测系统为主,对沉管处接头的渗漏水进行远程、实时和自动监测;并在管节接头处加设压缩量微波位移测量器及数字式渗漏水压力百分表等,可实现对沉管接头处压缩量、渗漏水水压的多功能自动监测。

图8-82所示即为增设微波位移计、数字水压表等设备的系统构成示意图。相比原有的系统设计,多功能监测系统可以充分发挥原系统中数据收集与处理设备的功能,有效提高系统的性价比。

多功能监测系统是一个可以根据工程需要进行整合的监测系统。系统可针对现场温湿度、渗漏水情况、沉管管段压缩量等数据进行实时监测、长期存储,及时掌控现场条件,不但有利于实时的隧道运营管理,也可以为阶段性的隧道整修、维护工作提供决策依据,具有重大的工程实用意义。

8.4.7 本节小结

本阶段隧道现场的数据采集与系统试运行工作,研究人员切身体会到隧道运营中高粉尘、高油烟的恶劣条件。设备安装及采集过程,为系统硬件、辅助设备、系统软件编制等方面的工作取得了宝贵经验,有利于对监测系统进行符合工程实用的改进。

(1) 系统硬件

为了能便捷地对各个接头进行数据采集,本阶段将所有硬件集成到设备箱中。经现场运行后,对集成方式及设备选型作出部分改动,有利于延长监测系统的使用寿命。

(2) 辅助设备

为取得稳定、可靠的监测数据,并保护好红外摄像头、温湿度探头等外露的设备,需要架设烟雾防护罩作为辅助设备。经过数次设计与尝试,已总体解决了烟雾防护罩初加工、现场铺设、防风防尘等环节的技术问题,为监测系统的后期工程应用提供了较为理想的局部现场环境。若考虑设备的长期使用,在防尘材料选购、施工方式方面进一步改进,可获得更为稳定的监测数据。

(3) 系统软件

本阶段所采集的现场数据,可与前阶段室内试验阶段的成果结合起来,构成较为完善的渗漏水判定标准。根据此标准,可编制出监测系统的核心模块。同时,大量的现场经验,也促进了对监测系统通信模块、数据存储与传输模块等内容的改进。

(4) 系统升级

根据所积累的监测经验及对隧道运营工作的认识,提出了沉管接头处多功能监测平台的理念,弥补了现有运营监测工作的空白,具有较大的工程实用价值。

8.5 本章结论

本章以沉管隧道接头处渗漏水监测为基本研究对象,构建了基于红外技术的沉管隧道接头渗漏水监测系统,并进一步提出接头处多功能电子监测系统的研发思路。主要研究成果如下所示:

1) 沉管接头渗漏水红外监测系统的构建

红外监测系统包括硬件和软件两部分,其中硬件系统为:

(1) 用于数据采集的红外摄像头和温湿度探头。

(2) 用于数据分析的工控机和嵌入式现场处理器。

(3) 用于数据储存的远端控制台和现场处理器。

(4) 用于数据传输的光纤和数据交换机。

(5) 用于监控预警的短信发送装置等。

2) 沉管接头渗漏水的判定方式和室内试验验证

根据接头处渗漏速度的区别,提出两种渗漏水判定方式:针对缓慢渗漏的导热差分法和针对快速渗漏的温度突变法。并据此构建室内试验装置,对两种判别方式进行了验证。对于导热差分法,当存在隧道内外温差时,导热路径的变化会带来较大的图像数据变化,红外系统可以基于这种变化判定是否发生水体渗漏。对于温度突变法,若快速渗漏的水体与沉管接头处的构件存在较大温差时,则会造成温度突变,红外系统可以针对这种变化进行渗漏水的判定。

3)红外监测系统现场试验验证与升级

通过将红外监测系统安设在上海外环隧道(试验依托隧道)接头处,得到初步的监测数据,并据此对监测系统进行改进与升级,主要为:

(1)采用集成箱对所有硬件设备进行集成与保护,延长监测系统的使用寿命。

(2)增加烟雾罩等辅助设备,对摄像头等敏感元件进行保护。

(3)现场的使用经验促进了对监测系统的通信模块、数据存储与传输模块等的改进。

(4)根据现场监测经验,提出了沉管接头的多功能监测平台概念。

第 9 章　展　　望

　　公路隧道服务期间面临技术难题包括：洞内汽车尾气排放重，含多种污染物，对人体有害；交通不规则，车辆轮迹线复杂，事故较多；火灾风险高，特长隧道防灾救援困难等，尤其公路隧道防灾减灾是技术重点。

　　本专著以国家科技支撑计划项目港珠澳大桥跨海集群工程建设关键技术之课题五子课题四主要成果为基础撰著而成，以港珠澳大桥海底沉管隧道的建设和运营为工程背景，系统论述了沉管隧道防灾减灾关键技术的研究方法、研究手段、研究结论，详细阐述了沉管隧道结构防火、通风排烟、安全设施配置、防灾救援、防水灾监测等关键技术。

　　介绍了十项学术性成果：

　　(1)研制了 1:1 足尺沉管隧道防灾减灾综合试验平台。

　　(2)得到了在管节顶板深度的温度梯度变化特征。

　　(3)得到了管节高温条件下相应位置处的力学参数及构件损伤承载力。

　　(4)建立了沉管隧道三维热-力耦合模型，分析火灾下管节与节段的变形、应力分布，提出了有无防火板的管节损伤深度和剪力键应力分布。

　　(5)得到不同火源类型及不同热释放速率增长模式，并给出了不同增长模式下的增长函数。

　　(6)得到了不同热释放速率的洞内烟气层高度分布函数。

　　(7)得到了洞内温度场分布和烟气扩散的层高、前沿、下缘等流态特征。

　　(8)提出了沉管隧道侧向集中排烟最优效率控制方法。

　　(9)提出了感温式报警系统热辐射定位方法。

　　(10)提出了可反映人员疏散能力的安全疏散系数。

　　还介绍了九项工程性成果：

　　(1)提出了沉管隧道结构耐火保护技术措施。

　　(2)建立了火源类型—热释放速率—火灾场景关系，设计了港珠澳隧道可能的火灾事故场景。

　　(3)提出了隧道机电设施的耐温安全范围，以及烟气扩散对逃生救援的影响范围和时间。

　　(4)得到了保证烟气流量均衡的各排烟口排烟阀开启角度，提出了港珠澳大桥海底沉管隧道侧向集中排烟控制策略。

（5）提出了港珠澳大桥海底沉管隧道泡沫-水喷雾系统的合理开启范围、感温式火灾报警热辐射定位方法与灭火设施的集成优化方案。

（6）建立了人员疏散的计算模型和安全评估准则，评价人员疏散的安全度。

（7）初步提出了沉管隧道防灾救援预案。

（8）获得了火灾场景下隧道内人员逃生疏散速度与时间。

（9）研发了沉管隧道接头渗漏水智能红外监测系统。

特长海底沉管隧道火灾是一种较为复杂的火灾形式，其防灾减灾问题是一项多学科、多理论、多手段的课题，作者竭尽才思、锲而不舍，对该问题做了力所能及的探索，但终因能力有限，存在不足之处在此指出，为以后的研究工作指明方向：

（1）足尺试验的测量设备布置密度较小，测试设备涵盖不全面，在今后的研究中，条件允许的情况下，可增加设备的布置密度、工况的完善程度和重复次数，以期获得更全面的基础数据。

（2）火灾试验在纵坡 $i=0$ 的隧道中进行，而隧道纵坡对于火灾烟气的影响较大。当隧道拥有一定坡度时，烟气的垂直方向和水平方向均存在矢量作用，其运动规律将产生的变化有待进一步探讨。

（3）试验只考虑了静止火源，对于车辆在行驶过程中发生燃烧的情况未考虑。对于移动火源，烟气羽流结构形式可能发生变化，对此可以做深入研究。

（4）本专著的侧重点是对沉管隧道火场环境的研究，而在此基础上，可进一步提出人员的逃生策略等问题。如在沉管隧道发生火灾时，如何快速疏散人员，制定相关标准和配套技术措施、管理方法等。可根据离岸特长沉管隧道火灾类型、人员安全疏散的影响因素、疏散的时间组成及计算方法，建立火灾安全疏散的分析计算模型和安全判定准则。

（5）本专著研究火灾排烟时的计算和试验都基于固定的排烟口形状，并未对排烟口形状、尺寸等方面进行深入讨论，以后可在这方面再进行探讨。

（6）在对温度场分析中没有考虑混凝土爆裂的影响，爆裂是造成沉管隧道管节结构损伤的一个重要因素，同时在温度场分析中也是起重要作用的一个因素。当考虑爆裂发生时，结构混凝土的爆裂可能会导致温度向更深的部分发展，使深部的管节结构受到高温影响，这与实际的火灾场景会更加接近。

（7）本专著仅探讨了 2.0cm（两层 1.0cm）厚玻镁防火板对沉管隧道结构的防护效果，有必要对不同隔热条件的防护效果进行研究。

确保隧道安全是社会的关注重点，隧道防灾减灾是行业的重要课题，隧道耐高温是结构耐久性的关键。面对离岸深水、崇山峻岭，向社会提供更加安全的隧道交通环境是我们的任务和责任。

附录 A　试验相关图片

附图 A-1　试验隧道外观图

附图 A-2　沉管隧道火灾预试验

附图 A-3　开展 5MW 汽油火试验

附录A 试验相关图片

附图 A-4　开展 5MW 木垛火试验

附图 A-5　开展 5MW 柴油火试验

附图 A-6　开展 5MW 火灾烟雾扩散规律试验

附图 A-7　开展 10MW 汽油火温度场烟雾场试验

附图 A-8　开展 20MW 汽油火临界风速温度烟雾场试验

附图 A-9　开展 20MW 木垛火临界风速温度烟雾场试验

附录A 试验相关图片

附图 A-10　小汽车、大客车火灾试验

附图 A-11　大规模油池火灾试验（50MW 左右）

附图 A-12　港珠澳大桥管理人员观摩火灾试验现场

附录 B 人员疏散调查问卷

B.1 调查问卷形式

人员疏散调查内容如附表 B-1 所示、疏散行为调查如附表 B-2 所示。

个体特征调查　　　　　　　　　　　　　　　　　　　　　　　　　　　　　附表 B-1

NO.	问 题	选 择 答 案
1	您的年龄？（　）	A. 18 岁以下 B. 18～35 岁 C. 36～55 岁 D. 55 岁以上
2	您的性别？（　）	A. 男　　　　　　　　　　　　B. 女
3	您的文化程度是什么？（　）	A. 小学及以下 B. 初中 C. 高中 D. 大学及以上
4	您通过公路隧道的频率是多少？（　）	A. 一天一次以上 B. 一周一次以上 C. 一月一次以上 D. 一年一次以上 E. 从没经过
5	您是否关心公路隧道内火灾发生时的安全问题？（　）	A. 非常关心 B. 比较关心 C. 一般关心 D. 很少关心 E. 不关心
6	您认为您在公路隧道内会遇见火灾吗？（　）	A. 会 B. 可能会 C. 一般不会 D. 不会
7	您曾经历过火灾或参加过火灾安全训练、消防演习吗？（　）	A. 从未经历过火灾或其他紧急事件 B. 从日常生活经验中知道一点火灾的常识 C. 在学校或公司接受过一些火灾或紧急状态的培训 D. 经历过火灾或者专门的火灾疏散演习

续上表

NO.	问题	选择答案
8	经过公路隧道时,您是否会观察公路隧道内的疏散设施?（　）	A. 经常关注 B. 偶尔关注 C. 从不关注
9	您对公路隧道内的灭火器的熟悉程度如何?（　）	A. 不知道隧道内有灭火器 B. 知道有,但不知道具体的位置 C. 知道具体位置,但不会使用 D. 知道具体位置,且能熟练使用
10	您对公路隧道内人员逃生的指示标志的熟悉程度如何?（　）	A. 不知道隧道内有指示标志 B. 知道有,但不知道哪些是 C. 知道哪些是,但不确定具体的位置 D. 知道,且能很快找到
11	您对隧道内供人员逃生的横通道(连接两条隧道的通道,可供人员逃生)的熟悉程度如何?（　）	A. 从来没听 B. 听说过,不知道在哪 C. 知道在哪,没有使用过 D. 知道有,并且使用过
12	您对隧道内供人员逃生的竖向楼梯或滑梯(通向路面下方的安全空间,可供人员逃生)的熟悉程度如何?（　）	A. 从来没听说 B. 听说过,不知道在哪 C. 知道在哪,没有使用过 D. 知道有,并且使用过

疏散行为调查　　　　　　　　　　　　　　　　　　　附表 B-2

NO.	问题	选择答案
1	假如公路隧道内发生了火灾您会如何做?（　）	A. 首先控制火势,控制不住时再报警 B. 不去灭火,但会打119报警 C. 不去灭火也不报警,原地等待救援 D. 不去灭火也不报警,直接撤离现场 E. 先观察他人的行为,再决定是灭火还是报警
2	在前方发生火灾且不受控制时,您首先会想到的是什么?（　）	A. 掉头开车逃生 B. 待在车里不知道该怎么办 C. 迅速下车并指挥后边人员下车逃生 D. 迅速下车自己逃生 E. 坐在车里观看其他车辆行为再决定
3	当下车逃生时,您会如何处置车上物品?（　）	A. 只携带昂贵物品逃生 B. 能携带多少就携带多少逃生 C. 什么都不携带直接逃生 D. 根据情况,选择合理的物品
4	您认为火灾时公路隧道内影响人员疏散的最主要因素是哪个?（　）	A. 车辆多,交通易阻塞,不利于逃生 B. 空间狭长,逃生时人流无序 C. 火灾产生有害气体太多,浓烟不利于逃生 D. 不熟悉逃生路线 E. 周围人员行为影响自己行为,不利于逃生 F. 火灾发现较晚,不利于逃生 G. 其他

续上表

NO.	问题	选择答案
5	下车逃生时,您会选择哪条路线逃生?（　）	A. 沿隧道返回逃生 B. 选择人少的疏散通道逃生 C. 选择能最快最近撤离的疏散通道逃生 D. 根据隧道内指示灯逃生 E. 听从指挥,别人往哪走就往哪走
6	下车逃生时,您会如何?（　）	A. 等待车上全部人下车一起逃生 B. 等车上亲人(伙伴)下车一起逃生 C. 不会等待他人,自己逃生 D. 主动组织大家有序疏散后,自己撤离
7	发生火灾逃生过程中,您会如何?（　）	A. 走在人群中间 B. 跟在人群后面 C. 尽量往人群前面挤 D. 不确定
8	当隧道内烟气较浓时,您会如何?（　）	A. 直行快速逃生 B. 弯腰低头逃生 C. 寻找水源,弄湿手帕捂住鼻子逃生 D. 跟着周围人员行动
9	逃生过程中发现您的亲人走失,您会如何?（　）	A. 穿过人群返回寻找 B. 从人群边缘返回寻找 C. 原地等待 D. 走到安全区域等待
10	如果发现逃生过程中有人摔倒,您会如何?（　）	A. 扶起摔倒的人一起逃生 B. 在摔倒人的身边大声喊叫,提醒后边的人 C. 尽量避让,以免发生踩踏事件 D. 自己疏散要紧,直接越过去
11	假如隧道内发生了火灾,当您走到疏散通道口发现非常拥挤时,您会如何?（　）	A. 一直耐心等待 B. 等待一会儿,会很着急,而且感觉很恐慌 C. 不会耐心等待,会向前挤 D. 其他
12	下列疏散行为中,您认为正确的有哪些?（多选）	A. 进入逃生楼梯(滑梯)时,要等前一个人下到底部再行动 B. 几个人并行在逃生楼梯(滑梯)下滑 C. 寻找水和抹布,捂住鼻子再逃生 D. 逃生过程中应尽量将身体贴近地面,匍匐或弯腰前进 E. 疏散通道内疏散指示灯一般为绿色 F. 朝着白光指示灯方向逃生 G. 跟着大多数人员逃生
13	发生火灾时,您是否相信隧道内疏散设施能帮助自己安全逃生?（　）	A. 完全相信 B. 基本相信 C. 不怎么相信 D. 完全不相信

注:填写时,请您尽量将自身行为置于恐慌心理条件下,不要受道德、常识等影响。

B.2 调查问卷结果

人员个体特征调查结果如附表 B-3 所示;疏散行为调查结果如附表 B-4 所示。

人员个体特征调查结果统计　　　　　　　　　　　附表 B-3

1. 您的年龄是? 　A. 18 岁以下(4.2%)　　B. 18~35 岁(76%) 　C. 36~55 岁(18.65%)　D. 55 岁以上(1.15%)	2. 您的性别是? 　A. 男(53.6%)　　B. 女(46.4%)
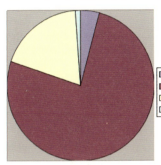	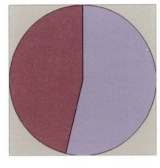
3. 您的文化程度是什么? 　A. 小学及以下(0.72%) 　B. 初中(10%) 　C. 高中(25%) 　D. 大学及以上(64.28%)	4. 您通过公路隧道的频率是多少? 　A. 一天一次以上(6.45%) 　B. 一周一次以上(11.89%) 　C. 一月一次以上(35.35%) 　D. 一年一次以上(40.27%) 　E. 从没经过(6.04%)
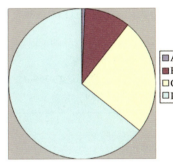	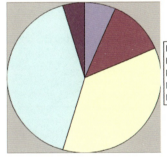
5. 您是否关心公路隧道内火灾发生时的安全问题? 　A. 非常关心(24.08%) 　B. 比较关心(27.05%) 　C. 一般关心(29.41%) 　D. 很少关心(16.60%) 　E. 不关心(2.86%)	6. 您认为您在公路隧道内会遇见火灾吗? 　A. 会(11.68%)　　B. 可能会(34.63%) 　C. 一般不会(46%)　D. 不会(7.69%)

续上表

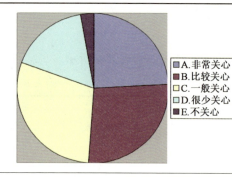

7. 您曾经历过火灾或参加过火灾安全训练、消防演习吗?
   A. 从未经历过火灾或其他紧急事件(21.82%)
   B. 从日常生活经验中知道一点火灾的知识(33.4%)
   C. 在学校或公司接受过一些火灾或紧急状态的培训(33.71%)
   D. 经历过火灾或者专门的火灾疏散演习(11.07%)

8. 经过公路隧道时,您是否会观察公路隧道内的疏散设施?
   A. 经常关注(13.42%)
   B. 偶尔关注(53.18%)
   C. 从不关注(33.4%)

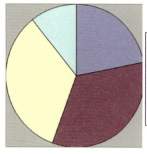

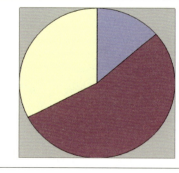

9. 您对公路隧道内的灭火器的熟悉程度如何?
   A. 不知道隧道内有灭火器(33.91%)
   B. 知道有,但不知道具体的位置(48.05%)
   C. 知道具体位置,但不会使用(10.66%)
   D. 知道具体位置,且能熟练使用(7.38%)

10. 您对公路隧道内人员逃生的指示标志的熟悉程度如何?
    A. 不知道隧道内有指示标志(22.64%)
    B. 知道有,但不知道哪些是(37.81%)
    C. 知道哪些是,但不确定具体的位置(27.36%)
    D. 知道,且能很快找到(12.19%)

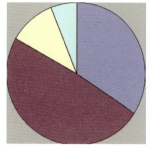

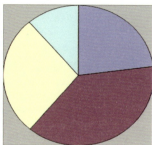

续上表

11. 您对隧道内供人员逃生的横通道(连接两条隧道的通道,可供人员逃生)的熟悉程度如何?
   A. 从来没听说过(33.2%)
   B. 听说过,不知道在哪(36.27%)
   C. 知道在哪,没有使用过(25%)
   D. 知道有,并且使用过(5.53%)

12. 您对隧道内供人员逃生的竖向楼梯或滑梯(通向路面下方的安全空间,可供人员逃生)的熟悉程度如何?
   A. 从来没听说过(39.55%)
   B. 听说过,不知道在哪(41.19%)
   C. 知道在哪,没有使用过(17.01%)
   D. 知道有,并且使用过(2.25%)

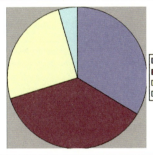

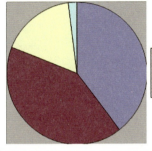

疏散行为调查结果统计　　　　　　　　　　　　　　　　　　　附表 B-4

1. 假如公路隧道内发生了火灾您会做?
   A. 首先控制火势,控制不住时再报警(28.38%)
   B. 不去灭火,但会打119报警(53.18%)
   C. 不去灭火也不报警,原地等待救援(3.38%)
   D. 不去灭火也不报警,直接撤离现场(6.25%)
   E. 先观察他人的行为,再决定是灭火还是报警(8.81%)

2. 在前方发生火灾且不受控制时,您首先会想到的是什么?
   A. 掉头开车逃生(26.43%)
   B. 待在车里不知道该怎么办(3.69%)
   C. 迅速下车并指挥后边人员下车逃生(40.78%)
   D. 迅速下车自己逃生(20.7%)
   E. 坐在车里观看其他车辆行为再决定(8.4%)

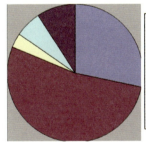

3. 当下车逃生时,您会如何处置车上物品?
   A. 只携带昂贵物品逃生(24.8%)
   B. 能携带多少就携带多少逃生(18.55%)
   C. 什么都不携带直接逃生(12.4%)
   D. 根据情况,选择合理的物品(44.25%)

4. 您认为火灾时公路隧道内影响人员疏散的最主要因素是哪个?
   A. 车辆多,交通易阻塞,不利于逃生(36.07%)
   B. 空间狭长,逃生时人流无序(31.35%)
   C. 火灾产生有害气体太多,浓烟不利于逃生(26.02%)
   D. 不熟悉逃生路线(16.39%)
   E. 周围人员行为影响自己行为,不利于逃生(5.74%)
   F. 火灾发现较晚,不利于逃生(3.38%)
   G. 其他(并写出你认为最主要的因素)(1.13%)

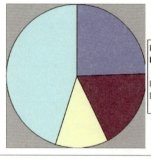 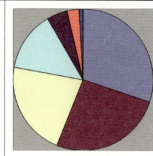

5. 下车逃生时,您会选择哪条路线逃生?
   A. 沿隧道返回逃生(12.4%)
   B. 选择人少的疏散通道逃生(13.11%)
   C. 选择能最快最近撤离的疏散通道逃生(29.2%)
   D. 根据隧道内指示灯逃生(35.76%)
   E. 听从指挥,别人往哪走就往哪走(9.53%)

6. 下车逃生时,您会如何?
   A. 等待车上全部人下车一起逃生(12.09%)
   B. 等车上亲人(伙伴)下车一起逃生(46.93%)
   C. 不会等待他人,自己逃生(12.7%)
   D. 主动组织大家有序疏散后,自己撤离(28.28%)

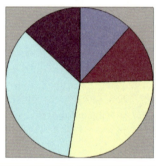 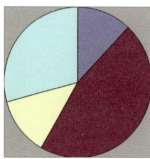

7. 发生火灾逃生过程中,您会如何?
   A. 走在人群中间(19.98%)
   B. 跟在人群后面(21.41%)
   C. 尽量往人群前面挤(12.7%)
   D. 不确定(45.91%)

8. 当隧道内烟气较浓时,您会如何?
   A. 直行快速逃生(4.51%)
   B. 弯腰低头逃生(37.19%)
   C. 寻找水源,弄湿手帕捂住鼻子逃生(49.39%)
   D. 根着周围人员行动(8.91%)

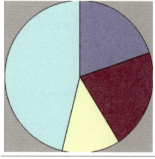 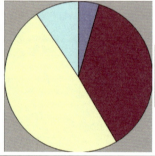

9. 逃生过程中发现您的亲人走失,您会如何?
   A. 穿过人群返回寻找(21.21%)
   B. 从人群边缘返回寻找(27.05%)
   C. 原地等待(7.27%)
   D. 走到安全区域等待(44.47%)

10. 如果发现逃生过程中有人摔倒,您会如何?
    A. 扶起摔倒的人一起逃生(36.8%)
    B. 在摔倒人的身边大声喊叫,提醒后边的人(23.6%)
    C. 尽量避让,以免发生踩踏事件(37.5%)
    D. 自己疏散要紧,直接越过去(2.1%)

续上表

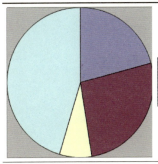
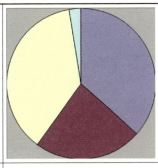

11. 假如隧道内发生了火灾,当您走到疏散通道口发现非常拥挤时,您会如何?
    A. 一直耐心等待(22.44%)
    B. 等待一会儿,会很着急,而且感觉很恐慌(55.64%)
    C. 不会耐心等待,会向前挤(9.63%)
    D. 其他(12.29%)

12. 下列疏散行为中,您认为正确的有哪些?(多选)
    A. 进入逃生楼梯(滑梯)时,要等前一个人下到底部再行动(42.42%)
    B. 几个人并行在逃生楼梯(滑梯)下滑(17.11%)
    C. 寻找水和抹布,捂住鼻子再逃生(79.51%)
    D. 逃生过程中应尽量将身体贴近地面,匍匐或弯腰前进(74.39%)
    E. 疏散通道内疏散指示灯一般为绿色(66.19%)
    F. 朝着白光指示灯方向逃生(28.38%)
    G. 跟着大多数人员逃生(20.59%)

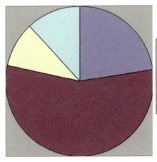
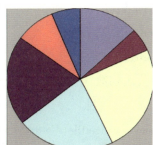

13. 发生火灾时,您是否相信隧道内疏散设施能帮助自己安全逃生?
    A. 完全相信(15.16%)
    B. 基本相信(61.58%)
    C. 不怎么相信(20.8%)
    D. 完全不相信(2.46%)

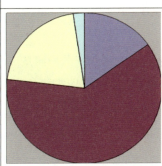

附录 C 相关 MATLAB 程序

C.1 step1 的 MATLAB 程序

function step1(coord)

%% 此函数尝试导入整个'data.dat'文件成为一个 240 行×1440 行、320 列矩阵,coord 为 N 行 2 列的矩阵的.txt 文档,其中第一列为图像横坐标,第二列为图像纵坐标;

% 导出的文件包括:step1.xls;step1_t1.png;step1_t2.png,可用于判断辐射值变化的趋势,为 step2 提供一些帮助

coord1 = load(coord);% 导入到临时取点矩阵 coord1 中使之成为矩阵

sz = size(coord1);% 矩阵大小

coord = zeros(sz(1),sz(2));% 建立一个与 coord1 同样大小的零矩阵 A

coord(:,1) = coord1(:,2);

coord(:,2) = coord1(:,1);

%% 由于 x 坐标代表列数,y 坐标代表行数,所以将其调换,有利于理解。

sz = sz(1);% sz 为取点数目

[filename,pathname] = uigetfile('*dat');% 弹出对话框,获取目标 data 文件的地址

f = fopen([pathname filename],'r');% 以只读方式打开文件 x

t00 = fread(f,[320 240*1440],'ubit16');% 读取源文件,ubit16 为读取 16 位数字

t0 = t00';

t1 = zeros(1440,sz);% 建立空的列向量

%% 从读取的 t0 矩阵中读取所需要的点的数据加入到 t1 中

for m = 1:sz

    for n = 1:1440

        t1(n,m) = t0(coord(m,1)+240*(n-1),coord(m,2));

    end

end

%% 将辐射值矩阵 t1 中的值平均化后存入矩阵 t2 中,形成规律性较强的图形

t2 = zeros(360,sz);% 建立空的列向量,用于存储平均化后的红外辐射强度

```matlab
for m = 1:sz
    for n = 1:360
        t2(n,m) = (t1(4*n-3,m) + t1(4*n-2,m) + t1(4*n-1,m) + t1(4*n,m))/4;
    end
end
str = char(10000,1);
str = cellstr(str);% 将传统的 char 形式的字符数组转换成 cell 格式,这样的字符数组即为 n 行 1 列的矩阵了
for ii = 1:sz
    str1 = [num2str(coord1(ii,1)),',',num2str(coord1(ii,2))];% 采用 num2str 命令将数字元素转化成字符,组合一起,注意,此时采用的是 B 矩阵,使其顺序为 xy 坐标
    str(ii) = cellstr(str1);% 将 str1 转化为 cell 形式,赋予空的 str(ii)
end
% 这样坐标点就以字符串为元素的形式存于列向量 str 中,便于输出
% 以下为保存目标点值的辐射值
xlswrite('step1.xls',t1);% 暂时不执行
% 以下为绘制个点辐射值变化曲线
figure(1)
plot(t2)% 绘制点第 ii 点的曲线
legend(str,-1);% 标记出不同颜色的线的含义
xlabel('Time(*4min)');
ylabel('图像数据值');
title('不同坐标的点的温度的变化比较')
size(t2)
saveas(gcf,'step1_t2.png')
figure(2)
plot(t1)% 绘制点第 ii 点的曲线
legend(str,-1);% 标记出不同颜色的线的含义
xlabel('Time(minute)');
ylabel('图像数据值');
title('不同坐标的点的温度的变化比较')
size(t1)
saveas(gcf,'step1_t1.png')
```

C.2　step2 的 MATLAB 程序

function step2(pic1,pic2)

%%此函数尝试导入整个'data.dat'文件成为一个 240 行×1440 行、320 列矩阵,coord 为 N 行 2 列的矩阵.txt 文档,其中第一列为图像横坐标,第二列为图像纵坐标;

% 利用 step11 中提供的辐射值变化趋势,判定可用关键时间段的始末值,导出的文件包括:step2_p1.png;step2_p2.png,可为 step2 提供一些帮助。

[filename,pathname] = uigetfile('*dat');%弹出对话框,获取目标 data 文件的地址

f = fopen([pathname filename],'r');%以只读方式打开文件 x

t00 = fread(f,[320 240 * 1440],'ubit16');%读取源文件,ubit16 为读取 16 位数字

t0 = t00';

step2_p1 = zeros(240,320);

for i = 1:240

　　for j = 1:320

　　　　step2_p1(i,j) = t0(i + 240 * (pic1 − 1),j);

　　end

end

maxgray = max(step2_p1(:));

mingray = min(step2_p1(:));

for i = 1:240

　　for j = 1:320

　　　　step2_p1(i,j) = (step2_p1(i,j) − mingray)/(maxgray − mingray);

　　end

end

imshow(step2_p1)

imwrite(step2_p1,'step2_p1.png','png')

% 显示第 2 张图片

step2_p2 = zeros(240,320);

for i = 1:240

　　for j = 1:320

　　　　step2_p2(i,j) = t0(i + 240 * (pic2 − 1),j);

　　end

```
end
maxgray = max(step2_p2(:));
mingray = min(step2_p2(:));
for i = 1:240
    for j = 1:320
        step2_p2(i,j) = (step2_p2(i,j) - mingray)/(maxgray - mingray);
    end
end
figure(2)
imshow(step2_p2)
imwrite(step2_p2,'step2_p2.png','png')
```

C.3 step3 以纵向系列为例的 MATLAB 程序

```
function zongxiang(coord,mask 取值区域 size,st,et)
%% 此函数尝试导入整个'data.dat'文件成为一个 240 行×1440 行、320 列矩阵,coord 为
N 行 2 列的矩阵的.txt 文档,其中第一列为图像横坐标,第二列为图像纵坐标;
% 利用 CAD 获得纵向点系列坐标 zongxiang.txt 后,分析 mask 取值区域半径从 0~ms 范
围内目标区域辐射值的变化,导出的文件包括:zongxiang_full.xls
% zongxiang_part.xls,并导出日志文件 log.txt,为 mask 取值区域的合理性提供依据。
ms = mask 取值区域 size;
coord1 = load(coord);% 导入到临时取点矩阵 coord1 中使之成为矩阵
sz = size(coord1);% 矩阵大小
coord = zeros(sz(1),sz(2));% 建立一个与 coord1 同样大小的零矩阵 A
coord(:,1) = coord1(:,2);
coord(:,2) = coord1(:,1);
%% 由于 x 坐标代表列数,y 坐标代表行数,所以将其调换,有利于理解。
sz = sz(1);% sz 为取点数目
[filename,pathname] = uigetfile('*.dat');% 获取目标 data 文件的地址
f = fopen([pathname filename],'r');% 以只读方式打开文件 x
t00 = fread(f,[320 240*1440],'ubit16');% 读取源文件,ubit16 为读取 16 位数字
t0 = t00';
delete('zongxiang_full.xls')
```

```
delete('zongxiang_part.xls')
% 以下程序分析 mask 取值区域点在监测时段 0~1440 内的辐射值,自动分析 mask 取值
区域 size 依次为 0、1、2…ms 时的情况,并分别存储至 step_full.xls 的各个工作表
t1 = zeros(1440,sz);% 建立空的列向量
for i = 0:ms
    sprintf('当 mask 取值区域半径为%d 时:',i)
    tmask 取值区域1 = zeros(2*i+1,2*i+1);
    for m = 1:sz
        flag = 0;% 用于统计 mask 取值区域区域极差超过设定值的图像数量
        per = 0;% 同于统计 mask 取值区域区域内极差超过幅度的图像比率
        rangemask 取值区域 = 0;% mask 取值区域区域内各点辐射值的极差
        avg_rangemask 取值区域 = 0;% mask 取值区域区域内各点辐射值的极差
        for n = 1:1440
            for p = 1:2*i+1
                for q = 1:2*i+1
                    tmask 取值区域1(p,q) = t0(coord(m,1) - i + p - 1 + 240*(n-1), coord(m,2) - i + q - 1);% tmask 取值区域取用 mask 取值区域点半径 i 内的【2×i+1】^2 个数据
                end
            end
            t1(n,m) = mean(tmask 取值区域1(:));% t1 取用 tmask 取值区域矩阵的总平均值
            rangemask 取值区域 = max(max(tmask 取值区域1)') - min(min(tmask 取值区域1)');% 计算 tmask 取值区域矩阵的极差,用于衡量 mask 取值区域的合理性
            if rangemask 取值区域 >= 20
                flag = flag + 1;% 此处 rangemask 取值区域的值可以再议,暂定为 20
            end
            avg_rangemask 取值区域 = avg_rangemask 取值区域 + rangemask 取值区域;
        end
        per = flag/1440;% 计算极差超过设定值的图像张数
        avg_rangemask 取值区域 = avg_rangemask 取值区域/1440;% 将 range 值总数除以张数,得到平均的极差;注意,后期可以将 1440 改为自己需要的时间跨度
        sprintf('对于点%d,监测区域内百分之%3.2f 的辐射值极差超过 20;平均极差为%2.2f',m,per*100,avg_rangemask 取值区域)
```

end
%% 保存各个文件
xlswrite('zongxiang_full.xls',t1,i+1)
end
% 以上程序分析 mask 取值区域点在监测时段 0~1440 内的辐射值,自动分析 mask 取值区域 size 依次为 0、1、2…ms 时的情况,并分别存储至 step_full.xls 的各个% 工作表

% 以下程序分析 mask 取值区域点在监测时段 starttime-endtime(简称 st、et)内的辐射值,自动分析 mask 取值区域 size 依次为 0、1、2…ms 时的情况,并分别存储至 step_part.xls 的各个 % 工作表

tsize = et − st + 1;
t11 = zeros(tsize,sz);% 建立空的列向量
for i = 0:ms
　　sprintf('当 mask 取值区域半径为% d 时:',i)
　　tmask 取值区域 11 = zeros(2 * i + 1,2 * i + 1);
　　for m = 1:sz
　　　　flag = 0;% 用于统计 mask 取值区域区域极差超过设定值的图像数量
　　　　per = 0;% 同于统计 mask 取值区域区域内极差超过幅度的图像比率
　　　　rangemask 取值区域 = 0;% mask 取值区域区域内各点辐射值的极差
　　　　avg_rangemask 取值区域 = 0;% mask 取值区域区域内各点辐射值的极差
　　　　for n = 1:tsize + 1
　　　　　　for p = 1:2 * i + 1
　　　　　　　　for q = 1:2 * i + 1
　　　　　　　　　　tmask 取值区域 11(p,q) = t0(coord(m,1) − i + p − 1 + 240 * (st + n − 2),coord(m,2) − i + q − 1);% tmask 取值区域取用 mask 取值区域点半径 i 内的【$2 \times i + 1$】^2 个数据
　　　　　　　　end
　　　　　　end
　　　　　　t11(n,m) = mean(tmask 取值区域 11(:));% t1 取用 tmask 取值区域矩阵的总平均值
　　　　　　rangemask 取值区域 = max(max(tmask 取值区域 11)') − min(min(tmask 取值区域 11)');% 计算 tmask 取值区域矩阵的极差,用于衡量 mask 取值区域的合理性
　　　　　　if rangemask 取值区域 > = 20
　　　　　　　　flag = flag + 1;% 此处 rangemask 取值区域的值可以再议,暂定为 20

```
                end
            avg_rangemask 取值区域 = avg_rangemask 取值区域 + rangemask 取值区域;
        end
        per = flag/(tsize + 1);% 计算极差超过设定值的图像张数
        avg_rangemask 取值区域 = avg_rangemask 取值区域/(tsize + 1);% 将 range 值总
数除以张数,得到平均的极差;注意,后期可以将 1440 改为自己需要的时间跨度
        sprintf('对于点 %d,峰值时段(%d 至%d)监测区域内百分之%3.2f 的辐射值
极差超过 20;平均极差为 %2.2f',m,st,et,per*100,avg_rangemask 取值区域)
    end
    %% 保存各个文件
    xlswrite('zongxiang_part.xls',t11,i+1)
end
% 以上程序分析 mask 取值区域点在监测时段内的辐射值,自动分析 mask 取值区域 size
依次为 0、1、2…ms 时的情况,并分别存储至 step_part.xls 的各个
% 工作表
delete log.txt
diary log.txt
```

C.4 初步分析的 Excel 宏(以纵向系列为代表)

```
Sub 纵向规律分析1()
"纵向规律分析 1 Macro"
'一些格式
    Range("B2").Select
    ActiveCell.FormulaR1C1 = "点位"
    Range("C2").Select
    ActiveCell.FormulaR1C1 = "B 系列"
    Range("M2").Select
    ActiveCell.FormulaR1C1 = "D 系列"
    Range("B4").Select
    ActiveCell.FormulaR1C1 = "平均值"
    Range("B5").Select
    ActiveCell.FormulaR1C1 = "方差"
```

```
Range("C3").Select
ActiveCell.FormulaR1C1 = "点1"
Range("D3").Select
ActiveCell.FormulaR1C1 = "点2"
Range("C3:D3").Select
Selection.AutoFill Destination:=Range("C3:L3"), Type:=xlFillDefault
Range("C3:L3").Select
Selection.Copy
Range("M3").Select
ActiveSheet.Paste
Range("W3").Select
ActiveSheet.Paste
Range("W2").Select
Application.CutCopyMode = False
ActiveCell.FormulaR1C1 = "F系列"
Sheets(1).Select
Range("A1").Select
ActiveCell.FormulaR1C1 = "有效数据个数"
Range("B1").Select
ActiveCell.FormulaR1C1 = "=COUNTA([zongxiang_part.xls]Sheet6!C1)"
Selection.NumberFormatLocal = "0.00_ "
hangshu = Range("B1")
'从zongxiang_part.xls中复制数据至<纵向分析.xls>
For i = 1 To 30
Windows("zongxiang_part.xls").Activate
Sheets(6).Select
Range(Cells(1, i), Cells(hangshu, i)).Select
Selection.Copy
Windows("纵向规律分析.xlsm").Activate
Sheets(1).Activate
Range(Cells(1, 40 + i), Cells(1, 40 + i)).Select
ActiveSheet.Paste
Next
```

'求取各列平均值以及方差
    Range("C4").Select
    ActiveCell.FormulaR1C1 = "=AVERAGE(C[38])"
    Range("C5").Select
    ActiveWindow.ScrollColumn = 2
    ActiveWindow.ScrollColumn = 1
    ActiveCell.FormulaR1C1 = "=VAR(C[38])"
    Range("C4:C5").Select
    Selection.AutoFill Destination:=Range("C4:AF5"), Type:=xlFillDefault
'集中各系列平均值
    Range("B7").Select
    ActiveCell.FormulaR1C1 = "点"
    Range("B8").Select
    ActiveCell.FormulaR1C1 = "B 系列平均"
    Range("B9").Select
    ActiveCell.FormulaR1C1 = "D 系列平均"
    Range("B10").Select
    ActiveCell.FormulaR1C1 = "F 系列平均"
    Range("C3:L3").Select
    Selection.Copy
    Range("C7").Select
    ActiveSheet.Paste
    Range("C4:L4").Select
    Application.CutCopyMode = False
    Selection.Copy
    Range("C8").Select
    Selection.PasteSpecial Paste:=xlPasteValues, Operation:=xlNone, SkipBlanks _
        :=False, Transpose:=False
    Range("M4:V4").Select
    Application.CutCopyMode = False
    Selection.Copy
    Range("C9").Select
    Selection.PasteSpecial Paste:=xlPasteValues, Operation:=xlNone, SkipBlanks _

```
            : = False, Transpose: = False
        Range("W4:AF4"). Select
        Application. CutCopyMode = False
        Selection. Copy
        Range("C10"). Select
        Selection. PasteSpecial Paste: = xlPasteValues, Operation: = xlNone, SkipBlanks _
            : = False, Transpose: = False
'集中各系列方差值
        Range("B12"). Select
        ActiveCell. FormulaR1C1 = "点"
        Range("B13"). Select
        ActiveCell. FormulaR1C1 = "B 系列平均"
        Range("B14"). Select
        ActiveCell. FormulaR1C1 = "D 系列平均"
        Range("B15"). Select
        ActiveCell. FormulaR1C1 = "F 系列平均"
        Range("C3:L3"). Select
        Selection. Copy
        Range("C12"). Select
        ActiveSheet. Paste
        Range("C5:L5"). Select
        Application. CutCopyMode = False
        Selection. Copy
        Range("C13"). Select
        Selection. PasteSpecial Paste: = xlPasteValues, Operation: = xlNone, SkipBlanks _
            : = False, Transpose: = False
        Range("M5:V5"). Select
        Application. CutCopyMode = False
        Selection. Copy
        Range("C14"). Select
        Selection. PasteSpecial Paste: = xlPasteValues, Operation: = xlNone, SkipBlanks _
            : = False, Transpose: = False
        Range("W5:AF5"). Select
```

```
Application.CutCopyMode = False
Selection.Copy
Range("C15").Select
Selection.PasteSpecial Paste:=xlPasteValues, Operation:=xlNone, SkipBlanks _
    :=False, Transpose:=False
'求后面的点对前方点的差值
Range(Cells(1, 72), Cells(1, 73)).Select
ActiveCell.FormulaR1C1 = "=RC[-30]-RC[-31]"
Range(Cells(1, 73), Cells(1, 73)).Select
ActiveCell.FormulaR1C1 = "=RC[-30]-RC[-32]"
Range(Cells(1, 74), Cells(1, 74)).Select
ActiveCell.FormulaR1C1 = "=RC[-30]-RC[-33]"
Range(Cells(1, 75), Cells(1, 75)).Select
ActiveCell.FormulaR1C1 = "=RC[-30]-RC[-34]"
Range(Cells(1, 76), Cells(1, 76)).Select
ActiveCell.FormulaR1C1 = "=RC[-30]-RC[-35]"
Range(Cells(1, 77), Cells(1, 77)).Select
ActiveCell.FormulaR1C1 = "=RC[-30]-RC[-36]"
Range(Cells(1, 78), Cells(1, 78)).Select
ActiveCell.FormulaR1C1 = "=RC[-30]-RC[-37]"
Range(Cells(1, 79), Cells(1, 79)).Select
ActiveCell.FormulaR1C1 = "=RC[-30]-RC[-38]"
Range(Cells(1, 80), Cells(1, 80)).Select
ActiveCell.FormulaR1C1 = "=RC[-30]-RC[-39]"
Range(Cells(1, 72), Cells(1, 80)).Select
Selection.AutoFill Destination:=Range(Cells(1, 72), Cells(hangshu, 80)), Type:=xlFillDefault
Range(Cells(1, 82), Cells(1, 83)).Select
ActiveCell.FormulaR1C1 = "=RC[-30]-RC[-31]"
Range(Cells(1, 83), Cells(1, 83)).Select
ActiveCell.FormulaR1C1 = "=RC[-30]-RC[-32]"
Range(Cells(1, 84), Cells(1, 84)).Select
ActiveCell.FormulaR1C1 = "=RC[-30]-RC[-33]"
```

Range(Cells(1, 85), Cells(1, 85)).Select
ActiveCell.FormulaR1C1 = "=RC[-30]-RC[-34]"
Range(Cells(1, 86), Cells(1, 86)).Select
ActiveCell.FormulaR1C1 = "=RC[-30]-RC[-35]"
Range(Cells(1, 87), Cells(1, 87)).Select
ActiveCell.FormulaR1C1 = "=RC[-30]-RC[-36]"
Range(Cells(1, 88), Cells(1, 88)).Select
ActiveCell.FormulaR1C1 = "=RC[-30]-RC[-37]"
Range(Cells(1, 89), Cells(1, 89)).Select
ActiveCell.FormulaR1C1 = "=RC[-30]-RC[-38]"
Range(Cells(1, 90), Cells(1, 90)).Select
ActiveCell.FormulaR1C1 = "=RC[-30]-RC[-39]"
Range(Cells(1, 82), Cells(1, 90)).Select
Selection.AutoFill Destination: = Range(Cells(1, 82), Cells(hangshu, 90)), Type: = xlFillDefault
Range(Cells(1, 92), Cells(1, 93)).Select
ActiveCell.FormulaR1C1 = "=RC[-30]-RC[-31]"
Range(Cells(1, 93), Cells(1, 93)).Select
ActiveCell.FormulaR1C1 = "=RC[-30]-RC[-32]"
Range(Cells(1, 94), Cells(1, 94)).Select
ActiveCell.FormulaR1C1 = "=RC[-30]-RC[-33]"
Range(Cells(1, 95), Cells(1, 95)).Select
ActiveCell.FormulaR1C1 = "=RC[-30]-RC[-34]"
Range(Cells(1, 96), Cells(1, 96)).Select
ActiveCell.FormulaR1C1 = "=RC[-30]-RC[-35]"
Range(Cells(1, 97), Cells(1, 97)).Select
ActiveCell.FormulaR1C1 = "=RC[-30]-RC[-36]"
Range(Cells(1, 98), Cells(1, 98)).Select
ActiveCell.FormulaR1C1 = "=RC[-30]-RC[-37]"
Range(Cells(1, 99), Cells(1, 99)).Select
ActiveCell.FormulaR1C1 = "=RC[-30]-RC[-38]"
Range(Cells(1, 100), Cells(1, 100)).Select
ActiveCell.FormulaR1C1 = "=RC[-30]-RC[-39]"

Range(Cells(1, 92), Cells(1, 100)).Select

Selection.AutoFill Destination: = Range(Cells(1, 92), Cells(hangshu, 100)), Type: = xlFillDefault

'统计差值的特征

Range("B12:L15").Select

Range("L15").Activate

Selection.Cut

ActiveWindow.SmallScroll Down: = 6

Range("B30").Select

Application.CutCopyMode = False

Selection.Copy

Range("B12:L15").Select

Application.CutCopyMode = False

Selection.Cut

Range("B30").Select

ActiveSheet.Paste

ActiveWindow.SmallScroll Down: = -9

Range("B7:L10").Select

Selection.Cut

ActiveWindow.SmallScroll Down: = 12

Range("B23").Select

ActiveSheet.Paste

ActiveWindow.SmallScroll Down: = -15

Range("B9").Select

ActiveCell.FormulaR1C1 = "平均差值"

Range("B10").Select

ActiveCell.FormulaR1C1 = "差值的最大值"

Range("B11").Select

ActiveCell.FormulaR1C1 = "差值的最小值"

Range("B12").Select

ActiveCell.FormulaR1C1 = "差值的方差"

Range("B2:AF3").Select

Selection.Copy

Range("B7"). Select
ActiveSheet. Paste

'求差值的4个特征量
'B点系列

Range(Cells(9, 4), Cells(9, 4)). Select
Application. CutCopyMode = False
ActiveCell. FormulaR1C1 = " = AVERAGE(C[68])"
Range(Cells(10, 4), Cells(10, 4)). Select
Application. CutCopyMode = False
ActiveCell. FormulaR1C1 = " = MAX(C[68])"
Range(Cells(11, 4), Cells(11, 4)). Select
Application. CutCopyMode = False
ActiveCell. FormulaR1C1 = " = MIN(C[68])"
Range(Cells(12, 4), Cells(12, 4)). Select
Application. CutCopyMode = False
ActiveCell. FormulaR1C1 = " = VAR(C[68])"
Range(Cells(9, 4), Cells(12, 4)). Select
Selection. AutoFill Destination: = Range(Cells(9, 4), Cells(12, 12)), Type: = xlFillDefault

'D点系列

Range(Cells(9, 14), Cells(9, 14)). Select
Application. CutCopyMode = False
ActiveCell. FormulaR1C1 = " = AVERAGE(C[68])"
Range(Cells(10, 14), Cells(10, 14)). Select
Application. CutCopyMode = False
ActiveCell. FormulaR1C1 = " = MAX(C[68])"
Range(Cells(11, 14), Cells(11, 14)). Select
Application. CutCopyMode = False
ActiveCell. FormulaR1C1 = " = MIN(C[68])"
Range(Cells(12, 14), Cells(12, 14)). Select
Application. CutCopyMode = False
ActiveCell. FormulaR1C1 = " = VAR(C[68])"
Range(Cells(9, 14), Cells(12, 14)). Select
Selection. AutoFill Destination: = Range(Cells(9, 14), Cells(12, 22)), Type: = xlFillDefault

'F 点系列
    Range(Cells(9, 24), Cells(9, 24)).Select
    Application.CutCopyMode = False
    ActiveCell.FormulaR1C1 = "=AVERAGE(C[68])"
    Range(Cells(10, 24), Cells(10, 24)).Select
    Application.CutCopyMode = False
    ActiveCell.FormulaR1C1 = "=MAX(C[68])"
    Range(Cells(11, 24), Cells(11, 24)).Select
    Application.CutCopyMode = False
    ActiveCell.FormulaR1C1 = "=MIN(C[68])"
    Range(Cells(12, 24), Cells(12, 24)).Select
    Application.CutCopyMode = False
    ActiveCell.FormulaR1C1 = "=VAR(C[68])"
    Range(Cells(9, 24), Cells(12, 24)).Select
    Selection.AutoFill Destination: = Range(Cells(9, 24), Cells(12, 32)), Type:
= xlFillDefault
'画图
'点位平均值系列
    Sheets(1).Select
    Range(Cells(23, 2), Cells(26, 12)).Select
    ActiveSheet.Shapes.AddChart.Select
    ActiveChart.SetSourceData Source: = Range(Cells(23, 2), Cells(26, 12))
    ActiveChart.ChartType = xlLineMarkers
    ActiveChart.ApplyLayout (1)
    ActiveChart.Axes(xlValue).AxisTitle.Select
    ActiveChart.Axes(xlValue, xlPrimary).AxisTitle.Text = "辐射值"
    ActiveChart.ChartTitle.Select
    ActiveChart.ChartTitle.Text = "各系列点位平均辐射值"
'B 点系列
    Sheets(1).Select
    Range(Cells(8, 4), Cells(12, 12)).Select
    ActiveSheet.Shapes.AddChart.Select
    ActiveChart.SetSourceData Source: = Range(Cells(8, 4), Cells(12, 12))

ActiveChart. ChartType = xlLineMarkers

ActiveChart. SeriesCollection(1). Name = " = ""平均差值"" "

ActiveChart. SeriesCollection(2). Name = " = ""最大差值"" "

ActiveChart. SeriesCollection(3). Name = " = ""最小差值"" "

ActiveChart. SeriesCollection(4). Name = " = ""方差"" "

ActiveChart. ApplyLayout(1)

ActiveChart. ChartTitle. Text = "B 系列点 2 – 9 与点 1 的差值特征"

ActiveChart. Axes(xlValue, xlPrimary). AxisTitle. Text = "辐射差值"

'D 点系列

 Sheets(1). Select

 Range(Cells(8, 14), Cells(12, 22)). Select

 ActiveSheet. Shapes. AddChart. Select

 ActiveChart. SetSourceData Source：= Range(Cells(8, 14), Cells(12, 22))

 ActiveChart. ChartType = xlLineMarkers

 ActiveChart. SeriesCollection(1). Name = " = ""平均差值"" "

 ActiveChart. SeriesCollection(2). Name = " = ""最大差值"" "

 ActiveChart. SeriesCollection(3). Name = " = ""最小差值"" "

 ActiveChart. SeriesCollection(4). Name = " = ""方差"" "

 ActiveChart. ApplyLayout(1)

 ActiveChart. ChartTitle. Text = "D 系列点 2 – 9 与点 1 的差值特征"

 ActiveChart. Axes(xlValue, xlPrimary). AxisTitle. Text = "辐射差值"

'F 点系列

 Sheets(1). Select

 Range(Cells(8, 24), Cells(12, 32)). Select

 ActiveSheet. Shapes. AddChart. Select

 ActiveChart. SetSourceData Source：= Range(Cells(8, 24), Cells(12, 32))

 ActiveChart. ChartType = xlLineMarkers

 ActiveChart. SeriesCollection(1). Name = " = ""平均差值"" "

 ActiveChart. SeriesCollection(2). Name = " = ""最大差值"" "

 ActiveChart. SeriesCollection(3). Name = " = ""最小差值"" "

 ActiveChart. SeriesCollection(4). Name = " = ""方差"" "

 ActiveChart. ApplyLayout(1)

 ActiveChart. ChartTitle. Text = "F 系列点 2 – 9 与点 1 的差值特征"

```
            ActiveChart.Axes(xlValue,xlPrimary).AxisTitle.Text = "辐射差值"
'B 系列平均值
            Sheets(1).Select
            Range("C24:L24").Select
            ActiveSheet.Shapes.AddChart.Select
            ActiveChart.SetSourceData Source:=Range("Sheet1! $ C $ 24:$ L $ 24")
            ActiveChart.ChartType = xlLineMarkers
            ActiveChart.SeriesCollection(1).Name = " = ""B 系列平均辐射值"
            ActiveChart.Legend.Select
            Selection.Delete
            ActiveChart.SeriesCollection(1).XValues = " = Sheet1! $ C $ 23:$ L $ 23"
'D 系列平均值
            Sheets(1).Select
            Range("C25:L25").Select
            ActiveSheet.Shapes.AddChart.Select
            ActiveChart.SetSourceData Source:=Range("Sheet1! $ C $ 25:$ L $ 25")
            ActiveChart.ChartType = xlLineMarkers
            ActiveChart.SeriesCollection(1).Name = " = ""D 系列平均辐射值"
            ActiveChart.Legend.Select
            Selection.Delete
            ActiveChart.SeriesCollection(1).XValues = " = Sheet1! $ C $ 23:$ L $ 23"
'F 系列平均值
            Sheets(1).Select
            Range("DC6:L26").Select
            ActiveSheet.Shapes.AddChart.Select
            ActiveChart.SetSourceData Source:=Range("Sheet1! $ C $ 26:$ L $ 26")
            ActiveChart.ChartType = xlLineMarkers
            ActiveChart.SeriesCollection(1).Name = " = ""F 系列平均辐射值"
            ActiveChart.Legend.Select
            Selection.Delete
            ActiveChart.SeriesCollection(1).XValues = " = Sheet1! $ C $ 23:$ L $ 23"
End Sub
```

C.5 管节防水灾监测设备集成柜设计图

附图 C-1 所示为防水灾监测系统配置情况、附图 C-2 所示为防水灾设备集成柜。

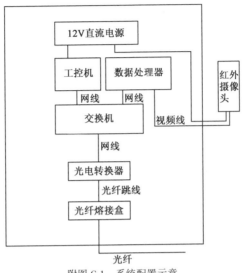

附图 C-1　系统配置示意

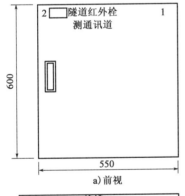

a) 前视

b) 前侧视

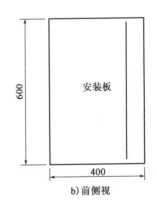

c) 安装板

编号	设备	编号	设备
1	柜体	2	标牌
3~4	单相插座	11~18	断路器
31	整流电源	32	以太网交换机
33	光缆终端盒	34	红外数据处理器
35	工控机	41	接线端子

d) 设备编号

附图 C-2　集成柜平面布置(尺寸单位:mm)

参 考 文 献

［1］ 中华人民共和国行业标准.JTG D70—2004 公路隧道设计规范［S］.北京:人民交通出版社,2004.
［2］ 中华人民共和国行业标准.JTG H12—2015 公路隧道养护技术规范［S］.北京:人民交通出版社股份有限公司,2015.
［3］ 中华人民共和国行业标准.JTG/T D70/2-02—2014 公路隧道通风设计细则［S］.北京:人民交通出版社,2014.
［4］ 中华人民共和国行业标准.JTG/T D70/2-01—2014 公路隧道照明设计细则［S］.北京:人民交通出版社,2014.
［5］ 中华人民共和国国家标准.GB 50016—2006 建筑设计防火规范［S］.北京:中国建筑工业出版社,2006.
［6］ 中华人民共和国国家标准.GB 50045—95 高层民用建筑设计防火规范［S］.北京:中国计划出版社,2001.
［7］ 袁雪戡,蒋树屏,等.秦岭终南山特长公路隧道关键技术研究［M］.北京:人民交通出版社,2010.
［8］ 熊火耀.道路隧道防灾技术［M］.成都:西南交通大学出版社,1989.
［9］ 王毅才.隧道工程［M］.北京:人民交通出版社,2000.
［10］ PIARC公路隧道运营技术委员会.公路隧道火灾烟雾控制系统与装备［R］.2007.
［11］ 范维澄,王清安,姜冯辉,等.火灾学简明教程［M］.合肥:中国科学技术大学出版社,1995.
［12］ 霍然,胡源,李元洲.建筑火灾安全工程导论［M］.合肥:中国科学技术大学出版社,1999.
［13］ 范维澄,王清安,姜冯辉.火灾学简明教程［M］.合肥:中国科学技术大学出版社,1995.
［14］ 张松寿,童正明,周文铸.工程燃烧学［M］.北京:中国计量出版社,2008.
［15］ 章梓雄,董曾南.粘性流体力学［M］.北京:清华大学出版社,1999.
［16］ 范维澄,孙金华,陆守香,等.火灾风险评估方法学［M］.北京:科学出版社,2004.
［17］ 范维澄,王清安,姜冯辉,等.火灾学简明教程［M］.合肥:中国科学技术大学出版社,1995.
［18］ 杜文锋.消防燃烧学［M］.北京:中国人民公安大学出版社,1997.
［19］ 徐湃.海底沉管隧道火灾烟气运动特性研究［D］.重庆:重庆交通大学,2014.
［20］ 丁良平.高速铁路长大隧道列车火灾安全疏散研究［D］.上海:同济大学,2008.
［21］ 闫治国.长大公路隧道火灾研究［D］.成都:西南交通大学,2002.
［22］ 胡隆华.隧道火灾烟气蔓延的热物理特性研究［D］.合肥:中国科学技术大学火灾科学国家重点实验室,2006.
［23］ 翁庙成.建筑火灾烟气中CO/CO_2的浓度分布及毒性研究［D］.重庆:重庆大学,2007.
［24］ 徐琳.长大公路隧道火灾热烟气控制理论分析与实验研究［D］.上海:同济大学,2007.
［25］ 于丽.终南山特长公路隧道火灾模式下通风设计和控制技术研究［D］.成都:西南交通大学,2008.
［26］ 卫巍.长大公路隧道火灾烟气数值模拟及逃生研究［D］.西安:长安大学,2008.
［27］ 方磊.长大公路隧道通风物理模型试验研究［D］.西安:长安大学,2005.
［28］ 王跃强.性能化防火设计中的人员安全疏散研究［D］.杭州:浙江大学,2005.

[29] 李桂萍.崇明越江隧道火灾场景和安全疏散的研究[D].上海:同济大学,2007.

[30] 马培培.基于粒子群的图像阈值化分割的研究及应用[D].合肥:合肥工业大学,2010.

[31] 代博洋.红外热成像技术在震后房屋损坏快速鉴定中的应用研究[D].北京:中国地震局地质研究所,2009.

[32] 蒋树屏,张恩情,郭军,等.沉管隧道结构构件耐火试验研究[J].现代隧道技术,2014(2):43-49.

[33] 蒋树屏,张恩情,郭军,等.沉管隧道接头构件耐火试验研究[J].地下空间与工程学报,2016(3):607-612.

[34] 徐湃,蒋树屏,周健,等.沉管隧道火灾烟气蔓延特性[J].长安大学学报(自然科学版),2014(6):125-130.

[35] 徐湃,蒋树屏,周健,等.沉管隧道火灾烟气温度分布特征试验研究[J].现代隧道技术,2015(5):79-83.

[36] 徐湃,蒋树屏,周健,等.沉管隧道火灾热释放速率试验研究[J].地下空间与工程学报,2016(6):1516-1523.

[37] 田堃,陈大飞,蒋树屏,等.沉管隧道单组排烟口合理开启角度研究[J].公路交通技术,2015(4):122-126.

[38] 郭军,刘帅,曹更任,等.海底隧道管节接头防火试验[J].中国公路学报,2016(5):109-115.

[39] 周健,姜学鹏,陈大飞.公路隧道突发火灾时人员疏散行为调查[J].消防科学与技术,2014(3):327-329.

[40] 刘伟,袁雪戡.欧洲公路隧道营运安全技术及对我国公路隧道建设的启示[J].公路隧道,2001(1):10-16.

[41] 钟辉虹,李树光,刘学山,等.沉管隧道研究综述[J].市政技术,2007(6):490-494.

[42] 蔡逸峰.世界上最长的穿越海峡的隧道[J].交通与运输,2008(1):46-47.

[43] 杜宝玲.国外地铁事故案例统计分析[J].消防科学与技术,2007(2):214-217.

[44] 杨瑞新,陈雪峰.高等级公路长隧道火灾特点及消防设计初探[J].消防科学与技术,2002(5):50-52.

[45] 韩新,崔力明.国内外隧道火灾试验研究进展简述[J].地下空间与工程学报,2008(3):544-549.

[46] 范维澄,刘乃安.火灾安全科学——一个新兴交叉的工程科学领域.中国工程科学[J],2001(1):6-14.

[47] 王彦富,蒋军成,龚延风,等.全尺寸隧道火灾实验研究与烟气逆流距离的理论预测[J].中国安全科学学报,2007(8):37-41.

[48] 方银刚,朱合华,闫治国.上海长江隧道火灾疏散救援措施研究[J].地下空间与工程学报,2010(2):418-422.

[49] 刘方,朱伟,王贵学.火灾烟气中毒性成分CO的生物毒性[J].重庆大学学报,2009(5):577-581.

[50] 冯文兴,杨立中,方廷勇,等.狭长通道内火灾烟气毒性成分空间分布试验[J].中国科技大学学报,2006(1):61-64.

[51] 冯文兴,杨立中,叶俊麟.火灾中烟气毒性成分向远距离房间传播的试验研究[J].中国科学技术大学学报,2008(12):1451-1454.

[52] 闫治国,朱合华,何利英.欧洲隧道防火计划(UPTUN)介绍及启示[J].地下空间,2004(2):212-219.

[53] 张学魁,胡冬冬,李思成,等.火灾烟气生成量的实验测量及其工程计算方法[J].消防技术与产品信息,2006(10):21-25.

[54] 高洪菊,姜明理,倪照鹏.建筑火灾中烟气生成量的计算方法[J].火灾科学技术,2004(2):114-116.

[55] 杨国荣,叶大法.变风量末端装置风速传感器的基本原理及其应用[J].暖通空调,2006(7):59-64.

[56] 钟委,霍然,史聪灵.热释放速率设定方式的几点讨论[J].自然灾害学报,2004(2):64-69.

[57] 谭家磊,宗若雯,赵祥迪.小尺度油品扬沸火灾火行为的实验研究[J].安全与环境学报,2007(6):92-96.

[58] 刘万福,葛明慧,赵力增,等.影响热释放速率测量因素的实验研究[J].工程热物理学报,2009(4):717-719.

[59] 陈贻来.单个小汽车火灾热释放速率影响因素分析[J].消防科学与技术,2010(5):379-382.

[60] 朱秀莲.公路隧道火灾特征及其防治初探[J].国防交通工程与技术,2004(3):10-13.

[61] 梁园,冯练.半横向通风方式下公路隧道火灾数值模拟[J].地下空间与工程学报,2008(1):195-198.

[62] 张光鹏,雷波.隧道火灾过程的动态数值模拟[J].地下空间与工程学报,2007(5):818-821.

[63] 黄鹏,韩新.大断面公路隧道火灾烟气分布与通风风速特性研究[J].武警学院学报,2007(10):8-10.

[64] 冯文兴,杨立中,方廷勇,等.狭长通道内火灾烟气毒性成分空间分布的实验[J].中国科学技术大学学报,2006(1):61-64.

[65] 刘军军,李风,兰彬,等.火灾烟气毒性研究的进展[J].消防科学与技术,2005(6):674-678.

[66] 安永林,杨高尚,彭立敏.隧道火灾中CO对人员危害机理的调研[J].采矿技术,2006(3):412-414.

[67] 王明年,杨其新,袁雪戡,等.公路隧道火灾情况下风压场变化的模型试验研究[J].公路交通与科技,2004(3):60-63.

[68] 王华牢,刘学增,马小君.长大公路隧道火灾安全疏散研究[J].公路交通科技,2010(11):83-87.

[69] 徐晓扉,付石峰,白云.沉管接头突发渗漏水的红外监测模型试验[J].岩土力学,2014(8):2426-2432.

[70] 杜红秀,张雄.钢筋混凝土结构火灾损伤的红外热像-电化学综合检测技术与应用[J].土木工程学报,2004(7):41-46.

[71] 过润秋,李俊峰,林晓春.基于并行遗算法的红外图像增强及相关技术[J].西安电子科技大学学报,2004(1):6-8.

[72] 刘善军,张艳博,吴立新,等.混凝土破裂与渗水过程的红外辐射特征[J].岩石力学与工程学报,2009(1):53-58.

[73] 陆明,朱祖熹.沉管隧道防水防腐设计的优化及其探讨[J].中国建筑防水,2010(2):13-18.

[74] 潘海泽,黄涛,李艳,等.距离判别分析法在隧道渗漏水灾害分级中的应用[J].中国矿业大学学报,2009(5):719-723.

[75] 宋培华,陆宗骏,高敦岳.基于图像投影直方图法的二维码在线检测与识别[J].华东理工大学学报,2001(5):577-579

[76] 杨放,曹华,郭太勇,等.微波湿度测试系统快速高效检测地下室底板渗漏[J].中国建筑防水,2013(12):34-37.

[77] 浙江省交通规划设计研究院,中南大学.特长公路隧道纵向通风模式下独立排烟道系统研究与应用研究报告[R].浙江省交通规划设计研究院,2010.

[78] 上海崇明隧道防灾系统设计报告[R].上海市隧道工程轨道交通设计研究院,2006.

[79] C Kotropoulos, I Pitas. Segmentation of ultrasonic images using Support Vector Machines [J]. Pattern Recognition Letters,2003(24):715-727.

[80] Valluzzi M R, Grinzato E, Pellegrino C, et al. IR thermography for interface analysis of FRP laminates externally bonded to RC beams[J]. Materials and Structures,2009(1):25-34.

[81] Toshihiro Asakura, Yoshiyuki Kojima. Tunnel maintenance in Japan[J]. Tunnelling and Underground Space Technology,2003(18):161-169.

[82] Orbán Z, Gutermann M. Assessment of masonry arch railway bridges using non-destructive in-situ testing methods[J]. Engineering Structures,2009(10):2287-2298.

[83] Kirland C J. The fire in the Channel Tunnel [J]. Tunneling and Underground Space Technology,2002(17):129-132.

[84] Furitsu Yasuda, Koichi One, Takayoshi Otsuka. Fire protection for TBM shield tunnel lining[J]. Tunnelling and Underground Space Technology,2004(19):317.

[85] NFPA. Road Tunnels. Bridges and other limited access highways [R]. National Fire Protection Association,2008.

[86] Yves Alarie. Toxicity of fire smoke [J]. Critical reviews in toxicology,2002(4):259-289.

[87] U. S. Department of transportation federal highway administration. Underground transpotation systems in Europe:safety, operations,and emergency response[R],2006.

[88] Haukur ingason. Large fire in tunnels [J]. Fire technology,2006(42):271-272.

[89] Anders Lonnermark, Haukur Ingason. Fire spread and flame length in large-scale tunnel fires [J]. Fire technology,2006(42):283-302.

[90] Project Safety Test Report on Fire Test [R]. Directorate-Genneral for Public Works and Water Management,2002(8):16.

[91] Anders Lonnermark. On the characteristics of fires in tunnels [D]. Lund:Tryckeriet I E-huset Lund University,2005.

[92] Fires in Transport Tunnels:Report on Full-Scale Tests [R]. edited by Studiensgesellschaft Stahlanwendung c. V. EUREKA-Project EU499: FIRETUN. Du-sseldorf. Germany,1995.

[93] Fires in Transport Tunnels:Report on full-scale tests, EUREKA-Project EU499 [R]. Dusseldorf:Studiengesellschaft Stahlanwendung elV,1995. D- 40213.

[94] Lemaire T, Kenyon Y. Large scale fire tests in the second Benelux tunnel [J]. Fire technology,2006(4):329-350.

[95] Lemaire T, Kenyon Y. Large Scale Fire Tests in the Second Benelux Tunnel [J]. Fire Technology,2006(4):329-350.

[96] Haukur Ingason, Anders Lonnermark. Heat release rates from heavy goods vehicle trailer fire in tunnels [J]. Fire Safety Journal, 2005(40):646-668.

[97] Anders Lonnermark, Haukur Ingason. Gas temperatures in heavy goods vehicle fires in tunnels [J]. Fire Safety Journal, 2005(40):506-668.

[98] Gottuk D T, et al. A study of carbon monoxide and smoke yields from compartment fires with external burning [J]. Twenty-fourth symposium on combustion. 1992. The combustion institute. Pittsbrugh. P A:1729-1735.

[99] Lizhong Yang, Wenxing Feng, Junqi Ye. Experimental research on the spatial distribution of toxic gases in the transport of fire smoke[J]. Journal of fire science, 2008 (1):45-62.

[100] H Y Wang. Prediction of soot and carbon monoxide production in a ventilated tunnel fire by using a computer simulation[J]. Fire safety journal, 2009 (3):394-406.

[101] J Modic. Air Velocity and Concentration of Noxious Substances in a Naturally Ventilated Tunnel [J]. Tunneling and Underground Space Technology, 2003 (18):405-410.

[102] Karlsson, Björn. Enclosure fire dynamics [M]. CRC Press LLC, 2000.

[103] J P Kunch. Simple model for control of fire gases in a ventilated tunnel [J]. Fire safety, 2002(37):67-81.

[104] Bailey J L, Forney G P, Tatem P A, Jones W W. Development and validation of corridor flow submodel for CFAST [J]. Fire Prot. Engg, 2002(22):139-161.

[105] Kurioka H, Oka Y, Satoh H, et al. Fire properties in near field of square fire source with longitudinal ventilation in tunnels [J]. Fire Safety Journal, 2003(4):319-340.

[106] Kim M B, Han Y S. Tracking of the smoke front under a ceiling by a laser sheet and thermocouples [J]. Fire Safety Journal, 2000 (3):287-295.

[107] Ingason. H. Heat release rates from heavy goods vehicle trailer fires in tunnels [J]. Fire Safety Journal, 2005 (7):646-668.

[108] Carvel R O, Beard A N. The influence of tunnel geometry and ventilation on the heat release rate of a fire [J]. Fire Technology, 2004(1):5-26.

[109] Koseki H. Large-scale pool fires: Results of experiments [C]. Fire Safety Science-Proceedings of the Sixth International Symposium. France, 1999:115-132.

[110] Karlsson, Björn. Enclosure fire dynamics [M]. CRC Press LLC, 2000.

[111] Project Safety Test Report on Fire Test [R]. Directorate-Genneral for Public Works and Water Management. 2002(8):16.

[112] J S Roh, S S Yang, H S Ryou. Tunnel fires: experiments on critical velocity and burning rate in pool fire during longitudinal ventilation [J]. Fire Sci, 2007(25):161-176.

[113] Carvel R O, Beard A N, Jowitt P W. The effect of forced longitudinal ventilation on an HGV fire in a tunnel [J]. Proc. Int. Conf. on Tunnel Fires and Escape from Tunnels. Independent Technical Conf, 2001:191-221.

[114] Richard G, Gann, Jason D, Averill, Kathryn M, Butler, Walter W, Jones, George W, et al. International Study of the Sublethal Effects of Fire Smoke on Survivability and Health (SEFS): Phase I Final Report[R], 2001.

[115] Jiang Y, Chen QY. Buoyancy-driven single-sided natural ventilation in building with large openings [J]. International Journal of Heat and Mass Transfer, 2003(46):973-988.

[116] Daiey LD, Meng N, Pletcher RH. Large eddy simulation of constant heat flux turbulent channel flow with property variations: quasl-developed model and mean flow results [J]. ASEM-Journal of Heat Transfer, 2003(125):27-38.

[117] Murata A, Mochizuki S. Large eddy simulation of turbulent heat transfer in an orthogonally rotating square duct with angled rib turbulators [J]. ASEM-Journal of Heat Transfer, 2001(123):858-867.

[118] Zhang W, Hamer A, Klassen M, et al. Turbulence statistics in a fire room model by large eddy simulation [J]. Fire Safety Journal, 2002(37):721-752.

[119] Kunsch JP. Simple model for control of fire gases in a ventilated tunnel [J]. Fire Safety Journal, 2002(1):67-81.

[120] Gao PZ, Liu SL, Chow WK, et al. Large eddy simulations for studying tunnel smoke ventilation [J]. Tunneling and Underground Space Technology, 2004 (6):577-585.

[121] Kashef AH, Benichou N, Lougheed G. Numerical modeling of movement and behavior of smoke produced from fires in the Ville-Marie and L. H. La Fontaine Tunnels [R], 2003. Report No: IRC-RR-141.

[122] Li Jojo S M, Chow W K. Numerical studies on performance evaluation of tunnel ventilation safety systems [J]. Tunnelling and underground space technology, 2003(5):435-452.

[123] Ballesteros-Tajadura Rafael, Santolaria-Morros Carlos, Blanco-Marigorta Eduardo. Influence of the slope in the ventilation semi-transversal system of an urban tunnel [J]. Tunnelling and underground space technology. 2006(1):21-28.

[124] Bari S, Naser J. Simulation of smoke from a burning vehicle and pollution levels caused by traffic jam in a road tunnel [J]. Tunneling and Underground Space Technology, 2005(3): 281-290.

[125] G Cox, S Kumar. Modeling enclosure fires using CFD. The SFPE Handbook of Fire Protection Engineering [M]. National fire protection association. Inc. Auincy. Massachusetts. 2002.

[126] Kevin McGrattan. Fire Dynamics Simulator Technical Reference Guide [M]. National Institute of Standards and Technology, 2005.

[127] Kevin Mcgrattan. Fire Dynamics Simulator Technical Reference Guide [R]. National Institute of Standards and Technology. Department of Commerce. USA, 2004.

[128] L H Hu, N K Fong, L Z Yang. Modeling fire-induced smoke spread and carbon monoxide transportation in a long channel: Fire dynamics simulator comparisons with measured data [J]. Journal of Hazardous Materials, 2007, 140(1-2):293-298.

[129] Wu Y, Bakar MZA. Control of smoke flow in tunnel fires using longitudinal ventilation systems- A study of the critical velocity [J]. Fire Safety Journal, 2000(4):363-390.

[130] Yang Hui, Jia Li, Yang Lixin. Numerical analysis of tunnel thermal plume control using longitudinal ventilation [J]. Fire Safety Journal, 2009 (8):1067-1077.

[131] Vauquelin O, Telle D. Definition and experimental evaluation of the smoke "confinement velocity" in tunnel fires [J]. Fire Safety Journal, 2005(4):320-330.

[132] Hu L H, Huo R, Li Y Z. Full-scale burning tests on studying smoke temperature and velocity along a corridor [J]. Tunnelling and Underground Space Technology, 2005(3):223-229.

[133] George B. Grant and Dougal Drysdale. Estimating heat release rates from large-scale tunnel fires [C]. Fire Safety Science-Proceedings of the fifth international symposium, 1213-1224.

[134] Bechtel/parsons Brinckerhoff. Memorial Tunnel Fire Ventilation Test Program. Comprehensive Test Report [R]. Massachusetts Highway Department, 2005, 11.

[135] Anders Lonnermark, Haukur Ingason. Gas Temperature in Heavy Goods Vehicle Fire in Tunnels [J]. Fire Safety Journal, 2005(40):506-527.

[136] Richy Carvel, Alan Beard. The Handbook of Tunnel Fire Safety [M]. Thomas Telford. Ltd, 2005.

[137] Karlsson, Björn. Enclosure fire dynamics [M]. CRC Press LLC, 2000.

[138] Economic commission for Europe Recommendations of the Group of Experts on safety in road tunnels [R]. Brussels: Economic and social council of United Nations. Economic commission for Europe Inland transport committee, 2001.

[139] Shields T J, Boyce. A study of evauation from large retail stores [J]. Fire safety journal, 2000(35):25-49.

[140] OECD. OECD Studies in Risk Management: Noway Tunnel Safety [M]. Paris: OECD Publications, 2006.

[141] Lemaire A D, Leur P H E, van de & Kenyon Y M. Safety Proef: Evaluatie metingen rook-en warmtegedrag in de Beneluxtunnel [R]. TNO Centrum voor Brandveiligheid, Rijswijk, 2002.

[142] Anders Lonnermark. On the Characteristics of Fire in Tunnels [D]. Lund: Lund University, 2005.

[143] Hartell G E. Engineering analysis of hazards to life safety in fire set: the fire effluent toxicity component [J]. Safety Science, 2001(2):147-155.

[144] M Poreh, N R Marshall, A Regev. Entrainment by adhered two-dimensional plumes [J]. Fire Safety Journal, 2008(5):344-350.

[145] A Regev, S Hassid, M Poreh. Density jumps in smoke flow along horizontal ceilings [J]. Fire Safety Journal, 2004(6):465-479.

索　引

a

安全疏散系数 Safety evacuation coefficient …… 499

b

被动防火措施 Passive fire protection measures …… 346
边界条件 Boundary conditions …… 26
标准火灾曲线 Standard fire curve …… 212

c

侧向集中排烟 Lateral concentration exhaust smoke …… 406
沉管隧道 Immersed tunnels …… 3,11
冲动心理 On impulse …… 505
从众心理 A herd mentality …… 506
CO 输运特性 CO transport properties …… 120

d

导热差分法 Finite difference method of thermal conductivity …… 566
定常火源 Stationary source …… 399
独立排烟道 Independent smoke evacuation …… 396

f

防火板 Fire prevention board …… 351
防火保护技术 Fire protection technology …… 346
防火管理 Fire protection management …… 542
防火涂料 Fire retardant coating …… 350
防灾减灾 Disaster prevention and mitigation …… 17
防灾救援安全系数 Disaster relief safety coefficient …… 541
防灾救援方案 Disaster prevention & rescue plan …… 544
防灾救援原则 Disaster prevention & rescue principle …… 539

g

个体孤独 Individual alone …… 506
管节结构的变形性能 Deformation of the pipe joint structure …… 312

h

合理排烟量 Reasonable exhaust quantity ····· 399
混凝土比热容 Concrete heat capacity ····· 280
混凝土导热系数 Concrete thermal parameters ····· 280
混凝土高温爆裂 Concrete high temperature burst ····· 209
混凝土抗压强度 Concrete compressive strength ····· 236
火灾场景 Fire scenario ····· 33,89
火灾监测技术 Fire detection technology ····· 445
火灾排烟量 Fire smoke exhaust quantity ····· 399
火灾热释放速率 Fire heat release rate ····· 52
火灾事件分级 Fire event classification ····· 545
火灾响应机制 Fire response mechanism ····· 546
火灾烟控策略 Fire smoke control strategy ····· 420
火灾烟气 Fire smoke ····· 190
火灾增长系数 Fire growth factor ····· 399

j

侥幸心理 Fluke mind ····· 505
结构火灾力学行为 Structure fire mechanical behavior ····· 228,273,303
结构损伤 Structural damage ····· 252
截面内应力分布 Internal stress distribution ····· 241
接头剪力键 Joint shear key ····· 328
惊慌心理 Panic psychology ····· 505
精细网格疏散仿真模型 Fine grid evacuation simulation model ····· 524
救援组织 Aid groups ····· 544

k

恐惧心理 Fear ····· 505

l

理论值 Theoretical value ····· 166
连续疏散仿真模型 Continuous evacuation simulation model ····· 524
临界风速 Critical wind velocity ····· 172

n

耐火保护试验 Refractory protection test ····· 358,369
能见度 Visibility ····· 200

N-百分比法 N-percent method ·········· 107

r

燃烧炉试验系统 Combustion furnace test system ·········· 71
热传导 Heat conduction ·········· 23
热对流 Thermal convection ·········· 24,198
热辐射 Thermal radiation ·········· 24,198
热力耦合计算 Thermo-mechanical coupling simulation ·········· 304
人工岛 Artificial island ·········· 13
人员避难行为特性 Characteristics of personnel asylum behavior ·········· 507
人员疏散 Evacuation ·········· 190
人员疏散特性 Evacuation characteristics ·········· 498
人员疏散行为 Evacuation behavior ·········· 501

s

试验平台 Test platform ·········· 34
疏散仿真模型 Evacuation simulation model ·········· 523

t

逃生疏散试验 Evacuation test ·········· 508
通风排烟 Ventilation and smoke exhausting ·········· 386

w

网络疏散仿真模型 Network evacuation simulation model ·········· 523
危害忍受极限 Hazard tolerance limit ·········· 203
温度场 Temperature field ·········· 159,180,205
温度场二维分析 Two-dimensional analysis of temperature field ·········· 207
温度场三维分析 Three-dimensional analysis of temperature field ·········· 275
温度分布规律 Temperature distribution law ·········· 131
温度突变法 Temperature mutation method ·········· 590

x

消防灭火技术 Fire extinguishing technology ·········· 467
消防系统 Fire-extinguishing system ·········· 545

y

烟气沉降特性 Smoke sedimentation characteristics ·········· 109
烟气毒性 Smoke toxicity ·········· 191

烟气流动规律 Smoke flow regularity ……… 104
烟气蔓延速度 Smoke spreading velocity ……… 120
烟气浓度 Smoke concentration ……… 190
烟气遮光性 Smoke light shading property ……… 190
烟雾场 Smoke field ……… 204
应力变化规律 Stress history ……… 243
羽流结构模型 Plume structure model ……… 90

Z

灾害预警技术 Early warning technology ……… 444
主动防火措施 Active fire prevention measures ……… 346
自动报警定位技术 Automatic alarm location technology ……… 454
自动报警系统 Automatic alarm system ……… 445

图书在版编目(CIP)数据

离岸特长沉管隧道防灾减灾关键技术/蒋树屏等著. —北京:人民交通出版社股份有限公司,2018.3
ISBN 978-7-114-14625-1

Ⅰ.①离… Ⅱ.①蒋… Ⅲ.①特长隧道—沉管隧道—防灾 ②特长隧道—沉管隧道—减灾 Ⅳ.①U459.9

中国版本图书馆 CIP 数据核字(2018)第 057740 号

"十三五"国家重点图书出版规划项目
交通运输科技丛书·公路基础设施建设与养护
港珠澳大桥跨海集群工程建设关键技术与创新成果书系
国家科技支撑计划资助项目(2011BAG07B05)

书　名:	离岸特长沉管隧道防灾减灾关键技术
著 作 者:	蒋树屏　苏权科　周　健　陈　越　等
责任编辑:	周　宇　石　遥　等
责任校对:	刘　芹
责任印制:	张　凯
出版发行:	人民交通出版社股份有限公司
地　　址:	(100011)北京市朝阳区安定门外外馆斜街 3 号
网　　址:	http://www.ccpress.com.cn
销售电话:	(010)59757973
总 经 销:	人民交通出版社股份有限公司发行部
经　　销:	各地新华书店
印　　刷:	北京雅昌艺术印刷有限公司
开　　本:	787×1092　1/16
印　　张:	43.25
字　　数:	870 千
版　　次:	2018 年 3 月　第 1 版
印　　次:	2018 年 3 月　第 1 次印刷
书　　号:	ISBN 978-7-114-14625-1
定　　价:	200.00 元

(有印刷、装订质量问题的图书,由本公司负责调换)